消费者行为

林建煌◎著

第四版

CONSUMER BEHAVIOR

北京大学出版社
PEKING UNIVERSITY PRESS

图书在版编目（CIP）数据

消费者行为（第四版）/林建煌著. —北京：北京大学出版社,2016.10
ISBN 978-7-301-27598-6

Ⅰ.①消…　Ⅱ.①林…　Ⅲ.①消费者行为论—研究　Ⅳ.①F713.55

中国版本图书馆 CIP 数据核字（2016）第 231607 号

书　　　　名	消费者行为（第四版）
	Xiaofeizhe Xingwei
著作责任者	林建煌　著
责 任 编 辑	叶　楠
标 准 书 号	ISBN 978-7-301-27598-6
出 版 发 行	北京大学出版社
地　　　址	北京市海淀区成府路 205 号　　100871
网　　　址	http://www.pup.cn
新 浪 微 博	@北京大学出版社　　@北京大学出版社经管图书
电 子 信 箱	em@pup.cn　　QQ：552063295
电　　　话	邮购部 62752015　发行部 62750672　编辑部 62752926
印 刷 者	北京大学印刷厂
经 销 者	新华书店
	787 毫米 ×1092 毫米　　16 开本　　26.5 印张　　668 千字
	2016 年 10 月第 1 版　　2019 年 6 月第 2 次印刷
印　　　数	3001—6000 册
定　　　价	49.00 元

谨将这本书献给我的老师们

感谢您们开启了我的知识之门

也将这本书献给我的学生们

感谢您们开启了我的另一扇知识之门

> 老者之智，少者之决。
>
> ——《魏书·拓跋谓传附东阳王元丕传》

二十余年前，当我初到台湾"中央"大学企业管理系任教时，便开始运用实验设计的方法来探讨消费者决策与广告策略的效果，当时台湾学界还是普遍倾向于利用传统的邮寄问卷调查方法来探讨这类问题，这和当时国际上消费者行为的研究主流有很大差异。因此，很少能够找到相同的研究知音，不少学界朋友甚至以一种疑惑和不解的角度来看我的消费者行为研究。1992年，我赴美进行博士后研究。在美国加州伯克利大学（University of California at Berkeley）担任访问学者的一年间，有幸得以亲近当时在行为决策理论和消费者行为方面的大师，如Daniel Kahneman（2002年诺贝尔经济学奖得主）、Itamar Simonson（以"极端趋避"等理论闻名的研究消费者行为的顶尖学者）、Kevin Keller（品牌管理的大师，提出著名的品牌积木理论）和Jennifer Aaker（David Aaker的千金，以提出品牌人格的衡量架构而闻名）等。在和他们的互动与学习中，更加确定了自己未来以实验法来探讨消费者决策的研究主轴。由于这段因缘，促成了自己后来在"消费者决策"上的研究方向。迄今为止，它仍是我的研究聚焦。而在教学方面，"消费者行为"是我从事教职以来，经常讲授的一门课程。由北京大学出版社出版的《消费者行为》便是回应教学和研究这两段因缘。

综观"消费者行为"的相关书籍，普遍存在着两个偏锋。一类的"消费者行为"书籍是由营销学者所撰写的，这类书籍常常因为过于注重消费者行为在营销与商业上的应用，而忽略了"消费者行为"背后扎实的心理学理论背景，因此读起来感觉理论层次很薄弱，深度也很有限，让人很容易产生"消费者行为"只是营销理论的延伸，并无深厚独特理论基础的错觉。同时书中所介绍的理论，也常和传统营销学的理论高度重复，从而无法有效区分开来。

另一类的"消费者行为"书籍则是由心理学者所撰写的，这类书籍由于比较强调心理学的相关理论，不但在理论层次上相当扎实，同时对于理论的细节也介绍得很清楚，但读起来却相当枯燥，也较少商业应用上的例证，因此给人一种"隔靴搔痒"和"不食人间烟火"的感觉；对于理论和实务的衔接，常显得薄弱。这类书籍显然忘了"消费者行为"这门学科的"主要消费者"是目前在或是即将在营销领域中工作的人，他们需要将深奥的理论运用至现实的营销实务中，因此套句营销的术语，这类书籍"缺乏消费者导向"。

在撰写上，本书采取了和相关领域教科书不同的观点，试图向读者提供一本兼顾理论与实务的"消费者行为"的专业书籍。为了达成这样的目标，本书以消费者信息处理与决策为主轴，分别就消费者内心处理的机制与运作过程，来探讨影响它的微观层面和宏观层面的因素。除了介绍与消费者行为相关的心理学、社会学、文化人类学以及符号学等相关理论之外，更重要的是强调如何将这些理论运用至营销与商业实务上。因此，通过"消费者行为"，营销学可以在心理学、社会学、文化人类学以及符号学之间搭起一道桥梁，进行理论的交流，来探讨消费者的内在心理过程与外部行为。

营销以消费者为师，我在学术生涯中也遇到了很多的良师。过去自己在教学、研究以及社会服务上的尝试应该感谢很多老师的启迪。直至现在，还经常会回想起以前求学过程中老师所赐予的教诲，时间虽然很久远，但影像却仍清晰。有几位老师对我的影响更是终生受用。这些老师包括三峡小学的刘美莲老师，东海大学的郭永助老师和温肇东老师，以及政治大学企业管理研究所的司徒达贤老师。他们都在我人生的某一阶段给了我一生宝贵的启迪，这本书要献给他们，以表达我对他们的深深谢意和尊崇。

另外我也要感谢我的"消费者"——我的学生们和企业界人士。这包括本科班、硕士班和博士班的学生，以及许许多多的在职学员和EMBA学员。通过和他们在课堂的辩驳论证，我们彼此厘清了观念，也获得了知识探究的乐趣。

最后还是不能免俗地谢谢我的家人的鼓励与支持。内人丽慧在工作之余对于家务的操劳和精神上的支持，在我年岁虚长、马齿徒增以后，愈来愈感受到可贵。此外也感谢靖淳和致廷容忍我因教学与研究忙碌而疏忽了家庭。虽然这样的谢辞并不能彰显他们的付出，但在因一些人生的重要历练而对人性另有一番体认后，特别要感谢上苍赐予了我这些可贵的亲情。

北魏孝文帝认为只要秉持"老者之智，少者之决"，则一切都可做到尽善尽美。对于经过实务磨炼最后沉浸于学术领域的我而言，学术研究的过程与结果就如同"老者之智"那样的严谨稳重，而实务的履践就如同"少者之决"那样的果断笃信。学术的研究让我们获得知识，而对实务的实践则让我们验证知识。没有"老者之智"的"少者之决"，只不过是年少轻狂的莽撞；而缺乏"少者之决"的"老者之智"，也只不过是大树底下清风佐茶的纸上谈兵。希望这本书能向读者提供一些过去学术研究前辈心血结晶的"老者之智"，当然也希望通过读者的"少者之决"来实践这些研究发现。不过，个人的学识很有限，谬误在所难免，这也是我不自量力，希望能够抛砖引玉的一个心愿，敬请各方前辈不吝赐正。

林建煌

于 2016 年 10 月

目 录

III 消费者行为的微观层面

IV 消费者行为的宏观层面

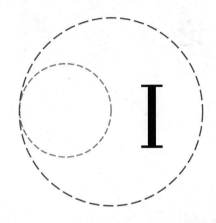

I

消费者行为基础

第1章　导　论

第1章 导 论

本章将为您解答下列问题：

▸ 什么是"消费者"？其与"顾客"和"工业用户"有何不同？

▸ "消费者行为"学科的内涵是什么？

▸ 消费者行为的重要性何在？

▸ 消费者行为有哪些主要的特征？

▸ 哪些学科对消费者行为的发展有所贡献？

▸ 关于消费者的研究与探讨有哪些观点？

▸ 消费者权利主要包括哪几项？其内涵是什么？

▸ 消费者行为的思考架构是什么？

只懂种不懂卖，甜柿大王梦碎

汇丰生态农场总经理詹明润，是目前知名度最高的台湾地区的农民之一。作为台湾年轻人到大陆务农的最佳宣传样板，从报纸、电视到网络媒体，都在宣传他的台湾高山甜柿传奇。还因为他的父亲詹德光曾改良果树成功，获得了"神农奖"，他因此又被大陆媒体称为"神农之子"。

詹明润的家族，在东势以种植果树为主，曾经种过桶柑、高接梨、甜柿。种柿子对詹明润来说，是驾轻就熟的工作，"如果留在台湾，那些土地根本不够用，找不到大陆那么宽广的土地。"詹明润看到了一个大好机会，变成了第一批到海峡两岸大学生创业园创业的台湾年轻人。

第一个收获的年度，詹明润望着9 000多棵甜柿树，以及树上包着的30万个白色袋子，觉得满山遍野都是白茫茫的一片，"这里是老家30亩地的10倍大，13多亿人口，土地与市场都太大了，柿子大王的梦想在心中萌芽了！"詹明润心想，以他的技术，第二年同样数量的甜柿树，产果量还能加倍；第三年再加倍，产出100万颗甜柿绝对不难！

为了打开甜柿的上海市场渠道，他包了一辆货车，车上装了300箱甜柿，这是福建产的台湾甜柿首次远征上海。每箱里有3个甜柿礼盒，一盒卖90元人民币，价格比起台湾毫不逊色。

结果，上海的经销商不愿用买断的方式，只能代卖，卖出一定的量才计算价款。两周后对方打电话过来，"甜柿只卖出110箱，剩下的190箱要叫货车拉回福建莆田！"詹明润估算了运费与路程，这190箱甜柿运回福建恐怕就烂掉了，还要多出一笔运费，只好请对方处理掉，当然这300箱最后只能收110箱的钱。

这一年，詹明润浩浩荡荡出击，投入的成本超过90万元人民币，最后只收回3万元人民币，这让他柿子大王的美梦清醒了。詹明润这才发现大陆市场和他想的不一样，"老家的柿子，还没采收就有人订购了，剩下再到蔬果市场拍卖，一下子就卖出去了。"但这里要自己跑渠道、跑市场，会种甜柿也要懂得怎么卖甜柿。

第二年，詹明润不得不忍痛，将9 000多棵柿子树砍掉了3 000棵，剩下6 000棵。一棵甜柿树从嫁接到产果，最少要5年，好不容易可以产果的果树就这样砍掉，岂不是非常可惜？原来，不能让任何一棵柿子树生病，只要一棵生病就可能会蔓延至整个农场，因此每一棵树都要请工人定期修剪、施肥，固定时间喷洒农药，一点都不能疏忽。而这些都要开销，在入不敷出的情况下，詹明润只好选择砍掉果树，降低整个农场的固定开销。

然而第二年情况却未见好转，詹明润不敢再出击上海市场，改守莆田当地市场，把自己种植的台湾甜柿摆进莆田当地的高档水果经销店，不料却发生了另一个状况。同样在当地投资的台商，竟然跟着詹明润的脚步，只要看到有汇丰农场台湾甜柿的箱子摆在那里，就抢着进驻，还往下开价，詹明润卖多少，他就便宜5块钱，甚至10块钱。同样都是种台湾甜柿，变成了自己人打自己人的状况。

同是种甜柿的台商说，"到仙游台湾农民创业园的台商，严格说来只有詹明润是农民出身，其余都没有农家背景，而是生意人，逻辑完全不同，甚至把鸿海那套生意模式搬到农业上来用。"意即先用低价把生意全抢过来，然后冲量挤压利润。

于是詹明润只好继续砍树，从 9 000 棵变成 3 000 棵，接着变成 1 500 棵，甚至打算和老家一样多就好，大农场、大市场的梦消失了。现在汇丰农场除了甜柿，也加种樱花树与种苗，詹明润一边修剪樱花树一边说，樱花树固定成本投入低，凭他的技术，可以在山上种出不同品种的樱花树，到时候满山遍野开满樱花，这里会成为全福建最浪漫的一座山。他也不必再担心甜柿产销的问题，汇丰农场会转型成为观光休闲农场，收门票、卖樱花苗，让他在大陆的农业创业梦能够持续下去。

资料来源：吕国祯，"台湾神农之子：不只要会种 还得要会卖！"《今周刊》，第 923 期，2014/08/28。

每个人都是消费者，每一天都要进行很多的消费。首先，本章为消费者行为的探讨奠定了一个基础，希望能先让读者对于消费者行为的内涵、重要性以及特征等有全面的了解。其次，本章也介绍影响消费者行为这一学科的其他相关学科，以及在探讨消费者行为上常见的观点。当然，探讨消费者行为绝对不能忽略消费者权利，因为消费者权利是确保消费者满足的最低条件。最后，本章还提出一个针对消费者行为的架构，以作为了解消费者行为的思考主轴。

1.1 消费者行为的定义与内涵

对于任何一个组织，不论是营利性组织还是非营利性组织，都有其生产出的产品或服务。组织的产品或服务是指"在交换的过程中，对进行交换的对手而言具有价值，并可用来在市场上进行交换的任何标的"[1]。而对于产品或服务的提供者而言，这里的交换对手便是该产品或服务的顾客。因此我们可以认为组织只要有产品或服务，便会有顾客。所以，任何组织都有其顾客。不过，虽然所有的组织都有其顾客，但并不是所有的顾客都是消费者。

顾客（Customers）可以分为两种，一种被称为消费者（Consumers），一种被称为工业用户（Industrial Buyers）。当顾客（通常这时的顾客是指个人或家庭）购买产品或服务的目的是为了供其最终直接消费之用，则该产品或服务便被称为"消费品"，而购买该产品的顾客则被称为"消费者"。例如咖啡饮用者购买咖啡豆回来自己煮咖啡，则此时咖啡豆便是消费品，而咖啡饮用者便是消费者。反之，当顾客（通常这时的顾客是指组织）购买产品或服务的目的是为了投入再制造、再生产与再销售，则该产品便被称为"工业品"，而购买该产品的顾客则被称为"工业用户"。例如星巴克购买咖啡豆来制作星冰乐，则此时咖啡豆便是工业品，而星巴克便是工业用户。通常，由消费者所构成的市场被称为消费市场（Consumer Market）。相对地，由工业用户所构成的市场被称为组织市场（Organizational Market），又称工业市场（Industrial Market），也称企业市场（Business Market）[2]。由此可知，消费者存在于消费市场中。图 1-1 中列示了这几种概念之间的关系。

当顾客购买产品或服务的目的是为了供其最终直接消费之用，则该产品或服务便被称为"消费品"，而购买该产品的顾客则被称为"消费者"。

当顾客购买产品或服务的目的是为了投入再制造、再生产与再销售，则该产品便被称为"工业品"，而购买该产品的顾客则被称为"工业用户"。

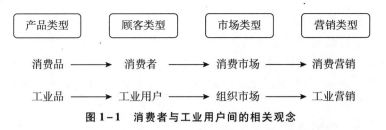

图1-1　消费者与工业用户间的相关观念

可口可乐的消费者是谁？当然是那些购买可口可乐的家庭或个人。谁是喜来登饭店的消费者呢？则是那些购买喜来登饭店所提供服务的家庭或个人。大学有没有消费者？学生当然就是大学的消费者之一。北京市政府呢？谁是其消费者？北京市政府的服务是提供给谁的呢？北京市市民就是北京市政府最重要的消费者。

如前所述，消费市场与工业市场的区别和产品或服务的种类无关。也就是说，同一种产品可能既是消费品，也是工业品。以橙子为例，家庭主妇买回来榨汁是为了家庭消费之用，因此是消费品；若是由可口可乐公司购入以作为制作美之源果粒橙之用，则变成工业品。因此，工业品和消费品的区分，以及工业市场和消费市场的区分，主要是依据顾客的购买目的而定，而非按照产品的种类来区分。

消费者行为(Consumer Behavior)既是指消费者的相关活动，也是一门以消费者活动为主要研究对象的学科。不同的学者对于消费者行为的定义也有差异。当消费者行为是指消费者的相关活动时，其中比较具有代表性的定义是："当消费者为了满足其需求和欲望，而进行产品与服务的选择、采购、使用与处置，因而发生在内心、情绪以及实体上的活动。"[3] 而当将消费者行为视为一门学科时，则消费者行为便是"探讨消费者如何制定和执行其有关产品与服务的取得、消费与处置决策的过程，以及研究有哪些因素会影响这些相关的决策"。由于消费者对产品与服务的偏好不断地改变，因此，通过了解消费者制定购买决策的相关因素，可以帮助营销管理人员设计适合的营销策略来影响消费者的决策。

基本上，消费者行为的范畴，包括与购买决策相关的心理和实体的活动。心理活动包括评估不同品牌的属性、对信息进行推论，以及形成内心决策等；实体活动则包括消费者实际搜集产品相关信息、莅临零售点、与销售人员互动，以及产品的实际消费与处置等。而消费者行为所关切的购买决策内涵包括：消费者购买什么？为何购买？何时购买？从何处购买？购买的频率如何？他们使用产品的状态如何？基本上，消费者行为所探讨的内涵可以归纳成三大项的消费者活动：

1. 获取产品的活动

　　探讨哪些因素会影响和导致消费者形成购买决策、进行购买，并实际取得产品或服务，因此包括产品信息搜集、评估替代方案与实际购买行为。例如，消费者为何会选择 iPhone 6S，以及亲自到手机专卖店购买。

消费者行为是"探讨消费者如何制定和执行其有关产品与服务的取得、消费与处置决策的过程，以及研究有哪些因素会影响这些相关的决策"。

消费者行为的范畴，包括与购买决策相关的心理和实体的活动。

2.消费产品的活动

包括消费者于何地、何时、何种状况下如何来消费产品等活动，其主要着重于消费者如何实际使用该产品，以及经由产品使用所获得的体验。例如，消费者实际使用 iPhone 6S 的状态，以及他们对 iPhone 6S 的满意程度。

3.处置产品的活动

包括消费者在产品体验之后的反应，以及消费者在产品失去价值后，如何处置产品本身及其包装等活动。这一类的活动包括消费者对于产品消费后所做的处置，以及来自消费满意与否所引发的反应（包括抱怨、申诉、重购与忠诚度等）。例如，消费者将其 iPhone 6S 在某拍卖网站上卖出，并对卖出的价格很满意。

1.2 了解消费者行为的重要性

过去有些营销学者或实务界人士提出"顾客第一""员工第一""竞争者第一"或"市场第一"等不同的理论，来强调营销理论应有不同的着重点。但是在这几项理论观点中，哪一项才是营销理论所应注重的要点呢？从消费者行为的角度来看，"顾客第一"或"消费者第一"才是营销理论的重心。这是为什么呢？我们可以从以下几种角度来探讨研究消费者行为的重要性。

1.2.1 从市场和竞争的角度：消费者决定了市场竞争的胜负成败

从市场的角度而言，顾客和竞争者是市场中两个主要的角色；若从竞争的角度来看，整个市场的竞争是由顾客来决定胜负成败，即顾客是市场最终裁判者。因此，谁能掌握消费者，谁就能掌握市场。所以，竞争的本质在于能否比竞争者更有效地掌握消费者，而若要掌握消费者则必须先了解消费者行为。

顾客是市场最终裁判者。

"顾客是市场最终裁判者"这一事实，并不只是适用于以营利目的为导向的组织，对非营利组织也一样适用。由于资源有限，非营利组织也有它们的竞争者，也必须去争取顾客的认同，因此也需要去取悦它们的顾客，才能获得必需的资源，达成其目标。所以和营利组织一样，了解其目标顾客的消费行为也是非营利组织得以有效竞争的基础。

1.2.2 从营销的角度：消费者是整个营销策略的核心

营销观念（Marketing Concept）主张"通过正确地了解顾客的需要，然后提供能满足顾客需要的产品与服务，以促使其主动购买"[4]。因此，厂商只要能正确地界定顾客的需要，并让顾客轻易地取得产品与服务，则销售将可水到渠成。营销观念和销售观念（Selling Concept）之间一个很重要的区别，在于营销观念是将顾客的优先性放在组织本身的利益之上。因此对于一个营销导向的组织而言，其营销策略的形成必须根植于对消费者需要和欲求的了解之上。也就是说，所有的营销策略拟定，包括市场区隔策略、定位策略与营销组合（包含产品策略、定价策略、渠道策略与推广策略），都必须根据其对消费者行为的正确阐释与解读，才能据以形成一套有效的营销策略。因此,我们可以推论:正确地了解消费者行为是整个营销策略形成的核心。著名的管理思想家彼得·德鲁克(Peter Drucker)认为"营销是指由顾客的观点来看整个企业"[5],这便彰显了消费者在营销策略中的核心地位。

正确地了解消费者行为是整个营销策略形成的核心。

1.2.3　从组织的角度：顾客是组织的衣食父母

德鲁克曾说过企业存在的目的是创造和维持满意的顾客[6]。我们可以将这个观点扩大为"任何组织存在的目的都在于创造和维持满意的顾客"。也就是说,不论是营利组织还是非营利组织,其存在的价值都在于顾客的肯定;失去了顾客的支持,组织也就失去了存在的意义。试想一个失去顾客的企业又如何能达成其利润目标？没有利润当然也就很难生存。同样,没有人民支持的政府,也终将被人民所离弃。因此,判定组织成败与否的关键,即在于顾客的满意程度。对于以消费品营销为主的厂商而言,消费者的满意决定了一切,因此很多的组织都发展出一种消费者文化(Consumer Culture),将满足消费者的价值视为组织的使命、目标与哲学中的重要一部分,也就是将"消费者优先"(Consumer Primacy)的观念视为组织的一种重要价值。

判定组织成败与否的关键,即在于顾客的满意程度。

名角登场

倾听顾客声音，老牌打印机找回优势

我们常说,要倾听顾客的声音。但是,你愿意没有姿态地倾听顾客声音到什么程度？听到声音后,你又愿意做出怎样的改变？来听听精工爱普生(Seiko Epson,以下简称爱普生)的故事。

2014 年 4 月 30 日,全球第三大打印机厂商爱普生公布最新财报,2014 年净利润创下历史新高,达 1 127 亿日元,7 年增长 4.9 倍,股价由 2012 年 11 月 6 日最低的 216 日元,暴涨到 2015 年 5 月 4 日的 2 195 日元,获利和股价双双呈现"V 形反转"。

2008 年,爱普生新任社长碓井稔接手后,却是完全不同的局面。当时,平板与智能手机崛起,打印机市场日益萎缩,产品价格暴跌。2009 年,该公司创下史上最大亏损额,惨亏 1 113 亿日元。2008 年,爱普生从没想过已经沿用 20 多年的商业模式一夕之间行不通了。

原本打印机的市场游戏规则是:便宜卖硬件,抢攻市场占有率,后续再靠卖耗材赚钱。然而,金融海啸后,市场竞争日趋激烈,同业开始赔钱卖硬件。厂商卖一台 2 000 元的打印机,需要消费者再买 3 次墨水才能赚钱,7 000 元以上的高价机型得卖出 5 组墨水才能获利。

而让爱普生获利模式破灭的原因,竟然藏在台北市光华商场的小角落里。台湾地区爱普生影像科技事业部总经理吕理迪形容此现象,"我们都称他们(改机业者)是'镰刀族',专门收割我们辛苦种的田。"这是在打印机产业里一直浮不上台面的灰色地带。

这群改机业者在光华商场随处可见。他们会向消费者收取 1 000—2 000 元新台币的改机费,把打印机改成"连续供墨"。改机后的打印机,可以不受限制地使用其他品牌的墨水。后者的价格是原厂价格的一半都不到,单张打印成本是原厂价格的十五分之一。爱普生等于用亏本的价格卖硬件,却又赚不到墨水的钱,形同两头空。

碓井稔走入光华商场，又跑到其他国家或地区的市场看完后，回到日本，他问大家，"为什么不跟这群改机业者学习？很多人都去改机，就表示这是他们需要的。我们做产品本来就应该做出客户想要、需要用的东西。"

碓井稔希望内部可以开发出连续供墨的机型，而不用消费者改机。新的机型，硬件售价被抬高2—3倍，但是使墨盒的印量增加了7倍，让消费者单张纸的打印成本变为原来的十五分之一，等于让消费者不用买其他品牌的墨水，就能享受低单价。

"这个策略在内部沟通时争议四起"，台湾地区爱普生总经理李隆安回想。一边是已经沿用超过20年的成功模式，一边是过去被认为非正规的灰色市场逻辑，大家都质疑，这是一场豪赌。

碓井稔是这样对内部人员说的："每个人都想要赢，但是我希望大家想，现在市场上到底是谁响应了消费者需求？是改机业者最了解顾客吧！终究还是得回归客户的价值。"

低迷的环境，给了碓井稔一股断然改革的动力。2010年，爱普生推出第一台连续供墨打印机。

现在爱普生的连续供墨机型已占全球出货量的四成以上，影像机器事业部的营业利润率也比2006年获利创新高时增加了5.6%。原本质疑此策略的欧美市场，也将上架连续供墨机型。

有意思的是，爱普生直到遇到经营困难，才从客户心声中看清自己。"其实，我们的喷头更耐用，现在才发现，也许不该采用跟对手一样的策略，该发展出属于我们自己的道路。"李隆安解释，爱普生的喷头最耐用且容易改，成为改机业者的最爱。他比喻，如果对手是把摩托车的引擎装在自行车上，爱普生则是把飞机的引擎装在自行车上。更耐用的喷头，让爱普生可以大胆地走大印量的连续喷墨道路，其他对手想学也跟不上。

资料来源：曾如莹，"专访爱普生社长，如何倾听敌人的声音 老牌印表机品牌 从惨亏翻身净利成长4.9倍"，《商业周刊》，第1434期，2015/05/06。

1.2.4 从社会整体的角度：消费者满足是检验企业民主机制好坏的手段

为了提升社会整体的利益，我们必须让企业民主机制（Business Democracy）能够完善运作。如同政治民主机制的主张认为只有能真正代表民意的议员才能获得支持一样，企业民主机制也认为：就社会整体来看，只有能够真正满足社会需求与利益的企业才能被社会所接受和生存。因此，消费者满足是实践企业民主机制的关键所在。企业若能了解消费者的需求，并且能够使企业的作为反映消费者的需求与偏好，便能够落实企业民主机制，使社会整体的"公利益"和组织的"私利益"两者之间达到均衡的状态。

> 消费者满足是实践企业民主机制的关键所在。

1.2.5 从个人的角度：每个人都是消费者，每个人都可能服侍或取悦其他的消费者

若从一位消费者的角度，我们都希望厂商所提供的产品能迎合我们的需要，所以，厂商若能了解消费者行为，也就比较能够满足我们的需求。然而，从一位

消费者的立场,如果我们能够对于消费者行为这一学科具备相关的知识,则比较有机会成为精明的消费者,而不易上当受骗。因为消费者行为的知识,有助于我们识破厂商的一些不当销售手段和伎俩。例如,有些学者便鼓励消费者行为的研究应该由过去以营销管理人员为重心的研究,转变为以消费者本身为焦点的研究[7]。

从另外一个方面来看,我们都可能在某一个组织中任职,可能担任服务该组织的顾客或消费者的职务。因此,服侍或取悦顾客,可能会成为我们的工作之一。所以,对于绝大多数的人而言,他们本身既是消费者,同时也必须服务于其他消费者。因此,了解消费者行为有助于我们维护自身的利益和有效地履行我们的职责。

> 了解消费者行为有助于我们维护自身的利益和有效地履行我们的职责。

1.2.6 从员工的角度:顾客或消费者提供了员工满足的一个重要来源

满意的消费者是员工的骄傲,快乐的消费者可能导致快乐的员工,因此,消费者可能成为员工成就需求的满足来源。另外,通过消费者的满意与否也可区分出组织员工的优劣。差劲的员工会赶走消费者,但差劲的消费者却可凸显优秀的员工,这一点对于和消费者直接接触的一线员工而言特别明显。"顾客第一"是目的,"员工第一"是手段。通过满意的员工来创造满意的消费者,而消费者的满意程度则成为检验员工绩效与满足员工成就需求的重要指标。

> 通过满意的员工来创造满意的消费者,而消费者的满意程度则成为检验员工绩效与满足员工成就需求的重要指标。

1.2.7 从政府的角度:消费者行为的研究提供了公共政策的基础

消费者行为中会有一些黑暗面,例如厂商的欺骗、消费者冲动性购买、对弱势消费者(例如老年消费者、儿童消费者以及有心智障碍的消费者等)可能的伤害、消费者的不当消费(例如酗酒、吸毒、抽烟等),以及其他一些导致不公平交易的行为等。通过对消费者行为的研究,可以从保护消费者权益的角度,给政府或有关部门提供相关的消费者行为知识,以作为其政策拟定和实施的基础。同时,通过对消费者行为的了解,我们也可以知道公共政策对于消费者行为可能造成的改变。

> 通过对消费者行为的了解,我们也可以知道公共政策对于消费者行为可能造成的改变。

1.3 消费者行为的特征

根据消费者行为的定义与内涵,我们可以归纳出消费者行为所具有的几个主要特征:

1.3.1 消费者行为是受动机驱使的

消费者行为是消费者为了达成某一特定消费目标所产生的行为,因此行为背后有其动机存在。也就是说,消费者行为并不是一种漫无目的的行为,而是消费者为了达成某种消费目的所产生的内在与外在活动。不过我们要注意:消费者行为所要达成的目的或行为背后的动机,并不必然是浅显易见的,往往很多是隐藏不彰的。此外,消费者行为的背后也并不是只有一种动机而已,经常会有超过一种以上的动机同时运作。因此对某一消费者行为而言,其往往是多种动机混合而成的结果。例如我们外出用餐,除了为满足肚子饥饿的生理需要外,也可能要同时达成社会需要(例如借由聚餐来增进朋友间的情谊)和自尊、他尊的需要(例如刻意点了一种罕见的红酒来彰显自己不凡的品位)。

即使是相同的消费者行为,每位消费者背后的动机也各不相同(每个人外出用餐的着重点并不相同,有人重视排场,有人重视食物本身,有人则重视价格),甚至同一消费者在不同时段,其动机也可能显著不同(不同的时段,其所面对的问题不同,动机也会发生变化)。因此消费者行为具有高度的复杂性,所以我们要了解消费者行为,便必须通过对于消费者的探究来找出消费者背后的动机为何。

> 即使是相同的消费者行为,每位消费者背后的动机也各不相同,甚至同一消费者在不同时段,其动机也可能显著不同。

1.3.2　消费者行为包含许多活动

消费者行为是多面向的。基本上,我们可以将消费者行为分为购前、购中和购后三个阶段,但每一个阶段都包含多种活动。在这些活动当中有些是精心策划的结果,例如消费者在购买一部昂贵汽车前的深思熟虑、多方搜集信息以及理性的比较分析都是审慎性消费者行为(Deliberate Consumer Behavior)的范例;但有些消费者行为则是无意产生的活动,即无心插柳的结果,例如面对百货公司限时大抢购下的冲动性购买便属于偶发性消费者行为(Incidental Consumer Behavior)。对于营销人员而言,若要掌握消费者,就必须了解消费者行为中的这些多样性的不同面向。

> 消费者行为分为购前、购中和购后三个阶段,但每一个阶段都包含多种活动。

1.3.3　消费者行为可视为一种程序

消费者行为可视为一种程序(Process),这意味着消费者行为的活动可以分为一定的步骤,必须按部就班地进行。例如消费者行为可以分为购前、购中和购后三个阶段,次序不能颠倒,同时每一阶段内都包含一连串有次序的活动。因此,营销人员可以此程序作为架构,来检视消费者在每一阶段的活动,并引入相关的阐释理论。

> 消费者行为的活动可以分为一定的步骤,必须按部就班地进行。

1.3.4　消费者行为包含许多不同的角色

在整个消费者行为的过程中,消费者不是仅仅扮演一种角色而已,他可能在不同的阶段,分别扮演不同的角色。关于消费者所扮演的角色类型,学者们也提出了许多不同的分类架构。例如有些学者将消费者角色分为提议者、影响者、决策者、购买者和使用者五种角色。不过也有学者将其简单地分为影响者、购买者和使用者三种角色。当然,消费者也可以一次同时扮演很多角色,但这也表示可能同时有很多人会参与整个购买决策。例如家庭中的消费行为便包含了很多的角色扮演(例如,父母要求子女必须吃掉碗里的青菜,此时子女吃掉青菜即是在扮演"乖孩子"的角色)。另外,同伴也是在消费者购买决策过程中一个很重要的角色(例如,为了被同学接纳而答应和同学一起逃学去网吧)。

> 消费者在整个消费者行为的过程中分别扮演不同的角色。

1.3.5 消费者行为会受到内、外在力量的影响

消费者行为会受到内、外在力量的影响。也就是说,消费者行为除了源自消费者内部的心理机制和力量外,也会受消费者外部的环境和人际互动的力量的影响。常见的内在力量包括:

1. 知觉

是指消费者进行选择、组织,以及解释外界的"刺激",并给予有意义及完整图像的一个过程。

2. 学习

是指受信息与经验的影响所产生的一种行为、情感,以及思想上相当持久的改变。

3. 态度

是指对一个特定的对象所学习到的持续性的反应倾向。

4. 动机

是一种促使个人采取行动的内在驱力。

5. 人格特质

是指人们内在的一些心理特征,基于这些心理特征,人们对环境会产生一种持续而稳定的反应。

6. 价值

是一种持续性的信念,这种信念认为,就个人或社会来看,某种行为模式优于另一种行为模式。

7. 生活形态

是一种生活的模式,也就是说明"一个人是如何生活的"。

另外,消费者行为是一种调适行为(Adaptive Behavior),也就是说消费者行为在本质上会因应外在的情境而进行某种程度的调适。因此,消费者行为无法避免外部环境的影响。常见的外在力量包括:

1. 文化

社会所共有的基本价值、观点与信念。

2. 亚文化

是指在大文化下,某些族群因其特征而产生的独特价值、观点与信念。

3. 社会阶层

也就是在社会分群上被认为具有相同社会地位的一群人。

4. 家庭

家庭往往是人们在社会化历程中的第一个影响群体。

5. 参照群体

是指会直接或间接影响个人态度或购买行为的正式或非正式团体。

消费者行为除了源自消费者内部的心理机制和力量外,也会受消费者外部的环境和人际互动的力量的影响。

6.情境因素

是指大环境和购买情境中对于消费者行为产生影响的因素。

1.3.6　消费者行为具有歧义性

消费者行为中同样存在着独特性和歧义性。

消费者行为具有某些共同性，但是每一个消费者决策程序的起始时间都不相同，每个程序的复杂程度也不同。

上述所提及的消费者行为特征代表的是消费者行为普遍具有的共同性，但是我们也绝对不能忽略消费者行为中同样存在着独特性和歧义性。例如虽然消费者行为具有相类似的程序和步骤，但是每一个消费者决策程序的起始时间及其所耗费的时间都不相同。另外，每一个程序的复杂程度也不同，例如购买一套昂贵音响的决策与一盒午餐盒饭的决策所涵盖的活动数目以及困难程度，便有很大差异。一般而言，耗费时间与复杂性也具有高度相关性。消费决策愈复杂，则其所需耗费的时间也愈多。当然，时间的耗费主要取决于成本与效益的关系，消费者会在成本与效益中取得平衡，来决定其所愿意耗费的时间。正因为存在着这些消费者之间的歧义，于是我们可以针对其歧义性来进行消费者的市场区隔。基本上，市场区隔是在异质市场下所发展出来的做法。异质市场是指市场里面的消费者具有不同的需要和消费行为，因此必须发展不同的营销策略来满足不同消费者的需要。市场区隔的目的是将一个大的异质市场，借由区隔变量划分成许多小的同质市场。

1.4　消费者行为学科的探究

消费者行为是一门相当年轻的学科，以"消费者行为"为主题的第一本教科书出现于20世纪60年代[8]。消费者行为学科的成长与茁壮，得益于许多学科的贡献与灌溉。除了本身属于营销学领域中的一门重要学科，因此深受营销观念的影响外，对消费者行为学科做出重要贡献的学科，还包括心理学（主要借助于它们对于单一个人的研究）、社会学（主要借助于它们对于群体的研究）、社会心理学（主要借助于它们对于单一个人如何在群体中运作的研究）、人类学（主要借助于它们关于社会对于单一个人影响的研究）、人口统计学（主要借助于它们对于人口属性的研究），以及经济学（本身是营销学形成的基础）等。这些学科分别以各自独特的观点来检视消费者行为这一主题，并以自己独特的角度来发挥对于消费者行为学科的影响。消费者行为学科除了借由引入这些不同学科的观点，同时也企图整合这些观点，以发展出自己学科的独特观点，使我们对于消费者行为这一多变的领域能有更完整与正确的认识。

名角登场

超市利用数据，积极创造营业收入

你能想象吗？一款保健瘦身饮料，在超市的销售表现竟然卖得比可口可乐好。"以前，红豆水根本就不是便利商店会出现的产品"，台湾地区全家便利商店公共事务暨品牌沟通室部长林翠娟说。

2014 年夏天，一款由台湾本地厂商生产的保健饮品——"红豆水"，因为全家便利商店善用大数据，其每月创造的营业收入占该品牌红豆水总营业收入的近四成，成为所有实体渠道中最大的收入来源。

时间回到 8 月底，红豆水刚上市时原本被摆在最角落、最底层的货架，消费者很难注意到它。但是上架才一周，全家便利商店总部的"实时销售数据系统"却发现了异常现象：某些门市红豆水一天的销售量居然等于同类商品卖一个月的数字。

细看数据发现，卖得好的店家，是因为把红豆水放在收银台旁，比起一般货架，单日销量可以相差两倍。此外，又以都会型商圈门市卖得最好，其主要客户群以女性为主，每笔消费数量都超过一罐。掌握这些数据后，店长便趁中午上班族休息时，把红豆水移到收银台旁，改卖两罐或四罐装，创造出亮眼的成绩。

全家便利商店信息本部协理简维国说，"没有大数据，就像是盲剑客，根本不知道要怎么做生意。"

"您好，欢迎光临！"当我们走入另一家超市统一超市时，则看见它们最新的"淘金计划"。

我们买了一瓶可乐，走到收银台结账时，抬头一看，前方的电视屏幕上正在播放饮料广告。多数人不知道的是，当你抬头看电视屏幕时，屏幕上方有个镜头正在截取你的脸部表情，在分析出年龄、性别等信息后，自动输送回统一超市总部，方便其计算收看广告的人数，以向广告主收费。凭台湾一天近 1 000 万人次到超市的规模，未来这些超市最大的摇钱树不再是商品毛利，而是它们所拥有的台湾所有人的消费行为数据库。

因此，2013 年年底，统一超市斥资约 20 亿元新台币，更新第三代 POS 机，将过去每天更新两次销售数字，改为现在每 30 分钟更新一次，就是为了掌握更多的数据。

资料来源：康育萍，"4 大商战现场背后决胜者 找金城武代言 4G 竟是'算'出来的！"，《商业周刊》，第 1410 期，2014/11/19。

关于各个做出贡献的学科在消费者行为中的关系，迈克尔・R. 所罗门（Michael R. Solomon）根据消费者行为的宏观层面与微观层面，依各个学科在消费者行为中所关注的焦点，将这些学科间相互的关系层次制作了一张图[9]，如图 1-2 所示。此外他还以妇女杂志这一产品为例，来说明各个学科可能的研究兴趣和探讨重点，如表 1-1 所示。根据他的划分，我们可以发现在消费者行为中实验心理学最注重微观层面，而文化人类学则是最注重宏观层面的一门学科。

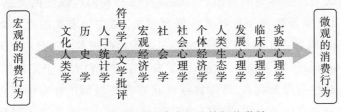

图 1-2 影响消费者行为的相关学科

资料来源：Michael Solomon (2015), *Consumer Behavior: Buying, Having, and Being*, 11th Edition, Pearson Education Limited, p.50.

表 1-1　消费者行为中的跨学科研究问题

学科名称	学科的重点	典型研究问题（以杂志为例）
实验心理学	产品在知觉、学习与记忆过程中的角色	杂志的特定层面（例如设计或版面编排）如何被认知与解读？哪一部分的版面或编排其阅读率最高？
临床心理学	产品在心理调适上的角色	杂志如何影响读者对于身体的印象（例如过于纤瘦的模特是否会使一般女性觉得自己过胖）？
微观经济学/人类生态学	产品在个人或家庭资源分配上的角色	影响家庭在杂志上消费金额多寡的因素有哪些？
社会心理学	产品在个人作为社会群体成员时所表现的行为的角色	杂志广告如何影响读者对于其所广告的商品的态度？同伴压力如何影响个人的阅读决策？
社会学	产品在社会机构与群体关系中的角色	杂志的偏好在某一个群体（例如妇女团体）中进行传播的形态。
宏观经济学	产品在消费者与市场关系中的角色	流行杂志的价位与其所广告的商品的价格在高失业率期间所产生的影响为何？
符号学/文学批评	产品在口语和视觉上传达意思的角色	杂志中模特所传达的信息如何被读者解读？
人口统计学	产品在可衡量的人口特征上的角色	杂志读者的年龄、收入与婚姻状况等因素所带来的影响为何？
历史学	产品在社会变革或时代变迁中的角色	杂志对于主流文化中所谓"女性特质"的定义如何随时代而改变？
文化人类学	产品在社会信念与实务中的角色	杂志中对于时尚和模特形式的定义，如何影响读者对于两性行为的认知（例如职业女性角色与性爱上的禁忌）？

资料来源：Michael Solomon（2015），*Consumer Behavior：Buying，Having，and Being*，11th Edition，Pearson Education Limited，p.50.

　　关于消费者的研究，基本上有两种分类。一种分类是将消费者的研究分为实证主义（Positivism）和阐释主义（Interpretivism）。实证主义又称现代主义（Modernism），采取这一观点的学者强调人类的理性是至高无上的，主张通过科学的方法来发现单一客观的真理。实证主义鼓励我们应该强调物品的功能、颂扬科技，以及将世界视为一种可清晰界定过去、现在与未来的理性而有序的状态[10]。相对地，阐释主义则相当质疑实证主义的这些观点。阐释主义又称后现代主义（Postmodernism），采取这一观点的学者则主张我们太过于强调科学与科技，采取了过于理性有序的观点，此举往往会忽略现实世界中存在的复杂文化与社会现象。实证主义的观点强调物质的状态，经常通过意识形态来呈现其逻辑架构，多采取单一而同质的价值观（大部分是基于西方白种男性的价值观）；阐释主义则强调运用符号、主观经验，以及个人阐释内涵（个人以其自身独特的和共有的文化经验来建构自身所体会的内涵)的重要性。因此,在阐释主义下,所有的价值观都没有对错。以产品对于消费者的意义来说,实证主义下的观点主张产品是用来帮助消费者建构生命中的次序的,而阐释主义则将产品的消费视为提供了各种不同的体验。关于实证主义与阐释主义两种研究路线的差异,请见表 1-2。

表 1-2 实证主义与阐释主义的比较

假 设	实证主义	阐释主义
真相的本质	是客观的、具体的,具有单一性	是社会建构的,具有多重性
目标	注重预测	注重了解
产生的知识	没有时间限制,不受情境因素影响	有时间限制,受情境因素影响
对因果的观点	存在着唯一真正的原因	原因具有多重的可能性,同时也影响事件
研究关系	研究者与样本分离	样本和研究者进行互动与合作,研究者属于研究现象的一部分

资料来源:Laurel A. Hudson and Julie L. Ozanne (1998),"Alternative Ways of Seeking Knowledge in Consumer Research," *Journal of Consumer Research*, 14, March, pp. 508-521.

另外一种消费者研究的分类方法则是将消费者行为的探讨分为两种途径:描述性消费者研究(Descriptive Consumer Research)和推论性消费者研究(Inferential Consumer Research)。描述性消费者研究注重于描述消费者市场的真实状态。因此,偏向于 What(消费者喜欢喝哪几种咖啡)和 Who(哪些特征的人特别喜爱喝咖啡)。至于推论性消费者研究则注重于探讨消费者行为背后的原因及其所隐藏的运作方式与机制。由于这些原因往往不是一眼就能看出的,或是消费者本身的自我回想也不能提供完整的答案,因此必须借由推论才能得到。相较于描述性消费者研究注重于 What 和 Who,推论性消费者研究则注重于了解消费者行为的 Why(消费者为什么喜欢喝咖啡)与 How(他们如何取得咖啡的相关信息)。

1.5 消费者权利

在厂商和消费者的互动过程中,消费者权利是确保消费者满足的最低条件。也就是说,厂商若不能维护以下的消费者权利(见图 1-3),便谈不上进一步的消费者满足。所以,维护消费者权利是消费者满足的必要条件,也是消费者满足的基本出发点。就营销导向和永续经营的厂商而言,尊重与支持这些消费者权利是最基本和必要的先决条件。消费者应具有的消费者权利主要有以下几项:

在厂商和消费者的互动过程中,消费者权利是确保消费者满足的最低条件。

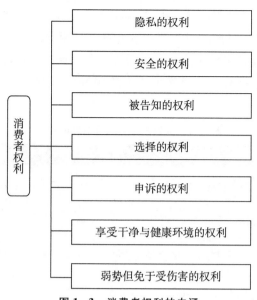

图1-3 消费者权利的内涵

1.5.1 隐私的权利

隐私的权利（The Right to Privacy）是日渐受到重视的一项消费者权利。由于计算机处理能力和零售商店的一些相关科技及设备的进步（例如条形码、POS系统与RFID），加上大数据分析的运用，厂商可以借由分析大量的消费者数据，更容易地掌控消费者，因而发展出数据库营销（Database Marketing）的形式。例如通过信用卡数据、电话记录、网络交易记录等，能清楚地勾勒出消费者的消费形态。不过，其中有一个问题很值得我们关切，那就是很多消费者数据的运用并未经得消费者的同意。例如当你在订阅了一份知名杂志后，可能会在接下来的时间收到无数的推销电话，因为你的个人信息已被无数次的转卖。又或许你以会员身份登录了某一网站后，你的电子邮箱便开始收到大量的垃圾邮件，因为以上的登录数据在未经得你同意的情况下已遭滥用和泄露，这些都是违反消费者隐私权利的明显例子。当然也出现愈来愈多要求管制厂商不当行为或要求厂商自制的声音，这些都是基于保护消费者隐私的权利。消费者隐私权利的最基本的立场应该是：消费者对于厂商或组织在运用与揭露其隐私信息上具有被告知和拒绝的权利。

消费者对于厂商或组织在运用与揭露其隐私信息上具有被告知和拒绝的权利。

1.5.2 安全的权利

安全的权利（The Right to Safety）是指消费者有免于产品和服务对于其健康及生命可能产生伤害的权利。因此厂商必须确保产品的安全与可信赖性，对于产品可能产生的任何误用或滥用都应该尽力去防范与避免。例如英国等一些欧洲国家出现了疯牛病，进而引发全世界的人们对疯牛病的担忧，便是安全权利的议题。此外，人们对于转基因产品可能给健康造成损害而有所疑虑，也是消费者安全权利保障的一个具体范例。另外，一些药品外瓶的瓶盖设计设有防止小孩开启的装置，也是从维护消费者安全权利的角度所进行的产品设计。

安全的权利是指消费者有免于产品和服务对于其健康及生命可能产生伤害的权利。

1.5.3 被告知的权利

消费者被告知的权利(The Right to Be Informed)包括两个部分:首先,消费者应该有免于接受误导和欺骗信息的权利。例如厂商对于其所揭露的信息必须确保真实性和不会被消费者误解。其次,消费者应该拥有足够的信息,以便能在信息充分的状况下做出相关决策。

在误导和欺骗信息方面,最常见的是厂商的欺骗性广告(Deceptive Advertising)。欺骗性广告大概可以分为三类:第一类是欺诈广告(Fraudulent Advertising),也就是厂商直接说谎的广告。有些厂商宣称其产品中含有某种成分,但检测的结果却发现没有该种成分存在。例如不少号称燕窝的产品,事实上是由银耳制成的;或是有些厂商宣称其牛奶是由百分之百的鲜奶所制成,但事实上却发现其牛奶是由奶粉冲兑而成;还有些厂商强调其生产的果汁是百分之百的新鲜果汁,但事实上却是由浓缩果汁勾兑成的。另外,有些房屋中介公司,在销售房屋时并未标明其为凶宅,而造成日后的纠纷。这类不诚实的标示便是一种欺骗信息。

另外一类欺骗性广告是虚假广告(False Advertising),也就是广告中所宣称的内容可能存在,但却是在某种严苛的状态下才可能出现。例如有些房地产公司的广告宣称其所销售的房屋距离市区很近,开车仅需5分钟。事实上,若要在5分钟内到达市区,只有在深夜车辆很少,并且全都是绿灯,同时时速要在120公里时才能实现。虽然并不能说这种状况不存在,但却不符合一般人所认知的正常状态。

最后一类欺骗性广告是误导广告(Misleading Advertising),也就是厂商通过广告的宣传使消费者产生一种错误的认知。例如有些麦片厂商在广告中宣称其产品含铁量比香蕉多几倍,含钙量比鸡蛋多几倍,蛋白质比牛奶多几倍,虽然厂商所宣称的内容是事实,但是这种片面的比较往往很容易误导消费者,使其认为该产品在整体上比所有进行比较的产品都理想。事实上,这种比较并不公平,因为被比较的产品很可能在被比较的属性上并不出色,而其出色的属性却没被拿来比较。

由于欺骗性广告明显地对消费者决策产生不利的影响,因此《中华人民共和国广告法》中明文规定,广告不得含有虚假的内容,不得欺骗和误导消费者。而这种规范并不仅限于广告主或产品厂商,"广告经营者、发布者明知或应知广告虚假仍设计、制作、发布的应负连带责任"。当然,广告只是厂商可能产生违反消费者被告知权利的手段之一,在营销组合中每一种营销手段都可能产生对消费者的误导与欺骗。

> 消费者应该有免于接受误导和欺骗信息的权利;消费者应该拥有足够的信息,以便能在信息充分的状况下做出相关决策。

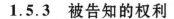

名角登场

红牛不实广告语在美惹官司　被罚8 000万补偿消费者

"你的能量超乎你想象",不少消费者都对功能性饮料红牛的广告印象深刻,不过红牛却因为一句"红牛给你翅膀"(RedBull gives you wings)的广告语,在美国惹上了官司。

最近，红牛在美国了结了两桩集体诉讼官司，同意向消费者支付 1 300 万美元（折合约 8 000万元人民币）赔偿金，用以补偿不实广告语对消费者带来的伤害。即过去 10 年在美国买过红牛的消费者都可以获得相应数额的赔偿。

纽约一名消费者的律师称："红牛公司通过广告向消费者允诺，消费者喝下红牛会得到包括'红牛给你翅膀'在内的使消费者的体能、反应能力提高到极大限度等效果，但并非如此。"

因被罚产生的效应既负面也正面，"因为这种夸张比喻式的广告语而赔偿，无论在国内还是在国外都还是比较少见的"，华通明略（Millward Brown）大中华区研发总监谭北平对《第一财经日报》的记者分析称，"从其赔偿条件来说，在总额限定的情况下，用不设门槛的方式，红牛可借势营销，比如，一天之内其网站就有近 500 万次的访问量。"

随着信息的对称性越来越高，品牌夸张不实的宣传越来越受到质疑，广告是否正因此而变得更加实在？

一、界限

在一般人看来，红牛公司因为"红牛给你翅膀"这句广告语而损失巨大或许有些荒唐可笑，网友还跟帖调侃说："看起来我得赶紧去举报老婆饼"；也有网友联想到国内铺天盖地的类似广告，直呼某方便面品牌："还我牛肉来！"

不过，"广告适度的艺术夸张和虚假广告之间的界限，有时确实很难确定，这是广告界争议了多年的问题"，在上海财经大学国际工商管理学院市场营销系教授晁钢令看来，判断的标准是"广告主给消费者承诺的可测量、可观察的标准是否能够达到，或者广告主给出笼统性的、含糊的效果表达时，实际上产品完全没有这样的效果"。比如，某广告承诺生发油的效果，但消费者使用之后完全没有效果；或者，类似于"紧急修复严重受损发质，只需 14 天"的广告，大多数消费者使用之后并没有达到这样的效果，则可被认为是虚假广告。

而广告的适度艺术夸张则是借助想象，对广告作品中所宣传的对象的质量或特征的某个方面进行相当明显的过分夸大，以加深或扩大对这些特征的认识。谭北平说："广告是高度创意的行业，这也是其魅力所在。"

晁钢令也举例，如果广告中，公路上的一只塑料箱子被载重大卡车碾过后丝毫无损（从常识角度来说不可能），可被认为是虚假广告；但如果被大卡车碾过的塑料箱子丝毫无损而公路却被箱子压陷下去了，让人联想到箱子结实，则可被认为是艺术夸张，因为这在现实中是不可能发生的。

更重要的判断标准，晁钢令认为是"对于大多数消费者的判断来说，是否受到误导"。如果对消费者的调查表明，大多数人对所谓的"合理夸张"信以为真了，那么就应当被认为是虚假广告。

对于红牛在美国受罚，福来品牌营销顾问机构总经理娄向鹏认为，不能说明国内的相关立法就比美国的标准低，"而是由于国外消费者的维权意识较高，以及由于国外执法的环境体系等较完善，消费者维权成本相对较低"。

不仅红牛，近年来，由于广告涉嫌夸大或虚假宣传而被指控或者受罚的企业不少。

英国广告标准局曾发布了一条禁令，剑指法国化妆品巨头欧莱雅旗下的美宝莲和兰蔻两个平面广告在后期制作时有意美化模特，误导消费者，称其不能证明在杂志上刊登的这两个广告准确地表现了产品的效果。欧莱雅集团随后向媒体承认广告经过了后期处理，比如给照片里的模特"提亮皮肤、美化妆容、减少阴影、柔滑嘴唇、加深眉毛"。

二、回归

尽管法律对虚假广告主越来越严厉，但是在晁钢令看来，广告营销的严谨度从目前来看总体趋势并没有很大变化，依然有不少企业在打擦边球，或者可以说是呈一种波浪式的变动，即当某段时间因为某件事情的影响而被重视时，打擦边球之风或有所收敛，但风波平息之后，虚假广告方式依然存在。

"对于企业来说，用最小的成本达到最大的营销效果，这是一种本能；在一些国家，相对于处罚力度，企业通过夸张或虚假的广告方式获得的收益更多，所以打擦边球也就会屡禁不止"，晁钢令说。

而规范本身也是一种博弈的过程，谭北平认为，所以现在很多品牌的广告主会更多地采用情感愿望表达与虚拟承诺，而非描述具体功效的广告方式来规避一些法律风险。

总体来看，虚假广告营销已经比以往收敛了很多。比如像"消费者证言"这样的广告形式已经越来越少，是因为监管越来越细致和严格。比如，日前国家新闻出版广电总局下达特急通知，严禁以养生类节目的形式发布广告，或者变相发布广告的行为，如直接或间接宣传药品、保健品、食品、医疗器械等产品和服务等。

在晁钢令看来，为了保护消费者的利益，对虚假广告或者打擦边球的广告，还是应该从立法和执法的角度采取更多的措施，增加违法成本。

韩国上周就宣布修订《韩国化妆品法》，对涉嫌化妆品虚假宣传的责任人服刑年限和罚款金额进行了重新规定，将被判处5年以下有期徒刑和面临最高5 000万韩元（约合28.8万元人民币）的罚款，而此前的规定是将被判处1年以下有期徒刑和面临最高1 000万韩元（约合5.7万元人民币）的罚款。

同时，对于违法广告的新形式的应对也要与时俱进。互联网时代的到来，微博、微信等新媒体使广告手段不断翻新，新出现的互联网虚假广告也层出不穷。国家工商总局今年3月公布的数据显示，在从网易、腾讯等20家门户网站中抽取的105.6万条各类网络广告中，严重违法广告多达34.7万条，占监测总量的32.93%。

"互联网的虚假违法广告监管确实是现阶段相对薄弱的环节"，娄向鹏认为，"对互联网的监管是分阶段、分层次的，目前的重心还在于对涉黄、涉赌等违法犯罪的监管以及意识形态领域；而且虚假广告表现形式灵活，一些植入式软广告鉴别不易；此外，当前部分网站并没有建立广告登记、审核等制度，从业人员法律意识不强，给虚假广告提供了便利。"

不过娄向鹏相信，未来随着这方面监管的加强，情况也会有所改善。国家工商行政管理总局、中宣部、工信部、国务院信息化工作办公室、国家卫生和计划生育委员会、国家新闻出版广电总局、国家食品药品监督管理总局、国家中医药管理局日前宣布，将联合开展整治互联网重点领域广告专项行动，食药领域成为此次专项行动整治的重点。以广东为例，行动开展以来，查处互联网虚假违法保健食品、药品、医疗器械、保健用品广告案件521起，罚没款613.7万元，责令停止发布705条次广告。

资料来源：刘琼，"什么样的广告会被罚？"，《第一财经日报》，2014/12/24。

另一种违反消费者被告知权利的情形，即未提供充分的信息以供消费者做购买决策判断的参考。例如消费者对很多产品的质量（可能来自处理的过程或采用的原材料不同）往往缺乏判断的信息，或者根本没有能力判断，此时厂商应

该提供足够的信息以供消费者参考。例如有关部门要求食品必须标示其营养成分和热量的信息，以供消费者做产品抉择时参考。另外，大陆和台湾也有各种质量认证或检验的标志。例如，大陆对药品的 DC 认证标志、食品的 QS 认证标志等，台湾对药品和食品的 GMP 标志、冷冻肉品的 CAS 标志等。最后，另一个常见的信息要求便是价格信息。例如美国政府要求大型零售商不应只提供商品总价（一罐奶粉多少钱），还必须提供商品的单位售价（一千克奶粉多少钱），以供消费者做出更明智的决定。总而言之，未来在消费者被告知权利的维护上，基本立场便是要求厂商提供更完整和更充分的信息，让消费者能够进行更明智、更完善的决策。

名角登场

营养标签标注不实　鄞州一商家被罚 1.5 万元

"为什么我家孩子每顿吃的奶粉、米粉比别人家的孩子多，但是个子长得却没人家的孩子快呢？是不是在家附近买的奶粉、米粉有问题？"

近日，家住鄞州区高桥镇高峰村的张女士带着疑问致电高桥工商所，想请工商部门帮忙查验一下她家孩子吃的奶粉、米粉质量。根据张女士反映的问题，该所组织人员对高峰村区域内的母婴用品店所售奶粉、米粉开展专项检查。

在一家母婴用品店，检查人员发现柜台上的一款牡爱牌 DHA 乳清蛋白有机小米配方营养米粉（2 段），其外包装上的标注引人注目——"法国好一生国际营养品有限公司监制""中国妇女儿童喜爱品牌""公众营养与健康中心倡导产品"……

检查人员随后进一步查验该米粉外包装，发现其标注的营养成分"每100g食品中，钙≥280mg、铁3.6—7.2mg、锌2.4—6.6mg"。据了解，米粉作为婴幼儿的辅助食品，国家对其钙、铁、锌等微量元素的含量有明确的标准，即每100g食品中，钙≥12 mg、铁0.5—2.25mg、锌0.17—0.46mg。

这款米粉包装上标注的含钙量竟然是国标规定量的 23 倍，而铁、锌含量均远远超出国标。这个反常现象引起了工商检查人员的注意，检查人员当场决定把包括该款米粉在内的 4 个批次的产品送检。

经检测，送检的 4 个批次产品中，生产日期为"20130302"的牡爱牌 DHA 乳清蛋白有机小米配方营养米粉（2 段）每100g中实际的钙、铁、锌含量分别是10.4mg、3.13mg 和1.22mg，均未达到国标。近日，高桥工商所已对该母婴用品店做出罚款15 000 元的处罚。

资料来源：http://daily.cnnb.com.cn/nbwb/html/2013-09/26/content_651322.htm?div=−1。

1.5.4　选择的权利

选择的权利主要是为了确保消费者在一种竞争的价格下，能接触到各式各样的产品与服务。

选择的权利（The Right to Choose）主要是为了确保消费者在一种竞争的价格下，能接触到各式各样的产品与服务。因为，消费者的满足必须基于消费者能够接触和评估各种产品替代方案的假设之上。大型的组织为了有效掌握市场，往往会采取一些措施来遏制和排除市场中新加入的厂商,例如通过大量的广告、低额的折扣和占据货架空间等措施来排除新厂商进入市场的可能性。因此,通过这些手段往往增加了大型厂商对市场的宰控和独占能力,同时也降低了消费者的选择性;或是通过掠夺性的定价手法,以低价来逼使竞争者退出或无法进入市场,一旦竞争者退出市场,再回复高价来获得超额利润。

因此,从保护选择的权利来看,政府必须采取一些措施使消费者能在相互竞争的价格下,保持足够的选择可能性。例如大陆的《反不当竞争法》和《价格法》中便有部分条款的设计是用来降低市场垄断的可能性,一方面是为了维持交易的公平性,另一方面是为了保护消费者的选择权利。

1.5.5 申诉的权利

申诉的权利(The Right to Be Heard)是指消费者有权表达他们对产品的不满,并且有权要求厂商对产品瑕疵进行补偿。美国的一项研究发现:受害的消费者,每五十人中只有一人会要求厂商对产品瑕疵进行补偿[11]。求偿比例如此低的主要原因,不外乎是产品所造成的损失比不上求偿所要花费的时间与精力,另外的原因则是消费者缺乏申诉的渠道[12]。不过,由于有愈来愈多的厂商开始重视消费者的抱怨与申诉,因此纷纷设立了免费的申诉电话。虽然说处理消费者抱怨要付出代价,但有时付出代价是值得的。一项研究发现:若能顺利圆满地解决消费者抱怨,其重购的概率往往高达80%—90%[13]。

> 申诉的权利是指消费者有权表达他们对产品的不满,并且有权要求厂商对产品瑕疵进行补偿。

1.5.6 享受干净与健康环境的权利

环境是属于全体成员的,因此消费者有权要求厂商的营销手段和产品不得伤害到环境的干净与健康,这便是享受干净与健康环境的权利(The Right to Enjoy a Clean and Healthful Environment)。可是,很多的污染源是来自消费,矿泉水瓶和塑料泡沫都是明显的例子。乐活(Lohas, Lifestyles of Health and Sustainability)便是消费者回应这一权利的省思,也就是消费者在消费时要考虑到自己与家人的健康和维护干净环境的责任。基于此,厂商必须关注和防范环境污染的问题。绿色营销(Green Marketing)和生态营销(Ecological Marketing)都是厂商关切这些问题所发展出来的营销做法。社会责任营销观念(Social Responsibility Marketing Concept)认为组织在追求目标达成与满足顾客的需求下,必须考虑到社会福祉[14]。也就是说,在社会责任营销观念下,营销人员在拟定营销策略时,必须将没有参与交换或交易的社会大众的福祉也一并列入考虑。干净与健康的环境便是社会责任营销所关切的,同时也是一个普遍获得社会认同而没有引起太大争议的社会福祉。

> 消费者有权要求厂商的营销手段和产品不得伤害到环境的干净与健康。

1.5.7 弱势但免于受伤害的权利

有一些消费者属于弱势者,并在全部消费者中占有很低的比率。例如,低收入者、儿童或是老年人等。相较于一般的消费者,这些弱势消费者往往没有办法取得与决策相关的信息,他们中的大部分人也缺乏充分的自由或知识去进行产品比较,同时在面对有瑕疵的产品时,也经常无法采取补救或申诉的措施[15]。因弱势但免于受伤害的权利主要是主张维护弱势消费者免于遭受权利的剥夺。

此，弱势但免于受伤害的权利（The Right to Be a Minority Consumer Without Disadvantage）主要是基于这些弱势消费者可能会接触到更多的不安全产品（很多的低价劣质商品可能是针对这些弱势消费者的）、可能更不容易获取到相关的产品信息（因为搜集产品相关信息的成本对他们而言可能太高）、可能只有更少的选择（因为收入限制了他们的产品选择范围），以及对于产品瑕疵缺乏有效求偿与补救的手段（因为他们的社会地位相对较低、社会力量相对较弱，社会对其重视度也较低）。所以，呼吁维护"弱势但免于受伤害的权利"的人士，主要是在捍卫这些少数弱势消费者的相关权利。

例如，低收入的居民是否购买了很多低价但却不安全的商品（如过期商品、没有经过检验的商品、不合格商品，以及劣质商品）。又如，有些低价牛仔裤可能含有有毒化学物质，可能引发皮肤病变甚至有致癌风险。也许从市场区隔的概念出发，会有厂商选定低收入的市场区隔进行营销，但营销策略本身的设计则不应该伤害到这些弱势消费者的消费权利。例如，美国有一种香烟品牌 Uptown，即是针对非洲后裔的美国人（弱势消费者）销售的，因为它具有特别高的尼古丁含量，所以受到激烈的批评[16]。

1.6　消费者行为的思考架构

消费者行为，应"知其然"也要"知其所以然"，应了解其"实然面"也要了解其"应然面"。

今日的实务可能激发明日的理论，而今日的理论也可能促成明日的实务。对于消费者行为学科的探讨，不能忽略理论和实务的相互依存关系。对于消费者行为，应"知其然"也要"知其所以然"，应了解其"实然面"也要了解其"应然面"。在观赏美丽花朵的同时，也要明白美丽的花朵何以绽放；了解消费者的行为，也要明白消费者行为形成的原因。

为了有效了解消费者行为，我们必须借助于一套消费者行为的思考架构，如图1-4所示。消费者行为的架构主要可以分为三个阶段：输入阶段、处理阶段和输出阶段。输入阶段主要是指消费者所接受到的刺激，这包括两项信息：营销信息和非营销信息。营销信息主要来自营销人员所进行的消费者沟通，当然消费者沟通是基于消费者研究的结果。营销策略，例如产品、定价、渠道与推广所

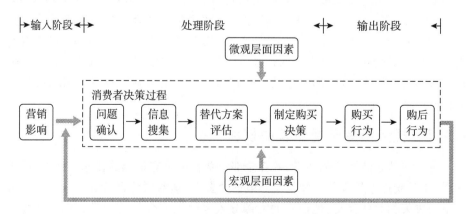

图1-4　消费者行为的架构

构成的营销组合,则担负营销沟通的职责。而非营销信息则是来自背后并无商业企图的信息,这包括来自社会大众、媒体、同伴、家庭和参照群体等的信息。营销管理人员所特别关切的,当然是他们所能掌握的营销信息与营销影响。

处理阶段则包含消费者在制定决策时的内在的心理运作过程。心理运作的过程包括问题确认、信息搜集、替代方案评估和制定购买决策。

最后是输出阶段,包括采取实际的购买行为和购后行为(包括消费、反应和产品处置等)。

消费者决策的过程会受到消费者内在的个人因素和外在的群体因素的影响。影响消费者行为的内在个人因素,可以称为微观层面因素,其中包括动机、人格特质、生活形态、价值和人口统计变量。而影响消费者行为的外在群体因素,可以称为宏观层面因素,其中包括文化、参照群体、家庭、社会阶层与情境因素。

练习题

1-1 购房纠纷和医疗纠纷是常见的两种消费者纠纷,试从消费者权利的角度来讨论有哪些厂商(或医院)作为可能损害消费者的权利,以及应该如何防范? 政府可以采取哪些措施来防范上述两种产品可能产生的消费者权利损害?

1-2 请举出一个你曾经历过的消费者权利受到损害的例子,并说明厂商当时是如何弥补的、你认为应该如何弥补,以及未来应该如何防范这种损害。

1-3 学生与老师的关系是否是一种消费者与厂商的关系? 说明你的理由。

诉求食材安全,拒绝工厂养殖

你很难想象,一个卖墨西哥卷饼的餐厅的股票,竟然可以成为美国股价最高的餐厅股。十年间其股价涨了近30倍,现在超过600美元,是麦当劳的6倍,连高科技股苹果的股价都只是它的近五分之一。

Chipotle Mexican Grill 等大批快捷休闲餐厅的崛起,确实成为麦当劳的梦魇。而其成功模式,与目前多数成功的小众品牌相同:文化主张非常清楚,可快速吸引客人,进而动摇"老大"的江山。

1993年7月,27岁的 Chipotle 创办人史蒂夫·埃尔斯(Steve Ells),靠着向父亲借的8万美元,从一个废弃的冰淇淋店面起家,卖起了墨西哥卷饼。第一年,他就创造了100万美元的营业收入。

Chipotle 在墨西哥语中的意思是一种小辣椒，该公司商标图案的中央就是一根辣椒。不过，辣椒不是它的产品，它卖的是"正直的食物"。1998 年，埃尔斯宣布该公司旗下的肉品全是来自牧场而不是工厂养殖的。他们向消费者传达了一个信息：Chipotle 所用的牛、鸡、猪、乳制品，在饲养时都不用抗生素或生长激素。"负责的培育，永续的饲养"，就是 Chipotle 的口号。

和对手麦当劳相比，Chipotle 菜色较少，顾客流动更快，这种模式被称为快捷休闲模式。Chipotle 每个卷饼单价约 7 美元，比麦当劳的一份大麦克套餐贵，但是年轻的消费者仍愿意买单。

麦当劳不是没看到 Chipotle 的崛起，1998 年，麦当劳向 Chipotle 注资成为其最大的股东，当时 Chipotle 只有不到 20 家店。2006 年 Chipotle 公开上市，当时股价约 22 美元，麦当劳后来却选择抛出手上所有持股。两者文化的天差地别，可能是造成麦当劳提早获利了结出场的原因。

当麦当劳卖的是快速的、能吃饱的快餐时，Chipotle 卖的是饮食的体验氛围。Chipotle 店内播放的歌曲是请专业的 DJ 克里斯·戈卢布（Chris Golub）精心排选的。戈卢布受埃尔斯之邀，花大量时间在店内聆听各种歌曲，例如他亲自调查顾客"在店里吃烤牛肉卷饼时，想听到乡村音乐还是摩城（Motown）风格的经典歌曲？"他也研究什么时段播什么歌最符合当时的氛围，结论是"午餐和晚餐高峰期会播放节奏较快的歌，因为，它们需要让顾客流动得更快（即创造高翻桌率）"。甚至店里的音响是金属还是木头材质，播放哪种歌曲才有最佳的回音效果，都经过戈卢布精心的设计。

连很多米其林餐厅都没考虑到用餐与音乐的关系，Chipotle 却考虑到了。"我们本来可以用卫星广播电台的，那样便宜多了"，Chipotle 发言人表示，"但如果你经营一家餐厅，你就需要适当的氛围。我们关注细节，我们想要某种只属于我们自己的东西。"

Chipotle 跟多数新兴品牌一样，不打广告正规战，而是善用网络社交平台，打响知名度。如它会发给一些名人"免费卷饼卡"，持卡人在一年内每天都可免费吃一次卷饼。美国职业棒球大联盟球星布莱斯·哈波（Bryce Harper）、美式足球明星拉塞尔·威尔逊（Russell Wilson）等人，都在其推特上展示 Chipotle 送的免费卷饼卡。甚至 2014 年 6 月，美国总统奥巴马也到 Chipotle 餐厅，自己点菜吃午餐，照片被登上推特，变相为 Chipotle 宣传。

Chipotle 不断塑造自己"健康"的形象，要打败"邪恶"的转基因食物。2015 年 4 月底，Chipotle 宣布停止供应转基因食品，但其实至今科学界仍未证明转基因食品对人体有害，美国食品暨药物管理局也宣称转基因食品是安全的。但 Chipotle 和转基因食品划清界限，显然和以下现象有关：据皮尤研究中心（Pew Research Center）调查，88% 的科学家认为转基因食品是安全的，但一般人认为转基因食品安全的比率却不到四成。

Chipotle 标榜高质量的健康快餐，挖走了不少麦当劳的消费者，令其股价连续飙升，不过它也必须为自己的坚持付出代价。Chipotle 要求原料必须是高质量的，这代表其供应来源相对受限。2015 年第一季度，因为质量问题，Chipotle 暂停向一家猪肉供货商进货，导致旗下超过三分之一的店面无足够的猪肉可用。

这也直接反映在食材的成本上。和对手相比，Chipotle 的食材成本占营业收入的比重较高，将近 34%，此外高质量也意味着高价格。

分析师迈克尔·卡特（Michael Carter）以自身经验表示，好几次他想上 Chipotle 的店里用餐，看到门口大排长龙，便打了退堂鼓，也见到许多顾客不耐久候就离开了。产能无法扩大,反而成为 Chipotle 未来成长的局限。

资料来源:杨少强,"菜色少、单价高,却靠氛围两字胜出 新劲敌卖'正直食物'股价是苹果 5 倍",《商业周刊》,第 1441 期,2015/06/24。

🎼讨论问题

1. 你觉得消费者长期坚持的价值有哪些? Chipotle 的哪些做法是符合这些价值的?
2. 中国的餐饮市场一直很繁荣,从 Chipotle 的例子,你觉得除了美味外,中国的餐饮市场还存在着哪些差异化的机会? 试讨论一下。

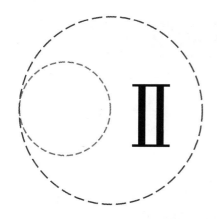

消费者的信息处理与决策

第 2 章　消费者知觉

本章将为您解答下列问题：

▶ 什么是知觉？影响知觉的因素有哪些？

▶ 感官对于知觉有何影响？

▶ 绝对阈限与差别阈限的意义是什么？

▶ 韦伯定律与最小可觉差的内涵是什么？

▶ 过度展露与潜意识知觉的内涵是什么？

▶ 注意阶段在消费者知觉过程中的意义是什么？

▶ 理解阶段要通过哪三个程序才能完整达成？

▶ 我们会根据哪些原则来进行信息的组织？

▶ 选择性的偏误可分为哪几种？其内涵是什么？

▶ 知觉的结果表现在营销上有哪些值得注意的部分？

为什么货架右边的商品比较好卖？

如何将消费者从不想买变成好想买？脑神经科学发现，其实大脑容易被看穿、对某些事难以抵抗。当营销结合高科技时，消费者的心理便不再神秘而不可侵犯。

现在，全世界的大公司都在进行如何应用脑神经科学的进展开发影响（批评者可能会说"操控"）消费行为的技巧竞赛。这场竞赛不只是要赢得消费者的心，也要影响他们的理智。

如果你认为你买的东西都是出于自由意志，不妨看一下你买的东西。我和你打赌，从你穿的牛仔裤到你开的车，不管是基于感性还是理性的理由，事实上，有相当一部分是在你无法察觉的情况下受影响而买下的。

你可以想象坐火车或长途巴士旅行的时候，因为很累，你就把头靠在窗户上休息。结果你马上听到一个声音，而且似乎来自你的脑袋里面，也就是眼睛后方、两耳之间的位置，它试着要卖给你什么东西。远不只这样，这个奇怪的声音还知道一大堆你喜欢什么、不喜欢什么，以及你常买的产品与服务。这是一场噩梦？还是一种错觉？其实这是一种最新的技术。只要在窗户的玻璃上安装一个电能转换器，就能把声音信号转换成高频的震动。

当疲倦的旅客把头靠在这块玻璃上时，他的头盖骨就和这个频率一起震动。即使在很吵闹的环境中，这个装置还是能产生清楚的声音，听起来就像是从他的脑袋里自己冒出来的一样。这是一则只有他能听到的销售信息，而且，拜他登录社交网站与过去的购买历史采集的信息所赐，这则信息可以做得独一无二、无比诱人。

这是广告代理商 BBDO 德国分公司（BBDO 是全球第二大广告公司）为德国天空广播公司（Sky Deutschland）研发出来的技术，这个技术已经被证实非常有效，但同时也引起很大的争议。欢迎这个技术的潜在客户认为，这是"在大众运输广告中的下一件大事"。但很多消费者非常生气，认为这是"侵犯了人们休息的权利"，甚至进行暴力威胁："我会砸碎这块玻璃"。

在营销中，广为人知的层面是价格，然而，零售商很久以前就发现，在判断价格时，大多数消费者其实相当无知。价格的影响可能非常复杂。想象一下，你去你家附近的咖啡店买咖啡，发现你最喜欢的拿铁的价格从一杯 2.2 英镑涨到 2.42 英镑，你还会不会买？现在考虑另一种情况，你喜欢的咖啡从一杯 2.9 英镑涨到 3.19 英镑，你会立即付钱，还是另找一家便宜的咖啡店？

根据加州大学伯克利分校的研究，虽然一杯咖啡价格增加的幅度都是 10%，大部分消费者会接受第一种情况的涨价，而遇到第二种情况的涨价则会离开。这是为什么？

第一种情况是，最左边的位数保持不变，都是 2 英镑，第二种情况则是从 2 英镑增加到 3 英镑，"左位数效果"让顾客觉得价格涨了很多。

美国凯斯西储大学的莱塞泰勒（Lacetera）和同事分析超过 2 200 万笔二手车交易记录之后，发现里程数每超过 1 万英里的汽车，销售价格就会显著下降。也就是说，在买主眼中，里程表显示为 28 999 英里的二手车比 3 万英里的二手车更有价值。

虽然我们还无法明确指出造成左位数偏差的神经机制，但最可能的心理解释是，消费者只注意最左边的数字，对后面的数字视而不见。针对拍卖网站交易的研究也发现类似情况，消费者往往忽略例如运费和营业税之类的额外费用。

每个人的身体都倾向一侧，因为大多数人都有惯用手，通常是右手。

我们和身体特定一侧的事物互动比另一侧容易，使得我们在潜意识中把主导侧和正面情绪、非主导侧与负面情绪联想在一起。在几乎是"右撇子"的世界里，这意味着右边被视为好的，左边被视为不好的。

购物的时候，我们比较喜欢陈列在右侧的商品，这种偏好非常明显，我们称之为"不变的右边"。

不过，这可能因为顾客是"左撇子"还是"右撇子"而有所不同。一项研究把商品简介分别印在页面左侧或右侧，要求受试者以此决定想购买两个产品中的哪一个，"右撇子"往往选择简介印在右侧的产品，"左撇子"的决定则正好相反。

资料来源：编辑部，"为什么卖场右边的商品比较好卖？"，《商业周刊》，第 1397 期，2014/08/20。

消费者的内心是如何想的？他们是怎样处理所收到的产品信息呢？本书的第二部分介绍消费者的信息处理与决策，也就是探讨消费者在面对消费问题时，内心所进行的决策过程，以及与该过程相关的心理运作机制。

决策过程是探讨消费者进行决策的相关步骤，包括问题确认、信息搜集、替代方案评估、制定购买决策，以及购后行为等。这些决策过程主要针对特定的消费问题而进行。

消费者内心存在着会影响决策过程的心理运作机制。这些机制可能会受到过去的经验，或者消费者的生理或心理上的特征的影响。虽然这些机制一直存在，并非因为特定的消费问题而产生，但它们会影响消费者对该特定消费问题的处理与决策。主要的心理机制包括知觉、学习和态度。在本部分，我们先探讨这些心理机制（包括本章的消费者知觉、第三章的消费者学习、第四章的消费者态度）；最后，在第五章我们再探讨消费者的决策过程。

2.1　知觉的意义与影响因素

消费者生活在这个世界中，时时刻刻会接收到很多的信息。为了解读各项信息的含义，他们必须对信息进行处理。消费者信息处理（Consumer Information Processing）程序的第一个步骤便是知觉。

知觉（Perception）是指消费者进行选择、组织及解释外界的"刺激"，并给予有意义及完整图像的一个过程。消费者每天都会接触许多刺激，这些刺激包括商业刺激（例如广告、特价或推广活动等）和非商业刺激（例如新闻报道、流行信息，或同伴的消费示范等）。在众多刺激中，有些刺激，消费者会加以处理；有些刺激，消费者则会略过。基本上，消费者的知觉可以分为三个阶段：展露阶段、注

知觉是指消费者进行选择、组织及解释外界的"刺激"，并给予有意义及完整图像的一个过程。

意阶段与理解阶段。整个知觉的过程如图 2-1 所示。在进一步探讨这三个阶段之前,我们要先探讨影响知觉的因素。

消费者的知觉可以分为三个阶段:展露阶段、注意阶段与理解阶段。

图 2-1 知觉的过程

影响消费者知觉的因素可以分为刺激的特征、刺激的情境与消费者的特征三大类[1]。

2.1.1 刺激的特征

刺激的特征是指来自环境的刺激本身所具有的特征。我们常说:"人要衣装,佛要金装",便是指刺激的特征对知觉的影响。因为体面的穿着(刺激)可以使别人对自己产生较佳的印象(知觉)。

刺激的特征可以分为两大类:一类是感官的特征,另一类是信息的特征[2]。感官的特征是指刺激对感官的可能冲击。由于一个人所接收到的环境刺激非常多,因此人的感官必须筛选刺激,所以有些刺激会被感官感受到,但也有些刺激会被忽略。因此,消费者感官对于刺激的注意力高低会受到刺激特征的影响。例如色彩、尺寸、对比、音量、设计、节奏与亮度等都会影响感官的注意程度。当然,不同的感官在功能上也有其独特性,因此,刺激所产生的冲击并不相同,例如耳朵的功能是不能由眼睛来替代的,所以眼睛无法感受到音量的变化。

另一类是信息的特征。当消费者的感官体系已经注意到刺激本身时,刺激的信息内容便会扮演下一个具有影响性的角色。人们会针对信息内容,进行组织、类化与推论,以进行解读。最后,经由信息处理而可能改变了消费者的态度与印象,这也是整个知觉的结果。由于营销人员可以控制大部分的商业刺激,因此就刺激的操控而言并不困难,关键在于:营销人员能否清楚地了解这些特征是如何影响消费者的知觉的。

对比(Contrast)是相当重要的刺激特征。它是指消费者会比较容易注意到与背景的相对差异较大,而非与背景相融合的刺激。对比所依据的理论主要是适应水平理论。适应水平理论(Adaptation Level Theory)是指消费者在面对刺激时,会慢慢适应某一固定水准的刺激,最终忽略它们的存在[3],例如"入鲍鱼之肆,久而不闻其臭;入芝兰之室,久而不闻其香"。由于我们已经适应了前一个刺激,此时若新进的刺激和前一个刺激之间没有太显著的差异,我们往往会忽略掉新进的刺激。例如平面广告中的大量留白、彩色电视广告中的黑白广告,以及广告中的突然巨响和突然静音等,都会产生一种强烈的对比效果。基本上,营销人员可以借助刺激强度(特别亮眼的画面或特别强烈的图片)、移动(移动的物体比静止的物体更容易吸引注意力)以及颜色(诸如红色的暖色调有较长的波长,较容易引起注意;而蓝色的冷色调则波长较短,较不容易被注意到)来产生对比。

对比是指消费者会比较容易注意到与背景的相对差异较大,而非与背景相融合的刺激。

适应水平理论是指消费者在面对刺激时,会慢慢适应某一固定水准的刺激,最终忽略它们的存在。

广告的尺寸（Size）也会影响消费者的注意程度,例如较大版面的报纸广告或看板广告比较容易吸引消费者的注意力。另外,广告的版面配置（Placement）也会影响消费者的注意程度。例如同样是报纸或杂志的半版广告,上半版比下半版较容易吸引读者的注意,而左半版也比右半版较容易吸引读者的注意[4]。这是因为我们一般的阅读习惯是由上而下、由左至右。同样的道理,对于零售店中的商品陈列而言,不同的位置也反映出不同的吸睛效果。例如美国的一项研究发现:上半货架的商品比下半货架的商品可以多获得消费者35%的注意力;当商品的摆放由两列增至四列时,可以多获得消费者34%的注意力;一个理想的货架位置可以使商品的可见度增加76%[5]。

2.1.2 刺激的情境

刺激不会是单独存在的,刺激必定有其存在的背景与环境。这些背景与环境可称为刺激的情境（Context）。想想看:当你到一家诊所去看病时,医生的医术水平和医疗品质显然是你最关心的,但是你是否会受到医生的穿着、护士的动作、诊疗室的设备与摆设、诊所内悬挂的各种医疗资质证书,以及致谢牌匾等的影响,并据此作为对该诊所医生的医术水平和医疗品质的判断?相信对多数人都会有影响,因为他们对于刺激的情境会有所反应,这便是情境对知觉的影响。同样,营销刺激的情境也会影响消费者对于刺激的解读。例如对于同样的促销折扣,一个标榜"歇业大酬宾",另一个标榜"周年庆特价",你会对哪一项信息有着较为强烈的反应?一般来说,消费者对"歇业大酬宾"比对"周年庆特价"有更为便宜的解读,这便是情境（歇业大酬宾或周年庆特价）对于刺激（促销折扣）知觉的影响。研究也发现,出现在平面广告之前的文章内容,会影响消费者对该广告信服的程度,这便是一种典型的情境效果[6]。

2.1.3 消费者的特征

消费者的特征也会影响知觉。一位心不在焉的学生和一位专心致志的学生上同样的一堂课,学习效果为何会有很大差异呢?这便是消费者的特征会影响知觉的一个例证。消费者的特征中,最明显的一个变量是消费者的动机。消费者对于某一产品的需求愈强,则对于该产品的注意力也愈高。例如当你因为天气炎热,而准备添置一台空调时,此时的你对与空调相关的报道和广告便会较为注意。另外一个常见的消费者特征是知识,知识会影响消费者对于信息和刺激的处理能力及深度。俗话说的"内行看门道,外行看热闹"便是一种知识影响知觉的例子。若消费者对产品的知识极为有限,此时往往只能做有限度的信息处理。不过,具有知识的消费者若是缺乏动机,则其对于新产品的学习效果不一定会比缺乏知识者要强[7],这里显示的是动机也会影响知识的运用。另外,情绪与情感也是重要的消费者特征。例如过去的研究发现,快乐的消费者通常比较不愿去处理可能会破坏其快乐情绪的信息,也就是说,消费者在正面情绪下,会加强对于正面属性的解读,而相对降低负面属性的重要性[8]。当然,消费者的特征不限于此,还包括消费者的人口统计因素以及人格特质等。因此,我们在了解消费者的知觉形成时,不能忽略对消费者特征的考量。

刺激不会是单独存在的,刺激必定有其存在的背景与环境。这些背景与环境可称为刺激的情境。

消费者对于某一产品的需求愈强,则对于该产品的注意力也愈高。

知识会影响消费者对于信息和刺激的处理能力及深度。

票投给谁？　基因恐早已决定

你自认为是个理性的选民吗？脑科学专家认为，你把票投给谁，虽然跟候选人的政见与施政方式有关，但是其实还有许多天生的因素隐藏其中，默默产生影响，自己却毫无感觉。

《都是大脑搞的鬼》一书中，提出了几个有趣的观察点，说明选民的投票行为隐含了许多大脑与基因鬼斧神工却不着痕迹的运作方式。基因决定政治倾向？2010 年，美国加州大学圣地亚哥分校的研究团队发现，如果一个人身上带有一种特殊形态的 DRD4 基因，就比较有可能在成年时变成思想和政治上的自由派。因为这个基因会加大多巴胺对大脑的影响程度，会增强人们追寻新奇事物的动机。科学家们认为，只要带有这个基因，又在青少年时期交游广阔，就更容易成为思想和政治上的自由派。

大脑结构泄露政治偏好？除此之外，从大脑的层面看，自由派和保守派天生也略有不同。"当外在世界出现冲突或异例时，自由派受测者的前扣带皮层反应会比较强烈……其前扣带皮层的灰质体积也会比较大""而保守派的受测者，其右侧杏仁核的体积会比较大……比较容易受到情绪的影响，因而恐惧新观点、害怕改变，从而成为保守派"。这样的反应，从脑电图中可以看出明显差异。

你以为每个人的政治意识形态，都是由单纯的个人所学和生活经验所决定的吗？纽约大学的社会心理学家约翰·约斯特（John Jost）就提出了一个理论，"一个人的政治意识形态是保守还是自由，其实就是这个人内心需求、兴趣和欲望的展现"。根据这个理论，当一个人对威胁感、模糊性和不确定性感到排斥，并且有强烈的欲望想要降低这些不确定因素时，就比较有可能成为保守派，反之就成为自由派。选举看热闹也看门道，但是大脑与基因对政坛竟然默默地有诸多决定性影响，恐怕许多人都始料未及吧。

资料来源：梁惠明，"投谁？基因恐早已决定"，《"中时"电子报》，2015/06/20。

2.2　感　官

如同前述，消费者的知觉基本上可以分为三个阶段：展露阶段、注意阶段与理解阶段。不过任何的知觉形成都必须先经由感官来感受刺激，而每种感官都有其独特性，因此我们必须先了解感官的特征。以下我们针对五种重要的感官来进行探讨。

2.2.1　视　觉

营销人员利用了大量的视觉刺激，例如广告、产品包装、店面设计等，来沟通和传达营销信息，并借以说服消费者。视觉上的刺激主要包括颜色、外形、大小等。

颜色可以直接影响我们的情绪感受。例如，暖色调的红色具有较长的波长，而冷色调的蓝色则波长较短，因此红色使人感到兴奋，蓝色则使人感到放松。同样，研究也发现：蓝色背景的广告比红色背景的广告更讨好[9]。另外，研究发现：

视觉上的刺激主要包括颜色、外形、大小等。

黄色的墙壁和装潢使店内的顾客流动较快；快餐店内的橘色装潢使人感到饥饿；医院内的蓝色和粉红色装潢则可以减缓病人的焦虑[10]。

颜色还具有文化上的含义，例如红色在中国代表大喜，因此适合婚礼和喜庆的场合，白色则是丧礼等哀凄场合的代表颜色；反之，西方则认为婚礼较适合代表纯洁的白色，而在很多国家红色更被认为是血光之灾。因此，不同文化下对于颜色的解读也大不相同。此外，很多公司或产品为了强化消费者的印象，都发展出代表自己企业或产品的独特颜色，例如可口可乐的红色、雪碧的绿色，以及IBM的深蓝色都是给予顾客强烈印象的颜色。

研究也发现，卖场色调会通过消费情绪而影响消费者对于时间的知觉及卖场满意度。冷色调所产生的消费者的情绪反应远比一般色调和暖色调好，而冷色调所产生的时间知觉也远比一般色调和暖色调慢；在卖场满意度上，冷色调所产生的满意度则比一般色调和暖色调高[11]。

产品的外形设计也会影响消费者的偏好和认知。例如苹果公司将个人电脑赋予彩色透明的外壳，转变了过去个人电脑留给消费者的冰冷呆板的印象，展现出活泼轻快的一面，因此吸引了注重电脑外表这一属性的顾客群体。其后所发展出来的iPod也沿袭了同样的风格，以独特的造型成为MP3的强势品牌。此外，市场上许多流行音乐公司也常将音乐专辑包装成书或是礼盒等模样，目的就是希望吸引消费者的注意力，并扭转消费者对专辑的刻板认知和态度。

另外，产品的包装也会影响消费者对于数量的知觉。消费者会偏向购买包装看起来比较大的产品[12,13]。例如同样是500毫升的洗发水，放在圆柱形的外瓶和放在扁平形的外瓶，整体感觉完全不同。相对于圆柱形的外瓶，扁平形的外瓶因为立面较宽，因此让消费者感觉分量较多，价格相对便宜。

一项探讨消费者对于口味差异知觉的研究发现：同样的口味会因为颜色的深浅不同而产生不同的知觉，而颜色的影响力甚至大于品牌与价格的影响力[14]。

名角登场

水蜜桃穿上性感内裤，店家大卖

收到什么样的水果礼盒会让人脸红心跳、爱不释手到不忍心咬下第一口？

南京一款名为"蜜桃成熟时"的水果礼盒，帮水蜜桃穿上特制的超级迷你蕾丝内裤，让水蜜桃摇身一变成为性感尤物。

水蜜桃穿上小裤裤，身价马上水涨船高，一盒9颗装售价398元人民币，价格是同等级水蜜桃的4倍，但推出时间适逢七夕情人节，不但出货不及，网店浏览量更比平时飙升了12倍。

"我们的桃子不是最贵，却是结合'美与味'最极致的那一款。"卖家水果猎人负责人姚晓阳表示，许多水果在文学里都带有性感的色彩，他只是打造出内外兼具的创意产品而已。

资料来源：夏嘉翎，"除了送情人花和巧克力，没新梗？水蜜桃穿上性感内裤店家流量飙升12倍"，《商业周刊》，第1399期，2014/09/03。

2.2.2　听　觉

音乐和声音也是营销人员常用的工具，通过音乐和声音可以影响消费者的情绪、感觉与行为。很多广告都通过精心设计的音乐，来引发消费者对产品品牌的良好联想，或是强化其广告诉求。例如绿箭口香糖配上轻快的音乐来强化其"口气清新"的诉求。

通过音乐和声音可以影响消费者的情绪、感觉与行为。

音乐和声音对消费者的影响不只限于广告上，营销人员在零售店或服务场所中也常使用音乐来影响消费者行为。例如有研究借由操控餐厅内的音乐节奏，来观察其对餐厅顾客的消费金额与停留时间的影响，结果发现：音乐对于餐厅顾客的停留时间与消费金额有显著影响[15]。另外，也有学者通过对卖场的音乐进行操控，来观察其对顾客的消费金额与停留时间的影响，结果发现：当音乐的速度较快时，引发顾客的负面情绪较低、正面情绪较高、购买时间也较短，同时单位时间购买金额也较低；音乐的音量也会影响顾客的消费行为，当音量大时，顾客的正面情绪较高、购买时间较短，但单位时间购买金额却较高[16]。

音乐的曲风也会影响消费者。相较于欢快的曲风，悲伤的曲风让消费者觉得时间过得比较慢，欢快的曲风则使得消费者对卖场的满意度较高[17]。在音乐熟悉度方面，相较于陌生的音乐，熟悉的音乐让消费者觉得时间过得比较快，不过对音乐熟悉度的高低不会影响消费者对卖场的满意度[18]。此外，背景音乐若能与信息陈述方式相配合，则消费者对广告的态度会产生正面影响[19]。

声音的速度也很重要。研究发现，消费者通常会喜欢一个比正常语速略快的说话速度[20]。有些播音员经常会以比平常语速快约 20%—30% 的速度来播报信息。不过若从说话速度对于说服的效果来看，研究尚未获得一致的结论。有些研究认为，较快的说话速度让消费者没有足够的时间来深入思考其所要传达的论点，因此在某些状况下反而不利于态度的改变[21]。但较快的说话速度会让消费者觉得说话的人较有自信[22]。一项研究发现，使用低音调但比平常语速稍快的广播广告能够产生比较正面的广告与品牌态度[23]。另外，研究也发现英文品牌名称的元音会影响消费者对于产品的特征评估，例如具有元音〔i〕的品牌，相对于具有元音〔a〕的品牌，会使消费者认为产品的重量相对较轻[24]。

名角登场

音乐影响您的口感

英国的一项研究发现，特定食物搭配特定音乐，能产生别具特色的风味，即如果在进食时聆听特定的音乐，会觉得食物的味道更好。

在这项研究中，牛津大学心理学家查尔斯·斯宾塞（Charles Spence）要求受测者先后吃两块一模一样的巧克力，同时聆听两种不同的古典音乐。

结果发现，如果受测者听到比较忧伤的音乐，他们会感觉巧克力较苦；而如果播放的音乐比较欢快，他们会感觉巧克力较甜。

这项研究揭示，在食用炸鱼与薯条时，聆听披头士乐队（The Beatles）的音乐会增加用餐的乐趣；而在品尝巧克力慕斯或咖啡时，意大利男高音歌唱家鲁契亚诺·帕瓦罗蒂（Luciano Pavarotti）演唱的《今夜无人入睡》（*Nessun Dorma*）则是最佳良伴。

而这种音乐"调味料"对酒也有效果。研究人员称，在喝酒时听对的音乐，其口味比不听音乐更棒。举例来说，在品尝法国玛歌酒庄（Chateau Margaux）2004年份的红酒时，聆听俄罗斯作曲家柴可夫斯基的《D大调第一弦乐四重奏》（*String Quartet No. 1 in D Major*）是最佳选择。

斯宾塞表示，音乐无法产生嘴巴中没有的味道，但似乎能使耳朵与味蕾进行下意识的沟通，而人们倾向于将相同的声音与相同的味道配对。

他将酸这种味道描述为高音，这表示吃酸的东西应该"配"高音；而甜的声音则较圆润；苦则与低沉的音符相联结。

他补充说，除了音乐之外，颜色、灯光，甚至餐具的重量都会影响进餐的感受，其中，红色的灯光会带出红酒中的水果味道。

资料来源：陈俊村，"牛津大学研究：食物配特定音乐 风味更佳"，《大纪元》，2015/04/07，http://www. epochtimes. com. tw/n122713/% E7% 89% 9B% E6% B4% A5% E5% A4% A7% E5% AD% B8% E7% A0% 94% E7% A9% B6-% E9% A3% 9F% E7% 89% A9% E9% 85% 8D% E7% 89% B9% E5% AE% 9A% E9% 9F% B3% E6% A8% 82-% E9% A2% A8% E5% 91% B3% E6% 9B% B4% E4% BD% B3. html。

2.2.3 嗅 觉

嗅觉是重要性仅次于视觉的感官，情感的激发有75%是由嗅觉所引起的。另外，嗅觉的记忆比视觉的记忆可靠得多。根据美国嗅觉协会（Sense of Smell Institute）的研究显示，人们回想一年前的气味的准确度大约为65%，然而如果是回想三个月前看过的照片，准确度则仅有50%[25]。

气味可以引发不同的感觉和情绪，对于食品和化妆品而言，气味更是格外重要。例如柑橘类的香味可以令人振奋，从而提升精神；柔和的熏衣草的香味却能使人镇静，从而感到放松舒压。气味除了能和情绪联结外，往往也会让人联想到过去的体验。由于每个人具有不同的气味体验，因此某些气味对于不同消费者可能具有不同的含义。例如柔和的青草和森林的气味可能让有的消费者想到最近一次的郊游，但对另外一些消费者而言，却可能想到某一个具有类似香味的沐浴乳。研究也发现环境的香味可以减少电脑打字的错误[26]，而卖场令人愉悦的气味则会增加顾客在店内逗留的时间，并对卖场的信息更加注意[27,28]。

气味和颜色一样也具有文化上的含义，臭豆腐便是一个典型的范例。虽然中国人将它视为珍馐，但很多外国朋友却是不敢领教。另外，虽处同一文化下，人们对味道也有不同的喜好。例如普洱茶具有一股独特的味道，虽深受中国大陆、香港地区人士的喜爱，但在早期刚引入中国台湾地区时却不能被爱茶人士所认同接受，截至目前，还是有很多台湾地区的消费者无法接受这样的味道。

除了文化上的差别，消费者的特征也是造成其对于嗅觉解读不同的原因之一。例如闻到烤肉味，会让荤食者垂涎三尺，但对于素食者而言，会觉得恶心反胃。非吸烟人群对于烟味的感觉也和吸烟人群大不相同。

另外，气味也是消费者在购买某类产品时的重要影响因素。例如有些消费者在购买化妆品或某些日用品(例如洗面奶和洗发水等)时,都会试图打开瓶盖来闻一闻它的香味,以确认是否能接受该香味,从而做出是否购买的决策。因此,对于一些不能打开的洗发水或洗面奶,消费者往往在购买时表现出犹豫的态度。

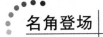

名角登场

不喝咖啡,改成喷咖啡和吃咖啡

忙着赶路上班,没时间买杯咖啡? 试试 Sprayable 的咖啡喷雾,直接将提炼出来的咖啡通过皮肤吸收,提神效果比喝咖啡更加持久稳定。

Sprayable 咖啡喷雾是由哈佛大学的华裔学生 Ben Yu 与其朋友 Devon Soni 共同研发的产品。在其化学家爸爸的专利研究下,Sprayable 轻巧的瓶身能够随身携带,一瓶 15 美元,约 4 杯咖啡的价格,若是每天喷,至少能在半个月的工作日里随时保持清醒。不过咖啡喷雾无色无味,也就享受不到咖啡原有的浓郁风味了。

或者,改把咖啡吃下肚? 同样是学生创业的 Coffee Bar,则是把咖啡做成能量棒。除了咖啡因含量相当于一杯咖啡,由燕麦、奇亚籽等组成的咖啡棒热量为 240 大卡,使食用者的精神和营养能够一次补充到位。

资料来源:吴和懋,"喝了咖啡,上班还是昏昏欲睡? 往身上'喷的'咖啡 提神效果更持久",《商业周刊》,第 1407 期,2014/10/29。

2.2.4 触 觉

当你购买衣服时,是否会先触摸所要购买的衣服来感受一下面料的好坏? 甚至会要求试穿,以便感受一下衣服穿在身上的舒适度? 这样的触感对你的购买决策而言是不是很重要? 当你在购买家具时是不是也如此呢? 对于很多的产品而言,触感是非常重要的。研究发现,消费者对于那些可以实际接触和检视的产品会产生较好的态度[29]。很多的面巾纸、卫生纸或衣物柔顺剂的广告都借由兔子的洁白柔软,或是羽毛的轻柔飞扬,向消费者传达了产品轻柔的触感。你是否常在电视广告中"看到"和"感受到"那样的触感? 对于某些产品而言,消费者往往会用触感来评估产品的品质,柔软和光滑的感觉往往是高品质必备的指标。例如皮制品便非常强调这样的感觉,而飘柔洗发水广告则借由男主角抚摸女主角柔顺的秀发来强调其轻柔的触感,此皆彰显触感在这类产品选择上的重要性。

2.2.5 味 觉

你是否常在超市碰到厂商所举办的试吃活动呢? 你是否曾吃了不错的试吃品后,便当场决定购买产品呢? 对于能满足口腹之欲的产品,与其听商家说得天花乱坠,还不如亲身体验一下。很多的酒、饮料或食品制造厂商都会向消费者提供免费品尝的样品,通过说服消费者的"舌头",来说服消费者的"心"。

当然，我们也不要忘了口味只是产品的属性之一。很多盲测（Blind Test）的结果都发现：在隐藏品牌的状况下，受测者认为不同品牌的产品间并没有太大差异。而当公布品牌时，消费者的偏好却明显受到品牌偏好的影响。可口可乐便有这方面的惨痛教训。当初可口可乐公司计划推出新口味的可口可乐来替代传统口味的可口可乐时，盲测的结果显示目标消费者对于新口味可口可乐的反应比传统口味的可口可乐好，因此决定全面推出新口味的可口可乐。不过，事后却引起消费者的抗议，最后迫使可口可乐公司重新推出传统口味的可口可乐。因此，虽然味觉对于大部分的食品很重要，但也不要忽略品牌、颜色和形状等可能产生的心理作用，因为在某些状况下，这种心理满足还可能超过味觉的满足。例如有些老饕在品尝牛排时，最大的乐趣是享受牛排放在盘子上时发出的嗞嗞作响的声音，而不那么在意牛排的味道。而在生日的时候吃长寿面，重点在于吃过长长的面条之后，感觉自己能长命百岁的心理寄托。另外，像姜饼屋这类产品的制作也是重视造型多过味道。

2.3　展露阶段

2.3.1　绝对阈限与差别阈限

没有展露，便没有信息处理。消费者必须能够接触和感受到刺激，才能进行后续的信息处理。缺乏展露包括两种状态：消费者根本没有接触到刺激，或是消费者的感官体系无法感受到刺激的存在。以广告来说，前者指的是消费者根本没有看到该广告，例如广告播放时，消费者根本不在场。这也是广告主会关心电视节目收视率高低的原因。不过，收视率高也不全然代表消费者就会看到广告。对于一些消费者而言，电视上播放广告的时段便是其上洗手间的时间，或是拿取零食的时间，因此很多在这个时段播放的广告便白费了。另外，消费者的感官体系无法感受到刺激的存在是指消费者对于该广告视而不见，也就是说，消费者虽然"看"了广告，但却没有"看进去"。

感觉阈限是指感官体系要能有效地感受到某一刺激或是刺激之间的差异，所需超过的最低刺激量水平。

绝对阈限是指若要使某一刺激能够被某一感官所感受到，所需的最低刺激量。

差别阈限是指感官体系对于两个刺激之间的变化或差异，所能察觉的最小量值。

要了解消费者为何会出现视而不见的状况，我们需要先了解感觉阈限。感觉阈限（Sensatory Threshold）是指感官体系要能有效地感受到某一刺激或是刺激之间的差异，所需超过的最低刺激量水平。感觉阈限可以分为绝对阈限和差别阈限两种。绝对阈限（Absolute Threshold）是指若要使某一刺激能够被某一感官所感受到，所需的最低刺激量。例如人的眼睛所能感受到的光线亮度是有一定范围的，太暗了可能无法看清事物，但对很多夜行动物而言，这样的亮度则不成问题。因此，以眼睛对光线亮度的绝对阈限来说，相对于很多夜行动物，人类的绝对阈限较高。绝对阈限的概念对营销人员的意义是在执行营销策略时，必须考虑广告刺激或营销刺激的强度是否高于绝对阈限。例如很多平面广告或是广播广告由于篇幅过小或是音量过小，往往会被目标观众或听众所忽略，这便是没有达到其绝对阈限。

另外一个相关的概念是差别阈限。差别阈限（Differential Threshold）是指感官体系对于两个刺激之间的变化或差异，所能察觉的最小量值。一般而言，我们所能察觉到的两个刺激之间变化的最小差异量,又称为最小可觉差(Just Noticeable Difference,JND)。例如对于某一颜色所能感受到最细微的深浅变化,便是对该颜色的最小可觉差。专业的美工人员或印务人员,由于训练和经常接触的关系,对于印刷品的颜色变化和差异的感知会比一般人更为敏锐,也就是他们的最小可觉差较小,因此使得他们对颜色的差别阈限较低。专业的宝石从业者对于两颗钻石之间的色差与净度差异往往比一般消费者更能辨认清楚。对于营销人员而言,降价是常见的一种促销手段,但是我们要注意差别阈限的问题。有时有些商品降价的幅度或折扣不够大,没能让顾客感受到价格的差异变化,所以无法引发消费者的购买动机。不过,我们要注意最小可觉差的重点是相对的概念,也就是第二个刺激相对于第一个刺激的差异程度。

德国的心理物理学家韦伯(Ernst Weber)在 19 世纪提出了韦伯定律(Weber's Law)来说明最小可觉差的概念[30]。这个定律认为,如果第一个刺激的程度很强,则第二个刺激若要被感到差异的话,其所增加的强度必须加大。例如,每次都是买五送一,下次促销则必须是买三送一。他用一个公式来说明这种现象:

$$K = \Delta I / I$$

其中,K 代表常数,这一常数会随着各种感官的不同而有所不同;ΔI 代表要产生最小可觉差所必需的刺激强度的最小变量;而 I 则指最初的刺激强度。

以前面所提到的价格下降来说,如果营销人员知道基于过去的经验:一个商品至少要降价 10%(K)才会被消费者所感受到。例如一个标价 4 000 元(I)的手机,至少要降价 400 元(ΔI),消费者才会感受到差异;但是对于一辆标价 60 000(I)元的摩托车,400 元(ΔI)的降价可能没有意义,因为消费者并没有感受到差异。若该摩托车的降价要使消费者感受到,则至少要降价 6 000(ΔI)元。这是因为从韦伯定律来看,消费者对降价所能感受到的常数是 10%,也就是受两个刺激间的相对量的影响,而不是受绝对量的影响。

不过,我们要注意韦伯定律中的 ΔI 代表变量,因此不是指第二个刺激一定会比第一个刺激强。例如韦伯定律不只适用于降价,涨价也同样适用。当厂商要涨价时,他们也要知道若未超过一定幅度的涨价(通常是指涨价的幅度小于 K 时),消费者一般不会注意到。但当涨价的幅度超过 K 时,消费者则很可能会对涨价有所反应。

> 我们所能察觉到的两个刺激之间变化的最小差异量,又称为最小可觉差。

> 韦伯定律认为,如果第一个刺激的程度很强,则第二个刺激若要被感到差异的话,其所增加的强度必须加大。

· · · · ·
名角登场

产品大玩感官游戏,强化消费体验

随着体验经济时代的来临,洞察顾客需求已成为显学,强调感官、美学、时尚的商品设计也已经是现在进行式,目前大多数的产品与服务主要注重视觉效果,其他如影音广告会加入听觉,少数产品会强调触觉,若在现场则会加上嗅觉,而味觉一般只应用在与食品相关的产品上。然而,未来的整体消费经验,除了产品的表象之外,还必须全面满足消费者"嗅、视、味、听、触"这五种感官知觉。

事实上，我们发现越来越多的产品在玩感官游戏，例如有些出版物已开始向五官感受出击，推出结合听觉的有声小说；结合嗅觉制造书籍的意境，包括特定气味的印刷油墨或香水书签/贴纸。

从这些市场现象来看，体验经济时代已经来临，产品或服务的技术或功能规格已是"基本需求"，业者若想脱颖而出，则必须加上感觉或五官感受这个"额外需求"了。

感官之间也会产生交互作用。一般而言，消费者会觉得黄色的柠檬汁比粉红色的柠檬汁更酸（即使一样酸）；更改樱桃口味饮料的颜色后，高达70%的消费者无法正确辨识饮料的樱桃口味；日本消费者认为装在五种不同颜色杯子中的咖啡，以红色杯子中的咖啡最香（即使是一样的咖啡）。此外，五种感官也会形成特定印象或暗示，进而相互影响。例如，美国消费者认为高瘦型酒杯比矮宽型酒杯的容量大；蓝色的玻璃清洁剂比粉红色的清洁效果好（即使化学成分一致）；含有柠檬气味的清洁剂的功能或品质比不含气味的强（即使化学成分一致）。

这些案例都是科学调查试验的结果，也显示出如何通过感官系统之间的交互作用，大玩感官游戏或将其作为营销工具，将会是新一波的营销战场。

你在购买微波食品时，是因为便利、美味，还是根据日常所需热量，或是营养成分？由于每个人的认知不尽相同，因此在面对单一产品时，所产生的感受线索（Sensory Cue）也有所不同。通过测量感受线索（或情绪），就可以清楚地知道有多少消费者对此产品的感受为正面线索（情绪），又有哪些人群容易产生正面线索。如此就能清楚地知道产品、包装、营销诉求与广告该如何设计（包含哪些元素）以及应该进入哪些渠道，因为所有的选择都是针对会产生正面线索的那群人设计的，且那群人会对你的产品定位、包装、诉求与广告有所反应。

感官分析（Sensory Analysis）就是一个能够测量消费者对产品情绪（Emotion Measurement for Products）的工具，当产品的许多品质指标由消费者的感觉决定时，例如前述的食品味觉、手机触觉、家电听觉、包装视觉等，感官分析可以帮助厂商了解自身产品是如何被消费者"感受"的，而不是如何被工程师或研发经理感受的。

资料来源：黄怡菁、姚念周，"学习感官分析 主宰消费者喜怒哀乐"，《能力杂志》，第713期，2015年7月号。

韦伯定律在营销上的应用当然不只局限于降价或涨价。只要是牵涉两个刺激之间的差异量即可。

韦伯定律在营销上的应用当然不只局限于降价或涨价。只要是牵涉两个刺激之间的差异量，它便可以广泛运用在各种营销手段上。例如很多厂商有时会修改其品牌名称、更换注册商标或是重新布置店铺等。这些变化的差异若是太大，则会造成过去忠诚顾客的熟悉感丧失与不适应，因为他们觉得这已经不是自己过去所喜爱的品牌或商店了。另外有些仿冒的商品，往往也是利用消费者不易感受韦伯定律中的 ΔI 的细微变化，而混淆视听。像有些近似品牌或山寨产品，因为一字之差或商标上的细微差异，而使消费者产生错误的知觉，以为这两个品牌或商标是一样的。例如瑞福祥和瑞蚨祥这两个品牌，由于字形和字音相近，消费者一时不察便会将它们混淆。

2.3.2　过度展露

对营销人员而言,展露是必要的,因为没有展露便没有知觉。然而,过度展露(Overexposure)很可能会带来一些相反的效果。由于过度展露会使消费者对于该刺激过分的熟悉,因而形成惯性。惯性(Habituation)是指由于对刺激的过度熟悉,而失去了对该刺激的注意力[31]。例如消费者可能看惯了住家附近的广告牌,久而久之便产生惯性,变成视而不见。在营销上,很多广告主经常会定期拍摄新的广告,这主要是因为一部广告若是经常重复播放,往往会导致该广告的效果下降,而这种因为广告过度展露所导致的广告效果下降则被称为广告疲劳(Advertising Wearout)[32]。所以,厂商必须定期更新广告来避免消费者的广告疲劳。乐事薯片等产品便经常借由更新广告的手法来避免消费者产生广告疲劳。当然,过度展露并不一定只出现在广告效果上,在品牌的经营上也有这种现象。例如有些知名品牌借由授权来获得利润。不过,过度授权就如同过度展露一样,如果不去控制其所授权产品的品质,品牌的价值终将被加速折耗。因为很多追求知名品牌的消费者,不但追求知名品牌背后的优良品质,同时也追求其独特性与稀缺性。名牌商品的过度展露与普及,往往会丧失其独特性与稀缺性所带来的心理满足。皮尔·卡丹(Pierre Cardin)便是一个典型的例子,过度的授权以及随处可见的皮尔·卡丹商品,已经使得它在消费者心目中的认知价值快速滑落。

惯性是指由于对刺激的过度熟悉,而失去了对该刺激的注意力。

广告过度展露所导致的广告效果下降被称为广告疲劳。

2.3.3　潜意识知觉

与过度展露相对的是低度展露,与低度展露相关的一个概念是潜意识知觉(Subliminal Perception)。当消费者在意识层次的认知上并没有感受到该刺激的存在时,是否该刺激对于消费者而言便没有意义呢?尽管当刺激太弱或出现的时间过于短暂,以至于从意识层次上来看,消费者并没有感受到该刺激的存在,但我们并不能因此就认为该刺激没有被人们的感官所接收到。潜意识知觉指的是一种刺激虽然低于意识知觉的阈限(又称 Limen),但却在感官的绝对阈限之上的状况。图 2-2 显示了无知觉、潜意识知觉、意识知觉与刺激量的关系。

潜意识知觉指的是一种刺激虽然低于意识知觉的阈限,但却在感官的绝对阈限之上的状况。

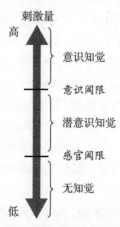

图 2-2　无知觉、潜意识知觉与意识知觉的关系

潜意识知觉之所以会受到重视，主要是起因于一项针对美国新泽西州一家露天电影院的实验。研究者在这家电影院放映电影时，每间隔 5 秒便插入一个以 1/3 000 秒的速度来放映的"请喝可口可乐"与"请吃爆米花"的信息，虽然以这种速度放映的信息是一般人无法意识到（低于眼睛的意识知觉阈限）的，但在 6 周的实验后，发现这家电影院的爆米花的销量增加了 58%，而可口可乐的销量也增加了 18%[33,34]。这个研究虽然由于缺乏控制组，而且事后也无法获得验证[35,36,37]，研究结果的可信度受到很大质疑，但是却引发了人们对于潜意识知觉的注意与讨论。

常见的潜意识知觉技巧大概有以下两种：一种是嵌入（Embeds）。此技巧是将细小的图案嵌进杂志或报纸等平面广告中，很多这样的图片都具有性暗示，企图在潜意识层次上来吸引消费者[38]。嵌入的另外一个应用是将一部分声音嵌入录音带中，来影响听众的行为。例如有一些强调疗效的 CD，便借由一些自然的声音（例如海浪声、风声、虫鸣）来帮助听者放松心情、产生自信，甚至达成减肥、戒烟等效果。不过，嵌入的效果并没有获得研究上的支持[39,40]，因此有关这方面的效果仍待进一步确定。

另外一种技巧是利用阈限信息（Threshold Messaging），即使用一些几乎听不见或看不见的信息来影响消费者的行为[41]。例如美国有家厂商在其一千多家分店中，以一种纤细的声音来播放录有"我是诚实的，我不偷窃，偷窃是不诚实的"的录音带，结果发现对于偷窃行为的遏止产生了某种程度的效果[42]。

整体而言，潜意识知觉是基于两种理论途径[43]。一种是通过不断重复某种低弱的信息来产生日增的渐进效果。增量效果理论便是这一解释途径的主要理论。增量效果理论（Incremental Effect Theory）认为刺激的不断重复，可以使该刺激进入人类的神经系统，而当其强度累积到一定程度而超过行为阈限时，则会引发消费者行为的变化。不过，消费者对于这种引发其行为变化的原因并不一定知晓。

另外一种途径是利用低于意识阈限的性刺激来引发潜意识的性动机，最常见的理论是唤醒的心理动态理论。唤醒的心理动态理论（The Psychodynamic Theory of Arousal）认为消费者在潜意识中实施某种行为的意图，可能会被某种进入潜意识的刺激所激发。例如消费者一定是先在潜意识中已经存在一个性的动机，所以广告中低于意识阈限的性刺激（例如广告中隐约嵌入的裸女图像）才能激发出该动机而成为行动。不过，这样的论点尚需进一步的证据来支持，即有哪些广告或营销行为，成功地运用了这两种理论途径而达到效果。

对于潜意识知觉的效果，截至目前，大多数观点认为顶多在情感上会产生作用，很少能产生实际的行动，并且认为这种效果也仅存在于某些特定的情境或特定的人身上。不过有趣的是，一项针对美国消费者的调查研究发现，大多数的美国人认为有潜意识广告的存在，并且相信它在影响消费者行为上是有效的[44,45]。

潜意识知觉受到关注已将近六十年，截至目前，虽然仍有些研究发现潜意识知觉可能有其效果[46,47,48]，但整体来说，尚未发现足够的证据来支持潜意识知觉会对消费者行为产生影响[49]。

增量效果理论认为刺激的不断重复，可以使该刺激进入人类的神经系统，而当其强度累积到一定程度而超过行为阈限时，则会引发消费者行为的变化。

唤醒的心理动态理论认为消费者在潜意识中实施某种行为的意图，可能会被某种进入潜意识的刺激所激发。

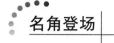

潜意识广告骗了你？

弗洛伊德把人的心灵比喻为一座冰山，少部分浮出水面的，代表"意识"；大部分藏在水面下的，则是"潜意识"。他认为人的行为，不全然受表面的意识控制，反而大部分受潜意识的主宰，而潜意识会自行运作，本人无从察觉。

1957 年 9 月 12 日，美国纽约一家市场调查公司发表了其在新泽西州一家露天电影院做的一个耗时 6 周的实验所得出的结论（详见前文，此处不再赘述）。发表人是詹姆斯·维卡里（James Vicary）。

这则著名的"潜意识广告"发表后反响很大，该公司顿时增加了许多客户，大家都对这种新的广告手法非常感兴趣。接着学术界也有不少相关论文发表，人们都相信这种让消费者在不知不觉中接受信息的广告方式，比平常的广告更有效。

然而有一位加拿大学者，真的照样在一个电视剧中做了一次实验。每隔一段时间，电视剧中就会闪过一个标语——打电话（Phone Now），结果 300 位看电视剧的人，看完并没有去打电话，而且他们中也没有一个人想得起标语的内容。

维卡里终于在 1963 年公开承认杜撰了整个研究结果。他确实做了实验，但效果小到无法证明潜意识广告会有效。

其实潜意识广告也不是全无启发，它可能和人脑的影像残留或储存有关。台湾大学曾做过一个实验，就是找一点都不认得汉字的老外，来选出他们最喜欢的汉字。挑选前先做热身，给他们看几个汉字，但这几个字在后面正式列示时不会出现。

玄机是在热身时夹杂一个字，比如"广"字，但用 1/3 000 秒的速度闪过，所以受测者并不知自己看过"广"字。到了后面正式选字时，则把"广"字放进去，请受测者挑选，他们多半会选出这个字。

其实，这并不算是潜意识作用，而是大脑影像残留作用，我们会找到熟悉的影像，而那个影像其实残留在我们脑中，只是自己并不知道而已。

所以如果闪过的标语是"百事可乐"，那不见得会促使人去买可乐，但如果他要买可乐的话，也许会买百事可乐而不是可口可乐。

资料来源：郝广才，"潜意识广告骗了你？"，《今周刊》，第 927 期，2014/09/29。

2.4 注意阶段

注意（Attention）是指消费者愿意将认知资源花费在刺激之上，因此才开始对刺激进行认知处理。不过在真正开始注意之前，还有一个前注意阶段。前注意（Preattention）是指消费者对于环境刺激所进行的一种非意识的自动扫描过程。前注意阶段通常出现在展露之后、消费者进行认知处理之前的一段时间。通常前注意阶段的主要任务是初步判定该刺激是否重要，并据以决定是否要再进一步投入认知资源来处理该刺激。例如一项研究发现前注意阶段会影响消费

注意是指消费者愿意将认知资源花费在刺激之上。

前注意是指消费者对于环境刺激所进行的一种非意识的自动扫描过程。

者的情绪[50]，他们利用实验的方法来研究图片对于消费者情绪的影响，结果发现：悦目的图片若置于整个平面广告的左边，要比置于整个平面广告的右边更能引发消费者的喜爱。这是因为人类大脑的右半叶负责感觉与情绪，而位于平面广告左边的图片，经由左眼传至右脑，而直接引发愉悦的情绪。这项研究证实了前注意阶段的作用，虽然消费者尚未投入认知资源，但在前注意阶段已经引发良好的情绪，而这一情绪将会影响未来后续的广告处理。

注意的产生可以分为自愿性的注意与非自愿性的注意两种[51]。自愿性的注意（Voluntary Attention）主要是指消费者主动地寻找一些与其个人相关的信息。例如当我们想要买一台电脑时，我们便会对电脑的相关信息特别感兴趣，因此会特别留意，这便是一种自愿性的注意。所以对于营销人员而言，如何让消费者认为广告、促销与宣传等推广信息与其自身有所关联，而引起其注意，就非常重要了。

相对于自愿性的注意，非自愿性的注意（Involuntary Attention）主要指消费者的注意是来自一些令其惊讶、新奇、感到威胁，或是一种非预期的状态，而使其反射性地注意到这一信息。因此，它属于一种自动的反应，也就是并非消费者在认知上所能控制的反应，心理学上通常称这种反应为定向反射（Orientation Reflex）[52]。在日常生活中，我们常看到营销人员利用一些强烈的对比或是出乎意料的声响，来引发消费者的非自愿性注意。

我们如何衡量消费者对刺激的注意程度呢？当消费者对刺激的注意程度增加时，他们的唤醒度也会增加。唤醒度（Arousal）是指动机的强度。而唤醒度的增加会引起消费者的一些生理反应，如脑波变化、血压上升、手心出汗、心跳加快以及瞳孔增大等。所以，营销人员可以通过对这些生理现象的衡量来评估消费者的唤醒度。

唤醒度是指动机的强度。

2.5 理解阶段

阐释是指消费者对于某一特定刺激所给予的意义。

理解阶段是指消费者对于其所注意到的信息进行阐释的过程。阐释（Interpretation）是指消费者对于某一特定刺激所给予的意义。阐释包括三个基本的步骤：组织、类化与推论。通过这三个步骤，阐释才能完整达成[53]。

2.5.1 组　织

组织是指如何辨认环境中的许多刺激成分，以组成一个有意义的完整体。

完形心理学的主要观点是人们会用完全的整体方式，而非只是以单独的个别部分来对物体进行知觉。

组织（Organizing）是指如何辨认环境中的许多刺激成分，以组成一个有意义的完整体。最能解释消费者的知觉组织过程的理论是格式塔心理学（Gestalt Psychology），又称完形心理学。完形心理学的主要观点是人们会用完全的整体方式，而非只是以单独的个别部分来对物体进行知觉。整体不单单是个别部分的集合而已，整体所揭露的信息也不是单独个别信息的集合。例如我们在观察一位初次认识的朋友时，是以整体来形成我们对他的观感，而不是将这个人看成由头发、衣服、身高以及容貌等所构成的组合。而在知觉组织的过程中，我们除了以整体的角度来观察之外，也会去追求一个良好的完形。良好的完形（Good

Gestalt)是指一个完全、简单以及有意义的整体。基本上,完形心理学认为我们会根据以下几个原则来追求良好的完形[54]:

良好的完形是指一个完全、简单以及有意义的整体。

1．图像与背景

在知觉中,注意力的焦点所在被称为图像(Figure),其他部分则被称为背景(Background)。而当注意力的焦点改变时,图像与背景也随之改变。例如在图2-3中,你看到的是一个杯子还是两张人脸?在图2-4中,你看到的是一位老妇还是一位少女?焦点不同,答案也不同。

图2-3　图像与背景

资料来源:William L. Wikie(1994),
Consumer Behavior, Third Edition, Edition,
New York:John Wiley & Sons, Inc., p.233.

图2-4　老妇与少女

资料来源:William L. Wikie(1994),
Consumer Behavior, Third Edition, Edition,
New York:John Wiley & Sons, Inc., p.232.

2．相近性

当两个刺激在空间上和时间上的相近性(Proximity)愈高时,人们愈会将它们视为一个整体。例如在图2-5中,你看到的会是往下排列的圆点,而不是左右排列的圆点。

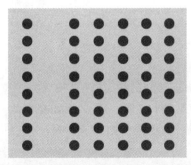

图2-5　相近性

资料来源:William L. Wikie(1994), *Consumer Behavior*, Third Edition, Edition,
New York:John Wiley & Sons, Inc., p.233.

3．相似性

外形相似性(Similarity)愈高的刺激,愈容易被人们视为一个整体。例如在图2-6中,如果将所有的×改成●,结果会如何呢?届时你会怎样看这张图呢?你还是会以左右排列的方式来看这张图吗?

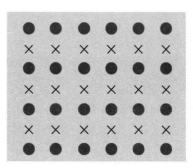

图2-6 相似性

资料来源：William L. Wikie（1994），*Consumer Behavior*，Third Edition，Edition，New York：John Wiley & Sons，Inc.，p.233.

4. 连续性

那些能够连成一条直线或曲线的刺激往往会被人们视为一个整体。也就是说，资料的连续性（Continuation）愈强，则愈会被视为同一类的信息。例如你会如何解读图2-7，是44个点，还是一个中间被横跨了一条无意义的曲线的类似"86"的数字？

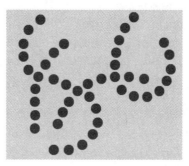

图2-7 连续性

资料来源：William L. Wikie（1994），*Consumer Behavior*，Third Edition，Edition，New York：John Wiley & Sons，Inc.，p.233.

5. 共同性

往同一方向移动的线，往往被视为一个整体。共同性（Common Fate）越高，则越容易被归为同一类。例如在图2-8中，较容易使你视线移动的是上面的箭头，还是下面的箭头呢？

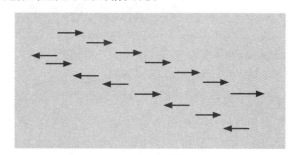

图2-8 共同性

资料来源：William L. Wikie（1994），*Consumer Behavior*，Third Edition，Edition，New York：John Wiley & Sons，Inc.，p.233.

6. 封闭性

一般人会喜欢一个完整或封闭的图像,即是因为封闭性(Closure)会影响消费者对信息的解读。例如图 2–9 中的这个图像虽然有所残缺,但我们还是会将它视为一个圆圈。

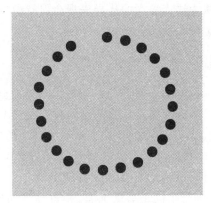

图 2–9　封闭性

资料来源:William L. Wikie(1994), *Consumer Behavior*, Third Edition, Edition, New York:John Wiley & Sons, Inc. , p.233.

7. 对称性

一般人喜欢对称的图像远胜于不规则的图像。消费者会根据资料的对称性(Symmetry)来进行阐释。例如在图 2–10(A)中,我们会看到两个三角形;在(B)中,会较容易注意到三角形,而忽略不规则的多边形;在(C)中,则会看到一个对称的箭头图案。

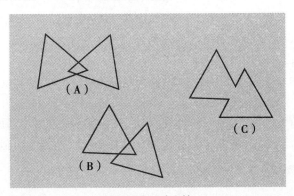

图 2–10　对称性

资料来源:William L. Wikie(1994), *Consumer Behavior*, Third Edition, Edition, New York:John Wiley & Sons, Inc. , p.233.

将完形理论运用到对消费者知觉的阐释上,会引发出两个很重要的概念:知觉情境性与知觉恒常性。知觉情境性(Perceptual Context)是指因为我们会以良好的完形的角度来看刺激,因此任何的刺激都会影响我们的知觉,甚至包括一些没有出现的刺激。例如"见微知著"便是基于知觉情境性下所产生的知觉现象。当看到某个路人拿着名牌包时,基于良好的完形的角度,你可能会判定她很有钱;当看到一家餐厅侍者的制服上有污渍时,基于良好的完形的角度,你会觉得

知觉情境性是指因为我们会以良好的完形的角度来看刺激,因此任何的刺激都会影响我们的知觉,甚至包括一些没有出现的刺激。

这家餐厅并不是很重视整洁,并推论其厨房内一定也很脏乱,尽管你并没有看到厨房内的实际状况。而知觉恒常性(Perceptual Constancy)则是指我们会认为世界处于一种相当稳定的环境,因此过去的经验也会影响现在的知觉,例如过去使用某一产品的不满意经验会延续到下一次购买时。你会向某位亲友推荐某一家餐厅,便是因为你认为这家餐厅的优异表现会保持稳定,在某一期间内并不会产生改变,这便是知觉恒常性的关系。

知觉恒常性是指我们会认为世界处于一种相当稳定的环境,因此过去的经验也会影响现在的知觉。

2.5.2 类 化

类化(Categorization)是一种辨认的过程。当感受到一种刺激后,我们必须辨认该刺激,以判定该刺激到底是什么。例如我们在路上看到一辆车,是怎么知道它是一辆车的呢? 这是因为我们拿路上所看到汽车的外形与我们记忆中的汽车外形进行比对。因此我们将所看到的刺激(路上所看到汽车的外形)转变成内心所辨认出的刺激标识(Identity)(我们所知道的汽车)。所以,我们知道它是一辆"车"。但对一个非洲部落的土著人而言,也许他不知道它是一辆车。虽然他与我们所看到的刺激都是一样的,但他在内心里找不到可归属的类别(因为在其脑海中并没有汽车这个类别的标识)。因此,类化可以说是将外部刺激正确地归类为长期记忆区中的某一类别,以辨认出该刺激的标识。

类化是一种辨认的过程。当感受到一种刺激后,我们必须辨认该刺激,以判定该刺激到底是什么。

一个与类化极为相关的概念是图式。图式(Schemas),又称基模,是指一个人对于某一事物或行为的相关知识的认知结构[55]。例如当要你描述"猫"时,相信你对猫会有一连串的说明(例如,眼睛眯眯的,走路没什么声音,会"喵喵"地叫,懒洋洋的等),这些说明就是来自你对猫的图式。

图式是指一个人对于某一事物或行为的相关知识的认知结构。

当然,图式并不局限于人或事物,也有对于行为或是互动事件的图式,我们称这类图式为脚本(Script)[56]。例如很多人每天的晨间活动都会有一个脚本:5点钟起床;走半个小时的路到最近的公园打1个小时的太极拳;和运动伙伴闲聊半个小时;回家时经过路边的早餐店购买早餐;回家后边用早餐边看当天的日报;8点钟准时出门上班。也许你认为这是例行公事,但它就是脚本,是一种行为的图式。

对于行为或是互动事件的图式,我们称之为脚本。

对营销人员而言,品牌延伸便是对图式的一种运用。当原有品牌已经形成一个良好的形象时,便会希望将这一良好形象延伸至具有类似属性的新产品上。

名角登场

帮牛肉面写脚本,一天卖1 500碗

台北市长安东路二段,常常有许多游览车停靠在一家牛肉面店前面,这里,是大陆游客吃台湾牛肉面的热门地点。路过的台北人狐疑地问:"长安东路的牛肉面很有名吗? 怎么大陆游客都来这里吃?"这家叫金大碗的牛肉面店,对台北人而言一点名气也没有,甚至它根本不做台北人的生意。

有趣的是,金大碗的老板翁万宝在以前根本就不会煮牛肉面,也没卖过一天面。他只是一个在泉州开日本料理店、经营旅游娱乐事业的台商,因为看到大陆游客的商机,才回台湾

开了牛肉面店。

翁万宝是有计划地抢攻大陆游客的牛肉面市场。首先,送儿子翁加恩去台北牛肉面节的冠军店板桥皇家牛肉面店学艺近一年;之后,翁加恩参加了 2010 年台北牛肉面节的冠军赛,是冠军团队的成员之一。

参加比赛,为的是得到第一个脚本。简单地说,让导游跟大陆游客推销时有个说法,即这是源自台北牛肉面节的冠军店,因为金大碗的做法和口味都是板桥皇家牛肉面店这家冠军店教的,而且店长就是台北牛肉面节冠军团队的成员之一,让大陆游客愿意吃金大碗。

说服大陆游客上门,有脚本只是第一步。第二步,为了让这一餐看起来很丰盛,翁万宝设计出吃牛肉面加 8 个小菜的套餐。当大陆游客上门的时候,不仅能够摆出满满一桌,还承诺可以加小菜、加面、加汤,通通吃到饱。

但挑战就来了,对于旅行社来说,控制团队客人的时间很重要,一顿饭最好能在 30 分钟内解决。所以,金大碗的座位设计是 122 个,就连煮面的设备和方式都十分特殊,一口气最多可以端上 30 碗面。跟一般牛肉面店只有 4—6 个加热孔不同,金大碗有 18 个,快速煮两轮,刚好可以满足现在大陆游客一团是 20—30 人的需求。此外大陆游客上门前,导游须提前 1 个小时联络,以便金大碗准备好面条下锅,待游客抵达后,5 分钟内就可以吃到现煮的牛肉面。

翁加恩说,就连大陆游客吃的面量,也跟本地人不同,这也是特别算过的。以本地人来说,一般小碗面 3 两重,大碗面 4 两重,但大陆游客食量大,所以金大碗每碗面的重量是 5 两。

因此,这样的一碗面,再加上满满一桌的小菜,翁万宝一边用手比划了近 30 厘米高,一边说:"有些大陆游客很能吃,光小菜碟就摆了这么高,这样一个人收 150 元新台币,还要加面、加汤,其实是薄利多销。"

但金大碗可不只是让人吃到饱这么简单。翁万宝说,在大陆游客吃面时还要跟他们讲一段牛肉面的故事:"其实,台湾先住民多数是不吃牛肉的。后来被蒋介石带来台湾的老兵,由于思念故乡与家乡的味道,开始在眷村煮牛肉面,并用家乡的手法做出豆瓣酱来。于是发展出牛肉面加豆瓣酱的做法,形成了台湾特有的红烧牛肉面。"

所以,金大碗不仅卖牛肉面,还卖故事。

资料来源:吕国祯,"金大碗面店翁万宝 一天卖 1 500 碗 帮牛肉面写剧本",《商业周刊》,第 1221 期,2011/04/18。

2.5.3 推 论

对知觉阐释的最后一个步骤是知觉的推论。一个人根据先前的知觉组织与知觉类化,可以再做进一步的知觉推论。推论(Inference)是指消费者基于其他信息所发展出来的一种信念。例如消费者对于一些本身并不熟悉的产品,往往会以价格的高低来推估其品质。推论主要是根据线索(Cue),例如价格和品牌是两种常用的线索。另外,产品的某些属性也是一种线索。例如当消费者选购汽车时,往往会用力关车门,借由车门关上时所发出的声音来作为判断汽车坚固与否的依据。这便是一种以线索(车门关上的声音)来推论消费者所不知道的事

推论是指消费者基于其他信息所发展出来的一种信念。

物（汽车坚固与否）的范例。当然，推论可能是正确的，也可能是错误的。

推论往往是通过一个启动（Priming）的过程，也就是通过刺激所具有的某些特征来引出相关的图式，然后再通过该图式评估一些我们所碰到的与原先的刺激相类似的刺激。例如"以貌取人"便是一种推论的结果。由于所碰到的陌生人（刺激）和我们过去所碰到的一位忘恩负义的朋友（图式）的面貌很相似（启动的过程），因此，我们推论他也是一个忘恩负义的家伙。例如福特汽车的广告强调其车门关上的声音和奔驰汽车相似，便是希望通过启动相关消费者对于奔驰汽车的图式，使其认为福特汽车的品质和奔驰汽车一样好。当然这样的推论并不一定正确，关键在于我们能否启动出正确的图式。

2.6　知觉的选择性

消费者每天所接触到的刺激数量相当惊人，但不一定所有刺激都会被知觉到。纵使消费者已经知觉到刺激，也并不表示消费者便会对其进行处理，例如有些刺激会被消费者有意或无意地忽略。"忠言逆耳"的结果很可能是对忠言听而不闻；"视而不见"则代表某些视觉刺激已被消费者所忽略。同样，消费者所处理的刺激，也不代表会被正确解读，而不致被扭曲。这种忽略和扭曲的结果往往会造成知觉的状态与真实的现象之间有所差异，因此产生认知偏误（Cognitive Bias）。认知偏误主要来自选择性（Selectivity）。因此，我们又可称之为选择性偏误（Selective Bias）。在整个知觉的过程（展露阶段、注意阶段与理解阶段）中，选择性可能在各个阶段都会造成偏误。选择性偏误可分为四种形式：选择性接触、选择性注意、选择性扭曲与选择性记忆。

2.6.1　选择性接触

不是所有的刺激都能接触到消费者。因为时间或空间上的差距，有一部分的刺激或信息出现时，消费者可能并不在场。因此，某些信息或刺激根本没有被消费者所接触到，这便是一种选择性接触（Selective Exposure）。例如，当消费者在观看电视或录像时经常出现换台（Zapping，运用遥控器来转换频道）与快进（Zipping，利用快进的功能快速跳过不想观看的画面）的行为，常导致许多广告无法被目标消费者看到；另外，许多电子邮箱都具有拦截垃圾邮件的功能，借此过滤消费者不想接收的邮件。这些都是典型的选择性接触。同样的行为，更常出现在对网页的浏览上。网页的超链接（Hyperlink）使得消费者根本不会接触到他不感兴趣的信息页面，呈现出相当明显的选择性接触。

2.6.2　选择性注意

尽管已经接触到这些刺激，但是消费者并不可能完全接受环境中所有的刺激，故他们会注意到某些刺激，也会忽略某些刺激，这样的过程我们称之为"选择性注意"（Selective Attention）。例如，"视而不见"和"听而不闻"便是一种选择性注意。选择性注意主要是基于知觉警戒和知觉防御的概念。知觉警戒(Perceptual Vigilance)是指消费者通常只会注意到那些与其目前需求较为相关的刺激。相较于知觉警戒,消费者对于一些可能对其造成心理威胁的刺激,尽管已经接触了,但也会在潜意识上先行筛选,这便是知觉防御(Perceptual Defense)。例如,研究发现,消费者对于喜爱品牌的品名辨认要比非喜爱品牌更快[57]。所以,与消费者的需求和兴趣相符的刺激,也比较容易被注意到。因此,广告的趣味性以及和目标消费者的相关性,都会影响广告被注意到的程度。另外,一些刺激量比较大的刺激,例如对比强烈的广告、声音较大的广告、设计较突出的广告也比较容易被注意到。

知觉警戒是指消费者通常只会注意到那些与其目前需求较为相关的刺激。

消费者对于一些可能对其造成心理威胁的刺激,尽管已经接触了,但也会在潜意识上先行筛选,这便是知觉防御。

2.6.3　选择性扭曲

选择性扭曲(Selective Distortion)是指消费者在知觉阐释上,会改变或曲解那些与自我的感觉或信念相冲突的信息。例如,"因人废言"便是一种选择性扭曲。通常,我们对于不喜欢的人所提出的意见也不大会表示赞同,纵使这些意见有时是正确的。在选择性扭曲方面,有很多的因素会影响消费者对信息的解读[58]:

选择性扭曲是指消费者在知觉阐释上,会改变或曲解那些与自我的感觉或信念相冲突的信息。

1. 外表

消费者常会受到一个人外表的影响。通过对一个人外表的喜爱进而表现出对整个人喜爱的态度。例如,研究发现,外表比较吸引人的模特会比外表普通的模特对消费者的态度产生更正面的影响[59]。

2. 刻板印象

消费者对于很多刺激都存在某种既定的主观意义,也就是刻板印象。这些刻板印象会形成对于某些人、事、物的预期,而此预期则是影响对这些事物知觉的重要因子。例如具有大男子主义的人,往往会认为女性的工作能力较差,因而形成升迁上的性别歧视。而在社会上,也有不少人普遍存在学生的功课不好便代表其品性不佳的刻板印象。

3. 无关线索

当对整个知觉的判断很困难时,消费者往往会对无关的刺激产生过度反应。例如消费者对于一个找不到瑕疵或特价理由的特价品,往往会持有怀疑的态度,认为其中必定存在某些潜在的陷阱,因而对店员在介绍该特价品时的无关言语产生猜疑。

4. 第一印象

第一印象不仅重要,而且往往可以持久。一般而言,消费者初期所收到的信息对于其知觉相当重要,但消费者往往会忽略厂商后续所发出的补充信息或修正资料。因此在求职面试的时候,求职者往往试图以光鲜亮丽的装扮来给面试官留下良好的第一印象。

5. 遽下结论

很多消费者常在完全了解相关的信息与替代方案之前,便已经下了结论。例如很多消费者并没有读完或看完全部的广告,便在广告一开始就对产品的好坏遽下结论。

6. 晕轮效应

消费者往往会因为某一属性的优异表现，而将其渲染至对同一产品的其他属性的评估，这便是一种晕轮效应（Halo Effect，又称光环效应）。例如，老师常会认为功课比较好的同学，品性表现也会较为优异，此便是将其对于功课表现的评价转移至对于日常生活的评价上。又如，很多消费者往往认为高知名度的品牌，也是品质比较优良的品牌。

2.6.4　选择性记忆

选择性记忆（Selective Retention）是指我们只会记住那些自己比较关切以及比较在意的信息。例如我们对自己家的电话号码记得很清楚，但是往往很容易忘记初次见面的朋友所给的电话号码。另外，我们看完一个广告后，通常记得的论点是一些和我们先前的刻板印象比较吻合的论点，这也是选择性记忆。在有些事后的广告回忆测试上，也常发现消费者对于由名人代言的广告往往只记得代言人，而忘了广告诉求的内容，这也是一种选择性记忆。

整体来说，由于存在选择性偏误，因此虽然从外界获取众多的刺激，但消费者接受与否以及如何解读，还要视其个人的选择而定。

2.7　知觉的结果

消费者知觉的结果是形成一种印象（Image），这种印象可以反映在很多方面。不过若从营销的角度而言，消费者知觉的结果较常表现在认知的价值、认知的品质、认知的风险，以及认知的定位与形象等四个部分。

2.7.1　认知的价值

消费者对于产品价值的知觉，最重要的是反映在心理价格上。心理价格是指消费者在心理上对该产品所愿意付出的价格。影响心理价格的因素很多。例如参考价格（Reference Price）便是形成消费者心理价格的重要决定因素。参考价格可以分为外部参考价格（External Reference Price）和内部参考价格（Internal Reference Price）两种。例如商店所标示的原价或者其他商店现在的售价（市价）便属于外部参考价格，而消费者过去购买的价格或是其内心所认定的价格便是内部参考价格。当实际价格低于参考价格时，消费者可能觉得购买该产品很划算；反之，当实际价格高于参考价格时，消费者就会觉得该产品太贵，而降低其购买意愿。

当然，消费者会判断参考价格的合理性，过去的研究发现参考价格在高度合理性的状态下，对消费者的影响最大[60]。不过，不合理的参考价格也会影响消费者对产品的认知价值[61]。

另外，奇数定价（Odd Pricing）也是一种影响心理价格的方式，因为它会让消费者在心理上感觉到比较便宜。奇数定价法是指所定出来的价位都是奇数，并

选择性记忆是指我们只会记住那些自己比较关切以及比较在意的信息。

消费者对于产品价值的知觉，最重要的是反映在心理价格上。

奇数定价法是指所定出来的价位都是奇数，并且尾数偏向"5"和"9"两个数字，使消费者感觉比起整数价位的负担要小得多。

且尾数偏向"5"和"9"两个数字。例如 99 元、199 元、295 元等,如此的定价方式
会使消费者在心理上觉得这个价格的商品比较便宜,比起整数价位的负担要小
得多。例如 199 元感觉是 100 多元,而 201 元则感觉是 200 多元,因此两者在心
理上的差距比实际差距大很多。有些学者也发现:奇数的价格会让消费者产生
较便宜的联想[62]。此外,零售商在采用奇数定价策略时,会让消费者觉得这个价
格已经最低了,因此在不知不觉中便会多买一些。在实务上的运用也显现了奇
数价格确实会提升整个销售额。

再者,张力价格(Tensile Price)和捆绑价格(Bundle Price)也是价格影响产品
知觉价值的重要探讨范畴。例如厂商准备针对某些产品进行促销,有些产品可
以给予高达 30% 的折扣,但有些产品只能给予 10% 的折扣,因此厂商会采用
10%—30% 的张力价格方式来作为价格促销的宣传口号。如此一来,既能兼顾
各项产品的价格折扣差异,又能避免因为采用单一折扣方式可能带来的不当或
不实广告的疑虑。在美国有将近三分之一的报纸广告采用张力价格的标价
方式[63]。

在捆绑价格方面,厂商可能会将两项或两项以上的物品捆绑出售,例如将洗
发水与护发素搭配成一组出售。研究发现,这样的捆绑会增加消费者在整体交
易价值上的节省认知[64],即捆绑价格也会影响消费者的认知价值。

2.7.2 认知的品质

产品或服务的品质是影响消费者购买决策很重要的因素,不过消费者不一
定能够以客观的标准来衡量产品的品质,真正影响消费者决策的往往是消费者
对产品的主观认知。一般而言,消费者会同时利用许多信息的线索来判断产品
品质,其中有内在的线索,也有外在的线索。

消费者经常使用的产品内在线索,是指产品本身的属性,包括颜色、口味、气
味、外形等。例如消费者利用茶叶的香味和口感,甚至观察茶叶泡开后的状态来
判定茶叶的品质。

另外,消费者经常使用的产品外在线索,是指产品本身以外的属性,包括价
格、品牌、制造商、零售商与参照群体的评价,甚至产地等。例如有些消费者会利
用产品来源国(产品由哪一个国家生产)来判定产品的好坏。在外在线索上,价
格也是一种相当重要的线索。消费者往往会认为价格与品质间存在某种关系:
价格愈高,品质愈好。不过,对于具有产品相关知识的消费者而言,价格对品质
判定的影响力较小;反之,对于缺乏产品相关知识的消费者而言,价格对品质判
定的影响力较大[65]。另外,对于那些有产品实际使用经验的消费者而言,价格对
品质判定的影响力也不如过去的经验重要[66]。

2.7.3 认知的风险

大部分的决策都会有不确定性,消费者的决策也一样。不确定性代表存在
着某种程度的风险。对于风险,消费者往往也会形成其知觉。认知的风险(Per-
ceived Risk)是指一个人由于无法预见决策结果,因此对于其不确定性所做的主

> 消费者会同时利用许多信息的线索来判断产品品质,其中有内在的线索,也有外在的线索。

> 认知的风险是指一个人由于无法预见决策结果,因此对于其不确定性所做的主观判定。

观判定。一般而言,消费者所面对的风险,主要包括功能风险、身体风险、财务风险、社会风险、心理风险,以及时间风险[67]。

功能风险(Functional Risk)来自产品未能表现出预期结果的不确定性,例如某款网络游戏其实并不好玩;身体风险(Physical Risk),又称生理风险,是指产品对消费者自身以及其他人可能产生的伤害,例如长期玩网络游戏可能会伤害眼睛和脊椎;财务风险(Financial Risk)是指产品的价格与其价值可能并不相符,例如网络游戏又贵又不好玩;社会风险(Social Risk)是指因为使用该产品可能造成的社交上的困窘,例如因为玩网络游戏而疏远了好朋友;心理风险(Psychological Risk)是指因使用该产品而导致个人心理上的不安,例如因为玩网络游戏挤占了学习时间,担心影响功课,而感受到的心理不安;时间风险(Time Risk)则是指因为产品未能如预期一样普遍,而在取得该产品上所花费的时间,例如每次玩网络游戏都需要花费许多时间来上网。

不同的消费者,其风险知觉也不同,有些消费者会明显地比其他消费者感知到更多的风险。例如高风险感知者(High-Risk Perceivers)与低风险感知者(Low-Risk Perceivers)在消费形态上便表现出很大的不同[68]。高风险感知者会将其产品选择集中于少数有限的安全替代方案,因此其选择范围通常较为狭隘。低风险感知者则会扩大其选择范围,去尝试一些可能较差的方案。另外也有学者认为风险偏好应是一种稳定的人格特质[69],而非暂时的现象。当然,消费者也会对不同的产品类别具有不同的产品风险知觉。例如消费者一般都会认为服务的风险比实体产品要高很多,特别是在身体风险、心理风险与社会风险等风险种类上[70]。

当然,消费者在面对风险时会采取各种降低风险的策略。但在不同的风险下,消费者所采取的降低风险策略也会不同[71]。以网络购物为例,研究发现"网络特征"(包括产品图像呈现方式、网络信息回复方式、网页呈现信息量与广告代言策略)会影响消费者所认知到的购物风险,从而影响消费者所采用的信息搜寻策略[72]。

2.7.4　认知的定位与形象

消费者认知的定位与形象主要包括三个部分:公司形象(Corporate Image)、品牌形象(Brand Image)与商店形象(Store Image)。消费者根据他所获得的各种信息以及过去的经验加以组织阐释后,而形成对公司、品牌与商店的印象。公司经常会花费巨额的广告费用来塑造有利的公司形象,因为一个有利的公司形象会使目标对象对公司产生好感,并且会将此好感扩散至公司所拥有的所有产品品牌上。例如,统一集团每年会投入很多的预算在企业广告与支持公司形象的活动上,麦当劳近年来也非常注重提升其健康形象等。很多公司参与公益活动也是基于其对公司形象可能产生的正面提升作用。

消费者认知的定位与形象主要包括三个部分:公司形象、品牌形象与商店形象。

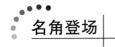

讲 30 分钟故事，让顾客买单

拿号、等待叫号，最长还得等上 3 个小时……这不是排队等美食，而是为了一条手链。这个以提供近千种造型坠饰、定制化手链闻名的丹麦平价饰品品牌 Pandora，在中国台湾只用了 4 年时间就取得了骄人的业绩，外界预估其年营业收入近 10 亿元新台币，超过店数达其 3 倍的中国大陆、日本市场。

亮丽成绩单背后的推手，是 Pandora 台湾地区总经理陈昱龙。陈昱龙是台湾最大珠宝商斐俪珠宝的第二代传人，代理客单价不到 1 万元新台币的银饰品牌，似乎是"大材小用"，因此在其代理之初惊讶、反对的声音都不小。

斐俪的主业高级珠宝，面对的是金字塔顶端的小众市场，客单价最低百万、千万元新台币，重视服务、社群经营；而 Pandora 是面向大众的"饰品"，最便宜的坠饰约一两千元新台币，价格不到斐俪的千分之一，营销、渠道策略都不同，不仅对母品牌没有加分，对陈昱龙来说也是全新的开始。

因此，他必须找出一条和斐俪不同的路。而该品牌在台湾首创的"说故事"的销售模式，就是差异化的关键。

陈昱龙以送给他太太（Pandora 品牌总监黄庭姗）的第一条手链为例，上面挂有象征女儿的小天使、纪念全家赴澳大利亚旅游的袋鼠坠饰，论价格虽比不上家中的高级珠宝，论造型也不一定超越名家设计，但经由他解释后，手链的情感意义，已经超越前两项。

"大多数代理商在销售上较被动，习惯让顾客自己挑选、对号入座，但我知道当顾客对某个坠饰没感觉时，着重点还是会回归到外形上，不好看，就不买，丧失成交机会"，陈昱龙说。

因此，面对上千种坠饰和不同顾客需求，要在最短的时间内排列组合，讲出动听的故事，是 Pandora 促进成交的关键，也是该品牌的核心竞争力。

"同样是青蛙和贝壳，在我们的诠释下，青蛙可以是男生对女友许下'未来功成名就''青蛙变王子'的象征；贝壳里的珍珠，可以是父母对女儿'掌上明珠'的珍惜之意。我们就是靠这个诠释能力取胜的！"所以，陈昱龙建立的销售模式，比起卖饰品，更像是心理咨询。

第一步，让新任销售人员穿一条属于自己的手链，讲自己的故事、主动自我揭露，吸引顾客的注意力、卸下心里的防御。

"这辆车，是我和男友去旧金山玩的回忆；这个爱心上面的 Mom，我妈妈也有一个，是我送她的母亲节礼物……"Pandora 新光南西店店长陈蕙雯，一面介绍自己的手链，一面完成品牌精神的介绍，"这个步骤很重要，一开始就让顾客知道我们品牌的特别之处，还可以从对方的反应中找出他对什么感兴趣，即找到线索。"

第二步，"问诊"。陈蕙雯抛出故事后，顾客很自然地会交换"自己的故事"；通过了解对方的送礼对象、动机、感情状况、家人、兴趣，拼凑出顾客背景后，就进入"开处方"的最后阶段，找出相应产品，讲适合对方的故事。

当然，想象力无法学习，面对不同顾客的变通能力，也不是靠标准操作程序、书面传授就能养成的。因此，陈昱龙的销售训练是在每季发布新品时，把各店店长召回召开头脑风暴会议,由销售端自己发想、分享对不同坠饰的想法和诠释,10 个人 10 种版本,很快就完成一季新品的"隐形"剧本。

Sogo 复兴店营业三部经理李惠良分析,其他品牌都是由总部统一制定销售剧本,但 Pandora 是由下往上,让销售人员自己发想,比死记硬背书面资料更能内化、变通。

当然,也因销售过程复杂,坚持一对一服务,该品牌平均服务时间为 30 分钟,最长要 3 个小时,是同业的 3 倍,要承担顾客排队久候而离去的风险;同样 10 平方米的柜台,人力配置也是其他品牌的 2 倍。

"但是,我宁愿用这 30 分钟,换取顾客的忠诚度、回购率!"陈昱龙说,交流的都是真实故事,冲淡了销售人员与顾客间的金钱味,容易建立友谊,回购率高达八成。

资料来源:郭子苓,"斐俪珠宝小开,把平价手链卖到亚洲第一 他靠 30 分钟故事时间 冲 10 亿年营业收入",《商业周刊》,第 1410 期,2014/11/19。

品牌形象是另一个营销人员所关切的消费者知觉结果。品牌的形象与品牌权益密切相关。品牌权益(Brand Equity)可以说是品牌的价值。某一品牌的知名度愈高,并且消费者对该品牌所认知的形象愈是良好,这一品牌的品牌权益便愈大。

> 品牌权益可以说是品牌的价值。

齐普夫定律(Zipf's Law)可以用来说明品牌权益的形成。齐普夫定律的发现来自对自然语言的研究。学者发现在自然语言里,一个单词出现的频率与它在频率表里的排名成反比,也就是说第 n 个最常出现的单词,其出现次数大约是最常出现单词的 $1/n$。所以,排行第二位的单词出现的频率大约是最常出现单词的 $1/2$,而排行第三位的单词出现的频率大约是最常出现单词的 $1/3$[73]。而营销学者针对卫生纸与咖啡进行的研究,则发现这两类产品大约符合齐普夫定律。他们发现消费者花费在某一产品类第一品牌的预算约为第二品牌的 2 倍,而第二品牌的预算约为第三品牌的 2 倍,以此类推[74]。这表明当品牌的排名往前提升时,其销售量会大幅提升,因此其品牌权益也会大幅提升。

品牌定位(Brand Positioning)则是影响品牌形象和品牌权益的一个主要手段。品牌定位是指在差异化下,如何在消费者的心目中,建立起某一品牌相对于其他相关竞争品牌有利的差异位置。例如,海飞丝洗发水强调去屑的功效,而飘柔洗发水强调让秀发飞扬柔顺,两个品牌间的诉求差异即是不同的品牌定位所造成的结果。

> 品牌定位是指在差异化下,如何在消费者的心目中,建立起某一品牌相对于其他相关竞争品牌有利的差异位置。

最后,如果消费者所知觉的对象是商店或零售店,便是指商店形象。消费者会根据所获得的各种信息以及过去的经验,来形成对于商店的知觉。和公司形象一样,商店形象也会影响品牌形象。若某一品牌能被某一知名的商店所接受,则对该品牌形象的提升会有很大帮助。例如美国的蒂夫尼(Tiffany)公司便是一家具有高品质、高价位形象的商店,消费者对于这家商店销售的商品都会给予很高的评价。

练习题

2-1 请随意找一本杂志和一份当日的报纸,各在其中找到一幅最能吸引你注意的广告,并利用本章所介绍的观点和理论,说明吸引你注意的广告所具有的特征与其背后的相关理论。

2-2 如果潜意识知觉的效果经证实是可行的,你认为会对整个营销实务产生什么冲击?你认为可能引发哪些道德上的争论呢?

2-3 请各举出你日常生活中的一个例子来说明你所经历过的选择性接触、选择性注意、选择性扭曲与选择性记忆。

2-4 在超市中往往有琳琅满目的商品,因此产品要获得注意并不容易。产品厂商和超市会采取很多的方法来吸引消费者的注意,请实际走访超市并说明你所发现的产品厂商和超市常用来吸引消费者注意的方法。

2-5 请实际走访超市并到洗发水、方便面、果汁以及饼干等四类产品的货架,以消费者的角度找出每类中最吸引你注意的产品品项,并比较该产品品项的包装和其他产品品项的差异。

2-6 有人说互联网上的网页信息,不过是传统广告信息的延伸。你赞成吗?试从消费者的知觉角度,即信息的展露、信息的注意与信息的理解,来讨论互联网上的网页内容与平面广告、广播广告和电视广告间的相异之处。

是卖高价电动摩托车,还是移动电源?

2011 年年初,时任宏达电子(HTC)创意长的陆学森(Horace Luke)在某个私人场合遇到润泰集团总裁尹衍梁。尹衍梁对这个出身耐克、微软的华裔设计天才颇有兴趣,问他,"宏达电子算是你的美梦成真吧?"正打算离开宏达电子另起炉灶的陆学森抓住机会,用他带着广东腔的英文回答,"算是啦!但我还有一个更大的梦想,我想改变城市能源的使用方式。"

一个月后,陆学森和尹衍梁再度碰面,并向他简要介绍了一套由智慧电池交换站、物联网和电动摩托车构成的新能源系统概念。半个小时后,尹衍梁开口,"我很感动,我相信你真的可以改变世界,我可以怎么帮你?"陆学森告诉他,这个计划需要 5 000 万美元的初始资金。尹衍梁当场承诺,愿意支付第一轮的全部募资额度。

最后,尹衍梁投资 4 000 万美元,余下的 1 000 万美元由陆学森的前老板、宏达电子董事长王雪红投资。中国台湾近十多年来,最大规模也是最受瞩目的新创公司就此成形。

四年之后,陆学森创立的 Gogoro(睿能创意)的第一个产品——设计得极具未来感,被《福布斯》(*Forbes*)形容为"集 Vespa 与 iPhone 于一身"的智慧双轮"Gogoro Smartscooter",于 2015 年 6 月 27 日开卖。

这绝对不是一辆"买菜车"。配备松下锂电池、自制高效率马达、碳纤传动带的Smart-scooter，能在4.2秒之内，从静止加速到每小时50公里，最高时速可达100公里。试过车的人夸赞道，"速度像125CC，加速像200CC。"

陆学森究竟是何许人也？为什么这个连中文都说不好的设计师，能有如此魅力？

他在中国香港出生，但很早就随家人移居美国西雅图，并在那里上学。陆学森大学时念的是家具设计专业，毕业后第一份在大公司的工作是在耐克负责门市的品牌塑造，后又到微软参与一个先驱计划"Go PC"（其实就是今日智能型手机的雏形），并一路做到使用者经验部门总监。

由于总是走在科技的最前沿，自2010年起，陆学森就已经预见到智能型手机成熟化、平价化的趋势。对他而言，创新的新鲜感已经褪去，他开始构思Gogoro的雏形。

"你们都以为我去宏达电子是去做手机，其实我在那里的目标，是想将网络放进人们的口袋"，陆学森说。"同样的道理"，他接着说，"Gogoro卖的也不是摩托车，而是移动能源。"

Gogoro开出12.8万元新台币的定价，震惊各界，但对陆学森而言，做电动摩托车不是他的目的，他的野心更大："我要改变城市能源的使用方式。"

对他而言，ATM机大小的电池换电站"GoStation"才是他一开始最想做的产品。车主只要拔出鞋盒大小的电池，插到换电站的空格上，电池上的无线晶片便会自动沟通，换一个充满电的电池给车主。整个过程只要6秒钟。

只要大台北地区每个加油站、停车场都装几台换电站，Gogoro电动摩托车的车主，就可以到处走，完全不用担心电力耗尽。

"换电站"不是全新的概念。以色列曾出现一家红遍一时的汽车换电公司Better Place。但该公司短短几年就烧光了10亿美元，只卖出1 500辆车，并在两年前宣告破产。不少业界批评者因此认为，Gogoro有可能是下一个Better Place。

陆学森认为，Better Place模式的缺点在于电动汽车的电池过于笨重庞大，因此得用一套复杂的机械手臂从车底取出电池，一个换电站造价高达50万美元，而且太占地方，普及不易。

他因此反向思考，先设计出人力提得动的小尺寸抽换电池，这样换电站的体积、投资成本也就随之大减。然后，再思索这个尺寸的电池适合哪个领域。

在亚洲一些国家或地区的大城市中，数量快速增长却饱受污染空气骂名的摩托车，就这样雀屏中选。

只不过，就怕陆学森该担心的，已不是能不能做出世界级的产品，而是台湾的消费者愿不愿意买单？

资料来源：陈良榕，"Gogoro独家解密：原来，他一开始不是要做电动机车"，《天下杂志》，第575期，2015/06/23。

讨论问题

1. 你觉得陆学森的"换电站"概念是否可行？说明你的理由。
2. 如果陆学森真正想卖的是"移动电源"，你觉得除了摩托车外，还有哪些产品可以纳入考量？为什么？

第 3 章　消费者学习

本章将为您解答下列问题：

▶ 消费者学习有哪三种主要的观点？

▶ 认知学习理论的内涵是什么？

▶ 关于记忆的内涵与运作是什么？

▶ 经典性条件反射理论的内涵是什么？

▶ 工具性条件反射理论的内涵是什么？

▶ 代理学习理论的内涵是什么？

好用的 App 黏住顾客

如果有一款手机 App，能将道路状况、加油站、停车场、公共交通甚至医院、药店、警察局等的信息都整合在一起，甚至直接连接地图，是不是很方便？

事实上，台湾地区已有 100 万人开始享受此种便利，他们都下载了名为"驱动城市"的 App。使用者王先生曾经下载过"高速公路 1968""北市好停车"等 App，但现在已全部删除，只留下"驱动城市"这一个 App，"把信息都整合在一起就是方便，而且'驱动城市'速度很快，使用时不会卡"。你可能会好奇，这款整合所有行车信息的 App 到底是谁做的？答案是：和泰汽车。

和泰汽车是丰田汽车的台湾总代理。丰田汽车长期稳坐台湾车市市场占有率的头把交椅。

和泰汽车利用 App 创造与消费者主动沟通的渠道，也是为其能继续称霸车界做准备。负责开发"驱动城市"的丰田车辆营业本部协理黄明显表示，在目前下载的 100 万人次中，仅有三成是丰田车主，"但另外七成的非丰田车主都是重要的潜在客户，和泰汽车或许能通过移动应用服务来改变这些人对丰田品牌的看法"。

专门替企业开发 App 的酱子科技 CEO 庄焕荣强调，企业推出 App，除了维护更新之外，最好还能一直为 App 举办活动。丰田新媒体营销室课长丘玉宜说："使用者不喜欢被信息干扰，但我们可从后台锁定特定人群进行推广。车主只要录入车牌号码，我们就可以追踪汽车的回厂维修时间，主动提醒其预约回厂；或针对曾填过问卷的人做车款调查。"

2014 年 6 月，肯德基与和泰汽车合作了"神鸡拼图"的游戏，即只要打开"驱动城市"APP，再拉一位好友一起完成拼图，就能免费换取炸鸡。肯德基表示，消费者到店里多半会买套餐，交易数量跟平常相比，有 10—20 倍的增长。"这项活动就是要吸引年轻人下载'驱动城市'APP，当月下载量果然增加到 6.5 万人次，是平时的 2 倍。"

黄明显说，学生、刚工作的人现在可能买不起车，但下一个十年就会有购车需求，"营销不见得要马上转换为销售数字，但一定有机会验证。"

一开始和泰汽车只是想服务用路人而开发 App，然而现在它们找到了极富附加价值的内容——整合行车信息，进而"黏住"使用者。移动应用服务正在改变传统营销模式，创造好内容，就是抓住消费者的绝佳机会。

资料来源：邓宁，"好用 App 黏住潜在客，和泰汽车启动新商机"，《今周刊》，第 934 期，2014/11/17。

人是会学习的，我们可以通过过去的消费经验进行学习。在本章中，我们要探讨消费者的学习是如何发生的。对于消费者的学习观念，主要是基于心理学的理论来探讨，因此有些观念或许和我们一般日常习惯上所认为的学习有所不同。

从广义来说,学习(Learning)是指来自信息与经验的影响,而所产生的一种行为、情感以及思想上的持久改变。因此,外部的环境与消费者内在的心理过程都会影响和促成消费者的学习。

基本上,对于"学习"这个主题的探讨,存在着三种主要的观点。一种观点是认知学习观点(Cognitive Learning Approach)。根据这种观点,学习主要是反映出消费者知识上的变化,也就是注重探讨消费者学习信息的心理过程,即信息是如何转移至长期记忆,并通过内在心理上的认知处理,进而造成消费者的内在与外在改变的。例如,动漫爱好者因为热衷于动漫,大量吸收动漫的相关信息,并且研究周边商品,而成为动漫达人,因此对于动漫的偏好与执着自然也与普通人有所不同。

另外一种观点是行为学习观点(Behavioral Learning Approach)。这一观点主张学习完全可由在外部可观察到的行为来加以解释。这一观点重视的不是消费者的内在心理过程,因为他们认为与过程相关的理论都来自推论,而非实际观察到的。行为学习观点重视真正观察得到的实际行为,其主张学习是源于刺激与反应之间的联结所导致的行为变革。例如,消费者可能因为偶然买彩票中奖,而成为每期必买彩票的彩迷。而我们常听到的"一试成主顾",也是消费行为中典型的行为学习现象。

最后,还有综合上述两种观点而形成的第三种观点——代理学习观点(Vicarious Learning Approach),又称替代学习观点、示范学习观点(Modeling Learning Approach)。代理学习是指人们借由观察其他人的行为以及该行为所导致的结果,而使观察者的行为产生变化的过程。例如,消费者发现他所崇拜的明星佩戴的饰品显示出很强烈的时尚感,因此也去购买这些饰品,便是一种代理学习的结果。"杀鸡儆猴"则是以改变鸡的命运的方式,来造成猴子的行为变化,这也是一种代理学习。以上三种观点的关系如图 3-1 所示。

学习是指来自信息与经验的影响,而所产生的一种行为、情感以及思想上的持久改变。

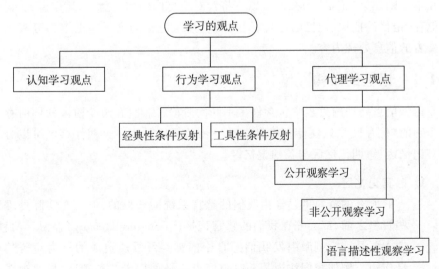

图 3-1　消费者学习的观点

3.1　认知学习理论

认知学习理论主张学习包含着复杂的内心处理信息的过程。相对于行为学习理论强调报酬与某特定反应之间的联结和重复的重要性，认知学习理论则注重动机与内心历程在达成某一期望反应上所扮演的角色。认知学习理论中所指的内心历程，包括从信息学习至问题解决过程中一连串的活动。信息处理模式即是一种典型的认知学习理论观点。

信息处理模式（Information Processing Model）是指消费者从环境中获取信息后，进行处理的一连串的过程。通过这样的过程，消费者决定哪些信息必须加以记忆储存，哪些予以遗忘，哪些可供未来产品评估之用。

信息处理模式会牵涉消费者的认知能力与信息的复杂程度。消费者的认知能力愈高，就愈能对信息进行有效的处理与整合。另外，信息愈复杂，消费者所需要的处理和认知能力就愈高。还有，消费者对产品愈熟悉，则对该产品信息的处理能力也愈强。例如观众收看电视剧《三国演义》，对于三国时期的历史背景愈熟悉，则表示对这段历史信息的处理能力愈强，愈能了解剧情的来龙去脉。另外，剧情愈多转折、人物角色愈多，观众想要了解剧情走向就必须更加投入、更加费神。另外，从第一集就一直收看的观众，必定比中途才收看的观众更能掌握剧情。

信息处理模式的重心在于记忆（Memory）。记忆会影响消费者的知觉过程，因此在信息处理的过程中扮演着极其重要的角色。消费者的展露、注意和理解，都会受到其脑海中的记忆的影响。对于许多认知心理学家而言，探讨信息如何储藏在记忆区中、如何保留以及如何抽取，是一个相当受到注目的研究重心。关于消费者展露、注意和理解的内容，已经在第二章的"消费者知觉"中探讨过，因此在本节则注重"记忆"的探讨。以下将针对记忆的结构、记忆的运作模式、记忆的储存、记忆的抽取、记忆的遗忘、记忆的衡量与记忆的增强等七个部分来探讨消费者的信息处理内容。

3.1.1　记忆的结构

由于信息处理的过程中包含许多不同的阶段，因此，在每个阶段便同时存在着个别的"储存区"，以便储存信息供进一步的后续处理。这些储存区可以分为感官记忆区、短期记忆区与长期记忆区。

1. 感官记忆区

所有的资料都是经由我们的感官系统而获取的，但是在实际处理这些资料之前，都会先在我们的感官记忆区（Sensory Memory）停留一两秒。这主要是因为刺激引发我们感官中的神经纤维所造成的极为短暂的记忆作用。例如我们注视某一电视广告或平面广告几秒钟后，虽然视线已离开此广告，但在眼前仍可能会残留此广告的影像，而在一两秒后这一影像便消失了。对营销人员而言，让消费者看到我们的广告也许并不难,但是,若不能引起消费者的兴趣而做进一步的处理,也许广告只能成为残存在消费者感官记忆区中一两秒钟的影像,就整个广告效果来说,是相当有限的。

2. 短期记忆区

短期记忆区(Short-Term Memory)又称工作记忆区(Working Memory),是属于真正记忆的一个区域。在这一记忆区中,信息往往只被处理或留存很短的时间。例如当我们利用 114 查号台查询某个电话号码,且预估这个电话号码未来被用到的机会很少时,我们只会将该电话号码暂存在短期记忆中,而这个电话号码也往往会在打完电话后,迅速地被遗忘。另外,像学生考试前临时抱佛脚,大多也只能勉强地将内容暂存至短期记忆中,而在考试后通通忘掉。

储存在短期记忆区内的信息,可以经由复诵(Rehearsal)的过程而转移至长期记忆区。这里所谓的复诵,是指一种默默地在内心反复存取的过程。由短期记忆区转移到长期记忆区的过程大约要花费 2—10 秒钟。若信息未经复诵并加以转移的话,往往会在 30 秒内流失[1]。短期记忆区的容量很有限,根据米勒法则(Miller's Law),短期记忆区的容量大约在 7 个"组块"左右[2]。组块(Chunks)是指对于一个人具有单一意义的一项信息。但同时也有其他学者认为,能够储存在短期记忆区内的资料大约为 4—5 个项目,一旦进入短期记忆区内的信息超过这一容量,将会造成信息过载(Information Overload)的情形。随着新信息的不断进入,由于短期记忆区的容量很有限,旧有的信息若不再加以进一步处理,便会被新的信息所替代[3]。

3. 长期记忆区

长期记忆区(Long-Term Memory)内的信息往往能够留存一段相当长的时间。例如,你对自己家的电话号码往往不需要再查阅电话号码本,便可轻易回想起来,因为这项信息是储存在你的长期记忆区中。另外,对一些过去发生的重大事件往往"记忆犹新",也是因为该事件已被储存在长期记忆区内。由于长期记忆区的记忆容量基本上是无限的[4],所以我们从小到大的学习成果都可以累积在长期记忆区内。

3.1.2　记忆的运作模式

记忆的运作模式如图 3-2 所示。刺激先经过感官记忆区,此时主要处于"前注意阶段"。经过前注意阶段的分析后,若该刺激值得进一步投入认知资源,则该刺激的信息将被转移至短期记忆区。在短期记忆区中,消费者会主动地对该信息进行处理,经过复诵与编码之后,该信息将由短期记忆区移至长期记忆区被永久地储存起来。

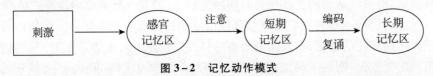

图 3-2　记忆动作模式

> 复诵是指一种默默地在内心反复存取的过程。
>
> 根据米勒法则,短期记忆区的容量大约在 7 个"组块"左右。
>
> 组块是指对于一个人具有单一意义的一项信息。

有多少信息可以由短期记忆区转移到长期记忆区，主要由消费者个人对此信息的复诵程度而定。缺乏复诵的信息，将逐渐减弱直至流失。另外，不同信息间彼此对注意力的竞争，也会导致部分信息的流失。例如，若短期记忆区同时接收到大量的输入信息，则其容量便会下降到只能容纳2—3项信息。此外，许多学生喜欢边听音乐边学习，但研究显示听音乐将对学习效果产生负面影响[5]，这也是信息相互竞争的结果。

复诵的目的是使短期记忆区的信息能够留存足够长的时间，以便使我们可以进一步进行编码。编码（Encoding）是指我们针对某一知觉事物，给予某一字句或视觉形象作为代表类别，并将其放入长期记忆区中某一储存位置的过程[6]。当我们要将短期记忆区内的信息转移至长期记忆区时，必须先将短期记忆区的信息进行转换（也就是进行编码的过程），使之与长期记忆区内的信息进行联结，才能将短期记忆区的信息纳入长期记忆区的信息储存体系中。例如我们曾到一家新的餐厅消费后感到很满意，便将这家餐厅的名称（例如青叶餐厅）加以编码（例如我们将其编为中餐厅—川菜—植物类名称），并将其存储在长期记忆区中所归属的类别里。

编码是指我们针对某一知觉事物，给予某一字句或视觉形象作为代表类别，并将其放入长期记忆区中某一储存位置的过程。

3.1.3 记忆的储存

信息并非是单独地"待"在长期记忆区内，静静地等待消费者进一步处理。事实上，新进入的信息是不断地与留存在长期记忆区内的旧有信息进行一种编排和重组的过程。大多数的学者都认为长期记忆区如同一个包含许多节点（Nodes）的网络（Network），这些节点间存在许多条相连接的关系线。图3-3说明的是一个在长期记忆区中有关休闲活动的网络结构关系。这个网络结构中包含了许多节点（例如到酒吧喝酒、去KTV唱歌、打保龄球等）和连接线（例如存在于酒吧与静态休闲之间的线，以及存在于打保龄球与动态休闲之间的线）。当我们获得更多关于休闲活动的信息后，整个网络结构的关系也会随之调整，这种过程被称为激活。激活（Activation）是指将新获取的知识和旧有的知识建立一种连接的关系，以扩展原有的网络结构或产生一个新的知识架构，从而使整个知识内容更有意义的过程[7]。然而，这个知识架构往往是由某些线索（Cue）所引发的。例如我们在电视上看到沙滩，就会想到度假，再由度假联想到整个休闲活动体系。

激活是指将新获取的知识和旧有的知识建立一种连接的关系，以扩展原有的网络结构或产生一个新的知识架构，从而使整个知识内容更有意义的过程。

基本上，信息可以通过片段式和语义式两种储存方式存放在长期记忆区内[8]。片段式（Episodically）储存是指依照信息取得的时间先后顺序来储存，由于片段式储存是针对单一个人所发生的事情，因此又称为自传式（Autobiograhically）储存。例如就某一事件的记忆，我们可以以该事件发生的时间为轴线，而将该事件的相关内容储存至长期记忆区中。你能回想起最近一次的休假中都进行了哪些休闲活动？你可能会依照时间的先后顺序，逐一地回想出当天所经历的各项活动，而这些活动的关联便是时间的先后，这即是一种典型的片段式储存。

片段式储存是指依照信息取得的时间先后顺序来储存。

语义式（Semantically）储存是指依照信息中的重要观念来储存。例如你对休假当天休闲活动的记忆，是以休闲活动的性质（静态休闲或动态休闲）作为储存编组的主要依据，则属于语义式储存。一般而言，知识（Knowledge）大部分属于

语义式储存是指依照信息中的重要观念来储存。

语义式储存,也就是说它们有其信息的结构与内容,而不只是依照时间发生先后的流水账式的记忆方式[9]。不管是片段式储存还是语义式储存,现实生活中的消费者大多是将二者同时混用的。

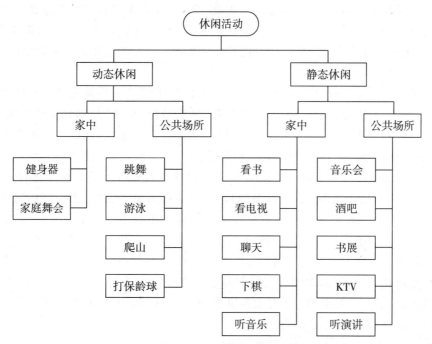

图3-3 长期记忆区内对休闲活动的储存方式

关于记忆储存的另一个很受重视的问题是,信息是用语言还是用图像来储存。语言的储存可以采用文字或声音的方式。当然,这些储存方式可能同时存在。据研究,图像的储存要比语言的储存更为持久,尤其对于那些处于低介入的状况特别明显[10]。例如以平面广告所呈现的信息来看,消费者对于图片所传达的信息要比对于文字所传达的信息所能回忆的数量多[11]。一般而言,图像的学习也会比文字或声音的学习更为容易。因此,厂商常会使用品牌的符号(如钩形符号)来代表品牌(耐克),以方便消费者记忆与学习。

此外,在信息的呈现上若采用图文并茂的方式,则其中的文字本身是否已经具有高度的图像含义差别很大。如果文字本身已经具有高度的图像含义(例如"山"便比"美"具有比较高度的图像含义),此时文字是否辅以图片对于回忆的效果并不会产生太大的差别。反之,若低度图像含义的文字能够辅以图片,则会大幅增加其回忆效果[12]。因此,营销人员如果想要对消费者传达抽象的观念,最好能辅以图片来强化消费者的印象。

3.1.4 记忆的抽取

抽取(Retrieval)是指我们由长期记忆区中回复信息的过程。记忆的抽取必须有三个因素存在:激活(Activation)、安置(Placement)与转移(Transfer)。首先,节点之间的联结必须加以激活才能抽取信息,例如送玫瑰花的目的,若是希望对方感受到爱意,则在对方的心中必须先存有"玫瑰花"与"爱情"之间的联结。

抽取是指我们由长期记忆区中回复信息的过程。记忆的抽取必须有三个因素存在:激活、安置与转移。

其次是安置。通过安置的作用,消费者决定了其他还有哪些节点要和这一激活的节点相联结。"玫瑰花"并不只和"爱情"相联结,也可能和其他的节点,如"植物园""玫瑰餐厅"(一家消费过觉得还不错的餐厅)和"李玫瑰小姐"(一个高中时期要好的同学)等相联结。因此,收到"玫瑰花"时,必须判定哪一个节点应该和"玫瑰花"的节点联结才合理。也就是说,当消费者希望借由馈赠"玫瑰花"来表达爱意时,是期待对方能从"玫瑰花"所联结的众多节点中选择"爱情"的节点。

最后是转移。通过转移的过程,消费者决定了哪些由长期记忆区所抽取的信息要放在短期记忆区。例如将"玫瑰花"所联结的"爱情"转移到短期记忆区,也就是在心中浮现出了"对方在表达爱意"的念头。一般而言,那些在决策上最重要的与效用最高的信息将会优先被转移。

在营销上常见的怀旧情怀,便是一种记忆抽取方式的运用。怀旧(Nostalgia)是指人们以忧伤(忧伤过去美好的时光不再有)和渴望(渴望过去美好的时光重新回来)的方式来缅怀过去,由此所带来的一种苦乐参半的情绪[13]。这种对于往日美好时光的缅怀常被营销人员用来引发消费者对于昔日的美好回忆,并企图将这种情感移转至厂商所要销售的产品上。例如,台湾维力食品公司推出的"张君雅小妹妹手打面"成功地将人们带回过去亲密的邻里关系和昔日难忘的居住环境,引发了人们对于传统手打面的喜爱,便是典型的经由记忆的抽取来引发怀旧情怀,以作为营销诉求的方式。

名角登场

你的童年有商机，进口电商巧打怀旧牌

2015 年 7 月 13 日,日本任天堂公司宣布,社长岩田聪于当地时间 11 日因胆管肿瘤去世,享年 55 岁。去世前两周的 6 月底,岩田聪刚刚在股东大会上获得连任。任天堂游戏可谓是一代人经典的回忆,小编谨以此文,悼念岩田聪社长,感谢任天堂公司为广大游戏爱好者的童年添上精彩的一笔。

童年经典,无愧于"游戏之王"称号

在小编的童年中,有两个关于游戏的回忆最经典。一个是 1995 年前后推出的小霸王游戏机,其中最受欢迎的游戏当属《超级马里奥》和《魂斗罗》。说到这两个游戏,很多人都知道,但是它们出自哪里,恐怕多数人就不太清楚了。其实,这两个游戏都是日本任天堂公司出品的。第二个是 1997 年小编在中国香港第一次购买了一台掌机游戏机(Gameboy)。2000 年到 2002 年前后,这款插卡游戏机的一个经典游戏系列——《口袋妖怪》在中国内地刮起旋风。是的,这款游戏机以及游戏卡,同样出自任天堂公司。

任天堂公司致力于开发全年龄层的游戏,拒绝暴力和色情元素,不仅在未成年人中受到追捧,而且受到中老年人和女性的欢迎。据悉,岩田聪主导开发了多个热门游戏,并在 2008 财年(截至 2009 年 3 月)创造了任天堂历史最高纪录的合并销售额和纯利润。然而,由于受智能手机游戏的挤压,从 2011 财年(截至 2012 年 3 月)开始,任天堂连续三年陷入亏损。作为对亏损的反击,2015 年 3 月,岩田聪宣布将与 DeNA 进行资本合作,进军手游市场。在此

紧要关头,岩田聪撒手人寰,对任天堂无疑是个巨大的打击。

在智能手机的挤压下,任天堂是否还有市场?尤其是在跨境进口电商方面。

尽管亏损,任天堂的产品从未绝迹

据雨果网了解,任天堂的各种游戏和游戏角色已经深入人心。1号店出售小霸王红白机游戏卡,其中包括《魂斗罗》《超级马里奥》等,还有一款以 Gameboy 为原型的 M&D 梦龙儿童彩色游戏掌机 2.4 寸插卡;蜜淘网出售一款 Retro-Bit 任天堂 Nintendo 64 Classic USB 有线手柄,还有马里奥兄弟的玩偶以及床单;亚马逊海外购出售一款超级马里奥 Wii 跑道、马里奥兄弟以及《口袋妖怪》中火箭队武藏的 Cosplay 服装;京东出售两款任天堂游戏机,分别为 Nintendo Wii U 和 Nintendo 3DS XL – 红 REDSRAAA;等等。

作为日本游戏产业的领头羊,任天堂自 1889 年 9 月 23 日成立以来,至今已有一百多年的历史,经过时间的沉淀,其游戏之经典,给几代人的童年留下了不可磨灭的印象。因此,尽管账面上亏损,但无论其深厚的底蕴还是群众基础,都暂时保全了任天堂的根基。

开发游戏周边产品,形成怀旧系列产业链

虽然如此,如果无法打破目前的困境,任天堂终归要走向没落,如同诺基亚等手机品牌一般。

"任天堂是我们这一代人不可磨灭的记忆,我们也不希望它就此没落。""85 后"进口电商卖家 Duncan 告诉雨果网,目前他正准备入手一台 Gameboy 掌机和该掌机系列的游戏卡带。他说,"作为目前的刚需一族,也是消费主力,'85 后'的购买力还是很可观的,而且普遍进入了一种回忆童年的心理状态,要是能够利用好这种状态,任天堂还是可以创造出不错的业绩的。"

"但是仅仅如此还不够,新型游戏机的研发、新游戏模式的研发都必须提上日程,如果有可能,直接做游戏手机或许是最理想的。仅仅抓住'85 后''90 后'一代人的心,还不能走得长远,更需要抓住'00 后',以及接下来的'10 后'的童年",Duncan 说。

另一位"85 后"进口电商 Jack 王也告诉雨果网,任天堂有那些经典的游戏形象在,就不会轻易没落。Jack 王说,"超级马里奥兄弟、皮卡丘、塞尔达等形象太过经典了,其周边产品的开发也是盈利的一大手段。目前进口电商方面有不少毛绒玩具、服饰图案等可以涉及,'85 后'一代人的消费能力正在日益增长,相信这些怀旧形象绝对会受到热捧。同时,将这些元素加入到新的游戏中,尤其是手游方面,能够扩大这些形象在'00 后'中的影响。"

"我一直坚信,有群众基础、有怀旧情怀的产品绝不会轻易湮灭。同时,也向那些准备进入跨境进口电商的新卖家建议,要做,不妨考虑一下这些让人怀念的经典游戏形象的周边产品。找准定位,找准人群,就能打开市场",Jack 王说。

"我们这一代对任天堂的信赖度很高,也感谢任天堂给了我们一个精彩的童年!相信它还能走得更长、更远!"Jack 王说。

资料来源:陈键彬,"你的童年有商机,进口电商巧打怀旧牌",雨果网,2015/07/15。

3.1.5　记忆的遗忘

不是所有曾经存放在长期记忆区中的信息,都能够被抽取出来。一般而言,当我们无法自长期记忆区中抽取我们所要的信息时,则表示该信息已经被遗忘了。遗忘的产生往往出于两种原因：

1. 记忆途径的衰退

遗忘和时间有正向的关系，随着时间的流逝，我们抽取某些长期记忆区中信息的能力也会逐渐减弱。根据衰退理论（Decay Theory），记忆途径（Memory Trace）的强度会随着时间的推移而减弱，当其减弱至某种程度时，记忆的抽取便会失败。例如随着时间的推移，一些过去曾经要好的同学在毕业后会慢慢淡忘和生疏，最后甚至忘了他们的容貌和姓名；另外，我们过去曾学习过的一些知识，也可能因为时间的关系而慢慢遗忘，这些都是由于记忆途径衰退的缘故。

2. 记忆的干扰

根据干扰理论（Interference Theory），遗忘也可能来自对新信息的学习所产生的干扰作用。基本上，新信息存在着两种干扰：后摄抑制和前摄抑制[14]。后摄抑制（Retroactive Inhibition）是指新近学习而得到的信息，阻碍了对于先前已经学习到的信息的回想。例如在背书的过程中，因为背了后一段，而忘了前一段。而在广告时段，由于竞争者的广告出现在我们的广告之后，而使目标消费者对于我们广告的回忆度降低。反之，前摄抑制（Proactive Inhibition）则是指先前的学习阻碍了我们对后来的知识的学习与回忆。例如由于前一首诗很难记住，因此认知资源一直放在前一首诗上，导致对后一首诗的记忆出现困难。此外，竞争者广告出现在我们的广告之前，由于该广告的冲击力太强，而对于我们广告的回忆度产生了抑制作用。

3.1.6 记忆的衡量

"张冠李戴"的现象经常出现在营销沟通与广告上——厂商花费了大把的银子，最后得到的却是一种错误的印象与记忆，例如甲厂商的广告却被冠以乙厂商的记忆。消费者是否记住了营销人员希望他们记住的那个部分呢？消费者是否能正确地回忆起广告和营销沟通的相关信息，还是只记得一些无关的信息呢？更严重的是，消费者会不会错将我们的广告诉求，归诸于竞争者的品牌呢？此外，记忆衡量也常出现一种真象错觉效应（Illusion of Truth Effect）。也就是我们虽然不断重复地告诉消费者某一信息是错误的，但是在三天后重新回忆，他们可能仍会将该信息回忆为正确的信息。这主要是因为重复性会带来熟悉性，但消费者可能会忘记信息的内容，而产生真象错觉效应[15]。例如，某厂商在"塑化剂"风波中虽然不断打广告强调其饮料没有检出"塑化剂"，但日后消费者在回想时，仍错误地认为该饮料中含有"塑化剂"。

在营销刺激的记忆衡量上，比较常用的两项重要指标是辨识（Recognition）与回想（Recall）。典型的辨识测试是提示给受测者一些广告，然后询问他们先前是否曾看过该广告。而回想测试则要求受测者在没有提示信息的状态下，独立自由地回忆他们曾看过的广告。虽然这两项指标在某些程度上是极为类似的，但我们可以发现回想远比辨识需要更多的努力。一般来说，辨识指标的分数比

在营销刺激的记忆衡量上，比较常用的两项重要指标是辨识与回想。

回想指标较为稳定,并且随着时间的推移其下降幅度也较小[16],这主要是因为辨识的任务较为容易,同时也有较多线索存在的缘故。不过这并不意味着回想指标没有用处,特别是当消费者手头没有相关的产品信息,他们必须借助于记忆来回想这些信息时[17]。相对地,当消费者身处一家销售上千种产品和品牌的商店时,辨识指标比回想指标更为重要。

营销人员应该如何创造较佳的回忆效果?例如,对于平面广告,是应该密集地在某一短暂时期来投放大量的广告,还是分散于一段较长的期间来定期地投放广告?何者会产生较好的回想效果?研究发现定期方式会比密集方式产生较佳的效果,这被称为间隔效应(Spacing Effect)[18]。

3.1.7　记忆的增强

营销人员可以通过哪些方式来增强消费者对于品牌、商品属性、利益或者厂商名称等的记忆?以下是几种可行的方式[19]:

1. 加强注意力

消费者对于刺激愈加注意,则其记住的概率愈大。

2. 运用提醒物

适当利用提醒物也能增强消费者的记忆。例如,厂商在年节时寄送卡片,或利用周年庆赠送顾客小礼物,都是一种适当提醒消费者的方式。

3. 运用有助于抽取记忆的线索

抽取线索是指有助于消费者从记忆中回想记忆信息的刺激。这些抽取线索包括运用公司的卡通形象等。例如麦当劳叔叔,展现了麦当劳的企业代表色,使消费者看到他,就会回想起麦当劳的产品。

4. 运用重复性

重复有助于记忆,因此不断重复可以增强消费者的记忆。很多厂商虽然知名度很高,但仍会定期开展一些广告活动,便是为了增强消费者对该品牌的记忆。

5. 建立记忆体系中的多方联结

在记忆体系中,建立多种渠道来联结该记忆标的,会增大未来被回想的概率。因此,品牌同时用文字和图像两种方式来呈现时,未来便有较多回忆的机会。

6. 尽量维持一致性

一致性有利于回忆。当产品的名称和其利益相互一致时,通常比较容易回想。当广告的图像和所要表达的文字的意思相互一致时,也比较容易回想。

7. 让消费者维持好心情

一般来说,好的心情容易回想有利的信息,而差的心情会偏向回想不利的信息。因此,让消费者维持好心情,有助于消费者回想出产品的正面属性与利益。

马来貘风格独特，60 家企业指名合作

一个"90 后"的年轻人，大学毕业才两年，却靠着一支笔，让新光三越等超过 60 家企业找上门，成为台湾地区目前接下最多商业合作案的插画家。

马来貘，是 24 岁插画家杨承霖的笔名。除了拥有超过 67 万名脸书（Facebook）粉丝数，2013 年年底，他与插画家弯弯还被即时通信软件 Line 看上，成为第一批发行个人贴图的台湾插画家，打败 Hello Kitty 等知名卡通人物，登上热门下载排行榜冠军。

打开他的脸书粉丝专页，呈现的是一幅幅只有黑白两色、由简单线条构成的插画，这样的插画为何能受到众多企业的青睐？

"我们要吸引的是和他一样年龄层的粉丝，不是原来的客户"，奇想创造群 CEO 谢荣雅说。2014 年年初，成立近百年的大同家电，计划推出一系列有助于"品牌年轻化"的商品，通过谢荣雅找合作对象，当时他脑海中浮现的第一人选，正是马来貘。

马来貘出道两年来，能接下超过 60 个商业合作案，全因为他有"铁杆粉丝"的支持，把"点赞"换成实际购买力，然而这些成就的取得并非一帆风顺。

"刚毕业的时候很消沉，整天关在房间里面……3 个月收入不到 3 万元新台币"，马来貘回忆道。当时，他从设计系毕业，靠接零星的案子为生，后来，虽然有经纪公司帮他出书，但一开始举办签名会，台下却只有不到 20 人。"只要有人来，我们就会到"，马来貘经纪公司默默文创总经理黄晨淳说，即使人气还不高，马来貘也不放过任何与粉丝接触的机会，除了画插画，还常和大家玩游戏，一待就是两三个小时。正因为态度亲切，一旦他推出新商品，粉丝很容易买单。

白天跑校园、到市集摆摊，晚上进行创作、经营粉丝专页，把握线上、线下渠道和粉丝互动，这让他接下的合作案屡创销售佳绩。以大同家电推出"马来貘潮家电"为例，其中一款要价 3 000 元新台币的电饭煲，居然创下 1 个小时卖完 1 000 个的纪录；目前上市的美妆产品，限量 1 000 套也在 1 个月内售罄。

"他有其他插画家没有的'论述能力'，连我们公司的员工私下都经常分享他的作品给我看！"谢荣雅观察，马来貘擅长从看似不起眼的小事取材，像"约会的十大禁忌"或"男人 NG 穿着"等图文，都是年轻人感兴趣的话题。

此外，不像多数插画家偏好可爱风格，他坦言自己的创作"满丑的"，刚出道时，也曾被质疑"画得那么丑，能拿来卖钱吗？"不过，马来貘却坚持，"我宁愿被说画得丑，也不想被说不好笑。"

2013 年，动物园的熊猫"圆仔"爆红，马来貘画了一系列捉弄圆仔的作品，其中一个《只有我才能欺负你》的作品，点赞数超过 4 万。"他画出了很多人心里所想，却不敢说出口的秘密，像马来貘嫉妒圆仔，就对它恶作剧，这不正是我们平常也会有的想法吗？"长期观察脸书粉丝专页的网站 Likeboy 的共同创办人刘士豪分析。

最后，不只是找对题材，马来貘更重视事前铺垫与包装。在和大同家电合作的过程中，有一次，他与大同总经理林郭文艳开会，当场被质疑，"你画的电饭煲卖得出去吗？""我虽然大笑说应该可以吧！但其实压力特别大！"马来貘说。

因此,早在商品推出的 4 个月前,他就先在粉丝专页发"许愿文"试看反应,说母亲想看他的作品画在大同电饭煲上,没想到引发粉丝们的热烈讨论。接下来,马来貘并未乘势加强宣传,而是等了 2 个月,才上传这款商品的广告,引爆买气,"这样才不会太刻意,后来他们也说我酝酿得很不错。"

资料来源:康育萍,"毕业才两年,Line 等六十家企业指名合作　爆红插画家马来貘:宁愿丑也要好笑",《商业周刊》,第 1391 期,2014/07/09。

3.2　经典性条件反射理论

行为学习理论又称刺激反应理论(Stimulus-Response Theories),这主要是因为行为学习理论注重特定外在刺激与观察到的反应之间的关系。如果某人以一种可预测的方式,稳定地对一已知刺激做出回应,我们可以说"学习"已经完成了。行为学习理论的特色在于其所注重的是消费者的外在环境,而非消费者内在的心理过程。在行为学习理论中,最重要的两个理论是经典性条件反射理论与工具性条件反射理论。本节我们将先讨论经典性条件反射理论。

> 行为学习理论注重特定外在刺激与观察到的反应之间的关系。

3.2.1　经典性条件反射理论的内容

早期的经典性条件反射(Classical Conditioning,又译作古典制约)理论学者认为所有的生物体(包括人和动物)都是相当被动的实体。因此,可通过重复(或"条件反射")来教导其某种行为。

俄罗斯心理学家伊万·巴普洛夫(Ivan Pavlov)是第一个探讨条件反射效果的心理学家,他将条件反射效果发展成一种一般性模式,用来解释"学习"是如何产生的。巴普洛夫进行的著名的"狗与铃声"实验,就是运用条件反射效果,使狗在铃声下也能大量分泌唾液。他首先在狗的面前让铃声与食物的配对重复出现好几次。最后发现即使食物不出现,铃声单独出现也能使狗大量分泌唾液,因此条件反射完成。巴普洛夫的研究为经典性条件反射理论奠定了有力的基础。

基本上,经典性条件反射是一种过程。通过这一过程,安排一项先前中立的刺激,也就是条件刺激(Conditioned Stimulus, CS)和一项无条件刺激(Unconditioned Stimulus, US)配对出现。一般而言,条件刺激要出现在无条件刺激之前,而在经过一定次数的重复配对后,则可将原先无条件刺激才能产生的无条件反应转移至条件刺激上,因而使条件刺激也能产生一种极为类似的无条件刺激所能引发的反应。在图 3-4(A)中列示了经典性条件反射的过程。

> 经典性条件反射是将原先无条件刺激才能产生的无条件反应转移至条件刺激上,因而使条件刺激也能产生一种极为类似的无条件刺激所能引发的反应。

从狗与铃声的实验来看,铃声是条件刺激,而食物是无条件刺激。当狗看到食物时会大量分泌唾液,这是一种无条件反应(Unconditioned Responses, UR),然而一旦铃声与食物配对重复出现好几次后,则狗在单独听到铃声时也会大量分泌唾液,这便成为一种条件反应(Conditioned Responses, CR)。

经典性条件反射也常被运用在营销上。例如，五月天代言的 HTC 手机，便是希望将五月天的无条件反应移转至产品上，如图 3-4（B）所示。

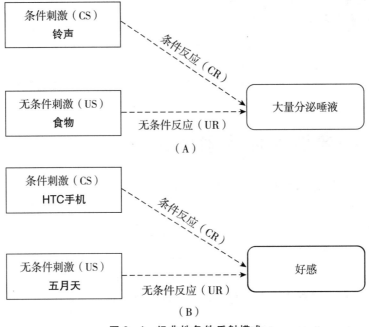

图 3-4　经典性条件反射模式

有效的条件反射要满足哪些条件呢？一般来说，最佳的条件反射必须满足以下五项条件[20]：

1. 前行条件（Forward Conditioning）会比后向条件（Backward Conditioning）更为有效。亦即条件刺激出现在无条件刺激之前会比出现在无条件刺激之后更为有效。例如铃声出现在食物之前，会比出现在食物之后有效。

2. 条件刺激和无条件刺激必须重复配对出现。例如条件刺激必须和食物配对出现，不能只是食物或铃声单独出现。

3. 条件刺激和无条件刺激在逻辑上必须是联结在一起的。例如铃声与食物的出现具有前后的逻辑关系，而不是单纯的偶发现象。

4. 条件刺激必须是新颖且不熟悉的。例如铃声本身必须没有其他意思，以避免产生意义上的混淆。愈是单纯新颖的条件刺激，其所产生的条件反射效果愈是明显。

5. 无条件刺激必须在生理上或象征意义上相当凸显。例如食物能引发口腹之欲从而产生大量的唾液分泌。

条件刺激和无条件刺激发生的时间愈紧密，则制约效果愈佳，这就是时间接近性原则。

基本上，条件刺激和无条件刺激发生的时间愈紧密，则制约效果愈佳，这就是时间接近性原则（Temporal Contiguity Principle）。这两个事件发生的时间愈接近，就愈容易感受到两个事件之间的联结关系。例如信用卡"先消费，后付款"的模式，让"付款的痛苦"和"消费的快乐"两者的相距时间长达近一个月。因此，信用卡消费当时往往和"快乐"的联结要比和"痛苦"的联结紧密，而现金支出的方式则和"痛苦"的联结更紧密。所以，信用卡消费会比现金支出的方式更容易促使消费者进行大量消费[21]。

经典性条件反射使我们对于学习有更进一步的了解,也对学习理论造成相当深远的影响,但是,只将学习视作一种单纯的反射行为(Reflexive Action)是不够的。新巴普洛夫学说(Neo-Pavlovian Theory)不再沿袭经典性条件反射只是单纯地将学习视作获得一种新的反射,而是将其视为获取现实世界中的一项新知识,也就是获知了条件刺激和无条件刺激两者的关系。因此,他们认为经典性条件反射是一种认知联想学习(Cognitive Associative Learning)。这样的观点主张在经典性条件反射中也包括某些认知成分(也就是对于条件刺激和无条件刺激两者关系的了解),而非只是单纯的反射现象而已。

根据新巴普洛夫学说,消费者可以被视为信息搜寻者,他们理解了事件间的逻辑与认知关系,配合先入为主的观点,形成了现实世界的复杂内在图像。

在运用经典性条件反射理论时,要提防遮蔽效应的出现。遮蔽效应(Overshadowing Effect)是指无条件刺激如果和其他刺激一起出现,这些其他刺激便会干扰无条件刺激与条件刺激间的关系联结,这些不相关的刺激将会掩盖无条件刺激的影响力[22]。例如厂商请某明星(无条件刺激)担任品牌(条件刺激)代言人,但因为该明星同时也为其他厂商代言(其他刺激),因此,在同一广告时段,同时出现了很多这位明星代言的广告,则这位明星与该公司品牌间的关系联结便很脆弱,因此代言的效果便会下降。

> 遮蔽效应是指无条件刺激如果和其他刺激一起出现,这些其他刺激便会干扰无条件刺激与条件刺激间的关系联结。

另外一种干扰是阻塞效应(Blocking Effect)。当营销人员试图利用一些已经和其他条件刺激产生联结的无条件刺激时,则往往无法产生应有的效果[23]。例如当大家看到麦当劳叔叔(无条件刺激)时,所联想到的几乎都是麦当劳的产品(条件刺激),因此若是有一家饮料公司想利用麦当劳叔叔来推广其某一款新上市的饮料,便很不容易成功。有些代言人因为本身的形象很明显(例如以奢侈出名),因此在代言平民化商品时便不容易和商品产生联结,获得消费者认同。因为消费者也不相信他会使用这类产品。

此外,如果某一无条件刺激的曝光次数太多,也会削弱该无条件刺激所要产生的联结效果,此时便不适合作为无条件刺激,这便是因为预先展露效应(Preexposure Effect)的关系[24]。例如由于林志玲经常在媒体上曝光,使得她不是一个单纯新颖的无条件刺激,因此不容易和所要代言的商品产生联结,所以其代言效果可能不佳。预先展露效应的出现,往往是因为无条件刺激本身不是很单纯,其所具有的意义多样,因此无条件刺激和条件刺激联结后所产生的意义联结往往很混杂。

> 如果某一无条件刺激的曝光次数太多,也会削弱该无条件刺激所要产生的联结效果,此时便不适合作为无条件刺激,这便是预先展露效应。

关于遮蔽效应、阻塞效应、预先展露效应三者之间的差异,主要在于:

1. 遮蔽效应是因为无条件刺激同时与其他许多条件刺激产生联结所致。
2. 阻塞效应是因为无条件刺激太干净,本身只有一个单纯的意思,该意思与无条件刺激结合得很深,因此难以剥离,导致很难与其他条件刺激产生联结。
3. 预先展露效应是指无条件刺激并不单纯,自身具有很多意思,从而无法和其他条件刺激产生有效联结。

3.2.2 经典性条件反射理论与消费者行为的关系

经典性条件反射理论是否能应用于消费者行为呢？从经典性条件反射理论中，我们可以整理出三个与消费者行为较为密切相关的观念。

1. 重复性

根据经典性条件反射理论，联结是条件反射产生的必要条件。然而要建立联结关系，则此刺激必须对于消费者有足够的曝光次数。有些学者相信重复性可以强化联结的强度，并可以减缓遗忘。不过，重复应该有一个最佳的上限。超过这一上限可能导致过度学习，过度学习则会导致消费者的厌烦，从而降低他们的注意力与兴趣，甚至减弱其记忆力。例如，先前提到的广告疲劳便是因为过度重复导致过度学习的结果。营销人员可以通过适当地改变广告信息（例如轮流播放不同版本的广告），降低这种广告疲劳。不过，尽管大家都同意过度重复不但不能增进学习效果，反而会阻碍学习，但是究竟多少的曝光次数才是最理想的，至今仍未有定论。

2. 刺激泛化

刺激泛化是指消费者对于一些彼此之间差异不大的刺激会表现出同样的反应。

根据经典性条件反射理论，学习的效果不但要视其重复性而定，同时也要视个人在刺激泛化上的能力而定。所谓刺激泛化（Stimulus Generalization），是指消费者对于一些彼此之间差异不大的刺激会表现出同样的反应。在营销上，我们可以看到许多刺激泛化的例子。例如仿冒品与真品之间虽存在些微差异，但消费者仍会因一时不察而上当。另外，一些追随厂商也采用与领导厂商类似的包装，企图鱼目混珠，搭便车，这也属于刺激泛化的例子。

不过，刺激泛化并非没有正当用途。产品线延伸策略就是一种很好的运用。厂商在打响了某一品牌后，往往会大量加入一些相关的产品，以充分地利用该成功品牌的商誉。例如强生婴儿洗发水取得成功后，厂商随后也使用同一品牌开发出其他相关的产品，如婴儿润肤乳、婴儿润肤皂以及婴儿沐浴乳等。多芬香皂的成功，也延伸出多芬洗发水和多芬沐浴乳。其他的运用方式还包括家庭品牌策略，亦即将品牌商誉延伸至其他不相关的产品类别。例如华硕公司对其所有商品一律挂以 Asus 的品牌，使新产品也可享有旧品牌的商誉，并降低新产品上市的高额推广费用。另外，授权与加盟也是一种刺激泛化的范例。授权厂商辛苦建立的商誉与品牌知名度，可以很快地让消费者接受一家新开的加盟店。

3. 刺激辨别

刺激辨别是指消费者如何从相似的刺激中分辨出不同的刺激。

刺激辨别（Stimulus Discrimination）则与刺激泛化完全相反，是指消费者如何从相似的刺激中分辨出不同的刺激。在营销上常采用的差异化策略，就是典型的刺激辨别原则的应用。虽然模仿厂商会企图利用刺激泛化来鱼目混珠，但领导厂商和品牌也会利用刺激辨别来突显自己与模仿者的不同，使之泾渭分明。

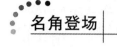

名角登场

"类小米"太多，小米销量大减

2015年7月2日，小米创始人雷军在个人微博上公布小米2015年上半年手机出货量为3 470万台。比去年同期增长33%的表现看似好消息，但可别忘了，雷军为2015年订下的出货目标是1亿台。目前看来，这几乎成了不可能完成的任务。

事实上，2015年4月8日"米粉节"销售结果出炉后，小米内部已经感受到不寻常的气氛。对外，小米仍是敲锣打鼓，狂贺一天卖出212万台手机，打破单一网上平台24小时内销售手机最多的吉尼斯世界纪录。但据了解，小米内部却是忧虑多过欣喜，因为这样的销售表现根本低于预期。

其台湾地区供应链业者直言："虽然大家还是把大陆视为新兴市场，但就智能手机来说，大陆早就是成熟市场，而且趋近饱和。"国际研究机构IDC发布的研究报告也显示，大陆2015年第一季智能手机销售比去年同期下滑4%，是近六年来首度出现负成长。

大陆市场增长趋缓还不是小米要面对的唯一难关。"小米遇到的问题就是现在太多'小米like'（类小米）。"瑞银证券电子硬件首席分析师谢宗文指出，华为的荣耀系列很成功，酷派大神也做得不错，还有中兴通讯推出的小鲜系列等，市场上同质性高的产品越来越多，让小米失去了新鲜感。

特别是2015年4月乐视在其超级手机发布会上公开物料清单，不只强调以成本价格销售，甚至结合内容优势，推出搭配资费手机零元的杀手铜，更进一步削弱了小米过往的高性价比（CP值）优势。

"之前小米的优势是可以更早地拿到处理器，又比别人便宜，但现在大家都杀得比小米还凶，怎么玩？"DIGITIMES Research分析师林宗辉认为，虽然小米的低端机红米还是能冲出量能，但有量却没利润，而且低价市场对手同样积极抢攻，看来雷军似乎高估了小米在大陆低价市场的成长空间。

但小米的早期投资人、纪源资本管理合伙人童士豪仍相当看好小米的未来性，"小米还有小米生态链"。他指出，小米已投资逾40家硬件企业，包括手环、耳机、空气净化器，还有赛格威以及美的空调等，"智慧家庭是很重要的一块，也是很大的领域"。他认为这些是其他手机厂商难以做到的。

究竟小米上半年的手机销售只是遭遇乱流，还是预告这波风口将进入尾声？小米传奇能否继续上演，全世界都在看。

资料来源：何佩珊，"'类小米'太多 雷军的最大麻烦大陆市场饱和 下半年出货量遇瓶颈"，《今周刊》，第968期，2015/07/09。

3.3 工具性条件反射理论

李四在超市购物时，看到一款新的八宝粥陈列在货架上，他决定买一罐试试看。第二天早上，他吃了这罐新购买的八宝粥，觉得味道棒极了。于是，决定下班路过超市时，再多买几罐。这是一个工具性条件反射的简单例子。

工具性条件反射（Instrumental Conditioning），又称操作性条件反射（Operant Conditioning）。它主要是在探讨行为的结果，如何影响再次采取该行为的概率。李四对八宝粥的高满意度，导致了他再次购买该产品的概率增加；反之，若不满意，则可能不再购买这一产品。

工具性条件反射在营销和消费者行为上的应用极为普遍。例如，营销人员会用一种频繁营销（Frequency Marketing）的方式来对那些经常购买的老顾客给予一些和购买数量相关的激励。又如，航空公司喜欢使用的里程累积方式，也是工具性条件反射理论的一种应用。另外，有许多超市常使用印花集点的方式企图让老主顾经常前来消费，这也是利用工具性条件反射理论的营销方法。

工具性条件反射在营销上的运用甚至对于成熟的老品牌都可能产生影响。研究发现，虽然条件反射无法立即影响消费者对于成熟品牌的表面态度，但对于潜在态度却能产生影响。也就是说，工具性条件反射虽然不能立即见效，但具有潜移默化的效果却是毋庸置疑的[25]。

工具性条件反射理论的主要学者，首推哈佛大学著名教授 B. F. 斯金纳（B. F. Skinner）。根据斯金纳的理论，大部分个人的学习都发生在一个受控制的环境下，在这个环境下个人将因选择某一恰当行为而获得"报酬"。斯金纳利用著名的斯金纳箱（Skinner Box）对白鼠与鸽子进行实验。如果这些动物表现出适当的动作（例如压杠杆或啄键），就会有一团食物掉进盘中，它们便会受到正强化（获得食物）。利用这一简单的学习模式，斯金纳和他的学生教会了鸽子打乒乓球、跳舞，甚至控制火箭的飞行。工具性条件反射的要素与模式列示于图3-5中。

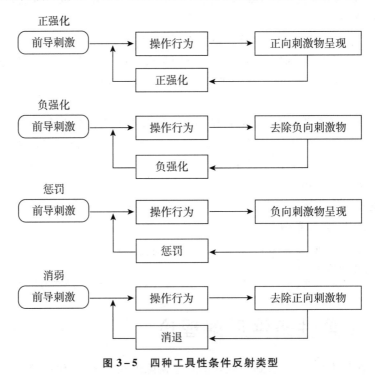

图3-5　四种工具性条件反射类型

在图3-5中，可以采取四种方式来影响行为。以鸽子的实验为例，在正强化（Positive Reinforcement）的状况下，鸽子在斯金纳箱中压杠杆是一种操作行为

(Operant Behavior),这种行为会得到某些正向的报酬(例如获得食物)。而在负强化(Negative Reinforcement)的状况下,压杠杆则会导致去除某些不快的刺激(例如停止电击)。在上述两种情况下,都会使鸽子在未来持续进行压杠杆的动作。相对地,惩罚(Punishment)则会减少该行为发生的概率。以鸽子的例子来看,压杠杆若会引发某种不快的刺激(例如被电击),便是一种惩罚。另外还有一种情形是将正向刺激物去除。例如,将鸽子原本所预期的正向报酬去除,也就是当鸽子表现出期望行为后,却没有获得所预期的食物,则该期望行为将不会再出现,也就是消退(Extinction)。关于各种强化的类型与其关系,可以参见图 3-6。

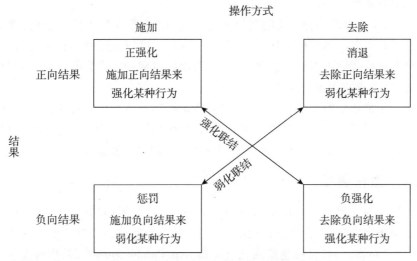

图 3-6　四种工具性条件反射类型的关系

在工具性条件反射的运用上,有一些重要的因素是不容忽视的。以下我们将要探讨增强物、增强时程以及行为塑造这三个相关的观念。

3.3.1　强化物

强化物(Reinforcer)是指那些发生在行为之后,对行为再度发生的概率有所影响的任何东西。基本上,强化物可分为三类:正强化物、负强化物、次强化物。正强化物(Positive Reinforcer)是指行为之后所获得的报酬,它会增加行为重复出现的可能性。例如消费者购买某种物品时感觉到别人羡慕与赞赏的眼光,则这种羡慕与赞赏便成为正强化物。负强化物(Negative Reinforcer)是指行为后能够将某些不悦的刺激移除。如果行为能移除某些负面的事物,则会增加该行为重复出现的可能性。例如消费者购买口香糖可以消除口臭以及消除疲劳,避免了口臭在社交场合给对方造成的困扰,以及疲劳在工作中带来的不适感。最后,次强化物(Secondary Reinforcer)是指一些中性的刺激物,由于其经常和某些强化物一起出现,因此当消费者因为经验而了解到此种联结关系后,虽然该中性刺激物本身并没有强化的效果,但是它们仍能影响行为。次强化物又称辨别刺激(Discriminative Stimuli)。这是因为它们扮演了一种"线索"的角色,暗示着执行某种特别行为将获得强化。因此,这种辨别刺激出现与否便影响了某些行为出现的概率。

正强化物是指行为之后所获得的报酬,它会增加行为重复出现的可能性。

负强化物是指行为后能够将某些不悦的刺激移除。

次强化物是指一些中性的刺激物,由于其经常和某些强化物一起出现,因此当消费者因为经验而了解到此种联结关系后,虽然该中性刺激物本身并没有强化的效果,但是它们仍能影响行为。次强化物又称辨别刺激。

辨别刺激往往出现在某一行为之前,且影响该行为的发生。由于在工具性条件反射的模式中,强化物是出现在行为之后的,因此,主张工具性条件反射的学者往往用辨别刺激的观念来解释行为前的事件对行为的影响。

辨别刺激在营销上的应用相当普遍。例如商店的"周年庆三折大拍卖"告示,就是一种辨别刺激。因为消费者必须实际购买该商店的产品才能享受优惠,但此告示促使了消费者采取购买行动。因此,告示本身虽不是强化物(购后享受的优惠才是强化物),但它会影响购买行为。另外,在政治营销中,候选人的竞选政见,也是一种辨别刺激的应用,因为选民必须投票给他,使他当选以后才有实施政见的可能性。

另外,品牌也是一种常见的辨别刺激。很多人在购买服饰或商品时,常会刻意挑选那些著名品牌商标的样式。这主要是因为品牌商标(辨别刺激)的存在与否和消费者购买后可得到的强化(穿着名牌服饰得到别人羡慕的眼光,因而产生的内心满足)有相当密切的关系。

相对于强化物的是惩罚物。惩罚物(Punisher)是指发生在行为之后,会降低行为重复出现概率的任何刺激。例如当消费者购买了某一款式的衣服而遭到朋友嘲笑(惩罚物),则其下次再购买类似款式衣服的概率便会降低。

惩罚物是指发生在行为之后,会降低行为重复出现概率的任何刺激。

3.3.2　强化程序

不同的强化程序(Reinforcement Schedules)会产生不同的行为形态。在实验室的动物研究中发现:在完全强化的状况下,期望的反应会较快发生。完全强化(Total Reinforcement)又称连续强化(Continuous Reinforcement),是指每当预期的行为出现时,它总是会得到该得的报酬(即总是被强化)。然而,若反应只在部分状况下才获得强化,则是部分强化(Partial Reinforcement)。

部分强化又可分为系统强化(Systematic Reinforcement)和随机强化(Random Reinforcement)两种。系统强化包括固定时间与固定次数;随机强化则包括变动时间与变动次数。

固定时间(Fixed Interval)是指不管行为本身,每隔一段固定的时间便出现强化物。例如,百货公司周年庆抽奖,每隔一天便抽出一辆汽车大奖。

固定次数(Fixed Ratio)是指不管时间本身,每隔固定的行为次数便出现强化物。例如,百货公司周年庆抽奖,顾客每满一万人便抽出一辆汽车大奖。

变动时间(Variable Interval)是指强化物的出现时间是变动的。例如,百货公司周年庆抽奖,不管时间长短,随时可能抽出汽车大奖。

变动次数(Variable Ratio)是指在非固定的变动次数后便出现强化物。例如,百货公司周年庆抽奖,不管顾客人数多寡,随时可能抽出汽车大奖。

变动时间与变动次数看起来好像类似,但两者并不相同。变动时间是指两次强化之间的时间间隔并不固定;变动次数则是指两次强化之间所出现的行为次数并不固定。

随机强化可使行为更为持续,而且不容易停止。例如玩抓娃娃机的人虽然只是偶尔抓住一两个娃娃,亏了不少钱,但仍乐此不疲,正因为抓娃娃机采用了随机强化的方式。随机强化方式可以使营销人员利用少量的成本产生完全强化

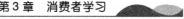

情况下的行为效果,在营销实务中常用的抽奖与竞赛等都是随机强化的例子。

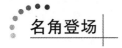

名角登场

赠品经济学

动辄上万元的名牌包竟然只要花 456 元新台币就能买到？别怀疑,这不是仿冒品,而是赠品。

赠品的威力,横扫书店、超市和百货公司。中国台湾地区进口日本杂志最多的经销商慕客馆 2010 年 2 月起推出买 456 元新台币的 agnes b. 杂志,送 agnes b. 包的活动。一般来说,销量 3 000 本以上就是畅销杂志,但是这本杂志却在半年内卖出 17 倍的数量,共 5 万多本,创下慕客馆成立 9 年来单期销量最高纪录。

慕客馆总经理刘正华说,因为名牌包太诱人,这本杂志还在预售阶段,订单就应接不暇。慕客馆马上要求日方的杂志社再版,让日方觉得莫名其妙,"日本都还没发行就要再版"。走在街头,这款黑色印有红心的 agnes b. 包受欢迎的程度丝毫不输 LV 经典包。

全台湾疯迷赠品,厂商对此乐此不疲,最关键的原因就是赠品产生的效益比折扣还要好。

Sogo 百货总部贩促本部协理千叶康弘说,促销最简单也是最常见的方法是折扣,但是折扣的猛药下得愈来愈强,陷入恶性循环,没有折扣,就没有业绩,这在百货业最明显。"推出满千送百促销,获利就少了 10%,还不算其他管理和营销费用",他说,对比折扣促销,赠品成本较低,而且"相较于折扣、抽奖,自己开发赠品,竞争者无法轻易模仿"。

对出版社来说,赠品是对抗网上免费阅读的一种方式。"赠品无法通过网络下载,迫使消费者不得不到实体渠道购买",刘正华说。

由于赠品的威力,台湾地区的许多企业已经开始设立专人来开发赠品。统一超市自 2005 年推出 Hello Kitty 磁铁以来就由整合营销部专门负责开发赠品。超市整合营销的档期,全都围绕赠品转,"我们现在对赠品的重视程度等同于开发一个新商品,每年 3—4 档活动,筹备时间至少 1 年半,每次制作成本为上亿元新台币",统一超市整合营销部部长刘鸿征说。

资料来源:卢昭燕,"赠品经济学　比打折更吸金",《天下杂志》,第 454 期,2010/08/25。

3.3.3　行为塑造

在动物的训练上,驯兽师往往不会在动物完成了一个相当复杂的动作后,才对其予以强化。因为就动物的学习能力来看,一次完成这一复杂动作的概率相当低。因此,必须先把动作分解成局部的简单动作,然后逐步地借由强化来达成我们最终所需要的复杂动作,这样的过程被称为行为塑造(Shaping)。

在营销实务上,很多的营销活动都是运用行为塑造的概念,例如"每日一物"便是常用来吸引顾客上门的手段。对一个顾客而言,若他已经被这一优惠信息吸引上门,则其购买店内其他正常标价产品的概率便会远大于他不在店内的情形。另外,"免费试用七日,不满意无条件退款"也是先吸引顾客接触产品的一种

> 先把动作分解成局部的简单动作,然后逐步借由强化来达成我们最终所需要的复杂动作,这样的过程被称为行为塑造。

方式,它是希望顾客接触产品后被产品的优良属性所强化而购买该产品。其他像房地产商常会利用工地秀及参观送赠品等方式将潜在顾客吸引至现场,电脑厂商利用电脑展来吸引潜在顾客,等等,都是行为塑造的范例。

3.4 代理学习理论

代理学习是结合了上述认知学习与行为学习两种理论的学习方式。代理学习又称替代学习、示范学习(Modeling Learning)、观察学习(Observational Learning),是指一个人因为观察了其他人(示范者)的行为和该行为随附产生的结果后,而产生的行为变化。一般而言,当他看到了别人的行为会导致正面的结果时,自己可能会倾向于模仿别人的行为;反之,当他看到了别人的行为产生了负面的结果时,自己可能会避免表现出同样的行为。

> 代理学习是指一个人因为观察了其他人(示范者)的行为和该行为随附产生的结果后,而产生的行为变化。

代理学习包括三种示范学习方式[26],兹分别说明于后。

3.4.1 公开观察学习

公开观察学习(Overt Modeling Learning)是代理学习中最普遍的一种方式。这种学习要求消费者实际地观察示范者的个人行为。基本上,公开观察学习包括三个阶段:

1. 示范者表现出行为,并且获得某种结果;
2. 观察者观看示范者的行为及其结果;
3. 依据示范者所获得的结果,观察者会增减该行为的出现概率。

例如,消费者通过观察其他消费者的消费行为,或是在电视广告中看到的模特示范都是一种公开观察学习。

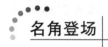

名角登场

大搞植入营销，荷包满满

迈克尔·贝(Michael Bay)是当今世界排名第一的吸金导演,由他导演的《变形金刚4》从2014年6月25日开始,在全世界的电影院疯狂吸金,第一个周末就创下全球票房90亿元新台币的纪录!

迈克尔·贝不仅是票房保证,更是好莱坞当前最会玩植入营销的高手,《变形金刚4》与中央电视台(CCTV)合作,央视成了《变形金刚4》的主要投资人与制片商。由于收了大陆方面大量的广告费与投资,《变形金刚4》有四分之一的时间呈现的都是北京、广州、香港、重庆的场景,到处都可以看到大陆的牛奶、汽车、饮料、房地产等商品的植入广告。

《变形金刚4》成了"大陆的女婿",大搞营销活动,果然在短短7天之内,票房突破10亿元人民币,贡献了全球近40%的票房。不只打破《阿凡达》《西游·降魔篇》的纪录,登上大陆电影史第一卖座影片的宝座,票房收入更与北美地区并驾齐驱。

其实,今年48岁的迈克尔·贝,在《变形金刚4》之前,就已经用20年证明他无与伦比

的商业头脑。他从 1995 年开始拍摄好莱坞电影,每部都创下新纪录,不曾失手。

迈克尔·贝的成功,来自从不间断地"炸烂",他每一部电影都将火药与飞车追逐用到极致,炸桥、炸大楼,直到把整个城市炸烂;到了《变形金刚》,一大群货柜车瞬间变身为 20 米高的巨大机器人,飞天遁地展开生死决斗。这些机器人比人类更能灵活打斗,这一招,无人能够超越迈克尔·贝。

迈克尔·贝的 4 部《变形金刚》系列电影,在全球创下超过 34 亿美元的票房。但电影的制作与营销成本,4 部加总不过是 7 亿美元,光是票房收入就超过成本近 5 倍,这还不包括超过 5 亿美元的植入营销收入。这对于强调务实、胼手胝足、代工生产、追求 5% 毛利的台湾企业来说,真是难以想象的生意。

不过,即使是死忠的《变形金刚》迷,也不能否认《变形金刚 4》对商品的植入,已经到了令人难以忍受的程度。

例如,电影中某个角色在躲避攻击的过程中,突然从冰箱里拿出一罐伊利生产的"舒化奶"狂喝;女主角的赛车手男友,在追车的过程中突然爆出一句"我已经获得红牛饮料的赞助"……

此外,重庆的武隆景区花了 1 000 万元人民币的赞助费,让恐龙与机器人在武隆的景点前对打,但迈克尔·贝却把武隆与香港的场景剪接到了一起,让人误以为武隆是香港的后山。

大陆 13 亿人口对好莱坞来说,是个绝对无法忽视的市场,迈克尔·贝将《变形金刚》大陆化只是个开始,如果有一天,美国队长与关公对打,大家也不必太惊讶。

资料来源:乾隆来,"全球狂卷千亿 变形金刚捞钱解码麦可贝新片大搞'大陆置入'从商品玩到政治",《今周刊》,第 916 期,2014/07/10。

3.4.2 非公开观察学习

在非公开观察学习(Covert Modeling Learning)中并没有实际呈现或示范行为或结果,消费者只是被告知去想象一个示范者在各种不同情境下的行为及其所获得的特定结果。例如,消费者在购车时,想象自己驾驶酷炫跑车奔驰而过时路人露出的惊叹与羡慕的表情。虽然非公开观察学习比公开观察学习所受到的研究注意较少,但是根据过去的研究发现:

1. 非公开观察学习在行为修正上,可以如同公开观察学习一样有效;
2. 影响公开观察学习的因素对非公开观察学习应该也具有相同的效果;
3. 非公开观察学习可以被验证并且证明是有效的;
4. 如果同时也描述示范行为的替代结果的话,则非公开观察学习可以更为有效。

3.4.3 语言描述性观察学习

在语言描述性观察学习(Verbal Modeling Learning)中,并不示范行为,人们也不被要求去想象示范者正在进行某种行为。相对地,人们会被告知一些和自己相类似的人如何在特定情境下进行某种行为。例如在组织中所流传的英雄人物，或组织其他成员的某些成功事迹等，都会影响消费者的行为，这便是一种语言描述性观察学习。

如同非公开观察学习，我们对语言描述性观察学习在消费者行为领域中的应用了解得并不多。但是因为实际的示范者并不需要具体现身，因此，语言描述性观察学习就程序而言，是比较容易实施的。

以上我们讨论了三种代理学习的方式。为了更容易掌握三种方式的不同，表 3-1 中列示了三种代理学习方式的比较。

表 3-1　三种代理学习方式的比较

类　型	描　述	范　例	适用的媒体
公开观察学习	消费者观察示范者的行为与结果	观察其他消费者行为与结果；电视、广告、影片中的人物示范或产品使用示范	电视、人员销售、隐藏店内的录像机
非公开观察学习	消费者被告知去想象示范者（或自己）正在进行某种行为并获得某种结果	消费者想象自己穿上新衣服或擦上香水后，在宴会中引起别人的注目	广播、人员销售、平面广告
语言描述性观察学习	消费者被告知一些与自己相类似的人（或他的仰慕群体）在某种购买（或使用）情境下的行为及其结果	组织内英雄传奇的故事，或是成功消费者的案例	人员销售、广播、邮寄信函、其他可能的平面广告

整体来说，有效的代理学习必须满足下列四个要件[27]：

1. 消费者必须注意到适当示范者的存在，也就是该示范者必须具有一些让该消费者引以模仿的特征，例如吸引力、能力、地位，或是示范者与消费者之间具有很高的相似性等。只有获得消费者注意的示范者，才可能引发代理学习。

2. 消费者必须记住示范者的所言所行，如此才能将示范者的代理学习转变成相关的行为。

3. 消费者必须将此信息转变成行动，如此一来，学习才算完成。

4. 消费者必须被激励去采取该行动。只有适当的激励，学习才容易转变成行动。

认知学习、行为学习与代理学习这三种理论的观点，虽然并不相同，但并不意味着三者互相矛盾或有所冲突——应该说，在不同的情境下，某一观点相较于其他观点具有较强的解释力。例如认知学习理论由于需要较多的认知资源与认知活动，因此较适合消费者愿意花费较多认知资源的状况，也就是较适合高介入的产品，例如购买房屋和汽车。而行为学习理论的观点则较适合低介入的产品，因此我们会发现厂商经常将产品通过动人的音乐、美丽的画面，或模特迷人的微笑一起呈现,并以不断重复出现的方式建立起消费者对于该产品的良好态度。例如,牙膏、洗发水、纸巾等产品都经常使用这种手法。代理学习则常会出现在我们与同伴、邻居和家人等的互动中。当我们和同伴一同购物,或是观察其消费行为及关联结果时,我们也获得了如同认知学习和行为学习一样的学习成果。

 练习题

3-1 厂商常会使用很多方法来帮助消费者记住产品的品牌或产品属性,例如谐音便是一种常用的方式。请你试着归纳出除了谐音外,厂商可运用的还有哪些做法。

3-2 厂商常用累积消费的方式来作为推广手段,例如集满五个空盒就可以免费获得一个赠品。试以消费者学习的角度,说明此种做法背后所依据的相关理论与原则。

3-3 很多知名厂商的产品已经普遍为大家所知晓,例如黑人牙膏,但为何它们仍然需要不断地做广告,其目的何在? 有什么理论依据吗?

3-4 如果你正准备在家乡开设一间民宿,试根据消费者学习中三种主要的观点:认知学习观点、行为学习观点与代理学习观点来拟定营销策略。请指出在每种观点下,有哪些营销方法可以用来推广你的民宿服务。

3-5 互联网可以使消费者在很短的时间内和很低的成本下接触大量的信息,从好的方面来看,似乎可以提高消费者决策的品质,但另一方面,似乎也带来信息过载的现象。请问,作为一位消费者,你应该如何处理网络信息过载的现象? 另外,对于网络经销商而言,这种网络信息过载的现象会带来什么机会与威胁?

3-6 《神鬼传奇》与《古墓丽影》都是过去相当受欢迎的电影。某些人常常将这两部电影弄混,试推论他们在长期记忆区内对这两部电影的可能储存方式,以及其是如何影响记忆的抽取的? 除此之外,造成混淆的可能原因为何?

邻家女孩的类化效应

在韩流席卷全球与日本经济衰退 20 年的内外夹攻下,日本 AKB48 女子团体唱片销量却逆势增长。

根据日本业内经验分析,偶像团体有"五年魔咒"的说法。在偶像频出如过江之鲫的演艺界,AKB48 的成员没有韩国少女时代成员那样美丽的外表、修长的美腿,以及令人咋舌的舞技,何以维持 10 年不坠? 同时,在实体唱片销量下滑的数字时代里,为何单曲专辑推出的首周就能位居排行榜第一名?

拉近偶像与观众之间的距离，是 AKB48 长红的第一个方法。日本流行文化评论家小林善纪在《AKB48 论》中指出，过去的偶像是通过电视等媒体，用外表和歌声获得粉丝青睐，一直以来必须隐藏自己的生活，以维持"公众魅力"。

反观 AKB48 的成员们，一出道就是在剧场里表演，观众有如看舞台剧般近距离看到偶像的一颦一笑，她们也表现出个人真实的性情，甚至在纪录片、综艺节目里扮鬼脸。

"接下来的偶像，不再是从电视开始，而是直接由粉丝一手打造。"AKB48 总制作人秋元康明确将 AKB48 定位为：与粉丝零距离，随时"见得到面的偶像"。像是"握手会"，秋元康将粉丝与 AKB48 的距离设计成一只手臂长，颠覆了传统偶像必须要一路被保镖保护得密不透风、越神秘越吊人胃口的互动方式。

在握手会上，AKB48 的成员不只是和粉丝握手，更会闲话家常，倾听他们对其表演的建议，甚至对粉丝的名字、生活近况都如数家珍。与其他偶像坐着握手或签名不同，AKB48 成员全程站着，最高纪录曾站过 12 个小时以上。

同时，在特别节日时，AKB48 的成员还会与粉丝互动。像是在情人节亲手赠送粉丝巧克力、亲笔回信，甚至一同出游；粉丝在如此"紧密"的交流下，不只在第一线观察偶像，还能从众多的成员中，仔细品评、精选自己的最爱，在之后的"总选举赛"中，选出可以站在舞台中间的人选。

长相从 A 到 Z 都有，则是 AKB48 维持不坠的第二个方法。AKB48 是从一群个人特质各异的杂牌军中整合出一个鲜明的代表形象，再向主流媒体发起进攻。用秋元康的话来说，就是先以团体的形式建立粉丝库，继而通过偶像间的竞争，加深粉丝的黏合度。

一开始，在选择 AKB48 家族时，容纳了长相与个性各具特色的女孩，让覆盖面达到最广。年纪从 11 岁到 24 岁不等，在容貌上，如果说传统偶像如酒井法子是校花，那么 AKB48 的成员们身材高矮不一，最矮的约 1.5 米、最高的超过 1.7 米，可以说集结了班级中第三、第四漂亮的"中等美女"。

这群邻家女孩"未加工"的不完美，恰好切中秋元康以日本宅男为起点打造此团体的心理需求。"丑女也能当偶像，反而会爆发出一种'情人眼里出西施'的力量"，这是日本著名经纪人方喰正彰在《AKB48 告诉我们的事》一书中的观察。再加上这群女孩才迈入青春期，仿佛是动漫里的少女跃出屏幕，在面前嘘寒问暖，更能获得宅男的喜爱。

只是，仅限于小众粉丝无法将市场做大，AKB48 还要抓住女孩的心。"就算是讨厌我，也请大家支持 AKB48！"第一届票选总冠军前田敦子，当选时的感言在粉丝间传为佳话。除了邻家女孩的气质，秋元康更看好前田挑起争端，让话题持续燃烧的明星魅力。

而这种挑起争端、建立竞争感的感觉，是不是就像高中校园里，女生们彼此看不惯对方，各组小团体的情况呢？说穿了，就是抓住人性的本质，将现实生活活灵活现地展现在观众面前。

截至 2015 年 2 月，AKB48 剧场累计观众超过 100 万人次，这个数字是台北小巨蛋一场演唱会人数的 99 倍；若以创始地秋叶原 250 人的位置计算，等于 10 年唱了 4 000 场，几乎每天都有她们的固定演出。

残酷的是，就像所有的青春偶像都有一定的"当红期限"。即将迈入 10 周年的 AKB48，虽然靠着成员不断淘汰更新，得以维持新鲜感，但是粉丝长年支持的偶像，却必须在巅峰期面临毕业退团,成了留住核心粉丝的一大考验。尽管"商品"会过期,但至少她们帮自己与日本演艺界重新夺回了造星梦的主导权。

资料来源:吴和懋、黄亚琪,"她们长相、歌艺不如韩少女时代,却一红 10 年解密! AKB48 的邻家女孩经济学",《商业周刊》,第 1448 期,2015/08/12。

讨论问题

1. 你觉得"邻家女孩"的类化效应在中国有相似的娱乐明星的例子吗? 说明你的理由。
2. "类化效应"和"维持神秘感"都是经营偶像的方法,也都各有成功的案例。你觉得这两种方法各自吸引哪些目标对象? 而其成功的背后条件为何?

第4章 消费者态度

本章将为您解答下列问题：

▶ 什么是态度？态度具有哪几项特征？

▶ 态度构成的三个主要成分是什么？

▶ 态度有哪四项功能？

▶ 态度的效果层级包括哪四种类型？

▶ 态度的多属性模型包括哪些重要理论？其内涵是什么？

▶ 情感与态度有什么关系？

▶ 态度如何改变？有哪些相关的理论？

▶ 营销人员可以使用哪些方法来改变消费者的态度？

迎合消费者态度，跟皮草说再见

在时尚圈，皮草是一个无解的禁忌话题，而且没有模糊空间，品牌、百货公司，还有媒体，等等，都必须在这个选择题上表明立场。在 Saks Fifth Avenue 百货接受皮草品牌的同时，Selfridges 则是拒之于千里之外，然而最直接有效影响皮草话题的，还是站在生产第一线的设计品牌。历经多年协商，保护动物协会 The Humane Society 和反皮草联盟 The Fur Free Alliance 共同宣布，Hugo Boss 承诺 2016 年之后的设计将不再使用皮草。

在 Hugo Boss《2014 年永续发展报告》中，品牌运动系列的创意总监 Bernd Keller 表示，Hugo Boss 将从 2016 年秋冬系列开始，不再使用皮草。Keller 更进一步解释，会做出这样的决定，是因为品牌发现消费者对于动物和环保议题，表现出比以往更多的关切。购买原因也不再仅限于设计和价钱，品牌对于永续发展和动物保护的策略，也会影响消费者掏出钱包的意愿。

考虑到消费者的购物态度，以及多年来相关团体的积极斡旋，大多数品牌选择向善待动物的一方靠拢。The Fur Free Alliance 表示目前表达反皮草立场的品牌，大多是快速时尚等平价品牌，然而皮草的消费与制造还是以高端精品居多。因此作为精品品牌，Hugo Boss 此举有望起到抛砖引玉之效，希望更多的精品品牌一同加入反皮草行列。

事实上，除了常听到的 Stella McCartney 和 Calvin Klein 行之有年的反皮草策略外，Hugo Boss 并不孤单，其他品牌像是 Christopher Raeburn、Duckie Brown 和 Kate Spade 等早就拒绝在设计中加入皮草元素，甚至还有专做人造皮草的英国品牌 Shrimp。Shrimp 品牌创办人 Hannah Weiland 接受 *BoF* 专访时称，人造皮草已经不再是单纯的趋势，而是作为一种全新的消费选择，甚至在制造技术越发精良的今天，取代真皮草也不无可能。该消息在 Fendi 首场皮草定制大秀前发布，不免让人多做联想，看来皮草话题又要引起一番争议。

资料来源：Cyrille Hong，"迎合消费者态度 Hugo Boss 跟皮草说再见"，*Evoke*，2015/07/07，http://www.evoketw.com/%E8%BF%8E%E5%90%88%E6%B6%88%E8%B2%BB%E8%80%85%E6%85%8B%E5%BA%A6-hugo-boss%E8%B7%9F%E7%9A%AE%E8%8D%89%E8%AA%AA%E5%86%8D%E8%A6%8B.html?utm_source=rss&utm_medium=rss&utm_campaign=%25e8%25bf%258e%25e5%2590%2588%25e6%25b6%2588%25e8%25b2%25bb%25e8%2580%2585%25e6%2585%258b%25e5%25ba%25a6-hugo-boss%25e8%25b7%259f%25e7%259a%25ae%25e8%258d%2589%25e8%25aa%25aa%25e5%2586%258d%25e8%25a6%258b

要预测消费者行为，必须先了解消费者的态度。消费者大部分的真实行为，都会受到态度的影响。态度对于行为具有某种程度的预测能力。营销人员若要掌握消费者行为，便不得不先了解消费者的态度。因此，态度的相关理论是消费者行为学科中一个极为重要的章节。本章将针对消费者态度的特征、成分、功能及其相关理论来进行完整的探讨。

4.1 态度的定义与特征

态度（Attitude）是指针对一个特定的对象（例如，某一品牌、某种行为，或某种观念）所学习到的一种持续性的反应倾向。此倾向代表个人的偏好与厌恶、对与错等个人标准，例如"我不喜欢吃辣"便是一种对饮食的态度。态度在消费者行为的探讨上具有怎样的重要性呢？假若公司已成功地将产品或服务销售给目标消费者，则营销人员或许只需继续增强消费者对此产品的正面态度即可。相反，若是产品的销售并不理想，则必须检讨背后的原因，如果问题的关键是消费者对于产品的态度，营销人员就必须试图去改变消费者所持有的态度。

基本上，态度具有以下几项特征：

1. 态度是针对特定的对象

态度必定有其所针对的对象。从营销角度来看，它可以针对一种产品、一种品牌、一种行为、一种产品用途、一个人、一个广告，或是一家零售店等。因此，我们要先厘清态度所针对的对象，然后再谈态度的好坏才有意义。

2. 态度是经由学习而得的

态度不是先天承续，而是经由后天学习而得的。经由过去的直接经验、他人的口碑，或是媒体的传达或教育等，消费者逐渐形成现有的态度。不过，我们要了解到态度和行为并不一样。尽管现在的态度可能被过去的行为所影响，而现在的态度也可以影响未来的行为，但是，态度并不等同于行为本身，态度只是行为的一种倾向（Predisposition）。然而，态度虽是经由学习而得，但并不意味着态度是持久不变的，态度会因个人的经验，或是随着时间的推移而改变。

3. 态度与行为具有一致性

态度虽然并不等同于行为本身，但是态度与行为之间却具有高度一致性。态度与行为间的一致性是指就大部分的状况来看，行为与其态度是相契合的。对某一行为的良好态度，意味着有比较大的可能性会去采取该行为。相对地，对某一行为的不好态度，则代表着消费者可能偏向于回避该行为。例如"哈日族"通常对于日本和日制商品具有相当大的好感（态度），其也较可能去购买日制或日式商品（行为）。因此，如果消费者能依其自由意愿来行动，那么他会比较偏向于采取与态度相一致的行为。不过，环境或情境的某些因素可能会阻碍态度与行为间的一致性。例如，可能因为日制商品较贵，或是预算有限，因此只好转买其他国家的制品；或是因为害怕其他人的媚日指责，而不敢采取购买行为；或是该产品已经销售一空，只好改买其他产品。这些因素或许阻碍了消费者采取与态度相一致的行为，但不能改变态度与行为间具有一致性的本质。

4. **信念、态度与行为三者之间具有关联性**

信念(Belief)就是个人所拥有的一种对外在世界有组织的并视为真实的知识,例如"爱拼才会赢"便是一种对于如何获取成功的信念。信念往往是态度形成的基础,而态度又是行为的预测指标,因此,信念、态度与行为之间具有很强的关联性。例如消费者会对于产品属性发展出一连串的信念,并通过这些信念形成对产品的态度。态度则会影响消费者对于产品的购买意愿与购买行为。

> 信念就是个人所拥有的一种对外在世界有组织的并视为真实的知识。

5. **态度是发生在情境中的**

消费者对于同一特定行为或对象可能存在许多不同的态度,每一种态度都有它所对应的情境,也就是随着情境的转变,态度可能因此而不同。例如一个平常被认为太贵、太奢侈的餐厅,却可能被消费者选为情人节晚上的理想用餐地点。对这家餐厅的态度,正是因为情境的不同而有所改变。所以,我们在衡量态度时,应该考虑态度发生时的情境,也就是态度因情境而定,否则很可能会误解态度与行为的关系。

4.2 态度的内涵

4.2.1 构成态度的主要成分

要了解态度的内涵,必须先了解构成态度的三个主要成分,也就是所谓的"三位一元理论",或称为 ABC 模式[1]。ABC 模式认为构成态度的成分为情感(Affect)、行为(Behavior)与认知(Cognition)。

情感是指消费者对于该态度标的物的整体感觉与情绪。一般而言,情感具有整体评估性,因此情感成分常是单一构面的变量。情感的描述往往是"有趣的""无趣的",或"快乐的""悲伤的",或"愉快的""不愉快的"。大致来说,情感成分对于在传达消费者自我的产品上,可发挥的作用最大,例如香水。过去的研究指出,情感成分可以强化与扩大正面或负面的经验,而这些经验会进一步影响消费者心中的想法与其行为[2]。表4-1是常用来衡量情感成分的量表范例。

> 情感是指消费者对于该态度标的物的整体感觉与情绪。

表4-1 情感成分的衡量

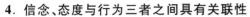

```
"纯粹喝炭焙咖啡"令我觉得:

愉   快 ___:___:___:___:___:___:___ 不 愉 快

欢 乐 的 ___:___:___:___:___:___:___ 忧 郁 的

有 趣 的 ___:___:___:___:___:___:___ 单 调 的

优 雅 的 ___:___:___:___:___:___:___ 庸 俗 的

有品位的 ___:___:___:___:___:___:___ 没品位的
```

行为是指消费者对于该态度标的物的行动意图或倾向,也就是其采取某一特别行动,或以某一方式来行动的可能性。在消费者行为上,态度的行为成分通常以消费者的购买意图来表示,所以一般也是使用购买意图的量表来衡量(参见表4-2)。行为成分对于一些经常性购买的产品,例如口香糖或牙膏,相对而言

> 行为是指消费者对于该态度标的物的行动意图或倾向。

会比其他两项成分更具关键性影响。

表4-2　行为成分的衡量

当你下次要购买罐装咖啡时,购买"纯粹喝炭焙咖啡"的可能性为:

_____我一定会购买

_____我可能会购买

_____我不确定是否会购买

_____我可能不会购买

_____我一定不会购买

你在未来一个月内购买"纯粹喝炭焙咖啡"的可能性为:

_____很可能

_____可能

_____不知道

_____不可能

_____很不可能

认知是指消费者对该态度标的物的知觉、信念与知识。

　　最后,认知是指消费者对该态度标的物的知觉、信念与知识。这些认知往往来自对该态度标的物的直接经验或其他相关的信息来源。通常,认知成分在形成复杂产品上的态度特别重要,例如电脑。认知常以信念的方式出现,也就是消费者认为态度标的物具有某些属性,因而会导致某一特定的结果。例如,因为工作上的关系,某一消费者需要随时上网去获取某些重要信息,因此希望能找到一部能够方便上网的手机。仔细地搜集手机相关信息与进行评估后(这是一种认知的过程),最终认为某一款手机较佳(形成态度)并购买了该款手机(采取行为)。通过这部手机,这位消费者可以随时随地上网去掌握那些与工作相关的信息。认知成分的衡量,常以态度标的物的属性评估方式来进行(参见表4-3)。

表4-3　认知成分的衡量

你认为"纯粹喝炭焙咖啡"的甜度是:

太　高_____:_____:_____:_____:_____:_____太　低

你认为"纯粹喝炭焙咖啡"的容量是:

太　多_____:_____:_____:_____:_____:_____太　少

你认为"纯粹喝炭焙咖啡"的价格是:

太　贵_____:_____:_____:_____:_____:_____太便宜

你认为"纯粹喝炭焙咖啡"的包装设计是:

很有质感_____:_____:_____:_____:_____:_____很粗俗

　　在以上三个态度成分中,情感是最重要的成分[3],因为品牌评估可以说是情感成分的具体表现。品牌评估往往是形成品牌态度的重要核心,因为其总结了消费者对品牌的有利或不利倾向:就认知而言,情感总结了认知的结果;就行为而言,情感是预测行为的一种关键性因素。

总结来说,关于态度的衡量,我们大致上是利用类似上述的量表,针对这三项成分来进行衡量的。

4.2.2 态度的一致性

为了维持消费者内心的和谐,消费者的态度必须符合一致性原则(Principle of Consistency),也就是消费者在态度的认知、情感与行为等三项成分上必须维持一致与和谐。若有不一致存在时,消费者便需调整这三项成分,以达成互相平衡与一致。例如,我们很难对一个评估不佳(认知成分)的品牌,维持良好的品牌印象和偏好(情感成分)。当然,我们也不大可能去购买(行为成分)评价不佳或具有不良品牌印象和偏好的产品。

态度的一致性主要和两个因素有关:态度的价值性与强度。态度的价值性(Valence)是指认知、情感与行为成分的正面性或负面性。为了维持一致性原则,正面的认知会伴随正面的情感,而负面的认知则会伴随负面的情感。另外一个因素则是强度,高强度的认知必须伴随高强度的情感,而低强度的认知则会伴随低强度的情感。由于一致性原则意指态度的三项成分间必须维持平衡,因此这三项态度成分会互相影响,就如同图4-1所显示的那样。

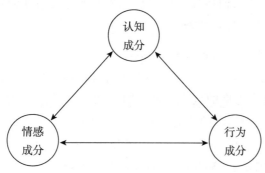

图4-1 态度三个成分的相互影响

4.2.3 态度的强度

态度的强度(Intensity)通常以态度的承诺(Commitment)程度来表示[4]。高强度的态度代表着高承诺。因此,一般认为态度的强度和其对产品的介入有关。态度在强度上,也常因情境的变换而有所不同。态度的强度依其强弱可以分为服从、认同和内化等三个层次。

首先,在低强度的状况下,态度是一种服从(Compliance),此时态度可以帮助一个人从他人那里取得报酬或避免惩罚。这种态度大多偏向于表面化,因此也很容易改变。当诱因失去时,态度便不容易维持。例如,我们常说的"有奶便是娘"就是低强度的态度。在消费者行为上,我们常到便利商店去购买商品主要是因为其便利性,而不是基于对于其所出售商品的忠诚度,一旦便利性消失(例如商店迁移了),则会失去诱因,因此购买行为也就不见了。

服从可以帮助一个人从他人那里取得报酬或避免惩罚。

其次,态度可能会达到认同的层次。认同(Identification)的产生主要是为了迎合其他的人或群体。例如广告利用榜样的示范来促使消费者产生模仿的行为,很多商品也利用同伴的示范来形成消费者对该产品的认同。当我们周围的很多朋友都使用 4G 手机时,如果我们不买一部 4G 手机,那么便会被朋友认为落伍,因此很难被他们所接纳,这时我们对于 4G 手机的态度已经达到认同的层次。

最后,当强度很高时,态度便很可能内化。内化(Internalization)是指态度已经深入消费者内心,变成其价值体系的一部分。由于这些态度已经变成一个人相当重要的一部分,因此很难改变。例如,我们经常会看到各种藏友,事实上他们已经将对收藏品的正面态度内化为其自身的一部分。又如,很多女性对于凯蒂猫(Hello Kitty)的喜爱已经达到内化的程度,Kitty 已经变成她们生活中,甚至自身的一部分。此外,我们也常发现很多漫画迷,由于过分投入漫画的内容而热衷于漫画人物的角色扮演(Cosplay),这也显示态度已经达到内化的层次了。

4.2.4 态度的功能

态度对于一个人有何用处? 也就是一个人维持其态度的背后动机是什么? 基本上,态度具有以下四项功能[5]:

1. 效用的功能(Utilitarian Function)

当产品的效用能够满足消费者时,消费者便会对该产品持有良好的态度,这便是态度的效用功能。因此,态度的效用功能主要是来引导消费者获得其所追求的功能性利益。例如消费者之所以会喜欢这款手机,是因为其信号很强,而这便是消费者对该手机所追求的主要效用。

2. 价值表现的功能(Value-Expressive Function)

当态度主要是在反映或表达一个人的一般价值及生活形态时,态度便是在扮演价值表现的功能。例如,消费者之所以会喜欢这款手机,是因为这款手机的现代感设计,很能凸显消费者企图对同伴表达出的自己走在时代前沿的形象,而这便是消费者对该手机所追求的价值表现的功能。

3. 自我防御的功能(Ego-Defensive Function)

当态度主要是在保护消费者避免受到威胁与产生焦虑时,态度便是在扮演自我防御的功能。例如有些人吃口香糖的目的是避免不好的口气,而不是因为喜爱口香糖的味道。此时他们是为了避免因为口臭而导致公众对其有不好的印象,或是因口臭而可能带来的困窘难堪的情况。绿箭口香糖强调"不可避免的时刻"便是利用这一诉求点来说服关切社交互动的顾客群体。

认同的产生主要是为了迎合其他的人或群体。

内化是指态度已经深入消费者内心,变成其价值体系的一部分。

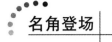

名角登场

选物有态度，创造独特风格

如果你是一个穿衣服中规中矩的人，进入日本精选概念店 BEAMS，可能要玩心重一点。就像我们在 BEAMS 台北店店长张惟溶身上所见：学院风格纹夹克，搭配的竟是棒球帽、桃红色短裤。这些通常不太会被搭在一起的组合，一方面亮眼，另一方面看得出穿衣人的自信。

这种没有什么不可以的混搭，正是 BEAMS 所传递出来的生活穿衣价值——突破框架。"我们希望向顾客提供快乐提案，创造出他们从没挑战过的新风格，说不定他们尝试过之后，发现挺适合自己的，于是更勇于尝试其他风格"，BEAMS 社长室公关部公关木下香奈说。

BEAMS 旗下的品牌 BEAMS BOY 就是这样诞生的。当初一位 BEAMS 男装采购发现，有女性顾客购买 S 型号的男装，因而产生了"男装女穿"的想法。

1988 年，BEAMS 成立 BEAMS BOY 女装品牌，将男装缩小成女生的版型与尺寸，并融合街头男性服饰流行单品，如卡其裤、迷彩裤和西装外套。这样的突破，不但使 BEAMS 一炮而红，也引领着日本女性尝试中性风格的打扮。

1976 年，BEAMS 社长设乐洋基于对美国流行文化的向往，在东京的原宿开设"AMERICAN LIFE SHOP BEAMS"店铺，6.5 坪（1 坪 = 3.3058 平方米）大小，扣掉仓库，只剩 3.5 坪，而店里的服装、饰品、杂货和艺术品等，却是美国文化的缩影。

当时，这算是首家将美式文化介绍给日本人的小店，也是日本精选概念店的始祖，卖的是各种美式风格，以及常春藤学院风（IVY）、学院风（PREPPY）等的生活选品。随着时间的推移，1978 年，BEAMS 也开发出自有商品。至今"选物和原创的比率，已达到各占 50%"，设乐洋谈道。

不光是引进风格而已，玩心很重的 BEAMS 还迸发出许多创意，自己给风格定调。像是其旗下的品牌 BEAMS PLUS 每年围绕美国 20 世纪 50 年代末至 60 年代初的美好时期，发想年度主题，2014 年的主题为"加州常春藤学院风"（California IVY），思考当美国东岸的学院风吹进美国西岸时，会带来什么冲击？

如今，BEAMS 不再只是一家巷弄内的小店，而是一个拥有 38 个品牌的大企业，足迹遍及日本全国和中国的香港、上海、北京和台北。但打破服装、生活既定界限进而创造风格这件事，则是其 30 多年来一贯坚守的宗旨。

资料来源：柯晓翔，"这间店！选物有态度 5 间概念店，把'精选'变成风格大原则，从日本红到中国台湾！"，《alive 优生活》，第 441 期，2014/06/25。

4. 认知的功能(**Knowledge Function**)

当人们面对混沌不清的状况时，需要梳理出其中的次序与结构，这便是态度所提供的认知功能。教育类商品可以增加消费者对于事物的了解和减少消费者所面对的不确定性与混淆。例如，很多人上网的目的是为了吸收新知识而避免落伍，这时对于网络的良好态度便来自其所扮演的认知的功能。

4.3　态度的效果层级

我们前面提过态度具有三项主要的成分：情感、认知与行为。根据这三项成分之间的彼此关系，可以归类出四种不同的关系形态，我们称之为态度的效果层级（Hierarchy of Effect）。

4.3.1　标准学习层级

最常见的态度效果层级被称为标准学习层级（Standard Learning Hierarchy），由于这种态度层级常出现在高介入的状况，因此也可称为高介入层级（High-Involvement Hierarchy），或是理性层级（Rational Hierarchy）。

在标准学习层级下，其出现的次序分别为认知、情感、行为（参见图4-2A）。也就是消费者先进行认知思考，然后产生感情，最后才采取行动[6]。就消费的情境来说，消费者先通过一连串主动的信息搜寻，来形成其对于该产品的信念；再基于此信念，进行产品品牌的评估，从而发展出特定的产品态度，并据以做出购买决策；最后，依据决策采取购买行为。

在标准学习层级下，消费者通常会进行大规模的信息搜集，以及广泛的决策过程，并且在"行为"之前先形成"态度"。例如优酪乳广告常常以介绍益生菌对身体机能带来何种好处的手法，来塑造消费者对益生菌的认知，借此塑造消费者对优酪乳的良好态度，以期待消费者产生购买行为。此外，消费者在购买汽车或房子等高单价、高风险的产品时，也经常遵循标准学习层级。

> 在标准学习层级下，消费者先进行认知思考，然后产生感情，最后才采取行动。

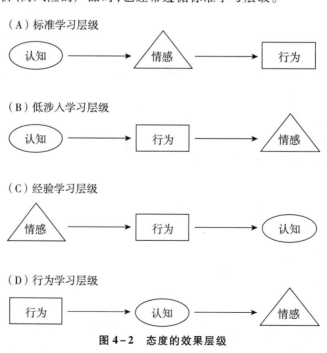

图4-2　态度的效果层级

4.3.2 低介入学习层级

　　相对于标准学习层级,低介入学习层级(Low-Involvement Learning Hierarchy)则是先对产品品牌形成信念,接着出现购买行为,最后才随着购买产生出情感。在这样的态度层级下,消费者最初对于产品品牌并没有特别强烈的偏好,他们根据这些有限的信息来采取行动,往往是在实际购买或使用产品后,才形成评价和态度[7]。因此,态度的形成主要来自行为学习,也就是消费者的态度因过去使用产品的良好体验而增强。在低介入学习层级下,消费者不会进行大规模的信息搜集,通常只进行有限的决策过程,态度形成出现在行为之后(参见图4-2B)。例如,消费者可能在得知某一新款饮料上市,偶然购买一瓶试喝后,发现他爱上了这款饮料,因而对该饮料产生良好的态度。所以,产品态度出现在试喝的购买行为之后。

低介入学习层级是先对产品品牌形成信念,接着出现购买行为,最后才随着购买产生出情感。

4.3.3 经验学习层级

　　经验学习层级(Experiential Learning Hierarchy)主要是消费者对于品牌先产生强烈的情感反应,此情感反应再直接表现在行为上,最后才形成信念来支持该行为。

　　消费者首先依照他们的情感、情绪与想象,而以一种整体的基础来评估某一品牌。当整体的感觉不错时,消费者便会采取购买行为,而对于该品牌的属性信念则是在购买行为之后才形成的。消费者的主要购买动机在于他对该品牌产品的良好期待(参见图4-2C)。例如,冲动性购买便是一种最典型的经验学习层级方式。消费者可能在商店中看到产品,并在店员的怂恿下购买了产品,回家后经过使用,才发现该产品的品质并不好,自己并不喜欢该产品。很多"果粉"对于苹果新产品的接受大都属于认可苹果品牌,因此认知往往出现在产品购买之后。

经验学习层级主要是消费者对于品牌先产生强烈的情感反应,此情感反应再直接表现在行为上,最后才形成信念,来支持该行为。

　　在经验学习层级中,相较于产品的功能属性,消费者可能对于形成品牌情感基础的符号与形象等刺激(例如包装特别吸引人)较为重视。经验学习层级认为,当一个产品在整体情感上被认为令人愉悦时,实际的认知过程并不是必需的,亦即营销人员可以通过直接引发良好的情感来影响消费者的品牌选择与购买行为,其中不需要先经过信念的认知影响这一阶段。

　　很多日本商品都擅长于通过让人心动的产品外形设计来吸引消费者购买,消费者往往并没有经过完整的认知处理就冲动购买,这便是一种典型的经验学习层级的例子。

4.3.4 行为学习层级

　　行为学习层级(Behavioral Learning Hierarchy)是指因为环境上或情境上的因素促使消费者在未形成情感与信念之前,便已先采取行动。因此,在行为学习层级中,行为最先出现,接着根据该行为形成信念,最后才是情感(参见图4-2D)。

行为学习层级是指因为环境上或情境上的因素促使消费者在未形成情感与信念之前,便已先采取行动。

例如,消费者在中秋节时收到一款新上市的洗发水,在实际使用该产品后,才发现这款洗发水很适合其发质,香味也很高雅,因此消费者对于这款洗发水产生了好感。虽然行为学习层级主张情感是最后产生的,不过,也有学者主张接续行为的是情感,最后才是信念[8]。

态度的效果层级对于营销策略与消费者行为的意义,在于不同的态度效果层级可能引发不同的策略思考[9]。以推广策略来说,不同的态度效果层级下所注重的推广策略有所不同。

例如在标准学习层级下,由于相当强调通过认知学习的过程来发展出与产品属性或利益相关的信念,因此相对会较强调平面广告与销售人员的运用。

在低介入学习层级下,则强调通过重复简单的信息来发展出与产品属性或利益相关的信念,因此,可先将产品与广告放在人流密集的地方,让消费者注意到该商品;或是强调零售点的店头广告和展示,来强化消费者所接收到的商品信息。

而在经验学习层级下,由于强调使用产品所能得到的乐趣与感觉,因此相对较强调通过经典性条件反射的过程,来赋予产品正向的情感。例如将产品与消费者所喜爱的模特相联结。

最后,在行为学习层级下,则强调通过诸如抽奖、样品、赠品与现金回馈等促销的技巧,来直接引发购买行为。

4.4 态度的多属性模型

态度的多属性模型(Multiattribute Model)主要是说明消费者如何根据他对产品属性的信念,来形成他对产品替代方案的态度。态度的多属性模型较适用于解释高介入状态下的态度形成。本节介绍三个比较重要的态度多属性模型:菲什宾模型、合理行动理论与尝试理论。

4.4.1 菲什宾模型

有关消费者态度的一个最为重要的模型是菲什宾模型(Fishbein Model)[10]。菲什宾模型的公式如下:

$$A_{kj} = \sum_{i=1}^{n} W_{ki} B_{kij}$$

式中,k 表示消费者,j 表示品牌,i 表示属性,n 表示属性的数目,W 表示权重(Weight),B 表示信念(Belief),A 表示态度(Attitude)。

菲什宾模型的主要含义是消费者对于产品品牌的态度,是根据消费者对该产品品牌的属性所秉持的信念,与该属性的权重相乘之后,再加总所有考虑属性的乘积所得。消费者对产品品牌的态度愈佳,则购买的可能性也就愈大。例如表4-4是消费者对平板电脑中四个品牌的品牌评价。根据菲什宾模型,消费者之所以会选择 C 品牌,是因为 C 品牌的总得分最高。

菲什宾模型的主要含义是消费者对于产品品牌的态度,是根据消费者对该产品品牌的属性所秉持的信念,与该属性的权重相乘之后,再加总所有考虑属性的乘积所得。

表 4-4 消费者对不同品牌平板电脑的评价

属性	属性权重	对各品牌属性的信念			
		A	B	C	D
品牌商誉	8	7	6	9	4
体积	8	6	9	8	9
重量	9	5	7	7	8
价位	6	6	7	5	7
电池续航力	7	7	8	7	3
外形设计	9	9	7	8	8
总分		324	344	350	311

名角登场

口感好、口味多、价格亲民，霜淇淋掀热潮

2013 年 3 月，全家便利商店率先推出霜淇淋，开启了霜淇淋旋风，让全台湾地区的人们为之疯狂；10 月，全家开始推出"巧克力口味"的霜淇淋，仍受到人们的追捧；2014 年情人节，全家更是增加口感酸甜应景的"草莓口味"的霜淇淋，再度造成消费者排队抢购的热潮。

几乎同一时间，统一超商也不遑多让，在极短的时间内独家取得日本北海道十胜四叶乳业的合作，推出北海道牛奶霜淇淋。

除了台湾地区两大超市接续推出霜淇淋这项新产品，也陆续有霜淇淋的"专卖店"出现，例如"日本 Shiroichi 白一生淇淋"以及永康街的"8％ ice 冰淇淋专卖店"等。

而现在便利商店推出的霜淇淋，其实在台湾市场早已存在。一些老品牌，例如麦当劳及义美，早就在提供霜淇淋这款商品。"这些温度在 −8℃ 左右的霜淇淋，过去因为机器设备必须清洗，难以维持品质，加上单价不高，因此并不普遍。"皇家可口副总裁周明芬说。

正是因为机器的改良，有全自动清洗功能，且能够向消费者提供更好的原料及口味，使得霜淇淋这个"老产品"重新变得热销。

全家便利商店鲜食部部长林纯如观察日本市场后发现，霜淇淋是日本男女老少都喜爱的商品，据统计，平均一个日本人一年约食用 3 个霜淇淋，"台湾地区的气候比日本更有条件开发冷饮，若以日本的数据推估，台湾地区一年霜淇淋的销售量可超过 6 000 万个"。

代理日本最大霜淇淋制造机 NISSEI（日世）的佳敏企业业务员陈先生观察，日本早就有一支上百元的霜淇淋，而且大街小巷都买得到，对比日本市场，台湾地区仍有很大的成长空间。据了解，在超市引进霜淇淋后，日本的机器几乎供不应求，无形中也产生了"饥饿营销"的效果，反而让消费者更加期待。"消费者会渐渐发现，霜淇淋的口感并不比美式的冰淇淋差，价格又亲民许多，而且可以拿着走、很方便，加上口味也有越来越多的变化，除了原来的香草、牛奶、巧克力、草莓，也有抹茶等特殊口味推出"，连锁加盟协会理事长洪雅龄指出。

但是,这会不会又是另一个蛋挞效应①?

统一超市公共事务室公共关系团队经理林立莉观察,霜淇淋的制作因为进入门槛低、变化少,因此考验各个渠道、品牌的营销包装能力。"霜淇淋通常不是消费者进入店里主要购买的商品,而是附带随手购买的。所以要设立'专卖店',就必须考虑到产品够不够多样化,且价格能不能被消费者接受",林立莉提醒。

资料来源:许琼文,"霜淇淋凭什么热卖一整年? 两超商点火 老店新铺掀冰品大战",《今周刊》,第897期,2014/02/27。

营销人员可以借由改变菲什宾模型中的变量,来影响消费者的态度。因此,菲什宾模型中的每一项变量变动,对厂商而言都是一种可能的策略选择。例如营销人员可以有以下的策略选择:

1. 改变 B

营销人员可以改变顾客对目标品牌及竞争品牌的信念。例如,高露洁全效12牙膏强调其牙膏可以形成一层保护膜,以有效抑制细菌的滋生长达12个小时。

2. 改变 W

营销人员可以改变顾客对该产品类某一属性的权重。例如,台湾地区过去对烟酒实行专卖制度,所以消费者喝啤酒时虽会考虑新鲜度这一属性,但却不太重视,然而在大陆和外国啤酒大举进军台湾后,台啤开始强调"上青",因此新鲜度成为一个重要的啤酒属性,以凸显台啤在这方面的优势。

3. 改变 i

营销人员可以让顾客在想到该产品类时,多增加考虑一项新的属性。例如,樱花牌恒温热水器强调温度稳定,不会忽冷忽热,如此一来,过去消费者在评估热水器时,常会忽略的"维持恒温"这一属性便成为消费者考虑的一项新属性。

4. 同时改变很多变量

营销人员可以同时改变上述各项变量。

虽然菲什宾模型是一个相当完整且广被接受的态度多属性模型,但是良好的态度是否就会产生后续的行为? 也就是说,消费者经过评估后,对于某一品牌产生良好的态度,是否真的就会实际去购买该品牌的产品呢? 事实上,很多研究都发现这种想法过于乐观,很多因素都会影响消费者态度与其行为的关联[11]

① 台湾地区常出现"一窝蜂"现象。比如,1995年左右突然出现的蛋挞热,一时间冒出了一堆卖蛋挞的店,每间店都有许多人在排队,等热潮一过,蛋挞店又几乎全部消失了。后来,台湾用"蛋挞效应"来形容这种现象。

4.4.2　合理行动理论

为了能够更有效地解释行为,合理行动理论(Theory of Reasoned Action)扩大了原先的菲什宾模型[12],如图 4-3 所示。

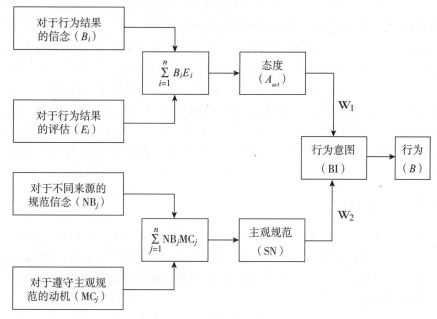

图 4-3　合理行动理论的内涵

资料来源:Jagdish N. Sheth, Banwari Mittal, and Bruce I. Newman(1999), *Customer Behavior: Customer Behavior and Beyond*, Fort Worth, TX: The Dryden Press, p.412.

合理行动理论的公式如下:

$$B = f(\mathrm{BI})$$
$$\mathrm{BI} = f(A_{\mathrm{act}}, \mathrm{SN})$$

式中,B 表示行为,BI 表示行为意图,A_{act} 表示行为的态度,SN 表示主观规范。

合理行动理论以菲什宾模型为基础进行了一些调整。首先,他们用行为意图替代了行为本身,也就是态度所预测的是行为意图,而非行为本身。这一理论的主要论点是:一个人对于行为的主观规范与态度会影响行为意图,而行为意图则是行为的前奏。这一理论导入了一项新的变量——主观规范(Subjective Norm, SN),是指消费者认为其行为是否会获得其他人的支持。例如,消费者会主观判断当他购买某件新潮衣服时,是否会引起同伴的嘲笑。

由图 4-3 中我们可以看到,一个人对于采取某种行为的态度(A_{act})是这个人对于该行为结果的信念,乘以他对行为结果的评估。除此之外,我们还可以看到,一个人的主观规范(SN)是一个人对各种不同来源的规范信念,乘以他对于遵守该规范的动机。而一个人的态度与主观规范共同影响其行为意图(BI)。不过两者的影响程度并不一定相同,可以依照影响程度的不同分别给予权重,根据

合理行动理论的主要论点是:一个人对于行为的主观规范与态度会影响行为意图,而行为意图则是行为的前奏。

权重再将两者相乘的积加总，形成行为意图。最后，行为意图可用来预测行为（B）。合理行动理论所探讨的态度是针对是否采取某一行为的态度，而菲什宾模型所探讨的态度是针对产品品牌的态度，这也是两个理论之间相当大的差异点。

合理行动理论的主要特点是它凸显了社会规范以及一个人对自己行为结果的内在信念，两者都会对一个人的行为意图产生影响。例如，消费者可能很喜欢某一款新上市的春装，从价格、面料、款式及搭配性等方面来看，她都觉得非常满意，但最后却没有购买。因为，她担心这套春装太过暴露了，怕穿了会引起亲友的非议；她也担心购买太多的新衣服会让别人认为她是爱慕虚荣的人，而刚好她又很在乎亲友的看法。所以，主观规范降低了她的购买意愿。合理行动理论强调其他人的意见对于一个人在行为意图上的影响，实证的研究也大致支持这一观点[13]。整体来说，合理行动理论比起菲什宾模型在预测行为上更具有效度[14]。

4.4.3 尝试理论

尝试理论是指在"尝试"与"行为"之间加入许多干扰变量。

尝试理论（The Theory of Trying，TT）是指用为了达成某一目标的"尝试"，来替代合理行动理论中的"行为"[15]。这一理论是指在"尝试"与"行为"之间加入许多干扰变量，例如，包括一些个人和环境上可能存在的障碍。图4-4中列示了尝试理论的内涵。

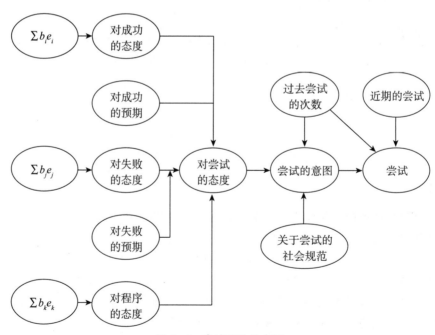

图4-4　尝试理论的内涵

资料来源：Michael Solomon（2015），*Consumer Behavior：Buying，Having，and Being*，11th Edition，Pearson Education Limited，p. 339.

我们可以发现尝试理论增加了以下新的变量：

1. 过去尝试的次数

　　过去几年来消费者对该行为的尝试次数。

2. 近期的尝试

　　最近消费者是否尝试该行为。

3. 信念

　　消费者对该行为所产生的效益的想法。

4. 对于结果的评估

　　消费者对该行为所导致结果的评估。

5. 对程序的态度

　　消费者对整个程序是否喜欢。

6. 对达成目标的预期

　　消费者认为自己是否有能力达成目标的看法。

7. 关于尝试的社会规范

　　消费者对整个消费行为是否能为社会所接纳的看法。

　　我们可以通过一个减肥的例子来说明尝试理论。若某人因身体过胖，想通过"节食"来减肥，则他对该行动是否会成功（对达成目标的预期）、他是否在乎成败（对于结果的评估），以及节食是否令他很不舒服（对程序的态度）这三项因素会影响"他对尝试的态度"。如果他对"尝试"具有良好的态度，则又会进一步影响其"尝试意图"，但尝试意图也会受到"过去尝试的次数"（过去减肥的次数）以及"关于尝试的社会规范"（周围亲友对于减肥的态度）的影响。尝试意图是否转化为实际的尝试行动，则除了受"过去尝试的次数"的直接影响外，也会受到"近期的尝试"（上次减肥是多久以前的事）的影响。

4.5　情感与态度的关系

　　虽然多属性态度模型主张信念是态度形成的一个主要基础，也就是从认知的角度来看，情感与态度似乎是无关的。但是，态度的形成并不是那么单纯地只有一条途径，消费者对态度标的物的情感也会影响对该标的物的态度。

　　情感可以是指一种感情的状态（Affective State），例如此时此刻的心情（Mood）；也可以是指一种反应（Reaction），例如听一首音乐后所产生的情绪波动。当然，情感既有正面的（例如喜悦、温馨与欢乐），也有负面的（例如悲伤、忧愁与痛苦）。此外，不管是哪一种情感，都有强弱的不同程度，例如狂喜与窃喜。

　　过去对于情感的研究，总共归纳出 60 种不同的情感状态，并将这些情感状态归纳为乐观（Upbeat）、消极（Negative）与温馨（Warm）等三种主要的情感类别。

　　消费者的情感对于态度的影响，大概有以下几种常见方式，如表 4-5 所示[16]。

表 4-5　情感的类别

乐观	消极	温馨
有生气的（Active）	愤怒的（Angry）	多情的（Affectionate）
冒险的（Adventurous）	懊恼的（Annoyed）	冷静的（Calm）
精神抖擞的（Alive）	拙劣的（Bad）	开心的（Concerned）
有趣的（Amused）	无聊的（Bored）	凝视的（Contemplative）
恳切的（Attentive）	吹毛求疵（Critical）	有感情的（Emotional）
有魅力的（Attractive）	怒气冲冲的（Defiant）	希望的（Hopeful）
放心的（Carefree）	忧郁的（Depressed）	慈爱的（Kind）
兴高采烈的（Cheerful）	厌恶的（Disgusted）	令人感动的（Moved）
有信心的（Confident）	不关心的（Disinterested）	温顺的（Peaceful）
有创意的（Creative）	犹豫不决的（Dubious）	沉思的（Pensive）
愉悦的（Delighted）	愚钝的（Dull）	感伤的（Sentimental）
得意的（Elated）	厌腻的（Fed-Up）	受感动的（Touched）
精力充沛的（Energetic）	侮辱的（Insulted）	暖心的（Warm-Hearted）
狂热的（Enthusiastic）	激怒的（Irritated）	
兴奋的（Excited）	孤独的（Lonely）	
有劲的（Exhilarated）	伤感情的（Offended）	
美好的（Good）	悔恨的（Regretful）	
快乐的（Happy）	悲伤的（Sad）	
幽默的（Humorous）	怀疑的（Skeptical）	
独立的（Independent）	多疑的（Suspicious）	
勤勉的（Industrious）		
振奋的（Inspired）		
有趣的（Interested）		
高兴的（Joyous）		
无忧无虑的（Light-Hearted）		
生气勃勃的（Lively）		
爱打趣的（Playful）		
愉快的（Pleased）		
骄傲的（Proud）		
满足的（Satisfied）		
激励的（Stimulated）		
强盛的（Strong）		

资料来源：Julie A. Edell and Marian Chapman Burke (1987)，"The Power of Feelings in Understanding Advertising," *Journal of Consumer Research*，14，December，pp. 421-433.

4.5.1　经由消费经验而产生的情感

有些产品本来就是在"销售"某种情感。例如，一部电影所提供的可能是高潮迭起的剧情，消费者可以享受其所带来的情绪变化。当然，有些产品则看起来好像和情感没有关联,例如购买一把椅子。但是,买了一把令人坐起来不舒服的椅子,或是没坐多久便坏掉的椅子,都是很令人沮丧的,进而可能感到气愤。这样的情感自然会影响消费者对该产品的评估(精彩的剧情给电影带来好的口碑,而不舒服的椅子则使消费者发誓不再买这个品牌的椅子)。当然,正面的情感往往带来良好的评价,而负面的情感则可能带来负面的态度。如果要衡量消费者经由消费经验所产生的情感,可以利用如表4-6所示的量表。

表4-6 情感的衡量

当您吃比萨时,您认为自己所经历的情感状态为:

快乐的…………	从未	____ :	____ :	____ :	____ :	____ 经常
兴奋的…………	从未	____ :	____ :	____ :	____ :	____ 经常
愉悦的…………	从未	____ :	____ :	____ :	____ :	____ 经常
欢乐的…………	从未	____ :	____ :	____ :	____ :	____ 经常
满意的…………	从未	____ :	____ :	____ :	____ :	____ 经常
骄傲的…………	从未	____ :	____ :	____ :	____ :	____ 经常
困扰的…………	从未	____ :	____ :	____ :	____ :	____ 经常
挫折的…………	从未	____ :	____ :	____ :	____ :	____ 经常
罪恶的…………	从未	____ :	____ :	____ :	____ :	____ 经常
悲伤的…………	从未	____ :	____ :	____ :	____ :	____ 经常

4.5.2 经由厂商的营销信息而产生的情感

除了使用产品可能产生情感外,消费者的情感也可能来自厂商的营销信息。例如厂商通过广告的呈现(利用目标消费者喜爱的明星作为产品代言人),以引发消费者对广告的好感(因喜欢该明星而对该广告产生好感),进而将对该广告的好感转移至广告所宣传的产品上(消费者因喜欢该广告的表现手法或模特,通过制约作用或移情作用,也转而喜欢广告所宣传的产品)。因此,观看一个令人产生好感的广告,可能使消费者形成对于产品的良好态度。同样,一个让消费者讨厌的广告也可能祸及其所宣传的产品。过去的研究也证实广告态度(Attitude toward the Ad)会影响品牌态度(Brand Attitude)[17],也就是广告态度经常扮演广告认知与品牌态度间的中介角色。

4.5.3 经由购买情境而产生的情感

购买情境中的很多因素也会影响消费者的情感。例如零售店的音乐、装潢、客流量、店员服务品质,以及商品布置等都会影响消费者在购买情境当时的情感。如同制约作用一样,一个令人愉悦的购物环境往往使消费者对该购物环境中的商品产生好感,间接影响了消费者的购买意愿。例如,星巴克便以令人放松的气氛来打造舒适的店面环境,以提升消费者的满意度。

4.6　态度的改变

消费者的态度并不是持久不变的。随着时间的推移、环境和情境的变化，或是新信息的获得，消费者的态度都可能发生改变。你可以观察有多少明星在当红时炙手可热，但是当热潮消退时，则又被其粉丝弃如敝屣。当然，营销人员会使用很多手段来改变目标消费者对其不利的态度。不过，我们要了解消费者的态度改变，首先要了解两个相关的观念：态度坚持与态度抗拒。

一般而言，不管是正面还是负面的态度，经过一段时间后都会开始变化，渐渐走向比较中性的态度。例如，对一个产品的不良印象可能在经过一段时间后，会慢慢淡忘，变得不那么强烈。例如，先前因三聚氢铵事件所引发出的对于国产奶粉的抵制，随着时间的推移，人们也逐渐淡忘，而重新回到正常的消费行为。态度坚持（Attitude Persistence）是指态度具有相当的持续性，并不会因为时间的推移而走向中性的状态。态度抗拒（Attitude Resistance）则是指对于改变态度的企图所产生的反抗。例如高产品忠诚度的消费者往往对于竞争厂商的说服性诉求存在很强的抗拒性。态度坚持与态度抗拒的区别，主要在于态度坚持是指要避免时间对于态度产生的影响，而态度抗拒则是要避免竞争厂商的营销沟通对于态度产生的影响。当然，不管是态度坚持还是态度抗拒，其强度主要视态度形成的基础稳固与否而定。例如，来自直接经验的态度比来自同伴意见的态度，其态度基础要稳固许多。

> 态度坚持是指态度具有相当的持续性，并不会因为时间的推移而走向中性的状态。态度抗拒则是指对于改变态度的企图所产生的反抗。

名角登场

改变农夫雨靴的认知，成为时尚女鞋

一双市价最低 200 元新台币就能入手的雨靴，如何卖到 4 000 元，还能让消费者趋之若鹜？这个现象可能令人不解，却真实出现在台北市信义区新光三越 A4 馆。

自 2012 年起，连续三年，来自英国的百年雨靴品牌 Hunter，占据该馆女鞋类周年庆业绩榜首。两周最高 500 万元的营业额，甚至超越同馆、同乡的精品品牌 Burberry。

它只卖一种产品：雨靴，却能在整体女鞋类别里称霸，为什么？"大刀阔斧地进行改造，这个品牌才有重生的机会"，Hunter CEO 詹姆士·苏斯（James Seuss）如此说。他曾任顶级珠宝 Harry Winston 总裁、Gucci 集团旗下品牌 CEO，是一位标准的"时尚咖"。但在十年前谁也没有想到，雨靴和时尚竟能扯上关系。

这是一个末日将尽的老品牌起死回生的故事。

20 世纪初，Hunter 因为英国政府制造军靴而崛起，最高曾掌握军靴八成的供货量，获英国皇室认证。但随着战事的结束，回归民生市场后，公司亏损连连，历经近十次转手，甚至曾于 2006 年宣告破产。

当年，Hunter 每年亏损约 2 000 万元新台币，负债近 1 亿元新台币，这样的烫手山芋，如何在近十年间变成名模凯特·摩斯（Kate Moss）、影星安吉莉娜·朱莉（Angelina Jolie）的爱用品牌？

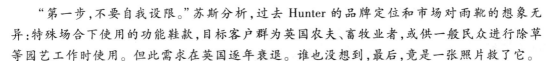

"第一步,不要自我设限。"苏斯分析,过去 Hunter 的品牌定位和市场对雨靴的想象无异:特殊场合下使用的功能鞋款,目标客户群为英国农夫、畜牧业者,或供一般民众进行除草等园艺工作时使用。但此需求在英国逐年衰退。谁也没想到,最后,竟是一张照片救了它。

那是 2006 年,凯特·摩斯参加格拉斯顿伯里音乐节(Glastonbury Festival)被拍到的照片。该露天音乐节适逢雨季,场地湿滑,而凯特·摩斯脚上穿的就是 Hunter 的经典雨靴。

"真的不是我们请她穿的",苏斯说。但也因为这张照片,给了该公司灵感。同年,通过引进澳大利亚雪地靴品牌 UGG 前高层,吸收该品牌年轻化、时尚化的成功经验,Hunter 走上了品牌重新定义的十年抗战。

再次崛起的起点,从亚洲开始。当时,Hunter 已经打进美国市场,但受限于欧美顾客对该品牌仍有"农夫穿的鞋"的既定印象,要全盘推翻并不容易;但对亚洲顾客而言,Hunter 则是全新的品牌,有名模、明星加持,从零开始,可直接站上有利的起跑点。2010 年,Hunter 在中国台湾的首家概念店开幕,是它最早打入的亚洲市场之一。

Hunter 这十年最重要的转变,是把自己当成女鞋来卖,抓住都会区女性"雨天也不想将就、随便"的市场空隙。虽然这意味着产品必须注重季节流行性,需要持续推陈出新,但一旦打入女鞋市场,价格接受带就完全不同了,"你可能不想花 4 000 元买双雨鞋,但如果是一双好的长靴,4 000 元就不算贵啦!"

要打造时尚品牌,必须步步到位,因此一开始,Hunter 在中国台湾的营销策略就和英国不同。以营销渠道为例,过去在英国,多以鞋类卖场为主;但在中国台湾,第一间店就是路面概念店(大型独立店面),店面成本是一般店面的 10 倍,"第一印象,告诉顾客这是时尚人士会穿的品牌,附加价值就出来了",中国台湾代理商赵庆论说。

即使进百货商店,也要与精品为伍。以新光三越 A4 馆为例,旁边动辄是定价比它高 10 倍的皮鞋品牌,但先插旗,就占住了"精品"的形象,所以即使是没人要的边角位置,Hunter 也欣然接受。

新光三越商品部经理欧阳慧也观察,Hunter 为了争取年轻客户群,在台"重现"格拉斯顿伯里音乐节,自办海滩音乐会,并于信义区举办时装秀,这些都是雨靴品牌首创。

英国总部也通过与意见领袖媒体如 *Vogue* 合作,加深与时尚圈的联系,2009 年甚至推出与精品女鞋 Jimmy Choo 的联名款。如今,该公司海外市场营业收入占比从十年前的不到 30% ,增长到 67% 。

2012 年,Hunter 将其诞生地英国,定为品牌形象改造的最后一站,全国渠道据点从 4 000 处砍至 1 500 处。为求转型,它的取舍很清楚。终结原有的经销商批发模式,甚至不惜退出渠道龙头如亚马逊(Amazon),以减少不适当的渠道对品牌形象的损害。

行之百年的商业模式,要砍掉重练,是决策者胆识的体现。或许,Hunter 再起的故事,也给台湾厂商上了重要的一课。

资料来源:郭子苓,"Hunter 花十年,从破产雨鞋品牌变精品女鞋 一双农夫雨靴 为何卖 4 000 元还热销?",《商业周刊》,第 1433 期,2015/04/29。

4.6.1　态度改变的理论

为了解释和掌握消费者态度的改变,我们必须了解几项与消费者态度改变相关的理论。

1. 自我知觉理论

自我知觉理论（Self-Perception Theory）是指人们会借由观察自己的行为，来决定自己的态度。这就像我们会观察其他人的行为，来推论他们背后的态度一样[18]。

自我知觉理论的一个重点是行为产生在态度之前，也就是先有行为，然后再根据该行为来形成其态度。从行为的 ABC 理论来看，行为（B）先出现，情感（A）和认知（C）随之产生，并与其配合。例如，因为被同学或同事带领去参加一个团体的聚会，久而久之开始对这个团体的聚会产生好感，然后也形成了好的态度；或是因为已经购买某种品牌的产品，因此当别人问起该品牌产品的好坏时，自己也会为其背书，而对该品牌产品持比较正面的态度。

2. 社会判断理论

社会判断理论（Social Judgment Theory），又称同化对比理论（Assimilation and Contrast Theory），其观点认为人们会将新接收的信息，根据自己先前已知的信息来加以同化。也就是人们会以他们自己目前的态度为一项参考架构，然后将其新收到的信息以此参考架构来进行归类[19]。

社会判断理论的关键点在于每个人的可接受标准并不相同。基本上，就一个态度的接受范围而言，会形成一个接受与摒弃的区间（Latitudes of Acceptance and Rejection）。若新的意见是落在这一区间内，则该意见会被接受，这代表着新的意见与旧有意见较为一致，此时会产生同化效果（Assimilation Effect）；然而，若是落在这一区间外，则该意见不会被接受，这代表着新的意见与旧有意见差异较大，此时会产生对比效果（Contrast Effect）。例如，你一直认为美国是一个富裕国家，所以当新闻报道最新出炉的世界财富排行榜的首富是一位美国人时，你可能会觉得理所当然，此即同化效果；但若该新闻指出，世界首富是一位埃塞俄比亚人时，或许你会认为新闻主播在开玩笑，这则消息便被落入摒弃区间，形成对比效果。

以电影来说，某些电影走红后，往往会拍摄续集。拍摄电影续集往往是要利用"同化效果"（续集和第一部一样好），而使喜爱第一部的顾客愿意掏钱观看续集。但有时消费者观赏续集后常出现对比效果（续集没有第一部好）。

一般而言，每个人的接受与摒弃的区间有很大的差异。很多的因素都会影响这一区间的范围，其中一个因素是一个人对于该态度的执着程度。一个人对于某一态度的执着程度愈高，则该态度的接受与摒弃的区间愈是狭窄，也就是他所能接受的意见差异性愈小；反之，一个人对于某一态度的执着程度愈低，则该态度的接受与摒弃的区间愈是宽阔，也就是他所能接受的意见差异性愈大。因此，总结来说，接受与摒弃的区间愈是狭窄，则态度改变的可能性愈低；反之，接受与摒弃的区间愈是宽阔，则态度改变的可能性愈高。

3. 平衡理论

平衡理论(Balance Theory)是指人们会考虑自己所认为的某些具有关联性的事物之间的关系。一般而言,人们所考虑的关系主要包括三种:自己(O)、他人对自己与其他人(P)关系的知觉,以及自己与其他人对态度标的物(X)的知觉(参见图4-5)。因此,每一组态度结构都包含这三种因素之间的三种关系[20]。他们会希望维持一种认知一致性(Cognitive Consistency)的状态。

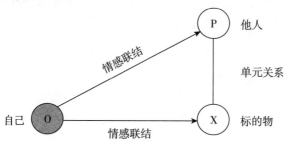

图4-5 平衡理论中的关系

所有的关系都可以通过正号或负号来表示:正号代表支持,负号代表不支持。平衡理论最重要的论点是人们会要求这三者的关系维持和谐,也就是保持平衡。如果平衡不能保持,那么便会造成紧张,如此便需重新改变知觉来达成平衡。

平衡理论中存在着两种关系:一种是情感联结(Sentiment Connection),另一种是单元关系(Unit Relation)。情感联结存在于O-P和O-X两项关系,它们的正负号分别代表自己对于他人,以及自己对于态度标的物的正负情感;而单元关系是指P-X的关系,也就是他人与态度标的物两者是否联结在一起。图4-6列示了一些平衡与不平衡的关系。

(A)平衡关系

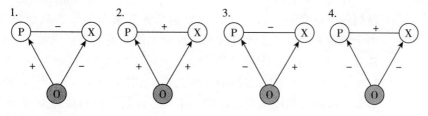

(B)不平衡关系

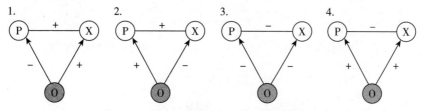

图4-6 平衡理论中的平衡与不平衡关系

我们可以用以下例子来说明平衡理论。如果吴小铭非常讨厌歌星周杰伦，但他最好的朋友李大森却非常喜欢周杰伦，此时他们三人的关系便如图4-7中的(A)图，出现了不平衡。因此他可以采取以下方式之一来重新获得平衡：

（1）不再喜欢李大森，甚至讨厌李大森，如图4-7中的(B)图。

（2）不再讨厌周杰伦，甚至转而喜欢周杰伦，如图4-7中的(C)图。

（3）促使李大森由喜欢周杰伦，转而讨厌周杰伦，如图4-7中的(D)图。

（4）当然，他也可以采取鸵鸟的心态，刻意去忽略这件事，假装不在乎李大森对于周杰伦的态度。

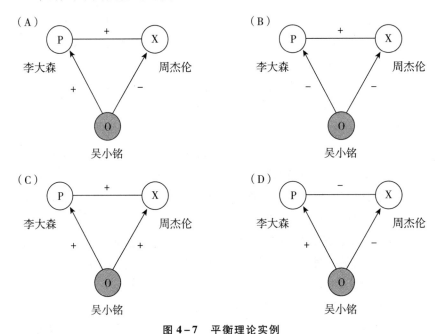

图4-7 平衡理论实例

在消费者行为中，我们可以找到许多运用平衡理论的例证。例如招商银行邀请受到民众喜爱的青年钢琴演奏家郎朗作为其形象代言人。由于消费者(O)喜爱郎朗(P)，因此对郎朗的关系是正向的；而招商银行建立了郎朗和公司产品品牌(X)之间的正向关系；最后，也造成消费者(O)与招商银行(X)之间的正向关系，如图4-8所示。当然，如果消费者觉得郎朗和招商银行之间的关系只不过是一种利益的关系，郎朗并不是真心地认同招商银行，则他们也不一定会对招商银行产生好感。

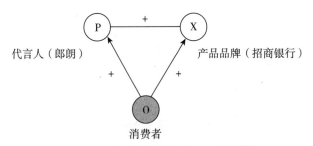

图4-8 平衡理论在消费者行为中的范例

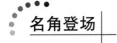

《人民日报》解读恒大现象：借助足球提升品牌价值

相信多年之后，人们依然会不时提起这个属于广州恒大的足球夜晚：2013年11月9日，广州天河体育中心，广州恒大以1:1战平首尔FC，凭借客场进球多的优势，代表中国俱乐部首次夺得亚冠联赛冠军。

从某种意义上说，这个夜晚并不只属于广州恒大。从广州恒大本身来说，它们更愿意让这个夜晚属于中国足球。在这样一个夜晚，广州恒大的声誉达到了任何一个中超俱乐部难以企及的高度。

恒大缔造的"中超神话"不可复制——巨大投入带来了成绩的飞跃，在处于"低谷"的中超联赛中一家独大

有人总结说，广州恒大的"成功"，在于其利用高薪引援和巨额投入打造了一个"超级俱乐部"，当然更在于低谷中的中超联赛已经无法阻挡一个有"追求"的俱乐部在一次次"神话"的缔造中一家独大。

2010年3月1日，恒大集团以1亿元买断广州足球俱乐部全部股权，成立广州恒大足球俱乐部队。

广州恒大2010年当年便以中甲冠军的身份重返中超联赛。2011赛季开始前，数名国脚级内援先后加盟球队，赛季之前内、外援转会费用总计超过1亿元。2011年7月，广州恒大更是以1 000万美元引进了巴西甲级联赛MVP孔卡，刷新了中超转会费纪录。广州恒大足球俱乐部2011赛季总投入高达6亿元。

2012年5月2日，广州恒大正式宣布2008年度世界最佳射手、巴拉圭国脚巴里奥斯加盟，850万欧元的转会费也让他超越孔卡，成为中国职业联赛史上身价最高的球员。5月17日，广州恒大宣布世界著名教练里皮出任一线队主帅，成为首位在中国俱乐部队执教的真正意义上的世界名帅。

巨大的资金投入很快带来了恒大赛场成绩的飞跃，在2011赛季的中超联赛中，广州恒大队一路领先，最终提前4轮夺得中超冠军。在赢得中超首冠的同时，也实现了升班马即夺冠的"凯泽斯劳滕神话"。2012年2月25日，广州恒大夺得超级杯冠军；10月27日，在2012赛季中超联赛中提前1轮夺冠；11月18日，夺得足协杯冠军，成为"双冠王"。2013年10月6日，广州恒大在中超联赛中提前3轮卫冕中超冠军，实现中超联赛"三连冠"。

时至今日，当广州恒大终于如愿以偿举起沉甸甸的亚冠联赛奖杯时，人们似乎才逐渐明白：原来恒大集团董事局主席、广州恒大俱乐部的老板许家印当年所说的三五年称雄亚冠不是一句戏言，原来恒大当年执意用里皮换下李章洙绝不是意气用事。恰恰相反，这些在欢乐氛围和连战连捷中确立的战略性发展举措，如今显得多么深谋远虑。

光靠砸钱"砸"不出好成绩——恒大的崛起不单单是资金推动的，球队的管理、保障也独具特色

提及广州恒大，人们往往愿意用挥金如土、制造噱头的另类眼光对其上下打量。殊不知，在种种巨额投入的背后，广州恒大的管理更令人难忘。

据不完全统计，2012年，中超16家俱乐部，全部球员年薪支出合计约为10亿元，每家俱乐部平均为 6 200 万元。不过，广州恒大一家就占据了其中的 2.5 亿元，远远超过各家俱乐部的平均数。类似的例子在海外并不鲜见，欧洲很多国家的顶级联赛都会有依靠买入成熟球星运营的"豪门"球队，比如英国的切尔西、德国的拜仁慕尼黑，都是靠资本优势实现实力垄断。关键的问题是除了巨额投入，恒大在球队的管理方面也是独树一帜，不仅吸收了世界顶级俱乐部的管理机制，还兼有"中国特色"的规章制度。

许家印曾表示，广州恒大俱乐部董事长领导下的主教练负责制是一个非常好的模式。他认为，集团只负责管俱乐部的大政方针，在球队里面，主教练一个人说了算。

2011 年球队在中超联赛中的奖金分配方案引发各界的关注：只要赢一场球，不管主客场，奖金都为 500 万元；平球则奖励 100 万元；输球则需要罚款 300 万元。至于球员奖金的具体分配，由主教练全权负责。

对于球员的管理，恒大提出了"三五政策"，包括"五必须""五不准"和"五开除"。俱乐部对规定执行得非常严格，就连穆里奇和孔卡等大牌球星都有过被罚款的经历。而针对俱乐部中的国脚，广州恒大更是在 2013 年颁布了《恒大国脚八项规定》的文件，力图做到杜绝国脚们在代表国家队的比赛中出工不出力的情况。这些"土洋结合"的严格规定，确实让人看到了一支与众不同的队伍。

对于恒大的迅速崛起，中国足协的一位内部人士认为，恒大的崛起不单单是资金推动的，更重要的是俱乐部的管理和保障体系，竞争机制和激励机制也很重要。他透露，目前国家队已经开始研究恒大俱乐部的这一套管理规定，看是否能够从中找到可资借鉴的地方。他认为："即使恒大将来不搞足球了，恒大创立的这套管理经营模式仍被证明是有效的，其他俱乐部可以复制。"

恒大与足球究竟谁成就了谁——恒大足球吸引球迷重回球场，恒大也借助足球提升了品牌价值

无论从哪一个角度观察，恒大当初选择足球都难说不是深思熟虑之举。

几经风雨，几番沉浮，恒大用响当当的成绩拉动了票房、响应了质疑，但有关恒大能够打多久的疑虑却并未因此消失。

验证一支球队是否受欢迎，球市是不错的试金石。2013 年广州恒大球迷套票已从 2012 年的 780 元涨至 1 380 元，仅 11 月 9 日亚冠决赛单场的门票收入就超过 5 500 万元，创下中国足坛的纪录。根据中超官网公布的数据，2012 赛季中超联赛共吸引了约 449.74 万名球迷到球场看球，比 2011 年有所增加。广州恒大则以场均 3.72 万人的主场人数独占鳌头。

此外，在足球俱乐部经营上，恒大也要求体现商业化运作。在亚冠第二回合决赛上，恒大球衣的胸前广告已经换上了"恒大冰泉"。在捧得亚冠奖杯的冠军效应下，恒大集团高调进军矿泉水领域，恒大足球主教练里皮、国家女排兼恒大女排主教练郎平以及前皇马球员菲戈和耶罗受聘担任产品全球推广大使。

足协的相关人士表示，由于目前我国比赛转播市场还没有完全市场化，球队在转播方面的收入还不能和欧洲顶级联赛相比，但将来一旦条件成熟，仅电视转播这一项就能给恒大带来丰厚的收入，俱乐部靠此盈利非常容易。

除了俱乐部的显性收入，依靠足球带来的无形资产更是快速增长，恒大借助体育营销的巨大效应提升了集团的经济效益。2010 年，恒大集团的销售额从 2009 年的 303 亿元飙升至 504 亿元。2011 年恒大实现销售额 803.9 亿元，同比增长 59.4%。恒大品牌价值的大幅提升显然与恒大的体育营销策略密切相关。

其实,在借力足球开展体育营销前,恒大曾介入过乒乓球、羽毛球、龙舟、横渡珠江、排球等多项体育营销活动。而借力足球进行体育营销,无疑是恒大的得意之笔。而在这样一个过程中,中超联赛的"伪职业"无疑为恒大体育营销的横空出世提供了不可多得的施展空间。只是建立在这样一个基础上的特殊合作关系,在恒大足球成绩走高时持续推进不成问题,怕只怕,当恒大持续推动体育营销的动力不足、热情消失时,中超联赛又将如何自处?

资料来源:http://finance.sina.com.cn/chanjing/gsnews/20131111/111017283974.shtml.

4. 认知失调理论

认知失调理论(The Theory of Cognitive Dissonance)认为当一个人面对自己在态度或行为上的不一致时,会采取某些行动来解决此种不一致,通常这些行动不是改变行为就是改变态度[21]。例如,对于一位因为健康问题而必须减肥的人,当他因为受不了美食的诱惑,而吃了一块蛋糕后,可能会产生认知失调:口中一边享受着蛋糕的美味,心中却一直挂念着"医生告诉我不可以吃甜点,以免体重过重而造成心脏过度负荷"。这种态度与行为上的不一致,便是一种典型的认知失调。通常这种失调会造成消费者内在的负面感觉,例如紧张、不舒服、压力与不安等。

> 认知失调理论认为当一个人面对自己在态度或行为上的不一致时,会采取某些行动来解决此种不一致,通常这些行动不是改变行为就是改变态度。

认知失调理论可以解释为何有些消费者在购买了产品后,发现并没有因此解决他的问题,反而进行更大规模的产品信息搜寻行为。例如消费者在花费了一生积蓄购房后,反而睡不好觉,因为他不知道这个决策是不是正确。这种认知失调使消费者感到不安,于是想进一步地去搜寻更多的信息来判断决策的对错。认知失调理论意味着消费者在购买完产品后,仍会继续搜寻进一步的产品信息。因此,营销人员必须提供进一步的增强信息来建立更为正向的品牌态度,以解决其认知失调的问题。

5. ELM 理论

推敲可能性模型(Elaboration Likelihood Model, ELM)认为影响一个人的态度有两种途径:中心路径(Central Routes)与边缘路径(Peripheral Routes)。而决定要采取哪一种途径则视一个人的介入程度而定[22]。当处于高介入程度时,消费者会比较倾向于仔细去评估产品的特征与优缺点,也就是说,这时的消费者对产品的评价主要是来自深入的思考与认知处理的结果,此时消费者采取的是中心路径,即消费者根据信息的论证(例如论证的强弱以及产品属性的优劣等)来形成他们的态度。

> 推敲可能性模型认为影响一个人的态度有两种途径:中心路径与边缘路径。而决定要采取哪一种途径则视一个人的介入程度而定。

反之,当处于低介入程度时,消费者会进行相对上较为有限的信息寻找与评估,也意味着这时的消费者对于产品的评价主要来自重复、暗示、线索以及整体的知觉等,此时比较偏向情感性的处理。这时消费者采取的是边缘路径,而根据信息的相关因素(例如信息的代言人、音乐、图片等)来形成他们的态度(见图4-9)。俗话说"三人成虎",便是典型的在边缘路径下所形成的态度。也就是通过不断地重复,往往可以改变低介入消费者的态度,这种效果对老年消费者而言,尤为明显[23]。

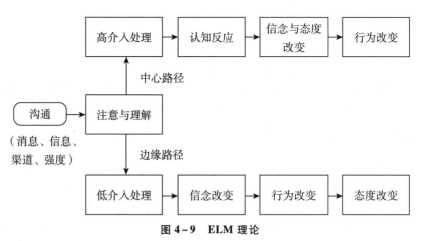

图4-9 ELM理论

资料来源：Eric Arnould, Linda Price, and George Zinkhan（2002），*Consumers*, New York：NY, McGraw Hill Companies, Inc.，p.476.

　　一般而言，当态度的改变是来自于中心路径时，这样的态度比较持久，同时也较能导致行为。相对地，如果态度是由边缘路径所形成的，则较为短暂，另外对于未来的行为也较缺乏预测力[24]。

　　不过，有一点我们仍必须注意的是：不管是在什么情境上，中心途径与边缘途径都可能同时存在，所不同的只是哪一种途径较为强势，较具有主宰力量。

6. 说服知识模型

　　说服知识模型（Persuasion Knowledge Model）是指对于消费者的说服必须考虑消费者所具有的相关说服知识。说服知识模型认为消费者会发展出关于说服的知识，然后用此知识来回应他们所面对的说服。这里的说服知识（Persuasion Knowledge）是指消费者对于说服的看法，以及他们对于营销人员的动机、策略与方法的一些信念，也包括各种反应方式及其效果的评估。基本上，说服知识包括下列几项：

（1）对于心理中介变量的信念。是指消费者对于厂商或营销人员试图影响重要心理活动的信念，例如消费者认为厂商主要是想影响其知觉、信念、情感、欲望，或者行为意图。

（2）对于营销技巧的信念。是指营销人员在其行动和消费者的心理中介变量之间所希望达成的联结手段。例如营销人员利用美女的代言来引发男性消费者的好感，这便是一种营销技巧。而消费者是否知悉这种营销人员所采用的技巧也是其说服知识中的一部分。

（3）对于自身因应技巧的信念。是指消费者认为自己所能采取的行动和消费者的心理中介变量之间的联结，便是他的因应技巧。例如消费者可以通过自我提醒而不为所动，便是一种因应厂商美女代言人的技巧。消费者是否知悉他可采用此种因应技巧，也属于其说服知识中的一部分。

（4）对于营销技巧的效果与适用性的信念。是指消费者对于厂商所采

说服知识模型是指对于消费者的说服必须考虑消费者所具有的相关说服知识。说服知识模型认为消费者会发展出关于说服的知识，然后用此知识来回应他们所面对的说服。

取的做法和心理影响手段与消费者后续行为的因果关系的理解。例如,消费者可能会认为便利商店的"第二件五折"促销活动对于消费者的立即购买行为具有很大的影响,因此是一项很有效的营销技巧。

(5) 对于营销人员的说服目标与自身因应目标的信念。是指消费者对于厂商的目标和他们自身的目标是否很了解。例如,在面对塑身产品时,消费者是否知道自己要什么,是否也知道厂商的塑身广告所希望达到的目标为何。

当然,有些说服知识是正确的,但也有些说服知识是错误的。根据消费者本身的成长历程和过去的经验累积,说服知识会不断地变化。消费者会根据他们的说服知识,来解读营销信息并做出决策。研究证实,当消费者具有相关的说服知识时,厂商的说服往往较不易成功[25, 26]。这种效果会发生在他们看广告、逛商店,以及和售货员的互动等上面[27]。例如研究发现,电视广告若使用引人注意的手法与技巧,则容易引起目标消费者对于广告操弄意图的推论,并对该广告在态度上有负面的影响[28]。另外,当目标消费者的产品知识很丰富时,则其会有更强的意愿去处理广告信息的内容,同时他们对于内容丰富的广告信息也会产生较好的态度[29]。当消费者对于厂商的定价技巧具有较多知识时,相对于具有较少知识的消费者,较不易受到厂商订价技巧的影响[30]。

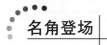

名角登场

邀稿就是邀稿,假装自己买的等于欺骗消费者

博客经营到具有一定的人气后,总会有厂商想提供产品请博主写分享文章。由于能够免费使用产品甚至还有稿费,只要评估过后是适合的,博主也大都会乐意合作。

只是,既然是商业邀稿、厂商赞助,博主就要清楚明白地写出"此篇为邀稿、商业文章"。因为很多人都会说:"啊——这是×××买的,所以我也要买",这除了是对博主自己负责,也是诚实面对每一个支持、信任你的读者、粉丝、网友。

再者,明明是厂商送的,还硬要说是自己买的或是刻意不提……这感觉便是欺骗吧!

对就是对、不对就是不对,博主不应该玩模棱两可的文字游戏。此外,也很讨厌看到、听到厂商要求"这篇文章可不可以不要提邀稿两个字""可以说是你自己买的吗?"

摆明要博主欺骗网友,到时伤的是博主自己的信用。网友也不是笨蛋,在看文章时很快就能判断出到底是不是邀稿。

而博主的圈子其实也不大,同行很容易就会从与厂商的闲聊中知道有谁跟厂商配合过。当某位博主口口声声说是自己买的,实际却是厂商赞助时……同行在心里就会对这位博主大打折扣。

其实厂商会这样要求、博主会这样做是有原因的,因为打上"邀稿、商业文章"的字样就会被认定是"广告",既然是广告,愿意点开来阅读的概率就少了一大半,就会像垃圾邮件一样很容易被直接删掉。

写邀稿、商业文章又不是做坏事，况且谁不想赚钱或省钱，这些都是人之常情，只是前提是要明白告知消费者，对吧！？

资料来源：艾莉，"邀稿就是邀稿，假装自己买的等于欺骗消费者"，http://alliecheng. pixnet. net/blog/post/426219770，2015-06-10。

4.6.2　改变态度的策略

基本上，营销人员可以采用以下方法来改变消费者的态度：

1. 改变基本动机功能

改变基本动机功能是借由特别凸显态度的某一种功能，而来改变消费者的态度。由于消费者对于同一产品的喜爱，可能出于不同的理由，因此从功能方法（Functional Approach）[31]的角度来看消费者态度的改变，是有其意义的。例如阿萨姆·小奶茶将原先以饮用为主要功能的奶茶，借由时尚的广告与包装设计，转变成以传达时尚与风雅价值为主要功能。因此，改变了过去消费者对奶茶的看法和态度，同时也吸引了那些追求时尚与风雅的消费者。

2. 联结策略

通过将产品与某一特定群体、事件或理念相联结，而来改变消费者的态度。例如舒洁卫生纸曾举办过活动，消费者只要购买其产品，公司便捐献一定比例的金额给环保团体，即希望经由此种活动来改变伐树造纸给消费者留下的不良形象。

3. 解决互相冲突的态度

营销人员可以通过解决互相冲突的态度，来改变消费者的态度。例如通过告知消费者，可以让其知道他们对某一产品、某一品牌或某一属性的负面态度，并不会和另一态度互相冲突的方式，促使消费者改变其对该品牌的态度。例如消费者虽然喜欢空调带来的舒适环境（第一个态度），但却因为担心空调的价格以及电费太高（第二个态度），因而迟迟不愿在家中安装空调。因此，某空调制造商借由广告沟通告诉消费者："分期零利率，再送首付款，购买满一万送一千现金，并且多出来的电费由其负担一半"，希望通过这些优惠措施，来解决第一个态度与第二个态度的冲突，进而促使消费者更有意愿购买空调。

4. 改变多属性模型的成分

根据前述的态度多属性模型，营销人员只要去变更模型中的任何一个变量值，便有可能改变消费者对该品牌的态度。另外一个方式则是从竞争者着手，也就是改变消费者对于竞争品牌的态度多属性模型中的变量值，间接达到提高目标品牌对于顾客吸引力的效果。

5. 直接从改变行为着手

根据行为学习层级与自我知觉理论的观点，营销人员也可以直接引发消费者的行为,然后再通过行为来改变他们的态度,也就是通过行为的改变来造成态度的改变。

一般我们在谈判或销售上常会使用一种得寸进尺策略(Foot-in-the-Door Strategy),又称登门槛策略,它是一种典型的直接改变行为的技巧。这个策略认为要让对方做一个大的让步之前,先要让他做一个小的让步[32]。对方的一个小让步,从自我知觉理论的角度来看,也代表他对于行为的接受,因此在后续态度上的改变也会较为容易。在消费者行为上,如果销售人员能让顾客先买一些单价低的小东西,则其以后购买单价高的物品的概率便会增加。试用品和小容量的包装都属于得寸进尺策略。此外,时下许多免费的网络游戏,也是先吸引大量消费者接触产品,等他们玩上瘾后再试图引发他们花钱储值的意图。

相对于得寸进尺策略的是吃闭门羹策略(Door-in-the-Face Strategy)。这个策略认为要先向对方提出一个很大的要求,等到对方拒绝这一要求时,再向他提出一个小的要求[33]。吃闭门羹策略主要是基于互惠原则(Norm of Reciprocity)。因为对方的拒绝隐含着对方对你的亏欠,因此对于你后续提出的小要求,他们也会较倾向于以同意作为回报。例如保险推销员可以在消费者拒绝了他所提出的高金额保险计划后,转而要求消费者购买一些低金额的单项保险。消费者可能会为了弥补先前拒绝高金额保险计划所带来的过意不去,而倾向于购买低金额的单项保险作为补偿。

> 得寸进尺策略认为要让对方做一个大的让步之前,先要让他做一个小的让步。

> 吃闭门羹策略认为要先向对方提出一个很大的要求,等到对方拒绝这一要求时,再向他提出一个小的要求。

练习题

4-1 态度的效果层级告诉我们有四种不同的关系形态:标准学习层级、低介入学习层级、经验学习层级与行为学习层级。试以你亲身的经验来举出你所经历过的这四种效果层级的产品或消费经验。

4-2 有很多的青少年沉溺于网吧,从而衍生出不少的社会问题。试就本章所介绍的态度的改变理论,分别说明在各个理论下可能采取的说服态度改变的方式。

4-3 请以态度构成的三个主要成分来说明一个人对于"献血行为"的态度。

4-4 态度具有四项功能:效用的功能、价值表现的功能、自我防御的功能与认知的功能。请分别就各个功能找出应用该功能作为诉求的一个广告。

4-5 网络游戏在青少年间颇受欢迎,试从合理行动理论以及尝试理论的角度,分别解释网络游戏盛行的原因。另外,也请比较两种理论所推论出的盛行原因之间的异同。

第5章 消费者决策过程

本章将为您解答下列问题：

▶ 什么是消费者决策？可分为哪些种类？

▶ 消费者的购买决策程序包括哪些步骤？

▶ 信息的来源有哪些？

▶ 消费者在漏失信息的推论上，可以采取哪些策略？

▶ 替代方案的评估有哪些模式？各个模式的内涵是什么？

▶ 何谓享乐购物？何谓剧院消费？其与消费者的购物有何关系？

▶ 消费者购后的行为包括哪些？营销人员应该注意什么？

食品安全危机改变消费者决策，
小厂鲜乳正当道

数波食品安全危机，改变了台湾地区消费者的购买行为，他们不再一味相信大品牌就是品质保证，反而开始重视"小"品牌的好。

位于台北市区的台大牧场、主妇联盟唯一指定购买的四方鲜乳，就是最近市场最畅销的商品，想喝台大鲜乳，必须早晨 6 点就开始排队抢购；而四方鲜乳，可能想喝也喝不到。

其实目前并无证据显示，出事的顶新集团旗下味全林凤营的鲜乳品质有太大问题，但因为"小"品牌的上游厂商较单纯，让消费者的信任度增加。

四方鲜乳总经理特助蔡佐鸿也说，"林凤营的鲜乳其实品质没问题，消费者的抵制，只是让装在'林凤营'瓶内的鲜乳，改成'光泉'的牌子，喝到的鲜乳并无不同。"主妇联盟课长张雅云表示，大乳品工厂的原料乳，来自全台湾 100 多个牧场，收集至工厂后再混乳加工，品质控制较困难，"只要一个牧场出问题，整批牛奶都会受到污染"。

而像四方鲜乳、台大牧场这种从饲养牛到乳品加工、销售都是自己来做的品牌，还拥有哪些大厂难以取代的优势，让消费者趋之若鹜？

张雅云表示，主妇联盟当初选择四方鲜乳为唯一指定鲜乳，便是看上四方采取"牧场自设加工厂"的经营模式。在四方，原料乳由自家牧场生产，从牛吃的草、牛舍的环境卫生到挤牛乳的每个环节，都在自己的控制范围内。

虽然现在随着订单的增长，四方鲜乳已从另外 7 个签约卫星牧场收乳，但相对于大厂有上百家的上游奶农，品质风险仍相对较低。

经营乳品加工 20 年的四方鲜乳现在虽已不完全是自产自销、自家供应鲜乳的模式，但经营者却能定期到旗下牧场巡视，观察生产情形。

除在乳源管控方面拥有优势之外，小厂、教学牧场也比大厂更有机会选择 HTST（高温短时间）杀菌方法处理生乳，仅需加热到 80℃—90℃，保留鲜奶最真实的风味与部分营养，这也是四方鲜乳受主妇联盟青睐的原因之一。

台大动物科学技术学系教授陈明汝解释，一般市场上出售的鲜乳采用 UHT（超高温瞬间）方式杀菌，加热温度超过 100℃，虽然会让鲜乳达到几乎无菌的状态，但也会使鲜乳中的乳清蛋白、免疫球蛋白遭到破坏，"只要乳源好、生菌数量低，采取 HTST 方式加温，的确能保留相对更多的营养"。但陈明汝也强调，鲜乳的主要营养成分——钙质，无论采用哪一种加热方式都不会有太大差异。

UHT 杀菌法可以确保安全，但会破坏营养；HTST 杀菌法则必须冒着生菌数可能过高的风险，万一不合格，整批牛奶都必须销毁。"所以只有对生乳品质有信心的生产者才敢用这种方法"，陈明汝说。

陈明汝指出，UHT 杀菌法会让奶中的糖类焦化，喝起来甜度增加，是台湾消费者较为习惯的口味，"但事实上，HTST 清淡的口味，比较接近真正的奶味"。一般大厂为了避免鲜乳在运送过程中变质，多半选择采用 UHT 加热法；低温加热的清淡乳香，只有少数价格较高的大品牌，或如四方、台大这种小品牌的产品才能品尝到。

资料来源：何欣洁，"想买得排队 小厂鲜乳的三大优势林凤营品牌落漆 四方鲜乳、台大牧场正夯"，《今周刊》，第 931 期，2014/10/23。

消费者决策过程是指消费者感受到问题存在、寻找解答、评估替代方案、选取替代方案，以及评估决策结果的一连串的过程[1]。消费者决策的内涵包括要购买哪种产品品牌、要购买多少数量、要在何处购买，以及何时购买等相关的购买决策。不过，尽管决策的内容可能极为相似，但是在不同的购买决策类型下，实际进行的方式可能存在很大的差异。因此，我们必须先了解消费者购买决策的类型。

5.1 消费者购买决策的类型

5.1.1 消费者购买决策的种类

消费者的购买决策可以分为三个种类：例行决策、广泛决策与有限决策。我们可以五种要素来描述这三种决策类型的不同：消费者的介入程度、决策制定的时间长短、产品或服务的成本、信息搜集的程度，以及所考虑替代方案的数量。

例行决策（Routine Decision）下，消费者的介入程度很低，制定决策所花费的时间很短，所购买的产品往往是属于经常性与低成本的产品或服务，在信息搜集上通常只愿投入很少的精力，所考虑的替代方案的数量也很有限。一般而言，低介入的产品与服务大部分以例行决策的方式来进行。例如，消费者购买口香糖的决策便偏向例行决策。

广泛决策（Extensive Decision）是最复杂的消费者购买决策方式。广泛决策较常出现在消费者购买不熟悉、昂贵、稀少或不常购买的产品或服务时。在此决策方式下，消费者的介入程度很高，制定决策所花费的时间很长，在信息搜集上会投入大量的精力，所考虑的替代方案的数量也很多。通常，高介入的产品与服务大部分以广泛决策的方式来进行。例如，消费者购买房屋或高级汽车的决策便偏向广泛决策。

有限决策（Limited Decision）则介于例行决策与广泛决策之间。其在消费者的介入程度、决策制定的时间长短、产品或服务的成本、信息搜集的程度，以及所考虑的替代方案数量上通常表现出中等的程度。例如，消费者购买自行车或墨镜的决策便偏向有限决策。

5.1.2 阿塞尔的购买类型

除了将购买决策分为上述三种类型之外，亨利·阿塞尔（Henry Assel）另外根据购买的介入程度与竞争品牌间的差异程度两个层面，依其高低程度，将消费者的购买类型分为以下四种类型[2]，如图 5-1 所示。

例行决策下，消费者的介入程度很低，制定决策所花费的时间很短，所购买的产品往往是属于经常性与低成本的产品或服务，在信息搜集上通常只愿投入很少的精力，所考虑的替代方案的数量也很有限。

广泛决策下，消费者的介入程度很高，制定决策所花费的时间很长，在信息搜集上会投入大量的精力，所考虑的替代方案的数量也很多。

有限决策则介于例行决策与广泛决策之间。

1. 复杂型决策

此种决策类型是指消费者对此类产品的介入程度很高,同时竞争品牌间的差异相当大,因此这些决策的风险特别大。例如房子、汽车,以及昂贵的休闲度假的决策等都属于复杂型决策(Complex Decision)。

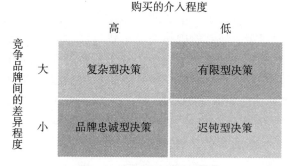

购买的介入程度

图 5-1 阿塞尔的购买类型

资料来源:Henry Assael(1998),*Consumer Behavior and Marketing Action*,Sixth Edition,Cincinnati,Ohio:South-Wollege Publishing.

2. 有限型决策

有限型决策(Limited Decision),又称寻求多样型决策(Variety-Seeking Decision)。这类决策通常是一些介入程度较低,但竞争品牌间差异较大的产品。消费者对这类产品的忠诚度也较低,对追求新品牌的意愿则较强。因此,这类产品出现新品牌的概率也比较大。例如洗发水与休闲食品的决策均属于有限型决策。

3. 品牌忠诚型决策

这类产品的购买决策是指消费者的介入程度较高,然而各品牌间的差异性却不大。虽然这类产品的单价并不一定很高,但是其中所隐含的社会性风险却很大。因此尽管品牌差异性不大,消费者往往也不敢轻易变换品牌,因为变换品牌的潜在社会风险可能很小。消费者对这类产品的忠诚度通常较高,因此新品牌要打入市场的机会也相对较小。例如牙膏、香烟与香水的决策均属于品牌忠诚型决策(Brand Loyalty Decision)。

4. 迟钝型决策

迟钝型决策(Inertia Decision),又称惯性决策,通常是指介入程度较低,且品牌间的差异性较小的产品决策。消费者对这类产品的品牌偏好通常不大,因此品牌忠诚度也不高。这类决策的产品包括纸巾、笔记本、牙签,以及垃圾袋等。

5.2 问题确认

消费者的购买决策程序是指消费者在购买产品或服务时所进行的一系列过程。而消费者的购买决策程序,通常包括以下六个步骤:问题确认、信息搜集、替代方案评估、制定购买决策、实际购买行为与购后行为,如图 5-2 所示。这些过

消费者的购买决策程序包括以下六个步骤:问题确认、信息搜集、替代方案评估、制定购买决策、实际购买行为与购后行为。

程可以帮助我们了解消费者是如何制定其购买决策与采取购买行为的。

图 5-2　消费者购买决策程序

消费者购买决策程序的第一个步骤是问题确认，问题确认也就是消费者要先界定其所面临的问题。问题的确认来自消费者所感受到的需要不被满足，也就是来自理想状态与现有状态间的差距。对于消费者而言，这种差距可以是一个问题，也可以是一个机会。例如，厂商告诉家庭主妇，食用油在高温烹调下可能会产生毒素，因此造成家庭主妇的困扰。所以，产生了消费者对问题的认知。另外，厂商也可以告诉糖尿病患者，有一种新研发成功的糖尿病特效药问世，因此使糖尿病患者产生新的希望，也就是出现了新机会。

名角登场

在不断问问题中翻转思考

2010 年，黑松旗下的"等渗透压"饮料"FIN"，对各大广告公司发出比稿信息，由于该款饮料已经上市 8 年，重新征求广告代理商，显然是希望有所改变。所有参与比稿的广告公司都收到了以下要求：要与舒跑、宝矿力等运动饮料区隔开来；要呈现出年轻、都会的休闲感。

创略广告总经理黄志靖回到公司的第一件事，就是不断向团队抛出问题，"比稿最重要的就是问问题，问完就几乎等于结束了；先问过自己一轮，再把最犀利的问题拿去问客户就对了！"在头脑风暴会议上，黄志靖一边用黄色粉笔用力在黑板上书写，一边连珠炮式地提问："如果做出都会感，这款饮料就会热卖吗？""强调轻运动就会热卖吗？""还是用名人代言会热卖呢？""如果以上都不会，那到底什么才会热卖？"黄志靖先大胆地跳出客户的限定，直指客户的"未问之题"。

结果，这一连串的问题到最后出现大翻转。黄志靖提案时，没有直接回应要求，反而用问题引导黑松："如果，这不是运动饮料，而是水呢？"黑松方面一听到这个提问就炸锅了，会议室里群情激昂，纷纷提出质疑："你要我去抢水的生意？""水市场有多大你知道吗？""FIN是有味道的等渗透压饮料，不是水！"

面对客户的质问，黄志靖早就有心理准备，他再度抛出一个个问题："你们有多久没运动了？没去运动场边观察大家都喝什么？有没有去超市看消费者都买什么饮料？"见众人哑口无言，他才接着说："这些，我们都做了！台湾人喝运动饮料，根本不一定是在运动时喝，而是渴了就喝！"

原来，黄志靖早就让团队到校园、球场、便利店、超市、路边进行市场调研，逢人便问："你一周运动几次？一次运动几分钟？会大量流汗吗？运动完会喝运动饮料吗？"

结果，市场调研结果大大出乎众人的意料，甚至有大学生反问："为什么运动饮料一定要运动才能喝？"这让黄志靖恍然大悟，如果运动饮料平时也能喝，又何必将产品定位限定死呢，不如开创一个全新的市场。

最后，黄志靖提出关键一问："如果想跟舒跑、宝矿力区隔开来，却又说自己是运动补给饮料,不管广告怎么打,消费者打开超市的冰柜,它还是会跟竞争品摆在一起,那请问 FIN 是什么饮料?"在这么一堆问题抛出之后,黄志靖明了问题不只是疑问,更能借此带着双方往同一思路前进,能引导也能说服。黑松营销处副处长蔡曜光表示,在黄志靖改变广告策略后,FIN 的市场占有率不断提升,2013 年的销售额更比前年增长四成,表现十分亮眼。

回归创意的起点,黄志靖深谙质问能帮助事件进行"探索"之道,他最常以"如果不是,那会是什么"的反问法取代一般"如果是,那该怎么做"的直接思考,从而激荡出全新的方向。

分析黄志靖总能在比稿中脱颖而出的秘诀,就是不断地问问题,问自己、问员工、问客户,连带地,创略广告的所有人都知道:"在这家公司工作,一定要很会问问题!"创略广告创意指导吴素惠指出,在广告业界,许多老板喜欢下指导棋,"他们会觉得自己最懂客户,要创意人员按照他的意思设计;但黄志靖在说出自己的想法前,会先问大家,久而久之,我们也习惯先自问一遍'他待会儿会问什么'"。

资料来源:邓宁,"比稿王的逆问秘诀:'如果不是…那会是什么?'创略广告黄志靖让 NIKE、黑松等大咖客户都买单",《今周刊》,第 897 期,2014/02/27。

需要不满足来自内部和外部刺激。内部刺激如同一个人肚子饿就会去寻找食物,主要是因为内在的生理需要所产生的压力。外部刺激主要来自外部的环境,诸如厂商的广告、海报,以及其他消费者的消费示范等。内、外部的刺激可能引发需要的不满足,进而再导致驱力(Drive)。驱力则造成紧张的压力,进而迫使人们采取行动,而这种驱力就是所谓的动机(Motivation)。

> 内、外部的刺激可能引发需要的不满足,进而再导致驱力。驱力则造成紧张的压力,进而迫使人们采取行动,而这种驱力就是所谓的动机。

在问题确认的阶段,营销人员的目标是使消费者了解到现状与其偏好之间的差距,借以创造消费者的需要。这种需要可以针对某一特别的产品(例如一种全新上市的外国水果),也可以针对某些产品的因素或特质(例如一种更安全的食用油)。营销人员可以通过不同的方式来确认消费者是否存在某些未被满足的需要。

对于消费者的需求,我们可以分为初级需求与次级需求。初级需求(Primary Demand)是指对于产品或服务本身的需求,这是来自基本需要(Generic Need)的认知。例如,家庭考虑是否需要一部液晶电视。而次级需求(Secondary Demand)是指对于某一产品类中某一品牌的需要,这是来自选择性需要(Selective Need)的认知。例如,家庭需要的是 LG 的液晶电视还是夏普的液晶电视。通常在新产品刚进入市场时,要先让目标顾客对该产品类产生兴趣,此阶段的任务是在激发初级需求。等到目标顾客对该产品类产生兴趣后,才会引发到底需要哪一个品牌的问题,此时则为激发次级需求。

> 初级需求是指对于产品或服务本身的需求;次级需求是指对于某一产品类中某一品牌的需要。

最后,营销人员要注意文化对需求所产生的影响。因为不同的文化、地区和国家之间,虽然消费者的需要(Needs)可能一样,但欲求(Wants)与需求(Demands)则会有很大的差异。例如不管是哪种文化下的消费者都需要填饱肚子(需要),但北极的爱斯基摩人以鲸鱼肉为主食(欲求与需求),而中国的居民则以稻米为主食(欲求与需求)。因此,对于营销全球的国际厂商而言,更必须小心地观察不同地区中,消费者因文化差异所产生的不同欲求与需求,并据以设计不同的营销策略。

5.3 信息搜集

5.3.1 消费者信息搜集的来源

为了解决所面临的问题,消费者必须进行信息搜集。消费者的信息搜集可以分为购前的搜集与经常性搜集。购前的搜集(Prepurchase Search)是指针对某一特定的购买决策,在问题认知之后的信息搜集行为;经常性搜集(Ongoing Search)则是指与特定购买决策无关的信息搜集行为,因此属于例行性、无特定目标的搜集。

另外,信息的搜集可以来自消费者内部或外部,或者同时来自两者。何谓内部信息?内部信息是指储存于消费者记忆中的信息,其中一部分的信息来自先前对于产品的经验,例如过去自己使用产品的满意程度或评价。相对地,外部信息是指来自外部环境的信息,这主要包括两种来源:非营销控制的信息来源和营销控制的信息来源。

非营销控制的信息来源是指产品的信息来源背后并没有商业企图,因此也称为非商业的信息,这类信息包括体验来源、人脉来源,以及公共来源。

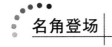

名角登场

欣兰冻膜靠"体验营销"大卖

在2014年"双十一"这天,台湾地区欣兰化工自有品牌产品"黑里透白冻膜"大卖超过2 000万元新台币,成为大陆最红的冻膜抢手货。

让欣兰业绩翻倍的冻膜产品,其实改良自"祖母级"配方,背后的"魔法师",正是欣兰化工董事长陈淑美。

欣兰化工的前身是陈淑美的公公与大阪七二七(セブン)株式会社合资的代工厂"黑宝珠化工"。后因日方人事变动,公公决定改为独资,于是"黑宝珠"走上历史舞台。1984年成立欣兰化工,使其成为台湾地区少数具有自行研发、实验、测试能力且能为客户量身打造的工厂,早期即取得旁氏冷霜、联合利华隔离霜、德国海马牌等多家护肤、彩妆产品的长期代工订单。

2001年,陈淑美重金礼聘具有药剂师资格及资深实务经验的日籍技术师福间正来台湾地区担任厂长,并与已终止技术合作数年的大阪厂缔结姊妹厂,逐步开拓产品线。随着大医院医师自行开业设置皮肤科、医学美容诊所且生意兴隆,欣兰化工也找到了另一个生存机会。

陈淑美强调,欣兰虽不是台湾最大规模的化工厂,但却是最具挑战性技术、代工费最高的化工厂,她曾以盐为材料,为台盐公司研制"台盐三宝"(洗面皂、沐浴乳、洗发水),而台盐"蓓舒美"洗面乳也曾轰动一时。

至于冻膜的诞生,陈淑美透露,长期为别人做嫁衣,也会想拥有自有产品,如果只做一项,她认为祖母那时使用的"黑宝珠"沙龙级美肤用品简简单单的就很好用。2011年她重新

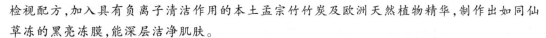

检视配方,加入具有负离子清洁作用的本土孟宗竹竹炭及欧洲天然植物精华,制作出如同仙草冻的黑亮冻膜,能深层洁净肌肤。

曾经有位空姐苦恼于自己毛孔堵塞、粉刺严重,陈淑美让她试用冻膜后,空姐惊呼比撕鼻贴、挤压拔除法更有效,也不会造成毛孔粗大、在皮肤上留下坑洞的后遗症,于是通过脸书强力推荐,大家都问:"哪里买得到?"所以欣兰干脆采取批发方式,让下游业务在网络上销售。

当时欣兰冻膜刚进军大陆市场,业务渠道采用"体验式营销",大手笔到处分送产品试用装,欣兰的豪爽,加上网络的口碑效应,一传十、十传百,于是开始收获成果。

资料来源:林丽娟,"一款阿嬷冻膜 竟让通路贴运费抢货三十年老工厂靠'体验营销'欣兰化工年收近四亿元",《今周刊》,第 934 期,2014/11/13。

1. 体验来源

是指消费者个人亲身体验所获得的信息,例如消费者到卖场检视产品或是比较产品,又或者是使用产品后所获取的信息。

2. 人脉来源

是指消费者经由人际关系所得到的信息,例如亲友的使用经验、同伴所提供的信息,或是消费者的参照群体所提供的意见和建议。人脉来源的影响力由消费者对这些群体的信任程度而定。消费者愈是相信这些群体,人脉来源信息的影响力就愈大。

3. 公共来源

是指来自交易以外的客观第三者所提供的信息,这包括大众传播媒体、政府机构与其他非营利性组织。例如,政府所发布的信息、媒体报道,或是类似消费者保护协会这样的非营利性组织的检验报告。公共来源信息常被认为具有高度的客观性与公正性,因此受到高度的信赖。此外,某些网络论坛或是博客、微博、微信也会在网络上以客观的角度,或是自己的观感来评价某些厂商的产品与服务,往往对于其他消费者而言也是重要的公共来源信息。

另外一种信息来源为营销控制的信息来源,这种信息是营销人员为推广产品而产生的,包括广告、促销、人员销售以及产品的标签和包装,因为背后具有强烈的商业企图,所以又称为商业来源信息。消费者对这类信息,常持有怀疑的态度。所以,有些厂商会试图将商业来源的信息,以其他来源的形式呈现。例如,利用使用者证言式的广告来呈现商业信息,企图以人脉来源的方式来掩饰商业来源的色彩;抑或将广告设计成类似媒体内容的形式,试图用鱼目混珠的方式让消费者误以为商业来源的信息是公共来源的信息。

5.3.2　影响消费者信息搜集的因素

消费者对于信息搜集的投入高低,主要依赖于其对风险的察觉、介入、知识、过去的经验、对于产品或服务的兴趣程度,以及时间压力。

消费者所面对的购买风险,主要包括功能风险、实体风险、财务风险、社会风险、心理风险,以及时间风险。因此当这些风险增加时,消费者所愿意花在信息搜集上的时间、精力与资源也会增加,也会考虑更多的替代品牌。

介入也是影响消费者信息搜集程度的因素。介入(Involvement)是指对于某一事物或行为的关切程度或利益攸关程度。介入愈高,则消费者花费在搜集、评估与消费者决策过程的时间和努力投入也愈高。介入有很多的分类方式,若从信息搜集的角度来看,购买介入与持续介入更是格外重要。购买介入(Purchase-Situation Involvement)是指消费者对于购买决策的关切与重视的程度。例如花费上万元的度假计划可能比买公交车票更令消费者操心,所以其购买介入较高。然而,大部分的产品或服务一旦在购买之后,消费者对其关切程度便会大幅下降。例如,某人在决定到夏威夷度假并办好参加旅行团的手续后,便不再注意这件事了。不过,有些产品和服务在购买后,消费者仍会密切注意,即将对产品购买的注意转移到对产品使用的注意上。这便是持续介入(Enduring Involvement)。例如许多追星族,在购买了一位歌手的专辑之后,并不会减少对于该歌手的注意力。一方面,他们会对于专辑曲风、歌词等内容进行钻研,增进自己对该专辑的熟稔程度;另一方面,他们会继续关注该歌手的周边商品、电视访问节目、演唱会时间以及专辑改版时间,来满足其追星的欲望。总结来说,购买介入是指消费者在做出购买决策之前,会努力地搜集信息;而持续介入则是指消费者在做出购买决策之后,仍然不断地搜集信息。

消费者对于产品或服务的相关知识也会影响信息搜集的程度。当消费者的知识很丰富且消息灵通时,有时并不需要搜集额外的信息。相对地,若消费者是新手,则需要进行大规模的信息搜集,才能确保决策的正确性。例如大部分的消费者对于婚庆市场上的产品,如礼服与婚纱照、喜宴和蜜月旅行等都是新手,因此对相关的产品知识与信息都相当匮乏,所以事先的信息搜集对于提升决策品质很重要。

第四个影响外部信息搜集的因素是产品经验,消费者如果对某一产品具有丰富的经验,则较易专注在与先前经验相关的信息搜集上。研究发现:产品经验和信息搜集程度呈现一种倒 U 形关系,也就是在对产品具有低度和高度经验时,较少有搜集行为产生;而在对产品具有中度经验时,则会产生较多的搜集行为[3]。

另外,消费者的兴趣高低也与信息搜集成正相关。如果消费者对于产品有较多的兴趣,则会花费较多的时间去搜集相关的信息与替代方案。我们可以看到很多收藏迷为了寻找心目中的梦幻收藏品,可以花无数的精力与时间来搜集相关的产品信息。

最后,时间压力也会影响信息搜集。由于受到时间限制,消费者的时间愈少,愈不会进行大规模的信息搜集。例如,医院附近的商店,很多是为了满足病患和家属的紧急性需求而开设的。因为在时间压力下,病患和家属通常都会选择在医院附近的商店购买所需的商品,比较不会再进一步搜集相关的产品信息。

5.3.3　产品品牌集合

消费者信息搜集的一个目的是寻求可以满足其需要的替代品牌。激活集合便是形成替代品牌的基础。激活集合(Evoked Set),又称激活域,是指针对某一产品类,消费者心目中所知道并可能购买的替代品牌集合。相对于激活集合的是排除集合。排除集合(Inept Set),又称排除域,是指消费者虽然知道,但不大可能去购买的品牌集合,因为消费者认为这些品牌是他所无法接受的。此外,有些品牌没有很突出的特色,因而被消费者认为彼此没有差异,这些品牌则形成惰性集合(Inert Set),又称惰性域。激活集合、排除集合和惰性集合内的品牌都是消费者内心所知道的品牌,因此这些消费者已知的品牌构成了认知集合(Awareness Set),又称意识域。当然,市场上所营销或存在的品牌绝不只是认知集合内所包括的品牌,另外还存在一些消费者所不知道的品牌,可称为忽略集合(Unawareness Set),又称非意识域。基本上,这些集合的关系如图5-3所示。

激活集合,又称激活域,是指针对某一产品类,消费者心目中所知道并可能购买的替代品牌集合。

排除集合,又称排除域,是指消费者虽然知道,但不大可能去购买的品牌集合。

有些品牌没有很突出的特色,因而被消费者认为彼此没有差异,这些品牌则形成惰性集合,又称惰性域。

消费者已知的品牌构成了认知集合,又称意识域。

消费者所不知道的品牌,可称为忽略集合,又称非意识域。

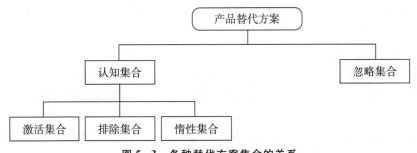

图 5-3　各种替代方案集合的关系

消费者一般在进行决策时,无法在一时之间想起所有的品牌,而所想起的品牌中又有一些会被归类为失当集合或呆滞集合。因此,激活集合代表消费者会认真思索的少数品牌,也就是消费者只会针对激活集合中的品牌做进一步的评估与选择。所以,对营销人员而言,激活集合的意义是代表消费者最可能考虑的替代品牌集合。若是营销人员无法将其品牌放入目标顾客的激活集合中,则顾客购买该品牌的机会便会大幅下降。因此,营销人员往往通过大量的广告来提高品牌的知名度,再配合吸引消费者青睐的产品属性与特色,以使品牌进入目标顾客的激活集合。一般而言,消费者的认知集合内所包含的品牌数目愈多,则激活集合内所包含的品牌数目可能就愈多[4]。

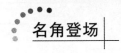

品牌勒戒计划

现代品牌大师马丁·林斯特龙(Martin Lindstrom)曾经做过一个"品牌勒戒计划"实验,他要求自己在一年内,绝对不能买任何新的品牌产品。刚开始时林斯特龙信心满满,然而不到6个月,整个实验彻底失败!

他发现,转机时,没办法逛免税店打发时间;帮朋友庆生时,再也不能拿着半打啤酒狂欢；以前不曾留意的漱口水、果汁、薯片，全都在超市的货架上呼唤他。一辈子在品牌界闯荡的自己，竟然陷入自己打造的品牌世界中！

最后，林斯特龙缴械投降。他说，勒戒计划"让我看清事实……我的生命中就是有几个品牌不可或缺，他们定义了我是谁、我要成为什么样的人"。一个没有品牌的世界，就像一个看不懂文字的文盲，将失去大部分与世界的联结。

资料来源：陈筱晶，"台湾最有影响力品牌100大排行榜"，《商业周刊》，第1430期，2015/04/08。

5.3.4 信息过载与漏失

信息过载是指一次接触太多的信息，以至于无法处理这些信息。

在信息搜集上，我们还要特别注意信息过载的问题。信息过载（Information Overload）是指一次接触太多的信息，以至于无法处理这些信息。当学生对老师说"我吸收不了"时，很可能是发生了信息过载的问题。过多和泛滥的广告也是信息过载常见的范例。消费者为了解决信息过载的问题，会对所接触到的信息进行筛选，因此部分的信息会被忽略。例如 Outlook 等电子邮箱便设有垃圾邮件拦截功能，以帮助消费者过滤其不想接收的信息。也由于信息的筛选，消费者虽避免了信息过载，但也可能因为遗漏了重要的信息，而导致做出次佳的决策。因此，营销人员不应只是一直"塞"信息给消费者，也要考虑消费者如何处理和组织信息，并提供"协助"之道。

产品信号是指从产品的已知属性来推论未知属性，也就是以已知属性作为一种信号，基于变量的相关性来进行推论。

当然，消费者不一定能搜集到他所需要的全部信息。当信息缺乏或无法提供时，就会出现漏失信息（Missing Information）的现象，此时便需进行漏失信息推论（Missing Information Inference）。常见的漏失信息推论便是利用产品信号。产品信号（Product Signal）是指从产品的已知属性来推论未知属性，也就是以已知属性作为一种信号，基于变量的相关性来进行推论。例如，消费者在选购皮包时，可以借由其配件（例如拉链和环扣）或车工，来判断所用皮革的好坏。因为配件及车工不错的话，通常所选用的皮革也不会太差。消费者常用的产品信号包括产品品牌、价格、包装和销售产品的零售店。另外，在全球营销上，产品来源国（Country-of-Origin）也常被视为一个重要的漏失信息推论指标[5]。当然消费者对于这种产品属性之间的相关性认知，并不一定是正确的。例如，消费者经常认为高价代表着高品质，但现实中品质与价格间的关系则不一定存在[6]。研究也发现，当信息过载较高或是资料以一种杂乱的方式呈现时，消费者会降低以价格作为品质推估的基础[7]。

基本上，消费者在漏失信息的推论上，经常采取下列策略[8]：

1. 属性间的推论

根据某一相关属性的数值来推论漏失信息属性的数值。例如，根据产品的保修期限来推论产品的耐用程度。厂商所提供的产品保修期限愈长，则推论该产品的耐用程度可能愈高。例如，某手机制造商强调其保修期限比其他制造商更长，可能表示该制造商对自家手机的品质很有信心。

2. 评估上的一致性

产品属性往往和整体评估具有一致性,当消费者认为从整体来看该产品相当不错时,则该漏失信息的属性也理应表现不差。例如某件衣服的整体感觉很不错,消费者可能会认为这件衣服的染料应该也不会有害健康。

3. 其他品牌的平均值

对于漏失信息属性的推定值,则以其他同类产品的平均值来代表。例如在百货商场发现没有见过的服装品牌,消费者可能会推估该品牌的品质跟同楼层的其他品牌品质相差不大。

4. 负面的线索

当存在产品的漏失信息时,意味着厂商可能在此漏失信息的属性上表现不佳,因此才没有提供相关的信息。所以,有些消费者会将此漏失信息的属性视为一个负面的线索,此时比较保险的做法是给予这个漏失信息属性一个较低的数值。例如某快餐店不敢提供与食品相关的营养信息,此时消费者会推估其所提供的食品可能并不健康。

5.4　替代方案评估

5.4.1　选择评估的模式

在消费者对替代方案的评估方面,首先要选择评估的模式,其次选择评估的准则。基本上,评估的模式可分为补偿性模式与非补偿性模式两类。

补偿性模式(Compensatory Model)是指消费者依照所考虑的产品属性,得到各个替代方案的单纯加总或加权后的分数,然后根据分数的高低来评估替代方案的优劣。补偿性模式的最大特点是不同的产品属性之间是可以相互弥补的,也就是可以用表现较佳的属性来弥补表现不佳的属性。例如某家餐厅虽然卫生条件较差,但价格较便宜,此时某些消费者基于经济考量,可能仍会选择这家餐厅。这就是用价格的优势弥补了卫生属性上的缺憾。

相对地,非补偿性模式(Noncompensatory Model)则不允许属性间的相互弥补。例如,某些消费者认为健康是无价的,因此一律不考虑卫生条件较差的餐厅。所以,卫生条件是无法被价格或其他属性所弥补的。

通常,补偿性模式所考虑的属性较多,因此最后进一步评比的方案也较多。整体来说,补偿性模式相较于非补偿性模式要复杂得多。前面所提及的菲什宾模型便是典型的补偿性模式。

在非补偿性模式方面,最常见的模式有连接模式、非连接模式、排序模式和属性删减模式[9]。研究发现,消费者对于低介入的产品会比较偏向使用非补偿性模式[10]。

连接模式(Conjunctive Model)是一种设定"门槛"的方式,"门槛"代表最低的下限。它是针对替代方案中每一个所考虑到的产品属性,分别设定最低门槛,只有通过各个产品属性最低门槛的品牌,消费者才会再做进一步的评比,因此大

补偿性模式是指消费者依照所考虑的产品属性,得到各个替代方案的单纯加总或加权后的分数,然后根据分数的高低来评估替代方案的优劣。

非补偿性模式则不允许属性间的相互弥补。

连接模式是针对替代方案中的每一个所考虑到的产品属性,分别设定最低门槛,只有通过各个产品属性最低门槛的品牌,消费者才会再做进一步的评比。

大减少了评比的品牌数目。例如我们要购买房子时,可以先设定一些门槛:可接受的最高总价、可接受的最小面积,以及所限定的坐落区域,如此便可以大量地减少替代方案的数目,且最后只需仔细评估少数通过最低门槛的替代方案即可。连接模式是相当严格的决策模式,不过过度严格的门槛设定也可能导致没有任何替代方案可以通过,这是使用这一方法时特别需要注意的重点。

非连接模式(Nonconjunctive Model)是指仅在单一或某些少数重要属性上设定门槛。因此,只要替代方案通过这些门槛,我们便接受它们。以上面购买房子的例子来说,可以只在房子总价与所限定的坐落区域上设限,只要通过门槛,便是可以接受的方案。不过,这样的决策模式可能会产生一个以上的替代方案,因此必须再辅以其他的决策模式来进一步地选择。当然,我们也可以选择第一个通过门槛的替代方案。

排序模式(Lexicographic Model)则是先把属性依其重要性高低加以排列,然后从最重要的属性开始逐一针对各替代方案进行比较。若某一方案在最重要的属性上较其他替代方案为优,则选择这一替代方案。如果在这一最重要的属性上无法分出高低,则再进行次重要属性的评估,直至各替代方案分出高下。

属性删减模式(Elimination by Aspects Model)类似于排序模式,不过有些许差异。消费者先依属性的重要性进行排序,然后分别设定各属性的门槛。接着将所有替代方案由最重要的属性开始进行评估,并删除那些低于门槛的替代方案。如果有两个以上的替代方案高于最重要属性的门槛,则进入第二重要的属性,同样评估其是否超过该门槛。如此按属性的重要性逐一往下评估,直到最后的最佳方案出现。

排序模式和属性删减模式都是由最重要的属性开始,逐一进行比较。但是,排序模式没有设定门槛,直接以重要属性比出高下;属性删减模式则针对每一个属性均设定门槛,而不在属性上比出高下。两个模式的差别即在于属性的门槛。

为了厘清上述各项评估模式的差别,我们以下例来说明消费者在采用不同评估模式下的选择决策。假设消费者想要购买一双运动鞋,其考虑中的各品牌运动鞋的属性信息如表5-1所示。

非连接模式是指仅在单一或某些少数重要属性上设定门槛。因此,只要替代方案通过这些门槛,我们便接受它们。

排序模式则是先把属性依其重要性高低加以排列,然后从最重要的属性开始逐一针对各替代方案进行比较。

属性删减模式是将所有替代方案由最重要的属性开始进行评估,并删除那些低于门槛的替代方案。

表5-1　消费者对运动鞋品牌的评价

属性	权重	各品牌的评价			
		A	B	C	D
外形设计	9	7	8	8	9
价格	6	7	6	9	7
重量	5	8	9	6	5
材质	8	7	8	6	7
品牌商誉	7	9	7	6	7
总分		264	266	246	253

在补偿性模式下,消费者根据权重与评价相乘后加总而得的总分的高低来决定所要购买的品牌,根据计算,消费者会选择B品牌,因为B品牌的得分(266

分)最高。在非补偿性模式下,若消费者使用连接模式,则其会对每一属性设定最低门槛(例如消费者所设定的门槛为各属性的评价都不得低于 7 分),因此在这样的门槛标准下,只有 A 品牌通过,因此消费者会选择 A 品牌。在非连接模式下,消费者因为只关注外形设计与材质,只要这两个属性的评价高于 8 分,便可接受。在此评估模式下,消费者会选择 B 品牌,因为只有 B 品牌在这两个属性的评价上都高于门槛。在排序模式下,则由于外形设计最为重要,因此消费者会选择 D 品牌,因为 D 品牌的得分(9 分)是各品牌中评价最高的。最后,在属性删减模式下,假设消费者设定各属性的最低门槛为 7 分,则首先从权重最高(9 分)的外形设计开始比较,4 个品牌都通过;其次比较材质(8 分),只有 A、B、D 品牌过关;再次比较品牌商誉(7 分),A、B、D 品牌过关;最后比较价格(6 分),只有 A 品牌过关,因此选择 A 品牌。

不管是补偿性的模式还是非补偿性的模式,消费者是如何使用这些模式的呢? 消费者在处理这些与产品相关的信息时,大概可以归类为两个基本的方式:按品牌处理(Processing by Brands)或按属性处理(Processing by Attributes)。按品牌处理是指在移到下一个品牌之前,必须先完整地处理完前一个品牌,也就是按所有属性,就品牌逐一加以比较。而按属性处理是指同时就所有品牌,一次对一个属性加以处理。一般而言,按品牌处理比较麻烦和繁杂,但可以做比较完整的评估。

5.4.2　选择评估的准则

选择了评估的模式后,便要选择评估的准则。消费者会使用其储存于记忆中的信息与外部的信息,来建立一套替代方案的评估准则。

通常,消费者会先采取一些措施来降低替代方案评估上的难度,一个方法是限制激活集合中的替代方案数目。由于记忆的有限性,消费者往往只会记住少数的产品品牌,因此也降低了替代方案评估所需的认知资源。

对于营销人员而言,这一阶段的主要目标便是判定哪些评估准则在影响消费者选择上最为重要。某些少数的产品属性可能主宰了消费者对于产品的评估。例如,买鞋的时候,款式便经常主宰了消费者对于鞋子的评估。更进一步地,对营销人员重要的属性,对消费者却不一定重要。因此,营销人员要注意不要用自己的观点来替代消费者的观点。消费者评估所使用的属性可以分为显著性属性与决定性属性。显著性属性(Salient Attributes)是指消费者认为那些对于购买决策而言重要的属性。虽然产品具有很多属性,但是消费者并不会注意到所有属性,所注意到的属性也不都是消费者认为重要的属性。显著性属性通常是指就该产品类而言,消费者会注意到并且认为重要的属性。以菲什宾模型来看,该模式内所考虑到的属性一般都是显著性属性。

显著性属性是指消费者认为那些对于购买决策而言重要的属性。

不过,显著性属性只是决策上潜在的重要属性。真正的关键属性是决定性属性(Determinant Attributes)。决定性属性是指真正决定消费者要选择哪一个品牌或到哪一家商店购买的属性。以菲什宾模型来看,在竞争品牌间表现很类似的属性,往往并非对于决策很关键的属性,而最后的决定性属性则是在竞争品牌间具有显著差异的属性。例如,从购买电脑来看,CPU、品牌、价格和速度等,可

决定性属性是指真正决定消费者要选择哪一个品牌或到哪一家商店购买的属性。

能都是显著性属性。但是若各家电脑在上述属性之间的差别并不大，则最后决定消费者购买该品牌电脑的可能是促销时所附赠的周边产品，此时这些附赠的周边产品便成为决定性属性。

类别程序是指依照其所属的特别类别，去评估各个替代方案。

消费者在评估替代方案时，有两个基本程序：类别程序与零碎程序。类别程序（Categorization Process）是指依照其所属的特殊类别，去评估各个替代方案。在人类的知识结构中，心理类别（Mental Categories）是很重要的一个部分，类别通常联结着特定的偏好。例如，某一消费者因为对于老鼠没有好感，所以"老鼠"这个心理类别对他而言便联结着某些反感和厌恶，因此使得他连带不喜欢和老鼠相关的产品，比如米老鼠或是电影《美食总动员》。所以，当消费者采用类别程序来评估产品的替代方案时，首先他会将该产品与某一心理类别相联结，而同时与该心理类别相联结的偏好和态度，也会转移到这一产品上。因此，采用类别程序时，产品的评估主要应视该产品替代方案所被归属的类别而定。

对于营销人员而言，如果知道其顾客是采用类别程序来进行评估的，则首先要了解的是该产品被消费者归属的类别，以及消费者对于该类别所预先存在的偏好。例如品牌延伸（Brand Extensions）便是一种典型的类别程序。品牌延伸是指将在某一产品类别上成功的品牌，延伸至其他产品类别，希望能将该产品类别的好感与喜爱，延续至新的产品类别之中。

零碎程序是指依照产品的重要性，来评估各个替代方案的优缺点。

零碎程序（Piecemeal Process）是指依照产品的重要性，来评估各个替代方案的优缺点。正因为零碎程序是通过逐一琐碎地评估产品的内涵，而慢慢形成产品的整体评估，所以若采用此种评估程序，首先必须找到评估的准则，然后就这些准则来评估各个替代方案，最后形成整体评估。菲什宾模型便是典型的零碎程序。

营销人员应该了解并不是所有的消费者都愿意花费那么多的精力来评估替代方案。例如，高度惯性或是高品牌忠诚性的消费者都不会进行那么烦琐的比较程序。对于这些人，类别程序会是较为常用的评估方式。

惯性是指消费者在购买产品上会习惯性地倾向于购买同一品牌。

惯性（Inertia）是指消费者在购买产品上会习惯性地倾向于购买同一品牌。惯性的好处是其可以使消费者不需要花费太大的精力。通常，具有惯性的消费者对于品牌转换的抗拒并不强烈，此时营销人员只需改变消费者的固定购买习惯，便可使其转换品牌。例如，营销人员可以利用购买地点展示、优惠券，以及降价等手段，来消除消费者的惯性。

与惯性不同的是品牌忠诚度（Brand Loyalty），这是一种持续购买某一相同品牌的认知性决策。品牌忠诚度是以正面态度为基础，因此虽然和消费者惯性一样，可能在购买行为上倾向于购买同一品牌，但是两者的品牌承诺度则有很大差异——品牌忠诚度的承诺度通常远大于消费者惯性。因此，相对于惯性高的消费者，要改变高品牌忠诚度消费者的购买行为比较困难。

品牌等同度是指不同品牌之间并没有太大的不同。因此，对品牌忠诚度造成了挑战。

不过，也有愈来愈多的消费者觉得不同品牌之间并没有太大的不同，也就是存在着品牌等同度（Brand Parity）的现象。当然，这会对品牌忠诚度造成挑战。研究发现，不同品牌的纸巾、香皂，以及休闲食品其实是很类似的[11]，有些中间商（例如家乐福以及 7-Eleven）便针对这类产品开发自有品牌，通常也被称为私人品牌（Private Brand），来抢占这些品牌等同度高的产品类市场。

5.5　制定购买决策与实际购买行为

在评估了替代方案的优劣之后,消费者就可根据评估的结果来制定购买决策,并实际进行购买。在这一阶段,包括五项相关的购买决策:

1. 基本购买决策

基本购买决策(Basic Purchase Decision)是决定是否要采取购买行为来满足其需要。例如当消费者有一笔额外收入时,是要利用这笔额外收入来好好犒赏自己,还是将这笔额外收入储蓄起来?

2. 产品类别决策

产品类别决策(Product Category Decision)是决定所要购买的产品类别。例如要利用这笔收入来购买自己期盼好久的笔记本电脑,还是和朋友去潜水、泡温泉,或是购买一套音响呢?

3. 品牌购买决策

品牌购买决策(Brand Purchase Decision)是决定所要购买的产品品牌。例如若已决定要购买笔记本电脑,究竟该购买何种品牌好呢? 联想? 华硕? 宏碁? 惠普? 戴尔?

4. 渠道购买决策

渠道购买决策(Channel Purchase Decision)是决定所要购买产品的渠道与地点。例如若已决定要购买宏碁的笔记本电脑,应该是到直营店购买,还是到中关村的电子产品卖场选购,抑或到网上购买?

5. 支付决策

支付决策(Payment Decision)是决定所要购买的数量、进行购买的时间,以及交易条件等。例如,何时去采购? 是否要分期付款? 是支付现金,还是以信用卡付账?

名角登场

YouTube 抢夺看电影的观众

从 2014 年 5 月的第一个周五算起,至 9 月 1 日止,整个暑假档期堪用“冷”字形容,北美地区总票房创下 2007 年金融海啸爆发以来最低的纪录。

娱乐界专刊《好莱坞报道》(*Hollywood Reporter*)统计,18 周里上映新片 216 部,比 2013 年稍少,但总收入却骤降逾 14%。更糟的是,进场人数创 22 年来的新低,“市场如陷入冰川期”。

人气低迷除了缺乏创新的英雄大片续集、适合全家观赏的动画巨片的原因外,《彭博商业周刊》(*Bloomberg Businessweek*)认为,学学弃影从商的布赖思·罗宾斯(Brian Robbins)投身 YouTube 这个“新时代好莱坞大片工厂”才要紧。

罗宾斯 19 岁出道,演过戏、编过剧,也导过片,30 多年的职业生涯中都在探索青少年的喜好。2012 年，他宣布创办 AwesomenessTV。因为他相信，年轻一代娱乐的未来将远离电影、电视，简短快捷的数字化影音才是王道，"尤其是 YouTube"。

AwesomenessTV 原只是 YouTube 上的专属频道，播放各种青少年感兴趣的节目，从减肥、化妆等专题，到迷你真人秀都有。尽管每个节目都仅约 5 分钟，但几个月内 AwesomenessTV 就冲上热门频道排行榜的前几名。

后来，AwesomenessTV 设计出三七分红制度，征求素人上传自制节目，结果当晚就收到数百封申请书，几乎在一夜之间即从 YouTube 的精品制作室变成了青少年娱乐工厂。至今 AwesomenessTV 管理近 9 万名 YouTube 节目独立制作商，有订阅会员 5 400 万名，月播放量达 10 亿次。

梦工厂动画（DreamWorks Animation）在 2013 年收购 AwesomenessTV，引进具有讲故事、人才管理等各种能力的专才，打造 YouTube 生态圈，还催生出付费的原创广告。例如在 YouTube 爆红的奇莫雷利（Cimorelli）六姐妹，就为赛百味（Subway）出演原创网络剧《和奇莫雷利一家共度暑假》（*Summer With Cimorelli*）。

此外，也有仅凭点子与表演天分赚大钱的一人频道商。据 *Business Insider* 报道，25 岁的瑞典游戏玩家菲利克斯·谢尔伯格（Felix Kjellberg）光是在 YouTube 上发表评论，就吸引了 3 000 万名粉丝、年赚 400 万美元，是吸客力、吸金力最强的赢家。

资料来源：邱碧玲，"YouTube 太夯 好莱坞票房创七年新低"，《商业周刊》，第 1402 期，2014/09/24。

当然，消费者也可能因为某些因素（例如收入因素、取得进一步的信息，或是发现新的替代方案）而推迟和终止购买行为。根据研究，造成推迟购买和终止购买的原因[12]，如表 5-2 所示。

表 5-2　造成推迟购买和终止购买的原因

理　　由	重要性平均数
推迟购买的理由	
● 时间压力——太忙，没有时间	3.91
● 需要更多的信息	3.43
● 当时负担不起	3.19
● 不确定是否需要该东西	2.75
● 如果做错决策所需承受的社会与心理风险	2.70
● 感觉家中的其他物品也能达到目的	2.70
● 如果做错决策所需承受的绩效与财务风险	2.65
● 预期短期内会降价或修正产品	2.52
● 需要获得其他人的同意	2.41
● 发现购物上有不愉快	2.34
终止购买的理由	
● 决定采用其他方案	3.84
● 现在有时间	3.62

续表

理　由	重要性平均数
● 已经不再需要了	3.51
● 已经降价了	3.10
● 厌倦了再次选购	2.70
● 找到了一家好商店	2.41
● 能够负担该项费用	2.32
● 获得所需要的建议与同意	2.14
● 基于好口碑	2.01

资料来源：Greenleaf, E and D. R. Lehmann (1955)，"Reasons for Substantial Delay in Consumer Decision Marking," *Journal of Consumer Research*, 22, September, pp. 186-199.

　　消费者有很多的购买行为是深思熟虑后的结果，是事先计划好的，即计划性购买（Planned Buying）。但消费者也有很多的购买行为是临时起意的，亦即非计划性购买（Unplanned Buying）或冲动性购买（Impulse Buying）。冲动性购买是指一个人所不能抗拒的突发性购买冲动。例如，零售商店为了引发消费者的冲动，除了通过店内的促销活动外，也常将很多的冲动品，例如糖果、巧克力、口香糖等，放在收银台的附近，以让消费者容易看见而引发立即购买。

　　消费者的一个重要购买决策是商店选择，而商店的形象是影响商店选择的一个重要因素。商店和个人以及产品一样都具有人格，这样的人格也就是商店形象（Store Image）。商店形象由许多因素构成，其中比较重要的因素包括地点、装潢、商品配置、销售人员的服饰与专业知识等，通过这些因素的综合运用而构成了商店的整体形象。不过，有些商店的形象鲜明，也有些商店的形象模糊不清。消费者在选择商店时除了受个人本身的特征影响外，也受到这些商店形象的影响。

　　由于消费者的需要可以简单地分成享乐性需要和功能性需要，因此我们也可以将消费者的购物区分为享乐购物（Hedonic Shopping）与功能购物（Utilitarian Shopping）。对于功能购物而言，购物只是达成目的的手段，究其本质，并没有其他乐趣可言。但对于享乐购物而言，购物不只是为了获取商品[13]，购物本身便是一种具有乐趣的行为。对享乐购物者，能够购买到比别人低廉的商品是相当具有吸引力的。另外，和家人或好友结伴购物也是一种重要的社会经验。再者，购物时和店员的互动也是一种有趣的人际互动与沟通。很多消费者宁愿选择到幽暗脏乱的传统市场购买，而不愿到整洁明亮的超市购买，便是其能在传统市场与菜贩间的亲切互动中得到某种社会性需要的满足。另外，很多家庭常在周末、假日，全家人一起到家乐福与沃尔玛等大型超市，或是华联商厦与新世界百货等大型百货公司进行购物。这种行为也不单纯是购物行为，而可视为一种全家性的休闲活动，这也是一种享乐购物。

　　在享乐购物下，剧院消费（Theater Consumption）是很重要而不能忽视的观念。剧院消费主要是从享乐购物的观点出发，将整个零售店视为一座剧院，因此购物行为会受到这座剧院中的所有因素的影响[14]，这包含了空间和时间的因素，

冲动性购买是指一个人所不能抗拒的突发性购买冲动。

在享乐购物的观点下，整个零售店被视为一座剧院，因此购物行为会受到这座剧院中的所有因素的影响。

以及在该剧院（销售场所）中活动的主角。空间的因素包括商店的布置与商店所营造出来的气氛；时间的因素包括购买的时机和时间的压力；而在剧院中活动的主角，则包括消费者本身、销售人员，以及其他顾客。消费者在整个剧院中购物或消费的满意度会受到这些因素的综合影响。

在剧院消费中，商店气氛是极为重要的一个因素。商店气氛（Store Atmospherics）是指通过对于空间和其他元素的刻意安排与设计，来营造出某种影响购买者的效果[15]。影响商店气氛的主要因素包括颜色、气味与声响。例如研究发现，红色使人兴奋，蓝色使人冷静。而有些研究也指出，进入一个商店的前5分钟，消费者所感觉到的愉悦程度可以有效地预测他将在该商店中花费的时间与金钱[16]。在灯光方面，研究则发现自然光比人造光能产生更多的销售[17]，而店内的亮度愈高，消费者会浏览与挑选愈多的商品。音乐也是影响消费行为的不可或缺的因素，在餐厅中，音量较大与节奏较快的音乐，会引发消费者享用较多的食物[18]。台湾地区此类的研究则发现消费者在较昏暗的环境下观赏广告，会带来较佳的品牌回忆度、较少的认知反应、较差的愉悦度，但却产生较少的负面想法[19]。

> 商店气氛是指通过对于空间和其他元素的刻意安排与设计，来营造出某种影响购买者的效果。

名角登场

印度卖场必须营造出又吵又乱的舞台效果

印度崛起，11亿人口的消费市场，令人垂涎；然而，印度太与众不同了。"对零售业者来说，进军印度最容易犯的错误是：你只要把卖场建好，货物摆好，客人就会上门"，班加罗尔零售业顾问公司（Restore Solutions）CEO穆海卡（Anirudha Mukhedkar）说。

未来集团（Future Group）是印度最大的零售业者，该公司的连锁店名字就叫大卖场（Big Bazaar），相当于印度的沃尔玛（Wal-Mart）。大卖场的顾客群以中产阶级为主，店面以大且乱著称，过道很窄，顾客摩肩接踵；商品堆满货架，音乐震耳欲聋。这些元素，在西方是大忌，在印度却是必需。未来集团CEO毕扬尼（Kishore Biyani）说："在印度，任何时候都要讲究舞台效果。"

有一次，毕扬尼让大卖场中的一家门店改走高端路线，玻璃门窗闪闪发亮，卖场简洁、宽敞、音乐柔和，结果却吓跑了顾客，而其他门店则仍然门庭若市。那次经验让毕扬尼了解到在印度卖场必须又吵又乱。他说："印度购物模式很有戏剧效果，要人声鼎沸，要能挑挑拣拣、讨价还价，过道要又弯又窄，如果你的过道很宽，你就麻烦大了。"

目前印度已有一些西式购物商场正在崛起，尤其是奢侈品。但面对差异性颇大的广大消费者，穆海卡表示："店面小一点、东西挤一点、员工多一点会比较容易成功。"他指出，印度有些城市有全世界最高的房地产价格，但是人工成本却是全世界最低；堆得满满的货架，会给消费者有很多选择的感觉，"如果货架只能摆50件东西，你就摆75件。"穆海卡建议，"把每一平方米塞得愈满愈好。"

资料来源：尹鸣，"购物讲求舞台效果，印度卖场必须吵又乱"，《商业周刊》，第1107期，2009/02/09。

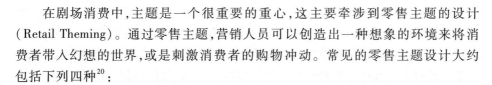

在剧场消费中,主题是一个很重要的重心,这主要牵涉到零售主题的设计(Retail Theming)。通过零售主题,营销人员可以创造出一种想象的环境来将消费者带入幻想的世界,或是刺激消费者的购物冲动。常见的零售主题设计大约包括下列四种[20]:

1. 风景主题

　　将大自然、土地、动物或实体环境等形象结合在商店内。例如,很多野外用品店常会结合荒野环境来进行商店布置。

2. 地点主题

　　将人造的地点搬入商店。例如,澳门的威尼斯人酒店将水都威尼斯的一部分场景搬入饭店。

3. 虚拟主题

　　利用信息与沟通技术来创造出一种超脱现实的形象。例如,很多高科技产品的直营店会大量利用信息科技,来引领消费者进入高科技的迷炫世界。

4. 心灵主题

　　利用虚拟抽象的创意和概念、内省与幻想,来产生心灵上的意象。例如,很多宗教商店会通过灯光和布置,使消费者产生神秘及玄想的意象。

　　销售人员当然也是剧场消费中不可缺少的重要角色,销售人员的影响主要表现在与消费者的互动中。交换理论便常用来说明这种互动。交换理论(Exchange Theory)认为销售人员和消费者的互动包含着价值的交换,也就是彼此互相交换具有价值的东西。例如,销售人员可以提供专业的知识来帮助消费者制定正确的决策。另外,销售人员可以使消费者对其产生某种信任,而消费者对于销售人员的好感也可以使消费者对其做出的购买决策较有信心。买卖双方的互动是一种双方对于彼此角色的认识与调整的过程。因此,优秀的销售人员通常比绩效不佳的销售人员更能掌握消费者的偏好与特征,尤其当买卖双方具有不同的互动形态时,这样的调整机制更是格外重要。

交换理论认为销售人员和消费者的互动包含着价值的交换,也就是彼此互相交换具有价值的东西。

5.6　购后行为

　　在购买行为之后,则将面临购后行为。消费者的购后行为是指消费者做完产品购买决策并取得产品之后的一连串相关行为。这包括消费者购后的认知失调、产品使用、评估、满意/不满意、期望的管理、抱怨,以及产品处置等。

5.6.1　消费者购后的认知失调

　　在消费者购买之后,营销人员的一个重要职责即减少消费者购后的认知失调。在购买行为之后,消费者有时会对其决策有挥之不去的疑惑感,这主要是对购买决策是否正确所产生的疑虑,此种感觉就是所谓的认知失调。认知失调(Cognitive Dissonance)是指消费者购买后,经历认知行为与价值或见解间的不一

认知失调是指消费者购买后,经历认知行为与价值或见解间的不一致,所产生的精神紧张。

致,所产生的精神紧张。此种紧张的发生是因为知道所购买的产品有其优、缺点,以及风险存在。面对认知失调,消费者必须采取行动来减少紧张。例如,他们可能寻求新的信息来肯定购买决策的正确性,或者以退回产品来撤销原先的决策。消费者有时也会依赖唠叨和抱怨来减少认知上的失调。营销人员可以通过购买时和购买后的有效沟通,来减少消费者购后可能产生的认知失调。

5.6.2 消费者的产品使用

营销人员必须了解消费者对产品的实际使用情形,这可以从三个方面来探讨:产品的消费频次、消费数量以及消费目的。产品的消费频次是指消费者多久使用产品一次。以康师傅红烧牛肉面为例。营销人员想要了解消费者多久吃一次红烧牛肉面——每天? 三天? 一周? 一个月? 还是偶尔才会吃一次。产品的消费数量则是指消费者每次所使用的产品数量多寡。例如约有90%的消费者每次吃一包,而10%的消费者每次吃两包及两包以上。产品的消费目的是指消费者是为了什么目的而使用产品。红烧牛肉面是作为正餐的替代选择,还是作为消夜或点心?

了解消费者的产品使用主要是为了预测未来的需求,RFM法则正好可以在这方面为我们提供参考。RFM法则(RFM Rule)是指消费者对于厂商推广活动的反应视其最近一次购买的时间(Recency)、过去的购买频次(Frequency),以及过去所累积的购买金额(Money)而定[21]。RFM法则认为了解过去的消费情形,有助于预估未来需求和营销策略的效果。通过定期对于消费者的产品使用和购买状态的追踪,营销人员可以比较容易推估出营销推广计划对于消费者购买的可能影响。

5.6.3 消费者的评估

在实际购买与使用商品后,消费者会对所购买的产品或服务进行评估,也就是针对产品与服务的使用效益和成本来进行比较。这主要是就产品的实际寿命中所产生的效益与成本,也就是生命周期效益(Life Cycle Benefits)与生命周期成本(Life Cycle Costs)来进行评估。通过这样的评估,可以检讨是应该继续采用该品牌的产品或服务,还是必须进行品牌转换。

5.6.4 消费者满意/不满意

消费者满意/不满意(Consumer Satisfaction/Dissatisfaction, CS/D)是指消费者在购买或使用该产品后的整体感觉或态度[22]。影响消费者满意/不满意的因素有消费者的欲望、消费者认知的公平性、消费者的归因,以及消费者本身对于绩效的期望,如图5-4所示。

消费者的欲望可以成为判断其满意与否的一项重要指标。根据满意的欲望模式(Desire Model of Satisfaction),满意是欲望一致性(Desire Congruency)的函数,也就是产品满足消费者欲望的程度会决定其满意度。我们可以简单地将欲望界定为消费者所要追求的价值:产品愈能帮助消费者获得其所要追求的价值,则欲望一致性愈高。当一只手表被宣称可以满足消费者自尊、他尊的需要时,若

影响消费者满意/不满意的因素有消费者的欲望、消费者认知的公平性、消费者的归因,以及消费者本身对于绩效的期望。

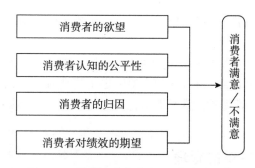

图 5-4　影响消费者满意/不满意的因素

戴上该手表换来的果然是别人羡慕的眼光,则消费者便会感到满意。因此根据满意的欲望模式,要使消费者满意,首先要正确地找到消费者所待满足的欲望。不过,并不是每个人都有相同的欲望,故要先确定目标消费者的欲望。其次,要将产品和消费者的欲望相联结,也就是营销人员必须使消费者相信该产品所提供的利益,就是要满足消费者所要追求的欲望。

公平性(Fairness)也会影响消费者的满意度。公平性的观念来自正义法则(Rule of Justice),也就是一个人所得到的和他所投入的,两者之间要有一个等比例关系[23]。影响一个人满意与否的重点不在于报酬的绝对多寡,而在于和其他人的相对比较上是否公平。消费者往往会拿自己的投入(付出的价格)和产出(得到的利益)与其他人比较,若他们认为存在不公平,则这种不公平的感觉会影响其投入的意愿。

> 公平性认为一个人所得到的和他所投入的,两者之间要有一个等比例关系。

公平性可以包括三类:分配公平性、程序公平性与互动公平性。分配公平性(Distributional Fairness)是指报酬与成果如何在交易的参与者之间进行分配。例如消费者认为支付同样的金钱就应该得到相同的物品和享有同样的待遇,不应该有熟客和生客之间的差别。程序公平性(Procedural Fairness)是指成果所传达的方式。例如当消费者认为有人不需要排队便可以先得到服务,或是没有遵循"先到先服务"的原则,那就违反了程序公平性。互动公平性(Interactional Fairness)是指消费者如何被营销人员所对待。例如是否礼遇?是否亲切?消费者认为花钱便应该享受店员的亲切服务,因此店员的冷淡态度代表了消费者受到不公平的待遇[24,25]。

> 分配公平性是指报酬与成果如何在交易的参与者之间进行分配。
>
> 程序公平性是指成果所传达的方式。
>
> 互动公平性是指消费者如何被营销人员所对待。

消费者的归因也会影响其满意度,消费者会去了解或推测造成产品或服务失误的背后原因。归因理论(Attribution Theory)便常用来说明消费者对于失误的归因。当消费者发现产品或服务的失误是自己可以控制的,此时对厂商的不满意或愤怒会较低。例如消费者因为自己没有详读产品说明书而误用产品,则比较不会责怪厂商。反之,如果消费者认为产品的失误是厂商可以控制的,那么此时对厂商的不满意或愤怒就会较高。例如,消费者因为产品本身的设计不良而导致失败,那么他会怪罪厂商。而当产品失误对于消费者的重要性较高时,他的不满意或愤怒也会较高。例如,如果摄影师把消费者的婚纱照拍坏了,相较于例行家庭聚会的合照而言,消费者对摄影师的不满意或愤怒的情绪会较高。最后,产品失误的稳定性也会影响消费者的不满意程度。当产品的失误是重复不断地出现,而非偶发状态时,则消费者的不满意或愤怒会较高。例如衣服每次送洗衣店清洗时都会被洗坏,则消费者对于这家洗衣店的不满意就会较高[26,27]。

最后一个影响消费者满意/不满意的因素是消费者本身对于绩效的期望。消费者往往会对所欲购买的产品有所期待,此即消费者的期望。当购买产品后,这些期望与产品的实际绩效是否相符,便决定了消费者对该次购买的满意程度。当绩效大于期望时,消费者会感到满意;反之,当绩效小于期望时,消费者会感到不满意。

5.6.5　消费者期望的管理

有关消费者期望对于满意度的影响,最重要的一个理论是期望失验模型,又称期望不一致模型。根据期望失验模型(Expectancy Disconfirmation Model, EDM)[28],消费者会基于先前对于产品的经验,以及经由产品的相关沟通所隐含传达的某种品质水准,来形成他们对于产品绩效的信念和期望[29]。如果产品的实际品质低于消费者的预期,则会导致负面的失验(Negative Disconfirmation),这会增加消费者不满意的可能性;如果产品的实际品质刚好等于消费者的预期,则达到期望验证(Expectancy Confirmation);如果产品的实际品质高于消费者的预期,则会导致正面的失验(Positive Disconfirmation),这会增加消费者满意的可能性。因此,消费者的不满意主要是来自厂商实际所能提供的绩效无法达到消费者的期望,所以对一个营销人员而言,了解与管理消费者对产品的期望是相当重要的。

> 根据期望失验模型,消费者会基于先前对于产品的经验,以及经由产品的相关沟通所隐含传达的某种品质水准,来形成他们对于产品绩效的信念和期望。

名角登场

惊喜服务超出顾客的预期

所谓优质服务,不光是零出错而已,更要让顾客充满感动与回忆。对于担任私人管家18年的西华饭店客房餐饮副理谭耀明(Alan)来说,达到这种境界的秘诀,就是要永远早一步为顾客着想,在客人开口前,就已体察所需。而谭耀明,就是这样掳获许多名人贵宾的心的。

某位客人曾于2012年入住西华饭店,离去前即在留言簿上写道:"你们的服务让我倍感尊荣,除了一顶皇冠,我还能要求什么? 特别谢谢管家Alan,这四天,我不需要动一根手指,Alan全都包办了……"

香港明星周润发于2000年宣传电影《卧虎藏龙》时,首次入住西华饭店,前后来台三次,皆是由谭耀明负责接待。谭耀明还记得,当时他准备了清粥小菜当早餐。周润发一边吃着稀饭,一边不经意地说道:"台湾的地瓜稀饭是不是很有名?"敏锐的他并没有多问,但已抓到对话里的关键信息,所以他决定要让发哥尝尝鲜。翌日,当他端出热腾腾的地瓜稀饭时,发哥果然惊喜地说:"你真的帮我准备了啊?"

"Alan总会为客人带来许多惊喜",西华饭店总经理夏基恩(Achim V. Hake)说,就算再普通不过的水果,他也会投入许多心力。他曾事先搜集资料,得知某位贵宾喜欢喝芭乐汁,于是事先准备了10罐冰凉的芭乐汁供其享用。但没想到第一天,这位贵宾几乎没有喝。谭耀明忍不住询问,才知道原来他舍不得喝,想带回国,最后他准备了一台榨芭乐汁机送上他的专机。

在甚少询问、不打扰宾客的前提下，要提供触动人心的好服务，不光要事前搜集资料和观察蛛丝马迹，而且要根据信息进行思考，这才是让服务有灵魂的关键。

曾经有位大明星向谭耀明指定要几份报纸，他觉得奇怪，于是不动声色地观察。只见大明星和助理不断翻阅报纸，但却没正眼瞧过影视版外的其他版面。谭耀明这才恍然大悟，原来大明星想看自己受访的报道。他立刻要求多送一份报纸到管家的房间，于第二天清晨五六点开始剪报，将之放在资料夹里，再连同原版报纸和早餐，一并送进大明星的套房。

这个习惯，他一直维持至今，无论是大明星还是政要，都能获得 Alan 精心制作的专属纪念礼品。周润发的助理曾一早踏进套房对发哥说："某报有你的报道！"而发哥则边吃早餐边翻着剪报说："这边都已经有了！"

从端着餐盘进客房也不忘和客人聊天、拉近距离的 20 岁的小伙子，到现在成为西华饭店不可或缺的 46 岁的资深管家，谭耀明用有灵魂的服务，为客人变出惊喜的魔法。

资料来源：柯晓翔，"细腻到周润发来台 3 次都找他　惊喜服务来自预测你想要"，《alive 优生活》，第 447 期，2014/08/06。

当消费者面对负面的失验与正面的失验的状态时，如果实际品质与期望的差距过大，则容易产生对比效果，导致更加增大两者的差距感，因而增强满意（在正面的失验的状况下）与不满意（在负面的失验的状况下）。基本上，新的消费者或购买频率较低的消费者比较容易出现对比效果[30]。但当差距不大并被认为合理时，则比较可能出现同化效果，也就是消费者通过合理化来接受这种差距，并主观减少该差距的程度。图 5-5 即显示了这种关系。一般而言，购买频率较高的消费者比较容易产生同化效果。

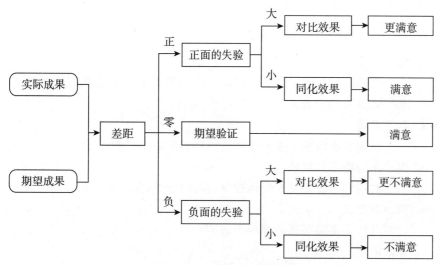

图 5-5　消费者期望管理的架构

根据期望与实际成果的差距，营销人员应该采取的应对策略也不同。图 5-6 列示了厂商在各种差距下可能采取的应对策略。基本上，厂商大概有三种应对策略：调整自己、改变消费者的期望与放弃消费者。例如在消费者的期望与厂商的绩效仅仅只有些微差距时，最简单的方式便是采取调整策略，也就是通过自身的调整来适应消费者的期望。不过,如果是中度差距,便要努力改变消费者的期望,或是尽力调整自己,以符合消费者的需要。最后,当两者的差距相当大时,则不论是厂商还是消费者,两者的调整或改变都无法缩减该差距到一个可容忍的范围内,厂商也许要被迫放弃该消费者[31]。

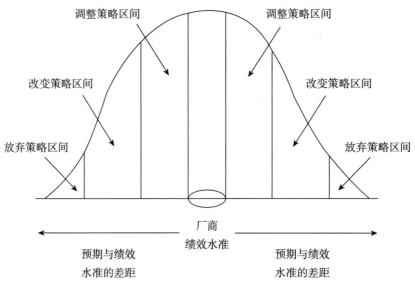

图 5—6　各种差距下的应对策略

资料来源:Jagdish N. Sheth, Banwari Mittal, and L. Newman(1999), *Customer Behavior：Consumer Behavior and Beyond*, Fort Worth, TX：The Dryden Press, p.140.

5.6.6　消费者抱怨

当消费者感到不满意时,可能会产生的反映模式为:向厂商反映、私下反映、向公正的第三方反映、拒绝该产品,以及默默承受。

整体来说,当消费者感到不满意时,通常有五种可能的反映模式:

1. 向厂商反映

　　直接向购买的零售店或产品厂商的相关部门表达其不满和抱怨,甚至采取退货的行为。

2. 私下反映

　　向亲友或同事传播对该产品或厂商的负面口碑。

3. 向公正的第三方反映

　　向政府主管机关或媒体投诉,或直接向法院控告。

4. 拒绝该产品

　　以后不再购买该品牌的产品。

5. 默默承受

　　消费者自认倒霉,花钱消灾。但持有这种心态的人最终很可能会结合其他的反映模式。

　　当然这些不满意的反映行为不一定都单独存在,消费者也可能同时采取以上多种反映方式。例如,消费者向厂商抱怨完的同时,也决定从此不再购买该公司的产品,并且将这次不愉快的经验告诉其亲朋好友。

当消费者对于自己所购买的产品有所不满时,他就有可能会抱怨,这就是所谓的消费者抱怨(Consumer Complain)。营销人员必须谨慎处理消费者抱怨,因为不满意的消费者往往会对他的亲戚朋友等周围群体传播负面的口碑,因而影响了公司的形象。反观不满意的消费者若对厂商的抱怨处理感到满意,往往会变成其最忠诚的消费者。如前所述,不是所有的消费者在面临不满意时都会抱怨,有些消费者可能会选择沉默。当然,某些消费者也可能是因为过去的抱怨无效,而只好忍气吞声。这种沉默的回应最后可能会转化成负面的口碑,或是失去消费者的忠诚度而导致其转换品牌。

基本上,决定消费者是否会采取抱怨行为,可视下列三个因素而定:

1. 消费者本身的因素

是否某些消费者比较容易抱怨? 研究发现,年龄和收入与抱怨行为有某种相关性。一般而言,抱怨更多地来自较为年轻,有较高收入与较高教育水准的消费者[32]。另外,过去的抱怨经验也是抱怨行为的良好预测因子[33],有抱怨经验的消费者比较会再次采取抱怨行为。在人格特质方面,内心比较封闭和比较自信的人都比较容易采取抱怨行为[34]。此外,比较注重个人独特性与比较独立的人相对也比较容易采取抱怨行为[35]。当消费者本身攻击性很强时,则在面对不满意时,也较倾向于进行抱怨,而非默默接受。总结来说,消费者的人格特质是影响消费者抱怨与否的一项很重要的变量。

2. 不满意事件的因素

并非所有的不满意事件都会引发抱怨,有些不满意事件不是很严重,或是不满意事件所牵涉的产品或服务并非十分重要,因此消费者往往会忽视该不满意事件。所以,产品的实际绩效和消费者期望间的差距大小,以及消费者认为产品或服务本身的重要性都会影响其是否采取抱怨行为。

3. 归因的因素

一般而言,消费者会对不满意的事件进行归因,也就是判定谁应该为不满意的事件负责。如果消费者归因的结果是营销人员或厂商应该负责,则比较有可能产生抱怨[36]。相反,如果消费者将不满意归因于自己或是环境上的不可控因素,则比较不容易产生抱怨。

研究发现:很多厂商碰到消费者抱怨时,首先就是推卸责任,而这往往是消费者最不能接受的厂商反应。消费者希望厂商先降低所造成的伤害或是不愉快,然后提出合理的理由与解释[37]。厂商对于消费者抱怨的处理方式会显著地影响消费者的满意度。例如针对服务的失误与弥补的研究发现:服务补救类型对于顾客满意具有显著差异,实质性补偿(例如扣除部分结账金额)相较于非实质性补偿(例如口头道歉),有较高的顾客满意;而失误处理者对服务事件的了解程度高低,对顾客满意的影响也具有显著差异,亦即处理失误的人对于服务事件的了解程度愈高,则顾客满意度愈高[38]。

决定消费者是否会采取抱怨行为的因素包含:消费者本身的因素、不满意事件的因素和归因的因素。

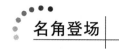

收购投诉变成创意

一家对消费者来说默默无闻的电源零件厂，凭什么能在一夕之间转行改卖高价的电动自行车，而且产品首次推出就被抢购一空？其中的秘密，就藏在一本厚厚的文件夹里。

位于日本埼玉市的 Bellnix 公司，是一家创业 36 年的零件制造商，其生产的高品质电源零件，一直以来都是守护发电厂与电车安全的"幕后推手"。这样低调的公司，却在一年半以前决定进军自行车市场，开发电动自行车。不输名牌大厂的价格，一辆自行车要价 15 万日元，仍在限量下销售一空；在消费者口口相传下，甚至不少人提出"不然把展示品卖给我"的要求。

会如此供不应求，主因就是 Bellinx 的自行车完全满足了家有幼童的妈妈的需求。

骑乘传统的电动自行车载小孩时，最担心万一不小心摔倒，小孩可能发生危险。因此这辆车特别采用半径较小的 16 英寸前轮，打造出容易骑乘的结构，并降低小孩的座位，减轻不小心摔倒时，小孩头部可能受到的冲击。Bellnix 的自行车问世后，各大车厂无不竞相生产相同概念的自行车，可见其当初的着眼点之准确。

但是为什么一家普通的零件制造商，却能推出完全符合使用者需求的新产品，开创市场新的商机呢？该公司常务铃木健一郎特别拿出一本厚厚的档案，里面密密麻麻地写满了消费者的投诉，还贴着几十张便利贴。上面除了有对现有自行车的不满，同时还用荧光笔标注出每一个不满意的解决方案。

这个档案是由 2012 年才创立的新创企业，位于东京都新宿区的"不满收购中心"所提供的。看公司名称就可以知道，这家公司的业务内容就是专门向消费者收购不满意见。

"不满收购中心"社长森田晋平表示："公司的事业模式很简单，就是以一条 10 日元的代价，向消费者收购不满意见，然后再以一条 5 日元的价格，转卖给多家公司。"他同时表示，公司的顾客分布范围很广，但以餐饮业或美容业为主。Bellnix 从"不满收购中心"创立时就成为其主顾。

"爆胎好麻烦""启动速度过快很可怕""自行车无法后退"……档案中陈述的不满意见，看来都很稀松平常，没什么大不了，但对于自行车门外汉的 Bellnix 来说，却如获至宝。

"我们已经收购了近十万条不满意见，现正致力于开发手机 App，预定近期上架，之后顾客即可轻松出售不满意见"，森田表示，已将收购来的不满意见分门别类，即将推出"餐饮业篇""民宿旅馆业篇"等商品，同时还打算提供咨询服务。

传统的客服存在结构性的缺陷，因为客服中心听不到大多数人心中沉默的"无声投诉"。

对许多企业来说，利用社群网站来监控是否发生和自家公司有关的问题并传递信息，是很普遍的做法。话虽如此，要一一回应社群网站上的意见，则是对时间和金钱的考验。看准这个商机，就有公司开始提供代管社群网站账户的相关服务。

在东京涩谷区的 Transcosmos 总公司里，有个被称为社群媒体中心的办公室，里面 24 小时都有员工轮班，分头负责经营 40 个推特与脸书的账号。员工搜寻自己负责账号的产品相

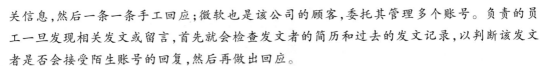

关信息,然后一条一条手工回应;微软也是该公司的顾客,委托其管理多个账号。负责的员工一旦发现相关发文或留言,首先就会检查发文者的简历和过去的发文记录,以判断该发文者是否会接受陌生账号的回复,然后再做出回应。

搜集并活用"无声投诉",让商品与服务更进化,这也正是今后要在激烈竞争中胜出的关键。

资料来源:李贞慧,"一本客诉笔记 把抱怨变值钱货 电源厂'买客诉',做出四万元热销踏车",《商业周刊》,第 1409 期,2014/11/13。

5.6.7　产品处置

当消费者不再使用该产品时,便可能面临产品处置的问题。产品处置(Product Disposal)引发了许多公共政策上的关注。最明显的情况,便是产品随意丢弃所造成的环境污染的问题。很多的废弃物由于含有致命的有毒物(例如医疗废弃物或一些高科技产品所含有的毒性金属,如电池或化学废水),因此不但环境遭受损害,也可能造成对其他社会成员的间接伤害。所以,有关消费者的产品处置问题是在探讨消费者行为上一个很重要且值得关切的议题。

消费者在进行产品处置时,可以有以下的选择方案[39]:

1. 继续持有此物品

将该产品转为其他用途,例如将空瓶子拿来插花或将报废衣服作为抹布使用。

2. 暂时地安置此物品

例如,将产品暂时存放在仓库里。

3. 永久地处理此物品

例如,将产品转售给其他人或卖到二手市场。

另外,产品处置的行为可分为自愿性处置行为(Voluntary Disposition Behavior)与非自愿性处置行为(Involuntary Disposition Behavior)两种[40]。图 5-7 列示了产品处置行为的可能替代方案。

产品处置的市场有时也不容忽视,因为这个市场背后所隐含的商机和获利空间可能比想象中还要大。例如医疗废弃物的处理不仅要高度专业,而且是获利丰盈的行业。另外,现在很多厂商已经开始研究厨余垃圾的市场。厨余垃圾的处理不但能获得政府补助,还能解决环境污染的问题,同时处理过的厨余垃圾又可作为饲料和肥料出售,因此,如果能够善加利用这一市场,便可能创造出很大的商机。当然,二手车和二手房买卖都已是大家熟知的产品处置市场。基于环境保护、成本考虑以及珍惜资源的考量,二手市场已经变得愈来愈重要。此时,营销人员是否也应重新评估与留意,自己公司的产品是否也有机会在其中寻得商机?

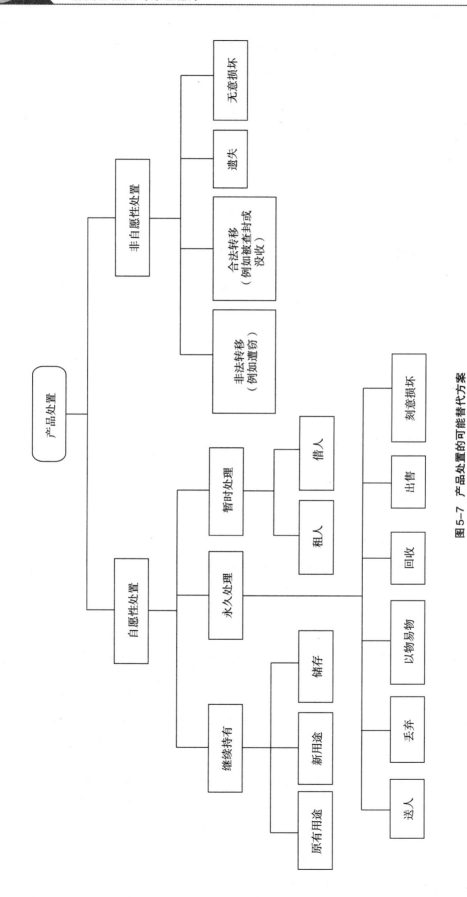

图 5-7 产品处置的可能替代方案

名角登场

公正与高价，二手手机大商机

买了新手机以后，当初你花 2 万多元新台币买的旧手机将如何处置？送给家人用？放在二手店里"赔售"？还是干脆放在家里积灰尘？由于回收估价往往低到不行，美国二手商品交易网 Gazelle 估计，有 44% 的旧手机从此被主人放进抽屉。

光在中国大陆这个全球最大的移动市场，每年的废弃手机就高达 1 亿部，回收率却不到 1%。原因就在于，纵使大街小巷不乏回收商出没，多数人仍找不到确保手机回收最高价格的捷径。

如果有个网络平台，让你不用出门，就能使手机回收价达到最高，你会不会心动？中国大陆第一家 C2B 电子产品竞价回收平台"爱回收"就保证，能帮你拿到数十家回收商竞标后的最高价格。

例如，一部功能正常的 iPhone 4S，在爱回收的平均价格约合 6 500 元新台币。在中国大陆其他回收网站的报价一般不超过 5 000 元新台币，街头回收价甚至不到 2 500 元新台币。

而且，用户不必出门，就能享受回收服务。只要上网填写手机品牌、型号、使用情况等信息，北京及上海的用户，便可由检测人员免费上门验货并付现；其他地区的用户，可由快递到家收货。

对于回收商而言，传统回收途径效率不高、品质参差不齐，而通过爱回收平台，他们能买到经过品质检测的一整批回收品，翻修、加工后再委托爱回收卖出，因此乐意参与竞标，付佣金给爱回收。

成立三年半以来，爱回收已服务过 600 万人次，每日交易订单上千笔。爱回收成功的关键，在于成熟的定价机制及检测的公信力。

资料来源：陈筱晶，"iPhone 当二手货卖根本无利可图？旧手机别丢　它帮你卖最高价"，《商业周刊》，第 1410 期，2014/11/19。

练习题

5-1 请从享乐消费的角度，来说明大型超市、百货公司和地摊三者所提供的消费体验有何不同？对于一家大型超市的经营者而言，享乐消费的观念对其硬件和软件设计有何启示？

5-2 就消费者决策过程来看，网络购物和真实情境的购物有何不同？从享乐消费的角度来看，网络购物和真实情境的购物所提供的购物经验又有何不同？

5-3 回想你过去的抱怨经验，请各举出一次厂商令你满意和令你不满意的抱怨处理方式，比较两者并说明造成满意或不满意的背后原因。

5-4 当消费者在购买服务时，通常所面临的风险要比实体产品大很多，因此更需借助产品信号来推估其品质。如果你是下列服务的消费者，请问当你进入这家服务厂商的店面时,你会选择什么来作为产品信号?

(1)医疗服务　(2)塑身服务　(3)投资理财的顾问服务　(4)法律服务

5-5　冲动性购买经常出现在消费者的购买行为中,请描述你最近一次的冲动性购买,并说明造成该冲动性购买的原因。

5-6　消费者取得信息有多种来源,请讨论微博中的信息属于哪一种?说明你的理由。

以跨界融合新思维　开创信用卡新时代
浦发信用卡荣获"2015 年度信用卡品牌大奖"

2015 年 12 月 11 日,第一财经集全媒体之力打造的年度金融评选"2015 年度第一财经金融价值榜"在北京隆重揭晓。浦发信用卡凭借其有目共睹的优异表现,突破重围,荣获"2015 年度信用卡品牌大奖"。

2015 年是中国"互联网＋"战略之年,而浦发信用卡获得的荣誉也正是对"互联网＋"的深入领悟和对新时代中国消费者的深刻洞察。浦发信用卡运用跨界融合的新思维向我们宣告:传统信用卡的时代已经过去,一个新的信用卡时代已经到来。在"互联网＋"时代,浦发信用卡深刻意识到在当今新的金融形势和消费模式之下,信用卡应该成为可以融合各个领域、给用户带来全方位体验的多重载体,这正是未来信用卡新时代的发展趋势。

品牌定位的重塑焕新:重构目标人群,打造品牌符号

"身为新时代消费主力和掌握社会化媒体网络话语权的年轻消费群体,正是我们最急需吸引,并借此重塑我们品牌形象的最大契机。"浦发信用卡市场部负责人说,"但固守陈规会让年轻群体感觉冰冷无趣,只有破除传统金融品牌的界限,跨界借力,与年轻人偏好的领域'零距离'融合互动,才能最终为目标群体带来完美的品牌体验。"基于这个理念,浦发信用卡携手体坛新星宁泽涛打响代言营销战,借助体育明星迅速提升的影响力和阳光、年轻、正能量的形象,让浦发信用卡瞬间获得了巨大的品牌知名度和正面形象。此外,跨界娱乐营销,携手电影《港囧》进行植入、众筹、O2O 跨平台合作连环出击,线上、线下联动打出组合拳,让品牌和产品借助《港囧》实现了传播声音的最大化。联合营销对于品牌推广的价值不言而喻,最为之兴奋的是跨界让浦发信用卡成功拓展了年轻人群,并与之达成了深度的情感共鸣,为品牌重塑强化奠定了重要的群众基础。正如一位接受采访的年轻持卡人所说:"浦发信用卡给我感觉已经不只是一张卡了,它带给我很多的精彩与期待。"

品牌战略的胆识开拓:不断变革的"创新者"

"本着跨界融合的'互联网＋'精神,我们意识到,升级优化现状只是每个品牌应做的本分,唯有不断颠覆既有的界限与规则,才是更深远的路径"。浦发信用卡市场部负责人表示,"浦发信用卡不只是要做不断变革的创新者,更要做敢于同业先的实践者。"

2015 年,浦发信用卡对内深化改革苦练内功,对外大胆创新树立形象,一方面在产品服务上不断创新完善,另一方面则贴近时代以客户需求为导向创意设计市场活动。而回顾这一年来浦发信用卡的种种举措,不断推陈出新,屡创业界奇迹,正是这一品牌战略的最好见证:率先免除年费、推出全面定制化的产品和权益、倡导会员制经营模式、利用社会化营销推出笔笔消费送红包等活动、联合腾讯等第三方互联网征信机构合作打造完整的征信体系、建立客户信用评分机制、打响反电信诈骗战役……这些推动信用卡未来发展的创新举措均由浦发信用卡在业内率先推出,引领着便民、利民、惠民的互联网金融风潮,更展现了浦发品牌坚实的公信力与开创力。

品牌实效的广泛美誉:强势颠覆突围,抢占舆论先机

据悉,此次是第一财经年度信用卡品牌大奖首次移师传统老牌信用卡,颁发给新生代信用卡品牌。这是浦发信用卡以跨界融合新思维颠覆既有传统格局,强势突围的最有力的见证。

除此之外,浦发信用卡还获得了诸多全国性行业大奖,引起业内外关注。同时,在新媒体方面,浦发信用卡更是保持着强劲的优势地位。据了解,浦发信用卡2015年的百度搜索指数同去年相比增长了50%,同前年相比增长了80%。浦发信用卡微信号更是长期占据新媒体排行榜银行类排名前列。这一切都充分证明了浦发信用卡所赢得的广泛赞誉,始终抢占着舆论先机。

这些荣誉与资料,是浦发信用卡跨界合作融会贯通、厚积薄发的成果展现,也是信用卡新时代的一个典型缩影。而对于浦发信用卡自身来说,"这一切只是一个开始。在信用卡新时代,我们还将不断迈进,继续深化跨界融合,整合各方的优势资源,获取广泛的年轻客户群,展现浦发信用卡持续发展的品牌力量",浦发信用卡市场部负责人表示。

资料来源:http://money.163.com/15/1212/02/BAJQJR7500253B0H.html。

讨论问题

1. 当消费者取得信用卡愈来愈容易时,你觉得发卡银行应该如何让自己的信用卡在消费者的钱夹内脱颖而出?

2. 请讨论消费者使用信用卡或现金作为支付手段时,其主要考虑的因素有哪些?这对于发卡银行在推广信用卡上有何启示?

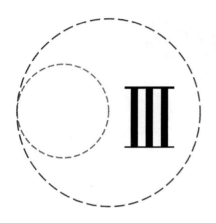

消费者行为的微观层面

第6章 消费者动机

本章将为您解答下列问题：

▶ 动机的本质与内涵是什么?

▶ 消费者的动机有哪些?

▶ 马斯洛的需要层次理论的内容是什么?

▶ 默里的心因性需要理论的内容是什么?

▶ 麦克利兰的三种需要理论的内容是什么?

▶ 精神分析理论的内容是什么?

▶ 新弗洛伊德学派理论的内容是什么?

▶ 勒温所提出的动机冲突的类型有哪三种?

▶ 什么是动机的强度与方向?

▶ 动机的唤起有哪些种类?

▶ 归因与动机的关系是什么?

▶ 消费者会如何处理所面临的挫折呢?

▶ 情绪的内涵是什么?

▶ 介入的内涵、衡量与分类是什么?

▶ 如何增强消费者介入的程度?

未婚顾问服务，满足浪漫需求

日前，英国广播公司（BBC）采访伦敦创业家黛西·阿莫迪欧（Daisy Amodio），她夸口说，自创的顾问公司求婚者（The Proposers）成立两年来已策划并举办超过160场求婚，至今成功率百分百的纪录还没被打破，因为她知道，成功的关键在于：掺入情侣交往过程中不为人知的"定情经验"。

比如，有一位客户从遥远的澳大利亚飞往英国求婚，登机前还不忘指定求婚过程中得加入"乌龟"这个元素，因为它对两个人的意义重大。为此，她和同事走访伦敦动物园数回，绞尽脑汁地把这一幕融入整套计划中。

BBC分析，拜社群网路媒体创意百出所赐，现代男性求婚的压力很大，一场难忘或疯狂的求婚攻势早就把传统的浪漫晚餐比下去了。把求婚的过程拍成视频上传YouTube或脸书，让"观众"疯狂转贴、好友点赞，才是现代女性梦寐以求的浪漫做法。为此，新娘秘书、求婚顾问的需求便应运而生。

美国的《纽约时报》（*New York Times*）以求婚顾问"精彩活动规划"（Brilliant Event Planning）所提供的求婚服务为例，为客户策划一场求婚至少得要500美元，若是客户指定时代广场（Time Square）电视墙播放信息，或是包场天台、花园、图书馆等特定地点，最贵则会要价12 000美元。

为何女生都想要一场刻骨铭心的求婚呢？洛杉矶的偷心贼（Heart Bandits）创办人米歇尔·薇拉奎兹（Michele Velazquez）解释道：当年她是在一艘渡轮上被"闪电求婚"的，虽然又惊又喜，但少了庆祝活动却让她难免失落，这份心情刺激她创业，帮客户"圆梦"。她建议，有钱不一定就能办成事，客户若能参与想点子，并全力配合演出，求婚顾问更能发挥帮客户说一个好故事的功效。

《纽约时报》最后提醒，虽然求婚顾问可以精心安排一场梦幻求婚，提高"我愿意"的概率，但能否顺利共度终生，即使婚姻顾问也不敢保证。

资料来源：林君纯，"求婚顾问出马'我愿意'百分百达阵"，《商业周刊》，第1378期，2014/04/09。

当营销人员企图影响并主导消费者的行为时，他首先必须了解消费者行为背后的动机是什么。例如，为什么消费者会购买绿茶？他们所追求的利益是什么？是为了解渴？为了消脂？还是为了赶时髦？又或是什么样的产品形象与诉求吸引了他们？

当消费者购买某项产品或服务时，我们可以说消费者的需要已被有效激发，并且被引导去采取该购买行为，来达成其所追求的目标。换句话说，他已被"启动"去采取某种满足需要的行动。对营销人员而言，最重要的挑战之一便是如何发现消费者行为背后的主要影响力量，并且设计适当的营销策略来引发并满足消费者的需要，而本章所探讨的即是消费者的动机。通过这样的探讨，期望使我们对于消费者行为背后的巨大影响力量，能有更深入的了解与掌握。

6.1 消费者动机的本质与内涵

动机（Motivation）可以视为一种个人内在的驱力，这种驱力促使人们采取行动[1]，这便是驱力理论（Drive Theory）。驱力（Drive）主要来自因需要未得到满足所产生的紧张。当紧张达到某一程度时，便会产生驱力以促使消费者采取行动，来满足其需要以降低紧张。因此，动机是一种驱力，主要目的在于驱动行为来消除消费者的紧张。

降低紧张的观念主要来自生理学上的研究，他们发现人们会采取某些调适措施，使身体尽可能地维持在稳定的均衡（Equilibrium）状态中，也就是所谓的动态平衡（Homeostasis）。例如天气太热了，我们的身体便会通过流汗的机制来调节过热的体温。因此，当我们将这种观念应用到消费者的动机上时，便会发现消费者因为口渴而购买饮料；因为难耐饥饿而上餐厅吃饭；也因为要满足其自尊、他尊的需要而购买金表。消费者购买饮料、食物，以及金表等产品，来大幅度地降低需要未获得满足所带来的紧张。图6-1列示了这种关系的内涵。

动机可以视为一种个人内在的驱力，这种驱力促使人们采取行动。

驱力主要来自因需要未得到满足所产生的紧张。

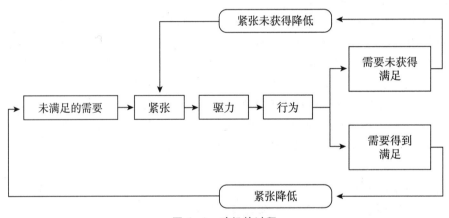

图6-1　动机的过程

消费者采取行动的主要目的是在消除紧张，然而有时某些行为的目的却是在"享受"紧张。虽然从表面上看来是矛盾且不合理的，但是，若我们能重新检讨为何要消除紧张的观点，并仔细推敲，也许更能厘清这个问题：基本上，紧张的类型应该不止一种，一如饥饿所引起的紧张与情侣分手所引起的紧张应该有所不同。因此，我们可以假设不同的人对于各种不同类型的紧张都有一个理想值（这个理想值不一定是零），当现有的紧张超过这一理想值（最适紧张值）时，消费者会采取行动来降低紧张；反之，当紧张低于这一理想值时，消费者则会采取行动以追求刺激来提高紧张。根据这个论点，我们便不难理解有人会以蹦极和飙车等"危险"（刺激）的行为作为休闲活动，也不难理解老年人和年轻人的休闲活动为何那么的截然不同！在暑假期间，也常会听到一些同学抱怨"生活好无聊呀"，应该也就能了解紧张在有些时候对他们也有某种正面的意义。

为什么紧张的理想值会大于零呢？或许主要原因在于人类本身所具有的好

奇心与冒险性。我们看到很多新产品不断地被推出以满足消费者的品牌转换需要。新食物、新产品,以及新商店的尝试,虽然不一定带来更大的利益,但新事物满足了消费者的好奇心,再加上因潜在风险而增加的紧张感,这些都能使平淡的生活激起阵阵涟漪,这也可能是消费者对于购物乐此不疲的主要原因之一。

虽然每位消费者的基本动机大同小异,但是不同消费者之间在动机的相对重要性与强度上,却呈现相当大的差异。因此,消费者的动机可以说是因人而异。这些差异会表现在行为上,因而也呈现了多姿多彩的消费行为。

基本上,动机的差异可来自消费者的外在与内在因素。外在因素包括个人的职业、收入、社会地位与文化等。而内在因素,除了生理上的因素外,最重要的当属人格特质上的歧义。当然,影响人格特质形成的因素很多,除了先天的个人差异外,后天的成长环境也是相当重要的因素。因此,动机有时会被内在因素(例如感觉饥饿、寒冷)所引发,有时则会被外在因素(例如别人的建议或偶尔看到广告)所引发。总而言之,动机是内在与外在力量的综合影响结果,一旦动机被引发,动机所导致的行为也同样会受到内、外在因素的影响。例如当我们想要购买饮料时,除了会考虑个人内心对各种饮料口味及品牌的偏好外,同时也会受到邻近商店中现有的饮料种类及其售价的影响。

名角登场

专卖"好心情"的桌游店

3月的一个周末,台北东区一家桌上游戏店,一组客人正玩着新出的热门游戏《骆驼大赛》。突然间,其中一个人的举动,让其他9位客人一起大笑。大家越笑声音越大,猛然间"哗"的一声巨响,店里的大片落地玻璃破裂了!谈起这个场景,派乐地创办人张云淞难掩兴奋,"真的超夸张的,那个是强化玻璃,居然可以笑到碎掉。"不只如此,这家开幕不到两年的桌游店,每个周末几乎都客满,让人难以想象张云淞创业之初,曾经历一天营业额只有40元新台币的惨淡时光。

大学时曾选修幸福经济学的张云淞很早就体会到"人生幸福快乐的指标,不全然是收入和GDP"。比起按传统路径加入上班族行列,他更想做能让人快乐,而非追逐数字的事,于是一服完兵役,他就和老战友陈韵竹一起构想开店。

一开始,俩人的资金有限,只朝本钱小的去想,而桌游店所需的资金少,"摔跤了不会太痛",再避开店租成本高、市场竞争激烈的台北,便决定落脚在还没有桌游店的基隆。

2011年年底,乐气球正式开张,但有好一阵子,每天的营业额连100元都达不到。陈韵竹回忆,最惨的一次,整天下来只有一位顾客,连桌游都玩不成,只好点了一份40元的厚片吐司。"我回到家,看着店面监视器录像中的自己,一个人默默地数着4个10元的铜板,突然觉得:天啊!我要不要继续做下去?"而对张云淞来说,生意很差时,心情确实很郁闷,但只要看到客人玩得笑声连连,就觉得还有动力继续做下去。慢慢地,基隆店突显"平价、免费教玩"的特色。张云淞观察,一般桌游店大多没有教玩服务,客人要自己摸索,他不但免费教玩,且讲解方式活泼易懂,很快就建立了口碑。

一年下来,基隆店的生意虽渐有起色,却浮沉在小赚小赔间,俩人意识到必须有所抉择,

"我们有两个选择，一个是把店收了，另一个是把有限的资源注入新的店面"，陈韵竹说，"因为不往前进，就等于是后退了。"他们决定放手一搏。2012年10月，乐气球进军桌游店最密集的地区——台北公馆。

没想到乐气球平价、提供教玩服务的特色搬到公馆后广受好评。张云淞分析，"顾客只是想轻松地过一个下午，不是要来'学习'。"他发现自己其实不必学会所有的桌游玩法就能服务客人，"因为受欢迎的就是那几套，会七八十套就够用了"。此外，他们也观察到，公馆店来客的上班族比率高达五成，这群客户需要的是与朋友一起打发时间、能有点娱乐、消费又合理的空间，同时，都是先约聚餐，再约下一个地点，可见"只要锁定年轻人喜欢聚餐的地点附近即可"。抓住客户群体的消费行为后，两人决定扩店，这次锁定上班族，大胆地选在八德路巷弄的地下一楼，找来好友王永升入股，负责规划餐饮，提供更多样化的餐点、更舒适的场地，以及包场的服务。结果，相较于公馆店每人平均消费180元，派乐地平均每人消费达350元，几乎是公馆店的2倍，证明不开在闹市区，也可以闯出一片天。

以20万元创业，如今，26岁的张云淞成为拥有3家店、年营业收入约500万元的小老板，年收入近百万元，面对别人羡慕的眼光，张云淞创业的脚步还要加大，"因为创业者永远都不会满足"。

资料来源：吴沛璇，"桌游店专卖'好心情' 20万本钱滚出年营业收入550万小头家：挖到上班族续摊商机"，《今周刊》，963期，2015/06/04。

库尔特·勒温（Kurt Lewin）所提出的力场理论（Field Theory，又称场论）便是用来说明人们的行为如何同时受到个人本身及环境的影响[2]。他提出下列函数关系来说明这一理论：

$$\beta = f(P, E)$$

力场理论表示行为是个人与环境两者的函数。

此函数表示行为是个人（Person）与环境（Environment）两者的函数[3]。个人与环境构成了所谓的生活空间（Life Space）或心理力场（Psychological Field）。生活空间是指在某一时点下，对一个人会产生影响的所有力量的整体。这一整体包括来自个人内在的力量，以及个人当时所知觉到的环境的外在力量。根据这一理论，环境并不局限于实际的实体本身，还包括每个人所意识到的心理现状[4]。

在探讨动机和消费者行为的关系时，我们不能忽略一项基本的概念，那就是所有的消费行为都是目标导向的。因此，对于任何一项需要（或动机）而言，同时存在着许多不同但却适合的标的。例如，虽然我们都会肚子饿，但想吃什么样的午餐却有很多不同的选择。同样，我们都爱面子，但用什么来满足自尊、他尊的需要，也有很多不同的产品。因此，消费者必须选择产品，而消费者对产品的选择会受到其个人的经验、能力、文化上的规范与价值，以及产品在满足该价值上的可行性等的影响。

另外，一个人对其本身的看法也会影响特定产品的选择。有些产品的消费会反映出个人的自我形象（Self-Image）。例如，汽车便是一个相当能反映出个人风格的商品。因此，如果产品和消费者的个人自我形象相符合，则其被选用的概率就比不符合的产品要高得多。

消费者的行为会受其所持有的价值影响,这主要是看价值对消费者的重要性,以及产品与该价值的关联。期望价值理论(Expectancy Value Theory)便是描述消费行为和产品与价值之间关系的重要理论[5],这个理论注重探讨产品如何影响特定行为。整个理论的主要论点认为消费行为的强度是"该行为可以获得某一特定价值的预期可能性"与"该价值对个人所具有的重要性"两者间的函数关系。例如,消费者如果认为到国家大剧院欣赏歌剧的表演,可以凸显其高人一等的优雅品位,则消费者观赏歌剧的意愿高低会受到观赏歌剧是否能使他人认为自己的品位"高人一等"以及"高人一等"对自己的重要性的影响。期望价值理论是将消费者视为面临某种问题的人,而将消费的过程视为一种解决问题的过程,消费行为则是提供一种问题解决的机会。消费者对于与偏好相一致的信息的注意力与接受度,都会比与偏好不一致的信息高。

最后,动机会影响消费者对于信息的处理方式,从而产生某种偏误。消费者的动机常会使他们追求某一特定的结果,而这一期待常会扭曲对于后续信息的处理,这就是动机性推理(Motivated Reasoning)[6]。例如,消费者若是一直担心自己肥胖的身材,那么除了会对这一信息进行深入处理外,在处理上也会偏向说服自己相信电视广告中减肥产品的功效。当动机愈强且自我愈脆弱时,动机性推理所产生的偏误也愈大[7]。此外,许多诈骗集团也是利用消费者期待中大奖的心态,诱使消费者遵从不合理的汇款要求,这也是常见的动机性推理范例。

6.2　动机的种类与相关理论

消费者的动机系来自未满足的需要,因此需要的优先性决定了动机的先后及其重要性。关于需要的种类与优先性,以下三种相关的重要理论是不容忽视的,它们分别是马斯洛的需要层次理论、默里的心因性需要理论与麦克利兰的三种需要理论。

6.2.1　马斯洛的需要层次理论

亚伯拉罕·马斯洛(Abraham Maslow)是人本心理学(Humanistic Psychology)学派的创始人。有鉴于过去的心理学者过度注重一个人的精神层面,而忽略了其潜力,马斯洛根据需要的阶层性提出了一套广为接受的动机理论——需要层次理论[8]。

马斯洛的需要层次理论(Hierarchy of Needs)将动机分为五个基本的需要层次。这五层需要依其重要性,由低层(生理性需要)到高层(心因性需要)分别为生理需要、安全需要、社会需要、尊重需要与自我实现需要。基本上,人们会先寻求低层次需要的满足,再追求更高层次需要的满足;亦即个人的行为会先受到最低层次需要的驱动,等到这一低层次的需要得到相当的满足后,一项新的(并且较高层次的)需要随之产生,并驱使个人采取行为来追求满足。这一需要满足后,又会有另一更高层次的需要产生,如此将不断地推升需要的层次,并引导着消费者的行为。当然,如果某一低层次需要重新面临不满足的状况,则这一低层次的需要便又会重新取得影响行为的主宰地位。

期望价值理论认为消费行为的强度是"该行为可以获得某一特定价值的预期可能性"与"该价值对个人所具有的重要性"两者间的函数关系。

需要层次理论将动机分为五个基本的需要层次,分别为生理需要、安全需要、社会需要、尊重需要与自我实现需要。

马斯洛的需要层次理论中有一个主要的假设是满足回归（Satisfaction-Regression）的观点。这个观点认为一个已获得满足的需要，将不会再是一个激励的因子。同时，另外一个新的需要会替代这个已经获得满足的需要，而成为新的激励因子。一般而言，在高层次的需要成为行为的激励因子之前，低层次的需要必须先获得满足。因此，纵观人们的一生都是持续地在追求某些较高层次的需要。

图6-2是马斯洛需要层次理论的架构。为了方便表示，图中每一个需要层次都被截然分开。然而，根据马斯洛的需要层次理论，在每一个层级间都存在某种程度的重叠，这主要是因为没有一种需要能获得完全的满足。就个人行为而言，虽然未获得满足的最低层次需要扮演着最具主宰性的影响因素，但这并非意味着其他层次的需要完全不会影响个人的行为，只是此时其所具有的影响力不如最低层次需要大。

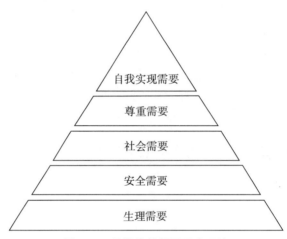

图6-2 马斯洛的需要层次理论

以下将针对马斯洛需要层次理论的五种需要，分别予以说明：

1. 生理需要

生理需要（Physiological Needs）是最低层次也是最重要的需要。某些生理需要若长久未得到满足，则可能会影响人们的生命存续。生理需要包括我们对食物、空气、水，以及性的需要。我们会饥饿、会口渴，以及天气转变会使我们感觉寒冷等都是生理上所产生的自然需要与现象。这些需要若不先得到满足，个人很难再去追求更高层次的需要满足。所谓"仓廪实则知礼节，衣食足则知荣辱"便是强调生理需要相对于其他需要的绝对优先性。

2. 安全需要

在生理需要得到满足后，安全需要（Safety Needs）便成为人们行为背后的主要驱动力量。马斯洛的安全需要所包括的不只是肉体上的安全，还包括心理上的安全。例如，稳定性、熟悉性、可预测性，以及可控制性等都是相当重要的心理安全需要。从社会整体来看，社会上的很多机制、措施和制度都是与安全需要相关的。例如，全民医保的实施便是基于社会互助的观念,来免除大家对重大疾病所带来的生理上和心理上的不安全感;此外,像工会或储蓄等也都是为了满足安全需要下所出现的一种机制;还有诸如警察制度对于人身安全,所有权设计对于财产安全等的保障,以及保险产品也是满足受保人所需要的安全感;等等。这些都是为了满足人们的安全需要。

3. 社会需要

人是一种群居的动物,而不是孤零零地生活在世上。因此,人有其社会需要。社会需要(Social Needs)包括一个人必须获得别人的关爱、必须有所归属,以及必须被社会的其他人所接纳。因为社会需要,人们会去寻求获得别人的温馨关怀,并且满足自己和其他人的人际关系。如果社会需要没有获得满足,则人们会觉得"孤独"而感到沮丧。例如,我们需要朋友来满足我们的社会需要。因此,很多的联谊会、网络上的聊天室,以及脸书等,也都是基于这样的社会需要才出现的产品或服务。

4. 尊重需要

当人们的社会需要获得满足后,便会开始去寻求尊重需要的满足。尊重需要(Esteem Needs)包括自尊与他尊两部分:自尊是指一个人有自我接纳、自我尊重、追求成功、追求独立,以及个人对工作的满足等需要;他尊则包括一个人对声望、名誉、地位,以及别人认同的追求。然而每个人对于所谓的他尊需要,或许各有不同的见解。例如,有些消费者可能会认为戴百达翡丽金表和驾驶奔驰汽车是获得他人认同的一种极佳方式,但也有人是以追求较高的学位或学识来获得别人的肯定。当然,"扬名声,显父母""光耀门楣"也是一种尊重的需要。

5. 自我实现需要

在马斯洛的需要层次中,最高层次的需要是自我实现的需要。自我实现的需要(Self-Actualization Needs)是指一个人希望能完全发挥其潜力,因此,自我实现是指一个人追求成为在其潜力充分发挥下所能变成的人。当一个人在追求自我实现需要的满足时,依马斯洛的看法此时他是被超越性动机(Metamotives)所激励。这里的超越性动机就是终极价值(Ultimate Value),包括求真、求善、求美、公平和正义等美德。例如,我们常说一个人很有使命感,其实本意说的便是他在自我实现需要上的追求,市面上很多潜力开发的课程不少是诉诸消费者的自我实现需要。此外,很多英雄题材的电影、漫画与小说之所以热卖的理由之一,便是消费者借由将自己投射到主角身上,来满足自我实现的需要。

基本上,马斯洛的需要层次理论可以归纳为以下三个重点:

1. 人类的需要可以分成生理需要、安全需要、社会需要、尊重需要,以及自我实现需要等五类。

2. 这些需要有其优先顺序,低层次的需要必须先得到满足。当某一层次的需要获得大致的满足之后,下一个层次的需要就变成主要的激励力量。虽然理论上没有哪一种需要可得到完全的满足,但是某种需要若获得大致的满足后,便不再具有激励作用。

3. 低层次的需要虽然较优先,但也较容易满足。而高层次的需要虽然不那么优先,但却不容易满足。例如肚子没填饱,会使人丧命,但在一般的情形下要填饱肚子并不那么困难。反之,没有面子不会使人丧命,但要获得别人的尊重往往要比填饱肚子更不容易。

马斯洛的需要层次理论是一个被广为接受的动机理论,这主要是因为它反映了多数人的行为动机,且其所提出的五种需要也具有相当的代表性,足以包含大多数人的需要。然而,有些人认为马斯洛的需要层次理论过于一般化。事实上,不少需要的内涵与优先性有相当大的部分是由自我本身的意识所决定的。

马斯洛的需要层次理论由于合乎逻辑,且在观念上也很容易理解,因此一直是激励理论或相关管理学科(例如营销管理与人力资源管理)经常会被提及的一个重要理论,且受到普遍的认同。但马斯洛的需要层次理论比较难以在实证上加以验证,例如我们很难证明某种需要一定要比另一种需要先获得满足不可。此外,在不同文化背景下,或许各种需要的相对位置就不一定相同。例如,成长于某些文化下的人比较热情、比较喜欢交朋友;反之,也有些文化下的人较为冷漠,这或许意味着在两种文化下社会需要的相对重要性有很大差异。不丹常被认为是世界上最快乐的国家,但其人民的物质生活并不富裕,这显示物质生活的优先性并不一定高于精神生活。因此,就过去针对这一理论所做的实证研究结果,尚未发现足够的证据来证实整个理论的效度,未来还有待进一步的后续验证[9,10]。

名角登场

用料讲究，把零食当 LV 卖的牛轧糖

2014 年 11 月 28 日,知名演员赵又廷和高圆圆在台北的婚宴,除了来参加的明星宾客是镁光灯的焦点外,送给宾客的伴手礼也备受注目。这些伴手礼,除了知名品牌 Chloe 香水,另一个则是高圆圆爱吃的食品——糖村牛轧糖。

糖村是 2014 年中国大陆"双十一"(光棍节,全球最大购物日)的黑马,当天销售额高达 300 万元人民币。牛轧糖是糖村的招牌产品,中国台湾糕饼公会联合会理事长陈正章表示,台湾的牛轧糖年产值高达 10 亿元新台币,是继凤梨酥之外,台湾另一个伴手礼代表。糖村总营业收入的六成来自牛轧糖,以此计算,它占了全台湾牛轧糖产值的约三成。

糖村牛轧糖深受名人青睐,秘诀之一是原料。美国加州的杏仁粒、法国总统牌奶油、日本的海藻糖……相较一般市面上的牛轧糖,糖村的用料充满"异国风味",平均一颗牛轧糖的成本,比其他品牌贵了近 3 倍。

"你的原材料是什么样,你就会做出什么样的东西",糖村创办人何子娴道出其创店 18 年的哲学。曾经,法国知名奶油品牌铁塔牌亚洲区代表亲自登门,报出比总统牌更优惠的价格,何子娴不为所动;隔日,她端出两个盘子,上面分别放着用两个品牌的奶油做的牛轧糖,在不公布名称的情况下,请对方试吃投票。没想到,铁塔牌的这位代表吃完后,却把票投给

了总统牌。

就连蛋白，糖村也坚持只用当天制作的新鲜品，蛋商常指着货车上的蛋，对其他业者说："这是糖村（指定）的，你们不要想了。"

除了坚持原料品质，何子娴对制作过程也严格要求。在牛轧糖制作厂房里，员工坐在灯下，把杏仁粒一颗颗放在桌上，挑出被蛀虫蛀了的不良品。和一般业者通常是用机器来挑杏仁粒相比，"我们是人工挑的杏仁粒"，糖村营销主任许凯莉说。

甚至，考虑到一般人冬天爱吃重口味，夏天则喜欢清淡的味道，因此每年夏天一到，何子娴便要求师傅增加海藻糖用量，这种糖的甜分只有砂糖的六分之一，成本却高出 6 倍。糖村甚至还研发出四季不同的牛轧糖食谱。

"最会影响形状和口感的是麦芽糖"，何子娴说，火候温度若太高，麦芽糖的质感会太硬；反之，则会太软，"所以冬天天气很冷，煮的温度要比较低，夏天煮的温度则要比较高"。

糖村共有 100 多个产品，每一个产品的形状和尺寸，都在标准作业流程（SOP）手册中有明确规范。"蛋糕有方的、圆的、立体的……"糖村北区营运经理卢美燕说，全公司 40 位蛋糕师傅，必须依照总部的 SOP 要求，蛋糕的切片大小、上方巧克力饰片摆放的角度、形状，全都要一模一样。

为了进一步成长，糖村要进军大陆市场。高级的制作原料，直接反映在产品定价上。以同样克数计算，糖村牛轧糖售价比其他品牌贵约 1.5 倍，"他们（大陆人）很吃这一套"，在大陆烘焙业担任营销企划超过 3 年的钱正芬说，大陆人注重形象，这种用精品包装的台式零食，的确能吸引其买来送礼。

究竟糖村能否把台湾的成功模式复制到大陆，就得看何子娴定位的"精品"牛轧糖，能不能让更多大陆买家买单了。

资料来源：庄雅茜，"双十一销售大黑马，糖村一年业绩翻 29 倍　把零嘴当 LV 卖的牛轧糖女王"，《商业周刊》，第 1412 期，2014/12/03。

6.2.2　默里的心因性需要理论

相对于马斯洛的五种基本需求，亨利·默里（Henry Murry）在 1938 年提出了 28 项基本的心因性需要（Psychogenic Needs）。这 28 项需要后来成为很多人格特质量表的基本内涵[11]。默里相信每个人都具有相同的一套基本需要，唯一不同的是每个人对这些需要的相对优先性有所差异。默里认为需要是脑中的一股力量，这股力量会促使一个人选择将不满意的状况转换成较为满意的状况的方式，来进行认知与行动。默里认为一个人所呈现的系统性需要便是"人格特质"[12]。

在表 6-1 中列示了默里所认为较为重要的 20 项基本需要。默里的心因性需要也常被称为一种工具性需要（Instrumental Needs）或社会性需要（Social Needs）。因为这些需要可以让我们更清楚地认清人们是如何处理人际互动的。同时，这些需要也并非彼此独立而不具关联性，它们经常会结合在一起而导致某种独特的行为。

默里相信每个人都具有相同的一套基本需要，唯一不同的是每个人对这些需要的相对优先性有所差异。

表 6－1　默里的 20 项基本需要

需　要	简要定义
屈尊需要 (Abasement Need)	被动地屈服于外部力量/接受伤害、责难、批评、惩罚/一切归之于命运
成就需要 (Achievement Need)	完成某些困难的事务/主宰或安排实体物品、人类或创意/克服困难来达到高标准
联合需要 (Affiliation Need)	彼此相近并且快乐地合作/取悦他人并赢得情感/与朋友相当紧密并相当忠诚
侵略需要 (Aggression Need)	攻击/反对或惩罚其他人
自主需要 (Autonomy Need)	独立并根据冲动来自由行动/不依附他人也不负责任/蔑视全体的决议
对抗需要 (Counteraction Need)	要抗拒和弥补失败/克服弱点/寻求障碍与困难来加以克服
防御需要 (Defendance Need)	为了防止受到侮辱、批评与责难而防御/会隐藏与辩护其罪行、失败或羞辱
遵从需要 (Deference Need)	钦佩与支持其主管/赞赏、推崇与颂扬/急于退让,遵守风俗习惯
支配需要 (Dominance Need)	想要控制一个人的环境/借由建议、诱惑、说服或指挥来指引别人的行为
展示需要 (Exhibition Need)	要给人深刻印象/要被看到与听到/想要使他人兴奋,感到惊奇、迷恋、欢乐、震撼、好奇、有趣,或怂恿他人
免于受害需要 (Harm Avoidance Need)	避免痛苦、身体伤害、疾病与死亡/逃离一个危险的情境,会进行小心谨慎的斟酌
免于不利需要 (Infavoidance Need)	避免羞辱/害怕失败,因此不采取行动
培育需要 (Nuturance Need)	对于一个无助个体赋予同情,并使其获得满足/表现出养育、帮助与保护
条理需要 (Order Need)	使事情具有条理/追求干净、井然有序、有组织、均衡整齐、整洁,以及精确
游戏需要 (Play Need)	只为了"好玩"而行动,没有其他进一步的目的/爱笑与爱开玩笑/寻求从压力中得到令人享受的纾解
拒绝需要 (Rejection Need)	将自己与某一负面的个体隔绝/排除一个不良的个体或表现出不感兴趣/冷落或抛弃
感受需要 (Sentience Need)	寻求或享受感官的感受
性需要 (Sex Need)	具有性爱的关系/有性爱的交流
救助需要 (Succorance Need)	借由对于相关个体的同情协助,而使自己的需要得到满足/表现出被养育、支持与保护、关爱与建议
了解需要 (Understanding Need)	询问或回答一般性问题/对理论很感兴趣/思索、筹划、分析与归纳

　　资料来源：Calvin S. Hall and Gardner Lindzey (1970)，*Theories of Personality*，2nd ed.，New York：John Wiley，pp. 176-177.

默里并不认为动机是一种内在的状态或驱力,而认为它是目标趋向的。同时,他也认为动机存在着文化局限(Culture-Bound)的观念,也就是动机不必然可以适用于当初该理论所根植的社会假设之外[13]。这意指在不同的文化下,动机的组成可能有所差异。不过,由于默里的 28 项基本需要相当完整,因此,在不同文化的条件下,仅需调整其成分与内容。

6.2.3　麦克利兰的三种需要理论

戴维·麦克利兰(David McClelland)主要以个人的特征层面来了解消费者的动机[14,15]。他专注于一些经由学习所获得的需要,这些需要就如同个人的人格特质一样,会造成人们的某一种"持续而稳定的倾向",而这种倾向往往可以由环境中的一些因素所引发。因此,有些学者[16]又称麦克利兰的三种需要理论(A Trio of Needs Theory)为学习需要理论(Learned Need Theory)。

在其研究中,麦克利兰对受测者进行了一项投射测验,要求他们对一组图片做出反应。他首先将每张图片简短地展示给受测者,然后请他们以这一图片为基础来写出一段故事。根据这些反应,麦克利兰将需要分类为:成就需要、权力需要与亲和需要。根据研究结果,麦克利兰提出了三种需要理论。这三种需要的具体内涵如下[17]:

> 麦克利兰将需要分类为:成就需要、权力需要与亲和需要。

1. 成就需要(Need for Achievement)

　　具有成就需要的人会企图去超越别人,并要求达到某些标准,同时对于成功的追求有着相当大的驱动力。他们所追求的是个人的成就感,而非成功所带来的报酬,他们具有把事情做得比从前更好或更有效率的欲望。高成就需要者,当碰到成功概率为 0.5 时表现最佳,也就是成功与失败的机会各为一半时,他们的动机最为强烈。他们不喜欢成功机会过低的状况,因为这种情况他们往往不能获得成就满足。同样,他们也不喜欢过高的成功概率,因为那对他们而言缺乏挑战性。他们喜欢设定需要付出努力的目标:当成功与失败机会相等时,就是他们可以体验到成功所带来的成就和努力后所得到满足的最佳时机。他们不愿将成功归诸于运气或他人的行动,也避免承担非常简单或非常困难的工作。高成就需要者会寻求承担职责的场合,然后设法加以解决问题,并在过程中希望能够迅速清楚地获得绩效的回馈,以便进行改善,并勇于承担个人失败的责任。

2. 权力需要(Need for Power)

　　权力需要是追求能够驱使别人去做其原本没想去做之事的能力,也就是期望能对他人具有影响力。高权力需要者喜欢"掌控",会企图去影响他人,而且乐于处在竞争性和地位导向的环境中。

3. 亲和需要(Need for Affiliation)

　　亲和需要是指追求友善及亲密的人际关系的欲望,也就是受到别人喜欢和接纳的欲望。高归属需要的人会去追求友谊,喜欢彼此合作的情况,而较不愿处于竞争的场合,同时也希望和他人持有相互体谅的关系。

6.2.4 功利性需要、象征性需要与享乐性需要

功利性需要是通过产品客观与有形的属性来获得满足。

象征性需要与我们如何看自己，以及别人如何看我们有关。

享乐性需要通常通过产品消费来使其满足兴奋、惊喜与想象。

消费者的需要也可划分为功利性需要、象征性需要与享乐性需要。功利性需要（Utilitarian Need）通常是通过产品客观与有形的属性来获得满足，例如低脂的健康食品，或是省油的汽车。通常其所产生的效益较具客观性。

象征性需要（Symbolic Need）与我们如何看自己，以及别人如何看我们有关。成就感与归属感都是属于此类需要。例如，消费者可能会借由购买珍贵古董、名牌服饰，或是巧妙的混搭衣饰风格，来凸显出自己独特的品位。

享乐性需要（Hedonic Need）则是偏向经验性，消费者通常通过产品消费来使其满足兴奋、惊喜与想象。例如，一趟爱琴海之旅可能满足消费者浪漫的梦想，而三亚之游则带来令全家人难忘的欢乐体验。

象征性需要与享乐性需要的效益偏向主观性，因此产品可以发挥的空间很大。当然，一项产品也可同时满足上述三种需要。

6.2.5 精神分析理论

精神分析理论相信人格特质主要来自想要满足实际需要与遵循法律、规则和道德规范的社会压力这两者所产生的冲突。

精神分析理论（Pychoanalystic Theory）又称弗洛伊德学派理论（Freudian Theory），其主要论点是认为一个人的人格特质系统可以包括本我、超我与自我。弗洛伊德相信一个人的行为主要来自想要满足实际需要（例如性、饥饿与攻击）与遵循法律、规则和道德规范的社会压力这两者所产生的冲突。由于这些力量存在于意识、前意识与潜意识层次，因此，一个人往往所了解的只是影响行为之背后力量中的一小部分[18]。

西格蒙德·弗洛伊德（Sigmund Freud）的理论主张一个人的人格发展来自童年时期三种系统交互作用的结果。这三种系统分别是：

1. 本我（Id）

完全来自立即的满足。本我是根据愉悦原则（Pleasure Principle）来运作，主要是企图追求最大快乐并逃避痛苦。

2. 超我（Superego）

完全来自一个人的良心。这些良心大致上是经由父母所教导而内化的社会规范。超我是根据理想原则（Ideal Principle）来运作。因此，超我会对本我所追求的立即满足产生某种程度的抑制。

3. 自我（Ego）

试图平衡本我与超我的冲突。自我是根据现实原则（Reality Principle）来运作，主要是存在于潜意识的挣扎。自我一方面企图满足"本我"的需要，另一方面又希望能见容于代表外在社会规范的"超我"。

精神分析理论认为"自我"会依赖产品所具有的象征意义，来协调"本我"的需要与"超我"的局限。

精神分析理论认为"自我"会依赖产品所具有的象征意义，来协调"本我"的需要与"超我"的局限。因此，个人会购买一些隐含有这些隐藏需要（通常这些是"本我"所想要满足的需要）的产品，来避免超我的规范，使这些需要获得合法纾解的渠道，如图6-3所示。因此，在产品的象征意义与动机之间取得一种联结。亦即精神分析理论认为：消费者常以一个能见容于外界社会的产品消费行

为,借助该产品的象征意义来满足其所不能见容于外界社会的"本我"需要。大部分的精神分析理论学者都强调"性"的需要,因此特别注重产品的"性意义"。例如,有许多精神分析师认为,不少男人在潜意识里将跑车视为性满足的替代品[19]。另外,很多的营销人员在广告中也利用一些外形类似性器官的物品来对目标消费者进行诉求,以引发其原始的性动机。

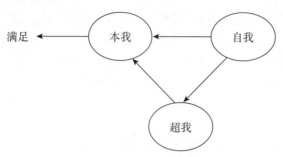

图 6-3 本我、自我与超我的关系

资料来源:Leon G. Schiffman and Leslie Lazar Kanuk (2007), *Consumer Behavior*, 9th ed., Upper Saddle River, New Jersey:Prentice-Hell, Inc., p.119.

有关这方面的观点,最为典型的代表应属 20 世纪 50 年代由欧内斯特·迪希特(Ernest Dichter)等所做的动机研究(Motivational Research)[20]。他们通过深度访谈,针对少数的样本,共进行了超过 230 种不同产品的研究[21]。他们用精神分析理论的观点来解释消费者内在深沉的购买动机,特别是强调潜意识的动机。表 6-2 中列示了根据这一方法所找出的主要消费动机。

表 6-2 迪希特研究所发现的消费动机

动 机	联结的产品
权力—男性倾向—活力	权力:甜食产品与大分量早餐、保龄球、电动火车、动力器械。男性倾向—活力:咖啡、红肉、重型鞋子、玩具枪、为妇女购买毛皮外套、用刮胡刀刮胡子。
安全	冰淇淋(感觉像是再度成为一个被宠爱的小孩)、整个抽屉的熨烫整齐的衬衫、真正的水泥墙(感觉受到庇护)、家庭烘焙、医疗照顾。
性	甜食(舔)、手套(女性脱手套就如同脱衣服)、男人点燃女人的雪茄(创造一种令人紧张的高潮时刻,然后松弛)。
道德洁净—干净	白面包、棉织品(意味贞洁)、粗糙的家庭清洁物品(使家庭主妇在使用后感觉符合道德)、沐浴(感觉像审判耶稣的彼拉多总督洗去手上的血污一样)、燕麦粥(牺牲、美德)。
社会接纳	友谊:冰淇淋(分享欢乐)、咖啡。爱与感情:玩具(表达对小孩的爱),糖与蜂蜜(表达某种感情)。接受:香皂、美容产品。
个人化	美食、外国车、烟嘴、伏特加、香水、钢笔。
地位	威士忌、溃疡、心脏病、消化不良症(显示一个人具有高地位和重要工作)、地毯(显示一个人不像农夫般赤足走在土地上)。
女性倾向	蛋糕与饼干、洋娃娃、丝、茶、家中珍藏的古董。
奖酬	雪茄、糖果、酒精、冰淇淋、饼干。

续表

动　机	联结的产品
对环境的掌控	厨房设备、游艇、运动用品、雪茄的打火机。
反疏离（一种想要和事物联结的欲望）	家庭装潢、滑雪、晨间的收音机广播（感觉与世界"接轨"）。
神奇—神秘	汤（有治愈的效果）、画（改变房间的气氛）、碳酸饮料（神奇的冒泡特性）、伏特加（浪漫的历史）、打开礼物。

资料来源：Jeffrey F. Durgee（1991），"Interpreting Dichter's Interpretations：An Analysis of Consumption Symbolism in The Handbook of Consumers Motivations，" in *Marketing and Semiotics*：*Selected Papers from the Copenhagen Symposium*，eds，Hanne Hartig-Larsen，David Glen Mick，and Christian Alstead，Copenhagen.

精神分析理论并不是没有缺点的，针对这一理论的批评主要包括以下几点：第一，认同精神分析理论的人认为广告人的力量太大了，广告人运用精神分析理论使得其可以任意操纵消费者[22]；第二，反对精神分析理论的人则认为这种观点缺乏严谨性与效度（样本数太少），并且过分而主观地解读消费者的动机（主要依赖研究者的主观分析与判断）[23]；第三，弗洛伊德的精神分析理论太强调以"性"的观点来解释行为，而忽略了其他的可能原因。

6.2.6　新弗洛伊德学派理论

虽然精神分析理论对于消费动机的解读有重大的影响，但并不是所有弗洛伊德学派的学生或门徒均完全同意弗洛伊德的观点。他们认为性的冲突与驱力可能并不如人与人之间的关系对于消费动机更具有解释力，因此出现了新弗洛伊德学派理论（Neo-Freudian Theories），其中最有名的理论是由卡伦·霍妮（Karen Horney）所提出的社会心理理论（Socio-Psychological Theory）。社会心理理论认为个人与社会之间存在一种互赖：个人致力于满足社会的需求，而社会则协助个人达成其目标。霍妮认为人类的行为主要来自三种人际导向：顺从（Compliant）导向、攻击（Aggressive）导向和孤僻（Detached）导向[24]。顺从导向的人依赖他人来满足其在爱与情感上的需要，因此他们往往会走向人群。攻击导向的人则主要受权力需要所激励，因此他们往往会与人群相对抗。孤僻导向的人则主张自给自足，并且相当独立，因此他们往往会离群索居。一般而言，我们可以利用CAD量表来衡量这些人际导向[25]。例如研究发现儿童消费者愈是偏向孤僻导向，则其品牌忠诚度愈低，而转换品牌的概率也愈大[26]。

社会心理理论结合了心理与社会两种观点[27]，社会心理理论和心理分析理论间存在两个主要的差异。第一，社会心理理论认为社会变量是形成人格特质最重要的决定因素，而精神分析理论则认为生物的本能才是最重要的决定因素；第二，社会心理理论强调行为的动机是针对满足这些社会性需要而来的，而精神分析理论则特别强调性的需要[28]。

新弗洛伊德理论的另外一位著名人物是卡尔·荣格（Carl Jung）。荣格认为弗洛伊德过度重视与强调"性动机"，于是提出自己的精神分析方法，也就是分析

社会心理理论认为个人与社会之间存在一种互赖：个人致力于满足社会的需求，而社会则协助个人达成其目标。

心理学(Analytical Psychology)。荣格认为人们受到过去世代的累积经验所影响,提出集体潜意识(Collective Unconscious)的概念来解释动机和人格特质。集体潜意识是指一个人过去所承续下来的经验累积,基于这些共同的记忆则形成原型(Archetypes)。原型代表的是一种共有的观点或行为形态[29],如上帝、母亲,以及年老的智者等都是荣格所提出的一些原型。荣格主张原型会使一个人以一种选择性的方式,对于外在世界进行反应,因为集体潜意识形成一个人对于世界的认知,并且成为界定自己与世界其他事物之间关系的一种指导原则。例如"母亲"这样的原型往往与孕育、慈爱和安全的感受相联结。在营销上,我们经常发现广告会借由激发原型,来将产品与其所隐含的意义相联结。例如,母亲的形象会引发消费者的孺慕之情,这便是相当柔性的诉求;为了引发对于故乡的关怀,则又常会以母亲的原型来激发大家对故乡的回馈。又如,尊尼获加(Johnnie Walker)威士忌便以不畏挑战、奋勇向前、坚信努力必能成功的"英雄"原型,来塑造其"Keep Going"(不断前进)的品牌认同[30]。

集体潜意识是指一个人过去所承续下来的经验累积,基于这些共同的记忆则形成原型。

原型代表的是一种共有的观点或行为形态。

6.2.7　过去动机理论的发现

根据这些主要的动机理论,我们可以发现:消费者的动机有些是正向的,有些是负向的;有些是理性的,有些是感性的;有些是社会性的,有些是非社会性的;有些是明显的,有些是隐晦的。而且消费者的动机往往是多重的,而不是只有一种而已。

正向的需要是指消费者努力去追求某种事物的动机,例如消费者很想去观看今天的 CBA 冠军赛,或是学生很希望自己的期末成绩可以得到高分,这便是正向的需要。负向的需要则是指消费者努力去逃避某种事物的动机,例如消费者很希望今天父母不要叫他去亲戚家送礼,或是学生很希望老师不要留太多的作业,这便是一种负向的需要。

理性的动机是从经济理性的角度来看,通常指的是基于客观与冷静的准则所做的选择与判断;感性的动机则是基于主观与情绪的准则所做的选择与判断。例如我们会根据功能、速度与价格来评估各种品牌的电脑,这便是一种基于理性的动机所做的决策;我们也可基于造型、美感和颜色搭配等来选择电脑,这便是一种基于感性的动机所做的决策。

社会性的动机是指与他人互动相关的需要,例如自我表达(个人希望能向他人表达其身份的需要)、自我防御(个人为保护自我而不受伤害的需要)以及模仿他人的需要(个人模仿他人行为的一种倾向)等。而非社会性的动机是指反映出个人自我的需要,例如独立性的需要(个人希望建立自我价值并追求自我实现)与新奇性的需要(个人渴望变化而追求差异性及多样化)等。

动机是我们用来解释人们行为背后理由的一种观念。由于我们并不能直接观察到动机本身,因此只能通过对行为的观察来推论出行为背后的动机。基本上,大部分的学者都认为消费者同时具有多重动机,其中有些动机是相当明显的,亦即消费者可以相当清楚地知道其行为背后的某些动机。例如,消费者知道他因为肚子饿,所以才买面包。然而,也有些动机是相当隐晦的,甚至连消费者本身也不知道它们的存在。例如,有些消费者在冲动性购买下,往往在事后并不知道当初为何会刷卡买了那么多的名牌包；很多的游客也常在出国旅游时买下过多的纪念品。

如同前述的动机理论所指出的，人们同时具有许多不同的动机。更复杂的是，往往不同的动机也会导致相同的行为。例如上餐厅吃饭，有人是为了满足其生理需要（饥饿）；也有人是为了满足其社会需要（社交活动）；更有人是为了满足其尊重需要（付钱购买别人的服务来肯定自己）。除此之外，同一个动机也可以由许多不同的行为来加以满足。例如，某人希望在难得的假日好好休闲一下，来放松自己。基于这种休闲的需要，他可以有许多选择：登山、参观博物馆、看电影、跳舞与唱歌等。

过去的学者依据消费者对其动机知觉的程度高低，将其分为三个层次[31]。第一，意识层次（Conscious Level）。在这个层次上的需要，消费者能够清楚地知道其存在。第二，前意识层次（Preconscious Level）。这一层次是消费者目前并不知道的需要，但是如果能将此需要指出并列举出来，则这一层次的需要可以提升到意识的层次。第三，潜意识层次（Unconscious Level）。这一层次的需要大多深深地埋藏在消费者的内心深处，一般的消费者研究技巧并无法将此需要发掘出来，因此也无法将其提升至意识层次。只有一些受过特殊训练的心理学家或精神分析学家，借助其专业的知识与技术，方能探讨这一深藏的领域。例如，精神分析理论便是典型的范例，它在这方面有相当杰出的贡献。

6.3　消费者动机的冲突

如前所述，消费者的动机有正有负。我们可能因为某些动机而采取某些行为，相反，我们也可能因为某些动机而规避某些行为。例如我们可能因为社会需要（交朋友）而上夜店，但也可能因为安全需要而避免到夜店等有安全隐患的地方去。

正向的动机会使我们趋向（Approach）某种行为或某种事物，而负向的动机则会使我们规避（Avoid）某种行为或某种事物。由于消费者有正向动机也有负向动机，往往会产生动机冲突（Motivational Conflicts）。最简单常见的动机冲突便是一个人的购买力（收入）有限，但欲望（希望购买的东西）却无穷。因此，如何抉择便造成一个人的动机冲突。不过，良性的动机冲突可以产生正面的结果。例如一位收入有限的学生因为喜欢某一新款手机，而通过努力打工来获得该手机，此动机冲突便激发出正面的行为；但可能另一位学生却选择抢劫超市来获得该手机，此动机冲突则激发出负面的行为。

库特·勒温（Kurt Lewin）提出三种类型的动机冲突，每一种类型都包含心理力场上两股相互对抗的力量[32]。

6.3.1　趋向—趋向冲突

当消费者在两个具有吸引力的替代方案中进行抉择时，所面临的动机冲突就是一种趋向—趋向冲突（Approach-Approach Conflicts），又称双趋冲突。例如，口袋里只有200元，是要看电影还是买书呢？看电影就不能买书，买书就不能看电影。鱼与熊掌不能兼得,这种冲突便是趋向—趋向冲突。

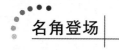

名角登场

满足超小众需求和生产并不冲突

面对40万个用户、40万种独一无二的需求,这到底是一门好生意,还是令人退避三舍的棘手活?

我们来到亚洲最大的设计电商Pinkoi的总部参观,它以超过2万名设计师、28万件商品领先同业,所销售的商品包括纸胶带、手工饰品、包、家具等。和其他电商最大的不同,是该网站的商品标榜"原创设计",由经审核的海内外设计师供货,卖到40万名会员手上,平台则从中抽成。

Pinkoi的生意模式,正好与中国台湾制造业习惯的量产思维背道而驰。但它所面临的却正是小众时代来临时最犀利的挑战:每个消费者都想要独一无二的产品。

"玉兔铅笔一支不到10元新台币,但这群人就是愿为手工木制铅笔花上500元的那种人!"Pinkoi创办人兼CEO颜君庭口中的会员,多为25—44岁的女性,她们不愿和主流靠拢,也"不想和别人一样"。她们每个人的喜好都不同,如果和其他会员买到同样的商品,就会觉得很不爽……

Pinkoi是如何让这群史上最难讨好的客户买单的?

2011年夏天创立的Pinkoi是这样帮客户找产品的:该公司成立由4人组成的评选委员会,专职审核每个月超过百件的申请书,进行原创性、年份鉴定(Pinkoi也销售10年以上的"古董")、照片表现、卖家销售经验等近十关的审核。

首先,只要商品样貌"似曾相识"、有侵权的可能,或上架后被顾客检举,就直接淘汰。Pinkoi的卖家"录取率"仅10%,被刷掉的占九成,几乎都败在原创性上。

一年前,曾有一名向Pinkoi贡献了月营业收入达一成的重量级卖家,因被检举货源来自淘宝,并非自创,商品遭全数下架;卖家亦被列入永久"黑名单",不再合作。"没错,直接复制淘宝上的商品,可能是大部分顾客想要的;但为了那一小部分的人,我不想妥协",颜君庭说。

然后,为了让品位小众的顾客,都能在平台上找到喜欢的商品,设计师的数量,成为Pinkoi维持商品多样性的关键。但在台湾设计师未成熟,或多是兼职工作的情况下,Pinkoi竟还要自己培养设计师。

创立初期,颜君庭与团队每周开车南下拜访,每季寄卡片、打电话问候,花了一年的时间,才招到100名设计师。

甚至,为了让设计师有更多利润可以生存,Pinkoi把对设计师的抽成降至一成,是实体渠道的五分之一到三分之一。当同业营销预算不到营业收入的5%时,该网站却拨出近六成的年营业收入、每年约3 000万元新台币的营销费用,为卖家举办工作坊,教它们拍照、包装、计算运费的方法;每月还举办不抽成的实体市集,让设计师与粉丝互动。

Pinkoi做这么多,只为了最初的承诺:"有一个人想要,我们就卖"。

它的"刁钻"客户们,也没辜负Pinkoi。Pinkoi目前的顾客回购率高达七成,数字高于PChome与雅虎奇摩。但是,这些基础性的投资,导致Pinkoi至今每年仍亏损约数百万元新台币,但投资过日本最大手机游戏公司Gree、KKBOX的日本一线创投IVP、心元资本还是抢着给 Pinkoi 买单,近期还传出美国重量级的创投也在洽谈中。

心元资本创办人郑博仁说:"让再孤单的顾客、设计师,都能彼此找到对方,这就是好几十亿美元的生意!"

"以后,不能再像大商城,用大量'已完成'的商品,要顾客勉强接受",资策会 MIC 产业顾问王义智观察,Pinkoi 坚持原创、不追求规模经济,让设计师、平台、顾客形成'金三角':经由平台,即使再刁钻的顾客需求,都能传达到设计师的耳朵里,只有一个商品也能为其量身定做,"这,才是与小众沟通最有效的做法!"

资料来源:郭子苓,"抛弃'一种产品卖所有人'的思维! 满足 40 万种挑剔需求 它变亚洲最大设计电商",《商业周刊》,第 1427 期,2015/03/18。

6.3.2　趋向—规避冲突

意指当消费者对某一事物既希望趋向又想规避所引发的冲突。例如,时髦少女想要购买新潮的服饰,但又怕父母责骂以及社会的指指点点。这种"既期待又怕受伤害"的冲突心理,便是趋向—规避冲突(Approach-Avoidance Conflicts),又称趋避冲突。大部分的产品除了提供某些正面的利益外,也附带着一些负面的风险。当然,消费者的最后决策和行为则视这两种力量的相对强弱而定。

6.3.3　规避—规避冲突

和趋向—趋向冲突完全相反的便是规避—规避冲突(Avoidance-Avoidance Conflicts),又称双避冲突。消费者所面临的可能是两个具有负面风险的替代方案,因此必须在两者之间做出抉择,以尽可能地降低其风险。这种"两害相权取其轻"的动机冲突便是规避—规避冲突。由于消费者可以拥有一定程度的消费自由(消费者很少被迫去购买或使用某种东西),因此,规避—规避冲突在消费者决策中出现的概率并没有前两种冲突高。不过,在医疗上常可见这样的状况。例如,虽然两者都不喜欢,但消费者必须在打针或吃药间做出选择,这便是一种规避—规避冲突。

6.4　动机的方向与强度

消费者的动机有两个主要的构面:方向与强度。方向(Direction)是指动机的驱力会被引导去执行一些较有生产力或较具吸引力的行为,以使我们在行动上能够更有效率。强度(Energy)是指动机的驱力高低,驱力会引发我们一些内在的力量,这些力量的高低便是强度。

动机的方向构面主要是在探讨消费者会选择哪一种行为,以及选择该行为背后的理由。根据动机理论,影响动机方向的主要因素是消费者行为背后所期望达成的目标。从动机的方向来看,消费者购买决策大致上可分为两个部分:第一,是否要购买某一产品类(例如是否要购买可乐)。这种影响产品类购买决策的动机被称为原始性动机(Primary Motives),又称初级动机。第二,是否要购买可口可乐?要买健怡可口可乐还是传统可口可乐?要在华联超市购买还是在

> 消费者的动机有两个主要的构面:方向与强度。

7-Eleven 购买？这一部分主要牵涉到购买的产品形式、购买品牌与购买地点等进一步的决策,通常影响这些决策的动机为衍生性动机(Secondary Motives),又称次级动机。

心理学家常用一些生理上的指标来衡量动机的强度,例如,心跳、血压、脉搏次数、脑波以及皮肤电反应等。有些研究便利用这些生理指标来探讨其与广告效果间的关系[33]。从消费者行为来看,动机的强度是指一个人在满足某一特定需要上的意愿强度。一般而言,动机强度和该需要的重要性与不满足程度具有正面的相关性。需要的重要性与不满足程度愈高(表示一个人的现状与其理想状态之间的差距愈大),则一个人的动机强度愈强。当动机强度不够时,消费者采取行为的意愿便会低弱,从而导致消费惯性(Consumer Inertia)的现象。消费惯性会降低消费者的介入(Involvement)程度,使得消费者不会注意厂商的产品和信息,处理时所投入的也仅是少量的心力。

我们常用动机的唤醒来代表动机强度。动机的唤醒(Arousal)主要来自内部刺激与外部刺激共同的影响。常见的内部刺激包括生理的唤醒、情绪的唤醒,以及认知的唤醒等;而外部刺激主要是指来自外在环境刺激的唤醒[34]。下面将逐一说明各种唤醒的内涵。

> 动机的强度是指一个人在满足某一特定需要上的意愿强度。

6.4.1 生理的唤醒

大部分的生理唤醒属于非自愿性,主要来自生理上的变化。例如,因为血糖降低而引起的饥饿感,或是体温下降而感受到的寒冷,这类生理上的变化会引发令人不舒服的感觉。在营销上,我们常会发现电视广告通过令人垂涎的美食画面,来引发消费者的生理唤醒。可口可乐便常利用沾满水珠的曲线瓶,来引发消费者对于清凉的追求,从而使得消费者在生理上产生口渴的感觉,因而强化其想要饮用可口可乐的欲望。

> 大部分的生理唤醒属于非自愿性,主要来自生理上的变化。

6.4.2 情绪的唤醒

利用人们的想象来引发情绪的唤醒,而促使人们采取某些行为来降低令人不舒服的感觉。例如,化妆品中的香水便常勾起目标消费者的想象空间(想象擦了香水后,会对异性产生强烈的吸引力),因而使人们处在强烈想要实现该种想象的情绪当中,进而购买香水来满足这种强烈的情绪。

> 利用人们的想象来引发情绪的唤醒,而促使人们采取某些行为来降低令人不舒服的感觉。

6.4.3 认知的唤醒

有时一些不经意的念头也可能会促使一个人在认知上感受到该种需要的存在。例如在母亲节时,营销人员可以通过母亲辛劳的形象,来唤醒一个人在认知上的送礼需要,以传达其对母亲的孝意和感谢。另外在新车上市时,营销人员也可通过新车性能的展示,来引发消费者的认知唤醒,以促进他换车的念头。

> 有时一些不经意的念头也可能会促使一个人在认知上感受到该种需要的存在。

6.4.4 环境的唤醒

人们有些潜伏的需要是被外界环境的刺激所引发的,这便是环境的唤醒。例如被面包店内传出的面包香味所刺激而引发的饥饿感,便是一种环境的唤醒;

> 人们有些潜伏的需要是被外界环境的刺激所引发的,这便是环境的唤醒。

此外,同事穿戴漂亮的服饰也会引发我们的购买欲望。

有关动机唤醒的观点,行为主义学者与认知心理学者的看法恰好相反。行为主义学者认为动机是一种机械化的过程,行为不过是对于刺激的一种反应。通常行为主义学者对于消费者心中的认知性思考和处理过程,往往会加以忽略。例如,将冲动性购买视为一种单纯典型的刺激—反应关系[35]。但是,认知心理学者则认为所有的行为都是根据个人的需要与过去的经验,来对刺激进行处理、分类,并转换成态度与信念,而这一态度与信念再成为行为的预测指标,也就是这一指标决定了行为,并用行为导向来满足个人的目标。因此,认知心理学者强调的是消费者心中的认知性思考和处理过程。

> 行为主义学者认为动机是一种机械化的过程,行为不过是对于刺激的一种反应。
>
> 认知心理学者强调消费者心中的认知性思考和处理过程,认为行为是为了导向满足个人的目标。

6.5 动机与归因

人类有知晓的欲望,对于消费者而言,除了被激励或说服去购买某种物品或服务之外,也希望了解背后的原因。消费者不但想知其然,也要知其所以然。这种不断追求事件背后原因的过程,我们称为归因(Attribution),而对于这方面的探讨则形成归因理论(Attribution Theory)。归因可以分为内在归因与外在归因。内在归因(Internal Attributions)是将一个人行为背后的原因归诸于个人的倾向、特征、能力、动机与情感;而外在归因(External Attributions)则将一个人行为背后的原因归诸于自己所不能控制的情境因素或环境的限制。决定一个人的内在归因与外在归因,主要是基于下列因素[36]:

> 内在归因是将一个人行为背后的原因归诸于个人的倾向、特征、能力、动机与情感。
>
> 外在归因则将一个人行为背后的原因归诸于自己所不能控制的情境因素或环境的限制。

6.5.1 恒常性

恒常性(Consistency)是指消费者是否定期地以及恒常地表现出某一行为?个人是否经常表现出某一行为? 如果消费者所表现的行为只是偶发的,而不是持续发生的,则通常会倾向于对该事件做外在归因;所以,恒常性愈高时,愈倾向于做内在归因。例如在使用产品(如洗衣机)上,如果过去的相同操作都没有问题(如衣服都洗得很干净),但这次的相同操作,却发现洗衣机的洗涤效果不尽如人意,则可能会怀疑出现特殊状况(如衣服特别脏)或是产品有问题(如洗衣机的某些零件可能发生故障),而非归咎于自己的操作不当(因为我和过去使用一样的操作方式)。

6.5.2 共通性

如果每个人面对相似情境时,都会以同样的方式来应对,则称此行为具有共通性(Consensus)。因此,当消费者在面对某一情境时,所表现出的行为和其他人并不相似,则会倾向于对该行为做内在归因。例如,邻居和我们所买的洗衣机是相同品牌和型号,我们的洗衣机常洗不干净衣服,可是邻居却没有这种困扰,此时我们便会归咎于自己使用洗衣机时,可能在操作上有问题。

6.5.3 独特性

独特性(Distinctiveness)所指的是个人是否在许多不同情境下,都有同样的行为表现;或只有在特定情境下,才有这样的行为表现。如果消费者的行为只会发生在某一时刻,而其他时刻或情境下并没有发生,则会倾向于对该事件做外在归因。例如消费者一反常态地突然到高级餐厅用餐,我们便会猜想他可能有一些特别值得庆祝的事情发生。

　　总而言之,在高恒常性、低共通性,以及低独特性下,我们会较倾向于做内在归因;而在低恒常性、高共通性,以及高独特性下,我们会较倾向于做外在归因。

　　归因可以发生在购买前、购买中及购买后。例如购买前,消费者可能看到电视广告上所介绍的一款新型洗衣机,强调能产生臭氧,使洗衣、杀菌的功能一次完成。消费者可能认为这只不过是"老王卖瓜,自卖自夸"的噱头罢了(归因于厂商总是想尽办法来欺骗消费者),而不相信实际产品果真如广告上所说的那么好(不会归因于产品的实际改良)。

归因可以发生在购买前、购买中及购买后。

　　而在零售店实际选购产品时,店员一直推荐那款具有多功能但价格却贵了将近一倍的洗衣机,这时消费者可能会认为店员是为了赚更多的钱(归因于店员努力推销高利润商品)才会一直推荐这款多功能洗衣机,而不是真的考虑到消费者的实际利益(不会归因于虽然多付点钱,但却可以买到品质好很多的洗衣机)。

　　购买后,如果消费者对洗衣机不满意,则可能会归因于是自己的错误(我没有很仔细地多比较几种品牌),也可能会归因于制造厂商(这家公司的产品品质很差),当然也可能会归因于零售商(那家店的店员故意不告诉我这款洗衣机的缺点)。

　　营销人员必须认识到消费者常会对于事件背后的原因加以推论,而这种推论对于营销的成功与改善有很大的影响。例如,消费者购买后的归因,也暗示了其未来将采取的后续行动。营销人员若能掌握这些消费者归因,也比较有机会能满足消费者,而获得长期的营销成功。

6.6　消费者的挫折处理

　　当无法达成其目标或获得满足时,消费者会面临挫折。消费者如何处理此种挫折呢? 一般而言,消费者可以采取两种方式来处理挫折:目标替代与防御机制。

　　目标替代(Goal Substitution)是指当面对挫折时,消费者会选择一个替代性的目标(Substitute Goal),来代替原先所无法达成的目标。这种"退而求其次"的做法,便是典型的目标替代。虽然替代性的目标可能并不如原先的目标,但是通过标准的降低,消费者可避免挫折所带来的不舒服感。例如,消费者虽然买不起百万元的名车,却可借由购买十多万元的名表,来满足个人的炫耀心理。

目标替代是指消费者会选择一个替代性的目标,来代替原先所无法达成的目标。

　　消费者对于挫折处理的另一个选择是防御机制(Defense Mechanism)。当消费者认为是因为自己的无能,而无法达成主要的目标时,可以采取防御机制来保护自我,以避免受到伤害。通过对于挫折情境的重新界定,消费者可以经由防御机制来保护其自我形象与自尊。消费者经常采用的防御机制包括以下几种[37]:

消费者认为是因为自己的无能,而无法达成主要的目标时,可以采取防御机制来保护自我,以避免受到伤害。

1. 攻击（Aggression）

消费者借由攻击行为来排除所面临的挫折和紧张，以维护其自尊。例如，当消费者感受到产品的绩效不如预期时，可能会借由摔打产品来泄愤，或是到厂商或零售店去理论或辱骂店员，甚至扔掷鸡蛋，这样的泄愤行为都属于攻击性的挫折防御机制。

2. 合理（Rationalization）

消费者借由寻找或捏造一个合理的解释，抑或降低目标的价值来排除所面临的挫折和紧张，以维护其自尊。例如，当消费者买了一部新手机，却感觉手机的功能不如预期时，则责怪产品的设计有问题（其实是自己没有耐心好好读一读产品说明书），或是安慰自己说"不会用手机也不是什么大不了的事"。

3. 退化（Regression）

消费者用一种幼稚或不成熟的行为来消除所面临的挫折和紧张，以维护其自尊。例如，在拍卖时，我们有时会看到两位消费者为了抢购某一件限量的特卖商品而恶言相向，甚至不惜故意弄坏商品让对方也买不到，来消除自己所面临的挫折。

4. 撤回（Withdrawal）

消费者会用一种从情境中撤回的方式来处理挫折。例如，消费者因为对产品有些许不满，便赌气地将产品退回，同时也不再寻找其他的类似产品，来脱离这个购买情境。

5. 迁怒（Projection）

消费者将自身的能力不足或错误，怪罪到其他的人或事物上。例如消费者因为保龄球打得不好，而怪罪于隔壁球道球友的喧闹，影响了自己的表现。

6. 自我逃避（Autism）

当有些消费者面临挫折时，会采取回到自我逃避的世界里，而完全忽略现实情况，并通过自己的想象世界来弥补现实世界的不满足。例如当消费者感觉自己没有得到群体的肯定时，便选择退缩回自我的世界中，而想象自己是该群体中呼风唤雨的人物。例如，不少在现实世界中社交出现问题的人，可能选择在网络的虚拟世界中成为万人迷，来获得满足。

7. 认同（Identification）

消费者借由在潜意识里认同一些相关的情境或他人，从而排除所面临的挫折紧张，以维护其自尊。例如，营销人员通过广告来呈现一些消费者面临挫折时的实际生活片段，暗示或明示该商品可以解决该挫折与不舒服。例如，绿箭口香糖通过"不可避免的时刻"，来指出人们可能面对因口臭而引起的日常社交互动关系紧张，并经由影片示范使用百分之百天然薄荷的绿箭口香糖，可以消除此种尴尬和挫折。消费者由于观赏该广告而将此场景嵌入脑海中，因此，当下次在面对类似的日常社交互动情境时,便会回想起可以利用绿箭口香糖来消除此种挫折。

8. 压抑(Repression)

消费者借由压制那些尚未被满足的需要来避免挫折。他们将该需要赶出意识中,刻意地遗忘它。有时他们会将此种压抑转变成一种升华(Sublimation)。例如,一对结婚多年却没有子女的夫妇,可能会借由饲养宠物来弥补其缺憾。他们也可能将此种压抑,升华成一种社会所赞赏的行为,例如成为儿童福利院的义工,来照顾那些失去父母的孩子。

名角登场

心灵解药售货机,按钮就有好心情

工作压力是否一再打击你的自信,累积过多疲劳却又无从宣泄?欢迎来到心灵药局!药局的自动售货机常备各式良方,不论是"周一抑郁症末期""急性恋爱消沉",还是"感染孤独病毒"等,总之,坏心情的 20 种症状都能药到病除。

2015 年 2 月中旬,首尔艺术文化基金会在市政府地下一楼,设置了心灵药局一号售货机,只要投入 500 元韩币,按下症状编号,一个装有处方的盒子即刻向你嘘寒问暖。

"我的处方盒里包含一小瓶抗疲劳的功能性饮料、一首短诗,还有一张首尔的散步治疗地图。"除此之外,处方盒里还会有巧克力、电影推荐等。药局开张 3 个月来,每天"求诊"人次超过 100 人。药局开张前的网络调查显示,首尔市民的症状以"前途茫茫""失去梦想"和"自觉老化"为前三名。

资料来源:吴和懋,"心灵解药贩卖机 按钮就有好心情",《商业周刊》,第 1438 期,2015/06/03。

6.7　动机与情绪

情绪(Emotion)是动机所表现出来的一个方面,但情绪和动机两者间具有高度的相关性。情绪可以激励一个人去追求相关的标的物(例如因心情不好而去看电影)。获得标的物可以带来正面的情绪(例如看完喜剧电影后所得到的温馨和欢乐),但被剥夺标的物则可能会引发负面的情绪(例如因被父母禁止去看电影而引发的愤怒),因此,几乎所有人都会追求正面的情绪,而回避负面的情绪。所以,要了解消费者行为,不可不了解情绪。

情绪充斥着我们的日常生活:因为塞车而感到烦躁;因为上司意外的赞赏而高兴半天;家人亲切的关怀让我们感受到爱的温馨;一个蛮横无理的邻居则让你感到愤怒。喜而复悲,悲而又喜,无数的情绪起起落落形成一个百味杂陈的多样人生。消费的情境也常引发消费者多样的情绪,例如店员、卖场、商品、其他顾客,以及交易条件等都会引发消费者情绪的变化,从而引发消费者行为的改变。

虽然情绪是那么普遍与自然,但不表示它是简单易懂的。我们应先界定:什

么是情绪？情绪是指我们基于某些原因所引发的一种情感状态[38]，包括生理的、认知的与行为的等三个部分[39]。首先，情绪会引发生理上的反应，例如愤怒会使人瞳孔放大、呼吸加快、流汗增加、心跳加快、血压上升，以及血糖升高。由于生理上的反应是自然发生的，几乎是一种自发性的反射作用，因此可以称其为自动觉醒（Autonomic Arousal）。其次，情绪会引发认知上的反应，例如我们会去分析或解释情绪背后的含义，也就是所谓的意义分析（Meaning Analysis）。意义分析主要是要了解刺激所代表的含义，例如当有人对你大骂时，你可能会很生气而身体发抖（生理反应），但在生气的同时，你也很可能会去思索他为何要骂你，并试图做出合理的解释（认知反应）。最后，情绪会引发行为上的反应。对于不合理的辱骂，你很可能在极端愤怒之余，采取激烈的行为反应（例如与其打架）。

关于情绪的类型，大概可以归纳出八种最基本的人类情绪，又称初级情绪（Primary Emotions）。这八种初级情绪分别为[40]：

1. 恐惧（Fear）：从胆怯到惊悚；
2. 气愤（Anger）：从恼怒到暴怒；
3. 欢乐（Joy）：从平静到狂喜；
4. 悲伤（Sadness）：从忧郁到悲痛；
5. 接纳（Acceptance）：从容忍到仰慕；
6. 厌恶（Disgust）：从无聊到嫌弃；
7. 期望（Anticipation）：从留意到警惕；
8. 惊讶（Surprise）：从不确定到惊奇。

人类的情绪当然不止这八种，消费者有些次级情绪是由这些初级情绪所组成的。例如爱（Love）的情绪便混杂着欢乐和接纳两种情绪；而悔恨（Remorse）则包含了厌恶和悲伤；至于蔑视（Contempt）则包含了厌恶和气愤。

消费者会出现一种正面情绪维护（Positive-Mood Maintenance）的现象。在消费者的抉择过程中，好心情的消费者会尽力维持其良好的情绪，因此对于干扰其情绪的信息会加以摒弃[41]。例如消费者可能会对其所偏好品牌的相关负面信息视而不见。另外，情绪和消费者所进行的工作也存在着某种配适性。研究发现，负面的情绪适合进行分析性任务，而正面的情绪适合进行创造性任务[42]。

关于情绪与消费者行为的关系，过去的研究都关注于正面和负面情绪的影响效果[43]。但是，最近的观点则认为带有消费者自责的情绪，相对于那些单纯的情绪，会引发消费者较强的行为意图[44]。例如，罪恶感、后悔便比期望和恐惧带有较高的自责成分，因此与后续行为的关联较为明显。譬如，强调"抽烟会损害家人的健康"（带有自责的罪恶感），会比强调"抽烟会损害自己的健康"（只有恐惧的情绪）更为有效。

情绪对于消费最为明显的影响是享乐消费。如前所述，享乐消费是指使用产品或服务来追求内在的享乐，而非用来解决外在实体环境所面临的某些问题，其所注重的是感官愉悦[45]。所以，享乐消费是通过感官来取得愉悦，从而创造出一种想象，最终则带来一种正面的情绪。享乐消费所追求的愉悦较常见的有下

享乐消费是指使用产品或服务来追求内在的享乐，而非用来解决外在实体环境所面临的某些问题。

列几种[46]：

1. **感官的愉悦**（**Sensory Pleasure**）

    如使用香水、享受美食及聆听悦耳的音乐。

2. **美感的愉悦**（**Aesthetic Pleasure**）

    如到画廊看画、博物馆参观及观赏美丽的事物。

3. **情绪的愉悦**（**Emotional Pleasure**）

    如观看高潮迭起的影片、送礼与收礼、参加同学聚会等。

4. **乐趣与享受**（**Fun and Enjoyment**）

    如跳舞、度假及参加生日舞会等。

名角登场

搞忧郁打动人心，雨衣要价上万元

一件要价上万元新台币的雨衣要定什么营销策略才能热卖？美国媒体彭博社观察，瑞典初创企业 Stutterheim 公司通过搞忧郁打动人心，2014 年就赚进 4 000 万克朗。

据彭博社报道，虽然质优价高是 Stutterheim 基本的产品诉求，但其最大的卖点得归因于"最原汁原味的瑞典式忧郁"（Swedish melancholy at its driest）这句口号，非常吸引那些"在情绪低落时，愿意花钱寄情于一件上万元的雨衣的阶层"。

此外，产品背后的怀旧故事也推了业绩一把。创办人亚历山大·斯塔特海姆（Alexander Stutterheim）曾自述最畅销的黑色基本款雨衣的诞生过程：一个暴雨的午后，他坐在一家咖啡店里看着路人撑着丑陋无比的雨伞，想起以捕鱼为生的祖父遗忘在老家的那件渔夫的雨衣。他回乡翻出这件"有祖父味道的雨衣"动手重制。

歌咏悲情、吟诵惆怅，是 5 年前斯塔特海姆创业时就定下的基调。当年 38 岁的他本身就是文案高手，打算在家创业卖雨衣。他挂出擅长处理痛苦的导演英格玛·伯格曼（Ingmar Bergman）的海报，然后配上一曲忧伤的瑞典爵士乐，就这样在网络上销出 200 件雨衣。

斯塔特海姆自诩为忧郁专家，喜欢在官网上抒发自创的理论。他所定义的忧郁不同于沮丧，其实是一种活跃积极的状态。当人们忧郁时，心中其实反倒渴望更深层地与世界联结，这一股动力有助于其发掘内在潜力、激发灵感与创造力。

不只斯塔特海姆这么想，精神病学资深顾问西蒙·雅嘉（Simon Kyaga）也持有相同的看法："有一种历史悠久的观点说，忧郁其实是有修养的象征，可追溯至浪漫主义运动时期，甚至被认定是上流阶层的特征，只有他们才承担得起敏感和情绪化。"

欧洲最大的英语媒体 *The Local* 更是统计，瑞典企业似乎都喜欢抬出忧郁向祖国致敬，像是沃尔沃（Volvo）汽车，在年初的商业广告中呈现的风雪交加的场景、灰暗的海岸与阴郁的森林画面，搭配民谣般的瑞典国歌，被品牌专家和网友评价为"非常瑞典"。

资料来源：柳定亚，"瑞典雨衣搞忧郁营销 一件卖价破万元"，《商业周刊》，第 1433 期，2015/04/29。

6.8 动机与介入

6.8.1 介入的影响因素

一个影响动机强度的因素是介入（Involvement），当介入程度高时，消费者的动机强度也高。消费者的介入程度是区分购买决策时的一项重要的标准，不同类型的购买决策，消费者的介入程度也不同。介入程度主要视五个要素而定：先前经验、兴趣、风险、情境，以及社会外显性[47]。

1. 先前经验

当消费者在产品与服务上具有丰富的先前经验时，其介入程度会较低。例如对于经常购买的产品相较于初次购买的产品，其介入程度较低。

2. 兴趣

消费者的兴趣与介入程度也有直接的关系，消费者对于产品的兴趣愈高，则消费者的介入程度也愈高。例如，消费者对于当下想要购买的产品，其介入程度会较高。

3. 风险

当购买某一产品的风险增加时，消费者的介入程度也随之提高。例如高单价的产品，因为财务风险高，则其介入程度也会较高。另外，产品所隐含的社会风险以及心理上的风险较高时，其介入程度也会较高。

4. 情境

购买的情境也可能会暂时地将低介入转变成高介入。例如一个人平日省吃俭用，但是在情人节的时候却花了一大笔钱请女朋友吃大餐，这便是因为情境不同的缘故。

5. 社会外显性

当产品的社会外显性增加时，介入程度也会增加。例如戴在身上的珠宝、穿在外面的衣服，以及所开的汽车等都具有很高的社会外显性。因此，不当的穿着或是购买不当的外显性产品都具有很高的社会风险，这类产品的介入程度也相对较高。

营销策略会因产品的介入程度而改变。就高介入产品而言，营销策略通常需要提供给消费者多方面且广泛的产品信息，以帮助其决策，因此平面广告可能扮演着非常重要的角色。然而对于低介入的产品，消费者经常是到了商店才会进行购买决策，因此店内的陈列与促销则成了相对重要的营销工具，所以营销人员便常利用产品包装设计，或是加强店内的展示，来刺激低介入产品的销售。

6.8.2 介入的衡量与分类

关于介入的衡量，很多学者发展出不同的介入衡量量表，其中最常为学界所使用的是由伦纳德·蔡奇科夫斯基（Leonard Zaichkowsky）所发展出来的量表[48]（参见表6-3）。她认为介入的高低受到三个因素的影响：人、情境，以及产品与刺激[49]（参见图 6-4）。人的因素包括一个人的需要、所认知的重要性、兴趣与价值；而产品与刺激的因素则包括替代产品间的差异性、沟通的来源，以及沟通的内容等；至于情境因素，则是指购买或使用的状态以及时机。

表 6-3　介入衡量量表

对我而言，_____是		
1. 重要的	___:___:___:___:___:___:___	不重要的
2. 烦人的	___:___:___:___:___:___:___	有趣的
3. 相关的	___:___:___:___:___:___:___	无关的
4. 令人兴奋的	___:___:___:___:___:___:___	不令人兴奋的
5. 没什么意义的	___:___:___:___:___:___:___	很大意义的
6. 吸引人的	___:___:___:___:___:___:___	不吸引人的
7. 迷人的	___:___:___:___:___:___:___	平凡的
8. 没有价值的	___:___:___:___:___:___:___	有价值的
9. 令人关切的	___:___:___:___:___:___:___	不令人关切的
10. 不需要的	___:___:___:___:___:___:___	需要的

资料来源：Judith Lynne Zaichkowsky（1994），"The Personal Involventory：Reduction, Revision, and Application to Advertising," *Journal of Advertising*, 23, December, pp.59-70.

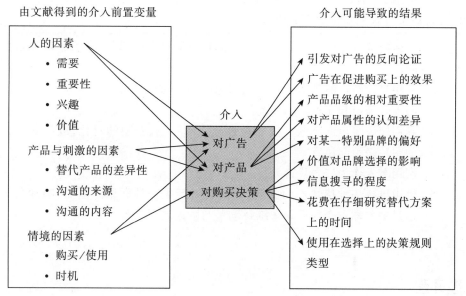

图 6-4　介入的观念架构

资料来源：Judith Lynne Zaichkowsky（1986），"Conceptualizing Lnvolvement." *Journal of Adverising*, 15, 2, pp.4-14.

　　介入有很多不同的分类方式。前面已经提过的是可将介入分为持续性介入与购买介入，另外，也可将介入分为认知介入与情感介入。认知介入（Cognitive Involvement）是指其会引发消费者对于标的物的高度思考与信息处理。而情感介入（Affective Involvement）则是指会引发消费者对于标的物的高度情感与情绪反应。例如广告中采取理性诉求，而且提供大量信息以供消费者处理，便是希望引发消费者的认知介入；反之，若采取感性诉求，则便是希望引发消费者的情感介入。

另外一种分类是将介入分为产品介入、广告介入与自我介入[50]。产品介入（Product Involvement）是指消费者对于某一特定产品类的感兴趣程度。例如，年轻人对于网络游戏的产品介入会高于老年人。广告介入（Advertising Involvement），又称信息反应介入（Message-Response Involvement），是指消费者对于处理广告信息感兴趣的程度。一般而言，电视常被视为一种低介入的媒体（因为消费者对于信息播放与处理速度往往没有控制的能力），而平面媒体则被视为一种高介入的媒体（因为消费者可以按照自己喜欢的方式和速度来处理信息内容）。最后，自我介入（Ego Involvement）则是指消费者认为某一产品对于其自我概念的重要程度。一般而言，自我介入和社会风险高低有关。自我介入属于持续性介入，它和某一特别的购买情境无关，而是一种持续时间长且对自我、对享乐经验的关切。

蔡奇科夫斯基将介入分为对广告、产品与购买决策的介入三种，而不同的介入种类会导致不同的消费者反应与结果[51]。

> 产品介入是指消费者对于某一特定产品类的感兴趣程度。

> 广告介入是指消费者对于处理广告信息的感兴趣程度。

> 自我介入则是指消费者认为某一产品对于其自我概念的重要程度。

6.8.3 强化消费者介入的方法

虽然不同的消费者对于产品、信息与情境的介入并不一样，但是营销人员可以通过以下方式来强化他们的介入[52]：

1. 诉诸消费者的享乐需要。例如直接刺激消费者的感官，来引起较为强烈的注意。
2. 利用较为新奇的刺激。例如通过独特的表现手法、特殊的图片，或突然的静音来引起注意。
3. 利用较为突出的刺激。例如通过较大的音响、鲜明的对比，或特殊比例的图片来引起注意。
4. 利用名人作为广告代言人。
5. 借由维持一种持续性的关系，和消费者产生一种联结。例如，唱片公司通过举办歌友会等活动来维持歌星与歌迷之间的密切关系。

练习题

6-1 网络游戏是吸引很多年轻人流连在网络上的原因，往往会有数万名玩家同时上线玩同一个网络游戏的情形。试用马斯洛的需要层次理论、默里的心因性需要理论，以及麦克利兰的三种需要理论来说明这些年轻人背后的可能动机。另外，对于这些年轻人而言，在家上网与在网吧上网其背后的动机又有哪些主要的差异？

6-2 是先有市场（Market），还是先有需要（Need）？试以"手机"这项产品讨论之。

6-3 我们常说"顾客是善变的"。试以本章的主题"消费者动机"讨论消费者的"变"与"不变"。

6-4 当消费者对产品不满意时,往往会面临挫折。市场上是否有专为消费者消除这种挫折的产品或服务呢?试说明之。

6-5 常见的"动机的唤醒"包括生理的唤醒、情绪的唤醒、认知的唤醒,以及环境的唤醒等,试针对每种唤醒,各列举出一种引发该种唤醒的产品广告。

玩偶跟团旅行,主人获得治愈

什么样的旅行社有资格戴上"史上最可爱"的皇冠?新闻网站每日通讯(Daily Caller)说是主打治愈路线的日本旅行社"鳗"。该旅行社的特别之处是,它不带真人出团,只接受委托的玩偶客户。

日本广播公司(NHK)报道,鳗旅行社专门带玩偶到国内各景点拍照,并每日将行程更新到脸书或推特上。除了即时将旅游体验分享给委托人,事后还会将玩偶和沿途照片寄回给委托人,整趟旅程才告结束。

新奇玩法的表象之外,其实每一位玩偶客户的背后都有一段或温馨或感伤的故事,像是委托人为了帮丧偶的父亲打气,请鳗旅行社带着玩偶造访父母曾一同出游的景点;也有客户因为罹患皮肤疾病,无法走出户外,因此希望玩偶出游时能代替自己多晒晒太阳。

玩偶出游成本不算贵,一趟约1 000—3 000元新台币,但CP值却很高。日本新闻(Japan News)报道,佐贺地区的一名妇女原本只是因病不方便出行,却自暴自弃,最终足不出户。但她的玩偶出游照却改变了一切。"我的玩偶旅行鼓励了我",她说,"我应该做我能做的,而不是抱怨我做不到的。"她开始勤加复健,现在已可远行至邻近地区旅游。

然而,鳗旅行社的周到之处不仅如此。"如果只是替玩偶拍照留念,谁都可以做得到",创办人东园绘表示,"但你要把这件事看成照顾别人的小孩。"在这种理念之下,鳗旅行社从行前规划到送客回家,一路上都把玩偶客户视为"委托人"对待。

鳗旅行社接到每一张订单后,就会寄出一份表格,请委托人提供玩偶的习性、嗜好、旅行原因等信息,询问细节甚至包括是否容易晕车、是否对特定食物过敏等;如果客户害怕孤单,鳗旅行社也会配合需求,推出"两人"同行九五折、"三人"同行九折的"团体行程"。

出发前,鳗旅行社还会请玩偶客户们出席行前说明会,听取担任导游的鳗鱼"玩偶"详细说明行程和注意事项;旅程结束,鳗鱼导游会对着玩偶鞠躬道别,完全和一般旅行社的流程一样。

截至2013年年底,开业三年的鳗旅行社已带过200多位玩偶客户出门旅游。算算市场产值,只能称得上是旅游这块大蛋糕的蛋糕屑而已,但是,客户黏合度颇高,回头率约有四成。因为这种看似小孩子过家家的玩法,能带给委托人无比的勇气与温暖,甚至有些委托人觉得太有趣了,还反过来请求旅行社同意"家属随行"。"我曾问过25位客人,是否想到玩偶

去过的地方旅游"，东园绘说："每一个人都说想！"

资料来源：柳定亚，"另类疗愈系旅游 玩偶代主人跟团去"，《商业周刊》，第 1366 期，2014/01/15。

讨论问题

1. 你觉得玩偶旅游是否可以形成一种长期偏好？还是只是一种短期的好奇心驱使的结果？主要的影响因素是什么？

2. 除了玩偶旅游外，你觉得旅行社还可以开发哪些治愈型产品来打入某些特殊的市场区隔？

第7章 消费者人格特质、生活形态、价值与人口统计变量

本章将为您解答下列问题:

▶ 什么是人格特质? 人格特质具有哪些特性?

▶ 人格特质包括哪些主要的理论? 其内涵是什么?

▶ 特征理论的内涵是什么?

▶ 自我概念理论的内涵是什么?

▶ 什么是生活形态? 什么又是心理绘图?

▶ AIO 量表的内涵是什么?

▶ VALS 系统的内涵是什么?

▶ 什么是价值? 其内涵是什么?

▶ 罗克奇价值观量表的内涵是什么?

▶ LOV 量表的内涵是什么?

▶ 施瓦茨价值观量表的内涵是什么?

▶ 人口统计变量如何对消费者行为产生影响?

别想讨好所有人，只卖给
"懂咖啡的上班族"

Cama 的店面很小，黄色的视觉设计，一个可爱的白色卡通玩偶坐在门口。Cama 卖的只是客单价平均 50—60 元新台币的咖啡，但它却在星巴克、7-Eleven 等国际知名企业与全台湾地区超过 500 家独立咖啡店分食的成熟市场中，切出一块蛋糕。旗下 78 间店，平均一家店一天能卖出 500 杯咖啡，坪效胜过星巴克。这是店内不供餐、内用位置少的全台湾最大的外带咖啡专卖店 Cama。

第一次踏入这家咖啡店，多数人会不习惯。为了保证咖啡的风味与控制成本，这家店不提供糖跟奶精，营业时间平均比其他连锁咖啡店少 3 个小时，店里销售的品种是别人的二分之一到三分之一，你找不到在其他连锁店常见的热食餐点，整家店只有咖啡的香气。

"你必须了解你最重要的客人是谁，才能做好自己"，Cama 广告业出身的创办人何炳霖说。一开始，他就清楚地知道：别想讨好所有人。他想讨好的，是"对咖啡品质有要求的上班族"。

何炳霖自己是咖啡重度依赖者，创业时，市场上有便宜的便利商店咖啡，或品质好但单价相对高的星巴克。"就会想说，有没有既便宜又好喝的外卖咖啡。"

他要降低成本，去提供便宜的好咖啡，就得付出代价。不提供糖跟奶精，让他们遇过一些掉头就走或对店员大声抱怨的客人。晚上少营业 3 个小时，让他们减少了 10%—15% 的营业额，"但晚上上班族都回家了，晚上出没的客人不是我们的目标客户"，何炳霖表示。

定位清楚，资源才能用在刀刃上。Cama 把省下来的成本，拿去提升咖啡口味。

每天每间门店平均耗费半个人力，花时间用手工筛选掉品质不佳的咖啡豆，并现场烘焙。每年报废被筛选掉的约 5% 的咖啡豆，增加了原料与人工成本。他还在体系里建立杯测制度，每周请不同的分店，将每天烘焙的咖啡豆留存寄回总部，由国际认证的杯测师监控品质，以确保风味。

"连锁店不会这样做（挑豆与现场烘豆），只有一般的手工咖啡馆才会"，在咖啡业十多年的台湾精致咖啡协会前秘书长吴俭文表示。

吴俭文认为，台湾的连锁咖啡店，大多擅长标准作业流程与展店，但在咖啡专业上缺乏真正的 Know-how，产品无法差异化，品牌壮大得快，却走不远，"Cama 比较均衡，在造势上有一套，但也用心做咖啡，虽然还有进步的空间，但已经比竞争对手的水准好很多"。

在看来已经很成熟的市场里，是否还能长出一个新的小品牌？Cama 已经用自身的故事证明。只要如何炳霖一直提醒的：知道要什么，然后做好你自己。

资料来源：吴中杰，"不用让全部人都满意！只卖朝九晚五上班族 变全台最大外带咖啡品牌"，《商业周刊》，第 1427 期，2015/03/18。

　　消费者是复杂的,其自身所具有的一些特征往往对于消费行为产生重大影响。本章介绍了影响消费者行为的一些重要的微观层面的因素,包括消费者的人格特质、生活形态、个人所具有的价值,以及一些重要的人口统计变量。消费者行为无时无刻不受到这些附属于个人身上的微观层面因素的影响,了解微观层面的因素有助于营销人员解读消费者行为的多样性与善变性。

7.1　人格特质的特性

　　人格特质(Personality)是指人们内在的一些心理特性。基于这些心理特性,人们对环境会有一种稳定且持续的反应。所以,人格特质影响了消费者行为。人格特质包含了心理与环境因素,所以消费者人格特质的形成有一部分是来自遗传,有一部分则是来自环境的影响。

　　基本上,人格特质具有以下三种特性[1]:

人格特质是指人们
内在的一些心理特
性。基于这些心理
特性,人们对环境会
有一种稳定且持续
的反应。

7.1.1　人格特质反映了个人之间的差异

　　一个人内在的心理特性是形成人格特质的主要因素。由于这些内在心理特性的不同组合,导致每个人的人格特质不可能完全相同。也就是说,一个人和其他人或许在某一人格特质上是相同的,但在另外一个人格特质上或许就有很大的差异。因此,我们应该说人与人之间在人格特质上既存在着某些共通性,也存在着某些歧义性。

7.1.2　人格特质具有稳定且持续的特性

　　一个人的人格特质具有相当稳定且持续的特性,这表示其对行为的影响也是稳定且持续的,因此营销人员可以利用它来预测消费者的行为。通过了解目标消费者的人格特质,营销人员可以修改产品或营销策略来因应目标消费者的独特人格特质。不过人格特质只是影响消费者行为中的一项因素,因此尽管人格特质具有稳定性,但却不意味着消费者行为都是一成不变的,因为还有其他诸如环境、心理、社会与情境等因素,都在影响着消费者行为。

7.1.3　人格特质是可以改变的

　　人格特质虽具有稳定且持续的特性,但并不表示人格特质是不可以改变的。通常当一个人面对人生中的重大事件时,可能会改变其人格特质。例如失去了一位挚爱的亲人、离婚,或是中年失业。一个人往往因遭受了这些事件的严重冲击而使其产生极大的转变。有时我们说一个人变成熟了,也有部分原因是来自其人格特质的改变。

7.2　人格特质的主要理论

　　心理学者提出了许多人格特质的相关理论,以下我们所要介绍的是一些具有代表性的人格特质理论。

7.2.1　特质理论

特质理论(Trait Theory)认为人格特质可以利用特征来加以衡量。特质(Trait)是指一个人与他人相异的特性,这些特性具有相当的一致性和持续性[2],例如冒险性、自信、社交性与内外控等。

特质理论包括三个重要假设:第一,特性具有共通性,人们之间的差异表现在该特性绝对量的多寡上。第二,不管所面对的情境或环境如何,这些特性都是相当稳定的,同时其对行为的影响具有普遍性,也就是特性能够预测很多行为。第三,我们可以由行为指标的衡量来推论出特性的内涵[3]。常见的人格特质评估量表包括加州心理量表(California Psychological Inventory)和爱德华个性偏好量表(Edwards Personal Preference Scale,EPPS)。表7-1列示了爱德华个性偏好量表所衡量的人格特征。

> 特质是指一个人与他人相异的特性,这些特性具有相当的一致性和持续性。

表7-1　爱德华个性偏好量表所衡量的人格特征

1. 成就感(Achievement):尽力做到最好,完成具有重大意义的任务,比别人做得更好,成功,成为受到认可的权威人士。

2. 顺从(Deference):接受建议,遵循指示,按他人的期望行事,接受他人的领导,遵守惯例,让他人做决策。

3. 秩序(Order):让工作工整有序,执行之前先做计划,保存档案,使事情运转顺畅,让事情有组织。

4. 表现(Exhibition):做一些聪睿的事,讲一些令人愉悦的笑话和故事,谈论个人的成就,使其他人注意与评论自己的外表,以成为注目的焦点。

5. 自主性(Autonomy):能够按自己的意愿行事,自由地说出心中的想法,独立制定决策,自由地做自己要做的事,避免顺从,回避责任与义务。

6. 亲和(Affiliation):忠于朋友,为朋友两肋插刀,展开新友谊,结交很多朋友,形成强大的联结,参与友善群体。

7. 省察(Intraception):分析一个人的动机与感受,观察与了解其他人,分析其他人的动机,预测他们的行为,让自己设身处地为别人着想。

8. 求助(Succorance):受他人帮助,寻求鼓励,生病时希望别人也为自己感到难过,希望别人同情自己的个人问题。

9. 支配(Dominance):成为领袖,为自己的观点辩护,进行群体决策,平息争论,说服与影响他人,监督他人。

10. 谦卑(Abasement):犯错时感到罪恶,接受责备,感觉需要被惩罚,在主管面前显得胆小,感到低人一等,对于没有办法处理的状况感到挫折。

11. 抚助(Nurturance):在朋友有难时提供帮助,很仁慈地对待他人,原谅他人,施予小惠,慷慨,表达感情,受到信赖。

12. 变革(Change):进行一些新颖和不同的事情,旅行,结交新朋友,尝试新事物,在新的餐厅用餐,在不同的地方居住,尝试新的时尚与流行。

13. 持久(Endurance):执着于某项工作直到其完成,努力进行某项工作,执着于某项问题直到其解决,在开始其他工作之前必须先完成某项工作,挑灯夜战直到某项工作完成。

14. 异性恋(Heterosexuality):和异性约会、恋爱、亲吻,讨论性问题,性兴奋,阅读有关性的书籍。
15. 攻击(Aggression):告诉其他人自己看待他们的观点,公开地批评其他人,以贬低他人为乐,给他人分派工作,复仇,责难他人。

资料来源:Jagdish N. Sheth, Banwari Mittal, and Bruce I. Newman (2004), *Customer Behavior: Consumer Behavior and Beyond*, South-Western College Publish.

另外,一些与消费者行为比较有关的特征包括:

1. 创新性(Innovativeness)

是指一个人勇于尝试新事物的程度。消费者的创新性愈高,则对于新产品与新营销做法的接受度也愈高。

2. 自我监控(Self-Monitoring)

是指一个人在意他人对于自己的形象认知,并试图进行自我的形象控制。消费者的自我监控愈高,则对于形象导向的广告愈可能有正面反应;消费者的自我监控愈低,则对于品质诉求的广告愈有正面反应。

3. 认知需要(Need for Cognition)

是指一个人对于事物喜欢追根究底与仔细思索的程度。消费者的认知需要愈高,则他对于具有高度学习成分的产品也会愈喜欢,不但会主动搜寻产品,同时对于产品的技术性信息也会有较正面的反应。

4. 人际信赖(Interpersonal Trust)

是指一个人对于其他人行为、承诺与论点的信赖程度。消费者的人际信赖愈高,则他对销售人员与广告代言人的信赖度也愈高。

5. 内向/外向(Introversion/Extroversion)

内向的人比较害羞、喜欢独处、容易产生社交焦虑;外向的人则话比较多、喜欢往外跑、善于社交。内向的消费者因为不喜欢社交,所以比较不会向他人寻求产品信息,而外向的消费者则恰好相反。

6. 控制点(Locus of Control)

是指一个人将事件的责任归因于自己还是外在的因素。内控的消费者倾向于将产品的失败归咎于自己,而外控的消费者则倾向于将产品的失败归咎于厂商与外在因素。

7. 无力感(Powerlessness)

是指一个人对于事件可控性的低度预期。无力感的消费者较偏好采取顺从的行为。

8. 自尊(Self-Esteem)

是指一个人对于自我价值与自我接受的感受。一般而言,低自尊往往会和许多消费者行为的黑暗面(如吸毒、酗酒等)有很大的关联[4,5]。

9. 独特性需要(Need for Uniqueness)

是指一个人希望展现自己与别人的不同之处。消费者会通过产品的购买、使用与处置来满足自己的独特性需要,这包括消极避开和其他人相同的东西(不买流行性产品,避免撞衫、撞包),或是积极刻意地与他人保持不同(标新立异、展现独特品位或风格)。

当然,特质理论最大的问题在于预测效度的高低。另外,不同文化下的人或许会发展出不同的人格特质,因此量表是否能够适用于所有人,尚值得怀疑。有些量表的发展是基于一般性的目的,因此是否真能适用于特定的购买和消费情境,亦需再商榷。很多研究者或实务界人士在使用以上的特征量表时,有时会依据自己的研究目的与偏好,而任意删减或增加量表的题目,这往往也会影响量表的效度和信度,同时也导致难以对不同研究结果进行比较。因为特征名称虽然相同,但其所包括的内容与本质却大相径庭[6,7]。此外,单一特征对于行为的预测效度可能也不高,因此有时必须使用两种以上的特征才更适当。再者,也有学者认为特征若能结合消费者的社会与经济地位,预测效度将更为理想[8]。

五因素模型(Five Factors Model)是一个重要的人格特质衡量工具。这是一个包含五类属性的人格特质结构(Personality Structure),这五类因素分别是[9]:

1. 外倾性(Extraversion)。用来描述一个人在社交、互动与专断程度上的一种人格构面。
2. 宜人性(Agreeableness)。用来描述一个人友善本质、合作性与信任程度的一种人格构面。
3. 认真性(Conscientiousness)。用来描述一个人负责可靠、不轻言放弃与成就取向的一种人格构面。
4. 神经质(Neuroticism)。用来描述一个人镇定、热忱、安心(正面的)或承受压力、紧张、沮丧及不安(负面的)程度的一种人格构面。
5. 经验开放性(Openness to Experience)。用来描述一个人的想象力、艺术的敏感度与智能程度的一种人格构面。

经过实证研究发现,五因素模型比其他特征对于消费者行为而言更具有预测力[10]。

7.2.2 自我概念理论

自我概念理论(Self-Concept Theory)又称自我形象理论(Self-Image Theory),此理论认为个人会基于他们的真实的自我(Actual Self)和理想的自我(Ideal Self)来形成自我概念或自我形象。真实的自我是指一个人的真实本性,也就是心理分析理论中的本我;而理想的自我是指他们认为自己应该变成的样子,也就是心理分析理论中的超我。自我概念理论则是将这两个概念联结在一起。

自我概念理论主要是基于两个原则:自我一致性(Self-Consistency)的维持与自我尊重(Self-Esteem)的强化[11]。为了维持自我一致性,一个人必须遵循真实的自我。然而若要强化自我尊重,那么他便需要使其行为愈趋近理想的自我。

要辨认什么是真实自我,有时并不容易。消费者可能同时拥有很多的身份,因此往往同时存在着各式各样的角色身份(Role Identity)。但在某一特定的情况下,也许只有一种角色身份会出现。因此,消费者经常会面临角色转换(Role Transition)的状态,而在消费当下所出现的角色身份,便会影响该情境下的行为

> 自我概念理论认为个人会基于他们的真实的自我和理想的自我来形成自我概念或自我形象。

与消费产品。所以,真实的自我应该是各种角色身份混合后的结果。例如我们可能是家中的一分子,同时也是公司的经理、围棋社的社员,以及某慈善组织的义工。而我们日常生活中所表现出来的行为,很可能是这些角色身份交互影响后的结果。过去的研究证实,消费行为与自我概念有所关联。例如,消费者在购买汽车和啤酒等产品上,会喜欢与其自身相类似的品牌[12,13]。不过,也有研究发现消费者其实会随着情境的变化,而改变自我形象[14],因此品牌形象与自我形象之间的关系是复杂而多变的。

理想的自我的概念主要是反映个人的自尊,因此与自尊相关。真实的自我与理想的自我的差距愈大,则一个人所感受到的自尊就愈低。以消费者个人的情境来看,对自己真实的自我与理想的自我间差距的不满足,也会影响其购买行为。很多广告也是刻意在创造真实的自我与理想的自我间的差距,尤其是对于一些具有彰显自尊的商品,这种情形更是明显[15]。例如,奔驰汽车和劳力士手表都是借由塑造消费者的理想的自我,来说服消费者通过商品的消费,以缩减其真实的自我与理想的自我间的差距。

自我一致性和自尊间其实也存在着某种程度的冲突。例如,为了维持自我一致性,消费者会倾向于购买与真实的自我概念相符合的产品。但是,若其在自尊上的状态明显较低,而真实的自我与理想的自我间的差距又很大,这时消费者为了提高自尊,则会倾向于购买比较接近理想的自我的产品,因而导致自我一致性与自尊的冲突[16],此时消费者行为便必须在这种冲突中进行调整。例如,年轻人为了凸显与同伴的不同(自尊),往往购买了很多超出其经济能力的潮牌服饰。但因其收入无法负担持续的高额支出,因此造成消费的自我一致性与自尊的冲突。最后可能必须降低自尊而减少潮牌的购买,以维持其自我一致性。

产品与自我概念的影响是双向的。自我概念会影响消费者所购买的产品,而某些产品则可强化消费者的自我概念。查尔斯·库利(Charles Cooley)便以镜中自我(Looking-Glass Self)来说明个人对自己的概念,主要是基于他人对自己的反应和知觉所产生,因此个人对自我的看法相当大部分是受到重要他人的影响[17]。但镜中自我会随着我们所认为重要的他人而异,我们常说"为别人而活",但有时我们也是"为别人而消费",导致很多消费是为了符合或影响他人对我们的看法,这便是镜中自我的概念。

> 自我概念会影响消费者所购买的产品,而某些产品则可强化消费者的自我概念。

不过,消费者的自我概念不止一种[18],表7-2即提出了九种消费者的自我概念构面。

在这九种消费者的自我概念中,扩展的自我是其中特别值得一提的概念。扩展的自我(Extended Self)将产品视为消费者自我概念的扩展与延伸。扩展的自我所隐含的一个重要概念是"我们所拥有的东西或物品反映了我们的人格特质",也就是一个人会通过所拥有的东西或物品,来寻找、传达、肯定,并确保自我的存在。例如我们会认为一个人的穿着代表他的品位,这便是扩展的自我的概念[19]。

> 扩展的自我隐含了"我们所拥有的东西或物品反映了我们的人格特质"。

表 7-2　消费者自我概念的类型

1. 真实的自我（Actual Self）：一个人如何真实地看待他自己。
2. 理想的自我（Ideal Self）：一个人希望如何看待他自己。
3. 社会的自我（Social Self）：一个人认为别人如何看待他。
4. 理想的社会自我（Ideal Social Self）：一个人希望别人如何看待他。
5. 期望的自我（Expected Self）：存在于真实的自我与理想的自我之间的自我形象。
6. 情境的自我（Situational Self）：一个人在某一特定情境下的自我形象。
7. 扩展的自我（Extended Self）：一个人（包括个人拥有物）对于自我形象冲击下所产生的自我概念。
8. 可能的自我（Possible Selves）：一个人喜欢变成、可能变成或惧怕变成的样子。
9. 联结的自我（Connected Self）：一个人依据他和其他群体或个人的联结，而对于自我所做的界定。

资料来源：John C. Mowen and Michael Minor（2001），*Consumer Behavior：A Framework*，Upper Saddle River，New Jersey：Prentice-Hall，Inc.，p.109.

此外，扩展的自我的概念也与符号互动理论相关。符号互动理论（Symbolic Interactionism）主张人们和环境中的符号存在着某种程度的互动[20]。符号互动理论是基于形象一致的假设（Image-Congruence Hypothesis），也就是消费者在消费上会选择一些和其自我概念相符的产品或商店[21]。当然这种相符与否除了受自己本身的看法影响外，也必须同时考虑其他人的看法，也就是自己和其他人都必须认可产品所具有的符号象征意义，如图7-1所示。因此，消费者也可能将消费行为视为一种将自我概念传达给其他人的方式。

符号互动理论主张人们和环境中的符号存在着某种程度的互动。

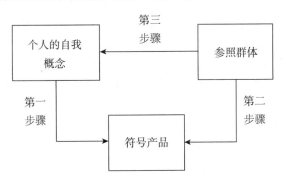

第一步骤：个人购买一些具有自我符号意义的产品。
第二步骤：参照群体将产品与个人相联结。
第三步骤：参照群体将产品的符号意义加诸于个人身上。
图7-1　经由符号产品来向别人传达自我

资料来源：John C. Mowen and Michael Minor（2001），*Consumer Behavior：A Framework*，Upper Saddle River，New Jersey：Prentice-Hall，Inc.，p.111.

除了一般的自我概念分类外，还有一种虚拟的自我。虚拟人格特质（Virtual Personality）与虚拟的自我（Virtual Self）提供了消费者尝试不同人格特质与自我的机会。例如，很多人在网络上常会以和真实身份相距甚远的面目出现，因此创造了与现实不同的网上的自我（On-Line Self）[22]，而这便是一种虚拟人格特质。当消费者习惯于这种虚拟人格特质时，这种新的人格特质慢慢地便会替代传统的人格特质。对于营销人员而言，虚拟人格特质不但提供了另一种消费行为形态，还创造了一种新的营销机会。例如，很多情趣用品在网络上的销售便比在实体店中更好。又如网络游戏中的角色和相关商品往往能使玩家获得一种超越现实的体验，因而得到一种在现实生活中无法获得的满足感。

就消费者行为来看，某些产品和服务之所以有价值，主要是因为它提供了一种符号价值。符号价值（Symbolic Value）的观点是指消费者在购买产品时，并不将产品视为一种客观的实体，而是将它视为一种主观的符号（Symbol）。

根据符号自我完成理论（Symbolic Self-Completion Theory），当人们具有不完整的自我定义时，会倾向于借由取得或展示与该角色相关的符号来完成其自我[23]。因此，消费者会购买具有某些符号价值的产品，以强化自我概念；也就是说，消费者在购买产品时，不仅是基于产品能做些什么，同时也基于它们所隐含的意义[24]。例如，消费者不是因为性能（上学代步）才购买摩托车，而是因为摩托车象征着独立自主[25]；另外耐克运动鞋也不是因为舒适性和耐磨性而受到欢迎，真正吸引消费者购买耐克运动鞋的原因可能在于其为消费者带来自我形象增强的价值[26]。

符号学（Semiotics）探讨的是我们对于象征与符号所加诸于商品上的意义[27]。从符号学的观点来看，包装上的符号是一种混合文化与消费的综合体，看起来像是代表产品，但从另一个角度看，它又具有文化的内涵。符号学是通过三种要素（物品、与该物品相连的符号，以及诠释）来使消费者获得符号的意义，如图7-2所示。例如，奔驰汽车（物品）可能通过其三叉星的符号（与该物品相连的符号），来传达其高贵、杰出的意义（诠释）。对于这三者间的正确联结则是营销人员所期待也是努力的方向，当然，有些消费者并不一定会采取营销人员所期望的联结。例如，有些消费者可能不会将三叉星的符号与奔驰汽车联想在一起，纵使联想在一起，也不一定认为其代表高贵、杰出，而可能认为其不过是一种象征财大气粗且缺乏品位的车子。

符号价值的观点是指消费者在购买产品时，并不将产品视为一种客观的实体，而是将它视为一种主观的符号。

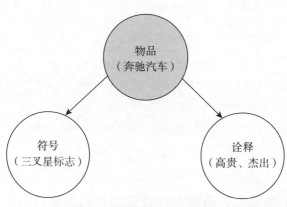

图7-2 符号学的三种要素

189

产品族群是指在符号象征上具有高度联结的一群互补性产品。

基于符号学的观念，消费者也会表现出一种对产品族群的偏好。产品族群（Product Constellations）是指在符号象征上具有高度联结的一群互补性产品，例如同样能塑造高级形象但分属不同产品类别的产品，因为具有高度的互补作用，所以形成产品族群。针对某一群消费者而言，百达翡丽名表、劳斯莱斯名车、爱马仕皮包等可能就形成了具有某种符号象征意义的产品族群。从产品族群得到的启示是：我们不能仅从单一产品的角度来看产品对自我概念的影响，而应注意不同产品的联结所共同塑造的符号意义。例如，偶然间看到穿着布鞋、嚼着槟榔、开着奔驰汽车的一些人，你会对他们作何评价？此时奔驰汽车和槟榔是否呈现同一产品族群的符号？也许你的答案是否定的。因此，这些产品虽然出现在同一个人身上，但却具有不同意义。所以，真正的产品族群应该具有相同的符号意义。就营销而言，也正因为同一产品族群具有共同的符号意义，使得这些不同品牌产品间存在着联合营销的可能性[28]。

品牌人格，又称品牌个性，是指品牌和人类一样具有某些独有的特征，同一产品族群内的品牌可能具有极为类似的品牌人格，而且这些品牌人格也指向类似的符号象征。

产品族群的形成和品牌人格具有密切的关联。品牌人格（Brand Personality），又称品牌个性，是指品牌和人类一样具有某些独有的特征，同一产品族群内的品牌可能具有极为类似的品牌人格，而且这些品牌人格也指向类似的符号象征。以往对于品牌人格的研究，一直缺乏客观的衡量尺度，直到詹妮弗·艾克（Jennifer Aaker）利用人格的五个构面，在1997年发展出"品牌人格量表"之后，品牌人格才有了比较确切且客观的衡量方式[29]，可以参见图7-3的品牌人格架构图。若品牌在消费者的心目中具有明显的人格，便可基于该品牌人格，而形成与其他竞争者间的差异。由于消费者具有自己的人格特质，因此当消费者在使用某种品牌时，事实上也就是在进行一种品牌与消费者人格之间的沟通[30]。

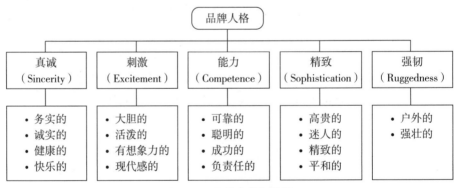

图7-3　品牌人格架构图

资料来源：Jennifer L. Aaker (1997)，"Dimension of Brand Equity," *Journal of Marketing Research*，XXXIV，August，pp. 347-356.，p. 352.

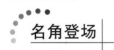

名角登场

定制 T 恤图案，消费者花钱买赞也凸显自我

2015年5月底，日本成衣龙头优衣库（Uniqlo）发布了一款让消费者自行设计 T 恤图案、回传后由它代工生产的应用软件。大企业跨入小规模定制化市场，表面看似吃力不一定讨

好,但事实上,靠定制化 T 恤图案暴富的达人可不少。

美国媒体彭博社报道,Teespring 是一家代客生产 T 恤的初创企业,创立三年就缔造了单一年度营业收入达 1 亿美元的佳绩。

CEO 沃克·威廉姆斯(Walker Williams)说,300 名员工只做一件事:实现客户想当设计师的愿望。任何人只要发想出文字或图案,预估数量、定好价格,Teespring 便接手后续流程,从设计、制造、营销到出货、客服,一条龙式打理。等 T 恤上架销售后,每卖出一件,Teespring 从中抽成 9 美元。

Teespring 统计,2014 年,光想不做,单靠它跑腿、打杂就赚 10 万多美元的素人设计师超过 100 位,其中更有 20 位跻身百万富翁之列,例如原本是外汇交易员的格林·威廉姆斯(Glyn Williams),7 个月就赚进百万美元。他的作品其实很简单,仅是在 T 恤上印上"别想碰我的枪,奥巴马"的抗议话语,号召 25 岁以上支持拥枪权的男性一同表明立场而已。

另一家爆红的定制 T 恤图案企业是美国东部的生活很美好(Life is good),而且这句话一五一十地体现了它的发家过程。创办人雅各布兄弟(Bert & John Jacobs)落魄创业 5 年后,有一天发现存款总计仅剩 78 美元。他们为了给穷途末路的自己打气,在 T 恤上印上了这句话,不料引发抢购潮,单年营业额也突破 1 亿美元。

如今,雅各布兄弟的产品主打小确幸,只印上乐观的信息,搭配吃冰淇淋或溜滑板的生活化插图设计,以引起消费者的共鸣。

素人设计师金伯利·斯普林格(Kimberly Springer)自剖定制 T 恤图案热卖的原因,无论是文字还是图案,必须真实反映出会让买家引以为傲的主张,或是一语道破他们渴望被认可的特质;时尚媒体网站潮流市集(Fashion Souq)则比喻:"定制 T 恤图案好比是卖家把脸书上的贴文转印到 T 恤上,而买家换个方式花钱点赞。"

资料来源:柳定亚,"主打小确幸 T 恤业者年捞 31 亿",《商业周刊》,第 1439 期,2015/06/10。

以上所介绍的是一些比较重要的人格特质理论。基本上,不管是哪种理论,大都是利用量表来衡量人格特质。然而,这其中也存在着一些问题。很多量表当初的设计是用来衡量某些粗略的人格特质,这些粗略的人格特质对于某些产品的购买行为或许具有某些程度的预测力,然而对于另外一些产品或购买情境却不一定适用。因此,有些学者认为如果要获得稳定的预测结果,就必须针对特定的购买决策,发展出特定的人格特质定义,并且设计出特定的人格特质量表[31]。也正是因为人格特质在预测消费者行为上的局限性,有些学者转而探讨生活形态对消费者行为的预测与解释。

7.3　生活形态

生活形态(Life Style)是一种生活的模式,可以借由个人的活动(Activities)、兴趣(Interests)与意见(Opinions)来加以辨别,这也就是一般所谓的 AIO。简单地说,生活形态就是描述"一个人是如何生活的"[32]。

生活形态在营销上的意义是消费者经常会追求他们所选择的方式,来享受生活和传达他们的社会身份,因此他们会注重产品在所需社会场景中的用途。

> 生活形态是一种生活的模式,可以借由个人的活动、兴趣与意见来加以辨别,这也就是一般所谓的 AIO。

所以，整个生活形态的运用包括三个部分：场景、个人和产品，如图7-4所示。

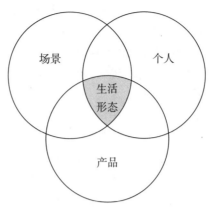

图7-4 生活形态的三个部分

资料来源：Michael Solomon（2009），*Consumer Behavior：Buying，Having，and Being*，8th ed.，Upper Saddle River，New Jersey：Prentice-Hall，Inc.，p.261.

　　早期的生活形态区隔主要是借助于标准的心理量表，而试图在心理量表的分数与产品的购买及消费行为之间找到某种关联。所使用的心理量表与产品的购买以及消费行为之间愈是相关，则其预测效果也愈佳。不过，这样的努力方向并未获得理想的成果。近来在衡量生活形态上，比较常用的方法便是心理绘图。

7.3.1 心理绘图

心理绘图是使用心理、社会，以及个人的因素，根据消费者的人格特质倾向，以及他们对于产品、人们、理念，或者事物所持有的态度，抑或他们所实际接触的媒体，来决定市场如何区隔的一种工具。

　　心理绘图（Psychographics），又称心理描述法，是使用心理、社会，以及个人的因素，根据消费者的人格特质倾向，以及他们对于产品、人们、理念，或者事物所持有的态度，抑或他们所实际接触的媒体，来决定市场如何区隔的一种工具[33]。通过心理绘图的方法，可以帮助营销人员调整营销策略，以因应各个不同区隔市场的需求。一般而言，如果利用人口统计变量（Demographics）来描绘市场，通常只能告诉我们"谁"买了产品，但利用心理绘图工具则可以告诉我们"为什么"他们买了该产品[34]。

　　整体来说，心理绘图的研究主要包括以下几种形式[35]：

1. 利用生活形态剖面（Lifestyle Profile）来找出可以区别产品的使用者与非使用者的变量。例如，经常使用香水与没有使用香水习惯的女性在生活形态上有何不同？

2. 利用产品相关的剖面（Product-Specific Profile）来界定目标顾客群，并以产品相关的构面来描述消费者的剖面。例如，职业女性与家庭主妇在休闲度假和投资方式上有何不同？

3. 利用人格特质的特征作为描述指标，然后分析该人格特质的特征和某些变量（如对环境保护的关切程度）间的关联性。例如，外向型与内向型的女性对于环保诉求和乐活主张的看法有何差异？

4. 进行一般性的生活形态区隔（General Lifestyle Segmentation），也就是根据整体生活形态的相似程度，将受测样本分配于一些同质的群体中。例

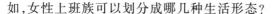

如，女性上班族可以划分成哪几种生活形态？

5. 进行产品相关的区隔（Product-Specific Segmentation），直接设计一些与特定产品类相关的问题，来对该产品类中各个不同竞争品牌使用者进行区分。例如，宝马的车主与沃尔沃的车主对于汽车加速性的要求有何不同？

常用在心理绘图与生活形态上的量表有 AIO 量表和 VALS 系统。以下我们分别说明这两种常见量表的内涵。

7.3.2　AIO 量表

最常见的心理绘图研究主要是利用三个变量来对消费者进行分类。这三个变量分别为活动（Activity）、兴趣（Interest）以及意见（Opinion），一般合称为 AIO 量表。综合利用这三个变量，营销人员可以分析哪些消费者在产品使用形态及其活动、兴趣，以及意见上表现极为相似[36]。表 7－3 即是一个典型的范例。

表 7－3　生活形态的构面（含部分人口统计构面）

层　面	范　　例		
活动 （Activities）	工作 嗜好 社交事件	度假 娱乐 俱乐部会员	社区 购物 运动
兴趣 （Interests）	家庭 居家 工作	社团 休闲 时尚	食物 媒体 成就
意见 （Opinions）	他们自身 社会议题 政治	商业 经济 教育	产品 未来 文化
人口统计变量 （Demographics）	收入 年龄 家庭生命周期	地理范围 城市规模 寓所	职业 家庭规模 教育程度

资料来源：William D. Perrault Jr. and E. Jerome McCarthy（2005），*Basic Marketing：A Global-Managerial Approach*，15th ed.，Boston：McGraw-Hill Companies, Inc.，p.160.

AIO 量表可分为两类，一类被称为一般化的 AIO 量表，可以适用于各种不同的产品类别；另一类被称为特定产品的 AIO 量表，主要是针对某些特定产品种类而设计。不管是哪一类的 AIO 量表，都是利用大量的问题来试图分析消费者的活动、兴趣以及意见，然后再缩减成一些少数问题来作为有效界定消费者区隔的标准。

> AIO 量表是利用大量的问题来试图分析消费者的活动、兴趣以及意见，然后再缩减成一些少数问题来作为有效界定消费者区隔的标准。

在一般化的 AIO 量表上，学者发展出一套包含 300 个问题的量表，通过因素分析，他们将这 300 个问题缩减为 22 个生活形态的构面。这 22 个生活形态的构面，便可以作为描述和区隔消费者的变量。例如，根据消费者对这些问题的答案，可将消费者分类成价格意识型（Price-Conscious）、流行意识型（Fashion-Conscious），以及儿童导向型（Child-Oriented）等。不同类型的消费者，产品偏好也不同。例如,使用眼影的消费者在量表上的对应便较偏向流行意识型[37]。

特定产品的 AIO 量表主要是营销人员针对某一产品的特定消费者群体,所发展出来的生活形态量表。例如,表 7-4 便是一个采用焦点群体和深度访谈法,得出的针对不同消费者个人保养品的生活形态特征分析。根据消费者对于个人保养品上市后购买时间的早晚,营销人员将消费者分为创新者和非创新者两种。创新者是指会较早购买个人保养品的消费者,而非创新者是指较晚购买个人保养品的消费者。根据表 7-4 可以发现创新者比较偏向样式和外表意识型,较具有自信,同时也比较可能传达新产品的信息和寻找省时的产品[38]。

表 7-4 个人保养品的创新者与非创新者的生活形态特性

生活形态特性	创新者(占样本的 14%)	非创新者(占样本的 86%)
样式和外表意识/自我放任	39%	28%
孤立/保守	25%	32%
社交/自信	44%	27%
追寻特卖品	28%	30%
户外型	31%	32%
新产品/社会沟通者	39%	26%
寻求省时产品	39%	25%
依赖制造厂商名称	26%	20%

资料来源:Henry Assael (1998), *Consumer Behavior and Marketing Action*, Sixth Edition, Cincinnati, Ohio: South-Western College Publishing, p. 440.

生活形态是一种不断变化的变量,因此生活形态量表应该随着时间的推移而加入新的变量。例如,在短短几年内,App、智能手机与便利店已经变成当今社会不可脱离的一个部分。当然有些生活形态变量也可能不再适合,例如过去盛极一时的舞厅已经衰落了。此外,即使采用相同的生活形态变量,也会因生活形态上的区分、组成及结构与时间的推移,而产生不同的结果。例如,同样是上网行为,上网的老年人数量正在逐渐增加,而年轻人上网的目的也由过去多为搜寻信息和上网聊天,转变为以玩网络游戏为主。

7.3.3 VALS 系统

另一个著名的生活形态衡量系统是 VALS(Value and Lifestyle Survey)系统,这个系统是由斯坦福研究中心(Stanford Research Institute, SRI)开发出来的[39]。早先的 VALS 版本是根据马斯洛的需要层次理论和戴维·瑞斯曼(David Reisman)的社会角色(Social Character)概念所设计的。不过,批评者认为其过于一般性且太抽象,各个类别之间的相似性也多于相异性。此外,从消费者行为和营销的角度来看,适用度也不高[40]。针对先前版本的缺点,VALS 系统进一步修正,加入了主要动机和控制资源的多寡,图 7-5 是 VALS 系统的分类。VALS 系统可以分为水平维度和垂直维度。在水平维度上,"主要动机"分为三种:

1. 理想(Ideals)

对于持有理想动机的人,主要受其自身的知识、信念与原则的影响,同时他们并不在意其他人的看法,也不受感性维度的影响。

2. 成就(Achievement)

注重成就动机的人会寻求他人的肯定,并在乎其他人的看法。

3. 自我表现(Self-Expression)

注重自我表现动机的人追求社会性或实质活动,其动机具有多样性且愿意承担风险。

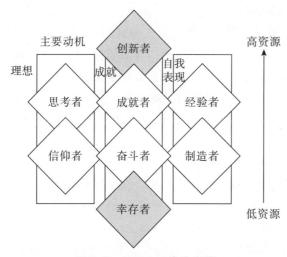

图 7 - 5　VALS 系统的分群

资料来源:http://www.strategicbusinessinsights.com/vals/ustypes.shtm/。

至于垂直维度,VALS 系统则是利用资源来分类,也就是基于消费者所能主宰并用来追求自我导向的实质、心理、物质与人口统计上的资源(例如收入、教育水平、精力及购买的迫切等)。

根据 VALS 系统,将人归为以下八种类型:

1. 创新者(Innovators)

位于 VALS 系统的最顶端,通常是指成功、复杂、具有高度自尊与资源的主宰型消费者;对于新观念与新技术的接受度很高,常扮演变革领导者的角色;是很主动的消费者,其购买反映出社会上流阶层的品位;对自己的形象相当重视,不是要凸显其地位,而是要凸显其品位;他们也常是商界与政界的领袖,生活往往多样化。

2. 思考者(Thinkers)

主要受理想动机的驱动,通常是指成熟、满足于现状、感到舒适的消费者;他们崇尚秩序、知识与责任;大多受过高等教育,在决策过程中会主动搜集信息;一般偏向于保守与务实,注重产品的功能性、价值与耐久性;喜爱适度地维持现状,但也会接纳一些新的观念。

3. 信仰者(Believers)

通常属于保守、注重传统,其信念来自家庭、社区、教会与国家的消

根据 VALS 系统,将人归为以下八种类型:创新者、思考者、信仰者、成就者、奋斗者、体验者、制造者与幸存者。

费者；遵守根深蒂固的道德标准，按照既有惯例行事；偏爱自己国家的品牌，产品忠诚度高，喜爱熟悉和知名品牌。

4. 成就者（Achievers）

通常是目标导向的生活形态，对于事业和家庭具有很高的承诺；他们过着传统形态的生活，政治态度也偏向保守；尊重权威与现状，偏好可预测性胜于风险与自我发现；社交生活往往围绕着家庭、宗教与事业；相当喜爱对其同伴具有成功象征意义的高价产品，注重形象，并对各种省时的产品相当感兴趣。

5. 奋斗者（Strivers）

通常较关心能否获得其他人的赞同，并追求自我认同、安全，以及成功的形象；虽然努力和其他的奋斗者竞争，但是往往缺乏足够的资源来达到目标；金钱对于奋斗者而言是成功的象征，但他们并没有获取足够满足其需求的金钱；喜爱时髦的产品；工作只是工作，并不被视为一种事业；购物不但是一种休闲行为，也常被用来向同伴证明他们所具有的购买能力。

6. 体验者（Experiencers）

通常是指年轻、热忱以及冲动的消费者；他们承担风险、追求多样性以及刺激；偏好新鲜、奇特与具有某种风险的产品和活动；由于年纪尚轻，因此往往尚未形成稳定的人生观、行为与政治归属；可支配收入大多花费在社交、流行和娱乐上，经常会出现冲动性购买的情形。

7. 制造者（Makers）

常靠动手来表达自己，例如动手建造房子、养儿育女、组装汽车，以及腌制食物等；具有多重技能，并崇尚自给自足，生活重心在家庭与工作中，较少注意外在的事务；偏好一些具有功能性价值的产品，例如新的工具，远胜于奢侈品；购买上较注重舒适、耐用和有价值的商品，一般只购买生活必需品。

8. 幸存者（Survivors）

一般是指贫穷且低教育程度的消费者，通常缺乏社会上的人脉关系；常觉得世界变化太快；对于现状较为关心，例如关心如何获取食物，以及取得医疗上的照顾；他们是追求安全感的谨慎消费者，也是高品牌忠诚者，相当注意特卖的消息。

VALS 系统虽然是相当普遍的生活形态分类方法，但也有其缺点。例如，可能无法那么单纯地将消费者归入某一生活形态。同时，VALS 系统的效度与信度也并不令人满意[41,42]。此外，VALS 系统的衡量是以个人为单位，因此对于属于群体决策的消费品项（如全家的旅行），或是深受群体影响的消费项目（例如流行性商品），并不大适用[43]。

名角登场

输出自行车文化，"卖产品"变为"卖生活"

这是一个中国台湾生活形态输出海外的案例，最特别的是，输出对象还是生活产业大国——日本。

2014年10月26日，连接日本四国地区爱媛县与本州广岛之间长达46公里的高速公路，从早上6点到中午12点，破天荒全线封闭，让串起濑户内海9座小岛的路段，成为供自行车骑士快意驰骋的梦幻乐园。

这是爱媛与广岛两县共同合办的"濑户内岛波海道·国际自行车大赛"现场。据官方统计，当天总计吸引了31个国家和地区的7 200余位自行车车友，共襄这一日本历来最大，且得到NHK、《朝日新闻》等媒体大幅报道的国际自行车盛会。

来自中国台湾的百余位车友，被安排在第四个出发梯次，领骑的是专程率团赴日的中国台湾自行车界教父——巨大集团董事长刘金标；陪在他身旁的，则是刚主持完鸣枪起跑的爱媛县知事中村时广，"没有刘董事长，就办不成这次活动"，筹办本次活动的中村如此表示。

3年前，为振兴地方旅游业，中村通过捷安特日本分公司的安排，赴巨大总部，向世界最大自行车制造集团巨大拉赞助，"刘董事长的一席话，带给我很大的冲击，让我对自行车的看法有了彻底的改变。"他说，原本预约了1个小时的谈话时间，最后竟谈了3个小时才尽兴。

中村指出，在日本，自行车是上班、上学或购物的一般交通工具，但刘董事长告诉他，如果活用自行车，可以带给人们健康，以及与车友联结的情谊，这是捷安特在台湾推动的"自行车新文化"的内涵。之后，中村更亲往日月潭的环湖公路，以及台北到宜兰的北宜公路，两度骑乘，深度体验台湾的自行车氛围，这才体会到，原来自行车能带给人们幸福感，但他一开始却只想到把自行车当作振兴旅游业的工具，"实在非常惭愧"。

想法改变之后，过去两年来，在爱媛与广岛的携手推广下，岛波自行车道名气大增，让原本以造船、养珍珠为主要产业，人口严重外流的乡下，成为日本最具知名度的"自行车圣地"，广岛官方的旅游宣传折页，更以刘金标骑自行车的大照片为主题，强力向海外游客宣传。

尤其为了打造让自行车族安心的骑乘环境，以"蓝线"在自行车与汽车共用的道路上沿途标示；广岛尾道市更将临海的废弃旧仓库，改建为自行车旅馆，提供自行车销售、租赁与餐饮等整合服务，十分值得学习。

事实上，除看得见的硬件投入之外，花最多心思的，还是自行车文化推广。中村表示，"刘董事长曾说，他要当世界的自行车传教士；而我给自己定的目标，就是当日本的自行车传教士。"

中国台湾旅游产品开发专家苏锦伙指出，当日本开始向台湾自行车业者取经时，意味该产业已从"卖产品"转变为"卖生活"。如同瑞典的宜家，卖的已不只是家具，而是北欧的简约生活风格；同样，捷安特输出的不仅是高品质的自行车，而是以自行车为出发点的生活与骑乘主张。

资料来源：尤子彦，"一次巨大取经行，催生日本单车圣地 刘金标的铁马生活学 卖到日本去"，《商业周刊》，第1408期，2014/11/05。

7.3.4 地理人口统计分析

地理人口统计分析（Geodemography）是一种结合消费资料、社会经济变量、生活形态以及地理区域，来找出具有共同消费形态的消费者所采用的技术。这样的技术主要是基于相同需要和品位的消费者会居住在一起，因此会呈现出地理上相近的状态的理念。所以，地理人口统计分析也可以说是一种地理的生活形态（Regional Lifestyles）。

PRIZM（Potential Rating Index by Zip Market）是由美国 Claritas 公司所开发的著名的地理人口统计分析工具。他们将所取得的 66 种生活形态，归类到美国的 12 个大范围的社会群体中，美国的每个区域都可以用这 66 种生活形态来描述[44]。PRIZM 对于营销人员在广告媒体的安排和邮寄信函上很有帮助，另外在目标市场的选择与推广策略的设计上也有助益。

另外，发展出 VALS 的美国 SBI（Strategic Business Insights）公司也开发出一种名为 GeoVALS 的工具来帮助厂商设计营销策略与分配资源至各个地理区域。通过这一工具可以推估 VALS 8 种类型的消费者在各个地理区域中的分配比例，因此有助于厂商找到最佳的目标顾客。

一项针对中国大陆市场所做的研究，将大陆分为 7 个大地理区域：南部地区、东部地区、北部地区、中部地区、西南部地区、东北部地区和西北部地区[45]。各个区域的心理和生活形态存在着很大差异，如表 7-5 所示。我们可以看到南部地区和东部地区的经济发展得最早也最为繁盛，因此收入也最高，不过消费者对于生活满意的程度却最低，这一点颇值得玩味；听音乐是其最大的休闲，电视及个人电脑的普及率很高，显示未来的主要媒体将会是这两项。北部地区、中部地区和西南部地区则是蓬勃发展中的市场，但相对于南部地区和东部地区，这里的消费者则保守得多，在收入方面也有相当大的差距。东北部地区和西北部地区则是亟待开发的区域，这里是收入最低，但也是工作最辛苦的区域，其中西北部地区则是以少数民族为主的区域，也是大陆正努力开发的"大西北"。

表 7-5　中国大陆七个地区的心理统计与生活形态差异

单位：%

	南部地区	东部地区	北部地区	中部地区	西南部地区	东北部地区	西北部地区
家庭收入（美元）	27 481	24 659	12 993	13 831	14 008	8 683	7 770
心理统计变量							
对生活满意的程度	66.6	67.5	81.3	80.2	66.8	81.3	67.6
工作努力与致富	33.3	31.6	30.7	34.6	42.3	44.2	67.1
喜爱国外品牌	36.4	27.5	22.2	24.1	19.6	28.1	35.7
生活形态活动							
看电影	33.3	41.0	40.0	37.2	41.4	2.4	10.0
听音乐	75.0	62.5	42.4	50.0	43.6	35.6	36.6

续表

	南部地区	东部地区	北部地区	中部地区	西南部地区	东北部地区	西北部地区
旅行	25.0	23.1	17.7	27.9	22.3	32.9	4.3
媒体习惯							
有线电视	83.3	69.2	68.3	68.9	68.8	28.3	14.3
杂志	25.0	30.8	40.1	44.7	36.7	32.9	9.9
耐用消费品							
冰箱	91.7	94.9	74.7	69.6	64.2	39.6	24.7
彩电	100.0	97.5	90.8	85.4	79.0	87.3	44.3
个人电脑	18.2	7.7	4.5	3.2	4.5	2.7	2.9

资料来源：Geng Cui and Qiming Liu (2000)，"Regional Market Segments of China：Opportunities and Barriers in a Big Emerging Market," *Journal of Consumer Marketing*，17，No.1，pp.55-70.

7.4　价　值

价值（Values）是一种持续性的信念，是指就个人或社会而言，认为某种行为模式优于另一种行为模式的概念。例如，"万般皆下品，唯有读书高"便是一种价值。价值体系不但会影响消费者的消费形态，同时也表示具有相同价值体系的消费者对于同一营销策略也可能会产生相类似的反应。因此，不论是目标顾客的个人价值体系，还是其所处社会的共同价值观念，都是值得营销人员去研究与重视的。

价值可以分为社会价值与个人价值。社会成员共同拥有的价值，被称为社会价值（Social Values），社会价值界定了一个社会或群体的"常态"行为。而个人价值（Personal Values）是指个人拥有的独特价值，其界定了一个人的"常态"行为。个人价值反映了个人对社会价值所做的筛选，这样的筛选决定了其独特的个人行为，当然也包括消费者行为在内。本节所要探讨的是个人价值，而在第8章"文化"一章中我们将会讨论社会价值。

一般来说，若要衡量消费者的个人价值，可以采用个人价值衡量量表。比较重要的个人价值衡量量表包括罗克奇价值观量表（Rokeach Value Scale，RVS）、LOV 量表（List of Values）与施瓦茨价值观量表（Schwartz Value Scale）。

罗克奇认为价值可以分成目标和达成该目标的手段两个部分，前者可称为终极价值（Terminal Value），后者即为工具价值（Instrumental Value）[46]，可参见表 7-6。

罗克奇价值观量表是经由消费者对于各种目标以及手段的重要性来进行排序，以衡量个人价值。除了通过量表来衡量价值，我们还可以将其和消费者的人口统计特征（如年龄、性别、收入或种族等）与其消费决策（如品牌选择、产品消费、购买时机等）相联结，以找出彼此之间的关系。例如，有些研究发现汽车的购买和家庭导向的核心价值有很大关系[47]。

价值是一种持续性的信念，是指就个人或社会而言，认为某种行为模式优于另一种行为模式的概念。

社会成员共同拥有的价值，被称为社会价值。

个人价值是指个人拥有的独特价值，其界定了一个人的"常态"行为。

罗克奇价值观量表是经由消费者对于各种目标以及手段的重要性来进行排序，以衡量个人价值。

表 7-6 罗克奇工具价值与终极价值

工具价值	终极价值
雄心勃勃	舒适的生活
心胸开阔	振奋的生活
能干	成就感
欢乐	和平的世界
清洁	美丽的世界
勇敢	平等
宽容	家庭安全
助人为乐	自由
正直	幸福
富于想象	内在和谐
独立	成熟的爱
智慧	国家的安全
符合逻辑的	快乐
博爱	救世
顺从	自尊
礼貌	社会承认
负责	真挚的友谊
自我控制	睿智

一项以罗克奇工具价值为主题,针对中国和美国的比较发现,中国的首要价值是欢乐(Cheerfulness)、礼貌(Politeness)、独立(Independence)、正直(Honesty)与雄心勃勃(Ambition),而在美国的首要价值是诚实(Honesty)、雄心勃勃(Ambition)、负责(Responsibility)、宽容(Forgiveness)与心胸开阔(Broad-Mindedness)。两个国家之间存在着显著的差异[48]。不过,若从消费者行为的角度来看,罗克奇价值观量表的衡量结果和消费者的日常生活形态并没有密切的关联性。很多价值(例如世界和平)虽然重要,但并不会直接造成消费者行为的差异[49]。

LOV 量表主要是从罗克奇价值观量表中选出一些项目来衡量消费者的主要价值[50]。LOV 量表所探讨的价值包括自我满足、兴奋、成就感、自尊、归属感、尊崇、安全、乐趣与享受,以及和他人的温馨关系等九种价值。这九种价值分别归类为三个价值构面:个人内在价值、个人外在价值与人际关系价值。自我满足、兴奋、成就感和自尊等四个价值反映了个人内在价值;归属感、尊崇和安全等三个价值反映了个人外在价值;乐趣与享受以及和他人的温馨关系等两个价值则反映了人际关系价值[51]。这些价值比重上的不同,将反映在消费行为的差异上。例如注重内在价值的消费者相较于注重外在价值的消费者,比较偏好自然的食物,且避免食用有人工添加物的食物[52]。

LOV 量表所探讨的价值包括自我满足、兴奋、成就感、自尊、归属感、尊崇、安全、乐趣与享受,以及和他人的温馨关系等九种价值。这九种价值分别归类为三个价值构面:个人内在价值、个人外在价值与人际关系价值。

　　研究者对 LOV 量表和 VALS 进行比较后,发现若辅以人口统计的资料来看,LOV 量表在预测消费者行为上的效度会比 VALS 更佳[53]。

　　施瓦茨价值观量表主要是衡量每个人都普遍具有的价值,施瓦茨的研究即致力于找出一套普遍性的价值,并且厘清各个价值间的结构关系[54]。他的研究推翻了罗克奇原先所提出的工具价值与终极价值的分类,而进一步地提出十种价值类型(参见表 7-7)。由于这十种价值类型又可归类为四个高阶价值领域,因此呈现出如图 7-6 所示的关系。此外,追求某一特定的价值可能会和其他价值互相矛盾,例如慈善会和普通性相容,但却容易和成就相互冲突。因为努力工作获得升迁而满足了个人的成就价值,但却可能疏忽了对亲人和下属的慈善。

施瓦茨价值观量表致力于找出一套普遍性的价值,并且厘清各个价值间的结构关系。

表 7-7　施瓦茨的十种价值类型

价值类型	定　义	典型的价值
普通性 (Universalism)	以全人类及大自然的福祉为目的的理解、感谢和容忍	心胸开阔的、社会正义、公平、环境保护
慈善 (Benevolence)	维护与强化个人所经常接触的人们的福祉	救助、诚实、原谅
权力 (Power)	社会地位与威望,对于人们和资源具有控制力或主宰力量	社会权力、职权、财富
成就 (Achievement)	根据社会标准来证明能力以取得个人的成功	成功的、有能力的、有野心的
传统 (Tradition)	尊重、承诺与接纳传统文化或宗教所提出的风险习惯与观念	谦恭、虔诚、认命
遵从 (Conformity)	对于可能违反或损害其他人或违背社会预期或规范的一些行动倾向,以及冲动的克制	有礼、顺从、尊敬一个人的父母或老者
安全 (Security)	安全、和谐与社会的稳定,关系的稳定与自我的稳定	社会秩序、干净
自我定向 (Self-Direction)	独立的思考与行动——抉择、创造与探险	创造力、好奇、自由
刺激 (Sitmulation)	生命中的兴奋、新奇与挑战	敢于冒险的、变化的人生以及令人兴奋的人生
享乐主义 (Hedonism)	为了自身而获得欢愉和感官的满足	欢乐、享受生命

　　资料来源:Shalom H. Schwartz (1994),"Are There Universal Aspects in the Structure and Contents of Human Value?" *Journal of Social Issues*, 50, 4, pp.19-45.

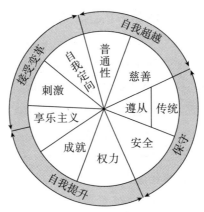

图7-6 十种价值类型的结构关系

资料来源：Roger D. Blackwell, Paul W. Miniard, and James F. Engel（2006），*Consumer Behavior*, 10th ed., Fort Worth：Harcourt, Inc., p.276.

上述所提及的价值观念都比较偏向于一般性的价值，而非特别针对营销或消费者行为的领域。以下我们介绍两个营销人员特别感兴趣的价值观念：消费者物质主义与消费者民族中心主义。

名角登场

素食的坚持，反而找到区隔

台湾地区有素食餐厅6 000多家，却没有一家专营素食的超市。一年多前，引进这个概念的不是知名大企业或连锁品牌，而是一个吃素20多年的里长赖孔胜，他在老家附近开了全台湾第一家素食超市。

拐进台北捷运万隆站出口旁的小巷内，远远就看到白绿相间的醒目指示牌——"爱维根蔬食超市"，它位于一排老旧房子的地下。一进门，青菜的绿、水果的红，立刻吸引了来客的目光。

"开超市是因为觉得吃素者很像二等公民，常常买到成分不明的东西，所以决定开一家超市，不需要一直看标示。"赖孔胜打趣地说，年纪大了看标示也很累。

在爱维根，赖孔胜被股东推举为主要经营者，这不仅是因为他吃素，更重要的是，他有非常丰富的蔬果经营资历。他是台湾路边随处可见的"水果专卖店"经营模式的开山鼻祖，有20多年蔬果批发的经验。

在最巅峰的时期，赖孔胜同时拥有8家店、13个水果摊位，一年营业额高达5亿元新台币，堪称是台湾的"水果大王"。

他回忆，1981年年底，要找低成本的水果，就得进入拍卖市场拍货。但要进拍卖市场必须有"行口"，也就是批发或零售商资格，还要有能力每天买下600公斤水果。

赖孔胜的野心是成为大盘商，这意味着要吃下更大的水果量；因此，拥有渠道成为必须走的一条路。于是赖孔胜从路边摊转型进入"水果专卖店"，开创了台湾水果贩卖的新形式。

比起其他对手，赖孔胜的店之所以可以一家接着一家开，而且每一家都赚钱，关键在于他懂得消费者的心理。

"譬如我有好几箱莲雾，成本30元，我开第一箱时每斤卖35元，第二箱卖45元。早来

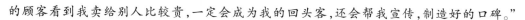

的顾客看到我卖给别人比较贵,一定会成为我的回头客,还会帮我宣传,制造好的口碑。"

赖孔胜看到超市为了结账方便,都需要先包装定价,但蔬果放在包装里,几个小时后,卖相可能就没有刚开始时好看。"超市为了裸卖,就必须在摊位旁配一位服务人员,帮忙秤重、贴标签,消费者再拿去柜台结账。"

"我开发了一套 POS 系统,让裸卖产品与别的包装产品一样,都可直接在柜台结账,省掉服务人员。"

这些经验都体现在爱维根蔬食超市的点点滴滴上。到目前为止,爱维根蔬食超市也是全台湾唯一不必两段式收银的农产品裸卖超市。

爱维根超市开业才一年多,一开始经营惨淡。"因为只有一家店,量少拿到的价格并不低。"所幸,随着 2014 年食品安全危机后,来客数量明显增加,"如果不算我们在网络上的投资,这家超市本身已经从 2014 年 11 月开始赚钱",赖孔胜说。

"若不是为了推广理念,我们实在没必要开超市。像现在超市都在卖水果了,哪还有其他超市存活的空间? 但对素食的坚持,反而让爱维根在市场上有明显区隔,存活了下来。"

赖孔胜说,他们每个月都在检讨品项,是否可以找到更不伤害地球的产品替代。先前,卫生纸已经换了非木制的产品(不砍树);而 1 月中旬,公司已决定全超市不卖转基因产品。

从蔬果专卖店老板到当选里长,现在又跑来开素食超市,或许正是他的胆识与创新因子,造就了他多姿多彩的人生。

资料来源:许琼文,"吃素里长伯 催生全台唯一蔬食超市 从市场小摊做到年营业额五亿的水果大王",《今周刊》,第 944 期,2015/01/22。

7.4.1 消费者物质主义

消费者物质主义(Consumer Materialism)是一种终极价值,它混杂着吝啬、拥有、妒忌与保存等几个价值观念。高消费者物质主义者通常将拥有物品视为一种表达自我和其生命价值的重要手段,而低消费者物质主义者则将拥有物品视为人生次要的事情。研究发现,高消费者物质主义者具有以下特征:他们极为重视取得与展现他们拥有物品的过程。一般而言,他们较偏向自我中心与自私倾向,并追求以物质为主体的生活形态。但讽刺的是,这些物品的拥有并没有为他们带来喜乐[55]。

> 高消费者物质主义者通常将拥有物品视为一种表达自我和其生命价值的重要手段,而低消费者物质主义者则将拥有物品视为人生次要的事情。

在西方文化和大都会中,往往会表现出较高的消费者物质主义。不过,研究也发现同样是高消费者物质主义的地区,并没有表现出相类似的消费形态。例如在一些"新富"的东欧国家,由于财富的突然增加,往往会表现出对于诸如汽车和电器产品等有形物质享受的追求;相对地,在"旧富"的西欧国家,则注重艺术、运动和旅游等精神层次的消费[56]。

7.4.2 消费者民族中心主义

消费者民族中心主义(Consumer Ethnocentrism)认为自身的文化体系所表现出的品位与偏好,优越于其他的文化体系。高消费者民族中心主义者通常认为购买外国产品会对本地的经济造成不利冲击,因此偏向于认为购买外国产品是

> 消费者民族中心主义认为自身的文化体系所表现出的品位与偏好,优越于其他的文化体系。

不对的行为,而低消费者民族中心主义者则会以一种较为客观的态度(例如注重客观的品质)来评估外国产品。针对高消费者民族中心主义者的特征,营销人员往往会采取民族中心的诉求,来强调当地制造的特色。

研究发现,高消费者民族中心主义的美国消费者会对美国所设计和生产的汽车给予较高的品质评价,同时也偏好购买美国的汽车;而低消费者民族中心主义的美国消费者则较偏好外国的汽车[57]。但对于中国台湾地区的消费者而言,此种消费者民族中心主义并不那么明显[58]。不过,这种消费者民族中心主义的效果往往会受到一些干扰因素的影响[59]。例如,介入程度、意见领袖性,以及其他有公信力单位的推介等都会干扰消费者民族中心主义的影响。

7.5 消费者的人口统计变量

消费者的人口统计变量是指消费者在人口上的特征,这些变量指的是在消费者身上一些明显的特征。

消费者的人口统计变量是指消费者在人口上的特征,这些变量指的是在消费者身上一些明显的特征。一般而言,人口统计变量所揭露的信息多半是相当清楚且明确的,因此很多厂商特别喜爱采用人口统计变量作为市场区隔的变量。常见的人口统计变量包括年龄、性别、种族、地理区域、教育、职业、宗教,以及收入等。

7.5.1 年 龄

随着消费者年龄的改变,则其所持有的价值观、信念、生活形态与消费形态都会随之改变,因此营销人员可以用年龄来进行市场区隔,或是将年龄当作一种亚文化。我们常提到"代沟"这个名词,其所表示的便是不同年龄之间存在着很大的观念与行为差异。

消费者的需求与消费能力也会随着年龄而改变。不同的年龄,生理上的需要也不同,如奶粉市场便常以年龄作为区隔变量,将市场分为初生儿婴儿奶粉、一般婴儿奶粉、一般成人奶粉和针对高年龄层的低脂高钙健康奶粉。例如伊利集团针对中老年人推出的伊利中老年奶粉。另外,白兰氏鸡精也推出儿童鸡精,以便与成人市场做区隔,这都是一种以年龄作为区隔变量的范例。其他的例子还有善存多维元素片,除了一般成人服用的善存多维元素片,也推出针对儿童的"小善存"和老年人的"善存银片"等。

一般而言,预测人口年龄结构的变化,会比预测收入、职业或宗教信仰结构的变化容易。因为每个人都会逐年增加年龄,年龄结构短期内不会有太剧烈的变化,但是在收入、职业或宗教信仰上的结构差距便可能存在较大变化,当然这也代表着预测年龄变化所带来的营销机会和威胁相对容易。

就中国大陆的人口年龄结构而言,截至 2014 年年末,65 岁及以上人口占总人口的 10.1%,这已经超过联合国对老年国家和高龄化社会定义的 7%。这显示未来在中国大陆,老人福利与老人安养等问题将愈发严峻,但也同时意味着老年人市场将变成一个很重要的市场。

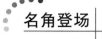
名角登场

夕阳红千人旅游团：从养老到享老的青春进行曲

重阳节前夕，一个来自沈阳的千人旅游团来到丹东市宽甸满族自治县青山沟，对他们来说这既是挑战也是欣慰。据了解，作为童话世界的青山沟，从来没有一次性来过这么多的客人，而且是中老年游客。原来，这是中国老龄事业发展基金会夕阳红为老服务项目管理委员会（简称夕阳红管委会）组织的千名老人金秋公益游。

早上 5 点钟，天才蒙蒙亮，老人们的热情让深秋的早上竟显得有些暖意。夕阳红管委会此次共组织 1 200 余名老人，分两次出团，每次 12 辆大巴车，目的地是青山沟国家级旅游区。这一活动得到了宽甸旅游局、青山沟旅游管理委员会、沈阳金秋医院、青山沟当地酒店和大巴车队的大力支持。大家以站为单位，发挥集体智慧创作了队名、队歌、队操等，以激发老人们的荣誉感、团队精神与活力，取得了良好的效果。

青山沟位于辽宁省丹东市宽甸满族自治县，由八大景区构成，已开发出"虎塘沟""青山湖""飞瀑涧""中华满族风情园"四大景区；景区面积 149.8 平方公里，其中水域面积 23.3 平方公里；景区内有 126 个景点，大小瀑布 36 条；浓绿的森林、清澈的江水、幽深的峡谷、宁静的深潭，宛如"童话世界"，被联合国专家列为全球六大无污染的自然景区之一；2002 年 5 月，经国务院批准列入第四批国家级风景名胜区名单。

到达青山沟后，酒店放鞭炮迎接老人们，并准备了舒适的住宿环境和美味的菜肴。导游人员带领老人们到达的第一站是青山沟著名的旅游景点飞瀑涧，瀑布高 36 米，是纯天然景点。老人们在美丽的瀑布下合影留念，感受大自然给予的恩赐。晚上，夕阳红管委会为老人们准备了篝火晚会，并且放烟花给老人们惊喜，大家在火堆旁一起唱歌、跳舞，很多老人带来专业的服装为大家表演，尽显才艺。

第二天一大早，老人们来到了树木苍老道劲、林荫蔽日、溪流潺潺、幽谷深深的虎塘沟景区。景区由响溪、黑熊望月、九曲天水、仙女瀑四个景点构成，景区内无污染，每立方厘米含有 30 500 个负氧离子，是一个天然氧吧。什么都不做，在里面待上半个小时，就是对肺的一次彻底清洗，对身体非常好。老人们在这里拍照、唱歌，甚至大喊，让自己处在轻松愉快的氛围中，放松心情、放松身体。

74 岁的孙荣兰说："一路上心情非常舒畅，志愿者们给我们无微不至的关怀，无论住的还是吃的，都非常满意。头一次出行，浑身都是劲，比以前精神多了。"69 岁的马德利说："我非常高兴，有安全感。看到了自然景观，非常非常壮观，不像很多是人为的，这个是原生态的。这次非常成功，谢谢你们。"58 岁的杨恒伟说："我以前没出过门，参加夕阳红非常开心，治疗也挺有效。马老师特别负责任，我看到了瀑布、景色，空气好，没有污染，很开心，感谢夕阳红。"

宽甸旅游局相关人士说，"欢迎大家在金秋时节来到童话世界——青山沟！祝愿各位叔叔阿姨如童话一样越来越年轻、越来越有活力。"同时，青山沟旅游管理委员会的相关人士说，"第一次迎来 1 000 多名中老年人，是我们的荣幸和福分，我们非常激动，这几天也在积极准备，全力为大家提供最好的、最细致的服务，让大家能够在这里开心，留下美好的回忆，也能对自己的身体健康起到促进作用。"

据了解，此次千人游活动得到了众多优秀品牌的支持，全程护航老人们的健康，包括金秋医院提供救护车全程陪护、海尔集团提供制氧机等。

辽宁省金秋医院暨辽宁省老年病研究院今年已经成立20年，是辽宁省卫生计生委直属的三级甲等医院，主要承担辽宁省干部、外宾及老年人的医疗、保健、科研工作。此次活动，该院派出专业的医疗队、120救护车，配备心电除颤仪、心电图仪、紧急手术室等，并派出医生、护士全程跟踪，可以应对老人突发的心脑血管、腹泻、呼吸道、感冒发烧等疾病。

14号晚上，有4位老人突发身体不适状况，医生们第一时间赶到老人们所在的宾馆，对老人们的身体进行检查，采取了妥善措施，让老人们第一时间脱离危险并且安下心来。夕阳红管委会副主任张文宝说："我们非常感谢金秋医院的全力配合。因为有他们，才能保障老年人在旅途中安枕无忧，高高兴兴来，安安全全回，非常感谢他们！"

除了专业的救护车外，夕阳红的志愿者们还将海尔制氧机带到了宾馆，以备不时之需。据了解，海尔的这款海风系列制氧机，采用世界领先的无油压缩机和美国进口分子筛，具有国际标准的三档供氧调节方式：30%浓度的氧保健、60%浓度的氧调理、90%浓度的氧抢救。

实际上，夕阳红已经跟很多优秀品牌建立了长期合作关系，包括全国品牌和辽宁当地品牌，如中粮、金龙鱼、金锣、雪花、恒安、佳洁士、蓝月亮、太平洋保险、中国电信、中国黄金、北大荒、东药、天士力、辉山、阿美莉卡、海天、井泉等。一方面，这些品牌给夕阳红的老人们提供了高质量的产品与服务，提升了夕阳红的形象；同时，夕阳红的社会公益形象，也为这些品牌增添了亲民、公益的色彩，实现了与老人、政府、社会等的生态多赢，这也是夕阳红帮扶的重要目标。

世界卫生组织关于健康的定义："健康乃是一种在身体上、精神上的完满状态，以及良好的适应力，而不仅仅是没有疾病和衰弱的状态。"这就是人们所指的身心健康，也就是说，一个人在躯体健康、心理健康、社会适应良好和道德健康四个方面都健全，才是完全健康的人。《黄帝内经》开篇即明确了健康的概念，它认为，一个健康的人必须在天时、人事、精神方面保持适当的和有层次的协调。可见，真正的健康，除了身体外，还有精神等层面，而且占60%的要素。

这一代的老年人，经历了抗美援朝、三年自然灾害、向苏联还债、越南自卫反击战、"三反五反"、知青下乡、下岗等。由于一切都从零开始，生活贫困，经常处于忍饥受冻与劳累的状态，所以他们的身体与精神都受到了很大的打击，很多人的身体有各种疾病。夕阳红为老服务志愿者工作站，针对老人的身体情况制定合理的调理方案，包括产品、中医、参加各种文娱活动、旅游等，让老人在躯体健康的同时，心理也保持健康。

据了解，参加本次旅游的老人平均年龄77岁，其中最大的87岁。一位老人说："年龄大了，别的团都不敢带自己出来，只有夕阳红比儿女对自己还好，带自己出来游览大自然的风光，并且还有金秋医院120的全程陪护，心里特别踏实。"其实，他们敢出来，也是因为其关节好，夕阳红为大家提供了促进关节软骨与关节滑液生成的罗达氨糖，老人出来旅游也不怕跌倒了。

据新华社《瞭望东方周刊》报道，在今天的中国，有4000多万老年人每年至少发生1次跌倒，65岁以上的老年人由于跌倒造成伤害的比例高达61.84%。一次摔伤往往导致严重的、永久性的伤害，包括髋关节骨折、脑硬膜下出血、软组织挫伤或头部外伤，等等。很多老人因此失去自理能力，另一些人因害怕再次跌倒，限制自我活动，导致逐渐失去独立活动能力。但这些绝不能挡住老人出去的决心。

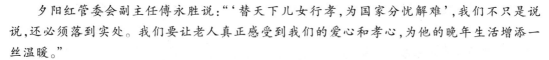
夕阳红管委会副主任傅永胜说："'替天下儿女行孝，为国家分忧解难'，我们不只是说说，还必须落到实处。我们要让老人真正感受到我们的爱心和孝心，为他的晚年生活增添一丝温暖。"

而在遥远的北京，中国老龄事业发展基金会刚刚提出了全新的"享老"理念。基金会有关负责人在接受采访时表示："我们希望向中国亿万中老年人倡导一种全新的享老价值观，探索人生新活法，掀起一场享老风暴。主动享受生活，注重精神和身体的双重健康，启动人生，努力做最好的自己……这些理念与基金会一贯以来积极推动的老有所为、老有所乐的理念一脉相承。"年逾七十才开始写作的美国作家塞缪尔·厄尔曼，在其不朽名作《青春》一文里似乎早已为我们揭示了人生与享老的真谛：年岁有加，并非垂老；理想丢弃，方堕暮年。只有不断接纳美好、希望、欢乐、勇气和力量的人生，才能青春永驻、风华长存。即人老心不老。

健康是动态的，也是"动"人的。夕阳红的志愿者们有一个心愿，让沈阳、内蒙古、厦门、杭州、鞍山等地乃至全国的老年人持续健康并长寿。这是作为儿女们应该做的，也应能感染更多的青年人加入到敬老、孝老的志愿者队伍中来，让天下老人老有所养、老有所乐、老有所为。

资料来源：http://news.zynews.com/2015-10/21/content_10395132.htm。

7.5.2　性　别

不同性别的人在生理和心理上的需要也有所不同。衣服、化妆品、个人保养品、杂志、珠宝和鞋子等产品都常以性别来区隔市场。在过去，汽车设计主要是以男性为诉求对象，但是随着女性拥有汽车数量的增加，汽车制造商也设计了针对女性目标顾客的汽车，例如东风日产的 March 和宝马的 MiniCooper 等。

在中国，女性的重要性与地位的提升已经是一个不可忽略的事实。在美国，也正经历着同样的变化。根据调查发现：美国的妇女可以影响或控制 80% 的购买决策，掌握 75% 的家庭财务，进行高达 82% 的超市购买行为，53% 的投资决策由妇女所掌控；在资产超过 500 000 美元的美国人中有 43% 是女性[60]。这些事实显示女性是营销人员所不可忽略的消费者。

就人口的性别来看，2015 年，中国大陆总人口为 137 462 万人，其中，男性人口为 70 414 万人，女性人口为 67 048 万人；总人口性别比为 105.02（以女性为 100）；出生人口性别比为 113.51，即是说，每出生 100 个女孩，就相应出生了 113.51 个男孩。

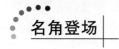
名角登场

美国同性婚姻合法，各州抢夺商机

2015 年 6 月底，美国最高法院以 5∶4 的票数裁定同性婚姻合法。正值各州计划抢夺 26 亿美元大饼之际，经济学家提醒，此项经济效益恐被高估。

原因在于：过去，想要结婚的同性受限于各州法规，只能前往已经允许同性伴侣注册结婚的 37 个州办理手续。这些州除了包办婚礼的场地、餐饮、布置等活动费用外，还可以另外赚一笔外州宾客到此地所衍生出的住宿、交通等旅游费用。但同性婚姻合法的政策全面开放以后，此项经济效益也会跟着缩减。

即使是一般婚礼，在新人收入未增加的前提下，总花费都可能挤占他们平时外出就餐、看电影等的消费，因为经济学家詹妮弗·R.摩丝（Jennifer R. Morse）指出："新人花在婚礼上的每一分钱，都来自其他产业的花费的减少。"因此，此项举措有益于经济增长的说法不太站得住脚。

再者，根据加州大学洛杉矶分校威廉斯中心（Williams Institute）的专案调查，马萨诸塞州每一对同性新人举办的婚礼中，就有 16 位宾客来自其他州，若依据当地游客每日平均开销金额推估，光是出席同性婚姻的宾客，每年就可为该州带来 2 100 万美元的收益。但未来，跨州结婚的手续得以简化，周边衍生的旅游收入恐怕是不升反降。

即使专家提醒冷静看待同性婚姻的经济效益，全美各州仍喜不自胜地打着算盘估量收益：同性运动的大本营加利福尼亚州预估，未来三年将进账近 4 亿美元，是全美各州最高期望值；纽约州预盼将有 2.3 亿美元的收益；连先前几个坚决反对同性婚姻的保守州都来掺和一脚：得克萨斯州宣称可受惠 1.8 亿美元，而佐治亚州、俄亥俄州都预计将有超过 7 000 万美元的收益。

资料来源：柳定亚，"同性婚姻财爆发？经济学家算给你看"，《商业周刊》，第 1444 期，2015/07/15。

7.5.3　种　族

每当选举时，你就会发现有些候选人会特别强调种族之间的差异，或是以种族的独特利益来作为竞选的诉求主张，此时其他的候选人便会说这是挑起种族的对立。就政治营销来看，这不过是候选人以种族来进行市场区隔的策略运用而已，就如同本地居民的候选人会强调维护本地居民的权益来吸引本地居民的认同一样。不管我们喜不喜欢，不同的种族之间的确存在着不同的价值观、信念、生活形态，以及消费模式，因此营销人员必须针对不同种族采用不同的诉求。

在台湾地区的民族中，有所谓的四大族群：闽南人、客家人、外省人及先住民。每一种族的特征存在着很大的不同。例如，客家人勤俭、刻苦、团结，先住民热情并有歌舞和运动天赋。而由于民族特征的不同，其消费模式也不一样。研究便发现：台湾先住民学生的饮酒行为比汉族学生多，其可归因于父母和亲戚的饮酒行为较汉族多、参照群体较同意饮酒，以及文化休闲活动较少[61]。另一项针对台中市民的休闲消费研究发现，省籍是造成文化兴趣与知识差异的重要人口统计变量[62]。因此，营销人员常根据民族来区隔市场。例如，义美食品便曾以客家语言来录制广告，以抢占客家人的市场；此外，政治人物也常在演讲中夹杂各种民族方言，来获取各民族选民的好感与支持。

7.5.4　地理区域

地理区域变量之所以重要主要是基于两个原因：第一，不同地理区域具有不同的气候、文化与族群，因而导致不同的生活形态和偏好。例如，南方吃槟榔的人便比北方要多。第二,地理区域的发展与经济结构可能随着时间的推移而产生巨大的变化。例如,随着西部大开发政策的推进,大陆西部的发展速度加快。所以,对于某些厂商(例如,连锁便利店)而言,预测区域的发展与经济结构转变并预先做好部署和规划,对于未来的目标达成便很重要。

有研究发现,居住在不同都市化程度与生活区域的家庭,所表现出的物质性和精神性消费形态有显著不同[63]。另外,城乡居民在文化消费上也存在显著差异[64]。

7.5.5　教　育

教育程度不同,对产品的需要也不同。例如,艺术活动就和教育程度有很大的关联。此外,像电脑软、硬件的需要也受教育程度的影响。以人口的教育程度而言,近些年大陆加快发展教育事业,人口科学文化素质显著提高。截至 2014 年年末,每十万人中具有大学文化程度的人为 8 930 人,具有高中文化程度的人为 14 032,具有初中文化程度的人为 38 788 人,具有小学文化程度的人为 26 779 人;文盲率(15 岁及以上不识字的人口占总人口的比重)为 4.08%,而后者的比率预估在未来将呈下降的趋势。

7.5.6　职　业

不同的职业会引发不同的需要。例如以体力为主的职业,由于体力工作会引发肌肉及生理上的疲劳,因此为促进新陈代谢往往对酒类的需求相对较强。所以,中国的药酒市场主要便以劳动人口为主要诉求对象,而白领阶层因为职场的特征,对于领带、衬衫、套装,以及皮鞋的需要相对较强。

一项针对已婚妇女所做的研究显示:职业妇女与非职业妇女,对其在家庭中所扮演角色的认知、烹饪的态度、食品采购行为,均有显著的差异[65]。另外,家庭主妇会较注意物品的价格,也常在一般商店购买,信息较多来自家人;已婚的职业女性则较注意物品的品质(新鲜度),信息较多来自朋友[66]。

7.5.7　宗　教

可能由于宗教有很强的禁忌和神圣意义,因此营销领域中关于宗教因素的研究并不多[67]。宗教有戒律,因此会对信徒产生规范作用,这种规范则会影响其消费行为。研究发现:信仰天主教、基督教和犹太教的大学生在周末休闲活动上的决策准则具有相当大的差异[68]。研究也发现,不同宗教群体在商店评估准则上存在显著的差异[69]。此外,不少节目便常以某一特定宗教的教友作为目标顾客,这便是典型的以宗教作为区隔变量的范例。

7.5.8　收　入

收入水准对于消费者的购买力具有相当大的直接性影响,因此很多营销人员都会用收入来区隔市场,诸如房子、汽车、衣服和食物等。不过,我们要先分辨名义收入、实际收入、可支配收入与信用扩张后的收入之间的不同及其对营销的含义。名义收入是指个人实际所领到收入的绝对数目,也就是工资条上的收入数目。实际收入是指名义收入经考虑通货膨胀的因素后所做的调整,代表收入的实际购买力。可支配收入是指一个人的收入在扣除了必要的支出或储蓄后,剩下的可以自由支用的部分。例如其收入在扣除了高额的房屋贷款利息后,可能所剩无几,因此虽然实际收入很高,但可支配收入却很有限。信用扩张收入则是指个人通过信用扩张后,使购买力增加的结果,例如通过信用卡、借记卡或借贷来预支未来的购买力。

个人购买的预测效果:名义收入＜实际收入＜可支配收入＜信用扩张收入。

从营销的角度来看,若想了解一个人的购买力,则实际收入比名义收入的预测力较佳,可支配收入的预测力又高于实际收入,而信用扩张收入相较于可支配收入更具预测力。这也可以解释一些没有名义收入的青少年为何具有很惊人的购买能力。这是因为父母为其提供了高额的零花钱,再加上其利用个人信用卡所产生的信用扩张作用所致。

一项探讨台湾地区家庭旅游消费支出和社会经济与人口变量之间关系的研究发现,家庭可支配收入是影响家庭外出旅游消费支出的绝对因素[70]。

2015 年 7 月 1 日,世界银行公布了最新的人均国民总收入数据,从数据上看,大陆人均国民总收入为 7 380 美元。

练习题

7-1 有人常说"江山易改,'本性'难移",又说"苟不教,'性'乃迁",你认为这里的"本性"和"性"是否就是人格特质?你是否同意上述两句话的观点?

7-2 试解读下列产品所具有的符号意义:
(1) 苹果手机　　(2) 迪士尼乐园　　(3) JanSport 背包　　(4) 耐克运动鞋

7-3 你认为典型"大学生"的产品族群是怎样的?

7-4 如果我们将中国大陆分为东部、西部、南部、北部、中部五个区域,试就这五个区域内的消费者进行衣、食、住、行与休闲的比较。

无微不至,顶级客人的服务学

"帝宝里超过一半都是我的客户!"说这句话的,就是国裕生活总经理钱秋华。她和她的先生——国裕生活董事长栾谨国,三十年前从进口家饰批发起家,至今已是中国台湾地区最大的顶级精品家饰代理商。

旗下拥有麦森(Meissen)、摩瑟(Moser)水晶等世界一线家居用品,商品均价百万元到千万元新台币不等。这个专做富豪生意的老板娘,究竟有什么能耐,不只将台湾地区经营成麦森全球三大市场之一(另外两者为欧洲、日本),还能将位于金字塔顶端的客户服务得服服帖帖?

但是,他们为了要将有三百年历史的麦森引进台湾,却经历了长达十年的交涉过程。

钱秋华分析,麦森过去是专供王室、贵族的御用瓷器厂,因而对经销商、顾客也相对挑剔,当时在亚洲,只有日本客人符合他们的标准,"他们宁可不卖,也不愿被不懂的人糟蹋!"

因此,为取得对方的信任,夫妇俩持续十年,每年不止一次到访麦森,表达代理意愿与经营能力。从东西德对立到统一,再从马克时代等到欧元出现,靠着这般超越"三顾茅庐"的执着,终于在2000年,让对方点头答应。

但是,拿下代理权,才是考验的开始。钱秋华说,因麦森要求代理商必须自备渠道,第一线销售不得假手他人,让国裕不得不从批发商这一身份走上转型之路,直接面对客户。不过,要能接触到买得起上千万元瓷器的客户,绝非易事。

因此,她在渠道上采用"由浅入深"策略:在百货公司广设专柜,放置单价约数千元至数十万元、较易入手的商品,开发新客户;接触到客源后,再利用会员俱乐部和两处位于台北市的独栋的VIP专属展示间,留住顶级客户。

而为让生客变成"常客",钱秋华下的苦心,在一般代理商那里也不容易看见。国裕顾客、怀德内科诊所院长吴忠庭说,只要百货公司设的专柜有新会员入会,老板夫妇不仅自费准备入会礼,每个月还专程在北部、中部、南部各地做东,宴请每一位新会员。往后,只要见面,钱秋华都能立刻叫出每位会员的名字,"很有诚意,七八千人,都有他们夫妇俩的手机号!"

不只如此,早在"社群经营"这个名词未出现的时代里,夫妇俩就积极经营以国裕为中心的社群,让多为企业主、"三师"、政商名流的会员能彼此交流。不只举办小规模的餐会,每年一次、北中南三场的新品展示会,都在五星级饭店大摆宴席,以艺术品会友。

现在,国裕会员间不只自行成立网球社团,还因国裕专柜备有茶水、点心,周末常主动在专柜聚会,谈论收藏心得。栾谨国夫妇和顾客间虽是因买卖而结缘,却能淡化生意色彩,成为一个由国裕做中介、具有实际社交功能的富豪人脉圈,不只大幅提升顶级客户对国裕的黏合性与依赖度,也是少数由厂商发起、成功经营的社交网络。

栾谨国夫妇不只拥有善于经营富豪社群的能力,就连将商品送到顾客家的最后一个环节,这个代理商同业都外包的运送业务,都能一手掌握。

钱秋华说,因为瓷偶、花瓶等商品做工精细,若运送过程中稍有破损,损失都是万元起价,所以,十多年前她就决定自己培养一批人,使得从包装、送货到组装、维修的品质,都能直接管控。

也因此,这个12人小组,小至杯碗、大到餐桌都懂得打包,送货之外还能身兼接送客人的司机,向顾客提供摆设咨询,甚至每个人又学有专精,分别负责瓷器、时钟、大型家具等修补工作。

不过,虽职务无所不包,但每件工作的SOP都制定得清清楚楚。国裕组装组组长王信维说,除了组装前必须先铺毯子,再放上工具;打墙钻洞时,另一只手必须接掉落的粉尘等基本原则;就连开车时的换挡、行车及刹车速度都有规定;一幅画甚至有花13个小时才成功组装、挂上的纪录。不只如此,常跑豪宅区的他们,不仅被要求记得这次服务的客户的名字,就连在社区里遇到曾服务过的顾客,都要能立即做出反应。

钱秋华笑说,许多重视隐私的富豪因此对组装组的同事十分熟悉,不只订货时会指定同事配送,甚至自费聘请国裕组装组协助搬家,证明国裕的"超人"小组累积了一定的口碑。

不过,也许正因为她的努力付出,才能让这些富豪信任、买单。而这也成为国裕拉高竞争者与原厂的进入门槛、不被取代的关键。

资料来源:郭子苓,"国裕董娘靠品味,养出瓷器富豪圈 帝宝一半住户 都拥有她的会员卡",《商业周刊》,第 1368 期,2014/01/27。

讨论问题

1. 你觉得站在金字塔顶端的消费者除了收入比较高之外,与中产阶层的消费者在消费习惯上有何不同? 请举出三点重要差异。
2. 为了持续成功,你觉得"国裕生活"下一步应该采取什么策略?

消费者行为的宏观层面

第 8 章 文 化

本章将为您解答下列问题：

▶ 文化的定义及其特征是什么？

▶ 文化包括哪些维度？

▶ 文化应该如何衡量？

▶ 文化是如何产生与创造的？

▶ 在文化学习上常使用的工具有哪些？

▶ 在消费上常见的仪式有哪些？

▶ 文化与消费的关系是什么？

▶ 阶梯理论的内涵是什么？

▶ 符号的意义有哪些类型？

▶ 亚文化具有什么样的特征？

▶ 跨文化的营销策略应该考虑哪些因素？

独特的收藏兴趣，转化为创业点子

什么地方会卖猫头鹰的呕吐物"食茧"、一根永远不会顺时针走且毫无用处的棒子？浏览"赛先生科学工厂"网站，让人不禁想问："老板疯了吗？"

林厚进和钱筠筠当然不是疯了，这对夫妻把收藏兴趣转化为创业点子，开销售网站，以别具一格的利基定位，打造出中国台湾唯一专卖科学礼品的公司。

创业 6 年来，两人蹒跚学步却越走越稳健：员工从最初的 2 人发展到 10 多人，如今一年的业绩超过 1 500 万元新台币，经销的商品超过 600 种、自行设计的产品有 10 多项，2014 年自行设计的"折纸笔记本"连获德国 iF、日本 Good Design 设计大奖，可以说成绩斐然。甚至，到日本超高人气的国民生活杂货品牌 LoFt 闲逛，也可以找到赛先生的产品。

押上存款、锁定追寻伟大宝藏的爱好者的这一切，源自 6 年前的一场聚会。林厚进与太太钱筠筠都在自家的设计公司上班，生活还算充裕，当时，钱筠筠听到开卖书网站的朋友提起网络开店的初体验：只要有人下单，就会有短信通知，哪怕人在海边散步，手机短信也会一直响，每响一次就等于进账一笔。听进耳里的钱筠筠心想，购物网似乎很好赚钱，不免也想跟进。

原本就爱收集稀奇古怪科学玩物的两人灵光一闪，如果将这些东西放在网站上销售，是不是能吸引到和他们一样"要追寻伟大宝藏"的爱好者，进而成为一门不错的生意？

当时两人虽然收入不低，却是租房族，又追求小确幸，身边存款仅 40 万元新台币，但他们把这笔钱全部投入赛先生。林厚进承认，这就像押注，两人把仅有的余钱全部押上。带着"输了顶多重来"的心理准备，花了一年多的时间，赛先生网站才正式上线。钱筠筠回忆，刚开始每天网站的浏览人数顶多 20 人，自己常常盯着 Google 分析发呆，只要一显示有网友在浏览网站，就非常兴奋。

早期网站上的商品最多 30 种，靠着林厚进以设计师的"任性眼光"选物，采购原则也秉持着"礼品、与科学相关、有趣"三个方向，而且深信一定会有买家上门。果然，赛先生渐渐打开知名度，网友的文章吸引了媒体报道，每日网站浏览人数飙升至 8 000 人。2011 年，一位客户主动牵线，赛先生开始到诚品设店，如今在诚品已设立三个实体店，贡献的营业额高达七成。2015 年暑假，赛先生还要进驻台北松烟诚品，并将在高雄驳二艺术特区开设第一家旗舰店，营业额预估会再增长两成。

除了代理商品和销售自行设计的产品，只要有任何人设计了新奇有趣的科学产品，都可以拿到赛先生网站上卖。例如，台湾大学的一位教授设计了一款可以连接手机的"生物显微镜"，就找上门来。

林厚进说："我们在做的事情，已经不再是赚钱那么单纯了，好像影响了一些人，影响力越来越大。"赛先生将爱好科学礼品的人凑在一起，集小众成大众，培养出一个庞大的科学礼品族群。

林厚进表示，赛先生的野心是要成为国际品牌。两年前他参加"文化创意产业国际拓展计划"，到伦敦参展，所设计的产品也受到海外厂商的青睐，开始打开国际市场。赛先生目前来自海外的订单，已占总订单的一成至两成。2015 年，赛先生开设海外网站，往世界品牌的目标迈进。

资料来源：黄家慧，"科学也能当玩具卖 小夫妻把小众变独门生意网路开店"，《今周刊》，第 963 期，2015/06/04。

本书的第四部分主要是在探讨影响消费者行为的宏观层面的因素，这些因素包括文化、参照群体、家庭、社会阶层，以及情境因素。宏观层面因素的特点是发生在人与人之间，大多与群己关系有所关联，不像微观层面因素仅存在单一个人之内。

本章主要探讨与"文化"相关的一些观念与理论。没有人能脱离文化的影响，而且人自出生开始即受到文化力量潜移默化的影响。因此，从空间角度来看，文化对消费的影响是无远弗届；从时间角度来看，其影响更是无时不在。

8.1 文化的内容

8.1.1 文化的定义

文化是个人过去所学习到的价值、规范、态度与其他有意义符号的综合体。

文化（Culture）是社会影响一个人行为最重要的方式之一。文化包括一个社会所共同接受的信念、价值、风俗习惯与行为标准。因此，文化是个人过去所学习到的价值、规范、态度与其他有意义符号的综合体。一般来说，社会常借助于家庭与学校，来传达他们所认同的文化。但文化不是不变的，文化是动态的，会随着时间的推移而不断地调适与更新。文化必须通过调适，才能与环境相融合。

文化的要素包括外在的物质文化（External Material Culture）与内在的精神文化（Internal Mental Culture）。外在的物质文化由外在世界中的可见物品所构成，亦即在日常生活中，我们可以看见、可以接触、可以使用的一些物品，诸如衣服、建筑、家具、书籍、电影等。内在的精神文化，是文化的抽象成分，通常指社会大部分成员所共同拥有的观点与想法，其中包括我们的知识系统（例如，语言、科学与对于现实世界的知识）、信念与价值体系（例如，宗教、政治或社会的哲学），以及社会规范体系（社会、家庭与学校所教导的是非对错）[1]。

价值是指关于某一期望结果的持续性信念。

价值与规范是文化中很重要的因素。价值（Value）是指关于某一期望结果的持续性信念，该信念具有稳定性，并不会因情境的不同而改变[2]。文化所传达的是在社会中持续且稳定的某种核心价值，一般我们称这种核心价值为"社会价值"，以有别于个人价值。例如，"不孝有三，无后为大"便是一种社会价值。价值会影响一个人的行为，因此营销人员如果了解目标消费者所在文化的核心价值，便较能预测和掌握消费者的行为。

规范是指行为的规则，它是一种"何者应为"和"何者不应为"的行为指引。

规范则和价值并不相同。规范（Norms）是指行为的规则，它是一种"何者应为"和"何者不应为"的行为指引。因此，规范比价值更明确，也具有某种强制性，它明确指出了可接受与不可接受的行为。例如，天主教禁止堕胎，这不是单纯的价值，而是规范，信徒可能因为堕胎而被逐出教会。

文化可以塑造人们的行为,因为个人的价值观与信念必须符合所处社会的文化需求,也就是必须和社会文化相容。但是,不同文化下的核心价值往往存在很大的差异,就像是相同的颜色在不同文化下,会具有不同的意义。若不能清楚了解其间的差异,则营销的效果往往会大打折扣,甚至出现反效果。例如,东西方文化对于家庭的看法便有极大的差异,其中东方文化较西方文化更重视家庭。同时,东西方文化对于合作与竞争的观点也相当不同,东方文化较重视合作,而西方文化则注重竞争。对于跨国公司而言,如果不去了解各个国家和区域间的文化差异,则很难赢得国际营销的成功。

名角登场

7-Eleven 是印尼人最时髦的聚会场所

街头巷尾都看得到的便利商店 7-Eleven,进军印度尼西亚短短数年,现已摇身一变成时髦的去处,除了基本日常用品、简便座位、免费无线网络,有时还会举办小型的演唱会,深受当地年轻人的喜爱。

几乎每晚都会和朋友在 7-Eleven 碰面的大学生奥卡·德尔玛万(Oka Dharmawan)说,这是最新概念的聚会形态。另一位年轻常客是杂志社客户经理 Andi Annas,他几乎去过所有的 7-Eleven,也认同:"这里是和朋友聊天小聚的最佳地点,贩售的餐点价格合理,更别提还可自行调整饮料及食物的口味了。"

花了两年时间取得授权的现代普创公司(Modern Putra),在 2009 年将 7-Eleven 带进印尼。由于专攻 30 岁以下年轻人群的策略奏效,业绩大幅增长。

现代普创助理总裁亨利·霍诺里斯(Henri Honoris)分析,十年前,印尼的年轻人喜爱围坐在路边摊闲聊,但经济增长提升了社交品质,他们正好抓对了时机:"在这里,人人都爱在舒服的环境下聊天,我们提供了一个更优质的场所。"

7-Eleven 于是在居民极热爱社交生活、城市严重缺乏户外休闲场所、交通不便的考虑下,制定出提供价格合理的熟食、简便座位的迷你超市的开店策略,很快就吸引了中产阶层及新兴富裕阶层。如今,奔驰轿车与摩托车并排停靠在 7-Eleven 门店的景象已是司空见惯。

资料来源:梁安蓝,"印尼人赶时髦 爱到 7-11 闲磕牙",《商业周刊》,第 1281 期,2012/06/11。

8.1.2 文化的共通性

虽然不同的文化之间可能存在很大的差异,但是否也具有某些共通性呢?基本上,文化具有下列六项共通性[3]:

1. 文化具有后天性

天生的本能行为并不是文化的表现,文化是经由后天学习得来的。一如痛苦时,会有情绪上的宣泄;喜悦时,会开怀大笑,这是自然本能。不过,虽然本能上人类具有情绪,但如何宣泄情绪则是后天所学习的。

文化具有下列六项共通性:后天性、共享性、约束性、调适性、普及性及层级性。

因此在不同的文化下,通常会产生不同的宣泄方式。另外,肚子饿想要吃东西,这是人类的本能,而非文化。但是不同地区的人往往发展出不同的饮食特色、习惯与形态,甚至是采用不同的食材,这便形成独特的饮食文化。例如,西方饮食中普遍使用的乳酪,在中国的烹饪中则不多见;而中国著名的小吃臭豆腐,则很难被西方人所接受。这些都是文化上的差异。

名角登场

"鬼地方"大发旅游财

不管是枪林弹雨的战场,还是埋葬无数冤魂的集中营,这些阴森森的地方往往让人唯恐避之不及。但这些和"死亡"息息相关的"黑暗旅游"(Dark Tourism)却在欧美大行其道,尤其2014年适逢第一次世界大战开战100周年,更掀起"战地巡礼"的一波热潮。

英国旅行社趁势推出"记忆之路""周末战地"等3—9天的行程,费用从500英镑起。尤其以"索姆河战役"闻名的法国北部更成了热门地点,2013年壕沟遗迹与战争博物馆吸引了40万名游客到访,2014年人数更是翻倍。

资料来源:吴和懋,"冤魂聚集阴地,也能发观光财? 这个'鬼地方'一年吸引40万游客",《商业周刊》,第1400期,2014/09/10。

2. 文化具有共享性

同一文化下的人们具有相同的价值、信念与生活方式,因此文化具有共享性。由于文化具有共享性,我们可以预测在相同文化下的人们,在行为上具有一定的相似度。因此学习某一文化可以使我们更了解该文化下的人们,也更能融入该文化,使得我们更容易在该文化下生活与适应。

3. 文化具有约束性

文化隐含着某些规范与行为准绳,以避免成员可能出现的偏差行为,因此文化对其成员具有某种程度的约束性。例如,中国人非常重视家庭与孝道,所以对于忤逆父母的人会以一种社会舆论的力量予以制裁,如此便可以对于不孝顺的偏差行为产生约束作用,而这种约束作用也可能会超越社会的其他约束力量(例如,法律或家族中的尊卑关系)。

4. 文化具有调适性

文化是人类对环境的一种回应,因此当环境变迁时,文化也会随之改变。例如,当组织或社会面对外来的危机时,往往会冲击该组织或社会的文化,进而产生某种程度的改变。例如,近来我们常看到韩国文化对中国年轻一代的影响。此外,被殖民国家由于受到外来民族的压迫,也常会产生某种悲情色彩的文化。

5．文化具有普及性

如同其他的环境因素,文化也常不自觉地影响我们。我们的日常生活无时无刻不被文化所影响,一旦文化的规范被打破,或是文化公然被颠覆,此时所带来的重大冲击,才会使我们惊觉文化是如此深刻普遍地影响着我们。

6．文化具有层级性

大群体的文化往往影响着其所包含的小群体文化,一层套着一层,环环相扣。例如,企业的文化会受到所在社会和国家的文化的影响。因此,我们可以发现:跨国公司的分公司或子公司,除了保有母公司的特色外,往往也会带有所在国家的文化色彩。

8.2 文化的维度与衡量

8.2.1 文化维度

虽然不同文化之间的差异性可能很大,但是我们可以借助以下几个方面来解读不同文化的内涵和描述其差异。这五个文化维度是从社会价值的角度着手,主要是由霍夫斯泰德(Hofstede)所发展出来的[4]。

1．权力距离

权力距离(Power Distance)是指在对权威的服从关系上,所存在的社会不平等与差异程度。在权力距离大的社会中,社会的不同阶层间存在着较大的威权主义(Authoritarianism),同时社会成员之间的关系也偏向正式化,并且不同阶层之间维持着一定的距离,而低下阶层偏向以卑屈的方式来和高上阶层互动;反之,在权力距离小的社会,不同阶层间存在着较大的平等主义(Egalitarianism),也就是上下阶层成员之间的关系没有那么正式化,不同阶层之间往往维持着密切关系,而低下阶层对高上阶层则倾向于以平等的方式来互动。

> 权力距离是指在对权威的服从关系上,所存在的社会不平等与差异程度。

2．不确定性的规避

不确定性的规避(Uncertainty Avoidance)是指社会中的人们对于模糊不清的情境,所要求避免的程度。为了避免模糊不清的情境,他们通常会借助于明确正式的制度与规定。因此,在高度不确定性规避的社会中,存在着很多正式的制度与规定,以供成员遵守;相对地,在低度不确定性规避的社会中,正式的制度与规定并不太常见。

> 不确定性的规避是指社会中的人们对于模糊不清的情境,所要求避免的程度。

3．男性化与女性化

男性化与女性化(Masculinity/Femininity)是指在社会中是倾向于男性(阳刚)还是倾向于女性(阴柔)的性别角色。男性往往扮演着专断的角色,而女性则扮演着服从的角色。在男性化倾向的社会中,男性角色的地位高于女性角色。从市场来看,我们也可以说在男性化倾向的社会中,市场的主流价值是强调专断、追求金钱与地位,以及急于获取外显的

> 在男性化倾向的社会中,市场的主流价值是强调专断、追求金钱与地位,以及急于获取外显的与象征性的报酬。

在女性化倾向的社会中，市场的主流价值是强调生活的品质、环境保护和帮助别人，并将人与人之间关系的重要性放在金钱与成就之上，认为"小就是美"。

个人主义与集体主义的倾向是指一个人如何权衡个人与其所在群体或组织两者之间的成就和利益。

与象征性的报酬。也就是说，在男性化倾向的社会中，主流价值是金钱、成功与物质。相反地，在女性化倾向的社会中，女性角色的地位高于男性角色，市场的主流价值是强调生活的品质、环境保护和帮助别人，并将人与人之间关系的重要性放在金钱与成就之上，认为"小就是美"。

4. 个人主义与集体主义

个人主义与集体主义（Individualist/Collectivist）的倾向是指一个人如何权衡个人与其所在群体或组织两者之间的成就和利益。个人主义的倾向认为个人的成就与利益高于群体或组织的利益，此时群体成员之间的结构很松散，个人的自由度很高，并强调适者生存。相反地，集体主义的倾向则认为群体或组织的利益高于个人的成就与利益，因此群体成员之间的结合很紧密，强调为了群体不惜牺牲个人的自由，并且注重群体成员的合作与群体利益的维护。例如，美国是一个很典型的个人主义国家，而很多亚洲国家（例如日本）则倾向于集体主义。因此，在广告诉求上，与美国消费者沟通时经常强调个人的诉求，而对亚洲的消费者则常以群体利益作为着墨点。

5. 长期取向与短期取向

在长期取向文化下，注重于未来，强调坚持和节俭；在短期取向文化下，注重于过去，强调反映过去和现在的价值。

除了上述的四个维度外，霍夫斯泰德后来又增加了第五个维度——儒家动态（Confucianist Dynamics），这个维度主要用于区分长期取向和短期取向（Long-Term/Short-Term）[5]。通常，亚洲国家由于深受儒家观念的影响，因此较偏向长期取向的观点，而欧美国家则偏向采取短期取向的观点。在长期取向文化下，注重于未来，强调坚持和节俭；在短期取向文化下，注重于过去，强调反映过去和现在的价值。中国香港和日本是很典型的长期取向文化，而美国、英国和西非则是很典型的短期取向文化。

8.2.2 文化的衡量

如何衡量社会或消费者所具有的文化内涵呢？有四种不同的方式可以用来衡量文化的内涵：内容分析、消费场合分析、深度访谈与焦点群体，以及量表的衡量。

1. 内容分析

内容分析主要是针对沟通的言辞、书面文字，以及图像的内容等来进行分析。

内容分析（Content Analysis）主要是针对沟通的言辞、书面文字，以及图像的内容等来进行分析。虽然内容分析属于一种定性分析，但是研究者只要按照科学的方法与步骤，内容分析的结果还是可以达到相当程度的严谨与客观的。内容分析的第一步是建立一套周密而定义严谨的分类架构，然后请对研究目的并不了解（以避免存在预设立场）的第三者针对所要分析的内容，依据分类的标准和架构，进行客观的判断，并加以归类。例如，我们可以针对广告的内容进行分析，以判断广告所要传达的意义，这即是一种内容分析。以文化衡量而言，我们可以请目标消费者说明其所持有的信念与价值，然后针对其自述内容来进行分析和归类，便可以衡量消费者所处文化的内涵。

2. 消费现场调查

消费现场调查(Consumer Fieldwork)是一种借由观察消费者在消费现场中的实际行为,来推论背后的原因,或是找出影响该行为的因素[6]。这种分析是指通过训练有素的研究者,来仔细观察一些小样本的消费者在消费现场中的实际行为。借由这样的观察,我们可以了解并推估所观察消费者的价值、信念与习俗。消费现场调查最大的特色即是其所观察到的是真实消费行为,加上有些观察是在消费者未经察觉的状态下进行的,因此更接近真实状况。消费现场调查比较适合用来观察消费者在零售商店中的选购行为。虽然也有一些观察是针对消费者在家中的消费行为,但因为牵涉到消费者隐私且处于消费者察知的状态下,所以可行性与真实性皆偏低,因此比较少见。

<aside>消费现场调查是一种借由观察消费者在消费现场中的实际行为,来推论背后的原因,或是找出影响该行为的因素。</aside>

3. 深度访谈与焦点小组访谈

文化的衡量也可以通过深度访谈与焦点小组访谈的方法来深入探讨。深度访谈的最大好处就是能对单一主题进行深入探讨,因此对于内涵复杂的文化问题极为适合。此外,通过深度访谈也可以同时展示图片或产品。但其缺点是昂贵又耗时,再者访谈者本身的外形、性别与技巧都会极大地影响受访者,因此很容易影响衡量结果的客观性。焦点小组访谈则是针对一个小组的样本,访谈者通过开放性的问题与互动的交谈,来探讨相关主题。典型的焦点小组访谈约费时 1—2 个小时,理想人数约为 6—12 人。焦点小组访谈的成败受到访谈者专业能力的影响很大,而焦点小组访谈的最大好处是能对样本进行深入的探讨。

4. 量表的衡量

有些学者发展出一些量表来衡量消费者的价值,其中与消费者较为有关的价值量表包括罗克奇价值观量表、LOV 量表、施瓦茨价值观量表,以及 VALS 系统。此部分的价值量表已在前面的章节提过,故不再赘述。

8.3　文化产生

8.3.1　文化选择与文化创造

文化是如何产生的?由于地球村的效应,天涯若比邻,因此今日的消费者可能会面临各种不同文化的冲击。例如,我们在北京的街头除了能找到中国各个省份的名菜,还可看到"韩流"影响下的韩式拌饭、口味酸辣的泰式料理,以及象征美国文化的快餐店。在各种不同文化的冲击下,社会也会塑造出新的文化。旧有文化便是在这些不同文化的冲击下,不断地转型与蜕变。这些不同文化彼此互相竞争、互相影响,通过文化选择(Cultural Selection)的过程,将这些文化从单纯的观念推向真实的消费行为。

文化生产过程(Culture Production Process)可以用来说明文化选择的现象[7]。根据图 8-1 所示,文化生产过程包括三个部分:符号库(Symbol Pool)、文化生产系统(Culture Production System, CPS)与文化守门员(Cultural Gatekeepers)。

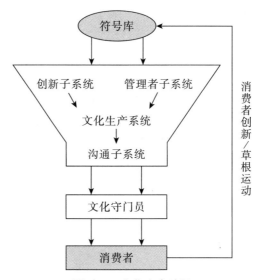

图 8-1　文化生产过程

资料来源：Michael R. Solomon（2015），*Consumer Behavior：Buying，Having，and Being*，11th ed.，Pearson Education Limited，p.110.

符号库是代表产品可能隐含或消费者可能追求的符号总和。

文化生产系统是负责文化产品创造与营销的个人与组织。

符号库是代表产品可能隐含或消费者可能追求的符号总和，例如时髦、创新、尊崇或智慧等。

文化生产系统则是负责文化产品创造与营销的个人与组织[8]，主要包括三个子系统。

1. 创新子系统（Creative Subsystem）

负责产生新的符号与（或）产品。

2. 管理者子系统（Managerial Subsystem）

负责新的符号与（或）产品的筛选、成型、大量制造，以及配销的管理。

3. 沟通子系统（Communications Subsystem）

负责赋予新产品意义，并使用一组具有符号性意义的属性，来将该意义传达给消费者。

以一张画作来看，画家是创新子系统，而画廊与经纪人是管理者子系统，广告公司或公关公司则是沟通子系统。若以产品营销来看，新的品牌或产品的研发属于创新子系统，产品经理或品牌经理属于管理者子系统，广告公司或媒体则属于沟通子系统。

文化守门员是指会先对产品进行判断与试用，而其意见内容会影响最终消费者接受与否的一群人。这些文化守门员负责过滤所有流向消费者的信息与素材，例如社会上的专家或评论家往往会影响一般人对价值观念的接受与否。另外，歌星、影星对其歌迷或影迷，以及影评人对于电影爱好者，都可能扮演文化守门员的角色。文化守门员又可分为正式和非正式两种。正式守门员包括大众传播媒体人员、社会评论家与影评家等；而非正式守门员则包括意见领袖、亲友、同伴及家人等。

文化守门员是指会先对产品进行判断与试用，而其意见内容会影响最终消费者接受与否的一群人。

除了文化是刻意由文化生产系统制造与传达给消费者之外,消费者本身也可通过创新和草根运动来产生新的符号,回馈至符号库。例如,网络用语也在普遍流行后成为新的语言。

●●●●●
名角登场

精心操作薄酒莱文化,11 月全球共饮新酒

薄酒莱并非酒名,它是法国的地名,位于著名的勃艮第产区最南端,主要种植"佳美"葡萄品种,而非勃艮第主流的"黑比诺"。薄酒莱红酒口味较简单直接,不像黑比诺红酒那么细致优雅,因此 60 年前被作为以壶、以桶计价的低档餐酒,且一直被摒除在勃艮第产区外,直到最近才由官方宣布并入勃艮第产区。

所谓"新酒"就是以少部分当年收成的葡萄、以简单的制造过程酿出可供立即饮用的葡萄酒,作为祭祀与节庆之用,这是法国许多葡萄酒产区的传统;而薄酒莱地区酿制的新酒,借由酒商的推广,近三十余年来已发展成世界各地欢庆场合的饮品。目前薄酒莱地区每年超过一半的葡萄收成被酿成新酒遍销全球,其他葡萄则还是用来制作一般的薄酒莱红酒。

薄酒莱新酒的走红堪称成功营销的典范,由当地酒商乔治·迪宝夫率先发起推动,比如薄酒莱新酒一律只能在每年 11 月的第三个星期四的零点开始销售,全球皆然。为了达成这一使命,还曾分别出动英国的鹞式战斗机以及法国协和号超音速客机,将薄酒莱新酒载往伦敦与纽约,以准时在当年 11 月的第三个星期四的零点,举行全球同步畅饮薄酒莱新酒的派对等。这些营销噱头彻底打响了薄酒莱新酒的知名度,也使得乔治·迪宝夫被誉为薄酒莱之王。

资料来源:张治,"每年 11 月的薄酒莱新酒",《今周刊》,第 934 期,2014/11/17。

8.3.2 文化学习与价值传承

文化学习是一种价值传承。基本上,有三种不同的文化学习形式:正式学习、非正式学习与技术学习[9]。正式学习(Formal Learning)是指诸如通过家庭的老一辈来教导新生代有关"如何作为"等事宜,例如父母对孩子的叮咛和耳提面命就是一种正式学习。非正式学习(Informal Learning)是指通过模仿他人,如家人、朋友或电视中的角色来学习文化的内涵。例如,孩子借由观察父母的行为或是观看电视剧学到的很多的观念与行为。技术学习(Technical Learning)则是指经由学校在课堂上教导学生应该如何做、为何要这样做,以及做什么等而产生的学习。从营销的角度来看,虽然营销人员可以运用这三种学习方式,但最常见的学习应该还是经由非正式学习来完成的,例如通过广告提供给目标顾客一个模仿的行为规范或角色。非正式学习又称经验学习(Experiential Learning),对于那些在公开场合使用的产品,特别容易受到经验学习的影响,例如汽车、服饰、手机等。同伴在非正式学习中经常扮演很重要的角色。例如在手机广告中,常借由一些年轻代言人的示范来将年轻族群和手机产生关联,因此新款手机已变成年轻族群追赶流行不可或缺的配件。

> 正式学习是指诸如通过家庭的老一辈来教导新生代有关"如何作为"等事宜。

> 非正式学习是指通过模仿他人,如家人、朋友或电视中的角色来学习文化的内涵。

> 技术学习则是指经由学校在课堂上教导学生应该如何做、为何要这样做,以及做什么等而产生的学习。

价值又是如何传承的呢？如图8-2所示，价值的传承主要经由家庭、宗教团体与学校来传达给个人。这些组织对于信念与价值的内化都具有极大的影响力[10]。

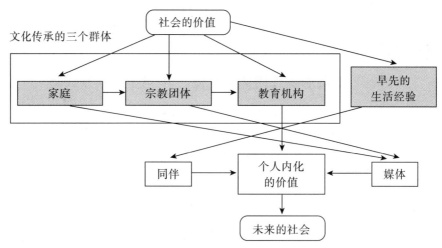

图8-2　价值的传承

资料来源：Roger D. Blackwell, Paul W. Miniard, and James F. Engel (2012), *Consumer Bahavior*, Cengage Learning, p.338.

媒体与同伴是社会化过程中极为重要的影响因素。媒体具有两种作用：反映出社会价值与影响个人价值。个人价值除了反映出个人独特的偏好外，也会受到社会价值的影响。当然，社会化不仅传达所肯定的价值（例如"尊敬长辈"），同时也可能传达某些不合时宜的价值（例如"门当户对"）。随着时间的推移，很多新生的价值（"只要我喜欢，有什么不可以"）进入社会，但也有很多旧有价值（"男大当婚，女大当嫁"）已经不再符合当今社会的需求了。

8.3.3　文化学习的工具

人类学家将文化的学习简单分为两种[11]：文化适应（Enculturation）与文化传入（Acculturation）。文化适应指的是学习本土的自身文化；而文化传入是指学习外来的文化。对于中国的孩子来说，《三国演义》和《西游记》里的精彩故事是一种文化适应的学习，而《白雪公主》《七龙珠》与《米老鼠》则是一种文化传入的学习。

不管是学习本土自身文化，还是学习外来文化，文化学习的工具通常包括语言、神话、符号与仪式。

1. 语言

语言是最基本的文化学习工具。通过共同的语言，沟通才能达成，也才能正确无误地将文化的含义与内容传达给其他人。营销人员必须正确了解语言的内涵，才能将产品介绍给不同文化背景下的消费者。相同的语言在不同的文化下往往具有不同的含义。例如埃索（Esso）汽油在日语中的意思是不会走的车子等。

文化适应指的是学习本土的自身文化。
文化传入是指学习外来的文化。

2. 神话

每个社会都会有一些神话,通过神话往往传达出其所追求的价值。神话(Myth)是指一个故事,在这个故事里包含着一些象征性的因素来传达该文化所共有的情感与理念。神话的故事内容往往包含着两种互相冲突的力量,而其结果则可作为人们道德上的指引,以降低成员在面临价值冲突时的焦虑。

神话是指一个故事,在这个故事里包含着一些象征性的因素来传达该文化所共有的情感与理念。

在一个文化中,神话通常具有四种功能[12]:

神话具有四种功能:形而上学的、宇宙哲学的、社会学的以及心理学的功能。

(1) 形而上学的(Metaphysical)功能。神话可以用来解释存在的根源。例如,我们从何而来? 中华民族自认为是龙的传人,便是一种解释存在根源的神话。

(2) 宇宙哲学的(Cosmological)功能。它强调宇宙万物都是某一大画面的一部分。例如中国人"天人合一"的观念,便界定了人与万物的关系,"大禹治水"的神话也传达了中国人看待大自然的态度。

(3) 社会学的(Sociological)功能。通过神话可以促使成员遵守社会规范,以有效维持社会秩序。例如,中国佛教和道教中的轮回观念,便具有很深的社会性功能。通过传说中的阴曹地府和阎罗王等神话,传达了"善恶终有报"的观念,来促使成员对于社会规范的遵守,从而维持社会的稳定。

(4) 心理学的(Psychological)功能。神话也可提供一种个人行为的典范。例如,组织中的杰出人物往往成为成员模仿追求的对象。神话也可能宣扬成功的故事,而成功故事的背后则是一条成功的法则。"铁杵磨成针"和"愚公移山"都属于这种功能类型的神话。

很多神话故事都包含着二元对立(Binary Opposition),也就是在一个故事中往往同时呈现出互相对立的两端(例如,自然与科技的对立,善与恶的对立)[13],而神话的对立必须通过一个中介人物(Mediating Figure)来取得平衡。例如"铁杵磨成针"故事中的老太婆,便是"刻苦努力"与"享乐偷懒"两种价值之间的中介人物。至于现代版的神话往往也是以现在所流行的文化层面来出现的,并可能同时出现在各种媒体(如漫画、电影、广告)中。"钢铁侠"便是一个典型的现代版神话的范例。

二元对立就是在一个故事中往往同时呈现出互相对立的两端,而神话的对立必须通过一个中介人物来取得平衡。

3. 符号

符号(Symbols)也是另外一种常见的文化学习方式。符号是指具有某些文化含义的东西,包含言辞与非言辞形式。例如 LV 的包对某些人可能是身份、地位的象征,因此 LV 所代表的是一种地位的符号。

符号是指具有某些文化含义的东西,包含言辞与非言辞形式。

消费者必须通过处理符号来萃取出其含义。当然,某一符号可能同时具有互相冲突的含义。例如宝马汽车一方面是品质和地位的象征;另一方面,由于不少黑社会成员也喜爱宝马汽车的加速性能,而经常以宝马汽车代步,因此使得宝马汽车混合了名流与黑道两者间互相冲突的含义。当然,不同的人对于同一符号也会有不同的解读。例如,珠光宝气对于某些人可能意味着美感与高贵,但对于另外一些人则可能代表着俗气与炫耀。

从营销层面来看,消费者在解读产品消费的符号含义时,不应只是局限于产品本身而已。除了品牌的形象以外,价格(例如高昂价格代表着高贵地位)、营销渠道(例如销售该产品的零售店形象)与产品代言人(例如产品的广告模特)等都可能赋予产品某种符号含义。

4. 仪式

仪式是指以一个固定顺序而重复出现的一连串具有象征意义的行为。

仪式(Ritual)也是文化学习中不可忽略的一种工具。仪式是指以一个固定顺序而重复出现的一连串具有象征意义的行为[14]。人的一生充满着各式各样的仪式,例如生日、毕业、结婚、升迁,以及退休等。仪式具有正式性,并且有一定的步骤(例如组织内的升迁仪式)。仪式可以是公开的,也可以是私下的(例如加入正式群体和非正式群体的仪式往往在公开性上有很大差异)。仪式可以是很抽象的,例如宗教仪式便常有很抽象的意义在其中(例如西藏密宗中的结手印);也可以是很具体的,例如珠光宝气的穿戴仪式便很清楚地告诉每个人穿戴者的财富象征。仪式可以是重复不断地发生的(例如销售人员的每日例行晨会)。

典型的仪式中包括四个元素:象征物、仪式脚本、扮演角色,以及观众。

典型的仪式中包括四个元素:象征物、仪式脚本、扮演角色,以及观众[15]。从营销层面来看,仪式的重要性在于其往往伴随着某些可增强其内涵的商品。例如情人节的玫瑰花,以及结婚仪式中的钻戒。没有圣诞树,还算是圣诞节吗?没爬过莲花峰,还算是到过黄山吗?这些都是典型的用来增强仪式内涵的商品。一般我们称具有这一效用的商品为象征物(Artifact)[16]。有些象征物是经由风俗习惯自然形成的,例如过年吃饺子、端午节吃粽子。但也有些象征物是营销人员所刻意创造出来的,例如情人节要享受烛光晚餐、圣诞节要参加狂欢舞会等。

随着时间累积加上营销人员的努力,很多仪式的象征物也发生了变化。例如昔日的“油饭”可说是婴孩弥月之喜的象征物,时至今日已经有人以红蛋来代替不易准备和热量过高的油饭。

仪式脚本包括仪式象征物本身、使用这些仪式象征物的顺序,以及谁来用这些仪式象征物等。

消费者经常使用仪式脚本(Ritual Script)来描述仪式象征物的相关事宜,这包括仪式象征物本身、使用这些仪式象征物的顺序,以及谁来用这些仪式象征物等。在诸如毕业典礼、谢师宴或生日宴会等情境中,你是否可以从中发现标准化的仪式脚本?例如照相便是旅游中的一个典型的仪式,没照过相怎能显示出曾经到此一游呢?当然还包括经常出现的仪式象征物、行礼如仪的程序,以及分别由各种相关人物所扮演的角色(Performance Roles)。不要忘了,还有观礼的人!他们扮演着观众(Audience)的角色,没有观众,仪式就不具有意义。就像缺乏见证的婚礼,总觉得少了大家的祝福。

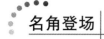

名角登场

婚礼像办星光秀，大抢"精致婚礼"商机

年产值高达 800 亿元新台币的台湾地区婚宴市场，竞争者越来越多。连姿态较高的饭店业者都嗅到商机，纷纷重新装修宴会厅，降价抢攻这一市场。

但婚宴市场受制"好日子"多寡的影响，以 2013 年来说，即使将农历七月的吉日算进去，也只有 33 天，比前年整整少了 12 天；但台湾最大的婚宴服务集团典华机构，2013 年营业收入仍稳定成长，维持着 20 亿元新台币的水平。

典华在台湾婚宴市场的占有率高达 10%。坐落在台北市大直的典华幸福大楼，6 个楼层、16 个宴会厅，共 1 000 桌次，最大的一个厅可容纳 150 桌。每年平均 1 400 对新人在典华宴客，典华也被称为婚宴产业中的"小巨蛋"。

15 年前，典华仍只是一家区域型、再平凡不过的传统中餐厅。2000 年前后，台湾产业大量外移，许多餐厅生意受影响而关闭，当时仍在新北市经营传统中餐厅的林齐国惊觉，婚宴市场这块一直没有专业的人来做。"一般喝喜酒时，餐厅只管出菜，也没人在意新郎、新娘穿什么衣服，司仪只是随便找个人担任，客人则是你办你的婚礼，我喝我的喜酒，完全没有互动。"

别人看到的是台湾结婚人数下降，林齐国看到的却是婚礼的精致市场没有被开发；他想起自己参加过很多西方的婚礼，双方亲友的真情告白，总是让他震撼无比，更激起他改变台湾婚宴形式的念头。

2004 年，他开始把旗下的餐厅转型为专业婚宴会场，重新投入市场。为了让场地更气派、更舒适，他直接进军大直重点规划区，租地兴建"典华幸福大楼"。从规划到完工，典华幸福大楼花了四年才在 2008 年落成，前后共投入 20 亿元新台币。

为了符合专业婚宴大楼的标准，林齐国在兴建之初就融入许多创新想法，事实上，这也是典华近十年来可以在婚宴市场稳坐龙头宝座的关键。

例如，为了让客人能毫无阻碍地看到台上的婚礼活动，每间宴会厅都尽量减少柱子，但如此一来跨距就得加大，所以一定要用较粗的钢骨结构支撑建筑物，材料自然所费不赀。

为了吸引年轻的新人客户群体，林齐国将场地"舞台化"，在宴会厅设计了一个"从天而降"的升降台、轨道缆车，让每位参加的宾客在看到新人出场时都惊呼连连；还有与时装走秀一样长的伸展台，在这条星光大道下铺设了一大片光纤，当室内灯光关闭时，就会看到台上自动变化的七彩光芒，让新娘仿佛有置身奥斯卡颁奖礼般的自信与骄傲。

"我们一直在做别人觉得不可能的事"，林齐国的儿子、典华整合长林广哲说。早年婚礼并不流行播放新人成长故事影片，后来成为趋势，他们很快就注意到市场需求在改变，这也让典华很快就走在趋势的前面。

资料来源：梁任玮，"婚礼像办星光秀 典华抢'精致'商机，每年服务一千四百对新人 营业收入 20 亿元的婚宴王国"，《今周刊》，第 901 期，2014/03/31。

8.4 消费与仪式

在赋予产品某种文化内涵后，营销人员往往会再通过各种仪式将此种产品和内涵传达给一般消费者。常见的相关仪式包括穿戴仪式、送礼仪式、假日仪式、拥有仪式，以及剥夺仪式等[17,18]。

8.4.1 穿戴仪式

穿戴仪式是指一个人如何从私下自我转变成公共自我，以及由公共自我再转变回私下自我的一连串行为。

穿戴仪式（Grooming Rituals）是指一个人如何从私下自我转变成公共自我，以及由公共自我再转变回私下自我的一连串行为[19]。穿戴仪式的主要目的包括建立自己在面对外在世界时所具有的自信，以及将私下的脏乱转变为公开的整洁形象，或是将私下的休闲状态转为公开的工作状态。穿戴仪式中的二元对立是私/公、脏乱/整洁，以及休闲/工作。"什么场合穿什么衣服"便是最典型的穿戴仪式。例如，我们通过休闲的穿着来传达很多信息给其他人，这包括即将有一个轻松的假期、暂时告别辛勤的工作、对自己过去努力的酬劳等内涵。例如很多公司在星期五允许员工穿着比较休闲的衣服来上班，便是此类的穿戴仪式。很多的美容化妆产品（保养品、洗发水、香水、化妆品）或个人服务（瘦身服务、按摩服务、洗衣服务）都以成功地帮助消费者完成穿戴仪式为诉求。

8.4.2 送礼仪式

在送礼仪式中，消费者取得理想的商品（象征物），除去价格标签，经仔细包装后，再送给收礼者。

在送礼仪式（Gift-Giving Rituals）中，消费者取得理想的商品（象征物），除去价格标签，经仔细包装后（此意味着通过包装象征性地将一般商品转变成独特的礼品），再送给收礼者。因此，送礼仪式被视为一种交换（Exchange）形式，送礼者馈赠收礼者一份礼物（有价值的物品），而收礼者则亏欠送礼者一份情谊。然而，送礼仪式也可视为符号交换（Symbolic Exchange），其代表了送礼者对于收礼者所表达的一种感谢[20]。例如在母亲节送小礼物给母亲，以表达对母亲辛勤抚育的感恩。因此，送礼仪式也包含着某种社会表达。

送礼仪式可以分为三个阶段[21]。第一阶段是孕育（Gestation）阶段。在此阶段，送礼者被某一事件所激励而想要取得一件礼物。此事件可以是例行性的（例如情人节到了），也可以是偶发性的（例如对于他人的帮助想要表达感谢）。第二阶段是赠送（Presentation）阶段，也就是礼物的交换程序。在此阶段，收礼者对于所收到的礼物会有所反应，而送礼者则评估收礼者的反应。第三阶段是重整（Reformulation）阶段。根据收到的礼物与反应，收礼者与送礼者会重新调整彼此，以产生新的关系。如果收礼者认为礼物并不适当，则可能会对两人之间的关系产生负面的影响。同样，送礼者也会根据收礼者的反应，来调整两人之间的关系。例如送礼者根据收礼者的冷淡反应，推估认为或许是礼物不当，或许是对方不够友善，进而根据推断调整两人之间的关系。

8.4.3 假日仪式

假日仪式(Holiday Rituals)是指消费者脱离日常的生活,来进行一些与假日相关的仪式活动[22]。借助于营销活动,假日常被赋予某些仪式活动与仪式象征物。例如,圣诞节已大幅消退了宗教色彩,取而代之的是交换礼物、送圣诞卡片、吃圣诞大餐、参加狂欢舞会等仪式活动与仪式象征物。经过营销人员的大量推广,情人节也变成未婚男女彼此表达爱意与钦慕的一个重要节日。此外,很多地方也创造某些假日仪式来推广当地的特色和特产,以吸引观光人潮,例如山东潍坊的风筝节、河南洛阳的牡丹节等。

在假日仪式中,消费者脱离日常的生活,来进行一些与假日相关的仪式活动。

名角登场

迎接"双十一"光棍节,淘宝全员半年备战

这是阿里巴巴集团主席马云再创纪录的时刻!

"双十一"开卖,信息屏上一条陡峭的红线像是冲天炮似的往上冲,代表物流的黄线则由中国大陆向外万箭齐发。

开卖2分53秒,成交金额突破10亿元人民币,第7分钟已有144个国家和地区的网民参与,第38分钟突破100亿元人民币。

阿里巴巴首席执行官陆兆禧身穿天猫的红色T恤登场,指着数字不断往上攀升的屏幕说,"这是消费的力量。"随着交易额不断冲高,当日阿里巴巴股价上涨4%,以119.15美元收盘,创上市新高。

为了这一夜,阿里巴巴1.1万名员工、2.7万家商家彻夜未眠。

苏州,12℃,低温,女鞋品牌达芙妮订单接得火热。开卖半个小时,达芙妮稳居鞋类销售前三名。其位于吴江的占地2.2万平方米的仓库(约等于2.7个足球场大小),鞋盒堆到两层楼高,百万双鞋塞满货架。这次达芙妮为了"双十一",准备了130万双鞋,485位员工挑灯夜战,订单源源不断,打包声此起彼落,一打包好立马送上门口的货车。

场景转到车程2个小时,圆通速递位于上海的转运中心。凌晨1点后陆续开进大货车,800位夜班人员赶忙从货车上卸下货物,送上27条传送带,分拣后再转送到各地。

这次阿里巴巴的"双十一",要挑战的,不仅是业绩数字,还有向全球证明,阿里巴巴具有能够举办国际购物节的实力。

过去"双十一"最为人诟病的是物流,曾有送一个月货都送不完的纪录。马云任董事长的菜鸟网络科技有限公司,2014年第二次接手物流信息串联,建立雷达预警系统,自8月底以来三次向快递业者更新预测数字,甚至可预测每个城市和区域的包裹量。圆通速递营运总监吴建飞说,根据往年经验,至少有95%的准确度。

为了缩短通关时间,天猫直接跟海关合作,提前将畅销品运到保税区,消费者一下单,就会同步到海关系统并算出税金,只等支付后商品立即打包出货。

为了这场"地表最大货品移动战",海、陆、空齐发。中通速递增加了6个全新的处理中心,以多1倍的运量,调动3000车次在沿海省份的发货热点备战,也首次与铁道部合作包下最热门的广东至上海的货运车厢。顺丰速运则租用了波音货机,停机坪里有36架飞机备战。

活动结束的后一周,则是验收卖家"出货"和"物流"管控的关键 7 日,也是决定成交量的最大因素。

根据内部统计,去年下单后付款的比率只有五成,"下单归下单,付钱归付钱",有学者说,当天很多消费者受到折扣诱惑,会产生冲动购物的行为。以低价刺激暴冲式的购物欲,提前消耗网民的钱包造就这场繁荣的盛宴是否值得,也引起商家反思。

只是,在马云想出解套方法前,每年的"双十一"都得比前一年更进步,继续无止境地做大业绩,这或许才是阿里巴巴不得不推"买全球,卖全球"的理由。

资料来源:曾如莹、庄雅茜,"阿里巴巴上市后,首次对全球展现战力,地表上最大购物日'双 11'180 天淘宝备战内幕",《商业周刊》,第 1409 期,2014/11/12。

8.4.4 拥有仪式

拥有仪式(Possession Rituals)包括一个人用来宣称、展示,以及保护其拥有物的某些行动。例如,新屋入住所举办的筵席便是一种宣示拥有物(新屋)的行动。另外,将新购的汽车挂上气球,或是将其擦拭得光亮无比也是一种拥有仪式。很多官员上任后的第一件事,即是召集部属开会,或是更改办公室的座位或格局等,皆是宣告自己占有该职位的拥有仪式。

> 拥有仪式包括一个人用来宣称、展示,以及保护其拥有物的某些行动。

8.4.5 剥夺仪式

剥夺仪式(Divestment Rituals)是指一个人用来清除先前拥有物的行动。当一个人出让了某些心爱之物或长期拥有的东西时,经常可以看到相关的剥夺仪式。例如,一个人在卖出一栋居住多年的房子后,可能会希望在交房前能再仔细看屋子一遍,并做最后的巡礼,这便是典型的剥夺仪式。

> 剥夺仪式是指一个人用来清除先前拥有物的行动。

8.5 文化与消费的关系

8.5.1 文化对于消费者行为的影响

文化与消费者行为是一种双向互相影响的关系。一方面,消费者比较可能接受和其文化相容,或者符合其价值观的产品;另一方面,产品本身也可以塑造文化,很多产品一上市便引发了新的生活方式和文化形态。例如,互联网的发明给人类的生活与文化带来超乎想象的冲击,这种影响类似于当初电视的发明,但可预期的是它所产生的冲击可能会远比电视大。

文化对于消费者行为的影响也发生在各个层面,同时也影响着消费者购买程序的各个阶段,以及消费者的思考模式。例如有些民族可能比较富于感情,理性的思考模式相对不明显,所以感性的诉求会比理性的诉求更容易打动他们。

文化也会影响消费者的消费偏好。例如,东方文化下偏向"安土重迁",加上"有土斯有财"的观念,所以对于房地产的偏好会比西方文化下的消费者更强烈。

此外,不同文化下的消费者其信息搜集行为也不一样。以旅游而言,西方消费者倾向于从旅行社取得较多的旅游信息,但中国的消费者则可能将同伴当作一个重要的旅游信息来源。

在产品替代方案的评估上,不同文化下的消费者所注重的评估准则也不相同。例如在餐厅的选择上,西方的消费者相当重视餐厅的气氛,但在中国则有很多的消费者会把食物的口味置于气氛,甚至卫生条件之上。因此,经常可以在夜市脏乱的小吃摊外发现一大群排长队的消费者。

在购买行为方面,也可看到文化对消费者的影响痕迹。例如,在欧美国家和日本都很少出现讨价还价的情形。然而,"讨价还价"在中国和希腊则是相当普遍的现象。另外,很多欧美国家的人通常到了晚上并不外出购物,而会选择待在家中享受和家人相聚的时刻。因此,很多欧美国家的商店,到了晚上都不营业。但是在中国,夜市文化则相当普及。

在产品的使用上,也可以见到文化的影响。例如,在不同的文化氛围下,对于同一种食材也会有不同的处理方式。客家菜偏重酸咸的口感,日本料理中则有很多是采取生食的方式,而且海鲜占了很高的比例,这些都是多年来的文化影响所致。

文化也会影响消费者对于产品的处置与抱怨方式。美国的消费者习惯于在周末去逛跳蚤市场,或是在自家前院出售一些用不着的物品,而中国的消费者则没有这样的习惯。在消费抱怨方面,美国的消费者较勇于提出,而中国人基于"息事宁人"的观念,往往会选择默默承受。

总之,了解文化对于消费者行为各个层面可能产生的影响,是营销人员不可规避的重要挑战。通过正确了解消费者的文化,才能有效地掌握消费者的行为。

名角登场

深耕台客,香港迪士尼乐园台味浓

身为全世界最小的迪士尼乐园,2005年开幕的香港迪士尼乐园的运营一向不被人看好,尤其是亚洲地区还有东京迪士尼乐园,2016年又有上海迪士尼乐园加入战场。然而香港迪士尼乐园不断调整经营策略,终于在2012年扭亏为盈,甚至入园人次年年都增加一成以上,大出外界意料。

在全世界五座迪士尼乐园中,面积不到东京三分之二的香港迪士尼乐园,腹地小、设施少,业绩却连续四年创新高,营业额、入园人次、酒店入住率以及游客消费额也屡创纪录;且过去六年,台湾地区游客大幅增长1.3倍,平均每两位到香港的台湾游客,就有一位去过香港迪士尼乐园,只有2 300万人口的台湾,成为支撑香港迪士尼乐园业绩增长幕后不可或缺的力量。

"过去三年,是香港迪士尼乐园转变最多的一段时期。"香港迪士尼乐园市场事务总监陈国裕坦言,面对亚洲高度饱和的乐园市场,香港迪士尼乐园想办法找出区隔化市场,近三年不但每年新增一项大型游乐设施,其中,台湾游客又成为香港迪士尼乐园着力最深的人群。

"在香港迪士尼乐园的海外游客中人数最多的就是台湾游客。"陈国裕说,因为台湾游客大幅增加,香港迪士尼乐园成为全球前二十五大旅游地点,更激发他们开始从过去专营家庭亲子市场的方向,转而"往上"开发年轻人入园。

也因此,开业九年以来,香港迪士尼乐园初期只有四个园区,但从2011年开始,几乎每年都有新的设施推出,这三年扩增的"反斗奇兵大本营""灰熊山谷""迷离庄园",虽然主题依旧围绕着迪士尼卡通人物,但体验过程都带点刺激感,目的就是为了吸引大学生、财务自主性高的上班族能一再上门,而非只是给儿童玩。

香港迪士尼乐园发掘年轻族群潜力的观察来源是通过"脸书"。陈国裕表示,台湾年轻人爱在脸书上发照片,其中迪士尼卡通人物与食物又最常入镜。他分析,相较于亚洲其他国家和地区的年轻人,台湾人热衷于追求小确幸,脸书上分享的内容,成为香港迪士尼乐园口碑营销最有力的工具。

他举例,2014年6月,香港迪士尼乐园请来林依晨与林俊杰拍摄微电影,在网络上快速发酵,甚至增加许多台湾游客喜欢的"主题式体验",例如,与雄狮旅游合作推出"冰雪奇缘"公主盛宴,行程安排"冰雪奇缘"两位迪士尼人气主角——艾莎皇后和安娜公主在乐园与小朋友见面、合影留念,并制作属于自己的胸针与公主权杖,化身迪士尼小公主,享受独一无二的迪士尼体验,吸引了不少台湾游客慕名而来。

雄狮旅游自由行部资深经理苏世欣说,香港迪士尼乐园很清楚与台湾语言相通、文化相融的优势,因此在产品包装上都比东京迪士尼更有亲近性,例如,米奇和米妮穿唐装与旗袍,都拉近了与到迪士尼游玩的台湾游客的距离感。

可乐旅游产品系统总经理谢云苗表示,过去三年,可乐旅游一直与香港迪士尼乐园合作,推出在迪士尼吃年夜饭的"包场"套票,市场反应非常热烈,参加人数逐年攀升。2015年第四次推出年夜饭旅游套票,晚宴场地就安排在香港迪士尼乐园酒店举行,场面又比2014年更盛大。

资料来源:梁任玮,"量身打造 香港迪士尼愈'台'愈夯腹地小、设施少 如何拼业绩连四年创新高?",《今周刊》,第943期,2015/01/15。

8.5.2 文化与消费商品的关系

格兰特·麦奎肯(Grant McCracken)提出一套架构来说明文化与消费商品的关系,参见图8-3。通过这套架构,我们可以了解文化的内涵如何经由文化所构筑的世界而流向所消费的商品,再流向个别的消费者[23]。

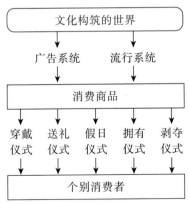

图8-3 文化内涵的移转

资料来源:参考 Grant McCracken (1986), "Culture and Consumption: A Theoretical Account of the Structure and Movement of the Cultural Meaning of Consumer Goods," *Journal of Consumer Research*, 13, June, p.72.

首先，文化所构筑的世界会通过广告系统（Advertising System）和流行系统（Fashion System）将文化的信念与价值加诸于消费商品上。广告系统是将文化所构筑的世界与消费商品加以联结的渠道，通过此渠道，文化世界的内涵将源源不断地流向商品。最典型的做法便是营销人员通过广告来定位商品，赋予其意义。例如，将手机塑造成一种流行且走在时代前沿的产品，因而使得青少年们趋之若鹜。

另外，实境工程也是一种将文化的信念与价值加诸于商品上的常见做法。实境工程（Reality Engineering）是指营销人员将流行文化中的某一部分应用于或转换成推广工具或推广策略。在植入营销上，有时会在电影或电视节目中放入产品来彰显该产品的使用场合。例如，成龙主演的多部电影便和三菱汽车合作，在电影中不时使用三菱汽车来作为电影的道具。而热播电视剧《后宫·甄嬛传》也将东阿阿胶不断地植入剧情中，给观众留下深刻的印象。此外，将产品与当地文化相结合也很常见。

流行系统则是指一群广泛且具有渗透力的传播媒介，其中包括杂志、报纸以及意见领袖等。消费者往往经由流行系统来取得最新的流行信息，以避免落伍。通过流行系统，文化的信念与价值也被赋予在消费商品上。例如，有些服装设计师通过使用环保的衣服面料来传达其对干净地球的关切与支持。

经由广告系统和流行系统赋予商品在文化上的内涵后，则可通过前述的各种仪式传达给个别消费者，并通过这些仪式的运作，使得商品与个别消费者产生联结。

广告系统是将文化所构筑的世界与消费商品加以联结的渠道，通过此渠道，文化世界的内涵将源源不断地流向商品。

实境工程是指营销人员将流行文化中的某一部分应用于或转换成推广工具或推广策略。

流行系统是指一群广泛且具有渗透力的传播媒介。

名角登场

不断变化，让百年老品牌变年轻

这是 1910 年创立的品牌，在徐富锡 2005 年加入新秀丽（Samsonite）集团担任营销高级主管时，新秀丽已经 95 岁高龄了。徐富锡当时被赋予的任务很明确：要让新秀丽"变年轻"。从目前来看，他所主导的"回春工程"成果不俗：两年前他一手打造的、主打年轻市场的新秀丽 RED 系列，2013 年的营业收入已占新秀丽集团旗下休闲类商品的 83%。这个两岁的年轻品牌，俨然成为百年新秀丽业绩增长的主要来源。

至于回春工程的成功原因，徐富锡先从"星星效应"开始谈起。"就是很幸运啊！"原来，在挑选 2013 年度代言人时，金秀贤虽列入讨论名单，但并非唯一人选。

"当时面临代言人二选一的困难，一位是还不算真正走红的男演员（金秀贤），另一位则是当红的韩国流行歌手。"徐富锡回忆，经过无数次讨论后，他们以"差异化"为由选择了金秀贤，"这真的像是在下赌注一样！"只期待新面孔能创造新气象，没想到，缔造了出乎他们意料的疯狂反响。

选中金秀贤或许真有运气的成分存在，但在一连串的回春工程中，每一步，几乎都是扎扎实实的挑战，成功绝非只凭"运气"两个字。

"这是百年的行李箱品牌啊！一进公司，发现我的伙伴大多比我资深十几、二十年。"要改变，就得彻头彻尾地丢掉过去的成功经验。"我想了半天，决定从跳脱框架开始，把'卖行李箱'的定位抛开。"接下来,他开始思考新秀丽的新意义,"不是'行李箱'品牌,而是'提升生活品位'的品牌"。徐富锡由此寻找新的拓展空间,"旅游的时候,不只是需要行李箱,也需要双肩包吧"。徐富锡回归消费者的角色思考,"我发现'腾出双手的自由'对游客来说是种幸福,你可以拿饮料,可以签字……于是,双肩包浮现在我的脑海中。""什么样的双肩包能造就不一样的体验呢? 我回想,我们经常看到别人的双肩包很塌扁,不美观也很没精神,有没有办法克服因为挤压而塌扁的外形问题呢?"想到这儿,他灵光一闪,"以行李箱的硬壳,取代软质的帆布,简洁又坚固的特征不就能实现我们追求细节的生活品位吗?"徐富锡得意地拿出他的双肩包,说道:"保有经典品牌的不败技术,迎接新的客群变化,这就是新秀丽返老还童的精神。"

老牌子还会遇到一个问题,就是主客群年纪渐长,新客群缺乏联结,"我们需要接触新的客群,而这群新兴消费者不同于过去,他们不完全受控于品牌迷思,而是追求与众不同、凸显自我独特的品位",徐富锡说。这个想法便成了之后新秀丽 RED 系列的开发源头,鲜明的红、橙、蓝、绿,甚至荧光、亮彩,都成了新秀丽 RED 系列的品牌识别。

接下来,他还有什么新招?"不断从消费者的角度想,就能想出新招啊!"他说。

资料来源:黄玉景,"他的独门营销术 让百年新秀丽变年轻找来金秀贤背背包 开发新客群",《今周刊》,第 923 期,2014/08/28。

8.5.3 阶梯理论

阶梯理论所探讨的是消费者的价值与商品之间的关联。其包括属性—结果—价值(A-C-V)三个层次。

阶梯理论(Laddering Theory)所探讨的是消费者的价值与商品之间的关联[24]。阶梯理论包括属性—结果—价值(A-C-V)三个层次。首先,营销人员开发商品的某种属性(A);其次,消费者经由该属性的使用而得到某些结果(C);最后,这些结果帮助消费者获得某种价值(V)。图 8-4 中分别显示了基本型与扩充型的 A-C-V 模型。

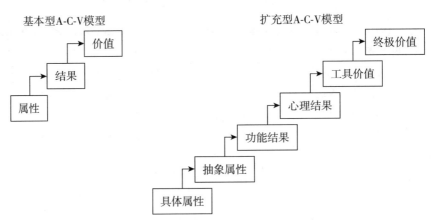

图 8-4 阶梯理论的 A-C-V 模型

资料来源:William L. Wilkie (1994), *Consumer Behavior*, 3th ed., New York:John Wiley & Sons, Inc., p.162.

阶梯理论是一种"手段—目的链模型"(Means-End Chain Model),营销人员推广的商品与消费者需要的价值之间的联结愈强,则该商品对于消费者的吸引力就愈大,因此也就愈容易被消费者视为实现个人价值的一种手段。

　　根据阶梯理论,营销人员要帮助消费者攀爬该"阶梯",来达到所追求的目的价值。MECCAS 理论,即"广告策略的手段—目的概念化模型"(Means-End Conceptualization of Components of Advertising Strategy , MECCAS),便是根据阶梯理论发展出的一种可以具体实践的理论架构。这种方法主要是先在产品与价值之间绘制一张如图 8 - 5 所示的关系图(以快递服务为例),然后营销人员根据这张关系图来发展广告策略[25]。其所发展的广告策略包括广告信息内容(所要提及的特定产品属性或特征)、消费者利益(使用该产品可以产生何种利益)、执行架构(整个广告应该表现出的风格与格调)、着力点(信息如何借由与特定属性的联结来引发某种价值),以及驱力(广告所针对的终极价值)。

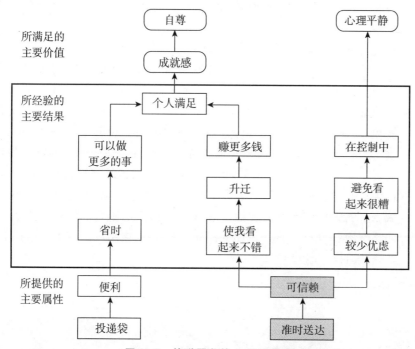

图 8 - 5　快递服务的 A-C-V 模型

资料来源:Thomas J. Reynolds and Alyce Byrd Craddock (1998),"The Application of MEC-CAS Model to the Development and Assessment of Advertising:A Case Study," *Journal of Advertising Research* , April/May, pp.43-54.

8.5.4　符号意义的类型

　　符号意义是消费者接受某一产品的重要原因,但每个产品都可能同时具有多重的符号意义。基本上,产品的符号意义大概可分为以下四种类型:

1. 功利意义

　　　功利意义(Utilitarian Meanings)又称功能意义(Functional Meanings),是指产品具有执行功能性与实体任务的能力。例如,洗衣机可以洗衣服,烤面包机可以烤面包。功能价值主要来自功能属性,如可靠度、耐久性、产品功能、种类,以及价格等。

产品的符号意义可分为以下四种类型:功利意义、享乐意义、社会意义、神圣与世俗意义。

2. 享乐意义

享乐意义（Hedonic Meanings）是指产品所具有的特别情感或感觉。例如过山车可以带给消费者兴奋、惊奇、恐惧与欢乐等感觉。一般而言，音乐、艺术、旅游、电影、古董等产品大都属于享乐意义较大的产品。另外一些能强化自我形象的产品，如化妆品、服饰、刺青等，也提供了享乐意义。体验（Experiences）是享乐意义中一个重要的来源，如游乐场中的鬼屋、摩天大楼的观景台，以及蹦极等都是经由产品消费的独特体验以提供享乐意义。

3. 社会意义

社会意义（Social Meanings）是指产品所具有的传达或改变社会关系的能力，例如贺年卡、圣诞卡，以及年节的礼品等都是极富社会意义的产品。

4. 神圣与世俗意义

神圣与世俗意义（Sacred and Secular Meanings）导致神圣消费与世俗消费。神圣消费（Sacred Consumption）是指将物品或事件从正常的活动中抽离出来，并赋予某种尊敬与畏惧的消费形态。神圣消费不一定和宗教相关，例如很多的收藏迷都将其收藏神圣化，使其变成一种神圣不可侵犯的物品。因此，对很多的车迷而言，法拉利（Ferrari）可能被视为神圣消费。虽然神圣消费不一定和宗教相关，但很多的宗教物品和事件都被视为具有神圣意义，因此，是典型的神圣消费。例如，佛教的舍利子和西藏密宗的天珠。神圣消费除了表现在实体商品上，也表现在地点（例如耶路撒冷、麦加）、人物（例如毛泽东、猫王、迈克尔·杰克逊）与事件（例如登陆月球）上。

> 神圣消费是指将物品或事件从正常的活动中抽离出来，并赋予某种尊敬与畏惧的消费形态。

名角登场

聚焦佛教音乐，小利基称大王

30 年来，他斥资逾十亿元新台币，打造出上千张佛教音乐专辑，其中半数全球销量破百万张，拥有全世界最多的佛教唱片专辑版权。

他是台湾地区妙莲华心灵音乐创办人杨耿明。早期市场上根本没有佛教音乐概念，杨耿明却把流行音乐元素融入宗教，系统地制作出创新的佛教音乐，因此占了先机。"市面上八九成佛教音乐都是他们的，不夸张！"皇冠企业集团董事长江永雄观察。

杨耿明纵横台湾唱片业已近 40 年，"我们家就是唱片业的活历史"，现年 48 岁的杨耿明回忆道。在他 10 岁时，父亲杨期泉开了南部第一家唱片行，13 岁时成立全台湾首家电子音乐唱片公司"中声唱片"，17 岁时发行闽南语流行歌曲的"南星唱片"，出过陈一郎、陈盈洁、叶启田等知名歌手的专辑，"那时是南部最大的唱片公司"，杨耿明说。

20 年前他 28 岁，父亲生病，杨耿明发愿整合佛教和流行音乐，成立全球第一家专门出版佛曲的唱片公司"妙莲华"。当还没人注意到佛教音乐的商机时，他就抢进此蓝海，找来知名编曲家刘清池、二胡演奏者温金龙等知名乐手，把古板、传统的宗教音乐和流行音乐结合，因此势如破竹地抢下市场。

"大家都不晓得我们专辑的销量比流行音乐都大",杨耿明回忆道,20年前一进录音室,1个小时收费2 200元新台币,包括吃饭的时间都照算钱,台北3家最红的录音室,每个月最少都有7天在录妙莲华的宗教音乐,"当时一张专辑的制作成本超过百万元,但只要一发行马上赚回来"。

当年随便制作一张专辑,销量都是百万张起,最畅销的甚至超过500万张,比同期的王杰、凤飞飞等流行歌手的专辑还卖座。"流行歌曲的消费者可能就买一张,我们这种东西一买就是20张、100张送人,1 000张的都有。"他掀起佛教现代音乐风潮,不只唱片行会播,甚至深入全台湾的大街小巷。

杨耿明透露,至今共制作超过1 000张专辑、1万首佛教乐曲,全盛时期每年光版权收入就以亿元计。

不过这10年来,杨耿明的事业因不敌网络免费下载而节节败退。过去全台湾有超过10万家唱片行,现在仅剩不到100家;反映在专辑销量上,10年前开始每年以约10%的速度萎缩,2014年他的佛教音乐营业收入仅约1 000万元,连过去的十分之一都不到。

不过,看好App付费听音乐趋势,他把过去累积的宗教音乐,集结成数字资料库发行,新推出类似线上音乐平台KKBox,向私人、家用消费者每月收费30元;此外,商业用途的公共播放,他则靠主张著作权,要求包括礼仪公司在内的商家付费使用。

"宗教音乐最大的顾客就是礼仪公司",他盘算着,台湾一年往生约15万人,扣除1%的基督徒,再以使用一场告别式用乐收费2 000元计算,只要能收到四成就有1亿元的版权收入。

所以杨耿明在两年前创立"中华国际宗教音乐著作权协会",并接任理事长,近期他开始主张在告别式中,若公开使用他的宗教音乐则必须付费,"他们骂为什么要付钱,你是要赚死人的钱",杨耿明不讳言,使用者付费天经地义,否则就将诉诸法律。

"总是要想办法求生存,希望靠云端和著作权,能再把这个产业带起来。"尽管近40年唱片生涯旧梦已逝,但这位对宗教和音乐执着的"佛教音乐王",仍等待着新梦实现的一天。

资料来源:万年生,"全球八成佛乐专辑,都是杨耿明制作的 佛教音乐王 打造宗教界KKBox",《商业周刊》,第1411期,2014/11/26。

相对于神圣消费,世俗消费(Secular Consumption or Profane Consumption)则是指对于日常普通而不具任何神圣特质的物品、事件或地点的消费形态。世俗消费并非指淫秽、低贱或不入流的消费,其主要是指和神圣消费相对立的观念。世俗消费将物品和事件视为日常产品,且不带有神圣的色彩。

关于神圣消费与世俗消费的意义,有学者进一步延伸扩大成与自然之间的关系。例如,神圣消费是指那些对于促进美感、保存天然以及合作的商品所进行的消费。基于此延伸,若营销人员要唤起消费者的神圣消费,通常会强调产品中的自然成分、自然的环境、乡间的景观以及家庭观念等。基本上,这种消费是将自然视为孕育与生命的源泉[26]。

相对地,世俗消费则是指那些对于促进科技、征服自然,以及强调竞争的商品所进行的消费。世俗消费用来吸引消费者的,是强调产品本身所具有的一种

世俗消费是指对于日常普通而不具任何神圣特质的物品、事件或地点的消费形态。

改善和掌控自己生命的力量[27]。营销人员强调通过产品的使用可以控制自然，像是延缓衰老的产品。这种消费往往将自然视为潜在性的危险，所以注重如何经由产品来控制自然。

根据神圣消费与世俗消费的概念，我们可以观察到在产品中也存在着两种极端现象：神圣化（Sacralization）与非神圣化（Desacralization）。神圣化是指将某些原本是一般性的物品、事件与人物，赋予对于某一文化或某一特定群体具有神圣的色彩。例如，某位名人所使用过的茶杯。非神圣化则是指将先前被视为神圣的物品转变成一般的东西。另外，政治人物一改过去高高在上、凛然不可侵犯的形象，通过脱下西装、换上夹克、跑去抱婴儿或在路边摊吃小吃等行为，来展现其亲民形象的做法，也是一种非神圣化的现象。

神圣化经常通过收藏（Collecting）和晕染（Contamination）的方式来达成。例如，只要物品被收藏者收藏，则该物品对于收藏者而言便具有独特的神圣价值。但要注意，收藏和囤积（Hoarding）并不相同。囤积缺乏系统性[28]，而收藏行为中一个很大的特征即是系统性。晕染则是指当物品沾染上某些神圣的事件或神圣的人物后，而使其本身也变得神圣起来。例如，登陆月球的宇航员使用过的器具，或是偶像明星曾经穿过的衣服等。

从收藏中所引发出的独特的消费者行为被称为迷恋消费（Fixated Consumption），又称固定消费。迷恋消费会促使消费者为了满足其兴趣，而热衷于增加收藏标的物。例如，有人对于卡通玩偶的收藏，已达到废寝忘食的地步。迷恋消费通常具有三个特征：（1）对于标的物狂热；（2）希望获得标的物的完整性；（3）愿意投入大量的时间、精力与金钱来寻求标的物。因此，迷恋消费者通常会对其迷恋的标的物表现出很高的介入[29]。

一般来说，迷恋消费仍被视为一种正常的消费行为，但成瘾性消费则被归为异常行为，也常被视为消费者行为的黑暗面。成瘾性消费（Addictive Consumption）常表现出上瘾、失控等特点，而其行为的结果经常会对消费者本身及其周围的朋友或亲属造成伤害。在成瘾性消费下，消费者对于某种产品或服务呈现出心理上或生理上的依赖[30]。例如，药瘾、网瘾、毒瘾、赌瘾或是暴食暴饮症。对于成瘾性消费有时需要进行治疗，才能避免对于消费者造成重大伤害。

强迫性消费（Compulsive Consumption）则是指一种非计划性的购买，严重时导致不断地重复性购物。强迫性消费有时是为了对抗消费者内在的紧张、焦虑、挫折，或无聊[31]。当强迫性消费过度时便成为一种成瘾性消费。

神圣化是指将某些原本是一般性的物品、事件与人物，赋予对于某一文化或某一特定群体具有神圣的色彩。

非神圣化是指将先前被视为神圣的物品转变成一般的东西。

名角登场

纳税改消费，偏远小镇创意翻身

日本有一套全球首创的"故乡税"制度。

故乡税其实并非税金，而是一种可以全额抵税的捐款，不限出生地或所在地，也不限单一地点，纳税人可向全日本1 700多个乡、镇、市、区自由乐捐。

不只是机票、工艺品、牛肉、平板电脑、温泉旅行，像是为当地小学添购设备、兴建病童中途之家等,都可以是捐款的"回礼"。

以缴纳的总金额来说,虽然该缴的税金一毛不少,但只要多负担基本费2 000日元,即可拿税款的一部分改缴故乡税,第二年则可以全额退税及扣抵,又有额外的回馈,等于是一种节税手段。

"他们(故乡税捐赠人)是这里的新市民!"平户市长黑田成彦难掩兴奋。平户市,是日本九州的一个小渔村,在2014年的故乡税争夺战中,一举募得12.8亿日元,拿下全日本第一;一年捐款人数累计3.6万人,比当地人口还多。

平户市最大的制胜点,就是抢先其他乡镇开跑,将募款当作一门生意经营。不像其他地方以顶级特制品迎合高收入阶层,平户市着眼于一般纳税人,全力推销当地名产(如团扇虾、平户牛、旅游住宿等),又率先在2014年开设专属网站,接受信用卡付费,让捐款抵税像上网购物一样方便。

但随着故乡税备受瞩目,这块财税大饼也接连引发各地的恶性竞争。在一番抢税激战下,故乡税不只偏离了最初"援助故乡"的目的,也引发都会区的不满批评。一方有偏乡小镇受惠,另一方就轮到都会区受害。日本内务省统计,2014年东京都超过2.8万人捐赠故乡税,居全国之冠,恐怕也将流失5兆日元的税收。

资料来源:吴和懋,"多缴五百元,就送和牛、温泉旅行 缴税换土产 日本小渔村大赚三亿",《商业周刊》,第1440期,2015/06/17。

8.6 文化与亚文化

文化可以基于人口统计变量、地理、政治、宗教、国家和种族等因素加以区分成不同的亚文化。亚文化(Subculture),指的是社会内的某一群体所具有的独特文化,此群体具有某些和其他群体,以及其所在大群体中的其他子群体不同的特征。属于同一亚文化的人,拥有相似的个人态度、价值观,同时也表现出类似的消费行为与决策。正因为亚文化间的差异可能导致消费者的产品需求与购买行为上的不同,营销人员可以因应亚文化间的差异,制定特殊的营销组合,以满足该亚文化下消费者的需求。例如,"槟榔西施"便是"槟榔亚文化"下的一种特殊现象,主要是因应台湾地区众多喜爱嚼槟榔的人的需求所形成的,也可说是一种特殊的槟榔营销方式。"宅男"和"宅经济"也都是在蓬勃增加的网络人口下,所发展出来的亚文化和亚文化消费。亚文化因为具有以下特征,所以影响着消费者的行为[32]:

> 亚文化指的是社会内的某一群体所具有的独特文化。

1. 亚文化的独特性(Subcultural Distinctiveness)

当一个亚文化愈是倾向于维持它的特色时,其对该亚文化下消费者的潜在影响就愈大。

2. 亚文化的同质性(Subcultural Homogeneity)

当一个亚文化愈是表现出高度的同质性时,其对该亚文化下消费者的潜在影响就愈大。

3. 亚文化的排他性(Subcultural Exclusion)

当一个亚文化愈排斥社会,或愈受到社会所排斥时,它便会愈孤立于社会之外。在此种情况下，亚文化坚持规范与价值的力量会愈趋强劲，从而对该亚文化下消费者的潜在影响愈大。

在一个文化中，影响亚文化形成的因素，主要有以下几项：年龄（年轻人通常比老年人更容易接受新事物）、宗教（不同的宗教具有不同的戒律，因此也会产生不同的消费行为，例如回民不吃猪肉）、种族（客家人通常较节俭）、收入（高收入的人比低收入的人较能承担高经济风险的事物）、性别（"男主外、女主内"便是传统上对性别角色的看法）、家庭（子女的生活习惯受父母的影响很大，不同的家庭的生活习惯具有相当大的差异性）、职业（白领阶层相较于蓝领阶层，穿西装的机会较多，同时出席正式社交场合的机会也较多）、社区（东北人较好面子，因此嫁娶很讲究嫁妆和排场）、地域（北方人与南方人饮食口味不同）、社会阶层（艺术活动的消费和社会阶层有着密切的关系），以及职业（提神饮料主要是针对夜间工作的人）。

8.7　跨文化的营销策略

全球化策略是使用一种全球统一的标准化做法。

不同的国家常具有不同的文化。表 8–1 中列举了一些中美之间的文化差异。很多全球营销公司或是跨国公司都会面对跨文化的挑战。在面对跨文化可能产生的问题时，营销人员可以有两种选择：全球化策略或是本土化策略。全球化策略（Globalize Strategy），又称标准化策略，是使用一种全球统一的标准化做法。这种做法认为在全球化和地球村的效应下，全球文化已具有某种程度的共通性，因此具有相当高的同质性，也就是主张同样的营销策略与做法适用于世界各地。支持这种策略的背后理论即是客位观点（Etic Viewpoint），也就是强调跨文化的共通性。客位观点比较偏向客观评估与分析性，它是从文化外部人员的经验来阐释该文化[33]。这种策略最大的优势是可以获得规模经济，而无需针对各地发展出个别的营销策略。

表 8–1　中美文化的比较

中华文化特征	美国文化特征
• 以儒家所界定的一套关系为中心	• 以个人为中心
• 顺从权威	• 比较强调自我依赖
• 祖先祭拜	• 憎恨以阶级为基础的区别
• 借由寻求天人和谐而被动接受命运	• 积极掌控人与自然的关系
• 强调意义与感情的内心经验	• 关切外部经验与世间万象
• 封闭的世界观，崇尚稳定与和谐	• 开放的世界观，强调变革与变动
• 文化基于血缘的联结以及历史导向的传统	• 信赖理性主义并且偏向未来导向
• 强调垂直的人际关系	• 强调人际关系的水平构面
• 重视一个人对家庭、宗族与国家的责任	• 强调个人的人格特质

资料来源：Carolyn A. Lin（2001），"Cultural Values Reflected in Chinese and American Television Advertising," *Journal of Advertising*, 30, 4, Winter, pp. 83-94.

另外一种做法是本土化策略。本土化策略（Localized Strategy）是一种因地制宜的做法，也就是针对各个不同的地域或文化发展出个别的营销策略，主要是采取主位观点（Emic Viewpoint），也就是注重不同文化间的变异性。此种观点认为每种文化都有其独特性，都有自己的价值系统、传统与规范。因此，有效的营销策略应该针对每一种文化的独特需求与特征来设计。主位观点相当偏向主观知觉与经验性，它主要是从文化内部人员的经验来对该文化进行阐释[34]。

不过，在全球营销上，有愈来愈多的组织走向弹性全球化（Flexible Globalization）的策略。弹性全球化是在全球化策略与本土化策略两者之间取得某种平衡。在这种策略下，公司先建立一个整体的营销策略，但有关该策略的解读，则由各地的营销人员根据当地市场的特征与习俗来进行调整。例如，设计一个适用全球的广告脚本，在不违背该脚本背后策略的意思下，允许各地的营销人员针对模特、场景，甚至结局，进行修改与调整。例如，万宝路香烟（Marlboro）在中国香港地区便舍弃了以往所使用的骑马的牛仔形象，而改用粗犷的货车司机来代替；至于在巴西市场，牛仔则由牧场经营者来代替。而麦当劳在印度推行素肉排以及咖喱口味的餐点，并迎合印度宗教不吃牛肉的文化而用羊肉与鸡肉来代替；此外为配合东方人喜欢吃大米的特征，所推出的米汉堡，也获得亚洲国家和地区广泛的好评。这便是针对各个市场的不同特征所做的弹性调整，既能够配合各地的差异需求，又保有全球策略的一致性。

全球营销人员面临要将现有产品打入不同文化和市场的挑战，因此他们必须拟定跨文化下的营销策略。在拟定跨文化的营销策略时，应该考虑以下因素[35]：

1. 从文化的角度来看，这个新市场和原有市场是具有同质性，还是异质性？新市场和原有市场在哪些文化层面存在差异？例如，日本对于和谐的重视可能更甚于竞争，而美国则可能恰好相反。

2. 我们的产品能满足该文化的哪种需求？同一产品在不同文化下具有不同的含义。例如在美国，摩托车主要是一种休闲和娱乐工具，因此骑乘摩托车的人偏向某一特定群体，摩托车也偏向大型车体，单价并不便宜。但在越南，摩托车是一种比较普遍且重要的日常交通工具，因此骑乘摩托车的人口相当多，摩托车也偏向小型车体，单价并不高。

3. 在该文化下，对此产品具有需求的消费者是否也同时具有购买力？例如在美国，新型手机可能会以高级白领阶层为主要的目标顾客。但在中国，新型手机反而是以收入不高的青少年为主要的消费群体。

4. 在该文化下，有哪些价值观和产品的购买与使用具有相关性呢？例如在美国，老年人住在养老院是相当普遍的现象，也为社会大众所接受。但在中国，若将年老的父母送往养老院，可能会承受亲友的指责或社会上的异样眼光等舆论的压力。

5. 在当地有哪些相关的法律或政府措施会影响该产品的营销？例如在美国，往往在大型的超市便可以买到某些药品。但在中国，只能在药店才能买到某些药品。这便是两国政府在药品相关法令上的不同。

本土化策略是一种因地制宜的做法，也就是针对各个不同的地域或文化发展出个别的营销策略。

弹性全球化是指公司先建立一个整体的营销策略，但有关该策略的解读，则由各地的营销人员根据当地市场的特征与习俗来进行调整。

6. 可以使用哪种方式来营销产品？基于该市场中的消费者特征、营销相关机构以及法令，营销人员可以采取哪种方式来营销该产品，同时公司的资源是否能承受得起？例如在日本，自动售货机是一个相当普遍且重要的销售渠道。但在中国，自动售货机往往被局限在某些场所中。因此，自动售货机这个渠道的重要性便被减弱了许多。

7. 在该市场中，这一产品是否具有某种道德含义？尽管该产品合法，但是否在市场中存在着一些道德考虑，使我们对于是否要进入该市场仍必须仔细评估？我们是否可以利用资源上的优势，来剥削当地的居民？例如发达国家便常利用优势的营销力量，对一些发展国家倾销婴儿奶粉、香烟和烈酒，因而经常面临着强烈的道德指控。

 练习题

8-1 相信你一定参加过不少婚礼，请试以仪式的四个因素：象征物、仪式脚本、扮演角色以及观众，来说明典型的婚礼仪式的内涵。

8-2 以文化生产过程的观点，来说明社会对于某一些新观念（不管好坏）的文化选择的现象，并试以未婚生子观念为例进行说明。

8-3 请你观察网络上的活动是否也有仪式，并举例说明。

8-4 倘若你正负责某一大学 EMBA（高级管理人员工商管理硕士）项目的推广工作，请试以阶梯理论的观点来绘制关于该 EMBA 项目的 MECCAS 关系图。

8-5 产品的符号意义大概可归为功利意义、享乐意义、社会意义、神圣与世俗意义等四种类型，请分别就下列产品说明其如何提供这四种意义：
(1) 东京五天自助旅行　　(2)《消费者行为》教科书

8-6 请问在你的班级中（或公司内）是否存在着亚文化？请归纳出你班级中（或公司内）的亚文化类型。

冰雪奇缘创造出"文化现象"，迪士尼赚翻天

从来没有一部动画电影创下这么多奇迹：进入 2014 年 Google 搜索前十名；被《时代》(Time) 杂志选为全球最具影响力的虚拟人物；仿主角的服装在北美地区卖出 300 多万件；荣登动画电影史上票房最高宝座。唯有《冰雪奇缘》(Frozen) 办到了。

圣诞节上午，5 岁的佩丝姬家的客厅犹如一片冰蓝和亮紫的大海。随处可见《冰雪奇缘》里的羊毛背心、帽子、手套和瓶装水，她也很自豪拥有安娜和艾莎的玩偶，以及艾莎的冰封城堡玩具模型和数不清的书及光碟，都是关于公主们和她们会说话的雪人朋友。

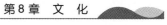

欢迎加入《冰雪奇缘》狂潮！这部动画片于 2013 年 11 月上映至今，已超过一年，但影响却持续了一整年，形成一种文化现象，并成为迪士尼及其伙伴的印钞机。

"2013 年圣诞节时，你找不到《冰雪奇缘》的相关商品以挽救你的生活"，佩丝姬妈妈说。但 2014 年购物的时候，当看到电影的周边商品时，她说，"《冰雪奇缘》的商品最好赶紧买下来，因为我不知道接下来是否还能买得到。"

这部影片取材自安徒生的童话故事《冰雪女王》，为迪士尼带来戏剧性的成功。根据电影票房统计网站 Box Office Mojo 的统计，这部影片全球票房收入已达 12.7 亿美元，是史上最卖座的动画电影和第五大卖座电影。

电影院也借由表演者穿上剧服随着影片的放映哼唱，进一步带动热潮。《冰雪奇缘》冰上巡演版已成为迪士尼现场节目幕后公司 Feld 娱乐史上最高票房演出。迪士尼工作室部门的营业收入增长 18% 至 18 亿美元，《冰雪奇缘》则是头号功臣。

迪士尼首席执行官罗伯特·艾格（Robert Iger）形容《冰雪奇缘》为"巨大的特许经营权"，在电影院外也有持久影响力。该片已为迪士尼的消费产品部带来超过 10 亿美元的销售额。

根据全美零售联合会的调查，芭比娃娃在美国最受女孩欢迎玩具品牌的地位，已遭该片撼动。调查发现，20% 的家长计划在假期购买《冰雪奇缘》的相关商品。

"十多年来，芭比娃娃一直是女孩玩具的顶尖品牌，但迪士尼的《冰雪奇缘》如今占据首位不足为奇，因为该片在小孩心中，就像是万圣节那么根深蒂固"，分析机构 Prosper Insights & Analytics 主管帕姆·古德费洛（Pam Goodfellow）说。

数以百万计的小女孩吵着要装扮成艾莎和安娜，使 2014 年年初全球相关服装造型道具极为缺货，到年底的万圣节和圣诞节购物季时更是一物难求。迪士尼表示《冰雪奇缘》服装在北美地区已售出 300 万套以上。

玩具制造商认为，《冰雪奇缘》的热潮将持续不退。制造商 Jakks Pacific 预估，在许多零售商礼品选购指南居首的《冰雪奇缘》的艾莎娃娃，2014 年销售额可达 1 亿美元。这对过去两年净亏损的 Jakks Pacific 而言，将是个利好消息。

资料来源：王丽玉译，"它让迪士尼营业收入大增 18%、全球大卖 375 亿 买气夺冠！《冰雪奇缘》让芭比哭泣"，《商业周刊》，第 1420 期，2015/01/28。

🎼 讨论问题

1. 你觉得《冰雪奇缘》所创造出来的"文化现象"是否可以持续下去？为什么？除了《冰雪奇缘》外，你觉得还有哪些电影，曾经创造过近乎"文化现象"的风潮？请讨论之。

2. 你觉得一部影片要形成一种"文化现象"，应该具备哪些条件？请试图归纳出一些条件。

第 9 章　参照群体

本章将为您解答下列问题：

▶ 什么是参照群体？包括哪些种类？

▶ 参照群体对消费者会产生何种影响？

▶ 参照群体如何对消费者产生影响？

▶ 造成消费者对于参照群体抗拒的因素是什么？

▶ 参照群体在营销上的含义是什么？

▶ 什么是意见领袖？如何界定意见领袖？

▶ 什么是口碑？影响产品口碑沟通的因素是什么？

▶ 如何管理负面口碑？

▶ 消费者在群体中的角色关系怎样？

全联"搞怪"，希望开发年轻粉丝

中元节后的周末，台湾地区台中高铁站旁新乌日的文化广场，聚集了 1.5 万人不惧风雨地前来参加妖怪音乐祭。

主办单位不是唱片公司、不是酒商，而是卖卫生纸、酱油、卷心菜的全联福利中心。把传统敬鬼神的中元档期转换成台湾版的万圣节，大手笔砸下 2 000 多万元新台币，邀来萧敬腾、谢金燕、八三夭乐团等偶像歌手开唱，全联想做的，不仅是翻新形象而已，而是垂涎年轻族群这块大饼。

2015 年以来，全联新增会员中，30 岁以下的人群跃升了四成，增长幅度惊人，这是全联从妈妈店变年轻的证据之一；而证据之二，便是这场连办两天的演唱会。

这不是全联第一年办妖怪祭，2014 年中元节，全联就牛刀小试，花了 300 多万元新台币在嘉义二代店荣昌店，举办了一场免费、结合摇滚音乐节的活动，吸引了 3 000 多人参加，许多人在脸书上留下好评。全联发现，演唱会可以直接与消费者沟通，且年轻人亲临现场、在社群分享的行为，都有助于全联跟年轻一代的联结，强化品牌影响力。

不仅如此，对全联来说，原有的 770 万会员中，大部分属于 30 岁以上的人群，这块市场增长趋缓，反观 30 岁以下的人群，仅占整体会员的一成，增长的空间相对较大。

全联将年轻一代视为其 2015 年业绩增长的主要动力。2015 年妖怪音乐祭，全联打造了 3 个舞台，场地空间是 2014 年的 6 倍大，而且还售票而非免费。没想到，两天便创下 1.5 万人参与、近千万元票房收入的纪录，参与人数比 2014 年增加 5 倍，整个效益让负责运作的全联营销部协理刘鸿征大大松了一口气，并说"明年中元档期会继续办"。

妖怪音乐祭的操作，从头到尾都对准年轻人的胃口。为了替演唱会营造创意与吸引力，现场提供免费的"变妖"服务，民众到现场可在脸上画天眼或血痕，进入会场立刻"搞怪"；还举行"妖怪横行无阻大游行"，为现场趋吉避凶。刘鸿征坦言，这个点子取经于日本迪士尼乐园与环球影城的游行活动。

2015 年操作的细腻度不仅于此，现场邀请的 26 家供应商与不同行业的赞助达数百万元，宝侨家品、日产汽车、亚太电信与统一等品牌都包括在内，其中喜力啤酒根据这次主题，将展位打造为天堂，歌舞女郎们化身天使，吸引许多民众驻足并畅饮。

热门的手机游戏《雷霆突击》也把在台湾地区的首次赞助给了全联妖怪音乐祭。代理商 Garenea 手游营运组公关刘尚伦认为，妖怪音乐祭演唱会与手游锁定的客户群体一致。Garenea 手游作为舞台赞助商，将体验游戏的大屏幕搬到现场，近距离接触消费者，提升品牌形象。

"传统中元节的概念都害怕装神弄鬼，现在要把中元节打造成台版万圣节！"刘鸿征说，当变身为有创意、好玩的节日，就能让年轻人对全联的印象逐渐改观。

"经营零售事业一定要给人娱乐感，且不按常理出牌，不然很容易被电商取代"，刘鸿征认为。在年轻人买东西多以网购形式的时代，全联将摇滚音乐会的概念与渠道相结合，不按常理出牌的营销策略要让年轻人感到惊艳。

近几年，全联变年轻的意图很明显，年初的"全联经济美学"系列广告，找来文艺青年提升其原先"捡便宜"的形象，"长得漂亮是本钱，把钱花得漂亮是本事"等广告语把精打细算变成时尚行为。

再看到双周发行的《全联生活志》每期发行量高达 400 万份，号称发行量台湾地区最大，封面设计也诉求活泼和年轻化，找来明星光良、严爵、江蕙等担任封面人物；趁着这次中元档期，《全联生活志》取得日本妖怪卡通鬼太郎授权，小鬼、小妖怪图案跃然纸上，增添了趣味，拉近了与消费者的距离，彻底执行把中元节变台版万圣节的任务。

事实上，除了营销方面，全联产品也为年轻人的需求做出调整，为想在家下厨但厨艺不精的人推出"好菜便利包"；啤酒则一改过去常温销售无法即时饮用的销售方式，放进了冰箱；等等，都是在回应当下年轻族群的生活需要。

全联正在慢慢回春、变年轻，而且年轻族群大跃升，也带动原来的消费群体的消费能力，"2015 年整体业绩有望达到两位数增长！"刘鸿征这么预告。

资料来源：林惟铃，"全联'搞怪'回春 年轻粉丝大爆发中元节主打台味万圣节 演唱会、变装趴有梗"，《今周刊》，第 976 期，2015/09/03。

人是生活在群体之中的，很难离群索居。家庭是我们接触到的第一个群体，除此之外，还有朋友、邻居、同学、同事，以及各种各样的互动对象。因此，消费者和这些参照群体之间存在着双向互动。消费者行为几乎无法免除参照群体所带来的有形与无形影响。

9.1　参照群体的定义与种类

参照群体（Reference Groups）是指在个人形成其态度、价值或行为时，任何会成为其参照或比较对象的个人或群体[1]。消费者会观察这些参照群体的消费行为，同时也会受到该参照群体的影响，进而表现在消费决策与消费行为上。

参照群体可以区分为直接群体与间接群体两大类。直接群体（Direct Groups），又称成员群体（Membership Groups），是指参照群体具有与被影响的对象相同的身份。例如相对于亲人，我们也是他的亲人；相对于同事，我们也是他的同事。因此，亲人和同事都是直接群体。直接群体又可进一步分为主要群体与次要群体。主要群体（Primary Groups）是指和消费者互动比较密切的直接群体，包括家人、亲友、往来较为密切的邻居和同事等。关于直接群体的影响，在目前中国的社会形态中，由于高楼和公寓住宅大幅替代了传统的平房住宅，使得邻居间的互动大幅减少，邻居的影响力也因此愈来愈小；相反，同事间的影响力却愈来愈大，因为除了节假日外，我们几乎每天都要花费 8 个小时以上的时间和同事相处与互动，所以同事变成一种非常密切的直接群体。在某些产品（例如服饰）的购买决策上，同事的影响力甚至凌驾于家人之上。

次要群体（Secondary Groups）是指相对互动较不频繁的直接群体，例如同乡会的老乡、围棋社的社员，以及宗教团体的教友等。消费者和次要群体的见面次数和往来程度均远不如主要群体，其相互影响力自然也不如主要群体。

间接群体（Indirect Groups）是指参照群体和被影响的对象并不具有同样的身份，因此又称象征群体（Symbolic Groups）。象征群体包括仰慕群体与厌恶群

参照群体是指在个人形成其态度、价值或行为时，任何会成为其参照或比较对象的个人或群体。

直接群体是指参照群体具有与被影响的对象相同的身份。

间接群体是指与我们不具有同样身份，但却会影响我们行为的参照群体。

体。仰慕群体(Aspirational Groups),又称向往群体、渴望群体,是指消费者想要加入的群体,例如歌星与影星对于其歌迷与影迷而言,便是仰慕群体。由于消费者对仰慕群体的仰慕,其行为便会受到仰慕群体的影响,例如歌迷常会模仿歌星的穿着或消费行为;偶像也会强烈地影响其追随者的偏好。仰慕群体又可分为期盼仰慕群体和象征仰慕群体两种。期盼仰慕群体(Anticipatory Aspirational Groups)是指目前虽还不具有这种参照群体的身份,但未来很可能会成为这一群体的成员。同时,消费者往往和期盼仰慕群体间存在某种直接的互动与接触。例如,企业的高层人员往往是中、低层员工的期盼仰慕群体。中、低层员工羡慕高层主管的优厚待遇、位高权重与光鲜外表,但若通过努力,假以时日他们也可能会成为类似的人。反之,象征仰慕群体(Symbolic Aspirational Groups)则是指尽管接受该参照群体的价值、态度与信念,但在未来能具有该参照群体身份的概率并不大。例如,运动明星往往是很多人仰慕的对象,但仰慕者要成为类似的运动明星,即使终其一生,其机会仍是相当渺茫。因此对这些人而言,运动明星便是象征仰慕群体。

> 仰慕群体是指消费者想要加入的群体。

名角登场

美的牵手小米布局智能家居

12月14日,美的集团发布公告,宣布与小米科技有限公司达成战略合作,美的将以每股23.01元向小米科技定向增发5 500万股,募资总额不超过12.66亿元。发行完成后,小米科技将持有美的集团1.29%的股份。

自12月8日美的停牌以来,外界关于小米科技入股美的的传闻不断。而前不久小米推出空气净化器,也引发有关小米跨界家电业的议论。此次定增公告发布后,二者的合作终于落定。

从公告内容看,小米与美的的合作包括多领域、多模式的全方面战略合作。双方将以面向用户的极致产品体验和服务为导向,在智能家居及其生态链、移动互联网业务领域进行多模式深度合作,建立双方高层的密切沟通机制,并对接双方在智慧家居、电商和战略投资等领域的合作团队。

"美的要做时代的公司,而不是传统的公司",美的集团董事长兼总裁方洪波强调企业转型升级的重要性。今年3月,美的发布智慧家居战略,将实施"1+1+1"计划,即"一个智能管家系统+一个M-Smart互动小区+一个M-BOX管理中心",实现所有家电产品互联互通。今年以来,美的完成了25个智慧家电品类发布,营养智慧管家、水健康智慧管家等智慧生活解决方案将陆续推向市场。根据规划,到2018年,智能家居产品销售将占美的整体销售的50%以上。未来三年,美的计划累计投入150亿元推进智慧家居的布局。

数据显示,2012—2017年,全球智能家居市场规模复合增速约为19%。奥维咨询预计,到2020年,智能电视渗透率将达93%,智慧洗衣机、智慧电冰箱、智慧空调渗透率将分别升至45%、38%和55%。

作为互联网经济领先企业,小米的发展十分迅速。国际调研机构IDC等发布的2014年第三季度全球智慧手机市场调研报告显示,小米手机出货量及市场份额均排名全球第三位,紧随三星和苹果。小米已经宣布，以智慧手机、彩电和路由器为三大核心业务，推出空气净化器等家电新兴品类，布局智能家居战略不断提速。随着机制的完善和平台的扩大，小米生态圈"硬件＋软件＋互联网服务"的威力正逐渐显现。

对美的投资，使小米在智慧设备上的生态链布局更为完整。2013年年底，小米公司成立生态链团队，主要负责投资智能硬件公司。到目前为止，已经有25家公司接受了小米投资。小米科技董事长兼CEO雷军表示："希望用小米模式复制100家企业，带动整个产业上下游共同成长。"目前，小米的很多明星产品都来自小米投资的生态链旗下企业，如小米手环、移动电源、空气净化器等分别来自华米、紫米、智米等企业。

行业分析人士指出，美的与小米的合作可谓各取所需、强强联合。美的携手小米，意在用移动互联网思维改变大格局，利用自己的电商平台，建立大物流；借此建立技术优势，面向未来大力投入，以获得技术含量较高、与众不同的家电产品。而小米作为智慧手机等智慧设备的领先企业，可借助美的白电产品优势和家电业资源，加强整合，快速布局，打造智能硬件生态链。双方的合作既能发挥美的产品线全、产品力强、用户基数大、消费者认同度高等方面的优势，又能发挥小米在粉丝经济、用户参与、大数据分析、云计算、互联网尤其是移动互联网方面的优势，赢得在智慧家居市场"通吃"的商机。

资料来源：http://finance.sina.com.cn/roll/20141216/051921085165.shtml。

厌恶群体（Dissociative Groups），又称规避群体、疏离群体，是指我们会与其保持距离，但其行为仍会影响我们的群体。例如黑社会成员、吸毒者或政治立场对立者。由于我们不希望被视为厌恶群体的一分子，因此我们便会刻意地回避与厌恶群体相同的行为，例如我们会排斥与厌恶群体相同的穿着或出入相同场所。

> 厌恶群体是指我们会与其保持距离，但其行为仍会影响我们的群体。

另外，还有一种日渐重要的参照群体，称之为虚拟群体。虚拟群体（Virtual Groups）是因互联网的兴起而产生的新形态参照群体，也可称为虚拟社群（Virtual Communities），又称虚拟社区。例如，在聊天网站或嗜好网站上每天都有很多的网友互动，很多人在互联网上认识了新的朋友。这些网友彼此间互动密切的程度，并不亚于真实世界中的群体成员。再加上通过QQ、推特以及脸书之类的沟通软件，使得沟通更为便利，因此彼此之间的相互影响力很大。

> 虚拟群体是因互联网的兴起而产生的新形态参照群体。

虚拟社区打破了传统真实社区的一个必要条件：空间距离上的相近性。传统上，参照群体大多数是我们日常生活周围的人，但虚拟社区却打破了地域限制，大大地提高了个人交友的范围，也延展了参照群体可能存在的空间疆界。虚拟社区是基于人与人之间的一套社会关系[2]，而不是真实的面对面关系。不过，虚拟社区也存在着一项极高的风险，那便是互动对象的匿名性。网络的匿名性使得要判定互动所得信息的真实性相对变得困难，也衍生出和真实面对面之间不同的互动形态。例如，网络上的身份不易辨认，引发了真实身份与网上身份间的极大差异。美国的研究发现：有些美国男性在网上以女性身份出现[3]，而在很多（例如成人话题）网站上，成员身份也是虚虚实实、真假莫辨。

> 虚拟社区打破了传统真实社区的一个必要条件：空间距离上的相近性。

当然，参照群体不止一种分类方式，我们也可以根据参与者本身的参与意愿，将成员参照群体分为自愿型群体（Voluntary Groups）与强制型群体（Ascribed

Groups）。自愿型群体是指基于本身的自由意志来参与的群体,例如大学社团;而强制型群体则是参与者本身无法选择或是不能选择而参与的团体,例如家庭和监狱等。

我们也可以依照群体本身正式性的程度,将参照群体分为正式群体与非正式群体。正式群体是指群体具有正式的组织,有一个规划完整的认可结构与角色体系,同时具有较为固定的聚会时间,例如军队便是典型的正式群体。相对地,非正式群体则是指群体没有正式的组织,也缺乏一个规划完整的认可结构与角色体系,同时聚会时间往往不一定,甚至彼此间也没有真正地碰过面。例如,网络上的虚拟社群和缺乏组织性的歌友会。

最后,我们还可依照参照群体的影响内容,将参照群体分为规范性群体与比较性群体[4]。规范性群体（Normative Groups）对消费者的影响会表现在其所持有的价值和行为上,因此其影响较为广泛,例如父母对小孩而言往往扮演着规范性群体的角色。而比较性群体（Comparative Groups）则是指在某一特定性和狭窄范围内的态度或行为上,成为消费者比较的基准,例如邻居或同学往往属于比较性群体。比较性群体的影响往往局限于某一特定领域。

有关参照群体的分类与类型,请参见图9－1。

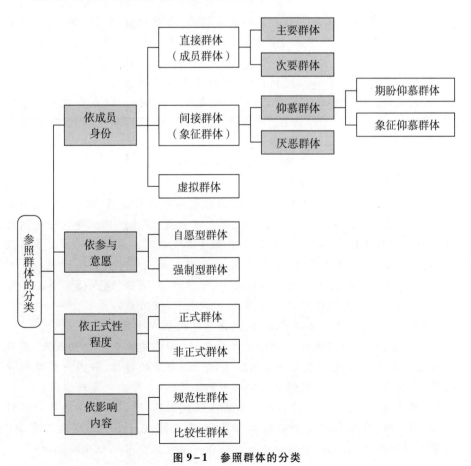

图9－1　参照群体的分类

深度解码美团与大众点评合并的"跟谁学"逻辑

天下大势,合久必分,分久必合。美团和大众点评合并之时,就是新一轮巨头崛起之日,到底合并后的公司叫啥名儿? 有人说干脆叫"新美大"得了! 可是万万没想到,新公司的英文名据说已经确定为"China Internet Plus Group",译成中文就是"中国互联网＋集团"。有人高呼,这是准备千秋万载一统江湖的节奏吗?

从优酷土豆、58赶集到滴滴快的,人们乐于见到两家联姻,名字一合并,谁也不耽误谁。因为只要名字不倒,在民众印象中品牌就似乎还在,而一旦取一个从未听过的新名字,在大众眼中,就是去品牌化,要搞新动静了。其实,从美团、大众点评的迅速崛起到BAT近年的"非常规"布局,我们会清清楚楚注意到一个模式,就是O2O。可以说,在移动互联网大行其道的今天,O2O简直就是互联网＋的根基,从O2O抵达互联网＋似乎已经成为企业家和创业者的一种新的布局方法。

在教育O2O领域也一直有一种说法,那就是成也O2O,败也O2O,谁能赢得O2O争夺战,谁就能赢得天下。最初提出这样的观点是因为两年前甚至一年前,O2O都算是一个新鲜的模式,任何一种先进的模式本身就是生产力。到资本狂热,大量好钱、快钱、游资、傻钱涌入的今天,O2O已经不再是模式之争,而是一种新技术背景下的方法论。具体到任何一个领域,都有它自己的方式与方法,比如说O2O应用到帮助用户找到老师这个领域,跟谁学CEO陈向东就认为有四种方式:第一种是从在线到在线,也就是在线找到老师、在线完成教学过程;第二种是在线找到老师,线下完成教学过程;第三种是线下找到老师,在线完成教学过程;第四种是在线、线下混合来完成教学过程。"有时候是在线上,有时候是在线下,连接构成整个互联网的逻辑。"

具体到互联网教育创业,又会有许多方法,有的企业做题库,有的企业做应用,有的企业做垂直细分,有的企业专注于做某一个特定的版块。而陈向东的跟谁学,居然想做的事情是一个全品类、全地域、全人群、全覆盖的超级巨无霸式的找老师的平台。很多"专家"认为此举不可取,认为过于贪大求全、无的放矢。而实际上,陈向东曾说,跟谁学团队是基于范围经济的考虑,"如果一个人只做K12细分,推广一个APP要多少成本? 如果用户同时上多门课程,对应的成本就要少很多,做多品类很累,因为累,有资格进入的人也可能会少。"

也就是说,对跟谁学而言,就是1个APP要解决10个APP的问题,这也恰如今天各大平台强强联合的逻辑,美团和大众点评那么厉害不还都合并了,当用户的手机上一个"新美大"就可以解决问题的时候,为什么还要下载美团、大众点评两个APP呢?

除了范围经济的考虑,跟谁学在做的事情是高度聚焦的,那就是抓住一个切入点,将帮助用户找到好老师这件事做到极致。当用户想找到任何一个老师的时候,当用户想找到身边好的机构的时候,当然需要一个平台能够实现强有力的连接,这个平台就是跟谁学。

"我们是为了梦想来驱动这件事,梦想驱动之后再来组建团队,所以跟谁学作为一家科技公司,在最初组建团队时,有80%都是产品技术人员,到今天经过一年多的时间已有300多位产品技术研发人员的时候,都真正地验证了跟谁学是一家科技公司",陈向东表示。

资料来源:http://news.10jqka.com.cn/20151130/c586178382.shtml。

9.2　参照群体对消费者的影响

9.2.1　群体对于个人行为的影响

群体对于个人行为的影响主要是因为个人在群体中往往会缩小自我,也就是个人在群体中会出现去个体化(Deindividuation)的现象,使自己与群体融为一体。因此,我们经常可以发现个人在群体中的表现,往往和其独自一人时的表现并不相同[5]。研究也发现,个人在群体中会出现社会惰化的状况。社会惰化(Social Loafing)是指一个人在群体中所愿意做出的贡献,远比其独处时要少[6]。美国的研究发现,一群人用餐时平均每人所给的小费远比一个人用餐时要少[7]。

> 社会惰化是指一个人在群体中所愿意做出的贡献,远比其独处时要少。

另外,研究发现:群体决策远比个人决策更愿意承担风险,也就是在群体决策中往往会出现风险转移(Risky Shift)的现象[8]。由于群体决策的风险是由群体共同分担,不似个人决策时是由个人单独承担,也就是容易出现责任分散(Diffusion of Responsibility)的现象,因此倾向于接受更具风险性的替代方案[9]。研究还发现,消费者在群体中,会更愿意去试用新的产品[10]。

不过,并非所有相关的研究都支持上述风险性转移的论点。有些研究发现群体会使决策更趋于极端,也就是会出现决策两极化(Decision Polarization)的现象。决策两极化是指群体决策会比个人决策走向更冒风险或者更趋保守的情形。一般而言,对于低风险性的产品,会走向更冒险的情形;对于高风险性的产品,反而会走向更保守的情形[11]。

> 决策两极化是指群体决策会比个人决策走向更冒风险或者更趋保守的情形。

在消费者行为上,群体也会表现出对个别消费者的重大影响。例如结伴购物通常会出现较多的冲动性购买、更大笔的购买支出,以及光顾更多的商店[12]。

另外,愈多的人接受该群体,则该群体对个人所产生的群体遵从压力也就愈大。也就是说,成员数目愈多的群体,其对成员的影响力也就愈大,这就是从众效应(Bandwagon Effect)[13]。

> 愈多的人接受该群体,则该群体对个人所产生的群体遵从压力也就愈大,这就是从众效应。

9.2.2　参照群体的影响方式

参照群体的活动、价值与目标,都会直接或间接地影响消费者的行为。不过,参照群体有三种影响方式是特别值得营销人员加以注意与应用的:参照群体会提供信息并影响个人的认知、需求与偏好;参照群体的规范可以强迫或刺激消费者行为;参照群体可能会成为个人的认同榜样。

因此,参照群体对于消费者的影响主要是基于下列三种形式:

1. 信息的影响(Informational Influence)

当消费者认为参照群体是可信赖的信息来源,或参照群体所提供的信息具有专业性时,便会认为该信息能够提高自己在产品判断和选择时的正确性。基本上,由于消费者对于厂商或营销人员所提供的信息大多持有怀疑的态度,因此消费者会比较希望能从参照群体中获得所需要的产品信息[14]。

研究发现，在两种情况下参照群体的信息影响特别重要。第一，当此种产品的购买（例如汽车）具有社会、财务或绩效风险时，会特别希望能获得参照群体所提供的信息；第二，当个人对于该产品的知识或经验极为有限时，参照群体的信息影响更显得格外重要，例如当一个人对于笔记本电脑不熟悉时，往往在购买前会先去寻求参照群体的建议[15]。

2. 规范的影响（Normative Influence）

若要了解规范的影响，必须先了解社会遵从。社会遵从（Conformity）是指消费者为了融入该参照群体，而对于参照群体所产生的服从与接纳。服从（Compliance）是指个人迎合群体的期望，但并没有接受该群体所具有的信念或所采取的行为。例如，"口服心不服"便是一种例证。接纳（Acceptance）是指个人根据群体的状况，来改变自身的信念与价值。例如，"心悦诚服"便是一种例证。至于和社会遵从最为相关的，则是规范。规范（Norm）是指群体所建立的规则与行为标准，而群体成员往往会被要求遵守群体规范，例如校规。因此，规范会影响消费者的行为，这也常会表现在对于购买的产品与购买场所等决策的影响上[16]。当消费者因为迎合其他人的期望或遵从某一群体的规范，而改变了自身的行为和决策时，便是规范产生了影响。

规范是指群体所建立的规则与行为标准，而群体成员往往会被要求遵守群体规范。

规范影响的重要意义会表现在示范原则和社会乘数效果上。示范原则（Demonstration Principle）是指由于流动性与购买力的增加，使得消费者接触新产品的机会随之增加，同时也增加了购买新产品的概率[17]。例如，当某一新产品上市（例如某一新型数码相机）时，由于某些领先购买者的使用示范，间接地增加了其他消费者购买的可能性。因此，愈是在公共场合使用或是外显性愈高的产品，在示范原则下的效果愈明显。另外，通过产品的展露和群体的影响而造成新产品拥有（Ownership）呈倍数增加[18]，这便是社会乘数效应（Social Multiplier Effect）。一项产品的流行往往是社会乘数效应的结果，例如俏长的睫毛、黑框眼镜、潮装以及出气玩具等产品的流行，便是年轻族群间社会乘数效应发挥所致。

示范原则是指由于流动性与购买力的增加，使得消费者接触新产品的机会随之增加，同时也增加了购买新产品的概率。

通过产品的展露和群体的影响而造成新产品拥有呈倍数增加，这便是社会乘数效应。

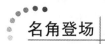

名角登场

靠着社群的力量，雄狮狠赚日本财

日本一直是台湾人海外旅游的热门地点。而在这个庞大商机中，市场最大的赢家莫过于中国台湾地区旅游业"一哥"——雄狮旅游。在竞争激烈的旅游市场中，东北亚线成为雄狮营业收入增长引擎，其中，日本旅游商品贡献四成最为显著。

尽管雄狮已是台湾地区最大的网络旅行社，但日本线是"血流成河"的红海市场，雄狮要想进一步攻城略地也不是一件容易的事。雄狮董事长王文杰坦言，除了依靠雄狮的品牌力，他认为过去几年积极经营社群的数字影响力才是最关键的因素。

"要在红海市场中突围，就必须经营分众市场与推出差异化商品。"王文杰说，雄狮早在2007 年便开始训练旗下领队经营博客，建立粉丝团，如今更转化为与网络上知名博主合作

"组团",推出限量、高单价的旅游行程。

在平均客单价二三万元新台币的日本市场,雄狮竟能推出20万元新台币的顶级产品,虽不是唯一提供高单价的旅行社,但一般一年推出一档高端产品已是极限,雄狮却能定期推出套装产品,显示其经营高端客户的能力。

日本旅游经验丰富的博主Choyce,正是与雄狮配合不错的领队经典案例。身兼作家与母亲角色的Choyce,在网络上拥有5.5万名粉丝,近一年半来她成功通过网络社区开了十几个日本亲子团,一人团费平均4.5万元新台币起,较一般团体贵三成,但由于行程专为小孩、妈妈、家族设计,一团40人很快就满额,旅行社也乐于与她配合。

"你去哪里找一个发一篇文章就有15万人回应的社区?"王文杰举例,近日雄狮与公主邮轮合作包船推出三天两夜石垣岛之旅,其中一位博主登船后发了一张她在邮轮上的照片,短短一小时就有15万人点赞,让他非常惊讶,更让他相信,懂得发挥数字影响力的意见领袖已经比以前的记者与编辑的影响力大多了,"媒体不会消失,达人将取代记者的角色,载体也会打破传统媒体的形式"。

资料来源:梁任玮,"雄狮'黏'住部落客 狠赚日本财旅游市场杀成红海 为何它还是能胜出?",《今周刊》,第928期,2014/10/02。

3. 认同的影响(Identificational Influence)

当消费者购买某种产品的目的,是因为此种产品可以使他和某些人间产生某种高度的相似性时,认同的影响就产生了。每个人都可能会有一些角色榜样(Role Model),这些角色榜样是他们所认同或是自我期望所投射的对象。例如运动明星、电影明星、政治明星等都可能成为很多人的角色榜样,也是很多消费者追逐模仿的对象。因此,消费者会去模仿角色榜样的行为、所购买的产品与其生活形态。认同的影响不只限于角色榜样,也包括同伴或某些参照群体。

和家庭一样,参照群体是影响一个人社会化的重要因素。我们从参照群体中学习到很多的价值、观念和行为。参照群体提供一种很好的社会比较基准,消费者可借助参照群体来评估自己的行为、意见与拥有物品等。例如在和同事的互动中,消费者学会了哪些消费适合自己的身份、哪些行为可以被接受,以及在哪些场合适合穿哪些服装等。

社会比较理论(Social Comparison Theory)认为通过社会比较的程序可以增加一个人在自我评估方面的稳定性,尤其在缺乏一种明显的评估基准时更是格外重要[19]。例如,社会比较特别适用于诸如音乐或艺术等没有明显对错的个人决策。消费者会和这些群体进行比较,并据以调整并改变其态度与行为。当然,社会比较的关键在于比较基准的选择。一般而言,消费者和用来比较的人之间的类似性愈高,则愈会出现此种社会比较的行为[20]。研究发现,消费者对于那些与他们类似性较高的同伴所提供的信息,接受度较高[21]。同样,愈是和消费者类似的销售人员或广告代言人对于消费者的影响也愈大[22]。

人与人之间的关系也常通过社会互动来呈现,消费者常通过和参照

社会比较理论认为通过社会比较的程序可以增加一个人在自我评估方面的稳定性,尤其在缺乏一种明显的评估基准时更是格外重要。

群体的社会互动,来调整或支持其自我概念。例如,消费者通过自己所驾驶的车子或穿着来向其他人传达他们的自我概念。另外,消费者也会借由扮演群体角色(Role)和取得群体地位(Status)来维持自我概念。因此,参与某些群体并扮演其中的角色也是传达自我概念的一种方式。例如,文物爱好者协会便是由一群文物爱好者所组成的群体,而参与此群体正好可以彰显参与者的文化涵养与高雅品位。

有关参照群体三种影响方式的内涵,参见表9-1。另外,有关上述三种影响方式中相对影响力的大小仍应视其所针对的产品类型而定。一般而言,最容易经由信息影响的产品,是那些技术上比较复杂的(例如,电脑、汽车、摩托车、液晶电视、空调),或是一些在抉择上需要客观信息准则的产品(例如,保险、医生、头痛药)。而比较适合通过认同影响的产品为汽车、摩托车、衣服和家具。商品的外显性愈强,则规范的影响愈大,例如汽车、摩托车和衣服。其中衣服同时适用于认同影响和规范影响,因为衣服往往具有外显性,同时也传达出其对群体规范的遵从[23]。有趣的是,汽车和摩托车都同时存在着上述三种影响方式。由于汽车和摩托车都具有技术上的复杂性,因此存在着信息影响的空间;另外,汽车和摩托车也都有自我认同上的意义,因此也可产生认同的影响;最后,这两项产品都是外显性的商品,因此往往可通过规范的影响,来传达对群体规范的服从含义[24]。

表9-1　各种参照群体影响方式的内涵

影响方式	目　标	对于来源认知的特征	权力的类型	行　为
信息的影响	知识	可信赖性	专家权力	接纳
认同的影响	自我维持与强化	相似性	参考权力	认同
规范的影响	报酬	权力	奖赏或压制权力	服从

资料来源:Robert E. Burnkrant and Alain Cousineau (1975), "Informational and Normative Social Influence in Buyer Behavior," *Journal of Consumer Research*, 2, December, p. 207.

9.2.3　决定参照群体影响力大小的因素

总结来说,参照群体对于消费者购买行为所产生的影响,主要根据以下因素而定:

1. 对参照群体的态度

并不是所有的人对于参照群体都会表现出同样的态度。整体来说,消费者愈是将参照群体视为一种可靠的信息来源,或是对于参照群体的观点与反应愈是重视,以及对于参照群体的奖励与处罚愈是在意,则愈受该参照群体的影响。另外,消费者对于群体的认同与其对成员身份的评价愈高,则消费者受参照群体的影响也愈大。也就是说,消费者对于该参照群体的承诺愈大,或是对于其成员身份愈珍惜,则规范的影响愈大。

2. 参照群体本身的特征

参照群体本身的特征也会决定其影响力的大小。成员对于参照群体的向心力愈强,或是成员与参照群体的价值愈接近,或是两者的互动愈是频繁,以及参照群体的声誉愈高,则该参照群体对于成员的影响愈大。参照群体对于消费者的服从所给予的奖励愈大,或不服从时所给予的惩罚愈大,或是参照群体的规模愈大、内聚力愈强,以及专业性愈高,则参照群体对消费者的影响也愈大。

3. 产品的特征

一般而言,技术复杂性与专业性愈高的产品,如音响或电脑,则参照群体的意见愈是重要。此外,违反规范的行为愈是明显,则参照群体的影响愈大。因此,外显性愈高的产品,愈容易受到参照群体的影响,例如服饰、汽车,以及眼镜等。另外,一些具有地位含义的独特性产品也容易受到参照群体的影响,例如俱乐部、居住地区等。再者,炫耀性的产品也较易受到参照群体的影响,例如在青少年间,手机往往是一种炫耀性的产品,所以参照群体的影响力很大。因此,我们经常会发现一款新的手机通过同伴的介绍,便很快地流行起来。

4. 消费者本身的经验与信息来源

消费者本身对于该产品愈具有丰富的经验或是自己就可以取得足够的信息,则愈不容易被参照群体所影响;反之,则愈容易去寻求参照群体的意见。例如人文学院的学生在购买电脑时,比起熟悉电脑信息的理工学院的学生而言,可能更需要参照群体的建议。

9.2.4 对于参照群体的抗拒

消费者对于参照群体所带来的影响压力有时也会表现出一种抗拒的状态。例如,"敢于与众不同"便是一种对于参照群体的抗拒,这种抗拒往往会使消费者承担来自社会或同伴很大的压力。不过,有时这种抗拒是好的,也是必要的。例如,青少年因为无法拒绝同伴群体的压力而产生吸毒、抽烟,以及斗殴滋事等偏差行为。因此,如果我们能了解哪些因素会造成对于参照群体的抗拒,则可以帮助这些青少年来抗拒参照群体的不当影响。

对于参照群体抗拒的主要影响因素包括[25]:

1. 当个人的价值系统特别强烈时,抗拒参照群体影响的力量也较强。例如,个人愈是认为打架斗殴不是一种正确的行为,则愈不容易被同伴所影响而参与斗殴。

2. 当参照群体要求服从的压力过强或太弱时,则抗拒参照群体影响的力量也较强。一般认为,群体提供给遵循规范的报酬愈大,或是违反规范的处罚愈大,则规范的影响也愈大。不过,也有研究发现参照群体要求服从的压力与抗拒会呈现一种 U 形关系(参见图 9-2)。若参照群体要求服从的压力过强,则会引起成员的反感,而导致反弹;若参照群体要求服从的压力太弱,则无法激起成员服从的意愿。因此,消费者只会对某一

当个人的价值系统特别强烈时,抗拒参照群体影响的力量也较强。

当参照群体要求服从的压力过强或太弱时,则抗拒参照群体影响的力量也较强。

程度内的参照群体压力采取服从行为[26]。

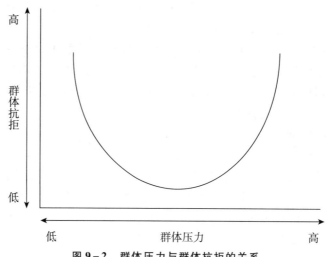

图9-2 群体压力与群体抗拒的关系

3. 个人对于参照群体的认同愈弱，则对该参照群体影响的抗拒力就愈强。例如青少年愈是认同该参照群体，则其消费行为愈是容易被同伴影响。

4. 个人的自主性（Independence）愈强，则对该参照群体影响的抗拒力就愈强。例如，青少年愈有主见，则愈不愿被群体牵着鼻子走，因此其消费行为也愈不容易被同伴影响。另外一种是反从众性（Anticonformity）心理，即指愈是流行的东西，他愈是不愿遵从。不过，这种和大众流行刻意唱反调的心态和人格特质上的自主性并不相同，两者不可混为一谈。

9.3 参照群体在营销上的含义

我们可以从以下几个方面来探讨参照群体在营销上的含义。

9.3.1 广告的含义

根据参照群体对消费者的影响方式，营销人员可以利用专家代言人来提供信息，以产生信息影响；也可以利用典型的消费者进行示范，来产生认同影响；还可以传达使用该产品或服务可能获得群体的接纳，以及不使用该产品可能产生的排挤，来形成规范影响。

运用专家代言人，可以采用两种方式：一种是借由描述专家所扮演的角色，例如牙医，来推荐抗过敏牙膏；另一种是借由一些在该产品领域上具有专业性的代言人，例如物理学家，来推荐某一款运动鞋所具有的减震效果。

在认同影响上，营销人员也可以采用两种推荐方式。一种是利用真实推荐者（Actual Referent）的方式，也就是通过"典型消费者"来说服那些与他们相类似的目标消费者。由于消费者认为推荐者和自己相似，所以借由其点出彼此所面对的相同需求与问题，而认同其所推荐的产品。例如，小S（徐熙娣）以准妈妈的身份曾为某脐带血银行代言，便是一种运用真实推荐者的例子。

第二种方式是使用象征推荐者(Symbolic Referent)。象征推荐者是指消费者所喜欢或被吸引因而产生认同的代言人。例如途牛旅游网请林志颖父子来代言,便是将林志颖父子视作一种象征推荐者,来吸引喜欢他们的消费者。

最后,营销人员还可以通过广告中所表现的群体接纳与肯定,来发挥规范影响。例如通过群体示范的方式,借由一群与目标消费者相类似的群体均使用该产品的表现手法,使消费者认为使用该产品可获得群体的接纳与肯定。很多以儿童为主要目标顾客的广告会以"群体接纳的方式"来引发这种规范影响,例如某奶粉的"我们都是喝这个长大的"便是其中一个典型的范例。

象征推荐者是指消费者所喜欢或被吸引因而产生认同的代言人。

9.3.2　参照群体与产品类别的关联

产品或服务的炫耀性(Conspicuousness)是决定消费者是否会受参照群体影响的主要因素之一,而产品炫耀性中所隐含的排他性(Exclusivity)与公众可见性(Public Visibility)更是两个关键的因素[27]。第一个因素是排他性。如果人人都使用该产品,则该产品会失去排他性,因此也会失去产品或服务的炫耀性。例如若每个人都能驾驶名贵的跑车,则名贵的跑车便没有可炫耀之处了。第二个因素是公众可见性。如果要能对他人炫耀,则该产品必须是公开可见并且是可以辨识的。例如个人日常生活所使用的隐私性产品(例如贴身衣物),比起在公开场合所使用的产品(例如珠宝金饰),相对比较不受参照群体的影响。因此,营销人员必须考虑产品特征与参照群体影响之间的可能关联。

营销人员可以根据产品是属于必需品还是奢侈品,以及该产品是属于在公众状态下使用还是在私人状态下使用等基准,而将产品分为以下四类(参见图9-3),然后针对每一类型,探讨参照群体对于该产品类别或产品品牌可能带来的影响[28]。

图 9-3　产品特征分类

1. 公众奢侈品(Public Luxuries)

在此种产品类别中,参照群体对于所购买的产品类和产品品牌均会产生影响。例如,高尔夫球俱乐部、昂贵轿车及豪华住宅等。

2. 私人奢侈品(Private Luxuries)

通常在此种产品类别中,参照群体对于产品类别的影响会大于所购买的产品品牌,也就是参照群体对私人奢侈品的品牌选择并无太大的影响力。例如,按摩浴缸。

3. 公众必需品(Public Necessities)

在公众必需品上,参照群体虽然对于产品类的购买影响很小,但由于产品具有公众展示性,所以参照群体会影响所购买的产品品牌。例如,手表、衣服与汽车等。

4. 私人必需品(Private Necessities)

关于私人必需品,参照群体对于所购买的产品类别和产品品牌都不具有太大的影响力。例如,家用电器与灯饰等。

名角登场

好市多不受年轻社群喜爱,会成致命伤?

2014 年 3 月,《时代》(Time)杂志警告,以大分量为特色的大型仓储批发超市可能会终结在现年 18—34 岁的千禧世代手上,其中又以美国第二大零售商好市多(Costco)最该提高警惕!

《时代》主张,仓储批发业的主力消费群体是千禧世代的父母辈,因为他们习惯于住在郊区,买车代步,大型仓储批发超市的商业模式恰恰是顺应这种生活形态而产生的。不过,千禧世代却喜欢在市区租房、坐地铁或走路,大分量包装反而成为其生活的一大负担。

尽管好市多称不上优等生,但也不是垫底生,然而《时代》却特别不看好它的前景,最主要的原因是它不费心经营社群。

统计显示,有 3 400 万名粉丝在沃尔玛(Wal-Mart)的脸书上点赞,塔吉特(Target)的脸书也累计了 2 200 万个赞,但好市多只被点了 100 多万个赞,推特账号更是失效已久。

只不过,这篇用词激烈的文章似乎说服力不够,财经网站上有不少人表示反对。有分析师指出,《时代》忽略了一个重点:从历史轨迹来看,每个世代多半是在进入结婚、生子的人生阶段后,才会考虑往空间更大的郊区移动、置产。千禧世代还没面临这个时刻。

此外,好市多的"社群冷淡症"也不代表它没看到千禧世代的需求:它是三家大型仓储批发超市(另外两家是沃尔玛与塔吉特)里品德最优的模范生。公共议题研究员凯瑟琳·盖尔(Kathleen Geier)评论说,好市多善待员工是它最大的资本,特别凸显出龙头沃尔玛不厚道的形象,让公民意识强烈的年轻消费者知道"我们是可以有选择的"。

千禧世代被形容为"史上最精明的消费世代",《福布斯》(Forbes)分析,最主要的原因是他们虽然喜欢便宜、方便的产品,但却把制造过程是否合乎人道、环保放在第一顺位。沃尔玛和塔吉特的粉丝数远胜好市多几十倍,却缺乏"道德溢价",盖尔建议:"从头投资员工也许是个新选择。"

资料来源:柳定亚,"好市多社群冷淡症 会成最大致命伤?",《商业周刊》,第 1376 期,2014/03/26。

9.4　意见领袖

9.4.1　意见领袖的内涵

意见领袖(Opinion Leader)是指一些能经常影响他人态度或意见的人[29],也就是在非正式的沟通中,就某一特定的产品或服务类别,能够提供专业或权威建议与信息的一群人。因此,对营销人员而言,如何找出某一特定的产品或服务类别中的意见领袖是很重要的。意见领袖通常也是在产品刚推出的早期阶段,经常会基于好奇心而去试验新产品的人,这种好奇心与影响力使得意见领袖经常成为市场中的趋势领导者。

一个人是否能成为意见领袖,和其意见领袖性(Opinion Leadership)有很大的关联。一般而言,有一些因素会影响意见领袖性的高低。过去的研究发现,意见领袖通常对于该产品类别的介入程度较高,同时对于该产品类别具有较高的产品专业知识。另外,相对于其他人,意见领袖也较热衷于搜集与该产品类别相关的信息。此外,意见领袖通常具有高度的自信心,比较愿意和他人分享信息和互动,并会主动寻求他人的意见。最后,他们也喜欢外出和参与群体[30]。研究也发现,个人介入程度愈高、公众自我性愈强,愈可能扮演意见领袖的角色[31]。

不过,意见领袖并非普遍适用于所有的领域。一个人可能在某个领域扮演意见领袖的角色,但在另外一个领域则不然。例如,在电脑相关产品上扮演意见领袖的人,可能并不被认为在休闲旅游上同样具有意见领袖性,所以一个人的意见领袖性往往受其对产品类别的专业性与知识的影响。不过,有时这种专业性的认知会扩散到其他的相关领域,通常称之为意见领袖性重叠(Opinion Leadership Overlap)。例如,一位对于电脑产品具有高度意见领袖性的人,有时会被认为在电器、音响和数码相机等产品上也具有影响力。意见领袖性重叠的现象有时也可能会被扩散得过分严重。例如,在某一学术研究领域(例如化学)很杰出的人,却经常在某些他并不擅长的领域(例如政治)发表意见与接受咨询。另外,某位知名小说作家,经常就婚姻或政治话题发表并非其专长领域的意见。这些都是意见领袖性过度重叠的明显例子。

另一个和意见领袖相关的概念是市场专家。市场专家(Market Mavens)是指某些人由于购物经验、公开的信息(例如网络或直邮)以及对市场的知识,导致他们比其他人更知晓一些新产品的信息。用通俗的话来说,市场专家应该是市场中所谓的消息灵通者。市场专家并不全然就是意见领袖,但有时两者会出现某种程度的重叠。例如,市场专家可能常在关于市场行情与新产品的信息中成为其他消费者咨询的对象。不少电视购物专家便是以市场专家的姿态来说服目标顾客采取购买行动。

最后,还有一个概念是代理消费者。代理消费者(Surrogate Consumer)是指某些人常扮演引导、指示,以及执行市场中行为的代理人的角色。例如,家庭装修时的包工头对其客户往往扮演着建材、卫浴设备,甚至家具的采购代理的角色;很多室内设计师也常是客户的代理消费者。

意见领袖是指一些能经常影响他人态度或意见的人。

意见领袖性往往受其对产品类别的专业性与知识的影响。不过,有时这种专业性的认知会扩散到其他的相关领域,通常称之为意见领袖性重叠。

市场专家是指某些人由于购物经验、公开的信息以及对市场的知识,导致他们比其他人更知晓一些新产品的信息。

代理消费者是指某些人常扮演引导、指示,以及执行市场中行为的代理人的角色。

9.4.2　意见领袖的界定

由于意见领袖对于消费者具有强大的影响力,因此,如何界定意见领袖成为营销人员一项相当重要的工作。一般来说,意见领袖的界定可以采取以下两种方法[32]:

1. 自我认定法

自我认定法是询问个别消费者是否认为自己是意见领袖。

自我认定法(Self-Designating Method)是询问个别消费者是否认为自己是意见领袖。一般而言,如果某人对于某些产品类别表现出很大的兴趣,往往也可能在这些产品类别上扮演意见领袖的角色。表9-2是一个自我认定法中常用的量表。自我认定法最大的优点是简单易用。不过,我们也不可太过于相信自我认定法,因为有些人会过高地估计自己的重要性与影响力。另外,喜欢对他人提供意见,也并不必然代表别人就会接受他们的意见。因此,除了自我认定法外,还有另外一种方式,就是选取群体的某些成员,来询问他们认为哪些人是其意见领袖。

表9-2　意见领袖性量表

1. 你是否经常和朋友或邻居谈论(个人电脑)?	
经常	从未
5　　　4　　　3　　　2　　　1	
2. 当你和朋友或邻居谈论(个人电脑)时,你是否提供很多信息?	
提供很多信息	提供很少信息
5　　　4　　　3　　　2　　　1	
3. 在过去6个月,你曾与多少人谈论过这件事(个人电脑)?	
很多人	很少人
5　　　4　　　3　　　2　　　1	
4. 和周围的朋友相比较,你被询问这件事(个人电脑)的可能性如何?	
很可能	一点都不可能
5　　　4　　　3　　　2　　　1	
5. 在谈论这件事(个人电脑)时,哪种情况最常发生?	
你告诉你朋友个人电脑的事	你的朋友告诉你个人电脑的事
5　　　4　　　3　　　2　　　1	
6. 整体来说,当你和朋友或邻居谈论这件事(个人电脑)时,	
你经常被视为咨询的来源	你并不被视为咨询的来源
5　　　4　　　3　　　2　　　1	

资料来源:Terry L. Childers (1986),"Assessment of the Psychometric Properties of an Opinion Leadership Scale," *Journal of Marketing Research*, 23, May, pp.184-188.

2. 社交测量法

社交测量法是通过追踪和记录群体成员间的沟通形态,以了解成员间相互影响的状况。

社交测量法(Sociometry)是通过追踪和记录群体成员间的沟通形态,以了解成员间相互影响的状况。通过此种方法,可以系统地绘制出群体成员之间的互动关系。借由询问消费者由谁身上获得产品的相关信息,就可以找到哪些人是其产品信息的来源。社交测量法通常是利用网络分析(Network Analysis)来呈现群体成员间的推荐网络(Referral Network)关系,通过此网络我们可以了解成员间的联结强度(Tie Strength)。图9-4代表了一种推荐网络,在这个网络中不但可以找出哪些人扮演着意见领袖的关键角色,也可以发现在推荐网络中所存在的各种社群。由社交测量法得到的研究结果相当精确,不过也相当昂贵,因为这种方法需要相当缜密地检视群体成员间的互动。一般而言,社交测量法特别适合在封闭性的小群体中使用。

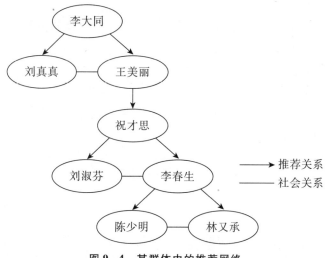

图 9-4 某群体中的推荐网络

如果群体成员彼此之间存在着很强的联结强度,则代表成员之间的互动既频繁也十分重要,因此很可能表示他们之间存在着参照群体关系。不过,我们也不可忽视一些只具有薄弱联结的关系。因为即使仅是薄弱的联结,也很可能扮演着搭桥功能(Bridging Function),通过这些关系可以间接搭上一些重要的群体。

9.4.3 意见领袖的影响

意见领袖的影响力也是视情境而定的。根据过去的研究,意见领袖在某些状况下是比较具有影响力的[33]。例如,当一个人对某种产品或品牌缺乏相关知识,而无法对该产品或服务进行有效评断时,意见领袖的影响力较大。另外,当消费者并不信赖或不相信广告与其他的信息来源时,也会寻求意见领袖的意见。再者,当个人希望获得社会肯定时,也会比较在乎意见领袖的意见。以产品的特征而言,当产品复杂度高,或是产品缺乏客观的评价标准,抑或产品具有高度展露性时,意见领袖的相对影响力也较大。

观察现今市场上的营销策略,有许多公司偏好采用影视、运动明星,甚至政治人物等名人来推广产品,就是希望借由这些名人在该产品类别上的意见领袖身份来推广产品。这种用名人进行背书的推广手法若要成功,主要还是看名人本身的可信度,以及消费者对他的认同程度。此外,在决定由何人来进行背书时,厂商本身也要先注意这个背书者背后所隐含的各种相关意义。亦即,虽然这个背书者可能具有某些特质使得他很适合担任此产品的代言人,但同时他也可能存在着某些不适合的特质。例如有些名人往往同时担任很多产品的代言人,因此,产品品类之间是否存在着相互冲突,即是一个值得注意的问题。如蔡依林等明星代言人都同时代言了许多产品,这样的现象是否会造成消费者认知上的混淆,值得再观察。再者,如果代言的名人在事后发生了一些绯闻或丑闻(例如吸毒或行为放荡),则可能会对其所代言的产品造成很严重的负面影响。例如,柯震东曾为卡夫公司旗下的 Stride 炫迈口香糖代言,但后来因吸毒事件,引发负面评论,使得卡夫公司形象大受损伤。因此,营销人员在使用名人代言策略时,必须注意这种潜在的危险性。

一般而言,在营销或广告上通过名人的方式推广产品大概可归纳为以下四种[34]:

1. **证言(Testimonial)**

   强调名人实际使用该产品,而且由名人现身说法来证实该产品的品质与好处。例如,郭德纲曾现身说法来宣传藏秘排油茶的好处。

2. **背书(Endorsement)**

   名人用自己的名誉来保证产品的品质与好处。厂商常将名人的名字或照片印在产品或产品广告上,以作为背书。例如汪涵所代言的统一老坛酸菜牛肉面。

3. **演员(Actor)**

   名人纯粹以演员的身份出现在产品的广告中,单纯只是扮演广告片中的角色而已,并没有任何推荐或背书的含义。例如宋慧乔代言的步步高音乐手机广告,整支广告中宋慧乔没有说一句话。

4. **代言人(Spokesperson)**

   名人长期担任某一产品或某一公司的代表性人物。例如,王力宏长期代言娃哈哈饮用纯净水。

名角登场

第一财经发布最具品牌价值明星榜　百度大数据成重要指标

打开最新一期《第一财经周刊》的封面专题,你会发现,眼光敏锐的财经编辑们把目光投向了明星,当然不是说他们怎么穿衣搭配,而是花大篇幅探讨:快速消费的互联网时代,“小鲜肉”明星们层出不穷,如何准确评估他们的价值,从而帮助知名品牌找到与自己最匹配的代言人。文章指出,“如今大品牌对年轻明星商业价值的挖掘速度变得前所未有的快,在大众还没有意识到某个明星走红之前,品牌已经反应过来,它们与明星的联结度空前活跃。”

早在 2015 年年初,知名财经作家吴晓波也写了一篇文章《大数据造就的“小鲜肉”鹿晗》,指出鹿晗“是自己从大资料里跑出来的”,同时做出判断“一种新的互联网造星模式开始冲击中国的娱乐经济”。衡量明星价值的维度已经在悄然变化。

品牌痛点:哪款明星最适合我?

作为一本密切关注市场化商业逻辑变化的杂志,《第一财经周刊》对明星价值评估问题的关注,源于如何选择明星代言人一度成为很多企业、品牌广告商的困惑。

首先,更加挑剔的消费者增加了代言人选择的难度。被视为新一代消费者的年轻人,更具国际视野,对世界有着更个人化的看法,也乐于尝试新鲜事物,同时喜欢表达自己的观点,

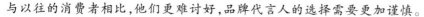

与以往的消费者相比,他们更难讨好,品牌代言人的选择需要更加谨慎。

其次,造星的路径模式改变,明星的价值衡量维度变了。就像吴晓波写的那样,过往的明星制造路径,基本上延续了"演艺产品—大众媒体关注—话题营销"的三部曲,可是"鹿晗们"则是先在贴吧、QQ群等社交媒体里实现精准粉丝的聚集,在形成了相当的粉丝群体后,再反向引爆于大众媒体。对于品牌来说,那些在社交媒体上被更多讨论和关注的人或许变得更有价值。

大数据时代:工具型产品让明星价值"可触摸"

互联网时代,很多看似复杂的事情会迎刃而解。此次《第一财经周刊》推出的"明星品牌价值 TOP 100""快消品品牌最喜欢的明星 TOP 10"等榜单,从各个维度上可以看到,从贴吧等社交媒体积累的大数据扮演了重要角色,如百度的品牌数字资产榜,从信息库存量、连接活跃度、口碑推荐量等三个维度对时下多位明星的价值进行了解读。文中指出,信息库存量这一数值受名人信息总量和好感度的共同影响,该项分值越高,意味着该名人曝光度越高,且形象越正面;连接活跃度则由关注度、联想度和参与度构成,代表了大众对名人感兴趣的程度。

就连备受关注的"福布斯名人榜"也在改变以往对名人价值的评估方式,甚至直接与百度品牌数字资产榜合作,专门推出了针对年轻明星的"2015'小鲜肉'品牌数字资产榜单",通过大数据对年轻明星的综合表现进行量化评估。

另一个"小鲜肉"李易峰看似一夜爆红的背后,其实有着大数据做支撑。据说,李易峰在《古剑奇谭》热播后身价飙升了30倍,而当初选择李易峰出演男主角百里屠苏前,该剧的总出品人陈援专门调出了李易峰出道6年以来的百度指数,他发现:只要李易峰参演的电视剧,无论他扮演的是什么角色,在剧集播出期间,他的百度指数永远高于男一号,而且他只要在电视节目中出现,他的百度指数也一定会蹿升,这让他看到李易峰十分具有观众缘,所以果断签下他。

其实早在两年前,百事独辟蹊径选择当时具有争议的新生代偶像吴莫愁代言时,也运用了大数据工具。从百度指数、百度风云榜等资料发现,不仅吴莫愁的关注度和知名度非常高,而且还具有相当高的美誉度,个性鲜明、带有很强的新生代正能量;借助百度品牌探针工具捕捉到吴莫愁的气质非常符合百事的品牌调性,因而促成了百事与吴莫愁的牵手。这种科学评估明星代言人的方式,最终实现了百事品牌和吴莫愁个人品牌的双赢。

大数据时代,技术、评估标准、工具型产品的运用,让明星价值的考虑维度已经变得更加高效、可量化,从"雾里看花"到"可触摸",品牌的代言人营销变得更加游刃有余。

资料来源:http://ent.163.com/15/0919/01/B3RBQ6QK00032DGD.html。

9.5 口 碑

9.5.1 消费者与口碑

口碑(Word-of-Mouth,WOM)是指人与人之间关于产品或服务信息的非正式传播。口碑的特色便是在传播信息的两人或多人之间,并没有任何一个人属于营销人员,也就是说,营销人员针对消费者的沟通(例如,广告的沟通),或者是

口碑是指人与人之间关于产品或服务信息的非正式传播。

消费者针对营销人员的沟通（例如，消费者的抱怨），都不属于口碑的范畴。因此，口碑专指消费者之间对于市场中的现象或消费相关事项的自由讨论与传达。通过这样的传播，消费者之间分享了产品与服务的相关信息；通过这样的讨论，消费者之间也表达了他们对产品与服务的相关看法。

与口碑相关的一个很重要的概念是社会网络。社会网络（Social Networks）代表着消费者之间所存在的一种社会关系或互动网络关系。例如，前面所提及的推荐网络便是消费者在口碑传达中可能经由的一种社会网络[35]。

相较于一般的商业沟通，口碑沟通的效果并不逊色，有些口碑沟通对消费者甚至具有更大的影响力。为何口碑沟通能产生如此好的沟通效果？这主要来自以下三项因素的作用[36]：

1. 可信度高

口碑经常被消费者认为具有较高的可信度。由于口碑的背后没有商业企图存在，因而消费者比较相信其所传达的信息，对口碑的内容也存在着较高的信任度。

2. 双向沟通

口碑是一种双向沟通。沟通双方可以通过问答、确认、厘清与查核来进行有效的沟通，因此口碑沟通的偏误会比一般单向沟通少。

3. 生动描述

口碑沟通对于一些需要想象的产品属性（例如，餐厅的气氛或美容效果），可以产生较好的沟通效果。通过对于消费经验（特别是指服务的消费经验）的生动描述，往往可使我们身临其境，而对该产品或服务有较清楚的体会。

名角登场

小房屋中介变医疗美容大亨

台湾地区房屋中介业从业人员逾 5 万人，林信一，十年前是刚踏入这行的"菜鸟"，如今摇身一变，他却成了岛内最年轻的医疗美容大亨。

2014 年，他创立的星医美学集团，旗下已有 9 家诊所，一年上门的顾客超过 15 万人，排名台湾连锁医疗美容集团前三位。不到 7 年，在群雄并起的医疗美容市场占据一席之地，林信一凭借的是在房屋中介业磨炼出的生意经。

走进最新落成的诊所，红色电话亭墙面装饰、米字英国国旗图案长桌，英伦风设计主题，迎合的正是该集团锁定的 25—30 岁的年轻女性客户群体。

"这个客户群体占来客的六成，是我的主力顾客"，林信一说，接受大量网络信息、网络评价主导消费行为，是医疗美容主力消费者的共同特质，八成以上的客源皆来自网络推荐。

"不主打名医牌，扎根社群营销力，是他快速成长的关键！"无名小站共同创办人林弘全在 2010 年星医美学尚处亏损阶段时，便出手援助，成为其主要股东。林弘全表示，上网输入"医疗美容""医疗美容诊所"等关键词，在花钱也买不来的自然搜索排行中第一名跳出来的便是该集团诊所,证明了其在网络社群经营的成绩。

不过,房屋中介出身的林信一,一开始不但是医疗美容行业的门外汉,更非成天挂在网络上的宅男,但他试着寄信给网络上所有能搜寻到的博主,邀请对方上门免费体验,言明服务满意才需发文,寄出100封信只有3人回信,上门体验后虽仅获1人认同,成功率1%,但"这位博主发文隔天,诊所的电话就响个不停"。

过去七年来,林信一循此方法,扩大博客代言阵容,更组建"医疗美容特攻队",走进各商圈与办公大楼,以免费下午茶为号召,一年举办上百场小型说明会,开发不同领域的网络意见领袖。打开该集团"铁粉"管理档案,依粉丝数排名列示的代言人,累积超过700位,而他们恰是带进7万名品牌会员的核心驱动力。

林信一说,网络上流行的"粉丝经济",在他看来,和房屋中介业务员最擅长的,通过陌生拜访开发人脉广、影响力大的人,并无二致。

第一个月,他和所有房屋中介"菜鸟"一样,骑着自行车逢人递名片、弯腰打招呼,建立勤快认真的形象;第二个月,进入开发人脉阶段,便锁定该区域内生意好的店铺老板,希望对方若知有人要卖房,可优先通知他,"但一位杂货店老板说,你们中介都说得很好听,但成交之后就不见人影了。"

这句话让林信一回头想,确实,如果不先给甜头,如何能取信对方? 于是,第三个月,他成交第一笔交易后,虽不是那位杂货店老板率的线,但第一时间就大方地赠送2万元红包给他,"只要锁定这群人中最有影响力的那位,他眼见为实认同你,口碑很快就传开了!"他说,这个红包带来的效应是,不到半年,他在当地就建立起二三十人的有影响力的人脉资源,不必出门房源自动上门。

"最困难的是如何下功夫,找到第一个愿意认同你,又具影响力的博主。"他分享说,很多同业花钱买博主写推荐文章,以为这就是网络营销,但透明度才是网络特性,那样做缺乏真实性,只会造成日后的负面评价。

林信一说,房屋中介的门槛,是让客户放心托付资产;医疗美容的挑战,则是不能让女孩们最重视的脸蛋有任何闪失,乍看是两个截然不同的产业,但在特定社群建立好口碑,却是相同的成功要素,"差别只在于,过去靠两条腿开发业务,现在是用手中的鼠标巩固粉丝!"

资料来源:尤子彦,"他不打名医牌,无名小站创办人抢投资 把部落客当桩脚 小房仲变医美大亨",《商业周刊》,第1425期,2015/03/04。

9.5.2 影响口碑沟通的因素

为何会产生口碑呢? 这主要是受到以下因素的影响:

1. 消费者对某一产品的介入愈深,或是从谈论产品中所能得到的乐趣愈高,则愈容易产生口碑沟通。
2. 消费者对某一产品的知识愈深,并且想从谈论该产品中来获得他人对其市场知识与专业能力的肯定,则愈容易产生口碑沟通。
3. 消费者愈是关切其他人的利益,而不希望他们受到损害,则愈容易产生口碑沟通。

4. 消费者愈希望能通过沟通来厘清产品的不确定性，则愈容易产生口碑沟通。

9.5.3 负面口碑的管理

如果说正面口碑是组织的无形资产，则负面口碑就是组织的负债。

当然，口碑不一定是正确的，有时口碑所传达的是错误的观念或传言，即谣言（Rumors）。如果说正面口碑是组织的无形资产，则负面口碑就是组织的负债。有正面的口碑，就有负面的口碑（如对产品或服务的不佳评价）。美国的研究发现，约有三分之一的口碑所呈现的是负面的信息与观感[37]。不过，更值得注意的是，消费者在进行决策时，通常对于负面的信息会给予较高的权重，因此负面口碑的影响力可能比正面口碑还大[38]。所以，对于负面口碑的管理更显得重要。在负面口碑的管理上，必须注意的一般准则如下：

1. 有效的监控是负面口碑管理的第一步

有效的监控是负面口碑管理的必要条件。虽然营销人员无法直接控制消费者的负面口碑传播，但是仍应该对于负面口碑的传播与冲击进行有效的监控。

由于很多负面口碑可能是谣言或不实的传言，而这些谣言或不实的传言通常是起因于对现状的不安、恐惧与不确定性，因此，不安、恐惧与不确定性愈大，谣言传播的速度就愈快。对于负面口碑的有效监控可以让营销人员及时知道问题的产生，进而能尽早采取修正的行动。

2. 勇于处理和面对不利的口碑

鸵鸟心态是厂商在面对负面口碑时常采取的方式。但如果传言属实，那么便要勇敢地承认，负责任地处理与改善。但若传言只是空穴来风，也不能置之不理，更必须加以澄清，"否认"或"漠视"都不是好的策略，此时"谣言止于智者"的消极做法是不切实际的，因为不理不睬的态度只会使事件更严重、传言更离谱。避免采用"不予置评"的回应方式，因为这将会引发更大的疑虑与不利的猜测。此时，营销人员要勇于面对危机，寻求解决之道。从长期的角度来看，诚恳地认错并处理这些负面的口碑，以及立即改善，是对负面口碑比较理想的处理方式。我们必须认识到，负面的口碑不会因为漠视或不当处理而自动消失，因此营销人员必须有效地进行负面口碑的管理。

3. 提早行动，掌握时效

谣言对于公司产品或商誉所造成的最大伤害往往是在问题出现的初始。因此，愈早反应，不利的传言和影响会愈少，对公司产品或商誉可能造成的伤害也将降到最低。

4. 应由高层人员出面

为了取信大众，最好是由公司的高层主管，甚至是最高负责人来直接面对大众的质疑，以显示组织的重视与诚意，而非将问题丢给低层人员。高层人员要勇于展现面对问题的诚意，保持诚恳的态度，以避免给消费者留有组织是在矫饰或回避问题的不好的印象。

5. 发挥团队合作的精神

负面口碑关乎整个组织的成败。因此,组织全体人员必须全心全意,彼此协调达成共识,并发挥团队的力量。

9.5.4　广告与口碑的关系

广告与口碑具有互补关系,广告代表了组织的正式手段与商业企图,而口碑则代表了一般消费者的非正式手段与非商业企图。当消费者能从广告中取得足够以及令他们相信的产品或品牌信息时,便较不易依赖口碑的信息来源。不过,广告也可成为创造口碑的工具,特别是一些具有争议性的题材往往容易成为消费者讨论的焦点,而在无形中成为口碑的基础。另外,一些广告预算比较有限的组织,也可以试图利用口碑来替代广告,即借助于有利的口碑效果来替代昂贵的广告沟通。例如,星巴克便鲜少利用广告宣传的手段,反而是借助于消费者的口碑宣传来吸引新的客户。

9.5.5　消费者社会整合理论

消费者社会整合理论(Consumer Social Integration)是了解口碑效果的一个有效架构[39],如图 9-5 所示。从信息搜寻程度与意见领袖性两个方面,可以将消费者分成四类。当消费者在信息搜寻程度与意见领袖性两个方面能力都高时,则是社会整合型(Social Integrateds),此代表着他们会去影响他人,但也会被他人影响。社会独立型(Social Independents)是指他们具有很高的影响他人的能力(高意见领袖性),但在被他人影响上能力则很低(低信息搜寻程度)。社会依赖型(Social Dependents)是指那些倾向于被他人影响(高信息搜寻程度),但却无法影响他人(低意见领袖性)的人。社会孤立型(Social Isolates)则是指在信息搜寻程度与意见领袖性两个方面能力都偏低的消费者,不但无法影响他人,也不会被他人影响。因此,营销人员要先了解消费者所归属的类型,才能知道口碑对于这些消费者而言是否有效。

意见领袖性 \ 信息搜寻程度	高	低
高	社会整合型	社会独立型
低	社会依赖型	社会孤立型

图 9-5　社会整合理论的消费者分类

资料来源:William L. Wilkie (1994), *Consumer Behavior*, 3rd ed., New York: John Wiley & Sons, Inc. p. 357.

不过,我们也必须了解到,消费者社会整合理论所做的分类并不是依据人格特质,因此,消费者的归类并非是固定不变的。消费者所归属的类型随着产品的不同而有所改变,例如一位消费者可能在电脑相关产品上属于社会整合型,但在休闲活动上属于社会孤立型,在服饰上又属于社会依赖型。

9.6　群体与角色

消费者是善变的,在不同的时刻,往往呈现出不同的面貌。因此,要掌握消费者的心理,便必须掌握这些消费者面貌的变化。影响消费者变化的其中一个重要变量便是消费者所扮演的角色。

角色(Role)是指一个人在群体中的定位,以及相关于该定位的一套期望行为。角色和该定位有关,而不是和这个人有关。也就是说,脱离了该定位,也就脱离了这个角色。我们常说"学生的本分就是认真读书",这就是一种角色的期望行为。例如一位中学老师从事卖淫的行为,之所以会在社会上引起轩然大波,便是和"老师"这个角色的期望行为有关。所以,要了解消费者行为,便不能不先了解消费者所扮演的角色。不过,要完整了解角色,需要从几个和角色相关的观念入手:角色形态、角色参数、角色类别、角色超载、角色冲突、角色转变,以及角色刻板印象。

角色形态(Role Style)是指个人在扮演某种角色时,所表现出来的各种层面或变量。例如,一位学生的角色形态可以从其学习、休闲、社团活动和人际交往等层面来描述。不同的角色,其角色形态便可能有所不同。

角色参数(Role Parameter)是指就某个角色而言,对于其行为接受范围的广狭程度。例如,通常军人和警察的角色参数较小,也就是其行为上所容许的变异程度并不高;商界人士的角色参数便相对大多了,往往在行为上具有很大的弹性。例如酒醉驾车行为,虽然从法律的角度来看是一样的,但社会大众对于一位警察和一位公司经理酒醉驾车行为的评价便有很大的不同,这便是由两种角色的参数不同所致。

> 角色是指一个人在群体中的定位,以及相关于该定位的一套期望行为。

> 角色形态是指个人在扮演某种角色时,所表现出来的各种层面或变量。

> 角色参数是指就某个角色而言,对于其行为接受范围的广狭程度。

名角登场

《中国互联网消费趋势报告》发布：小城年轻人更爱掌上买

50 岁以上人群居然是购买自拍杆的主力,22—50 岁的女性为保健食品贡献了近六成的销售额,28 岁以下用户购买旗袍增速最快……

淘宝和第一财经商业数据中心(CBNData)12 月 8 日在北京发布《中国互联网消费趋势报告》。该报告通过对 2011—2015 年淘宝资料的分析,发现消费市场表现出移动电商成为趋势,三、四线城市消费兴起,28 岁以下的网购用户高速增长等特征。

三、四线城市购买力上升

报告基于淘宝网上万个热搜关键词、上百个子类目,以性别、年龄、网购深度、城市等维度分析而形成结果。

数据显示,鞋靴、数码、服装行业开始呈现下沉县级城市的趋势,主要订单来源从一、二线城市逐渐向三、四线城市扩展。从消费者购买力来看,三、四线城市消费者是正在兴起的

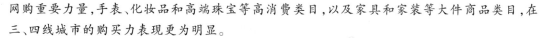

网购重要力量,手表、化妆品和高端珠宝等高消费类目,以及家具和家装等大件商品类目,在三、四线城市的购买力表现更为明显。

此外,别以为日趋火爆的手机购物都在一线城市,五年淘宝资料分析表明,二、三、四线城市的消费者比一线城市的消费者更愿意使用移动端,其中,中西部地区的渗透率最高。

具体来看,在服装、食品、运动户外、家居、美妆时尚、鞋包等各个类目上,西藏的移动端购买占比均高居榜首。西藏消费者在淘宝上购买的休闲零食中73%是通过手机完成交易,家居类目移动购买占比62%,运动户外占比66%,生鲜占比70%。

值得关注的是,一线城市年轻消费者占比为所有城市中最低的,四线城市的年轻消费者反而占比最高。在牡丹江、阜阳、肇庆、铜川、赤峰等城市,28岁以下消费者占比均超六成。

健康消费成热门领域

报告显示,健康化、年轻化、个性化、智慧化和传统化成为指引行业发展的五大消费趋势。

随着人们对健康饮食的意识增强,带有特定健康概念的商品热销,并呈现出逐年增长的态势。在健康饮食上,"有机、低脂、无添加"成为消费者的热搜关键词,广东、浙江和江苏省是三大最爱追逐健康的省份。保健食品也成为增长最迅猛的食品品类之一,如酵素类产品在2015年前三个季度的销售额环比增长接近13倍。18—22岁女性在保健食品市场所占份额不断提升,成为增长最快的消费群体。

每当社会上发生公共健康安全事件,相关的家用健康类产品就会呈现爆发式增长,如2014年兰州自来水苯超标事件发生后,净水设备销量大幅增加。每当发出沙尘暴、雾霾等天气红色警报时,空气净化器也会马上出现销售高峰。

除了健康消费,个性化和传统化也在进一步融合,并成为年轻人的时尚符号之一。别以为购买传统商品的都是中老年人。2015年前三个季度,传统旗袍销售增幅高达68%,而28岁以下的年轻用户购买旗袍的比例从2011年的18.1%升至38.5%。

"70后"重家庭,"80后"重实用,"90后"讲个性

淘宝大数据提炼的消费者画像特征显示,"70后"重家庭,消费关键词为健康、居家、品位、精打细算、摄影控、高档等;"80后"是实用主义者,消费关键词为工作狂、育儿、实用、优惠、二手淘宝等;"90后"讲个性,消费关键词为数码控、夜猫子、社交党、移动控等。

从消费金额来看,作为职场的生力军,"80后"在消费能力上完胜;从客单价来看,"70后""80后"高购买能力体现无遗,平均客单价为"90后"的两倍;从笔单价来看,"70后"最高,说明"70后"高消费档次导致其购买商品的平均价格会更高;"90后"使用移动端成交的商品接近七成,是不折不扣的移动控;从成交金额来看,"70后"与"80后"PC(个人计算机)端消费仍占据多数,多购买贵重大件商品,而"90后"移动端多用来购买轻量、低价的商品。

"70后"最爱购买的品类分别是家具、家装、理财、大家电、五金、厨房电器等,这都充分说明"70后"是以家庭生活消费为核心的一代,有高消费能力、高品位,同时也精打细算。

实用是"80后"的核心需求,购买的品类大多是二手闲置转让产品、众筹类产品和童装,同时也会像"70后"一样喜欢购买理财、汽车用品等实用商品,说明"80后"正处于人生转型过程,家庭需求正在逐步上升。另外,"80后"正处于生育黄金年龄,母婴类产品购买占比远高于其他年龄群体,育儿以及二胎也成为"80后"群体的一大消费特征,对网购的依赖程度最高。

个性是"90后"购物的理念。"90后"作为最年轻的也是最活跃的一群消费者,表现出

极强的个性需求,对各类新兴商品的接受度最高,同时也注重商品的社交性、娱乐性以及便利性,喜欢打扮自己,女装、男装、美容用品、移动数码产品,尤其是手机购买占比较大,喜欢极限运动。

香水、彩色染发、户外运动在年长群体中渐流行

谁最爱用移动端购物?淘宝五年数据表明,中老年人在其中占据一席。中老年人对手机购物的接受度日益提高。以舞蹈类消费为例,数据显示,中老年人在移动端的占比呈爆发式增长,从2011年的几乎为零增长到2015年前三个季度的超过三成。其中,购买舞蹈类产品的中老年人深度使用者占比超过八成。移动电商尽管才开始渗透到中老年用户,但渗透的速度很快。

报告建议,要想赢得热衷于舞蹈的消费者的青睐,商家最好能提供以下商品组合:62元的舞鞋、42元的舞蹈上装、42元的舞蹈下装、50元的舞蹈配饰,或90元的舞蹈套装,以及151元的演出服等。

此外,不同年龄阶段的消费群体均表现出消费观念年轻化的特征,一般认为年轻人才会消费的商品,比如香水、彩色染发、户外运动等,在年长的群体里逐渐流行起来。五年淘宝数据显示,50—70岁消费者对于香水的消费持续增长,仅2014年就花费近7 000万元。

资料来源:王珂,《小城年轻人更爱掌上买》,http://ex.cssn.cn/dybg/gqdy_sh/201512/t20151209_2775251.shtml。

角色类别是指一个人所扮演的全部角色。

角色超载是指当一个人所试图扮演的角色数量过多,已超过其个人在精力和能力上所能容许及负担的范围。

角色冲突是指一个人同时扮演很多角色,而这些角色的期望行为彼此发生冲突。

角色刻板印象是指一般人对于某一角色所共同认为应该具有的典型行为表现。

与角色相关的产品群集是指消费者为了扮演某一特定角色所需要的一些产品。

角色类别(Role Repertoire)是指一个人所扮演的全部角色。例如,某人可能在企业里是总经理,在家庭里是家长,在登山社中是社员,在青商会中则担任会长。所扮演的这些角色便构成了此人的角色类别。

角色超载(Role Overload)是指当一个人所试图扮演的角色数量过多,已超过其个人在精力和能力上所能容许及负担的范围。在日本出现了很多上班族"过劳死"的案例,其中不少是由角色超载所造成的。

角色冲突(Role Conflict)是指一个人同时扮演很多角色,而这些角色的期望行为彼此发生冲突,此时便会产生角色冲突的情形。例如,一位经理因事业忙碌而不能兼顾家庭便是典型的例子,因为在公司的角色(尽职经理)和家庭的角色(好爸爸和好丈夫)间产生了冲突。

角色并非是固定不变的。随着时空的转变,角色也可能会发生变化,这便是角色转变(Role Evolution)。例如,当一位员工由基层人员升迁为领班时,便发生了角色转变;或是消费者由单身转变为已婚,这时也发生了角色转变。

角色刻板印象(Role Stereotype)是指一般人对于某一角色所共同认为应该具有的典型行为表现。例如,我们常认为身为执法人员的警察,应该比一般民众更严于律己,这便是角色刻板印象。除此以外,当我们询问什么是妈妈的角色时,如果在你的脑海中出现一位在烟雾缭绕的厨房中手忙脚乱的妇女,那便是你对"妈妈"这一角色的刻板印象。

角色所具有的营销含义可以表现在与角色相关的产品群集上。与角色相关的产品群集(Role-Related Product Cluster)是指消费者为了扮演某一特定角色所需要的一些产品[40]。例如,对一位公司的高级主管而言,你认为他需要什么样的产品来衬托他所扮演的角色呢？是剪裁合体的三件式西装、高雅花色的丝质领带、镀金的袖扣、真皮的黑色皮鞋、最新款的笔记本电脑、气派的轿车、豪华的办公室，还是配有穿着套装的美丽女秘书呢？这些产品和服务形成了他在扮演高级主管这一角色时的相关产品群集。要了解上述这些角色相关的观念，便要知道它们和产品消费间的关联。

 练习题

9-1 请根据社会计量法的观念，试着绘制出你所在的某一群体对于"流行服饰"的推荐网络关系。

9-2 在你的班上或公司里，是否有某些人被认为是厌恶群体，为什么？他们将如何影响你的消费行为？

9-3 互联网已经变成一种相当重要的传播媒介，不过从网络传播者的匿名性与相对缺乏责任感的现象来看，这也是一个相当严重的问题。试从口碑管理的角度，分析营销人员应该如何对待互联网上的口碑传播？

9-4 瓶装咖啡是一种销售数量庞大的产品。试根据各种参照群体对于消费者的影响方式（信息的影响、规范的影响、认同的影响），说明其可为营销人员在瓶装咖啡的营销做法上带来何种启示？

9-5 试着做一个简单的调查，确认有哪些人可能会成为下列产品的重要意见领袖？
   (1) 英语补习教育　　(2) 网络游戏　　(3) 健身器　　(4) 自助旅行
   (5) 汽车　　　　　　(6) 美食

80后"农青"社群把农耕变科技

近12年，台湾地区务农人口少了15万人，然而，"量"虽减少，"质"却变佳。

因为新一代青年农民兴起，他们对新知识更渴求、与世界联结的欲望更强烈，在农业供应链中酝酿着一波波小革命。

他们打造信息交流平台，让单打独斗变成团队作战。"农委会"设立农民学院培养新进与专业农民，2011年迄今已培训上万人次。但上过课后，学员便少有机会再交流，34岁、在云林种稻的王子峰，觉得很可惜。于是，他于两年前在脸书上成立"农民学院联盟"社团，希望打造一个由学长带学弟、同业交流的网络空间。

短短两年多，社团成员增至9 900多人，成为全台湾最大的务农信息封闭式交流平台，成员包括农民与对农业有兴趣的民众，七成介于30—45岁。其中，不乏专业院所的研究人员，他们会热心回答新手提问，让讨论交流更有知识性。

台北市大安区巷弄内，一群"80后"正展开新的商业模式。台湾大学园艺系毕业的李明峰,原本在餐饮业工作,发现提供餐厅食材的菜商,通常是从拍卖市场或批发商那里取得货源,不容易知道最源头的食材供应者是谁。

看到这块市场缺口,李明峰与台湾大学国际企业学系毕业的张欣舫、中原大学商业设计系毕业的张裕渊于 2014 年共同成立"谷得食务所",做不一样的菜商,向台北市的餐厅供应可溯源的食材,让理念相同的餐厅业者的对口单纯化。营运不到一年,他们已携手 40 多家餐厅,与 30 个合作农友及组织做生意,每月溯源食材接触 26 000 人次。

青年农民更愿意接受新工具,无人机、手机 App、云端平台,都成了他们提升效率的帮手。高雄美浓青年农民萧旦伦、刘文峰等人,合资购买无人机,原本要花两个小时巡田,有了无人机后,不到半个小时就搞定了;放山鸡时,鸡到处跑,无人机能快速找到鸡下蛋的位置,巡逻时间节省了一半。

台南善化的青年农民苏建钧年仅 30 岁,中山大学材料与光电工程系毕业,五年前便开始以 iPad 搭配 Google 地图规划农机具动线,近年来更请软件公司开发记录农产品产销记录的手机 App。同样在台南的刘育承,也请人开发农地管理系统 App,让伙伴按照 GPS 信息耕种。他们都有信心,相信利用 App 管理农作物的那天,很快就能到来。

在桃园,还出现农产人力资源的"分享经济"。2—4 月、5—8 月分别是北部地区稻田、茶叶的农忙时期,沛芳综合农场负责人吴成富,通过 Dropbox 云端资源共用 Excel,方便从事农业的人员互相调动。

科技加上文化创意,让台湾地区的农业充满机会。

资料来源:陈筱晶,"'在地新力量'七年级'农青'把卖菜变科技 台湾无人机巡田、万人农夫社群悄悄萌芽",《商业周刊》,第 1434 期,2015/05/06。

🎼讨论问题

请讨论智慧手机的 App 还可能在哪些地方帮助农民社群或单一农民来提升其生产力?

第 10 章　家　庭

本章将为您解答下列问题：

▸ 家庭的内涵是什么？

▸ 家庭决策包括哪些类型？

▸ 家庭生命周期的观念是什么？

▸ 家庭生命周期可以分为哪些阶段？

▸ 家庭角色包括哪些类型？

▸ 家庭中的购买角色包括哪些类型？

▸ 家庭成员如何进行社会化？

▸ 儿童在家庭中如何发挥影响力？

▸ 家庭冲突如何产生？冲突的类型与其影响因素是什么？

乐单族①，享受个人的自由和消费

乐单商机在美国、日本都很成熟，中国台湾地区也正在发展！

台湾地区"中央"研究院社会所研究员杨文山说，乐单族"并非找不到伴，而是不愿受限于传统价值观，宁愿一个人过，觉得这样更自在"。他说，乐单族的形成是因现代人面对工作、生活压力，需享受独处时光，并非年轻未婚者的专利，更多的是中壮年成熟人士，这其中以55—64岁独居户增加得最快；这种"单身群聚"现象是发达国家和地区的象征，他们"一起帮助彼此独立"。

杨文山说，美国有各式咖啡店、健身房林立，让乐单族轻易能够找到同好；瑞典则有逾四成的单人户住在政府安排的单身公寓，"允许个人追寻自由、自我空间"。

日本知名订房网站 Jalan、乐天等，也针对女性推出"一人宿泊"方案，住宿以人头计价，还有"一人卡拉 OK 专门店"，甚至有餐厅推出一人餐，还会安排玩偶坐在对面陪伴，让客人不会觉得孤单。

台湾地区大多数的餐厅都不会拒绝单人用餐，除有烧烤店增设吧台一人锅外，连以桌餐为主的海霸王餐厅也欢迎单人坐十人桌用餐。在高雄则有"Single Inn"单身旅店，就算两人也得分开住；苏姓业者说，刚开业时乏人问津，但近一年变得热门起来，假日常一房难求。

资料来源："单身商机夯 玩偶陪喝咖啡"，《苹果日报》，2014/09/08。

消费者所消费的第一件商品，大多是在家庭中发生的。家庭塑造了消费者的原始消费模式，这套原始消费模式虽然可能会随着时间的推移而改变或调整，但可预期的是，对于大多数的消费者而言，其将持续影响消费者一生的消费行为，家庭对于消费行为的重要性，可见一斑。虽然随着时间的推移，家庭的结构可能发生变化，例如新的成员加入，旧的成员离去，但家庭对于消费行为的重要性却依然不变。本章将对家庭这一重要的宏观层面的变量，进行探讨。

10.1 家庭与家庭决策

对于许多消费者而言，家庭是最主要的社会组织。尤其是在影响消费者的价值观、态度、自我概念，甚至实际的购买行为上，家庭都扮演着相当重要且持续性的角色，因为家庭是消费者"社会化过程"中的第一个关键组织。孩子借由父母的教导和对父母行为的观察，产生了信念、价值与态度，也为日后的行为奠定了基础，因此一个家庭中的成员往往会表现出极为类似的消费形态。另外，很多

---

① 乐单族（quirkyalone），是指享受单身生活（但也不反对跟别人交往），而且宁愿单身也不愿意为了约会而约会的人。

产品的购买也是以家庭为单位,例如汽车、电视机、电冰箱和大型家具等。正因为消费者的决策会受到家庭成员的影响,而家庭本身也同时是一个重要的消费单位,因此,营销人员必须了解家庭如何影响消费者行为,以及家庭本身如何进行其决策与消费。

10.1.1　家庭与住户

家庭指的是一群居住在一起并具有血缘、婚姻,或收养关系的群体。家庭(Family)与住户(Household)并不相同,住户是指同住在一个家居单位下的一群人,因此住户包括家庭与非家庭(Nonfamily)。家庭的类型包括已婚无小孩的夫妇、已婚有小孩的夫妇、单亲家庭、未婚家庭和延伸家庭;而非家庭则主要包括单身一人与一群同居室友(参见图 10-1)。

> 家庭指的是一群居住在一起并具有血缘、婚姻,或收养关系的群体。

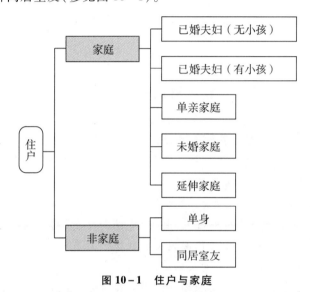

图 10-1　住户与家庭

传统的家庭形态有很多形式,比较常见的包括核心家庭、延伸家庭和单亲家庭等。核心家庭(Nuclear Families)指的是已婚的夫妇和一位或一位以上未满 18 岁的孩子居住在一起的家庭。延伸家庭(Extended Families)则指一个家庭内至少包括一位祖父母同住的家庭,也就是所谓三代同堂的家庭。由于离婚率的增加,因此由单一父母和孩子所构成的单亲家庭(Single-Parent Family)也在日益增加。

> 核心家庭指的是已婚的夫妇和一位或一位以上未满 18 岁的孩子居住在一起的家庭。
>
> 延伸家庭则指一个家庭内至少包括一位祖父母同住的家庭,也就是所谓三代同堂的家庭。

10.1.2　家庭决策的类型

家庭决策通常被认为是典型的群体决策。在群体决策中,营销人员所关心的一个重点是主导类型。基本上,我们可以将家庭决策的主导类型分为以下几种[1]:

1. 妻子主导型

大部分由妻子来进行的决策,例如厨房与浴室内的物品。

2. 丈夫主导型

大部分由丈夫来进行的决策,例如手工具、音响。

3. **孩子主导型**

　　大部分由家中小孩来进行的决策,例如外出用餐、旅游或休闲性消费。

4. **共同主导型**

　　大部分由妻子和丈夫共同商议后进行的决策,例如房子与家具。

5. **各自主导型**

　　大部分由丈夫或妻子独立进行的决策,例如妻子的化妆品、丈夫的刮胡刀等私人用品。

6. **交叉主导型**

　　由丈夫或妻子分别替对方来进行的决策,例如丈夫替妻子买香水,妻子替丈夫买领带。

名角登场

四成已婚男性由老婆购买贴身衣物

　　通常男性会尴尬于帮女朋友或者妻子购买女性卫生用品;当陪着另一半去购买内衣时,多数男性身处女性内衣专柜,都会显得手足无措、尴尬万分。但若角色对调往往状况相反,逛一圈大卖场常常会看到女性在帮男朋友或者丈夫挑选内裤,因为男性常常很懒、不愿意或者忘记买新的内裤,所以就由另外一半或者年轻人由父母代劳。

　　波士特线上市场调查网所进行的网络民意调查发现,有64.59%的男性表示"自己购买"内裤,19.49%由"父母或其他亲人"购买内裤,由"老婆或女朋友"购买内裤的占15.53%。从结果来看,似乎一般社会对于男性不爱自己买内裤的刻板印象有些错误,不过不容忽视的是也有将近三成五的男性还是由亲友代劳购买内裤。

　　但若从婚姻上做进一步的分析,未婚男性有66.69%表示会"自己购买"内裤,已婚男性则有56.97%表示会"自己购买"内裤,证实未婚者因为单身或者不好意思请女友帮忙买,所以自己购买的情况居多,不过请"父母或其他亲人"购买的比例也有24.78%,表明未婚男性不是自己买就是请父母帮忙买。反观已婚男性除自己购买外,有高达40.10%的人由老婆购买。

　　而年龄愈长,内裤由"老婆或女友购买"的比例就逐渐增加。而到了45岁以上比例高达35.53%,证实了"老伴"的确是不可或缺的,因为男性原本就比较大而化之,加上年纪愈大通常愈容易忽略掉许多细节,这时老婆或者女朋友就会较为细心地注意到如贴身衣物需要更换等小细节,所以年龄愈大,由另一半代劳的比例也就愈高。

　　资料来源:"Pollster波士特线上市调:四成已婚男性由老婆购买贴身衣物",波士特线上市场调查网,2009/08/13。

　　是什么因素决定了家庭的主导类型呢? 基本上,有七项因素会决定家庭的角色分工方式[2]:

1. 性别角色的刻板印象

夫妻愈是具有传统的性别角色刻板印象,在决策分工上,愈会倾向于服从传统的性别角色分工。例如妻子对厨房的绝对主宰力,以及丈夫对机械或电力相关产品的主宰力。

2. 双方对家庭的经济贡献度

夫妻中的某一方对家庭的经济贡献度愈大(例如拿回家的钱愈多),则其对家庭决策的影响力也会愈大。

3. 家庭生命周期的阶段

家庭生命周期所处的阶段也会影响夫妻彼此的影响力。新婚阶段会较偏向共同决策,之后,家庭事务则会由与该事务较为相关的人来决定。然而,重要的决策不会受婚姻经历时间长短的影响。

4. 经验

当配偶的一方较擅长于某项决策或经验较为丰富时,其对该决策的影响力也会较大,或是较可能被赋予该决策的主导权。

5. 时间压力

决策的时间压力愈大,该决策愈不会由夫妻双方共同制定,而是会偏向独立决策。

6. 社会和经济地位

一般而言,共同决策的形态较常见于中产阶层。相对而言,社会上层阶层与下层阶层较少进行共同决策,一般比较偏向独立决策。

7. 决策的重要性

决策愈重要,则该决策愈容易偏向由夫妻双方共同制定。

关于主导类型与产品的关系,图 10-2 可用来说明各项产品中的夫妻相对影响力[3]。例如,丈夫主导型包括各种保险等;妻子主导型则如厨房用品、清洁用品,以及日用杂货等;在共同主导型方面则有度假、家电、房屋,以及起居室的家具等。最后,各自主导型的典型产品有女性的化妆品、男性的衣服、园艺工具和药品等。另外,图 10-2 也显示了决策过程和夫妻相对影响力间的关系。图 10-2 中的每一个产品类别都有一个箭头,此箭头的首尾代表由信息搜寻的阶段移动到最终决策的阶段。例如电视/音响的信息搜寻大部分是各自主导型,而到了最终决策的阶段则走向共同主导型。整体来说,大多数的产品箭头都是往左移动,这意味着在最终决策上倾向于渐渐往共同主导型移动。但以产品类别来看,可以发现低介入产品的移动较小,而高介入产品的移动较大,也就是说高介入产品的主导形态变化较大。

对营销人员来说,图 10-2 的意义在于可以由该产品在图上的位置,判定夫妻对该产品的相对影响力,以及角色特定性的程度。另外,对许多产品而言,信息搜寻和最终决策形态并不一致。由于信息搜寻偏向各自主导型,因此营销人员应该选择夫妻各自适合的媒体(例如各自所偏好的杂志),而非一般的媒体(例如全家共同观赏的电视节目)。然而,由于最终决策是偏向共同主导型,因此零售店的店面设计与产品设计则需同时考虑夫妻双方的偏好。

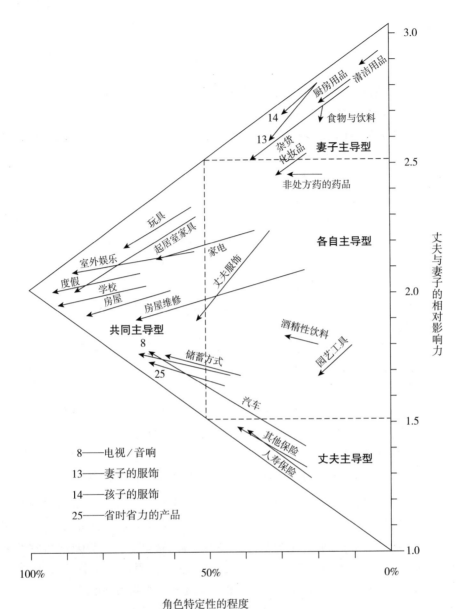

图 10-2　丈夫与妻子在某些物品决策上所具有的相对影响力

资料来源：Harry L. Davis and Benny R. Rigaux（1974），"Perception of Marital Roles in Decision Processes," *Journal of Consumer Research*, 1, June, pp.5-14.

名角登场

台湾地区家庭由女性理财，注重"资产增值"

　　某信托商业银行在 2013 年进行了一项"台湾地区家庭理财行为调查"，结果显示台湾地区家庭理财的目的首推资产增值，超过六成受访民众的理财目的是"家庭资产增值"；整体而言，保险为投资人首选的理财工具，近七成受访者考虑将财富留给下一代。

该银行资深副总隋荣欣表示，调查显示，台湾人重视家庭财富传承，但做法略显保守，其实不论可支配资产有多少，只要通过有效率的理财，都可让自己的退休生活及子女无后顾之忧。

调查结果还显示，台湾地区家庭管理财富者以女性居多。另外，家庭总资产在600万元新台币以下的民众，最常使用的理财工具为保险及储蓄；家庭总资产在600万至1 500万元新台币的民众，通常选择保险及股票；家庭总资产在1 500万至3 000万元新台币的民众，通常选择保险及基金；家庭总资产在3 000万元新台币以上的民众，则较青睐于股票及保险。整体而言，保险是家庭理财工具之首选，其他依序为银行储蓄、股票、基金。

资料来源：吕淑美，"'理财投资'中信银针对台湾家庭大调查 保险跃理财首选"，《经济日报》，2013/08/06。

10.2　家庭生命周期

家庭生命周期（Family Life Cycle，FLC）包含于消费者生命周期（Consumer Life Cycle，CLC）的观念之中。消费者生命周期的观念认为在消费者的行为和时间之间存在着某种系统性的关系[4]。因此，家庭生命周期主张消费者行为和不同的家庭发展阶段间存在着某种关联，也就是说家庭生命周期对于消费者行为具有某种程度的预测性。家庭生命周期是指从家庭形成到解体所经历的各种不同的家庭发展阶段和形态，就如同一个人的生老病死一样，故称为家庭生命周期。家庭生命周期中的各个阶段与家庭形态，因为面对不同的情况，所以往往具有不同的需求，而家庭成员的消费行为也会受到所处阶段的家庭独特需求的影响。例如，一项以20—60岁的汽车潜在消费者为对象的研究显示，从家庭生命周期分组角度来看，处于不同家庭生命周期的消费者，对"安全性"及"表达性"这两项属性的重视程度一样，但对"性能表现""售后服务""内饰与驾驶观感""经济性""延伸价值"等的重视程度则有显著差异[5]。

家庭生命周期是指从家庭形成到解体所经历的各种不同的家庭发展阶段和形态，就如同一个人的生老病死一样。

对于营销人员而言，可以根据家庭生命周期的不同阶段来区隔市场。有关家庭生命周期的划分，主要是基于年龄、婚姻状态与孩子状态等因素来进行的。

10.2.1　传统的家庭生命周期

早期关于家庭生命周期的研究主要来自社会学者，后来经济学者也开始探讨不同家庭生命周期下的支出与收入形态。最早以消费者为导向的家庭生命周期阶段划分是Wells和Gubar所提出的八个阶段的家庭生命周期[6]。根据他们的划分，可以将家庭的生命周期分为年轻单身阶段、新婚阶段、满巢第一阶段、满巢第二阶段、满巢第三阶段、空巢第一阶段、空巢第二阶段，以及鳏寡阶段。关于每一阶段的定义与特征，参见表10-1。

传统上，可以将家庭的生命周期分为年轻单身阶段、新婚阶段、满巢第一阶段、满巢第二阶段、满巢第三阶段、空巢第一阶段、空巢第二阶段，以及鳏寡阶段。

表 10-1　传统家庭生命周期的各个阶段

阶　段	定　义	约占人口比例	主要特性
1. 年轻单身阶段	未婚，35 岁以下	10%	收入在平均水平以下，可高度支配收入，高度自由
2. 新婚阶段	年轻，已婚，无小孩	5%	良好的财务状况，创立一个新家庭，新的负担与活动
3. 满巢第一阶段	已婚，最小的小孩在 6 岁以下	25%	因小孩的到来，父母失去自由，家庭成为新的焦点，产生财务上的负担
4. 满巢第二阶段	已婚，最小的小孩在 6 岁到 12 岁之间	15%	父母的自由增加，财务状况改善，持续对家庭投以关注
5. 满巢第三阶段	已婚，最小的小孩在 20 岁左右	15%	父母的自由增加，收入改善，但必须储蓄以供小孩上大学，焦点由家庭转移至外面的世界
6. 空巢第一阶段	已婚，小孩离开家庭	5%	父母的自由增加，财务改善（收入增加，支出减少），焦点转移至家庭之外与延伸家庭
7. 空巢第二阶段	已婚，退休，小孩离开家庭	5%	收入减少，另外由于医疗因素造成财务压力，具有高度的个人自由，关注于延伸家庭
8. 鳏寡阶段	丧偶，退休，小孩离开家庭	2%	低收入，可能有健康与独居问题，高度自由，关注于延伸家庭

资料来源：William L. Wilkie（1994），*Consumer Behavior*，3rd.，New York：John Wiley & Sons, Inc.，p.407.

　　年轻单身阶段是指未婚，尚未组建家庭，一般在 35 岁以下。此阶段的人们通常收入不高，但财务负担也较少，因此在消费支出上具有高度的自主性。一般而言，他们会花费较多的钱在汽车、便利商品、娱乐，以及约会或交友上。

　　新婚阶段是指刚刚组建家庭，还没有小孩。此阶段通常夫妇俩人皆在工作，因此经济状况不错。一般来说，很多支出是花在购房、装修、休闲和度假上。此阶段有很多的消费是以"双人消费"的形式出现，例如两人一同外出用餐、一同旅游，以及一同观看电影等。

　　满巢第一阶段是指已经有了小孩，但最小的小孩还不满 6 岁。相对于新婚阶段，此阶段很多的支出是花在小孩身上。例如，婴儿医疗、食物、营养品、玩具和衣物等方面的支出。由于此时小孩还小，父母无法离开小孩，因此"双人消费"受到很大的抑制。

名角登场

"产妇造型师"正兴起，让新妈妈更好看

　　"哇！"产房传出第一声哭泣，宝宝终于呱呱坠地！一旁待命的专业人员，急忙上前检查才刚辛苦"卸货"的妈妈。不过，他手上拿的，不是任何医疗器材，而是吹风机、粉扑和烫发

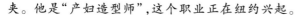

夹。他是"产妇造型师",这个职业正在纽约兴起。

"没有人要求盛装打扮,她们只是想看起来神清气爽,表现出更好的一面",一位造型师接受《纽约时报》专访时说。产妇经历阵痛分娩后,外表就像跑完马拉松般狼狈。有了造型师待命,不仅和宝宝的第一张照片能照得气定神闲,还可以在社群网站上和众亲友分享美美的照片。

为把握第一时间,造型师要跟着产妇到医院待产,一次费用视美容沙龙的等级而定,至少 50 美元。对爱美的妈妈来说,也是给自己的小奖励。

资料来源:吴和懋,"WOW!美国产妇造型师 搞定母子首张自拍照",《商业周刊》,第 1448 期,2015/08/12。

满巢第二阶段是指有小孩,但最小的小孩已经超过 6 岁。此阶段因为父母的收入增加,所以家里的经济状况好转,但是孩子的教育费用变成一项主要的支出。

满巢第三阶段是指有小孩,但小孩在 20 岁左右。此阶段有些孩子已经开始赚钱,因此减轻了父母的负担,于是耐久性商品的支出占了比较大的比例。

空巢第一阶段是指小孩已独立,通常不再和父母同住。一般而言,此阶段是购买力非常强的阶段,因为父母的收入随着工资的增加与职位的调升而增加,再加上子女已经独立因而负担也相对减轻,所以可以负担比较高额的消费支出。此阶段的支出主要用于奢侈品、旅游、休闲以及昂贵的嗜好等方面。

空巢第二阶段是指小孩已独立,并不再和父母同住,但是父母也已经退休。此阶段家庭的收入遽减,因此消费支出会比较集中于一些必要性的支出上,例如医疗服务或健康食品,而奢侈性的消费支出则会相对减少。

鳏寡阶段则是指配偶之一已过世,家庭可能只剩下一个人。此阶段往往收入很少,但支出却日渐增加,尤其是花费在医疗和看护上的支出相对增加。

10.2.2 非传统的家庭生命周期

传统的家庭生命周期是一种"主流家庭"的家庭生命周期观念。不过,由于社会的多元化,以及对婚姻看法的改变,过去的传统家庭生命周期,已不再适合描述现今社会的家庭状况。由于下列三种家庭结构的变迁趋势,导致传统的家庭生命周期划分方式已不再适用[7]:

1. 家庭中的孩子数目愈来愈少

家庭中的第一胎生得愈来愈晚,同时家庭中的孩子数目也愈来愈少。以传统的家庭生命周期划分方式来看,新婚期拉长,而满巢第一个阶段则变得更短。同时,也有愈来愈多的家庭选择不生孩子。对于这些家庭,他们并未经历过满巢期。

2. 离婚愈来愈普遍

离婚率的快速上升,导致单亲家庭的比重提高。但在传统的家庭生命周期划分方式下,则不知该如何来归类那些独自抚养子女的单亲家庭。

3. 未婚也很普遍

单身未婚的状况也愈来愈普遍，不少人选择单身来终其一生，这些人可能一直停留在传统家庭生命周期的单身阶段。可是随着这些人的年龄增大、收入增加，他们所表现出来的消费行为和生活形态，可能和传统家庭生命周期划分中的单身阶段有很大的差异。

图10-3是一个非传统方式的家庭生命周期[8]，在这个家庭生命周期的划分方式下，除了包括主流的家庭形态外，也考虑了其他一些日渐增加的家庭形态，例如离婚家庭。

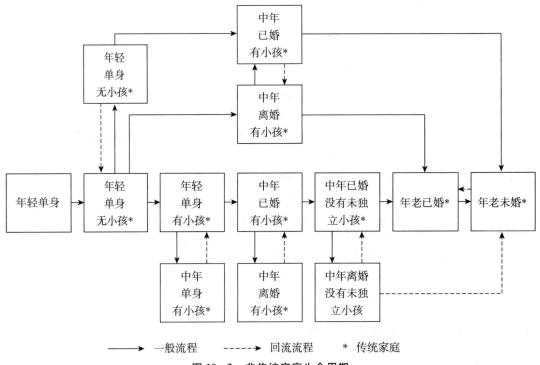

图10-3 非传统家庭生命周期

资料来源：Patrick E. Murphy and William A. Staples (1979)，"A Modemized Family Life Cycle," *Journal of Consumer Research*, 6, June, p.17.

另外，也可运用婚姻状态（未婚、已婚、离婚、鳏寡）、小孩状态（无小孩、小孩同住、小孩独立），以及年龄状态（年轻、年老）等三个变量来进行家庭生命周期的划分[9]。图10-4中所呈现的便是思考在这样的社会趋势下，另一个较接近社会现实的家庭生命周期划分架构。营销人员经常利用家庭生命周期来细分目标市场，因此他们必须了解不同家庭生命周期阶段的顾客需求差异。由于家庭结构的快速变迁，所以其必须比过去更快地反映家庭生命周期的变化，借以设计符合不同阶段需求的营销组合。

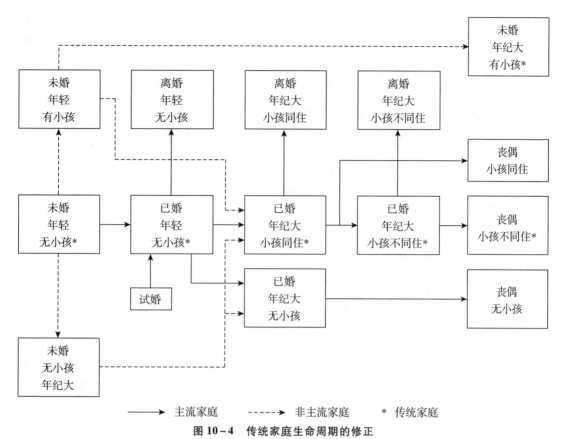

图 10-4 传统家庭生命周期的修正

资料来源:林建煌(2014),营销管理,第六版,华泰文化出版,第 165 页。

10.3 家庭角色

10.3.1 家庭角色类型

当我们从家庭成员的角度来观察消费者行为时,我们便不能忽略家庭中角色结构(Role Structure)的影响力。从社会学的角度来看,家庭和其他群体一样,成员们所扮演的角色可以粗分为两种:工具性角色与情感性角色。工具性角色(Instrumental Roles)又称功能性角色(Functional Roles)或经济性角色(Economic Roles),指的是群体成员为达成群体的根本任务所扮演的角色,包括财务、工作与其他功能。例如,家庭成员为了养家糊口而外出工作,便是工具性角色。情感性角色(Expressive Roles)则是指扮演支持其他群体成员的角色,同时传达出对于群体的情感、喜乐与紧张的相关行为。例如,家庭成员对于其他遭受挫折的成员给予加油打气和精神上的支持[10]。

另外,我们也可以将家庭成员所扮演的角色,依据对外或对内之别而粗分为对外角色(External Roles)与对内角色(Internal Roles)两种。例如,中国传统社会中"男主外,女主内"的形态便是典型的对外角色与对内角色分工。

以一个传统的家庭来说,父亲往往是家庭的主要经济来源与对外的代表性

工具性角色指的是群体成员为达成群体的根本任务所扮演的角色。

情感性角色则是指扮演支持其他群体成员的角色,同时传达出对于群体的情感、喜乐与紧张的相关行为。

人物。因此，父亲经常扮演工具性角色与对外角色。相反，母亲则扮演情感性角色与对内角色。当然，这种角色结构与分工并不是绝对的，随着职业女性的增加，我们可以发现很多女性也扮演着工具性角色或对外角色。这种角色结构的调整应该是未来中国社会在家庭形态上的一个重要趋势。

10.3.2　家庭中的购买角色

在家庭的购买决策中，会有很多家庭成员的参与，这些家庭成员分别扮演不同的角色，而这些角色对于家庭购买的决策、产品的使用，以及使用后的行为都会产生很大的影响。家庭购买角色大概可分为下列八种类型：

1. 发起者（Initiator）

是指在家庭购买决策中提议进行购买的人，通常也是引发其他家庭成员感受到问题存在的人。例如，弟弟提议要购买音响。

2. 守门者（Gatekeepers）

是指在家庭购买决策中，控制有关产品或服务信息流入家庭的成员。例如，哥哥负责搜集与音响相关的信息并进行筛选。

3. 影响者（Influencer）

是指在替代方案或购买决策上，提供意见与信息以供参考，或是提供决策准则，抑或是会影响购买决策的家庭成员。例如，姐姐提供一些音响品牌的相关信息和建议。

4. 决策者（Decider）

是指实际决定要不要购买、购买哪一个品牌，以及在哪里购买的家庭成员，也就是实际制定购买决策的家庭成员。例如，爸爸的拍板定案。

5. 购买者（Buyer）

是指实际进行采购的家庭成员。例如，哥哥亲自到商场采购决定要买的音响。

6. 使用者（User）

是最后的产品实际使用者。例如，音响买来以后都是妹妹在使用。

7. 维护者（Maintainers）

是指在产品购入后，负责保管和维护产品，以确保其良好运作的家庭成员。例如，哥哥负责对音响做简单的维修。

8. 处理者（Disposers）

是指负责终止与处理某一特定产品或服务的家庭成员。例如，弟弟负责将报废的音响丢弃或卖给旧货商。

在家庭中，各个成员所扮演的购买角色可能是不同的。因此，营销人员应该考虑家庭里的各种购买情况，以及各项产品与家庭购买角色间的关系。从家庭的角度来看，除了传统上的单一个人被视为是决策者也是消费者之外，还增加了另一种可能性：在家庭中，有时可能存在一个以上的决策者，有时还不止一个消费者；甚至，有时决策者与消费者是不同的人。因此，营销人员在面对各种不同的家庭消费形态时，要注意其中所隐含的复杂角色结构与分工。

家庭成员所扮演的角色,其重要性也会随着家庭购买决策过程的不同阶段而有所差异。例如研究发现,男主人扮演的角色由轻而重,至"实际购买"时可能已完全是男主人的工作,而女主人与子女则恰好相反,在决策过程的前半段参与程度较高,而至后半段时则大为减弱[11]。

10.4 家庭成员的社会化

前面已述及,社会化是指社会的新生成员如何通过一定的程序,来学得社会的价值、信念与风俗习惯,进而有助于其融入社会。消费者社会化便是社会化中的一个重要部分。消费者社会化(Consumer Socialization)是指消费者如何通过一定的过程,来学得其在市场中所需要的相关技能、知识与态度[12]。虽然消费者社会化可以发生在社会的很多群体中,但不容否认的是,就如同一般的社会化过程,家庭是消费者社会化中的第一个,也是最为重要的影响群体,家庭成员大都是先经过家庭的社会化洗礼。家庭成员的社会化可以分为三种类型:儿童的社会化、成人的社会化,以及代际的社会化。

> 消费者社会化是指消费者如何通过一定的过程,来学得其在市场中所需要的相关技能、知识与态度。

10.4.1 儿童的社会化

儿童的社会化通常在一出生时便已发生。小孩借由观察父母的行为,在耳濡目染下塑造了其日后的行为,例如他们会在伴随父母的采购与消费中,慢慢形成其独特的消费行为。儿童的社会化方式主要有四种:榜样的观察、互动学习、实际参与,以及媒体的影响。

> 儿童的社会化方式主要有四种:榜样的观察、互动学习、实际参与,以及媒体的影响。

榜样(Model)的观察主要是因为家庭中的父母和年长的哥哥、姐姐常是儿童模仿的对象,因此借由观察榜样的行为,儿童便在家庭中悄悄地完成了消费者社会化的过程。例如儿童会学习父母的选购行为,也会接近父母的产品偏好,甚至接纳父母的一些消费态度,这些都是他们长期观察和受父母消费习性浸染的影响所致。

儿童的社会化不会只局限于榜样的观察学习,也可通过和家庭成员的互动来完成消费社会化,也就是说,家庭成员间彼此的互动与观念的交流也是消费者社会化的一种主要方式,这包括父母和子女间的互动,以及子女彼此间的互动。例如,有些广告会引发家庭成员间的讨论,或是家庭成员对某一社会流行事物产生不同的见解与沟通,都属于此种社会化的方式。

此外,实际参与购买与消费也是家庭社会化常见的方式。例如,子女与父母一同选购或消费产品和服务,子女经由实际参与而学习到消费的技巧与知识。

名角登场

常和父母一桌吃饭的孩子,较满意自己的生活

要有幸福的生活,最重要的因素是什么呢?台湾地区儿童福利联盟2014年年底进行了"儿童幸福感大调查"。针对台湾地区4—6年级1 500位学童的问卷调查显示,一半以上

（51.2%）孩子的回答是跟家庭有关的（家人不要吵架、家人健康最重要、家人不要抽烟等）；第二是情感方面（爱、快乐等），第三才是物质方面（手机、电脑、游戏机等）；尽管生活满意分数平均达85分，高于过去四年的平均分（78分），但仍有23.5%的孩子不是很满意。

调查结果显示，影响儿童主观幸福感的有三大因素：没时间一起吃饭、没机会聊天、没时间出去玩。儿童福利联盟CEO陈丽如表示，虽然有超过五成（52.6%）的孩子几乎每天和爸妈一起用餐，但还是有三成四的孩子每周跟爸妈一桌吃饭的天数在3天以下。

此外，调查结果也显示，常一桌吃饭的孩子较满意自己的生活，与少和父母吃饭感觉生活幸福的比例相差约1.4倍。陈丽如强调，由此可见，孩子的生活满意度与和爸妈一起吃饭的天数是相关的，所以父母应该提高与孩子一起吃饭的频率。

另外，在与父母聊天部分，认为把烦恼告诉母亲比较困难的比例占三成六、告诉父亲比较困难的比例占四成七，表现落后于其他国家和地区的八成以上。分析其中的原因，孩子每天和父母聊天的时间不到30分钟甚至不到10分钟是主因。

至于出游部分，近半数的孩子一整年和家人出游不到3次，其中一成六的孩子甚至没跟父母一起出游过。

陈丽如表示，没时间一起吃饭、没机会聊天和没时间出去玩，是孩子对生活不是很满意的主因，可见亲子互动的时间与品质，其实是孩子是否能感受到幸福的主要原因。现代的父母多忙于工作，希望给孩子更好的物质生活，但孩子要的可能只是爸爸妈妈陪着他好好地吃一顿饭而已。

资料来源：陈炳宏，"儿童幸福感大调查 家庭和睦最重要"，《自由时报》，2015/04/03。

> 涵化理论指出儿童会从媒体中学得文化的价值与规范。

在媒体的影响方面，电视是影响儿童社会化的最主要的媒体。涵化理论（Cultivation Theory）指出儿童会从媒体中学得文化的价值与规范。因此，儿童与电视的接触愈频繁，他们接受电视所传达内容的可能性也就愈大[13]。儿童经常花很多时间看电视，因此，他们从电视的内容中吸收了很多与消费相关的信息。这些信息不但充斥在广告中，也充斥在电视节目中。除了儿童节目的直接影响外，儿童有时也看了很多"大人"的节目，经由这些节目，慢慢地也会形成对于消费者的形象与认知。值得注意的是，网络已经成为一种社会化的新兴媒体，相对于电视，网络的影响力毫不逊色。通过网页、网络互动与微博、微信等，不少社会化过程已在网络中悄悄进行。

关于儿童的社会化，大约要经历如图10-5所示的五个阶段[14]：

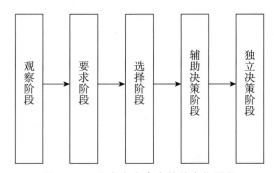

图10-5　儿童在家庭中的社会化历程

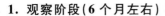

1. 观察阶段(6 个月左右)

陪同父母到商店购物时,孩子在旁边观察父母的购买行为,也暴露在营销刺激下。

2. 要求阶段(2 岁左右)

开始要求父母购买一些他所需要的物品。

3. 选择阶段(3 岁半左右)

自己会在商店中挑选所需要的物品,早期挑选的物品大多以食品为主。

4. 辅助决策阶段(5 岁半左右)

在父母或长辈帮助下进行购买决策,此时开始有能力使用金钱。

5. 独立决策阶段(8 岁左右)

能够独立进行购买决策,已成为一位成熟的消费者。除了更进一步了解金钱的功用,同时也使父母相信他能独立制定负责任的购买决策。

消费者社会化的主要内涵是学习消费技能与知识和建立正确的消费态度。消费技能是指进行真实的消费行为所需要的基本技能,例如如何使用金钱、如何控制预算、如何议价,以及如何做购买决策等。消费知识是指经由家人或他人,而辗转学习到的有关消费的间接技能,例如产品的适用场合,以及各种零售商店的特色等。消费态度则是指消费者对消费相关标的、机构或其他事物的偏好,例如对于品牌或零售商店的喜好或忠诚度,或是对于使用信用卡等信用融通工具的看法等。

> 消费者社会化的主要内涵是学习消费技能与知识和建立正确的消费态度。

实证研究也发现:家长的某些行为、态度与价值观确实会影响儿童的消费技巧与消费知识,然而,对于儿童的消费动机及价值观(消费态度),家长的影响力则较为薄弱。此外,儿童消费社会化结果会受到家长职业、家长受教育的程度、儿童的年龄和城乡差距等因素的影响[15]。

10.4.2　成人的社会化

社会化不仅仅局限于儿童,成人也会面临社会化的过程。通常,刚移入一个社会的新成员便需面临大规模的社会化过程,比如像移民到美国的中国家庭,或是刚嫁到中国的外国新娘等,都会面临社会化的过程,以便融入当地的社会。对于社会的现有成员而言,社会化也是一种持续不断的过程。例如,不断地吸收新的知识,以避免落伍而被社会淘汰便是一种持续不断的社会化。因此,消费者终其一生都在进行社会化的过程,例如很多中老年人学习使用电脑和上网,其实都是一种成人的社会化。一般而言,儿童的社会化倾向多以父母和哥哥、姐姐作为榜样来进行,而成年人与青少年则相对较倾向于选择同伴来作为模仿的对象。

> 社会化是一种持续不断的过程,消费者终其一生都在进行社会化的过程。

10.4.3　代际的社会化

家庭社会化的另一个重要现象是代际社会化。代际社会化(Intergenerational Socialization)指的是上一世代的偏好、忠诚与信念会转移至下一世代,例如我们经常发现子女的口味和其父母非常相似,另外,子女的品牌偏好也和其父母的偏

> 代际社会化指的是上一世代的偏好、忠诚与信念会转移至下一世代。

好大同小异。研究指出,代际社会化对于便利品特别明显,而对于要进行比较的选购品则比较不具有影响力。就性别而言,代际社会化对于男女都一样重要。不过,随着年龄的增长和离开家庭时间的久远,代际社会化的影响力会逐渐减弱。最后,代际社会化对延伸家庭(包含祖父母以及其他亲属的三代同堂家庭)会比对核心家庭(只有父母和小孩两代同住)的影响力更为显著[16]。

名角登场

三代魔法，无远弗届

8月中旬的盂兰盆节是日本仅次于过年的重要假期,祖父母会给暑假返乡的孙子零用钱的"盆玉"(盂兰盆节红包),甚至还有"盆玉袋"。各百货公司也以"送给孙子的礼物"为营销主题,特别增设了许多卖场与上架了许多新的商品。不仅礼物,只要产品上标有"三代""祖孙"等字样必然畅销,尤其是休闲、娱乐、餐饮,乃至塑身或文化教育等行业。

像在日本各地大力开发高级休闲设施的星野集团,就推出"加深牵绊关系,三世代旅行"的营销方案。祖父母不仅能和孙子一起玩,而且能帮忙照顾,往往还支付大部分费用,对于负担最大的第二代而言,一举两得。

祖父母这一代人,年轻时工作忙碌,没时间和儿女一起玩,现在很想珍惜和孙子在一起的时间,对于三代旅行非常积极。日本的调查显示,在20—69岁人群中,有48%的人体验过三代旅行。

积极推崇三代共享的还有迪士尼乐园,它们推出了"三代迪士尼"计划,如能让祖孙同乐的演出或游乐设施;读卖乐园还注资100亿日元,兴建了室内三代同游设施;老牌塑身沙龙Beauty Reverse甚至标榜"三代塑身"。其他文化体验,如赤川次郎的小说、小田和正的歌或韩剧,以及电动游戏等,在三代共享的风潮下,更受欢迎且长销。

资料来源:刘黎儿,"三代魔法 无远弗届",《今周刊》,第975期,2015/08/27。

10.5 儿童在家庭中的影响力

儿童本身就是消费者,未来则成为成人消费者。从营销意义来看,虽然对于有些产品,儿童目前并非是消费者,但来日很可能成为该产品的主力消费者。例如,虽然现在大多数的儿童都没有购买汽车的能力,但在未来,他们长大后则会有相当多的人面临购买汽车的决策。另外,今日儿童经常购买的产品,也可能形成终其一生的消费习惯,例如儿童现在对食物的口味可能变成其一生的饮食偏好。此外,儿童在家庭购买决策中也扮演着愈来愈重要的角色。一方面,他们会发挥向上影响的能力,而影响其父母与其他家族成员的购买决策;另一方面,他们也会被父母训练成成熟的消费者,学习着必须对自己做的购买决策负责。对于营销人员而言,儿童市场的重要性已不言而喻,所以,任何营销人员都不能忽略儿童市场。

反向影响（Reverse Influence）是指儿童脱离对父母角色典范的依赖，而发展出自己的个性，因此当与父母的偏好不同时，他们也会发挥对父母的影响力。此种影响可能来自两个原因：首先，在某些领域，子女可能比父母具有更多的知识与专业（例如电脑），因此在这些领域，父母有时会主动寻求子女的意见；其次，基于家庭民主，每个家庭成员对于家庭决策都可表达意见，甚至具有投票的权利，因此当家庭面临购买决策的冲突时，往往通过家庭会议的表决方式来决策，所以子女也可以影响父母的决定。在反向影响下，当父母的决策因受孩子的影响而改变时，便是一种父母的让步（Parental Yielding）。

> 反向影响是指儿童脱离对父母角色典范的依赖，而发展出自己的个性，因此当与父母的偏好不同时，他们也会发挥对父母的影响力。
>
> 在反向影响下，当父母的决策因受孩子的影响而改变时，便是一种父母的让步。

名角登场

饭店做出区隔，抢食亲子商机

为抢夺亲子商机，饭店的游戏空间不再仅仅局限在一个房间、一个小区域，不少业者已悄悄扩大游戏空间为一整层，甚至数层，让大小孩、小小孩都乐不思蜀，喊着要再来玩。

像2014年才开业的野柳泊逸度假酒店，就特地将饭店6楼规划成整层的亲子游乐区域，除了有超大球池及滑梯以外，还提供免费的投篮机、电动游戏、台球、桌上冰壶等游戏，供大人和小孩享受互动的乐趣。

野柳泊逸度假酒店营销企划部表示，野柳周边的饭店多营业10年以上，为了做出区隔，饭店初期就按照亲子度假饭店进行规划，像球池几乎是台湾北部地区最大的，大人、小孩都可以进去玩，饭店也提供幼小儿童的托管服务，让父母可以专心做SPA等，稍稍喘息一下，因此无论是散客还是团体客人，亲子订房的比率都高达七成。

同样具有超大游乐空间的还有兰城晶英酒店，其将8楼广场打造成芬朵奇堡，只不过房价不低，假日一晚就逼近上万元新台币，也让许多妈妈在网络上发起团购。

兰城晶英酒店公关郭颖珊表示，当初设计时就是以亲子为重点，希望用创新的思维来吸引民众，且小孩喜欢的话，大人也会喜欢，也因如此，扣除掉团体，有高达八成的客源来自亲子订房，且每逢假日，订房几乎都是冲着亲子课程而来的。

郭颖珊指出，除了游戏楼层外，兰城晶英酒店更是打造了其中一层楼的住房为亲子专区，每一位小房客都可拥有属于自己的小汽车，在走廊上驾驶，还可停在自己的房间前，有了这项特别的设计，订房客人指定该楼层居住比例大大提高，订房率比以往提高五成，且每逢假日都"供不应求"。

资料来源：苍弘慈，"超大游戏间 饭店抢亲子商机"，《"中国"时报》，2015/03/18。

不过，儿童对于父母的反向影响，或是彼此相互影响的程度，和家庭的威权形式有着密切的关系。家庭的威权形式可以分为以下四类[17]：

1. 集权家庭（Authoritarian Families）

父母拥有绝对的权力，孩子必须在各项事务上服从父母。这样的家庭形式往往阻碍了孩子的人格发展，而孩子对家庭的购买决策并不具有太大的影响力。

2. 冷漠家庭（Neglectful Families）

由于父母忙于他们的个人事务,因此与孩子间有着很大的距离,孩子往往受到忽视。通常在单亲家庭中比较容易出现这种现象。

3. 民主家庭（Democratic Families）

在这种家庭形式中,每个人的发言都具有相同的分量。家庭内大部分的事务都会经过家庭成员的充分讨论,偏向于共同决策。民主家庭既鼓励孩子表达自己的看法,也鼓励他们自主自立。

4. 宽容家庭（Permissive Families）

孩子在和自己相关的事务上,具有充分的自由。不过和冷漠家庭不同的是,宽容家庭的父母会注意孩子的利益,以及孩子是否善用自由的权力。

在不同的威权形式下,儿童所具有的影响力也不同。基本上,家庭的威权形式与产品种类共同决定了儿童在家庭中的角色[18],见表 10-2。

表 10-2　儿童在家庭中的角色

家庭类型	自用的产品		全家共用的产品	
	直接控制	共享影响	直接控制	共享影响
集权家庭	低	低	低	低
冷漠家庭	高	高	低	低
民主家庭	中	中	中	中
宽容家庭	高	中	中	中

资料来源:Jagdish N. Sheth, Banwari Mittal, and Bruce I. Newman (1999), *Customer Behavior: Customer Behavior and Beyond*, Fort Worth, TX: The Dryden Press, p.585.

> 社会导向家庭是比较关心儿童是否遵守规矩的家庭。

> 观念导向家庭是比较关心儿童是否具有独立思考能力以及自我个性的家庭。

另外一种简单的家庭分类方法,是将家庭分为社会导向家庭与观念导向家庭[19]。社会导向家庭（Social-Orientation Families）是比较关心儿童是否遵守规矩的家庭,而观念导向家庭（Concept-Orientation Families）则是比较关心儿童是否具有独立思考能力以及自我个性的家庭。一般而言,社会导向家庭的儿童比较不可能独立决策,同时也比较不可能参与家庭决策;而观念导向家庭的儿童通常具有较多的产品知识,父母也比较重视他们的意见,他们同时也比较偏好客观的信息。

10.6　家庭决策与冲突

10.6.1　家庭决策

> 一致型的购买决策是指家庭成员同意购买决策本身,但对于达成该决策的方式有不同看法。

家庭的决策可以分为两种基本的形态:一致型的购买决策和调适型的购买决策[20]。一致型的购买决策（Consensual Purchase Decision）是指家庭成员同意购买决策本身,但对于达成该决策的方式有不同看法。在此种状况下,家庭会试图找到一种较能满足目标的替代方案,例如家庭成员一致同意暑期度假旅行的提案,但却没有人愿意留下来照顾宠物,因此他们必须找到能解决宠物问题的方法。

调适型的购买决策(Accommodative Purchase Decision)指的是家庭成员具有不同的偏好与优先顺序,因此无法达成一个能满足所有人最低要求的购买决策。例如家庭成员对于应该将钱花在暑期度假旅行还是整修房屋上无法取得一致性的意见。家庭中有很多的决策都属于调适型的购买决策,因此家庭冲突似乎在所难免。所以,如何解决家庭冲突便成为家庭决策中相当重要的问题。从营销人员的角度来看,了解家庭成员如何面对与解决家庭购买决策的冲突,是一个相当重要的议题。

> 调适型的购买决策指的是家庭成员具有不同的偏好与优先顺序,因此无法达成一个能满足所有人最低要求的购买决策。

10.6.2　家庭冲突与影响因素

在你的家庭中是否经常面临大家争抢电视遥控器的状况？或是曾经为了选择到哪家餐厅吃晚餐,而有所争执呢？这便是典型的家庭冲突。

一般而言,以下几项因素会影响家庭的冲突[21]：

1. 人际关系的需求

一个人对于维持和家庭成员良好人际关系的需求(Interpersonal Need),决定了其家庭冲突的程度。一个人愈在乎其他的家庭成员,那么家庭冲突的程度便愈小。例如,家庭成员在幼年时期对家庭人际关系的需求较强,但到了青少年时期则因为同伴关系的重要性相对提高,因此对于家庭关系的需求降低,所以该成员和家庭的冲突也会较为严重。

2. 产品的介入程度与效用

这是指产品满足某一家庭成员需求的程度高低。如果某一家庭成员对于电影有较高的喜好,那么相对于其他家庭成员而言,他会比较倾向于购买家庭影院的设备,而不是将预算花费在家庭度假旅行上。他在这方面的坚持愈强烈,家庭冲突便会愈发严重。

3. 责任的分担

当某一购买决策的责任分配和义务承担,在家庭成员间发生明显不当时,则较容易产生家庭冲突。例如,子女偏好饲养猫、狗等家庭宠物,但母亲通常会持反对立场,因为家庭宠物的排泄物清理、喂食和清洗等工作最后常常会落在她的身上,而子女往往只享受权利而不尽义务。

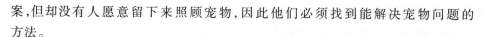

名角登场

思念故人，"骨灰钻石"在身边

最亲爱的家人逝去,有什么方式能继续长相厮守呢？一家瑞士公司 Algordanza 突发奇想,把故人的骨灰制作成钻石,将思念化为具体的钻石"戴"在身边。

和合成人工钻的方式一样,以高压、高温模拟火山岩浆的条件制作,时间约需3—6个月。钻石尺寸最大可到两克拉,要视骨灰量与制作时间而定,费用在 5 000—22 000 美元之间。

因人骨中含有少量硼元素，所以大部分的钻石成品都带有一点蓝色。该公司创办人里纳尔多·威利（Rinaldo Willy）表示，每年800多位顾客中，约有四分之一来自日本。

资料来源：吴和懋："追思已故亲人，只在祭祖时？骨灰做的钻石 把亲人'戴'在身边"，《商业周刊》，第1410期，2014/11/19。

4. 权力的关系

家庭成员对于其他成员在决策上的相对影响力也会影响家庭冲突的程度。例如，传统上家庭的经济承担者往往会在大额的花费与支出上具有较大的影响力。不过，如果家庭成员认为这种权力的运用只是用来满足个人的私欲，便很容易引发家庭的冲突。例如，父母常通过说"赚钱很辛苦"来强化他们对家庭的付出，从而希望在家庭决策中具有较大的影响力，但子女则以"父母只会考虑他们自己的需求"来表达他们对于这种影响力的抗拒，很多家庭中父母和子女的冲突便源于此。

10.6.3 家庭的冲突类型

当家庭成员间的目标与手段一致时，则没有冲突，这即是和谐的状态。换句话说，家庭冲突主要是来自成员间的目标或（及）手段不一致。所以，依据冲突来自目标或手段的一致与否，可将家庭的冲突分为四类[22]，如图10-6所示。

> 家庭冲突主要是来自于成员间的目标或（及）手段不一致。

图 10-6　家庭冲突的类型

> 当目标一致而手段不一致时，此时面临的是解决冲突。

当目标一致而手段不一致时，则面临的是解决冲突（Solution Conflict）。例如，大家都觉得家中应该添购一辆汽车，但是对于该购买哪一个品牌和型号的汽车则有很大的争议。在解决冲突时，家庭则需进一步搜集更多的信息，或是分享信息来排除彼此在问题知觉上的差异。

> 当目标不一致而手段一致时，此时面临的是目标冲突。

而当目标不一致而手段一致时，则面临的是目标冲突（Goal Conflict）。例如，父亲和孩子虽然都认同上网是必要的，但父亲认为网络应该是用来学习新知识的工具，但孩子却认为上网应该是一种休闲的方式。当面临目标冲突时，则可以采用说服的方式来调整彼此对于目标优先顺序的看法。

> 当目标与手段都不一致时，此时面临的是复杂冲突。

最后，当目标与手段都不一致时，则面临的是复杂冲突（Complex Conflict），这是一种相当棘手的家庭冲突。例如，当一个家庭突然得到一笔奖金时，大家对于这笔奖金的用途可能有不同的看法，有些家庭成员认为应该用来改善家庭的硬件设施,以提高居住的舒适性;但也有成员认为应该用在度假旅游上,让大家松弛一下,以更好地培养家庭成员间的感情。而对于持有同一目标的成员,他们彼此间对于手段也可能有着很大的认知差异。例如,虽然承认居住舒适性的重要,但有人认为应该用来整修庭院,也有人认为应该更新卫浴设备。当面临复杂冲突时,可以采用协商的方式来解决。协商主要是通过彼此的利益交换、结盟和妥协的方式,来达成共识或获得大家都可以接受的方案。

对于营销人员而言,家庭冲突意味着家庭成员对于同一产品具有不同的需求与着重点。以购买汽车而言,丈夫可能很注重汽车的性能和品牌,但妻子可能更重视价格和耗油量,而孩子注重的则是外形与内饰。因此,营销人员必须认识到这种冲突的存在,从而分别针对不同的家庭成员来设计不同的营销诉求或策略。

家庭所具有的功能和个人对于家庭的倚赖并非一成不变的,现如今消费者对于家庭的概念也逐渐地在转变:以家庭功能而言,教育与情感的功能日益受到重视。在教育功能方面,强调家庭应负起教育责任,特别是教导子女有关金钱管理、两性交往方面的责任以及性教育、生活教育等;在情感功能方面,则应重视培养家人间的感情。在家庭功能中,保护与娱乐的功能已逐渐消失,保护功能中奉养父母与照顾子女的责任渐渐被其他机构取代,家庭已无法完全负起保护及养育家人的责任[23]。

 练习题

10-1 试举出三项你和你的父母在消费行为上极为类似的产品,并另举出三项你和你的父母选择迥异的消费产品,且分别说明其背后可能的原因。

10-2 描述你的家庭最近一次所面临的家庭冲突。说明其所属的冲突类型,以及最后解决的过程与方式。

10-3 试以"保险"这一产品为例,讨论在不同的家庭生命周期阶段可能的决策考虑因素与消费形态。试比较传统家庭生命周期和非传统家庭生命周期就这一产品在消费上的不同之处。

10-4 比较"试婚""已婚、年轻、无小孩"和"已婚、年纪大、无小孩"等三个家庭生命周期阶段中,在房子、家电、家具、度假,以及珠宝等产品的购买行为上有何差异?

10-5 试找出三种针对"离婚消费者"的产品,并说明其主要的营销做法。

单身经济正红火

在台湾地区,除了适合所有人群的生活服务设施很发达,商家还开发了许多向单身贵族倾斜的服务,丰富了"单身经济"。

台湾单身人口到底有多少，其实很难精确统计。根据两年多前公布的数字，台湾单身人口达 939 万人，统计的人群是 15 岁以上的（含寄宿学生）未婚、离婚及丧偶者，这意味着全台湾将近一半人处于单身状态。

台湾除了单身者比例高是公认的之外，还有很多"类单身"。台湾 1—2 人的"迷你家庭"占了家庭总数的近三成，平均每户家庭的人口数，20 年来减少了近三成，加上未迁户籍的离乡工作者、出外就读的学生、不时出差的商务人群，处于"类单身"生活状态的比例更高。

900 多万的单身人口，如果按每人年平均消费 34 万元新台币计算，全台湾"单身经济"的市场规模至少达 3 万亿元新台币。商家能不动念乎！

"单身经济"一词，最早是由"单身女子经济"演化而来的。单身人群注重生活品质，因为单身且收入不菲，与其他人群相比，更热衷于消费、看淡储蓄。在台北，那些加入健身俱乐部或练习瑜伽、形体舞等各种课程的，出入美容中心、女子会所、香薰店的，往往是单身女子和她的闺蜜。

厂商开发产品的创意，就围绕"单"而展开。

在台北市繁华的东区和西门町，有适合单人享用的烧肉店、提供给单身背包客居住的"胶囊旅馆"；知名的小笼包店，也推出半笼包子，供单人享用。很多单身人士不愿做饭，商家就推出送餐或洗菜的服务。

市面上，小尺寸的家电、家具，小容量的冰箱备受青睐。在日用品连锁店，小包装的洗衣粉、洗发水、洗洁精等居家用品销得较好。街上可买到小包装食材、一人用电水壶、迷你空气净化器、USB 迷你风扇、小包装的米，适合一人用的煮饭小陶锅等。考虑到单身者一瓶红酒一次喝不完，商家甚至体贴到特制了一种专用酒瓶塞的程度。

房地产方面，有人在租下中型店面后进行单元化，即切割为 2—4 平方米的微型店面出租。小而众多，不可小看，据报道这种适合"小确幸"的微型创业热，使台北东区的店面租金上涨了一成。

在台湾，"小户型"越来越受欢迎。适龄未婚女性普遍愿意追加买房投入，她们认为，即使不急于结婚，也应拥有属于自己的房子，提早为后半生做准备。她们买房子最喜欢交通便利、有公园绿地、便利店遍布的生活圈，例如台北内湖、板桥。小户型对她们"够用，负担又不过重"，比较实用。

单身族形成新的消费力，逐渐改变了台湾的消费形态。大家庭是"小集体"式的消费，周末一家人开着小汽车，到大超市大采购，买大分量的商品，而个人消费则是越来越依赖便利店，反正一人吃饱全家不饿。单身或类单身者，工作之余难免寂寞，于是就有了"寂寞商机"。最红火的是社交网络，网聊或网络游戏等虚拟世界的活动，在一定程度上满足了人们对情感的慰藉。

台北街头随处可见的咖啡馆，是单身族的最爱。现在的流行趋势是，减少多人座的大桌，增设 1—2 人的小座，客人点杯饮料或餐点，可坐上半天，读书报、玩电脑、刷手机、听音乐，很随意。

许多单身人士经历各种人生风雨，但哀而不伤，并智慧地将磨难沉淀下来，日子依然过得有声有色。

资料来源：连锦添、吴亚明，"台湾'单身经济'很红火"，《人民日报》（海外版），2014/05/19。

讨论问题

1. 单身经济现已成为一个趋势，除了前述个案中所提到的例子外，请举出三个你觉得值得重视的范例。

2. 单身经济很笼统，若以年龄来看，男女性进入 30 岁后便可能存在单身的心态。你觉得 30—40 岁的单身和 50—60 岁的单身在消费行为上可能有什么不同？也就是说，这两个人群在单身经济的类型上有何不同？请讨论之。

第 11 章 　社会阶层

本章将为您解答下列问题：

▶ 什么是社会阶层？

▶ 社会阶层具有哪些特征？

▶ 社会分层与社会流动的意义是什么？

▶ 社会分层的形态是什么？

▶ 美国的社会阶层状态可分为哪几类？

▶ 中国台湾地区的社会阶层分类状态是什么？

▶ 社会阶层有哪些衡量方法？

▶ 社会阶层在衡量上有哪些问题？

▶ 地位透明化的意义是什么？

▶ 不同阶层之间有哪几种影响方式？

▶ 社会阶层具有哪些营销意义？

做好每个环节，成为平民美食大王

"日语猪排的发音跟'胜利'的发音相同，所以日本人比赛、考试前为了求个好兆头，都会吃一碗猪排饭。"日本猪排饭专卖店"吉豚屋"所属公司 Arcland Service 会长兼 CEO 臼井健一郎，为了中国台湾地区一号店开幕专程来台。他捧着热气腾腾的猪排饭，稀里呼噜吃下肚，希望台湾地区的消费者也能像日本消费者一样喜爱猪排饭。

吉豚屋是日本平价餐饮的传奇，每年有 3 000 万人次光顾，平均每 4 个日本人就有 1 人吃过。吉豚屋 1998 年刚成立时，打着"猪排饭的吉野家"的口号，以一碗猪排饭 490 日元的超低价（几乎是市场价格的一半）杀进市场，一举拿下日本第一大平价猪排饭连锁店的地位。

低价策略让它过去十年营业收入增长 1.8 倍，2014 年净利率高达 9%，而在日本排名前三位的牛排饭连锁店 Sukiya 的净利率仅为 2.1%，这个表现也好于中国台湾地区连锁餐饮业龙头王品。

低价高毛利，看来是互相冲突的商业模式，吉豚屋是如何做到的？

走进吉豚屋厨房，中央工厂送来腌好的肉片，内场人员只要裹上面包粉，丢到自行研发的炸猪排机里，3.5 分钟即可炸好一片；按下按钮，机器自动量出 240 克的饭；特制的电磁炉依猪排大小设定两种火力，工作人员按钮即可加热。

一份猪排饭从油炸到上菜仅要 4.5 分钟，近乎全自动化的厨房，只需要两名内场人员，这让吉豚屋的人工成本仅占营业收入的 25%，比日本一般牛排饭业者少了 8.8%。

吉豚屋可以低于市价一半的价格提供产品的另一个秘密，藏在冷藏猪肉货柜里。在吉豚屋成立前，日本国内猪排饭的价格是 1 000 日元以上，少有业者敢低价进入市场。吉豚屋每月从美国、加拿大直送 300 吨猪肉到日本，其价格比日本国产猪肉便宜两成的秘密，就是将便宜与昂贵的猪肉搭配装进货柜，让每公斤的均价达到不被征收重税的标准。

吉豚屋还成立肉品加工厂，等肉品运到日本后，便宜的猪肉就批发给肉品公司，然后销售到超市，或者做成汉堡排供其他餐厅使用。

创业第五年，吉豚屋直营店加上加盟店总数已超过 100 家。但 2002 年开始有加盟店出现亏损。快速扩店后，就连郊区、车流量小的公路旁也开加盟店，臼井健一郎检讨："原本（产品）以男性上班族为目标，现在却把店开在没有上班族的地方。"业绩下滑后，为了招揽生意，总部开发出了女性和儿童餐，以增加家庭顾客，提高客单价，这一做法反倒流失了原本的男性客户群体。臼井健一郎说，就像是恶性循环，加盟店的利润变得更差，曾经一年开 15 家店，结果年底关了 20 家。

在加盟体制改变的说明会上，一位加盟商首先发难，"还钱来！"其他人也纷纷叫嚣。现在谈起来，臼井健一郎微笑里带着尴尬说："3 年的时间（2002—2005 年）我们没开加盟店。"他忍痛关掉 20 家店，当时日本吉豚屋的净利不过 1 亿日元，关店成本却花了 4.5 亿日元。

针对已经加盟、还没开店的业主，臼井健一郎从北海道到九州，一路鞠躬退还加盟金。他反省："我们（当时）太有自信了，忘记最初成功的原因。"

改革第一步，重整菜单。剔除女性餐点和儿童餐，改回以男性为主的餐点；关掉赔钱店，新店开在车站出口，或男性上班族常去的一些地方。

现在吉豚屋开店得调查商圈就业者人数、早中午的人流、12 小时车流、商圈内牛排饭店的月营业收入等，假如有附设停车场的店铺，还要评估车子开进停车场时最容易经过的路线等 20—30 个指标，达到分数才开店。像是东京新桥店虽然仅有 20 个座位，但最多一天有800 人次光临，翻桌率高达 40 次。

第二步则是让利给加盟商，卖给加盟商的物料原本总部赚 10%，后改为赚 2%。臼井健一郎说："扣除物流后根本赚不了多少，但是当加盟数变多，做出规模经济时，就算赚 2% 也能获利。"

利润增加的诱因，吸引了更多加盟商，2007—2014 年，加盟店数由 73 家增加至 193 家，增长 1.6 倍，而同期直营店仅增加 1 倍；现在加盟店已经占全部店铺的近三分之二。日本吉豚屋净利率也由十年前的 1.9%，提升到 2014 年的 9%。

"我不看对手，只要今天来的客人明天还会来，就不会输！"臼井健一郎深知只有做好每个环节，不让主要客户流失，才能打胜仗。

资料来源：曾如莹，"吉豚屋敢让利，每四个日本人有一人吃过 日本 CP 值最高猪排丼店获利秘密"，《商业周刊》，第 1448 期，2015/08/12。

在鸟类的族群中存在的尊卑关系，被称为啄序（Pecking Order）。而在人类社会中，也存在类似啄序的尊卑高下，其中最为典型的便是社会阶层。社会阶层的不同，影响了社会成员可取得的资源、品位，以及生活形态。不同的社会阶层在接受教育、社会福利和收入等方面的社会与经济资源有很大的差异。研究发现：在台湾地区，子女所拥有的文化资本与父亲对子女的教育投资，都和父亲所在的社会阶层有显著关联[1]。本章是在探讨社会阶层的内涵、衡量，及其对消费者行为可能产生的影响。

11.1　社会阶层的定义

11.1.1　社会阶层的内涵

社会阶层就是在社会分层上被认为具有相同社会地位的一群人。

"人生而平等"是老生常谈的话题，很少有人会提出异议，但是在人与人的互动中，我们也常看到彼此掂掂分量、互相称称斤两的情形。虽然说"英雄不论出身"，但我们也常听到"门当户对"之类的话语。显见这个社会并非完全平等，至少在社会地位和社会阶层上并不完全一样。社会阶层（Social Classes）就是在社会分层上被认为具有相同社会地位的一群人。他们彼此经常以正式化或非正式化的方式来进行社会化，并且具有类似的行为规范。社会阶层是社会分层化（Social Stratification）的结果。社会分层化是将社会中的成员分成较高与较低的阶层，以形成一种具有尊卑与威望意义的层级体系[2]。社会分层化是在社会中创造一种人为分层的过程，这样的分层化出现了地位层级（Status Hierarchy）的结果，并影响了社会中对于有价值资源与稀缺资源的分配方式。不同的阶层除了代表不同的分群，也可能代表不同的偏好、兴趣与行为的群体。

社会分层化是将社会中的成员分成较高与较低的阶级，以形成一种具有尊卑与威望意义的层级体系。

我们或许曾酸溜溜地说过某些人是"含着金汤匙出生"的，某人是"暴发户",但我们有时也会对某些人"白手起家"的过程表示肯定,这显示着社会阶层的取得除了承袭先天的福荫外,也有来自后天的努力。如果社会阶层所享受的社会和经济资源主要是来自一个人的努力、智慧与勤劳,我们可称其为自致性地位(Achieved Status);但一个人若是因为幸运地生长在富豪之家,或是天生丽质,则此种社会和经济资源主要来自一种先赋性地位(Ascribed Status)。

社会阶层的形成受到许多因素的影响。不同的国家或地区因为具有不同的文化和传统,因此用来区别社会阶层的变量也有所差异。有些文化偏重以财富作为社会阶层的指标,例如"笑贫不笑娼"便是强调财富指标重于职业指标。反之,也有些文化偏向以职业作为社会阶层划分的结果,例如我国古代"士农工商"的阶层划分方式。至于在某些文化里,则是偏向以学历作为社会阶层划分的标准,例如"万般皆下品,唯有读书高"。然而,在大多数成熟开放的社会里,都会同时使用多种指标作为分层基准,也就是说,多元化社会往往使用多重指标来形成社会阶层。不过,社会阶层的形成主要还是受社会成员的个人因素的影响。不同的社会阶层成员往往会表现出不同的行为,这其中也包括消费行为,如图 11 - 1 所示。

图 11 - 1　社会阶层与相关因素的关系

例如,一项针对两所初中(一所位于以高社会阶层为主的学区,另一所位于以低社会阶层为主的学区)二年级学生所做的研究发现,在信息及媒体类商品、卡通漫画商品、身体装饰性商品等三类商品中,青少年消费行为会受到社会、经济地位的限制[3]。另外一项针对水果消费决策的研究也发现,非劳动阶层强调营养成分、增进健康与安全等,而不强调产地与使用方便;劳动阶层则会考虑水果的价格、安全与增进健康,而不考虑产地、食用方便与纤维含量;农民阶层则主要考虑口味、价格与品质,至于营养成分、增进健康、纤维含量和疾病预防等则不在考虑之内[4]。这些研究都显示着社会阶层会强烈影响消费行为。

11.1.2　社会阶层的特征

总结来说,社会阶层具有下列特征:

1. 同一社会阶层往往具有相同的价值、兴趣及行为。
2. 社会阶层也代表着社会地位和社会声望的高低。
3. 社会阶层是受许多变量的综合影响所致,比如职业、收入、财富和教育等。
4. 社会阶层之间存在着流动性,这意味着社会成员可以由某一个社会阶层升降至另一个社会阶层。
5. 社会阶层通常在短期内并不会有太大改变,因此具有相当的稳定性。
6. 社会阶层具有周延性与互斥性。每一个社会成员都可依据分级的标准而归入某一社会阶层,也就是同一时间每人只可归入某一特定社会阶层,既不应同时隶属于两种或两种以上的阶层,也不该无法取得社会阶层的归属。

抽烟与社会阶层有关

英国 BBC 报道,抽烟不仅关乎个人健康与公共卫生议题,事实上还有明显的社会阶层因素在其中,那就是越抽越穷,越穷越抽。

据统计,在英国的白领阶层中,有 17% 的男性和 14% 的女性抽烟,但是在蓝领劳工中此项比率分别是 31% 和 28%。英格兰最贫困的地区,52% 的人都吸烟,而最富裕的地区,吸烟者还不到 12%。其实衡量社会阶层的各种指标,也呈现出一致性的统计结果。更糟的是,戒烟的可能性随着社会阶层的弱势而更加困难。造成上述结果的原因,很有可能是英国卫生大臣约翰·里德(John Reid)所说的:"处于社会经济底层的人们,生活乐趣寥寥无几,吸烟是其中之一。"

而英国政府为了禁烟不断提高税率,已经对弱势社会阶层造成了生活负担,英国 10% 最贫穷的家庭,花在抽烟上的支出占其总收入的 2.43%,而相对最富裕的 10% 的家庭,花在抽烟上的开销只占其总收入的 0.52%。也因为烟太贵了,这些穷人抽起来似乎要将每 1 克的尼古丁都吸进肺里,所以健康受烟损害的程度,也是穷人远高于富人。

资料来源:"抽不抽烟　跟身处何种社会阶层息息相关",《"中时"电子报》,2010/06/02。

11.2 社会阶层的分类

11.2.1 社会分层与社会流动

社会分层化导致某些阶层的人比其他阶层具有更高的威望与权力。

社会流动是指一个人从某一社会阶层移动至另一社会阶层。

如前所述,社会阶层是社会分层化的结果。因此,社会分层化的结果隐含着:某些阶层的人比其他阶层具有更高的威望与权力。

由于分层的准则会随着社会的不同而有所差异,再加上个人的因素也会发生变化,因此就出现所谓的社会流动。社会流动(Social Mobility)是指一个人从某一社会阶层移动至另一社会阶层[5]。社会流动代表着社会阶层的动态性概念,也就是随着时间的推移或个人因素的变化,社会分层的结果也会有所不同。

社会流动可以分为向上流动(Upward Mobility)与向下流动(Downward Mobility)。向上流动是指社会阶层的提升,由于教育普及与收入提高,愈来愈多的人纷纷获得自我提升与自我发展的机会,也因此向上流动在当下已经变成相当普遍的现象。社会阶层向上流动的倾向,特别出现在婴儿潮世代的身上。很多年轻世代的教育水准较高,收入亦然,因此社会阶层的归类可能高于他们的父母。至于向下流动则是指社会成员的社会阶层向下调整,例如很多中年失业的工作人口,在面临收入大幅降低后,其社会阶层也往往随之向下移动。在新新人类中也有很多人日后将面临社会阶层不如其父母的窘境,不仅以后可能没有能力购置自己的房屋,而且在未来竞争更激烈和大环境更不景气的情况下,其收入也很可能不如其父母。

由于一般人都会羡慕社会上层人士所拥有的生活形态与物品,因此,愈来愈多的营销和广告手法也常运用上层社会的符号或生活场景,来引起较低阶层者的模仿与效法。这便是一种"打高卖低"(Upward Pull)的营销手法,这种营销手法通常出现在昂贵与时髦的商品上。

另外一个相反的状态是反讽展示(Parody Display),这是指对于社会阶层和阶层符号所进行的嘲弄。例如,有些人会故意穿着或使用与其社会阶层不符的服饰或用品,来彰显他对社会阶层意识的不以为然,或是展现其对现有社会阶层规范的反抗。像是过去一向被认为属于社会边缘族群的嬉皮士风格的商品、刺青与破旧的牛仔裤等,在上层社会中的流行便是典型的反讽展示。

> 反讽展示是指对于社会阶层和阶层符号所进行的嘲弄。

11.2.2 社会分层的形态

基本上,社会分层有以下三种形态[6],如图 11-2 所示。第一种是平等阶层系统(Egalitarian Class System)。例如,以财产或收入来看,共产主义制度下的各取所需和各尽所能便是希望能够形成一种平等阶层系统,也就是拉近整个社会中的阶层差距。第二种是特权阶层系统(A Privilege Class System),此种社会分层经常出现在发展中国家的社会阶层中,其是由少数的特权阶层掌握了社会中大部分的权力和巨大的财富。这样的社会并无中产阶层的存在,大多数的平民都属于最低阶层,他们奉献自己来支持这些特权阶层的享受和财富。例如,大部分的非洲国家。第三种是钻石阶层系统(Diamond Class System)。钻石阶层系统的最大特色是中产阶层在社会阶层结构中占有最大的比重,一般已开发的民主国家都较为近似此种阶层系统。

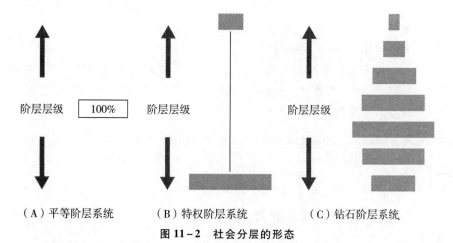

（A）平等阶层系统　　（B）特权阶层系统　　（C）钻石阶层系统

图 11-2　社会分层的形态

资料来源:William L. Wilkie (1994), *Consumer Behavior*, 3rd ed., New York:John Wiley & Sons, Inc., p.437.

11.2.3 美国的社会阶层状态

首先简述的是美国的社会阶层状态，以及各种不同社会阶层所具有的特征[7]：

1. 上层阶层(Upper Class)

主要来自豪门世家大族，以及一些社会新富，例如公司高层主管或顶尖的专业人士。此阶层的特征是拥有巨额的财富、很多的可支配收入，自信，具有较强的文化导向，对生活较随意，也较能容忍不同的观点；在消费上，往往拥有第二栋房子，喜欢购买珠宝、古董、艺术品等奢侈品；不少人具有一流大学的学历。此阶层约占美国全部人口的1%。

2. 中上阶层(Upper Middle Class)

包括专业人士、小企业主与大公司管理人员。他们通常具有研究生学历；偏向于购买那些能彰显其成功的产品，并努力参与各种社团，希望能获得社会的接纳与肯定；通常对于自己的孩子也有很高的期望。此阶层约占美国全部人口的15%。

3. 中下阶层(Lower Middle Class)

包括典型的白领阶层、半专业人员与能够独立自主工作的工匠。例如中小企业的员工、技术人员和教师。他们一般具有中等收入，并希望通过节俭来确保较好的未来；大多是大学学历；通常努力工作并坚持传统美德，重视家庭，是社会稳定力量的主要根源。此阶层约占美国全部人口的32%。

4. 劳动阶层(Working Class)

包括典型的蓝领阶层，例如工厂的劳工、技术性劳工，以及服务人员。他们的收入并不低，但对就业环境的安全性相当重视；通常自信心较差；大多具有高中左右的学历；一般来说，他们面对未来的态度较偏向宿命。此阶层约占美国全部人口的32%。

5. 下层阶层(Lower Class)

通常包括非技术性劳工，收入偏低。他们大多是贫穷阶层，失业率较高、受较少的教育、心理与生理状况都较差，同时其平均寿命也可能比其他阶层要短。此阶层约占美国全部人口的20%。

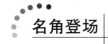

名角登场

穷人爱买彩券，愈买愈穷

《华盛顿邮报》(*Washington Post*)财经专栏作家马特·奥·布莱恩(Matt O' Brien)分析美国乐透彩票的购买情况时指出，有研究发现平均每位成年人每年要花300美元买乐透，但年收入不到2.8万美元的家庭，一年却因为买乐透慷慨"捐出"450美元。

"彩票仿佛一种税收，不过买乐透的人却是'志愿'缴税"。报道称，这多余的450美元对穷人来说,应该有更好的用处,若他们可以用这笔钱买股票,40 年下来可能就是一笔不小的财富。若不投资,这 450 美元也可用于应付生病或意外事故之类的急需。

明眼人都知道,买乐透绝不会是有经济效益的投资,但穷人也并非不知道中奖概率微乎其微,甚至趋近于零,但看不到其他机会的他们,只能继续花这些钱,买一个翻身的梦想。

有人建议应该废除乐透,但依赖乐透作为重要收入的州政府,可不愿放弃这只"金母鸡",他们会继续从这些除了梦想外一无所有的穷人身上收取这笔捐款。

资料来源:"砸大钱买梦想……美穷人年花 2 兆买乐透",《自由时报》,2015/05/16,http://news.ltn.com.tw/news/world/breakingnews/1318987。

11.2.4　中国台湾地区的社会阶层分类

西方的社会阶层分类架构是否能完全适用于中国台湾地区的社会,一直是台湾地区的社会学者和营销学者所关心的议题。因此,不少学者致力于发展适合台湾地区的社会阶层分类标准。吴乃德以英国学者 Glodthorpe 的社会阶层分类为依据[8],将台湾地区的社会阶层分成下列六大类[9]:

第一类阶层包括资本家、大型企业中的经理人员以及高级专业人员(自雇、受雇,或雇人),例如医生、律师及高层公职人员等。一般而言,他们拥有市场中最稳定的职业、最好的生活条件,以及组织中最大的工作权威,可以说是社会中最为优势的阶层,约占 2.9%。

第二类阶层包括较低级的专业人员(如一般的会计师、药剂师)、较高级的技术人员(如一般的工程师)、中层公职人员,以及小企业的经理人员。一般而言,这些人的收入比上一类阶层的人较低,他们在组织中的地位也较低,工作情境一般会受到上一类阶层的人的监督,虽然他们也监督下一级的工作人员。此阶层中也包括中学和专科教师,以及小学校长等,约占 9.2%。

第三类阶层包括一般所谓的"白领",如公司职员、打字员、会计及护士等,军警人员和最低级的行政人员亦包括其中。一般而言,他们多处于工作组织中的最底层,没有任何的权威和自主性。虽然他们的待遇有时比不上蓝领的技术性工人,却被整合在经济组织的官僚系统中,约占 20.6%。

第四类阶层包括一般所谓的小资产阶层,如小工作坊(如加工、外包或生产低技术的商品)和小商店的老板。他们可能雇用少数人,也可能不雇用人。虽然他们的生计可能受到市场景气很大的影响,但是他们拥有少量资本,而且具有很高的工作自主性,约占 19.6%。

第五类阶层包括农民阶层,约占 11.2%。

第六类阶层为劳工阶层,包括低级的技工、蓝领劳工的监督者(领班)、所有的技术性劳工、半技术性和非技术性工人,以及农、渔、牧初级产业的工人。此外,服务业劳工(如大楼管理员、公司工友、清洁工等)、自雇劳工(如出租车司机、木匠等)和非正式部门的劳工(如摊贩、代工等),都属于这一阶层,约占 36.5%。

名角登场

台湾地区中产阶层的目标与担忧

AIA 友邦人寿公布了《2015 年台湾中产阶层的愿望与梦想调查报告》，发现台湾地区中产阶层以"健康"为人生首要目标，并对"医疗保健"开支感到忧虑，自认需要超过 2 850 万元新台币的总资产才算拥有财务安全感，约 2 880 万元新台币才可安享退休生活，约 5 000 万元新台币的总资产才称得上富裕；不过，也有 51% 的人担心无法拥有足够的退休储蓄。这份调查由全球市场研究机构益普索(Ipsos)在 2015 年 2 月 18 日至 3 月 18 日进行，其中包括 500 名自我认定为中产阶层的台湾受访者。

调查结果显示，在生活品质部分，约八成的受访者对生活感到满意，但成功感偏低；仅 39% 的受访者自认已达到成功境界。同时，有 68% 的受访者把"健康"列为人生首要目标，接下来依次是"拥有平静的心灵"(55%)、"舒适的退休生活"(52%)。但"拥有更好的生活"(33%)与"拥有财富安全感"(30%)则是最能激励台湾中产阶层的因素。

在财务安全感部分，有 67% 的受访者认为个人经济稳健。但有超过 90% 的受访者认为，运气有助于拥有财务安全感。至于台湾中产阶层对生活开支的忧虑，最关注的则是退休储蓄(45%)与医疗保健开支(36%)。

在退休生活部分，有 75% 的受访者表示想要退休，但半数以上担心无法拥有足够的退休储蓄。同时，平均每月储蓄 23 117 元新台币做退休之用，而且有将近七成的受访者最偏好的退休储蓄方法是投资退休储蓄专户。

值得注意的是，也有 73% 的受访者认为子女有责任为年老的父母提供经济支持，而现在已有 56% 的受访者为父母或配偶的父母提供经济支持，每月平均支出 11 212 元新台币。

在家庭教育部分，有接近三成的受访者于子女出生前已开始为其教育开支进行储蓄。台湾地区中产阶层家长及有意生儿育女的受访者平均每月储蓄 10 181 元新台币作为子女教育开支。

友邦人寿营销长李建宏表示，台湾地区的民众普遍对生活感到满意，但对自己与子女的健康最为关心。根据调查发现，友邦人寿针对不同人群对健康的担忧与期望，分别推出卡友利保险及活力宝贝还本保险两项商品，前者针对 15—50 岁的民众，提供重大伤病、寿险、退休准备的三大保障；后者针对 0—15 岁的幼童成长期多发疾病或常见意外，从意外伤害、健康医疗与教育基金准备三个方面，规划专属保障。

资料来源：颜真真，"调查：中产阶层过半忧退休准备不足 存 2 850 万才安心"，*NOWnews*，2015/08/13。

11.3 社会阶层的衡量

11.3.1 社会阶层的衡量方法

社会阶层的衡量方法可以分为三大类：自我的衡量、声誉的衡量与客观的衡量[10]。

1. 自我的衡量

自我的衡量（Self Measures）是要求样本自行评估其所属的社会阶层，例如研究者列出所有的社会阶层类别，然后要求样本自行勾选所属的社会阶层。一个人对他自己所属社会阶层的认知，可以称为阶层意识（Class Consciousness）。当然，这样的勾选是根据样本的自我知觉与自我印象而定。不过，自我的衡量很容易造成不当的自我归类，例如往往会过度地高估中产阶层，而上层阶层与下层阶层则很容易被低估。

2. 声誉的衡量

声誉的衡量（Reputational Measures）是借助于对某一社群极为了解的人，对该社群的社会阶层进行初步评估，也就是先由其初步判定各社会阶层成员的身份，然后再将该社群的成员编入每一社会阶层的类别中。

3. 客观的衡量

客观的衡量（Objective Measures）是利用与社会阶层相关的个人属性（例如人口统计变量或社会经济变量）来判定样本的社会阶层。常被选用的个人属性包括职业、收入、居住区域与教育程度等。在选择社会阶层指标时，可以采用单一指标或者多元指标，不过在多元社会中，单一指标是不够的。因此，必须混合多项变量来发展出比较符合社会现实的多元指标。例如，美国比较著名的社会阶层多元指标有沃纳的地位特征指数（Warner's Index of Status Characteristics，ISC）[11]、美国人口调查局的社会经济地位指数（Socioeconomic Status Score，SEC）[12]，以及根据 ISC 所发展出来的科尔曼-雷恩沃特社会阶层指数（Coleman-Rainwater Social Standing Hierarchy）等[13]。

> 阶层意识是指一个人对他自己所属社会阶层的认知。

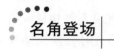

名角登场

错估中产阶层，雀巢幻灭离场

正当全球开始瞄准非洲，向这个商业新绿洲进军时，全球最大的食品饮料商雀巢（Nestlé）却正在非洲 21 个国家大举裁员，幅度高达 15%。主因是其高估了该地区中产阶层崛起的速度。

雀巢赤道非洲地区 CEO 科尼尔·库曼纳奇（Cornel Krummenacher）坦承："我们原以为，这块大陆是下一个亚洲，现在才看清楚，这里的中产阶层实在少之又少，也一直都不见增长。"

10 年来，雀巢已在非洲投资近 10 亿美元，自 2008 年起更是大举建盖工厂，当时希望每 3 年非洲业务就会增长 1 倍，但 7 年过去了，营业额从未达到当时设定的目标。在非洲耕耘百余年的雀巢，从 2015 年起，陆续撤除位于卢旺达与乌干达的办事处、裁减一半生产线，9 月前可能还会关闭 15 处仓库。

库曼纳奇说，未来几年内，雀巢每年若能增长一成，那就谢天谢地了。"我们每个月的进账都不足以应付开销。大幅削减成本后，希望明年就可以收支平衡。"寅吃卯粮的结果，导致雀巢非洲分公司还得向瑞士总部和当地银行借钱支付薪资、购买原料。

中产阶层远少于预估，是非洲现阶段发展的第一个瓶颈。2011年，非洲开发银行（African Development Bank）曾宣称，非洲共有3.3亿人属于中产阶层，比美国总人口还多。但2014年南非标准银行（Standard Bank）深入调查非洲具有发展潜力的11个国家后却指出，其实，非洲的中产阶层仅有1 500万人。以人口数约4 400万的肯尼亚为例，中产家庭仅80万户。这一数据与之前的乐观预估相差很大。

深入非洲大陆之后，雀巢发现，表面上，非洲都市化程度越来越高，但实际上，非常多的人仍住在贫民窟，根本没有余钱可以花费。

据估计，内罗毕作为非洲引进外资重要的桥头堡，虽有400万人，但高达三分之二的人居无定所。若不计原油出口国安哥拉、尼日利亚与苏丹，其余国家的中产阶层更是远远少于预估。

在东部非洲，状况更糟，约有九成人口生活困苦；剩下少得可怜的中产阶层情况也不妙，只要有一点风吹草动，马上就会被打回贫民的原形。只不过，雀巢太晚才看清现实，早就一头热地砸钱投资，满脑子只想复制亚洲消费的热潮。

不只是雀巢，美国饮料商可口可乐（Coca-Cola）、英国巧克力商吉百利（Cadbury）、美国电池商劲量永备（Eveready）等，也都是乘兴而来，在恶劣的经营环境中败兴而归，近几个月来陆续裁员或关厂。

资料来源：邱碧玲，"以为中产阶层有三亿人，最后变一千万人 还怀抱非洲梦？雀巢认赔裁员15%"，《商业周刊》，第1442期，2015/07/01。

11.3.2　社会阶层的地位透明化

如前所述，社会阶层可以由单一变量所构成，也可以由一组变量所构成。当我们观察某一社会成员的社会阶层与该组变量间的关系时，有时会发现结果不一致的现象。也就是说，在某一构面上拥有较高地位的社会成员，在其他构面上却不一定也同样拥有崇高的地位。例如住高级别墅的居民却是低学历者，这时居住地区和学历两项社会阶层的指标便发生了冲突和不一致的现象。这种社会阶层变量之间的一致程度，就是地位透明化（Status Crystallization）的高低。

社会阶层变量之间的一致程度，就是地位透明化。

某一社会成员在其社会阶层的指标变量和构面上愈一致，其地位透明化的程度便愈高，如图11-3中的刘先生；反之，若出现不一致，则地位透明化的程度便愈低，如图11-3中的王小姐。在地位透明化低时，社会成员比较容易产生挫折，因此低透明化的人会比高透明化的人更愿意接受社会的变革[14]。总体来说，营销人员必须了解地位透明化高低对于自我和消费行为可能造成的冲击[15]。

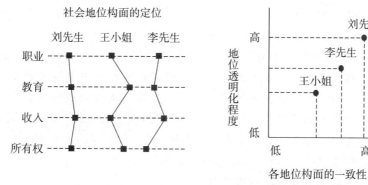

图 11-3　社会阶层的地位透明化程度

资料来源：Del I. Hawkins, Roger J. Best, and Kenneth A. Coney（1992），*Consumer Behavior: Implications for Marketing Strategy*，5th ed.，Richard D. Irwin，Inc.

11.3.3　社会阶层衡量上的问题

虽然我们可以采用多种衡量方法来区分社会阶层，但是这些衡量方法同时也面临着以下问题：

1. 传统指标不符合社会现状

很多过去所采用的社会阶层衡量方法，都是针对传统的核心家庭，也就是针对一个由男主外来负责养家活口，由女主内来负责操劳家务的传统家庭。然而，由于社会多元化与价值观的改变，有愈来愈多的家庭是双薪家庭、单亲家庭以及未婚家庭，传统核心家庭所占比例已日渐下降。因此，这些过去所发展出来的传统指标可能已不再适用于衡量现今的社会阶层状态。

2. 关系的界定日渐困难

由于有愈来愈多的样本注重个人隐私与要求匿名，因此在界定人口统计变量与个人所拥有物品和社会阶层之间的关系上，都出现相当大的困难。因此，我们愈来愈难以客观地界定两者间的关联，而往往必须借助于主观的判断与推论。而这有赖于优秀的调查员通过细心的访谈来取得资料，不过这种访谈的难度已愈来愈高。

3. 地位透明化低造成阶层划分困难

要将某人清楚地归属于某一社会阶层，难度已愈来愈大。例如当一个人地位透明化低时，便可能出现社会阶层构面表现不一致的状态。比如，有些人可能在收入上相当高，可是在教育程度上却不然，加上品位低俗，因而给人一种"暴发户"的感觉。所以，这种由于地位透明化低所导致的指标不一致的现象，常常造成阶层划分上的困难。

4. 社会阶层身份与期望的落差

当社会成员所属的社会阶层与社会对该社会阶层的期望并不相符时，则会产生过度特权（Overprivileged）与低度特权（Underprivileged）的问题。过度特权是指消费者的收入比同一阶层消费者的收入中位数还要

过度特权是指消费者的收入比同一阶层消费者的收入中位数还要多 25%—30% 的现象。

多 25%—30% 的现象[16]。例如,对于一些突然获得意外财富(例如,中奖、继承遗产,或接受赠与)的人而言,往往因为不能适应社会阶层的突然提升,而面临极大的压力,这便是过度特权常见的现象。相对地,低度特权则指消费者的收入比同一阶层消费者的收入中位数还要少 15% 以上的现象。低度特权的消费者会倾向于将一大部分的收入花费在维持该社会阶层的形象上。例如,为了撑门面或爱面子,很多位于该社会阶层边缘的消费者仍会购买彰显该阶层象征的典型物品,来向其他人宣示其仍处在该社会阶层中,以避免遭到阶层的调降。

> 低度特权则指消费者的收入比同一阶层消费者的收入中位数还要少 15% 以上的现象。

5. 不能忽略职业女性的社会阶层

传统的社会阶层区分根据的是丈夫的状态,而女性只能附属于丈夫的社会阶层,也就是女性所取得的社会阶层来自其丈夫[17]。但此种状况已经改变,有愈来愈多的职业女性,她们对家庭经济的贡献并不亚于男性,有时,她们所取得的社会地位甚至高于同一家庭中的男性。不过,研究发现很多职业女性在主观评估自己的社会阶层与社会地位时,往往会采取将其本身和丈夫两者的地位加以平均的方式[18]。

11.4　社会阶层对消费者行为的影响

11.4.1　不同阶层之间的影响方式

关于社会阶层对于消费者行为的影响,我们可先从不同阶层之间的影响方式谈起。基本上,对于不同阶层之间的影响方式有三种观点:

1. 上行下效的观点

上行下效的观点(Trickle-Down)是最古老的观点。这种观点主张低社会阶层会去模仿较高社会阶层的行为,不同阶层之间的影响方式是按照社会阶层的层次,由上往下呈现垂直性的影响(参见图 11-4)。这种影响方式特别容易发生在那些具有时尚性与流行性的产品中。不过根据实务上的观察,很多时尚性与流行性的产品也往往会在一夕之间,因为媒体的传播,而很快地传遍整个社会的所有层级。另外,就阶层的互动来看,也没有发现太多跨社会阶层间的互动,因此从实务上来看,上行下效的观点受到相当大的质疑[19]。仅仅在一些较为封闭、媒体不发达,或是信息受到限制的社会里,上行下效的观点尚能解释部分的行为影响方式。

> 上行下效的观点主张低社会阶层会去模仿较高社会阶层的行为,不同阶层之间的影响方式是按照社会阶层的层次,由上往下呈现垂直性的影响。

2. 两阶段沟通的观点

两阶段沟通的观点(Two-Step Flow)主张媒体会通过意见领袖来影响大众(参见图 11-5)。意见领袖从媒体那里直接收到信息,通过口碑,他们解读信息并传达给其他人。不过就实务而言,意见领袖并不常在大众媒体与一般大众之间扮演中介角色,而是和一般大众一样同时受到大众媒体的影响。也许更正确的说法应该是,有时大众媒体影响了一般大众,因此促使其寻求意见领袖的建议与帮助。

> 两阶段沟通的观点主张媒体会通过意见领袖来影响大众。

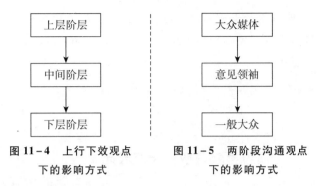

图 11-4　上行下效观点　　图 11-5　两阶段沟通观点
下的影响方式　　　　　　下的影响方式

3. 多阶段沟通的观点

多阶段沟通的观点基于意见领袖和一般大众同时受到大众媒体的影响。多阶段沟通的观点(Multistep Flow)主张信息可以直接传达给各类消费者,这其中包括意见领袖、守门员和一般大众。守门员一般是指管控信息能否流向其他人的人,通常守门员不会影响他人,也不企图去影响他人,他只负责做信息流入的控制。如同图 11-6 所示,意见领袖、守门员和一般大众都从大众媒体那里直接收到信息。但其中有一部分的信息,一般大众会被动地接受意见领袖的意见,或是经由守门员筛选后的信息。不过,有时一般大众也会主动寻求意见领袖的意见和建议。

多阶段沟通的观点基于意见领袖和一般大众同时受到大众媒体的影响。

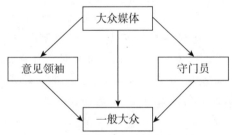

图 11-6　多阶段沟通观点下的影响方式

11.4.2　社会阶层与地位符号

地位符号(Status Symbols),又称地位象征,通常是社会成员用来彰显其社会地位和所属社会阶层的手段。常见的地位符号包括穿着、住房、汽车、居家摆设与消费场所等。处于上层阶层的社会成员特别喜欢利用具有地位符号的商品,来彰显其与其他人处于不同的社会阶层。这种为彰显社会地位和社会阶层所产生的消费,被称为炫耀性消费(Conspicuous Consumption)。不过,具有地位符号的商品并不一定全然是强调财富,例如白领阶层的领带可能强调的是职业,而医生的白制服则在凸显专业的角色。

地位符号,又称地位象征,通常是社会成员用来彰显其社会地位和所属社会阶层的手段。

营销人员所关心的是不同社会阶层间的消费差异。从某种角度来看,消费者之所以进行某种消费是为了获得符号资本(Symbolic Capital)。通过符号资本的累积,可以取得较高的社会地位。为了获得符号资本,消费者可以使用三类资本:经济资本、社会资本与文化资本。经济资本是指财务资源,例如收入;社会资本是指个人所拥有的人脉关系、社会网络关系,以及所属的组织成员身份;文化资本则包括个人所具有的产品知识与技能、个人在精致文化商品(如艺术)上的

通过符号资本的累积,可以取得较高的社会地位。为了获得符号资本,消费者可以使用三类资本:经济资本、社会资本与文化资本。

消费,以及个人所具有的学历与精致品位的象征。从消费者行为的角度来看,文化资本可以包括所有有关高地位消费(High-Status Consumption)的知识,如艺术、文学和旅游等的知识[20]。

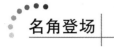

顶级男鞋每双三十万元起

2015 年 6 月 26 日晚间,法国巴黎毕加索美术馆早已过了闭馆时间,却聚集了约 300 人,他们全是为了全球最贵男鞋品牌贝鲁堤(Berluti)最新一季作品发布会而来。接近开场时间,两位男士的入座,吸引了全场的目光。

这两个人正是当晚的主角:一位是居全球富豪榜第十三位、全球最大精品集团路易威登(LVMH)集团总裁伯纳德·阿诺特(Bernard Arnault);另一位则是他的长子安东·阿诺特(Antoine Arnault),现任贝鲁堤 CEO。

路易威登集团拥有超过 70 个精品品牌,但由安东直接管理的却只有 2 个。2011 年,当经历了父亲对他进行的从门市销售员到营销总监的训练后,他决定选择"贝鲁堤"作为新的挑战。

路易威登集团其实早在 1993 年就购并了贝鲁堤,但长达 18 年的时间这个品牌都没有大作为,直到安东出任 CEO 后才有所突破。

要有所突破得先了解它的特征,其一,相比起集团其他品牌如芬迪(Fendi)、LV 等大腕,贝鲁堤全球直营店目前只有 53 家,占集团总店铺数的比率不到 2%;在中国台湾地区仅台北 101 有一家店,就连起家的法国巴黎也只有 3 家店,以这样的稀有性强化尊荣感。其二,2012 年之前,它只有"手工正装鞋"(指正式场合穿着的鞋子)这一单一的产品。其三,明确定位于金字塔顶端的客户,每一双鞋都由调色师亲自上色,色泽独一无二。

而一双男鞋的价格是多少? 对百年名牌贝鲁堤而言,是 30 万元新台币起,全球价格最高。

皮料品管师拿着笔快速地在牛皮上划出可用部分,一张牛皮别人用八成皮料,贝鲁堤只用了一半不到,皱褶、斑点全都不行,整个鞋面只用一张完整的皮革。它还是欧美精品中唯一可多次换色的男鞋,这些都是贝鲁堤手工定制鞋的特色,从下订单到取货至少要 9 个月,客人却依旧捧着钱耐心等待。

贝鲁堤隐身于法国巴黎公寓里的工坊,每年来自全球约 500 双的高级定制鞋订单,全由这里的十余位制鞋师完成,算算他们一年创造了至少 1.5 亿元新台币的营业收入。

负责亚太区的让·米歇尔(Jean Michel)指着墙架上满满的模型说,每 3 个月他就飞往中国香港地区替客人量脚,回来后再以木料制作每一位客人专属的模型与样鞋,3 个月后再以样鞋让客人试穿,接着修改鞋型、讨论颜色、纹饰等细节,最后才把成品鞋装在附有照片的木盒中交给客人,来来回回就要 9 个月。

"换色"则是贝鲁堤独有的特色,运用特殊揉制技术让皮革毛细孔活化,才能如卸妆再上妆的程序那样更换颜色;细节做到极致,才敢跟客人一开口就是 30 万元新台币以上。

资料来源:王毓雯,"全球最多金继承人之一,改造最贵鞋牌 一双男鞋 窥看 LVMH 接班人养成",《商业周刊》,第 1444 期,2015/07/15。

11.4.3　社会阶层对于营销的意义

从营销的角度,我们可以分别从以下几个方面来了解社会阶层对于营销的意义:

1. 对广告的意义

营销人员必须了解不同社会阶层所惯用的术语、符号或象征。一般而言,劳动阶层比较能接受的是直接、图像、明显和具体的广告表现手法;而上层阶层则比较喜爱间接、文字、隐喻和抽象的广告表现手法[21]。

另外,权力也是常见的象征和符号。特别是针对上层阶层而言,权力往往是有效的广告诉求,例如汽车广告便常诉求权力的尊荣。

在迈向现代化、后工业社会的年代,这些具有浓厚象征性意义与认同形式的广告已成为广告内涵的主流,"符号的消费"已渐渐取代过去对于物质商品的消费,成为消费文化的发展趋势。

2. 对市场区隔的意义

不同的社会阶层在追求的利益和行为上都存在差异,这也会表现在产品的需求和评估准则上。因此,社会阶层可以说是极为重要的市场区隔变量。例如快餐店的营销策略与广告,主要以购买力较弱的中、下阶层为诉求目标,而珠宝广告则大多以上层阶层为诉求目标。从这个角度来看,厂商可以针对不同的社会阶层来设计不同的产品和营销策略。

3. 对渠道的意义

不同的社会阶层也会展现出在不同的零售商店购买的习惯。例如,昂贵的专卖店是上层阶层主要光顾的商店,而夜市中的便宜小店则经常吸引着收入有限的中下阶层和劳动阶层。因此,营销人员若是想要接触不同的社会阶层,则必须采用不同的渠道策略。

4. 对产品开发的意义

不同的社会阶层对于同一产品也会出现不同的偏好与注重属性。例如,中下阶层对于手机可能较注重价格和实用的基本功能,而不是很注重手机的样式和色彩,然而上层阶层却可能会较注意样式、色彩,并要求很多的额外功能。

练习题

11－1　地位符号是稳定不变,还是与时俱变的? 请说明你的观点。

11－2　家庭在社会中的地位往往受其成员所具有的社会阶层的影响。传统上女性往往附随于其父亲、丈夫或儿子,而缺乏自己的社会阶层。但随着男女平等以及女性社会地位的提升,我们发现女性逐渐获得了自己的社会地位。你认为在未来我们应该如何去衡量一个家庭在社会中的地位,是依家长的社会阶层来衡量,还是依家庭中具有最高社会地位的成员所属的社会阶层来衡量,抑或依家庭中主要收入成员的社会阶层平均值来衡量呢？请说明你的看法。

11-3 如果某家零售商店以社会阶层作为市场区隔的变量，而将其目标顾客设定为上层阶层的人。此时，他们采取了很多措施来吸引上层阶层的消费者，同时他们也不大欢迎中、下阶层的消费者上门（例如，对于他们所认可的顾客，随时欢迎其光临；对于他们的非主要顾客，则要求其必须预约）。请问这样的行为是否有阶层歧视的嫌疑？市场区隔与歧视的界线何在？

11-4 有些营销人员表示他们希望能吸引高品位的客人，而有些营销人员则说他们的顾客是来自上层阶层的客人。到底是"品位影响社会阶层"还是"社会阶层影响品位"呢？试讨论之。

11-5 试举出下列产品类中有哪些你所知道的产品品牌使用社会阶层来作为市场区隔的变量：

(1) 杂志　　　(2) 汽车　　　(3) 餐厅　　　(4) EMBA

专为小微顾客服务的银行，大数据当借贷神器

2015 年 6 月 25 日，阿里巴巴集团董事局主席马云在杭州正式宣布，旗下无实体据点的"网商银行"开业，推出的第一个商品就是网络借贷。

网商银行是一家不设实体分行和柜台的纯数字银行，非直接隶属阿里巴巴，而是设在其关系企业蚂蚁小微金融服务集团有限公司（以下简称蚂蚁金服）之下。目前阿里巴巴虽并未直接对蚂蚁金服持股，但马云个人有持股，而蚂蚁金服又持有网商银行三成的股权，显示这三家公司关系甚深。

如今，银行执照到手，历时 9 个月的筹划，让马云名正言顺地跨足金融界。银行一开张即跨足网络借贷，身为科技公司的阿里巴巴，玩法却和传统银行很不一样。

第一个差异是客户选择。"大企业的贷款不是我们该做的"，马云在开业记者会上表明，网商银行的目标客户不是创造 80% 利润的前 20% 的客户，而是能带来 20% 收益的 80% 的"长尾"消费者，包括中小型网络商户、一般消费者和农村居民。

2014 年年底支付宝报告显示，移动支付在偏远地区使用比例比一线城市盛行。蚂蚁金服董事长兼 CEO 彭蕾说，传统银行无法服务的地区，就是他们瞄准的客户。而贷款金额上限为 500 万元人民币，如果借贷金额超过上限，网商银行便将客户转介给合作的银行。

不只客户要和传统银行做区隔，网络公司对借款人进行信用评估的方法也很"科学"。

现场的一位蚂蚁金服的员工拿出手机、打开阿里巴巴旗下支付软件支付宝，按下按钮，上方显示的是 700 分的信用分数；再按一下，屏幕上出现可借贷金额为 5 万元人民币。

"我的信用可以借款"，这位员工说。信用分数从 350—950 分，使用者的分数越高，代表可贷款的额度就越高，甚至，还会影响贷款利率以及还款期限。

过去，一般中小型企业或消费者，如果要向传统银行贷款，必须提供证明其偿还能力的

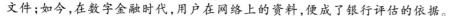

文件；如今，在数字金融时代，用户在网络上的资料，便成了银行评估的依据。

旗下成立 11 年的第三方支付软件"支付宝"，就是网商银行大资料来源的秘密武器。

目前，手机支付宝每月活跃用户数达 2.7 亿人，是美国第三方支付龙头 PayPal 的 3 倍，每年交易额逾 1 500 亿美元，在中国支付市场的占有率高达八成，也是全球最大的第三方支付平台。凡是缴水电费、汇款、坐出租车、买电影票和去餐厅吃饭等，都能在此平台进行支付。

当用户的生活和支付宝绑在一起，每天动辄上亿笔的资料，就成了网商银行得天独厚的优势。"我们在电商平台上已经累积了很多的交易和其他的一些信息，这些信息我们会进行提炼（分析）。"网商银行行长俞胜法说，未来银行将通过蚂蚁金服和阿里巴巴背后的大数据系统，算出借贷人的信用分数。

换句话说，用户在网络上的任何微小记录，都将成为数字银行进行信用评估的依据。网商银行通过大数据分析，将不同金融产品或服务，分配给不同需求的客户，"让（网络）信用等于财富"。

这也是为什么，不像传统银行，以聘用财经背景员工为主，在网商银行的 300 多位员工中却有三分之二是工程师、大数据分析师等相关从业人员，"我们必须要有新想法，用互联网的技术去服务他们（消费者）"，马云说。

科技大咖开银行，还跨足网络借贷，当中的风险控制、利率和借贷金额，引发外界好奇。但事实上，阿里巴巴在这方面并非新手。先前，蚂蚁金服推出"蚂蚁小贷"产品，主打网络商户借贷服务，5 年来已有 160 万家商户参与，共借出 4 000 亿元人民币，以借款不超过 5 万元人民币的商户最多，不良率只有 1.5%，低于业界的 2%。

资料来源：庄雅茜，"大陆这样做大数据当借贷神器，2/3 员工皆工程师　马云开银行：网络信用越好　借越多钱"，《商业周刊》，第 1442 期，2015/07/01。

讨论问题

1. 你觉得阿里巴巴的"网商银行"这一模式是否可行？可能有哪些潜在的风险存在？
2. 香港的银行密度很大，并且竞争也很激烈。阿里巴巴网商银行的商业模式在香港是否可行？说明你论点背后的观点。

第 12 章　创新扩散与情境因素

本章将为您解答下列问题：

▶ 创新的类型有哪些？

▶ 创新扩散的模式是什么？

▶ 影响创新采纳速度的产品特征是什么？

▶ 创新消费者具有哪些特征？

▶ 如何衡量创新性？

▶ 创新的采用过程包括哪些阶段？

▶ 什么是流行系统？

▶ 对于流行有哪三种观点？

▶ 流行采纳的生命周期是什么？

▶ 流行可以区分为哪些类型？

▶ 情境因素对于消费者购买决策有何影响？

靠着创新材质，新进者颠覆瑞士百年腕表业

2015年9月8日中午，台北市豪宅"帝宝"旁隐秘的私人会所里，十位VIP一边享用上等牛肉与海鲜，一边传看一片片小圆金属，其中被称为Magic Gold（魔力金）的合成金属极其坚硬，只有钻石能够刮伤它，而全世界唯一拥有这项技术的，就是午宴的主人——宇舶（Hublot）表。

远从瑞士飞来中国台湾的宇舶表研发总监马蒂亚斯·布特（Mathias Buttet），小心翼翼地打开一个木盒，里面装满了各种全球独家的特殊材料，例如用亚麻纤维混合黄金的新材质，花3年才开发出来，近期将用在新款女表的表面上，"就像每一个女人都是独一无二的"，布特说。

宇舶表，这个全球最贵的手表品牌，与斯沃琪（Swatch）堪称瑞士的两大传奇。斯沃琪把钟表定位为年轻时尚的配件，回击日本石英表的挑战；而1980年才创立的宇舶表，则靠重新定位市场，颠覆高价腕表由百年老店独占的规则。

它的传奇还包含：过去十年营业收入增长18.23倍，创近年高级表界纪录。即便2015年瑞士钟表业因为中国大陆购买力疲软而衰退，它在大中华区也逆势增长25%以上。

2004年，当让·克劳德·比弗（Jean-Claude Biver）辞去欧米茄（Omega）总裁、入主宇舶表时，这个曾经因为第一个把橡胶与贵金属融合而名噪一时的品牌，已经沉寂20多年，甚至一度濒临破产。

在当时，单只售价动辄百万元以上的高级腕表，竞争焦点都是各自独家的百年机芯工艺，比谁最精准；产品外观设计则多是一体成型，白色干净的表盘上整齐镶嵌着钻石。

但比弗选择另辟战场，把焦点放在外观材质上，不走"Me too"策略，他检视宇舶表的优势，找到曾经让它一炮而红的"融合"基因，也就是橡胶搭配贵金属，并决心放大它的不同特质，要让它成为最有个性的手表。

2005年，他推出第一个颠覆传统的手表系列，命名为"宇宙大爆炸"（Big Bang），仿照窗舷的六角形外框，用上了制作防弹背心的特殊材质并与陶瓷相结合，获得钟表业奥斯卡大奖的日内瓦高级钟表大赏，一炮而红。

虽然宇舶表违反传统审美观的做法，的确无法取悦所有人，然而，它却吸引了一群新贵。相较于上一代富人喜欢闪亮的劳力士金表，比弗说，"'新贵'们想要自己的精品。"拥有法拉利跑车，不爱打领带，休假喜欢开游艇、驾重型机车的新贵，不怕跟别人不同。

宇舶表研发团队的30位成员中，竟没有一位是传统制表师，而是来自物理、化学、力学、天文与工程等不同领域。当别人把他们缺乏百年传承的制表工艺当作缺点时，他们却将之转化为优势。

他们可以花3年时间开发出"魔力金"材料，或是把黄金与陶瓷融合在一起，又或是把球场上的绿草、卷烟纸、牛仔布……各种特殊材料应用在表面上，甚至成立碳纤维实验室，专门研究特殊材料；就算不谈技术门槛，其他钟表品牌要模仿，就必须把现在的制表师团队解散，从头再来，难度非常大。

宇舶表把战场重点从机芯工艺重新定义为材质后，又把特殊材料实验从表面延伸到一般人看不到的机芯上。目的是让粉丝一看到手表内的机芯，就联想到其与表框一样，同为全球独有材质所制，觉得超酷。

源于瑞士百年钟表历史，却不受限于大环境的游戏规则，鲜明定位让宇舶表后来居上。它的品牌故事让所有人看到，勇敢做自己的能量可以很大，只要你能贯彻到骨子里。

资料来源：王毓雯，"新进者宇舶，如何颠覆瑞士百年腕表业？LVMH 小金鸡 营收翻 18 倍的异类学"，《商业周刊》，第 1453 期，2015/09/16。

从社会整体来看，新事物与新观念不断地涌现，而社会成员也不断地在经历这些新事物与新观念的洗礼，消费者亦然。首先，这些创新究竟是如何在社会中传播的？消费者如何接纳这些创新，同时又如何受到这些创新的影响？其次，我们要探讨消费者的购买行为所面临的情境因素，本章所探讨的情境因素包括实体环境、社交环境、时间、任务，以及购买当时的瞬间状况等因素。

12.1 新产品创新的扩散

12.1.1 创新的类型

新产品来自创新，创新可分为连续性创新（Continuous Innovation）、动态连续创新（Dynamically Continuous Innovation）与非连续性创新（Discontinuous Innovation）。连续性创新是指针对现有产品所做的改进，例如为了解决现有汽车普遍出现的耗油性问题，而出现的油电混合车，主要是结合了汽油引擎、电动马达与蓄电池，使得汽油与电力所产生的动力可随时交替使用，此比传统汽油车能节省 3 倍的油量。动态连续创新是指针对现有产品的重大创新，例如数码相机相对于传统相机，液晶电视相对于显像管电视，以及平板电脑相对于笔记本电脑的出现。非连续性创新则为全新的产品，例如电话、电脑、电视和互联网在世界上的第一次出现。

> 连续性创新是指针对现有产品所做的改进。
>
> 动态连续创新是指针对现有产品的重大创新。
>
> 非连续性创新则为全新的产品。

另外，依据创新的动力来源，我们可以将创新分为技术驱动的创新和顾客驱动的创新。技术驱动的创新（Technology-Driven Innovation）是指创新来自科技本身的进步与发展，例如由电子管发展至晶体管，再发展至数码的集成电路。而顾客驱动的创新（Customers-Driven Innovation）则是指创新主要来自顾客的需要，例如顾客对 7 人座汽车的需求。

通常，技术人员、生产人员与营销人员眼中的新产品往往有很大差异。技术人员和生产人员所指的新产品主要偏向在技术上或市场上全新的产品。然而，营销人员眼中的新产品则不尽然都是有技术突破，或是初次上市的产品。例如，市场早已存在，但公司现在才首次提供的产品类；或是公司现有产品线的新增产品项目；或是针对现有产品的改善；或是将现有产品导入新市场、新区隔市场或新用途，以及创造一个新的定位等。从营销人员的角度来看，这些改变后的产品都属于新产品。

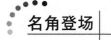

名角登场

烧饼混搭凤梨酥，产品大变身

相较于其他老字号，一般人对于发迹于中国台湾南部地区的"铁金钢"凤梨酥或许陌生，但它却是一家年营业额逾1亿元新台币、一年生产将近30万盒凤梨酥的品牌，并且连年在桃园国际机场升恒昌免税店拿下凤梨酥销售冠军宝座。其幕后推手是一位从未学过烘焙的铁器厂老板，这是他中年转行写下的传奇故事。

6年前，原本在台南关庙经营不锈钢制品的王健宇，发现当地生产过剩的凤梨被丢弃很可惜；在同情之余，反应快、创意点子很多的他，看到了将其加工为凤梨酥的赚钱商机，于是直接沿用铁工厂的名称"铁金钢"，创立了自己的凤梨酥品牌；没想到，这一品位不高但是非常有力的名称，竟意外达到宣传效果，让人印象深刻。

2008年，王健宇创办铁金钢凤梨酥食品公司不久，就遇上毒奶粉三聚氰胺事件，"客人不敢买乳制品，最惨时，一天的营业收入只有500元新台币。"当时食品安全话题开始发酵，王健宇为了避免误触地雷，所有奶粉、奶油都由新西兰进口，一桶5 000元新台币也忍痛买单，这也让他对自家产品的品质很有信心。

后来，王健宇又突发奇想改良传统中式早餐的烧饼外形，缩小尺寸、内馅加入凤梨，推出"烧饼凤梨酥"；不仅在凤梨酥市场建立起知名度，还引起岛内最大免税店升恒昌的注意，打开国际渠道市场。

两年前，升恒昌主动上门找王健宇合作，搭配取得独家授权的迪士尼卡通形象，以台湾地图为主角，附加台南古迹、特色景点的包装，售价也跟着水涨船高，一盒6块要300元新台币，平均一块高达50元新台币。由于口味突出、包装出色，在升恒昌销售的42款凤梨酥品牌中，铁金钢的"烧饼凤梨酥"稳坐销售冠军宝座。

为了走向国际，王健宇甚至用知识产权来保护自己，把烧饼外观、做法都申请专利，连营销都比照国际贸易模式。他得意地翻开凤梨酥包装袋背面，指着一行"Crispy Pineapple Cake"的英文说："烧饼凤梨酥也翻成英文，就是要让老外也看得懂。"此外，王健宇还花钱设计世界通用的"条形码"，就是要让其产品与国际接轨。这两年，许多代理商上门采购，将铁金钢凤梨酥卖到中国大陆以及美国、加拿大、墨西哥等地，目前来自海外的业绩已占其总营业收入的三成。

资料来源：梁任玮，"好点子混搭 把滞销凤梨变黄金靠创新卖全球·铁金钢让传统烧饼大变身的产品力"，《今周刊》，第894期，2014/02/06。

12.1.2 创新扩散模式

新产品是如何被消费者所接受的呢？创新扩散模式可以说明新产品的采用过程。通过了解消费者接受及采纳新产品的过程，营销人员则具备了成功导入新产品和拟定新产品策略的基础。

创新扩散是指新产品被第一位目标顾客接受和采纳之后，一直到被最后一位目标顾客接纳的过程。

依据参与创新扩散过程的时间先后，归纳出以下五类采纳者：创新者、早期采纳者、早期大众、晚期大众与落后者。

创新扩散（Diffusion of Innovation）是指新产品被第一位目标顾客接受和采纳之后，一直到被最后一位目标顾客接纳的过程。创新扩散又名传染病模式，意指市场对于新产品的接纳过程就如同传染病的传播一样，总会有些人先得病，再慢慢扩散传染出去，而在最后一波的病人得病后，疫情终于得到控制。创新扩散模式便是以时间为横轴，依据在不同时点上初次接受该产品的人数，绘制成分配图（参见图 12–1）。过去的研究发现，大部分产品的创新扩散呈正态分布的形态。埃弗雷特·罗杰斯（Everett Rogers）依据参与创新扩散过程的时间先后，归纳出以下五类采纳者[1]：

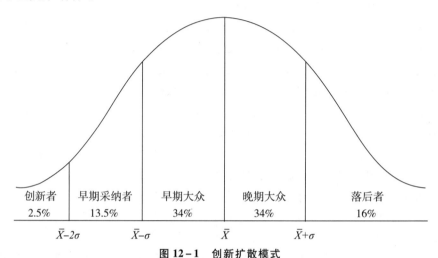

图 12–1　创新扩散模式

资料来源：Everett M. Rogers（2003），*Diffusion of Innovations*，5th ed.，Simon and Schuster.

1. 创新者

采纳产品的时间最早，约占全部采纳者的 2.5%。创新者（Innovators）通常急于尝试新颖的产品，除了拥有较高收入外，也比较具有世界观，主动积极且富有冒险精神。他们对于群体规范的遵循度较低，极富自信，良好的教育背景使他们容易获取更多信息。

2. 早期采纳者

有 13.5% 的采纳者属于此类。相对于创新者，早期采纳者（Early Adopters）比较依赖群体规范及价值观，通常对于当地社会较为关切。这类人通常会成为意见领袖，受他人尊重为其特征。

3. 早期大众

此类采纳者约占 34%。早期大众（Early Majority）倾向于搜集较多的信息，会衡量新产品的优、缺点，并评估多种品牌。这类人通常属于意见领袖的追随者，深思熟虑是其特征。相对于一般人，早期大众对于新产品的采用时间较早。

4. 晚期大众

晚期大众（Late Majority）约占 34%。他们大多是受到朋友的影响而采纳新产品，也会因为群体的压力而接纳新产品。晚期大众对于新产品的采用时间是在一般人之后，其对于创新的采用主要受到从众效应

(Bandwagon Effect)的影响,也就是基于"每个人都已采用该创新,若再不采用就落伍了"这种"输人不输阵"的心理来采纳新产品。他们主要着眼于社会压力,并非是肯定创新的实质利益。

5. 落后者

最后 16% 的采纳者属于落后者(Laggards),他们受到传统的影响比较大,也相当保守,当创新已经快成为历史时,他们才开始接受创新。

12.1.3　影响创新扩散速度的产品特征

为什么有些产品可以很快地被消费者接纳,而有些产品则迟迟未能被接纳呢? 有五种产品特征可以用来预测及解释新产品的接纳及扩散速度:

> 可以用来预测及解释新产品的接纳及扩散速度的五种产品特征分别是:复杂性、相容性、相对优异性、易感受性与可尝试性。

1. 复杂性

复杂性是指了解与使用新产品的困难程度。产品愈复杂,扩散速度愈慢。例如传统 35 厘米照相机在具备自动化功能之前,由于操作复杂,最初只有专业人士或摄影爱好者会使用,因此对大多数的一般使用者而言,接受程度并不高。但数码照相机由于操作极为简单,很快便被大众接受。

2. 相容性

相容性是指新产品与消费者现存的价值观、知识、过去的经验及目前的需求是否一致的程度,不相容的产品其发展速度较相容产品要慢。例如,有些国家的宗教信仰不鼓励节育,因此避孕药与宗教信仰发生冲突,相容性便低。另外,微波炉引进中国家庭后,也只局限在食物加热与解冻等功能,迟迟未能发展成主要的烹饪工具,这主要是由于与西方的烹饪习惯不同,也是相容性的问题。

3. 相对优异性

相对优异性是指新产品被认为比旧产品更为优异的程度。产品的相对优异性愈高,扩散速度愈快。例如液晶电视明显具有"轻、薄"的优点,因此迅速地取代传统的显像管电视。而移动电话也因为具有可以随时随地拨打和接收电话的明显优势,所以很快地超越传统的有线电话,成为个人主要的通话工具。

•••••
名角登场

用手机测精子活力,成为猪鸭选种利器

如果有人提议:"现在手机这么多,我们拿手机来观察精子的活力,怎么样?"你的反应会不会是:"你是不是疯了!"台湾地区亿观生技共同创办人兼 CEO 林书圣回忆起三年前,和创业伙伴林建明骑着自行车穿越台湾大学的椰林大道时,自己是这么回应林建明的那句提议的。

当时听来荒诞的提议,竟成了亿观日后改变畜牧业精子检测生态的关键,更成为产品的

一大卖点。

亿观设计的检测平台，拥有可连接在移动装置上的显微镜头与精液采样晶片，并开发出能分析和管理精子数量与活跃度的 App，在手机或 iPad 上就能使用，大幅降低了传统精子检测的成本。精子分析速度也从过去的 10 分钟缩短至 30 秒钟，有助业者筛选精子配种。这套平台吸引了台糖、卜蜂等大厂找上门合作，甚至，亿观还成为 2014 年北京微软创投加速器唯一获选的台湾团队。

"其实，一开始我们想做的是检测人类精子品质的医疗器材。"林书圣分析，"根据美国的调查报告，每六对夫妻就有一对患有不孕症。"抱着开发出"解决社会问题的产品"的念头，毕业于台湾大学应用力学所的林建明、陈昌佑、林书圣与蒋存超，决心创业。2012 年，四人凑足 100 万元新台币，把陈昌佑家的顶楼加盖当作办公室，开始了"顶加"创业的日子。

团队很快设计出产品雏形，但当他们带着方案到处找创投洽谈时，却得到市场不够大、有不孕症问题的夫妻也不会买等回应，不仅找不到投资人，产品也卖不出去，直到一位动物科技研究所的博士找上门来。

"听说你们的产品可以看精子，它可以看猪的精子吗？"这位博士问。就这样，亿观的检测平台找到了过去没有人涉足的动物精子检验市场，他们调整产品方向，开始跑遍养猪场，向养猪户推荐他们的精子检测平台。

跑农舍的同时，林书圣与创业团队也备尝产品量产遇到障碍的痛苦；与铼德合作生产，产品中一项由塑胶构成的采样晶片，却在制造流程上由遇到合格率的瓶颈，一直无法做出能准确取样定量的采样棒。

"当时，我们四个人每周都到新竹，甚至紧盯生产流程，商讨制造方式。"林书圣说，这个采样棒耗时将近一年，眼看着就要耗完大家筹到的 500 万元新台币的资金。

所幸，这根属于耗材的采样棒，在不断修改模具、来回测试将近一年后，终于攻克合格率的问题，这时，产品销售也出现了曙光。"其实，我们第一台卖到商用市场的产品，是一位养鸭户买的。"林书圣说，通过一位不断拜访的猪农的介绍，这位养鸭户爽快地买下产品，慢慢地传出口碑，来自猪农的订单也开始跟进，甚至吸引在大陆代理养殖器材的渠道商上门谈合作，光是 2014 年第四季度就卖出了一二百台。

如今，亿观的业务已顺利展开，除了猪精子检验市场外，移动装置显微镜产品也打进教育市场，而且，他们并没有忘记当初想帮助不孕不育夫妻的初衷，未来亿观会推出什么产品颠覆人类精子检测生态，创业圈都在关注。

资料来源：周品均，"手机测精子活力 意外成为猪鸭选种利器生技新兵 顶加办公室 孵出治不孕的疯主意"，《今周刊》，第 963 期，2015/06/04。

4. 易感受性

易感受性是指新产品的好处与结果容易被察觉，或是容易被消费者的五官所感受到，因此目标顾客可以轻易感知到产品的好处。产品的易感受性愈高，扩散速度愈快。例如和个人保健用品相比，时尚用品的好处更容易被感受到；白加黑感冒药用两种颜色来强调两种不同的功效，主要也是着眼于易感受性；精致、人性化设计与具有创新功能的 iPhone

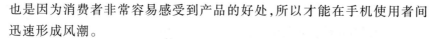

也是因为消费者非常容易感受到产品的好处,所以才能在手机使用者间迅速形成风潮。

5. 可尝试性

可尝试性是指尝试新产品的便利程度与成本大小。产品的可尝试性愈高,扩散速度愈快。例如大容量的新产品包装其可尝试性便比小包装低,单价低的产品要比单价高的产品的可尝试性高,因此,新型牙刷或休闲食品的可尝试性必然要比新型汽车或电脑高。很多新产品常会制定便宜的试用价格,便是希望提高该产品的可尝试性。我们常见很多新开的店铺会在开业前提供"试营业"的特价优惠,也是着眼于提高可尝试性。

12.2　创新消费者的剖面

12.2.1　创新消费者的特征

谁是创新消费者?当然,创新消费者可能因为产品种类的不同而有所不同,但创新消费者是否具有某些共通的特征?也就是说,哪些类别的消费者具有较高的创新性?根据过去的研究,可以通过以下特征来描述创新消费者的剖面[2]:

1. 兴趣

一般而言,创新消费者对于该产品类的兴趣会比非创新消费者高。正是由于浓厚的产品兴趣,创新消费者会比非创新消费者更倾向于经由各种正式与非正式的渠道来搜寻产品的相关信息。

2. 意见领袖性

意见领袖会比非意见领袖的创新性更高,因此更可能成为创新消费者。创新消费者往往会对非创新消费者提供产品的相关信息与建议,因此他们常会影响他人(特别是其追随者)对于产品的接受度。

3. 人格特质

过去的研究发现,创新消费者具有某些特殊的人格特质。例如,创新消费者比起非创新消费者不那么坚持和武断,他们往往以比较开放的心态来接受新产品。另外,创新消费者通常也追求较高的独特性[3],他们常会通过接受新产品来凸显其独特性。在社会角色上,创新消费者和非创新消费者之间也有很大差异。创新消费者比较偏向内在导向,常依据他们自己的价值观和标准来判断新产品;而非创新消费者则比较偏向他人导向,常依据别人的价值观和标准来决定对新产品接受与否。此外,创新消费者追求多样化、不盲从权威;他们常是低风险认知者,也就是比较愿意冒风险,同时也具有较高的自信。

4. 消费特征

创新消费者相对比较不具有品牌忠诚度,因此转换品牌的概率较高。在购买上,相较于广告、优惠券以及口碑,创新消费者比较会受到免费赠品的影响。另外,创新行为与使用量之间也具有某种程度的正向关系,因此在其所创新使用的产品类别中,往往也是大量使用者。

5. 媒体习惯

创新消费者对于杂志媒体的接触较多,尤其是一些与他们所感兴趣的产品相关的杂志。不过,比起非创新消费者,创新消费者接触电视节目的频率较低。

6. 社会特性

创新消费者比起非创新消费者较容易为社会所接受,同时社会参与度也较高。他们参与较多的社会团体,也比较容易融入社会之中。

7. 人口统计特征

一般而言,创新消费者比较年轻,也比非创新消费者具有较高的教育水准、收入、职位,以及社会阶层。

表 12-1 是创新消费者与非创新消费者的剖面比较表。

表 12-1　创新消费者与非创新消费者的剖面比较

特　性	创新消费者	非创新消费者
产品兴趣	多	少
意见领袖性	高	低
人格特质		
独断主义	心胸宽广	心胸狭隘
独特性的需求	较高	较低
社会角色	内在导向	他人导向
最佳刺激水准	较高	较低
变化性的追求	较高	较低
认知的风险	少	多
冒险性	多	少
购买与消费特征		
品牌忠诚度	低	高
成交倾向	高	低
使用量	多	少
媒体习惯		
杂志总展露度	高	低
特殊兴趣的杂志	多	少
电视	少	多
社会特性		
社会整合	高	低
社会奋发(如社交、居住以及职业变动)	高	低
群体成员身份	多	少

续表

特　性	创新消费者	非创新消费者
人口统计特性		
年龄	较年轻	较年老
收入	较高	较低
教育	较高	较低
职业地位	较高	较低

资料来源：Leon G. Schiffman and Leslie Lazar Kanuk（2000），*Consumer Behavior*，7th. ed.，Upper Saddle River，New Jersey：Prentice-Hall，Inc.，p.431.

12.2.2　创新性的衡量

创新消费者的基础在于创新性（Innovativeness）。创新性是一种衡量消费者接受新产品先后的变量。

创新性可以用三项准则来衡量[4]。第一，接受新产品的时间早晚。消费者接受新产品的时间愈早，代表其创新性愈高。第二，接受新产品的数目。消费者接受新产品的数目愈多，代表其创新性愈高。第三，运用消费者的自我知觉。研究者可以询问消费者是否认为自己是某一新产品的首批购买者，或是他认为自己会在新产品推出多久后（例如一周、一个月、一个季度，或半年）才可能接受该项新产品。消费者自认为接受新产品的时间愈早，代表其创新性愈高。

12.2.3　创新采用过程

消费者对于某一新产品、新事物，或是新观念的采用大概要经过五个阶段[5]，我们称之为 AIETA（见图 12-2）。

图 12-2　AIETA 的阶段

1. 知觉（Awareness）

消费者得知这些新事物的存在。

2. 兴趣（Interest）

消费者对这些新事物产生兴趣。

3. 评估（Evaluation）

消费者对这些新事物产生有利的评估。

4. 试用（Trial）

消费者试用这些新事物。

5. 接纳（Adoption）

消费者接纳这些新事物，而成为忠实用户。

在不同的创新采用阶段，其所依赖的信息来源也有很大的不同。如图 12-3 所示，在产品的知觉和兴趣等初始阶段，非人员的大众媒体是主要的信息来源。

然而当创新采用的过程已慢慢进入购买阶段时，人际间的信息来源（例如，参照群体、销售人员等）的影响力也愈来愈大。

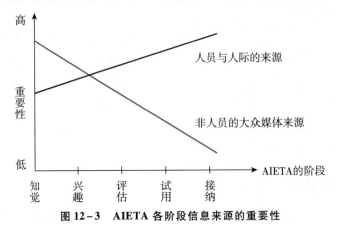

图 12 - 3　AIETA 各阶段信息来源的重要性

资料来源：Leon G. Schiffman and Leslie Lazar Kanuk（2000），*Consumer Behavior*，7th. ed.，Upper Saddle River，New Jersey：Prentice-Hall，Inc.，p.426.

12.2.4　创新障碍

创新并不一定都能被接受，可能会存在某些障碍，而阻碍了创新的接受度。

阻碍创新接受的因素为价值障碍、使用障碍与风险障碍。

一般可归纳出三种创新障碍：价值障碍（Value Barrier）、使用障碍（Usage Barrier）与风险障碍（Risk Barrier）[6]。当产品并没有显著的相对优点时，则在价值上可能并不如旧有产品，因此出现了价值障碍。例如许多原先卖座的电影，在拍摄续集时，由于新的剧情以及演员阵容并不如上一部吸引观众，因而常导致票房下降，这便是价值障碍所致。此时营销人员可以借由降低产品的价格（例如，打折或直接降价），或是增进产品的价值（例如，利用广告或诉求来强调差异或创新价值）等方式来克服价值障碍。

另外一种障碍则是使用障碍。当产品因为过度复杂或是与既有观念不相容时，则很容易产生使用障碍。很多人对网上购物存在着使用障碍。例如，有些人不会上网（上网过度复杂），有些人则因交易方式不同而担心购物安全（和既有购物习惯不同），而有些人则因为改变互动方式而不放心（无法通过网络、电视或电话来进行购物）。营销人员可以利用变革推动者的示范来克服这一障碍。变

变革推动者是指一些具有高度可信赖性的意见领袖，通过他们，可以改变目标消费者的信念和购物习惯。

革推动者（Change Agents）是指一些具有高度可信赖性的意见领袖，通过他们，可以改变目标消费者的信念和购物习惯。例如，利用一些曾经上网购物的消费者来影响其亲朋好友。

最后，若采纳创新的成本很高，或是产品的尝试所必须付出的代价很大，则存在着风险障碍。风险障碍代表着消费者接受创新所必须承担的实体风险、经济风险、绩效风险或社会风险。减少风险障碍的最佳方式是向消费者提供低成本的试用机会，例如提供免费的样品、低廉的试用品，或提供一定的试用保证期间。汽车制造商在推出新的汽车品牌后，为了说服消费者，减少消费者对于这一新品牌的顾虑，经常会举办新车发布会，通过免费试乘、推出广告，以及提供能让消费者满意的保修服务等来降低消费者的风险障碍。

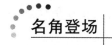

捅出惨赔娄子，才能炼出高获利的创新

中国台湾地区全家便利商店创新的最佳代表人物，莫过于"九亿男"研发中心副部长王启丞，他一个人，就为全家一年带来超过 9 亿元新台币的营业收入。

在便利商店里的 ATM（自动取款机）取钱，可以累积点数换优惠券；在交友网站赠礼给网友，可以拿兑奖号码到超市换咖啡、霜淇淋，这都是他的发明。在大陆淘宝网上购物、在台湾便利商店取货，也是他首创的。第一个做跨地区店到店送货——台湾全家寄出、上海全家收件，同样来自他的想法。他与同事想出全家便利商店出租霹雳布袋戏光碟这个点子，最高峰时期，为全家带来近 6 亿元的营业收入。

台湾地区爱玩网络游戏的人都知道，想花钱买游戏点数时，如果不想被定额的 500、1 000 元储值金额给绑住，那么，唯有到全家储值，才能随心所欲地存入金额，不论是 168 元还是 777 元都不受限。因为，独家专利权就握在王启丞手上。

今天，他能有这么多创新，竟是在 2005 年，一个让公司惨赔 600 万元的教训，所启动的新能量。

当时刚调任商品采购的他，是出了名的拼命三郎，他跳出中秋节只能卖月饼的思维框框，提出在中秋节预购时也供应芋头酥之类的地方特产。他的提案迅速获得主管与同事的肯定，认为送礼时结合地方特产，很有话题性。果然，商品一推出就大受欢迎，预订量在 4 万多盒。

只是，在云端没待几天就摔下来了。由于与上游供货商合作经验还不足，直到中秋节前两天，他才被这家首次合作的老店通知：有 1 万多盒生产不及，肯定要"开天窗"。先前没想到应先确认供货商的产能，也高估了业者的应变能力，使他犯下天大的错误，而且在节日的时间压力下，完全无法弥补。

出了这个大错，接着是被打到爆的客服电话，全家上下（包括领导、同事）接听了近万通的抱怨电话，"大家都很紧张，消费者有的要送礼，有的要拜祭，都没东西可以送、可以拜，"他当年的领导、现任信息部协理的简维国，还记得当时内部如临大敌的气氛。

除了立刻拟订方案办理全额退款，再加赠比芋头酥更高价的月饼赔礼道歉之外，遇到少数坚持不肯接受补救方案的人，还必须想办法调来产品，由专人开车赶在中秋节前夕送上门。算一算，这档产品不但没赚钱，反倒赔了 600 多万元。

王启丞犯下的这个大错，居然被领导"定位"为"导入新商品有功"。这不仅对于他是个很大的激励，而且对于全家内部允许犯错的气氛，也是一大鼓励。

在内部鼓励创新的气氛下，王启丞开始发力了。他发现各渠道都只销售定额的网络游戏的点数，为何不让客户弹性选择呢？他想，让只需要 20 元、50 元的玩家，不需要一次买500 元，通过全家店内的多媒体机 FamiPort 设定，买到刚好需要的储值金额，不是更好？

但他兴冲冲地提案，却招来"会降低客单价""执行难度大""需求不大"等质疑，第一次审查时就被拒绝了。其他同事被拒一次，通常就不会再提了，但有了先前的失败经验，王启丞脸皮变厚了，坚持可行性非常高的他，再次提案。

一直到第三次提案时，终于打动时任总经理的张仁敦，力排众议决定试试看。试验结果是,不但抓住小额需求的"长尾"商机,客单价竟不减反增,由250元提高到800元,王启丞成功注册弹性点数的专利,更让全家建立了其他同业都不能抄袭的独家利基,现在每年帮全家多带进2亿—3亿元营业收入。

资料来源:蔡靓萱,"开发游戏点数小额储值、布袋戏租片……捅出惨赔娄子 他却变身营收'九亿男'",《商业周刊》,第1443期,2015/07/08。

12.3 流行系统

12.3.1 流行与流行系统

流行(Fashion)可以视为一种语言或是一种规范,它帮助我们来传达某种含义。不过,流行具有情境依赖(Context-Dependent)的重要特征,也就是说,同样一件事物,在不同的情境下,可能会被赋予不同的解释。因此,流行商品并没有确切的意义,其意义的感受端视认知者本身的诠释,所以,流行商品存在着很大的诠释空间。例如,某些上层人士曾一度流行在高级饭店特设的雪茄室中抽雪茄,这便是产品(雪茄)情境(雪茄室)依赖的现象。这和个人单独在家中的吞云吐雾行为,在文化内涵上有相当大的不同。

> 流行具有情境依赖的重要特征,也就是说,同样一件事物,在不同的情境下,可能会被赋予不同的解释。

流行系统(Fashion System)是一个符号创新的整合系统。它包含了所有参与创造及传达符号意义到文化商品上的个人与组织。这里的文化商品包括所有的文化现象,例如音乐、服饰、餐厅与建筑等。

> 流行系统是一个符号创新的整合系统。它包含了所有参与创造及传达符号意义到文化商品上的个人与组织。

当某一流行当道时,我们会发现很多人都在追逐这一流行。例如,某一款式的服饰流行时,很多人都拥有这种款式的服饰,年轻人所流行的潮装便是范例。因此,流行也被很多学者视为一种集体行为(Collective Behavior)。但在整个流行过程中,不可忽略文化守门员(Cultural Gatekeepers)所扮演的角色。如前所述,文化守门员主要负责筛选流向消费者的信息与题材。文化守门员包括影评家、媒体评论人、美食评论家、内部装潢设计师以及 DJ 等。一般而言,某种符号必须要经过一种集体筛选(Collective Selection)的过程,才会被广为接受[7]。例如,玫瑰花为何代表爱情?康乃馨为何象征子女对母亲的爱?这些符号的意义都来自社会多数人的认定与接受。当这个社会崇尚"拜金主义"时,自然会出现许多象征财富的符号。你认为"劳力士金表"所传达出来的信息,是"财富"还是"品位"的象征?当某位朋友向你提及昨晚观赏了《歌剧魅影》的演出,你会认为他想对你传达什么信息?他试图想把自己与什么样的符号(有钱?有闲?有品位?还是上层阶层?)联结在一起?

12.3.2 流行变迁的三种观点

对于流行的变迁,主要存在三种观点:

1. 流行的心理观点

心理学家提出很多的心理因素来阐释人们追求流行的动机,其中比较常被提及的因素有从众性、独特性、个人创意性,以及性的吸引力。例如,有人希望自己能与众不同,但又怕太过招摇而惹人非议,因此落入"独特性"与"从众性"两者的冲突之中。所以,有人会选择遵循流行的基调,但又在其中加入自己的创意来发挥独特性,如此便可同时满足独特性与从众性。

以性的吸引力来说,弗洛伊德学派便指出流行主要来自"性感部位的变化"(Shifting Erogenous Zones)。当社会对于"性感部位"的认知改变时,服装的款式也会随之改变,以配合强调该部位[8]。例如,20 世纪 20 年代和 30 年代认为女性的性感部位在腿部,这主要是反映了女性的流动性与独立性;70 年代则强调女性的胸部,因此服装会特别凸显女性的胸部;到了 80 年代,由于女性对于事业的重视,反而刻意地忽略胸部。最近,全世界都在流行爆乳装,也正是代表"性感部位的变化"重新回到了女性的胸部。因此,不同的"性感部位",引发了不同的流行,也带来新的服装款式。

2. 流行的经济观点

流行的经济观点主要是从供给与需求的角度来看流行。一般而言,供给愈是稀少的物品,其价值愈高,拥有者所获得的尊崇与声誉也愈高;反之,愈是普遍易得的物品,其价值愈低,拥有者所获得的尊崇与声誉也愈低。炫耀性消费便是一种典型的范例。消费者借由佩戴或穿着昂贵的珠宝和服饰来彰显其财富,希望以此获得别人的尊崇,这种炫耀便来自拥有稀少的珍贵物品。因此,产品的流行也反映了供需特征。另外,和经济观点相关的观念还有虚荣效应(Snob Effect),也就是消费者持有"便宜没好货"的观点,因此价格愈便宜,需求愈下降。例如有摊贩在夜市贩卖非常便宜的面包,由于价格过于低廉,使得消费者对于面包的材料品质以及制作过程中的卫生问题存有疑虑,因而不敢购买。此外,威望排他效应(Prestige-Exclusivity Effect)则是指高价反而创造出需求。例如 LV 的限量包始终十分昂贵,但却无法阻止狂热消费者的疯狂购买。虽然以上两者具有异曲同工的意思,也都是对于传统需求曲线的反证,但虚荣效应是偏向于解释低价产品需求的下降,而威望排他效应则是强调高价产品的需求上升,两者的重点仍有些微差异。

> 虚荣效应是消费者持有"便宜没好货"的观点,因此价格愈便宜,需求愈下降。

> 威望排他效应是指高价反而创造出需求。

3. 流行的社会观点

流行的社会观点主要是从流行与社会阶层结构的关系来探讨。集体筛选中所隐含的公众接受性,便是一种典型的社会观点。上行下效理论(Trickle-Down Theory)便被常用来解释流行的社会观点[9]。这个理论认为在社会上存在着两种互相抗衡的力量,以驱动流行的变迁。首先,低社会阶层的人倾向于采纳较高社会阶层的地位符号。因此,来自较高社会阶层的时尚或流行会慢慢地由上层阶层流向下层阶层。然而,这同时也存在着一个反向的力量:高社会阶层的人也不断地注意低社会阶层,他们会不断地接受更新的流行,以避免被低社会阶层的人模仿。通过两

> 上行下效理论认为在社会上存在着两种互相抗衡的力量,以驱动流行的变迁。

种力量的运作,社会也不断地创造出新的流行。

在具有稳定社会阶层结构的社会中,上行下效理论是了解流行变迁的重要的理论。然而,由于现在的社会阶层区分有时并不是那么明显,所以,为了描述现今的大众文化形成过程,必须对于上行下效理论进行某些修正[10]:

(1)"精英流行"与"大众流行"并存。从社会阶层结构的观点来看,上行下效理论已经不能完全说明当今社会中同时出现的各式各样的流行。科技和沟通工具的进步,使得很多消费者都可以在极短的时间内得知许多新的流行信息,因此消费者已经愈来愈趋向于个人化选择。所以,除了过去所强调的精英流行(Elite Fashion),也常出现大众流行(Mass Fashion)的风潮。

(2)"垂直流动"与"水平流动"并存。消费者受到与其类似的意见领袖的影响较大,因此每个人都有他们自己的流行创新者,来引导他们对流行的接纳。所以,流行已不再是由上往下的垂直流动,而可能是在同一层级内的水平流动。

(3)"由上往下"与"由下往上"并存。流行不完全是由上层阶层往下层阶层传达,也有些流行是由下层阶层向上层阶层发送,嬉皮风与颓废风对于上层阶层的反向影响,即是一例。

12.3.3 流行的生命周期

不管是长达十年以上的流行,还是短短一个月的流行,基本上都会存在一个固定的生命周期形式。如图 12-4 所示,流行都会经历由导入、接受而至回归的阶段。

流行都会经历由导入、接受而至回归的阶段。

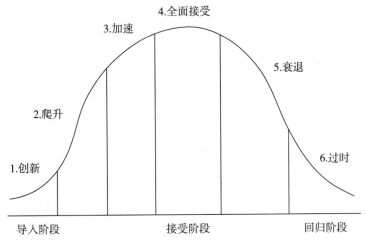

图 12-4　流行的生命周期

资料来源:Susan Kaiser(1985),*The Social Psychology of Clothing*,Macmillan College Publishing Company,Inc.

以衣服款式的流行来说,在导入阶段(Introduction Stages)时,可能经由时尚媒体或是某些时尚人物的介绍或穿着示范,而引入市场。在导入阶段,因为流行的款式不断地曝光,一般大众也开始接受该款式,这时便会进入接受阶段(Acceptance Stages)。当然,该衣服款式的销售量也会不断攀升。最后,则会到达回归阶段(Regression Stages)。在这一阶段,该衣服款式因被过度接纳而达到泛滥的程度,终于走向衰退而变为过时,直至被新的款式所替代,展开另一个新的流行周期。如图 12-4 所示,上述的导入阶段、接受阶段与回归阶段,又可再进一步细分为创新(Innovation)、爬升(Rise)、加速(Acceleration)、全面接受(General Acceptance)、衰退(Decline)与过时(Observance)等六个阶段[11]。

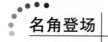

名角登场

角色老化褪色,必须重塑消费者新鲜感

日本是"角色经济"密度最大的国家,根据日本角色经济数据公司(Character Databank)提供的数据,2013 年日本角色经济的国内总产值达 1.57 兆日元,预计近十年内角色经济的总产值正负变化不会超过 10%,显示出日本在这块市场的成熟化。社长陆川和男表示,角色会像人一样老化,变得不再讨喜,所以维持角色给消费者的新鲜感,就是保持市场占有率的关键。

从 2013 年的产值来看,前三名的角色依次是面包超人(7.61%)、米老鼠(6.32%)、凯蒂猫(5.54%),共同点就是它们都是至少红过两个世代的角色,"消费者从孩童时期接触,等他们成家立业了,还会购买同样的角色给自己的孩子,这就是市场蛋糕不缩反增的原因",陆川说。

要增加角色新鲜感,陆川提供了日本传统的两种做法:一种是为角色添加新的故事,可能是增加家人和伙伴、新的故事情节,或者与不同行业合作;另外一种就是重新设计(Redesign),给予角色新的面貌。现在还有第三种做法,就是开发网络 App 等数码媒介,增加亲近消费者的方式。

资料来源:黄玉景,"就是他!凯蒂猫的私密'整型'医师设计师中野史郎 让全球卡通明星拜求改造",《今周刊》,第 932 期,2014/10/30。

12.3.4　流行的类型

基本上,根据流行生命周期的相对长短,可以将流行分为以下两类[12]:

1. 经典

经典(Classic)是指流行具有极为长远的生命周期,因此相当于一种趋势(Trend)。一般而言,经典是不大会退出流行的。就一段相当长的时间来看,它是持续且稳定发展的,而接受该经典的行为所可能产生的风险是很低的。例如,米老鼠和凯蒂猫的流行都已经超过三十年了。

> 经典是指流行具有极为长远的生命周期,因此相当于一种趋势。一般而言,经典是不大会退出流行的。

2. 时髦

时髦指的是一种很短的流行，一般也只被有限的人口所采纳。这些人常属于同一亚文化，而且该时髦也常会在同一层级间进行横向流动，而很少会扩散至特定群体以外。

时髦（Fad）指的是一种很短的流行，一般也只被有限的人口所采纳。这些人常属于同一亚文化，而且该时髦也常会在同一层级间进行横向流动，而很少会扩散至特定群体以外。例如，一度走红的快闪，便是一种典型的时髦。时髦通常具有以下特色：时髦往往是非功利性的，也就是说，它并不具有太大的实质功能；时髦多数是在冲动下出现的，在采用之前经常也没有经过理性决策；时髦大多是快速散布，所以很快能获得接受，但持续时间却不长[13]。

一项事物到底会成为一种经典，还是只是单纯的一种时髦，可以借由以下几个问题来进行判定[14]：

1. 它是否和基本生活形态的趋势相容？例如，若未来的基本生活形态趋向于省时省力，则某件新事物虽然新颖，但却太耗时耗力，就可能不容易成为经典。

2. 它有何利益？一项新事物必须和利益相联结才能久远，若只是存在着单纯的新鲜感，则很容易随着新鲜感的减少而消退。例如许多偶像型歌手虽然出道时光鲜亮丽、备受关注，但因为没有出众的才艺，相对于唱将型的歌手，很快便会消失在荧光屏前。

3. 是否符合个人化？未来的消费者将会愈来愈强调自我，因此一项新事物若不能展现个人的特色，而只流于一致化与标准化，则较不容易被接受。例如时下许多的网络游戏，在人物角色的初始设定与装备、转职选项等方面都力求多元化，便是要让消费者可以借此打造专属个人风格的游戏角色。

4. 市场中还有什么样的变革会一起产生，以产生相辅相成的效果？例如互联网之所以会成为趋势，和持续发展的多样化网页内容有着极大的关系。

5. 是趋势？还是一种附带效果？智能手机，不需要依赖于电脑和家用电话，因此，其本身即可单独成为发展的趋势。

6. 谁来采纳这项变革？如果采纳变革的人并非关键人物，则不会成功。例如，有机蔬菜或健康饮食如果无法取得家庭主妇的认同，则无法成为趋势，因为家庭主妇才是决定所要购买的蔬菜种类和控制家庭消费预算的人。

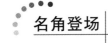

名角登场

微整形，让卡通角色不会退出流行

为了让耳熟能详的角色不断新生再造，它们也需要"微整形"。凯蒂猫、原子小金刚、迪士尼的米奇家族都陆续在中野史郎手中，重新有了新生命。

线条已经极简到没有嘴巴的凯蒂猫，还可以如何重新设计？中野说，确实，凯蒂猫的设计已经简洁无赘，能重新调整的元素相当少。"最后，我选择删除勾边的黑线条，以呈现更纯粹的个性;让眼睛往某个角度向上看,来增加神韵;我没有加上嘴巴,因为那是原设计师山口裕子小姐特别叮咛的",中野回忆。

这是 2003 年的事情。自此之后,凯蒂猫有了新的面貌,以及一系列的新朋友。这十年来,日本三丽鸥公司一直沿用中野的设计,凯蒂猫在日本角色经济中的产值始终保持在前三位。

凯蒂猫让中野史郎打响名号,从此接二连三地来了许多要求他重新设计的案子。

另一个让人津津乐道的案例,就是日本国宝级的泡面——日清拉面。1991 年日清拉面推出纯真可爱的商标小鸡,红极一时;2008 年,日清拉面开始调整品牌形象方案时,中野通过手塚公司的介绍接下了这件案子。他巧手一画,帮原先只有豆豆眼珠的小鸡画上了眼白,顿时,小鸡的表情灵活了起来,眼神仿佛可以上下左右骨碌碌地打转,获得当时日清内部的喜爱,成为新一代的品牌代言人。

现在光是这只小鸡的专属脸书粉丝团就有 35 万名粉丝,整整比日清拉面品牌的粉丝团多出 10 万名粉丝,《朝日新闻》也以"第二代小鸡令你眼睛一亮"作为标题,来欢迎新一代角色的诞生。

为什么中野史郎可以成为有市场销售力的设计师?关键在于他扭转了先设计后营销的思考逻辑,反而是动笔前就先规划笔下的角色所能开发出的商品类型、产量、渠道与客户层次,想清楚了才画下第一笔。从销售端再回来想设计,这种逆向的关键操作,正成了他不管到哪里都卖得动,还能清晰地展现角色个性的魔法。

正是对商业市场的高敏锐度,让中野在一群设计师里显得相当突出,成为再造曾经红极一时的卡通角色的不二人选。

资料来源:黄玉景,"就是他!凯蒂猫的私密'整型'医师设计师中野史郎 让全球卡通明星拜求改造",《今周刊》,第 932 期,2014/10/30。

12.4　情境因素对于购买决策的影响

如同前述,影响消费者行为的因素大概可以分为微观层面的因素与宏观层面的因素。在宏观因素方面,除了文化、参照群体、家庭及社会阶层等因素外,还包括情境因素。影响消费者行为的情境因素包括有形环境、社交环境、时间、任务与购买当时的瞬间状况。

不过,情境因素对于消费者行为的影响力,同时也会受到其他因素的影响。例如,消费者的品牌忠诚度愈高、介入程度愈高,以及产品的用途愈多,情境因素的影响力愈小[15]。此外,购买的时间和接触情境的时间愈是相近,情境对于品牌选择的影响力愈大[16]。

以下我们针对这些情境因素来探讨[17]。

12.4.1　有形环境

有形环境(Physical Surrounding)是指消费者活动和行为周围的实体及空间环境,例如卖场便是消费者购买行为的有形环境。有形环境中常存在一些影响

> 有形环境是指消费者活动和行为周围的实体及空间环境。

消费者购买行为的重要因素,例如商店距离远近、商品陈列、商店装潢、背景音乐等都是重要的影响因素。此外,有形环境因素也包括一些营销人员所不能控制的因素,例如交通路况和气候变化。

家中的客厅也算是一种有形环境,因为很多消费者是在客厅观看电视节目时,而接触到厂商的营销信息——广告。当然,很多的产品(如休闲食品)也是在一边观看电视节目的状况下,一边在客厅中同步消费的。因此,为了了解有形环境对于消费者行为的影响,我们可以分为音乐、客流、气氛与装潢布置等几个部分来进行探讨。

1. 音乐

零售商店和卖场的音乐会在不自觉的状态下影响消费者的行为。一个在超市中所进行的研究发现,消费者的行走速度会受到音乐的节拍的影响。音乐的速度愈快,消费者的行走速度也愈快;反之,消费者的行走速度也愈慢[18]。另外一个针对餐厅消费者的研究也发现,音乐的速度会影响消费者的用餐时间。在快节奏音乐的情况下,消费者用餐的时间比在慢节奏音乐的情况下要短。不过,用餐时间的差异并没有影响他们在食物上的支出,但是在慢节奏音乐的情况下,饮料的花费比在快节奏音乐的情况下要高[19]。在音乐的音量方面,发现较高音量的音乐虽然让消费者觉得节奏较快,但却会让他们认为时间过得比较慢[20]。而在音乐的喜爱程度方面,则发现并未直接影响时间的知觉,也就是说,动听的音乐并不会让消费者觉得时间过得比较快(例如在等待服务的时候)[21]。

不过,音乐的类型和购物的情境是有某些关联的。例如,我们发现在古董店内会偏向于播放古典音乐或是怀旧音乐,以使消费者产生高雅的感受。一个针对酒类零售商店的研究便发现:播放古典音乐组别的消费者,比起播放流行音乐组别的消费者偏向于选择较贵的酒类,也就是说,他们会在商店中产生较高的消费[22]。

2. 客流

相信每个人购物时都曾面临过人潮拥挤的状况。然而,客流对于购物行为会造成什么样的影响? 客流不一定都是不利于购物的,也有为购物行为加分的一面。适度的店面客流会形成一个有利的购物气氛,而引起人们的购物冲动。例如,在陌生的风景区准备用餐时,你会选择进入一家客人较多的餐厅,还是进入一家没有多少客人的餐厅呢? 答案应该很明显,适度的客流会带给顾客安全感和购买冲动。

但是过度拥挤的客流也可能让人感觉不舒服,因此营销人员应该维持一个适度的客流水平。一般而言,过度拥挤的客流会减少消费者在店内的购物时间、减少对店内信息的使用,以及减少他们和店内人员的互动。另外,过度拥挤的客流也会增加消费者的焦虑、降低消费者的满意程度,以及使消费者产生负面的商店印象[23]。

3. 气氛

店内的气氛也是很重要的有形环境因素。当店内的气氛引起消费者较正面的情绪时,消费者待在店内的时间会更长,同时也较愿意和其他人互动,因此将会产生更高的花费[24]。影响店内气氛的因素很多,例如灯光和气味便是常见的因素。研究发现:自然的灯光比起人工的灯光会引起消费者较佳的心情与较高的花费[25]。

店内的气味也会影响消费者行为。一项针对拉斯维加斯(Las Vegas)赌场的研究发现,当在赌场内散播某种气味时,赌客在老虎机上投入的硬币数目也会增加[26]。一般而言,消费者对于香味怡人的商店,再次惠顾的意愿较强,同时也认为其所销售的商品品质较佳。不过,香味的浓度与种类(只要它不令人讨厌)则对消费者并没有产生太大差异[27]。台湾地区的一项研究也发现,消费者在有香味的环境下观看广告,会产生较高的广告回忆度、较佳的广告态度,以及较多正面的想法[28]。

4. 装潢布置

店内的装潢布置除了会影响消费者的舒适感与行走路线外,也会影响其购买行为。例如,舒适的座椅会让客人待在餐厅内的时间更长,因此有可能会使客人消费更多的餐点和饮料。但若在高峰时间则会导致晚来的客人等待过久而离去,造成顾客周转率太低。因此,对于强调低毛利率与高周转率的餐厅,提供过度舒适的座椅可能并不恰当。试想麦当劳摆放着的都是什么样的座椅? 这些座椅和一些高雅咖啡店内的座椅(例如星巴克)有何不同?

店内的装潢颜色也会影响消费者行为。研究发现,餐厅最好选用红色,因为红色不仅使顾客的食欲大增[29],也容易使顾客忘了时间。对于赌场来说,这也是一种很好的颜色,因为红色可能引发客人的冲动决策[30]。

当然店内装潢布置的舒适美观也会影响消费者的情绪,进而影响消费者行为。另外,很多店头展示(Point-of-Purchase Displays)也会引发消费者的购买意愿或影响消费者的决策。台湾地区的一项研究发现,消费者在较舒适的环境下观看广告,会产生较多的认知反应、较高的愉悦度、较佳的广告态度、较多正面的想法,以及较少负面的想法[31]。

名角登场

GU 装潢布置的十大劝败[①]秘诀

只有低价是不行的! GU 的店铺设计原本毫无时尚元素,只被视为廉价版的优衣库(Uniqlo)。但其在 2012 年转变策略,以优衣库五到七折的价格,提供多数人能接受的时尚设计服饰,让 GU 的营业收入增长与开店速度快于优衣库一倍。GU 的店铺也改头换面,同时兼具低价、劝败与引发营销话题等三种功能。店里有时尚顾问帮你改变造型,一周七种服装搭配随你选;每月设定新设计主题,让你月月上门;不时举办活动,如找帅哥店员来"壁咚",让你怦然心动。

---

① 劝败,是指劝说他人购买物品的行为。

这里揭露十种隐藏在 GU 店铺的劝败秘诀：

1. 异国风主题试衣间。以巴黎、纽约和英伦风格打造三种主题的试衣间，还提供背景板让客人拍照上传，兼顾网络营销（此为新宿东口 BICQLO 店特有）。

2. 进门处摆主力商品。生产量最大的主力商品摆放在进门处，旁边的挂墙上摆设可搭配主力商品的上衣、帽子与鞋子，提升客户的购买欲望。

3. 门口设主题新品区。上架新品并设定不同的陈列主题，让客户每个月上门尝鲜，例如本月主题为 20 世纪 70 年代 Swing Girl 复古风。

4. 无人结账柜台省人力。2015 年 3 月 GU 在四家店实行无人结账柜台，每台造价千万日元，只要把衣服放进结账机，感应电子标签两秒就能计算出价格，然后顾客付钱、自己包装，省下店内 50% 的人力。

5. 设专区挖新客户群。400 平方米以上的店铺设有专区，放置成熟风格的服装，以吸引轻熟女客户群。

6. 衣服不折改吊挂。七成服饰吊挂、三成折叠陈列，吊挂比例多可减少叠衣服的人力配置，让 GU 店面人力配置是优衣库的一半。

7. 潮 T 墙刺激选购。把衣服一字排开展示出图案，既方便客户选购、降低库存，也减少客户随手翻看衣服的概率。

8. 私密区设内衣柜。男女内衣区分别摆放在各自区域的最底层，避免让顾客感到尴尬。

9. 大空间处摆饰品。GU 的饰品、帽子、鞋子和包，必定摆放在较宽阔的区域，以提升客户试穿试戴的欲望。

10. 时尚顾问教穿搭。每家店都配有时尚顾问，作用有三个：(1) 向店员提供服饰搭配建议；(2) 变换店内模特的穿搭；(3) 向客户提供穿搭咨询。据统计，咨询时尚顾问者，九成会掏钱消费。

资料来源：曾如莹，"为什么它能够同时做到时尚又低价？图解 GU 卖场 10 大劝败心机"，《商业周刊》，第 1439 期，2015/06/10。

12.4.2　社交环境

"消费"本身便是一种相当重要的社交经验。它可以是老朋友的相聚回忆（例如，同学一起到 KTV 唱歌），也可以是结交新朋友的机会（例如，到网吧上网聊天或打网络游戏）。除了消费本身是重要的社交经验外，不少的消费都是在群体中产生的，因此消费者很难避免社交环境的影响。

社交环境的影响是指在消费情境中其他人对于消费者的影响。

社交环境（Social Surroundings）的影响是指在消费情境中其他人对于消费者的影响，例如来自同伴的影响。消费者的购买欲和购买决策便常被陪同购物的朋友所挑起并受其影响。在购买的情境中，如果有朋友相伴在场，销售人员所产生的影响力相对会下降；若有朋友陪伴，也会降低消费者在观看电视时对于广告的注意力[32]。而且，结伴购物通常比独自购物会去逛更多的商店和做更多的非计划性购买，也就是会出现更多的冲动性购买[33]。

另外，很多的产品消费也是在社会互动的状态下才会发生。一个针对啤酒饮用的调查发现，一半以上的啤酒消费情境和社会互动有关，例如在家招待朋友、参加朋友的宴会、下班后的朋友小聚、周末的外出用餐，以及旅行和野餐等[34]。

研究也发现,消费时若有其他人在场,消费者所购买的休闲食品种类也会有所差异[35]。

12.4.3 时间

时间(Time)对于消费者行为而言有三种意义:不同的消费者对于时间的看法不同;时间本身可以是一种商品;时间也可以视为一种情境变量[36]。

对于时间的看法会受到消费者所处文化的影响[37]。基本上,对于时间的看法大概存在三种不同的观点:线性观点、循环观点与程序观点[38]。

线性观点(Linear Viewpoint)认为时间可以分为过去、现在与未来。同时,时间可以分割与分配,并且能向未来延伸。若对时间没有善加利用的话,则便永远浪费与失去了,通常北美与西欧的文化偏向此种时间观点。循环观点(Circular Viewpoint)并不认为时间可延伸至未来,持有这种观点的人通常都是"今日事,今日毕",然而每天只做当天非做不可的事。一般来说,他们并不十分重视时间的价值。程序观点(Procedural Viewpoint)则是依任务来安排时间,完成任务比考虑时间更重要。一般而言,亚洲国家多偏向程序观点[39]。

时间本身也可以是一种商品。由于同时会有多项活动在竞争消费者有限的时间,因此消费者往往感到时间贫乏(Time Poverty)。虽然我们每天的时间总量不变,但是愈来愈多的人却感到时间不够用,例如省时商品(如高铁、微波炉、快递等)都是以时间节省为主要诉求利益,而省时也变成广告的一项重要诉求[40]。对于很多产品和服务而言,时间节省变成消费者在决策上的一项重要评估属性。

不过,我们要知道的是:时间有其客观面,也有其主观面。主观的时间可以用心理时间(Psychological Time)来代表。例如,消费者实际花在等待上的时间和其心理上所感受到的等待时间可能有很大的差异。因此,营销人员必须采取很多的方式和策略来降低消费者对于等待时间的知觉[41]。例如,为了降低消费者心理上的等待时间,营销人员会使用各种填补机制(例如,在等待时提供一些简单的猜谜、游戏或文章,来填补消费者的时间空当)。研究发现:简单的填补机制会使消费者的时间知觉变短,而复杂的填补机制则导致消费者的时间知觉变长;文字型填补机制使消费者的时间知觉变长,而游戏型填补机制则造成消费者的时间知觉变短[42]。另外,有趣的填补机制可以提高消费者的正面情绪与降低其主观的时间知觉,而枯燥的填补机制则会使消费者产生较差的情绪反应与较长的主观时间知觉[43]。

时间也可以是一种消费者行为的情境因素。消费者有多少时间来从事购买行为呢?消费者可以利用的时间多寡会影响其消费行为与策略。例如,研究发现,当时间压力增加时,消费者花在信息搜寻上的时间便会减少;当消费者所获取的信息减少时,负面的信息或不利信息的权重会被加大[44]。

消费者的购买行为往往也和他的购买时间有很大的关联。例如,对于 24 小时营业的便利商店,在不同的时段,上门的消费者的层次可能有很大的不同,在所购买的商品类型上也有很大的差异。即使是同一位消费者,在不同的时间,所购买的商品往往也会有很大的差异。除此之外,消费者所面临的时间压力也会影响其购买行为。例如,在紧急状况下的购买行为,往往和在充裕时间下的购买

时间对于消费者行为而言有三种意义:不同的消费者对于时间的看法不同;时间本身可以是一种商品;时间也可以视为一种情境变量。

线性观点认为时间可以分为过去、现在与未来。

循环观点并不认为时间可延伸至未来,并不十分重视时间的价值。

程序观点则是依任务来安排时间,完成任务比考虑时间更重要。

时间贫乏是指同时会有多项活动在竞争消费者有限的时间。

消费者实际花在等待上的时间和其心理上所感受到的等待时间可能有很大的差异。后者是主观时间,也称心理时间。

行为极为不同。消费者在从容状况下产生的购买行为,所考虑的因素比较周全;相对地,消费者在紧急状况下,往往会出现非理性的消费行为。因此,研究也发现:时间压力容易造成消费者的购买失败,减少消费者的购买次数,以及引发更多的购买问题[45]。

12.4.4 任 务

购买任务会影响消费者的购买行为。例如,购买产品的目的是自用还是送礼,二者在考虑的因素上会有很大的不同。此外,产品的可能使用情境也是一项重要的任务变量。例如,当你选择在家用餐还是出外野炊时,在食物规划、饮料准备和炊具使用上会有什么样的差别?研究发现:由于用餐情境不同,消费者在评估餐厅的属性权重上也不同[46]。

当产品和某一使用情境或目的相结合后,或许可在该情境上取得较大的竞争优势,但也可能使其局限在该情境中。例如,许多强调可补充水分与电解质的运动饮料往往会和运动的情境相结合,因此,在大汗淋漓的运动后,来上一瓶补充电解质的运动饮料可能是适当的。但对于饮料消费量也很大的餐桌上,以及运动量较少的冬季,运动饮料的情境特定性反而产生了局限,导致销售量无法提升,这便是使用情境对于产品消费的影响。另外在美国,橙汁被定位为早餐食品,而非饮料,其市场亦因此而受限。这种状况就如同牛奶在中国消费市场的定位,通常一位消费者不会因为解渴而去喝牛奶,因为牛奶已被定位成一种适合早餐时饮用的营养品。美国的火鸡业者也试图拉开火鸡与感恩节的强烈联结,希望将其变为一般的日常食品,而不只是节日的应时食品。中国又有哪些节日食品呢?你认为粽子是否已经转变为日常食品?元宵呢?月饼呢?

在任务上一个非常重要的情况是送礼,送礼是非常重要的社会互动行为和文化仪式。例如,美国零售商店的业绩有将近三成发生在圣诞节期间,更重要的是这三成业绩往往占了零售商店利润的五成[47]。因为美国人有在圣诞节互送礼物的习俗,因此这一期间的大部分销售都是基于送礼的动机。这显示了送礼市场的重要性,以及送礼是消费者行为中一项重要的情境变量。

消费者购买商品的目的若是为了送礼,则会表现出某些独特行为。例如,消费者往往会对礼品制定一个价格上限,同时会关注店内的信息(例如店员的建议)多于店外的信息(例如广告)[48]。此外,消费者若是为了送礼而购物,则会倾向于到高级商店选购以及购买知名品牌,同时也会很在乎商店的退换货办法,也就是万一买错是否可以轻易退换[49]。

送礼也有各种不同的状态。研究发现,消费者对于非例行性及重要事件的送礼场合(例如结婚),相对于例行性及较不重要事件的送礼场合(例如生日),通常比较愿意花费较多的时间和精力来进行产品相关信息的搜寻,同时也比较愿意购买较高价位与较高品质的礼品[50]。

另外,研究也发现:相较于送礼给自己,送礼给他人(特别是自己的配偶)其中所隐含的风险较大,因此购买行为会比较趋向于保守,亦即倾向于购买较安全的传统商品[51]。

以性别来看,女性会比男性对送礼的介入程度较高,也就是对于选购礼物这件事比较关心,也比较可能会提早去选购礼品,不过男性花在礼品上的金额往往要比女性高[52]。

礼品不一定是送给他人的,也可以买来送给自己。当送礼给自己时,我们称此礼物为自我礼物(Self-Gifts)。自我礼物可能是为了自我酬劳(因为公司发了一笔奖金,所以买个钻戒来犒劳自己);或是为了自我安慰(因为和丈夫吵架,所以买个钻戒来安慰自己);或是为了自我庆祝(买给自己的生日礼物)。研究发现:人格特质会影响自我送礼的行为。物质主义(Materialism)愈强烈的人,愈容易购买自我礼物,而这些人往往将购买行为和快乐联结在一起[53]。

> 送给自己的礼物,即称为自我礼物。

> 物质主义愈强烈的人,愈容易购买自我礼物。

12.4.5　购买瞬间的状况

消费者在购买瞬间上的生理与心理状况,也会影响其购买决策。例如,在情绪激动时,消费者往往无法集中精神在购买决策上。至于消费者本身的身体状况,也会影响其购买决策。例如,身体疲倦时往往容易做出错误的决策,而压力也会减弱消费者的信息处理与问题解决的能力[54]。

> 消费者在购买瞬间上的生理与心理状况,也会影响其购买决策。

消费者在购买瞬间上的状态,主要通过两种方法来影响其购买行为。首先,他们会引发对问题的认知,例如逛街逛到一半觉得肚子饿,因此必须填饱肚子。其次,当时的状态也会引发进一步的行为或态度,例如因为肚子饿而寻找餐厅,进而产生购买行为。虽然消费者在购买瞬间上的状态会影响其购买行为,然而购买行为也会影响消费者在购买瞬间的状态,例如消费者通过购买物品来使自己的心情好转。

研究发现:当一个人心情愉快时,往往会对自己[55]和对别人[56]很慷慨。不过,当一个人心情不佳时,有时也会出现同样的现象[57],也就是在心情不好时,他们也会倾向于去帮助别人。因此,无论心情好坏,都会比心情平静时,更可能表现出对自己更好或是更愿意帮助别人[58]。

研究也发现:心情会影响消费者对广告的反应。当消费者的心情愉快时,往往较容易形成良好的品牌态度、较少的广告负面看法,以及对广告进行较少的认知处理;此时也会倾向于以边缘途径的方式来处理广告,所以较容易被边缘线索(如模特的美貌)所影响,而较不容易受中心线索(如论证品质)的左右[59]。当消费者听到快乐的音乐或看到令人愉悦的电视节目时,通常会对广告本身及其所广告的商品有着较佳的反应,特别是当这个诉求本身便是要引发消费者情绪上的反应时[60]。

一般来说,消费者对产品与服务的判断,往往会以迎合自己当下情绪状态的方向来改变,也就是心情愉快的时候,往往会希望事情更好;反之,往往会把事情想得更坏[61]。

 练习题

12-1　你可以就折叠自行车、红酒和KTV三项事物进行比较,请评估它们在当地市场的导入情形与现在的接受状态,并讨论其背后的原因。

12-2 以"平板电脑"为例,运用创新扩散理论,讨论各个阶段的客户层次的特征以及他们所考虑的因素。

12-3 请用流行的三种观点分别讨论"去日本泡温泉"流行的原因。

12-4 请讨论网吧迅速且被广泛接受的可能的原因。

不是卖房间,是卖"独特体验"

开业才7个多月,靠一个令大人和小孩都疯狂的室内滑梯,红点文旅不仅成为中国台湾地区最具话题的新饭店,更已被超过30家海外媒体报道。但红点文旅总经理吴宗颖刚接手时,这里却是位于老城区、被低价旅行团定位为第三选择的旧饭店,"房价(一晚)只售一千一二百元新台币,还常在最后一刻被旅行团取消",他摇头苦笑。

丑小鸭变天鹅般的饭店转型故事,要从3年前讲起。

当时,看好来台旅游人口增长,吴宗颖与友人筹资9 000多万元新台币,购入位于台中市中区、开业超过30年的银河大饭店。留学英国读建筑的他,既无饭店业背景,亦非土生土长的台中人,他却看到"宫原眼科①"通过精准的设计观点,不但重新诠释了旧空间,更成为老城区的新亮点,"不只说老屋故事,更展现空间感的体验魅力,是宫原眼科成功的关键!"他解读。

革命一:施工坚持慢工,独特的滑梯,设计就花了半年

正是这样的启发,让他动了念头,打造一座能将设计风格表达得淋漓尽致的饭店。为此,他找来一群设计师友人雕琢作品,包括由本土新锐建筑师王柏仁操刀的外观墙面、金属雕塑大师张金锋打造的滑梯,就连摆放在大厅入门处的鲁班椅,以及由小竹球制成的泡泡沙发,也都是出自名家之手,更坚持费工处理洗石子地面、大拱窗上的海棠花玻璃等细节,营造出老饭店独有的温暖氛围。

一般旧饭店改造,施工期约半年,但吴宗颖却为完美地呈现作品,把施工期延长到一年半。以全长27公尺的滑梯为例,是用102节不锈钢钢板焊接而成的;在进入为期3个月的现场施工期前,就花了近半年的时间画设计图、制作电脑3D模型,再分别打造1:10、1:3、1:1的实体模型,模拟人滑滑梯时的体感速度。

革命二:不靠业务拉生意,找来文案高手,只锁定营销

既然是搞"革命",不只饭店硬件风格大胆,吴宗颖在销售策略上也不愿屈从饭店业的游戏规则。几乎所有饭店都有业务团队,出门接洽旅行团拉生意,但他的团队里却连一个业务人员也没有,而是找来前电视台记者、文案高手共组营销团队,只做营销不做业务。就连订房程序,也得依他制定的游戏规则。

---

① 宫原眼科,是台中市的地标式建筑。它在日本统治时期是一家眼科医院,现被著名企业日出收购,是集餐饮、茶楼、点心于一体的综合卖场。

革命三：宁空房也不打折，三个月调一次价，房间越卖越贵

首先，每月 1 日，统一开卖两个月后的房间，且房客订房时须一次付清全款；每三个月微调一次房价，开业以来房价越来越贵；一般饭店业者，把房间当成是有保存期限的生鲜商品，当天空房会在最后一刻打折出清，他则宁愿让房间空着也拒绝折价销售。"我不是卖房间，而是卖独特体验的价值。"他认为，价值来自顾客认同的房价，多数饭店业者最在乎入住率，但他认为，平均房价远比入住率重要！

反向操作虽招来姿态过高的批评，但却造成网络上疯传的口碑效应，平均房价虽不低于中部四星级酒店，却依旧创造了逾八成五的入住率。

表面上，争取大量媒体曝光，也是许多饭店惯用的营销花招，但吴宗颖却能搏版面到英国、澳大利亚等外媒，秘诀就在于他一开始便锁定设计师族群，把他们当作社群营销的起点。

如同饭店开业前，红点主动接触的，不是报纸和电视媒体，而是建筑、居家设计类的专业杂志。这回能攻下外媒版面，也是营销团队主动把新闻资料投稿到"Archdaily"这个全球建筑师熟知的网站，随后被路透社等通讯社转载，成为外媒搜罗新闻时的素材。

但这会不会只是一时爆红？建筑学者、中区再生基地主持人苏睿弼认为，建筑师出身的吴宗颖，同时也是投入老城区再造的活跃分子，并非短期炒作，用日文来说，实践已然是追求"道乐"的达人精神。

资料来源：尤子彦，"不甩产业规则的红点文旅，登上 30 家外媒 一个门外汉　盖出全球最好玩旅店"，《商业周刊》，第 1428 期，2015/03/25。

讨论问题

1. 你觉得"红点文旅"是否能够持续爆红？请说明你所持的理由。
2. 请归纳整理"红点文旅"有哪些创新。

消费者的沟通

第 13 章　消费者研究

本章将为您解答下列问题：

▶ 研究的类型有哪些？其差别何在？

▶ 消费者研究包括哪些步骤？各个步骤的内涵是什么？

▶ 研究问题与研究目的应该如何界定？

▶ 背景分析的主要内容包括哪些部分？

▶ 一手资料与二手资料有何不同？

▶ 各种研究方法的内涵是什么？

▶ 如何设计资料搜集工具？

▶ 抽样计划的内容是什么？

▶ 如何搜集与分析资料？

▶ 消费者研究要注意哪些道德上的问题？

用数字看板"捉"目光，颠覆广告业逻辑

当产业面临瓶颈时，有勇气打破既有利益与成规，就可能拿到制定新游戏规则的主动权。前线媒体，就是这样一家公司。

这家年营业收入约 1 亿元新台币、成立 7 年的数字看板广告公司，2014 年 11 月被全球科技巨擘英特尔（Intel）投资部门看上，成为全球 16 个投资标的中，唯一中标的中国台湾地区的公司。不仅如此，它提供的新服务，还吸引了 7-Eleven、全家、星巴克与屈臣氏等渠道龙头与之合作。

这些成绩，靠的是 6 000 多套新品种的"数字看板"。

数字看板，大至小巨蛋外的 LED 墙，小至便利商店或商业大楼电梯旁的 LED 广告屏。过去，数字看板广告商，都是以估计的人流量，作为收费基准，但这种估计，缺少精确数字的支撑，也很难证明其有效，因此市场一直难有大的发展。

前线媒体换了一种做法，他们在数字看板上装设摄像机及人脸辨识系统，通过辨识系统，能判断路过的人群，是否将眼睛盯在屏幕上收看广告，当系统确定收看者是广告主指定的目标人群时才计费。这套系统不仅可侦测人脸，还能判断过路人的年龄与性别。

靠着这套结合人脸辨识与大数据的系统，前线媒体得以建立全新的"收视计费机制"（cost per view，CPV），从此数字看板广告效果不仅可被追踪，更可提供定制化的广告内容。家外媒体代理商博仕达总经理张景星表示，自己曾在海外的年会上分享前线媒体的这套商业模式："老外对这种人头计价方式特别感兴趣，因为这种人头是有价值的人头。"

英特尔投资前线媒体，关键在于其能把看板变成搜寻工具，能从路人的目光中看出他是否已被广告所打动。

通过长期搜集的顾客消费资料，前线媒体能精准地知道哪家店、什么时段会有什么样的客户群体，再结合天气、地区等因素，主动播放适合的广告，一改过去数字看板统一由中央处理器播放内容、完全没有差异的做法。

前线媒体总经理马志坚举例指出，当紫外线过高时，女性常出没的便利商店内就会自动播放防晒霜的广告。

前线媒体也曾花了 4 个月，在药妆渠道测试 5 种同样规格、不同味道的女性私处清洁用品，其中 3 种在数字看板上播放广告，结果比另外 2 种没播广告的产品，多卖了 20%。

资料来源：吴中杰，"前线媒体用数位看板，颠覆广告业逻辑 超会'捉'目光 星巴克、小七都要它"，《商业周刊》，第 1409 期，2014/11/12。

本书第五部分将探讨"消费者的沟通"，包括"消费者研究"与"消费者沟通"两章。营销人员主要通过消费者沟通的手段来影响消费者的决策与行为，不过，要进行有效的消费者沟通前，必须先通过消费者研究来取得相关的消费者信息。

本章的主题是消费者研究。除了介绍消费者研究的类型外，重点则是在消费者研究的十个步骤，并针对每一步骤逐一介绍相关的内涵。最后，再探讨消费者研究应该注意的道德问题。

13.1　研究类型

消费者研究是一种过程,研究人员借由这种过程来搜集和分析与消费者行为及决策相关的资料。在探讨消费者研究之前,我们要先了解一般研究的类型。

基本上,研究可以分为三种类型:探索性研究、描述性研究与因果性研究。探索性研究(Exploratory Research)所面对的通常是一个全然陌生的研究领域。由于我们过去在这个领域中所得到的信息很有限,因此不宜贸然地研究某一特定问题,或是也不知该研究哪一个特定问题,此时借由探索性研究即可得到研究领域全面性的鸟瞰。为了能够发现与这一研究领域相关的创意或洞见,探索性研究的主要目的便在于产生研究假设、研究命题或研究领域的架构,并借由这些假设、命题与架构,提供未来在后续研究上可以遵循的蓝图。探索性研究通常偏向于使用非结构性的问题,来引发对这一研究领域的独特见解。例如,电子书可能成为未来主要的阅读工具,因此我们想要知道它对于未来消费者在阅读行为上可能造成何种冲击,及其可能具有的潜在机会。但是,由于过去没有这方面的经验,加上电子书的出现时间尚短,对我们而言,这是一项全新的领域。所以,我们可以先进行一项探索性研究,经由广泛地深入访谈,先归纳出整个架构、命题与次领域,并由此着手来进行后续的研究。

描述性研究(Descriptive Research)的重点是搜集与呈现已经存在的事实资料。例如我们认为网络音乐下载存在很大的商机,因此想要进行一项有关网络音乐消费的描述性研究。通过这项研究,我们想要知道是哪些人在网络上付费下载音乐？他们的年龄多大？是男性还是女性？是高学历还是低学历？是有工作还是没有工作？大多下载哪些类型的音乐？平均每月花在网络音乐下载上的金额有多少？其购买频率如何？……通常,描述性研究是对既存事实现象的发掘,并不一定会带来规范性的意义。也就是说,描述性研究并没有告诉我们何者为佳、何者较差,若要知道其中的因果关系,则要进行因果性研究。例如,知道连锁店的加盟商具有什么样的人口统计特征(描述性研究),并不代表我们知道具有哪些特征的人容易在加盟创业上成功(因果性研究)。

面对一个全然陌生的研究领域,我们可以借由探索性研究得到该研究领域全面性的鸟瞰。

描述性研究的重点是在搜集与呈现已经存在的事实资料。

・・・・・
名角登场

谁是品牌的粉丝，全部了如指掌

演活福尔摩斯的英国男星本尼迪克特・康伯巴奇(Benedict Cumberbatch),谁会是他的超级粉丝？原来不只年轻女性,他也是中年工程师们的最爱！

这群另类“康宝”,爱看F1赛车跟偏左派的《卫报》(The Guardian),手拿微软(Microsoft)产品,看电视比上网多,就连零花钱每月也仅有125英镑。英国网络市场调查公司YouGov的资料库Profiler对他们的信息全部了如指掌。

Profiler在典型爱好者之外,筛选出名人或品牌的“隐形粉丝”,使营销精准对位。Yo-

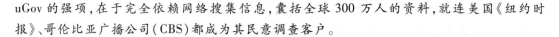

uGov 的强项,在于完全依赖网络搜集信息,囊括全球 300 万人的资料,就连美国《纽约时报》、哥伦比亚广播公司(CBS)都成为其民意调查客户。

资料来源:陈筱晶,"砸钱打广告,如何包准有效? 读懂三百万人的心　挖出隐形粉丝",《商业周刊》,第 1420 期,2015/01/28。

因果性研究(Causal Research),又称规范性研究,是一种企图寻找变量之间因果关系的研究。换句话说,它除了指明两项变量有所关联外,还进一步指出它们之间的因果关系。不过,因果关系并不是那么容易确定,实验法是常用来确定因果关系的一种较佳的方法。因果关系的确定,可以让我们知道"要得什么果,必须种什么因"。所以,因果性研究会告诉我们应该采取何种方式,才可得到我们所要的结果,因此可对我们的行为产生规范性指引,亦即产生何者为佳、何者较差的结论。因果性研究试图回答"若……则……"(if-then)的问题。例如,什么样的促销活动比较容易引发消费者的购买行为,是大奖额少奖项,还是小奖额多奖项呢? 促销期间是采用时间跨度较长的细水长流型较佳,还是时间跨度较短的一鸣惊人型较为理想呢? 另外,何种广告方式会产生较佳的广告效果呢? 三明治式的广告是否比其他形式的广告更容易产生较佳的记忆效果呢? 女性消费者是否比男性消费者更容易产生冲动性购买呢? 这些类型的研究都属于因果性研究。

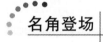

运用客观数据,找出最佳制胜策略

2014 年世界杯足球赛,德国队击败阿根廷队,打破世界杯欧洲国家无法在美洲夺冠的魔咒,这一切还得归功于被誉为德国队"第十二位球员"的秘密武器——大数据分析。它让原本单纯靠体力、脑力的足球赛,升级成科技战。

大数据运用于各种运动赛事并不稀奇,历届世界杯参赛队伍都与相关公司合作,将搜集来的对手的资料作为参考,用以研拟战略、分析结果。既然人人都会做,为何这次最后只有德国队胜出?

关键就在于,德国队一改过去足坛的惯例——踢球靠天赋、经验等人为因素,而让数据从配角变成主角。

德国队与思爱普(SAP)合作打造的这套解决方案,名叫"Match Insights",不管是电视、电脑,还是平板电脑都能使用。一打开软件页面,就能看到比赛即时空拍画面,教练只要点击屏幕上移动的球员,每个人正往哪儿跑、应该与队友和对手相距多远,相关数据全部一清二楚,马上呈现在画面上。这样一来,"谁在对的或错的位置,教练当下就知道",思爱普大中华区总裁纪秉盟(Mark Gibbs)说。

不只如此,该软件还能随时更新球员表现,例如,点开德国知名球员托马斯·穆勒(Thomas Muller)的档案,从传球成功率、控球率到射门次数,甚至连跑了几公里等,都一目了然。

过去教练只能在场边跺脚干着急,现在,只要有一个 iPad,即便教练低头坐在休息室,也能跟上进度,掌握队伍状况,以便随时调整策略。例如,德国队主教练尤阿希姆·勒夫(Jaachim Loew)就曾在接受 ESPN 专访时说,与法国队比赛时,正是因为通过数据分析,得知对方虽然注重中场布局,却在两翼出现空当,这让德国队有机可乘,最后以 1∶0 胜出。

但是,要搜集一场正规 90 分钟比赛中的上亿条数据,并不简单,而德国队早在两年前,就开始下苦功。

为了在南美洲夺冠,并打败巴西队、阿根廷队等高手,2012 年,德国队便派了约 50 位体育专业学生,分析该国媒体每一条有关球赛、平时训练的报道,了解每一个国家队常见的队形、球员犯规后的反应,以及面对压力时的状况,借此制订应变计划。

接下来,除了通过报道和对手过去比赛的录像厘清敌情,更重要的还是了解自己,把所有可能发生的风险降到最低。

赛前练习时,德国队会在每一个球员的袜子或鞋底贴上感应芯片,记录他的体温、心跳、血压或肌肉运动状况,以及跑动时的速度、方向等,再将这些数据传回思爱普建立的系统中,估计出每个人适合在球场上跑动的时间,以及比赛中该何时换人。运用客观数据呈现球员的生理状况,也能避免有人负伤或带病上场,或教练凭主观好恶,调派不适合的球员上场,造成更大损失。

新科技的力量,让 54 岁的勒夫也曾感慨,"这比我那个年代看 90 分钟的录像有效多了。"

如今,英超联赛中已有队伍准备削减球员人数,把预算拿去聘请数据分析专家;未来,相信对想要在世界杯上称王的队伍来说,德国队的经验告诉他们,这将是条必经之路。

资料来源:康育萍,"科技战打造德国队战略软体供应商解密 冠军队最强的'王牌球员':大数据分析",《商业周刊》,第 1392 期,2014/07/19。

13.2　消费者研究的步骤

消费者研究对于很多企业都很重要,因为消费者研究可以向营销人员提供许多关于消费者行为和决策的信息,并可据以作为拟定营销策略的参考与根据。虽然消费者研究往往不可避免,不过当面对与消费者相关的问题时,若存在比进行消费者研究更佳的解决方法,营销人员也就不一定非要进行消费者研究不可。事实上在面对消费者研究时,营销人员所要做的第一个决策即"是否真的需要进行消费者研究"。例如,许多企业在某些市场上经营多年,对于目标消费者的特征与喜好已经充分了解,或是外界(如政府或学校机构)已有(或完成)类似的相关研究,此时进行研究极可能是一种浪费。此外,若信息取得的成本很高,而其所产生的效益却极为有限,消费者研究也没有进行的必要。

是否应该进行消费者研究以取得额外信息,主要取决于营销人员对于信息价值、成本,以及时间偏好的观点。当营销人员对自己的判断具有足够的自信时,则不会再投入金钱或时间去取得信息。不过营销人员若因过度自信,而忽略了消费者研究的价值,也会给企业造成巨大的灾难。因此,营销人员必须特别谨慎小心地判定是否需要进行消费者研究。

如果信息是有价值的,营销人员都应该会愿意对信息的取得付出代价。总之,消费者研究只有在信息的期望价值大于取得成本时,才值得进行。有些企业动辄花费上百万元的经费在消费者研究上,而小规模的企业碍于经费限制,有时仅能够自行进行一些简单的研究。然而,不管是小到几千元的花费,还是大到上百万元的经费,都必须经历相同的消费者研究步骤。适当的研究步骤是为了确保研究能够符合科学的方法,如此才可以提高得到正确无误且有意义的研究结果的机会。消费者研究大概可以分为十个步骤,如图 13 - 1 所示,以下我们针对这些步骤逐一加以探讨。

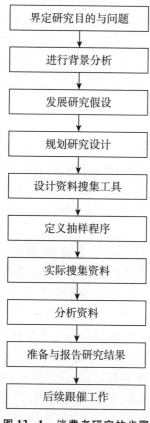

图 13 - 1 消费者研究的步骤

13.2.1 界定研究目的与问题

消费者研究的第一个步骤即需清楚地界定研究目的与问题。研究目的与问题是由决策者(通常是运用消费者研究结果的人)与研究人员一起达成的共识。通常是先形成研究目的,再进一步拟定研究的问题。这个步骤并没有想象中容易,但却相当重要,因为这会指引未来整个消费者研究的方向与努力的重点。界定错误的研究问题将会误导整个研究的方向与过程。研究问题可能存在于组织目标与实际绩效两者的差异中(例如,想要知道消费者对于新产品的反应为何不如预期良好)。这些差异可以分为负面与正面的差异。负面的差异包括消费者的购买量下降、忠诚度降低或是抱怨增加。相反,消费者的购买量增加、忠诚度

研究目的与问题是由决策者与研究人员一起达成的共识。

347

提高或是抱怨减少则是正面的差异。两种差异的研究都相当重要,但一般来说,我们会较偏重于负面的差异。我们应该不断地探讨正面差异与负面差异背后的原因。当差异显著时,即意味着潜在的问题正等待我们发掘与研究。

另外一种研究问题的来源,可能归因于缺乏相关的策略信息(例如,想要知道谁是红酒的主要消费者或他们的消费习性是什么)。在新产品上市时,我们往往需要很多营销决策的相关信息,因此进行消费者研究常是一项必要的工作。消费者研究的目的便是通过搜集未知信息与了解造成差异的原因,来形成进一步的策略。

在界定问题时,要特别注意问题本身与征兆的不同。例如感冒是问题,但流鼻涕与咳嗽是征兆。问题解决了,征兆自然消失。因此对企业而言,消费者的忠诚度降低可能只是征兆,真正的问题也许是产品品质不佳。所以,若是通过促销或降价来维系消费者的忠诚度,而忽略产品品质的改善,则可能只是治标而非治本。总之,进行消费者研究之前,必须先仔细厘清研究目的与问题。

13.2.2　进行背景分析

背景分析指的是针对特定的消费者研究问题,进行广泛的背景调查。

研究人员在界定了粗略的研究目的与问题后,则应对该研究问题进行背景分析。背景分析(Background Analysis)指的是针对特定的消费者研究问题,进行广泛的背景调查。背景分析对于外部的顾问或是初次处理该特定问题的研究者而言,格外重要。背景分析大致包括三个部分:问题相关的组织或市场信息、二手资料与相关的文献探讨。

首先,在问题相关的组织或市场信息方面,研究人员应该知道与该研究有关的公司产品、市场、营销及竞争者的信息,一旦得到这些信息,研究人员就可以进一步检讨所界定的消费者研究目的与问题的适当性。

二手资料是指已经存在某处,但其是针对本研究以外的其他目的所搜集的资料。

其次,二手资料的搜集与分析。通过所界定的研究问题,往往可以知道解决该研究问题所需要的资料。资料可以分为二手资料与一手资料两种。二手资料(Secondary Data)是指已经存在某处,但其是针对本研究以外的其他目的所搜集的资料。二手资料的主要来源包括:组织内部信息;学术机构或研究机构的研究报告;政府的统计资料与出版物;营销研究公司、广告公司、市场调查公司、贸易协会等出版的调查报告;网络资料库;等等(参见表13-1)。

表13-1　二手资料的主要来源

来　源	说　明
内部信息	公司内部所累积与搜集的信息,在解决消费者行为相关问题上是一项很有用的来源,如销货资料、出货记录、会计报表、先前研究报告等。
营销研究公司与市场调查公司	提供产品的市场占有率、电视收视资料与广告支出等,如尼尔森公司的电视收视率调查报告。
贸易协会	许多贸易协会为其会员搜集的相关资料,如外贸协会会搜集一些与国际市场相关的信息。
商业刊物	各式各样的商业刊物都可能提供有用的研究资料,如《自然》杂志发布的"2015中国科研实力排名"。

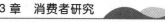

续表

来　源	说　明
政府资料	政府单位所提供的人口统计、经济、社会有关的资料,各种产业的活动状况(如生产、销售、运输与就业),如政府各部门发布的统计月报。
网上资料库	利用关键字查询,即可获得大量最新的信息,如某些付费网站上的市场资料库。
研究机构的报告	研究机构的研究成果报告,如科研院所的研究成果报告,大学的博士、硕士论文。

资料来源:Charlies W. Lamb Jr., Joseph F. Hair, Jr., and Carl McDaniel (1998), *Marketing*, 4th ed., Cincinnati, Ochio: South-Western College Publishing, p.251.

二手资料的优点是能快速获得并且成本相对低廉,缺点则是其并非针对本研究目的而搜集的资料,因此并不全都贴切适用。此外,二手资料的品质往往也是缺点之一。由于二手资料的来源通常不会再提供进一步的细节信息,因此无法让研究人员深入评估该资料的品质,或是再做进一步的细致分析。

反之,一手资料(Primary Data)则是为了所进行的特定研究目的而搜集的原始资料。一手资料的优点是由于针对特定研究问题来搜集资料,所以比较贴近研究所需,比起二手资料来更能解决特定的研究问题。但其缺点是搜集资料费时,并且资料取得的成本很高。不过,一手资料的优点常可弥补其缺点,加上有时不容易获取相关的二手资料,此时一手资料即成为解决问题的唯一方法。

> 一手资料是为了所进行的特定研究目的而搜集的原始资料。

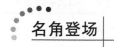

名角登场

用大数据抓住市场需求,打造品酒社群网站

"再给我一次机会,我还是会创业,因为从无到有的成就感",中国台湾地区新近崛起的品酒社群网站 iWine 创办人欧明哲,轻松地说着他的创业故事。

过去从事电脑产业的欧明哲,最著名的战功是担任联想台湾地区总经理期间,让联想在台湾市场的销售量一年之内从第七名冲到第四名。

离开联想之后,欧明哲创业的第一个项目是,为企业打造 APP 等应用软件,随后加入大数据的社群口碑分析,虽有千万元新台币以上的丰厚的营业收入,但利润却低,不只不如预期,甚至还赔了老本。"收尾收了三百八十几天,烧掉千万元新台币以上的资金,因此转型要选择收现金的项目",他说。

"总之就是'熬',烧钱,不确定感很强",欧明哲说着创业的辛苦。好在熬得够久,终于见到曙光,欧明哲发觉主题型社群正在兴起,于是锁定自己喜爱的"酒"类切入,再加上原有的口碑分析技术做后盾,于 2013 年年底创立"iWine 爱我酒酒"。"将高科技思维带进来,大数据概念非常有威力",他说。

iWine 定期分析各大论坛热门话题、新话题,例如冬至热红酒、夏天气泡酒。

他先用大数据抓住市场需求,又归纳整理台湾人不常喝葡萄酒的原因竟然是"外文名字不会念、记不得"。于是,iWine 替一支支酒品取名,使所有营销都围绕着中文名进行,例如

"平民香槟"，通过"下午酒"的包装，一个夏天销售量超过百箱；又如"摇滚酿酒师"主打玩音乐的酿酒师的故事。一次次成功的策划，使欧明哲的信心愈来愈强。

目前 iWine 有 8 名员工，介绍过的酒高达 2 000 款，会员超过 11 万人。其商业模式包括：销售酒品、协助酒类品牌整合营销、举办实体活动，2014 年营业收入突破千万元新台币。

资料来源：罗之盈，"欧明哲 用大数据打造品酒社群网"，《天下杂志》，第 565 期，2015/01/20。

总而言之，研究人员在衡量一手与二手资料的相对比重时，往往是基于成本与准确性的考量。通常研究人员会先检验二手资料是否已能解决所要研究的问题，再决定是否要进一步搜集一手资料。另外，即使二手资料不能替代一手资料，但检验二手资料亦可提供未来搜集一手资料的方向和线索。

最后，相关文献的探讨。虽说二手资料本身就是相关文献的一种，但除了过去的实证资料外，相关文献也包括学者或实务界人士就这一研究问题发表的相关理论或观点。例如发表在学术期刊中的文章、报纸杂志中的报道，或是网络上的相关信息，都提供了对这一研究问题的看法。这些相关文献在进一步厘清研究问题上，或是在下一步骤的发展研究假设上都有很大的帮助。进行仔细而详尽的相关文献分析，可以提高研究的效率与成功的概率，从而避免走许多冤枉路。

在进行完背景分析之后，研究人员就可以清楚地确认消费者研究所针对的研究问题，以及所需要的资料了。

13.2.3　发展研究假设

界定了研究问题和搜集相关的二手资料及文献后，营销研究人员便要试着去发展研究假设。研究假设是指研究人员对于研究问题的猜测或设想的答案。研究假设的提出可以根据过去的研究结果、理论或是研究者的合理逻辑来推论，推论的方式可以运用演绎法或归纳法。演绎法是根据命题的发展，经由逻辑法则来推论出所主张的假设；而归纳法是借由对众多事件或案例的观察和记录，来整理和汇总出共同的特质或属性，然后将该结果类推至其他类似的事件或案例，从而获得一般性的结论。发展完善的假设对于引导后续的研究设计、设计资料搜集工具与进行研究都很有帮助。不过，有些实务问题的研究，会偏向于描述性研究，因此并不一定需要发展出研究假设。如此，则可略过这一阶段。

> 研究假设是指研究人员对于研究问题的猜测或设想的答案。

13.2.4　规划研究设计

研究设计是根据研究目的与问题，以及所要搜集的一手资料，来决定如何搜集，以及如何分析这些资料。因此，研究设计就是实际进行研究的蓝图。

通常在做研究设计时，首先要决定的是所要采用的研究方法。基本上，研究方法可以分为定量研究和定性研究两大类。定量研究（Quantitative Research）又称量化研究，其采用定量的尺度和量表来评估研究样本的反应。根据研究者所欲评估的构面或属性，样本分别给定一个数量的值，研究者可根据这些评估的数值，来进行属性间的比较或样本间的比较。同时，研究者可将样本全体的量化资

> 量化研究采用定量的尺度和量表来评估研究样本的反应。

料进行加总,以得到整体的数值。定量研究常采用的方法包括观察研究法、调查研究法和实验研究法。

定性研究(Qualitative Research)又称质化研究,是采用定性的方法,并不将研究样本的反应或答案局限在某一预设的答案架构和类别中。一般而言,定性研究的答案是依样本本身的语法来呈现,因此,大多是言辞的资料而非数量的资料[1]。定性研究的答案类别往往无法预先决定,甚至研究者也不知道有哪些可能的答案。常见的定性研究方法包括焦点群体法、深入访谈法、投射技术法,以及隐喻分析。

以下我们分别针对上述各种研究方法进行探讨。

1. 观察研究法

观察研究法(Observation Research)是借由观察样本相关的行为与背景来搜集研究资料的方法。例如营销研究者可以借由观察消费者的购买和使用产品的过程,来深入了解消费者与产品的关系。观察研究法特别适合有些样本在面对问卷或访谈时,不愿表达其想法或意见的状况。例如当有些消费者的行为并不为社会所肯定或接受时,消费者往往不愿彰显其消费行为,或是不愿说明其消费动机。此时,调查研究法或其他研究方法就无法达到其目的,例如情趣商品的消费行为便很难经由调查研究法来了解,即可能需要借助观察研究法。

另外,也有一些消费者对于他们的行为及其背后的动机,并不一定能完全清楚地加以解释,例如儿童往往不能清楚地解释其购买行为和购买动机。因此,在这种情况下,观察研究法可能会比其他研究法更适合用来探索这类研究问题。例如很多玩具厂商便常将新设计的玩具交给小朋友,然后借由观察小朋友在游戏间使用玩具的情况,来寻找能够吸引小朋友的玩具卖点,同时也可找到它和竞争玩具之间的相对优劣点。除了请人进行观察外,有些观察是借由机器或某些装置来进行的。例如为了进行电视的收视行为观察,常会选择一些消费者样本,在其家中的电视机上安装某些仪器来记录该家庭开、关电视机的时间与其所收看的电视频道。

观察研究法依其所采用的观察方式,大概可以分为两种:

(1) 参与观察(Participation Observation)。是指观察者实际融入被观察者之中来进行观察。例如若研究消费者在零售商店的选购行为,就可以零售商店店员的身份来实际观察顾客的选购行为,或者营销人员也可装扮成顾客到卖场实际观察目标顾客的购买行为。有些厂商也借助外界的研究人员或自己的员工假扮成神秘顾客(Mystery Shoppers),来暗中评估销售人员的服务态度或服务方式。

(2) 非参与观察(Non-Participation Observation)。是指观察者并不融入被观察者之中来进行观察。例如观察者通过单面镜(One-Way Mirror),在另外一个房间观察被观察者的行为,或

定量研究常采用的方法包括观察研究法、调查研究法和实验研究法。

定性研究是采用定性的方法,并不将研究样本的反应或答案局限在某一预设的答案架构和类别中。

常见的定性研究方法包括焦点群体法、深入访谈法、投射技术法,以及隐喻分析。

观察研究法是借由观察样本相关的行为与背景来搜集研究资料的方法。

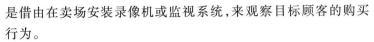

是借由在卖场安装录像机或监视系统，来观察目标顾客的购买行为。

2. 调查研究法

在搜集初级资料上，最常用的定量方法就是调查研究法。调查研究法（Survey Research）是指研究人员利用与样本互动的方式，获得他们对问题的观点与态度。调查研究法可以通过电话、邮寄、人员或网络等方式来进行，其中大部分的调查都会借助于问卷。表 13－2 是根据各种调查研究法的特征整理而成的。

> 调查研究法是指研究人员利用与样本互动的方式，获得他们对问题的观点与态度。

表 13－2　各种调查研究法的特征

特　征	入户访谈	街头访谈	电话访谈	邮寄调查	网络访谈
成本	高	中	中	低	中
回收时间	中	中	快	较慢	快
是否需要采访者	是	是	是	否	是
是否能对受访者进行产品实体展示	是	是	否	否	是
对采访者的管理控制能力	低	中	高	无	高
资料品质	高	高	中	低	中
处理大量样本的能力	低	中	中	高	中
处理复杂问卷的能力	高	高	中	低	中

虽然调查研究的方法有很多，但以下三种方法最为普遍：

> 当样本必须查考资料后才能回答问题，或是有些问题不宜和陌生人公开讨论时，邮寄调查最为适当。

（1）邮寄调查（Mail Survey）。邮寄调查能够快速地接触到大量的样本。当样本必须查考资料后才能回答问题，或是有些问题不宜和陌生人公开讨论时，邮寄调查最为适当。但是邮寄调查可能极为费时，有时甚至要面临回件率很低的问题。现在由于互联网十分发达，通过电子邮件以及经由网页来发放问卷的方式也很普遍。不过，在网络的调查方式下，样本的身份和属性并不是那么明确。例如一个人可能同时拥有很多个电子邮箱，以及匿名性等问题，都会使其调查品质大受质疑。

> 电话访谈的优点是能够获得样本的立即回应，同时这也是一种能够有效接触大量样本的方法。

（2）电话访谈（Telephone Interviews）。电话访谈的优点是能够获得样本的立即回应，同时这也是一种能够有效接触大量样本的方法。但其缺点是只能经由口谈，无法向受访者实际展示图片或产品，而且无法接触没有电话或电话号码不公开的样本，因此存在着样本的局限性。电话访谈往往局限在特定的时间来进行，才容易找到样本，例如通常在晚上或周末、假日比较容易找到样本，因此电话访谈也存在着时间的局限性。有时，某些人还会装设录音电话或机器设备来过滤来电，这也使得电话访谈更加困难。此外，在一些电话不普及或是装机费用相对昂贵的地方，电话访谈可能会存在系统偏误。因为在这些地区中，有能力装设电话的样本，往往也代表着某一特殊的社会阶层（例如，可能收入或社会地位较高）。

（3）个人访谈（Personal Interview）。个人访谈的最大好处是能深入地探讨问题,因此对于一些较为复杂或情绪化的问题而言,极为适合。此外,通过个人访谈也可以同时展示图片或产品,使得研究更具效度。但其缺点是既昂贵又耗时,而且访谈者的外形、性别与访谈技巧也会极大地影响受访者或回收资料的品质。一般而言,个人访谈大概可分为三类:

个人访谈的最大好处是能深入地探讨问题,因此对于一些较为复杂或情绪化的问题而言,极为适合。

① 卖场或街头访谈（Mall Intercept Interview）。是指调查员到百货公司、零售商店、大型仓储超市等卖场或直接在街头访问样本,此法在寻找特定产品的顾客或潜在顾客上很有效。但因取样只限于到卖场或在街头上可找到的样本,所以访问样本往往存在着某些特别属性（例如收入较高或较为时髦）,因而容易产生系统性偏误。例如在北京三里屯附近取样,样本往往会偏向外向和时髦的族群;但在学院路附近取样,则样本会偏向较为年轻的族群。

② 入户访谈（In-home Interviews）。是指调查员到样本家中进行访谈。入户访谈可以获得更多与样本有关的信息,特别是由其家庭装潢与摆设,或居住区域所透露出来的额外信息。不过由于不少人相当注重隐私,因此入户访谈愈来愈不容易,所以这也是一种日渐少用的调查研究法。

③ 网络访谈（Internet Interviews）。是指厂商通过网络上的论坛、聊天室或讨论群体等,在网络上寻找访谈样本。这种方法可以确保样本的匿名性和隐私权,同时成本也较低,但缺点是不容易掌握样本的属性。不过,网站本身的特色如果很清晰,则样本的特征便较容易掌握。例如一些以摄影、旅游等为主题的网站,便会表现出很一致且明显的网友特征。

3. 实验研究法

实验研究法（Experimental Research）是借由控制一个或一个以上的自变量,来观察因变量所产生变化的研究方法。实验研究法不但具有高度的科学效度,同时也是最能厘清因果关系的研究方法。实验研究法必须针对相对应的配对受试者（例如实验组与控制组）,进行不同的操控或处理,并控制外生变量,然后检视因变量是否存在统计上的显著差异。一般而言,如果能够有效消除或控制外生变量,则所观测到的因变量的变化,便可归因于来自自变量的操控。实验研究法的目的在于消除所有可能影响观测结果的外生因素,以求出自变量与因变量之间真正的因果关系。例如,我们可以运用实验研究法,来操控不同的价格标示方式,以找出其和消费者购买意愿的关系。

实验研究法是借由控制一个或一个以上的自变量,来观察因变量所产生变化的研究方法。

实验研究法可以分为现场实验法和实验室实验法两种。

现场实验法是指在真实的商业环境或实际环境下所做的实验。

（1）现场实验法（Field Experiments）。也称田野实验法或实地实验法，是指在真实的商业环境或实际环境下所做的实验。例如，借由在餐厅控制音乐的节奏，来观察其对用餐者的消费金额与停留时间的影响[2]。另外，也有学者针对卖场的音乐进行控制，来观察其对顾客的消费金额与停留时间的影响[3]。

实验室实验法是指在实验室或模拟的商业环境下所做的实验。

（2）实验室实验法（Laboratory Experiments）。是指在实验室或模拟的商业环境下所做的实验。例如，我们可将教室布置成卖场，来进行卖场陈列对购买意图的影响[4]；或是在教室中以学生为样本，来实验各种广告设计形式对其品牌偏好的影响[5]。

名角登场

香奈儿未来实验室跨领域取经

庞坦（Pantin），一个位于巴黎北郊约40分钟车程、人口仅5万多人的宁静小城。因地理位置优越，紧邻巴黎，不仅爱马仕（Hermes）将皮具工坊迁至于此，2012年年底，香奈儿（Chanel）也悄悄在此建构了全球美妆护肤研发中心。

除了一般人可以想象的保养彩妆品成分、质地与技术的研发，这个研发中心还有两项研究十分特别：地域学与遗传学研究。

23年前，当香奈儿首开业界先河，宣布成立"肌肤与感官体验研究中心"，以深入了解不同地区女性需求为题，建立一个来自全球女性的跨文化资料库时，惹来美妆同业的嘲笑：只为研发护肤品，有必要像盖一座女性生活图书馆般费力吗？

尤其香奈儿还主张要以"生活形态"和"肌肤感官需求"来挑选护肤品，而不是用肤质（如干、中、油、混合或敏感性）或是功能（如控油、保湿、抗老、美白、除皱）来挑选，论调有如天方夜谭。

这么多年过去了，没有人知道这个计划原来还在默默地持续，且不断更新。在这里，汇集了对全球1.2万名女性进行测试后得出的450万份资料，以及2.5万幅来自世界各地20—80岁女性的图像。

甚至，香奈儿还开发出一个影像记录系统和一套能拍摄可复制面部图像（包括位置与灯光）的先进系统，这套图库能帮助研究皮肤老化的临床征兆，其所记录的资料远远超越简单的皱纹或肌肤松弛。得益于设在日本船桥的研究中心及其他亚洲专家组，亚洲女性的资料在图库中亦占相当比重。

尤其不可思议的是，针对这些女性的研究，甚至涵盖根据认知心理学进行的面部感知、配方质地的感官体验，以及使用产品时所产生的情感体验。

"这就是香奈儿为什么能够预知所有女性需求，无论她们来自何地，有什么样的文化背景或生活方式"，香奈儿保养品全球发言人阿梅勒·苏罗（Armelle Souraud）语带骄傲地说。

同时也因资料库丰富，香奈儿通过资料库追踪，发现同样是双胞胎姐妹，尽管基因相同，却因居住地环境、生活形态的不同而呈现出迥异的老化征兆；这个特别的发现让香奈儿开始投入表观遗传学的研究。

香奈儿研究中心另一个让人意想不到的研究，是结合工艺与创新科技的跨领域研发。

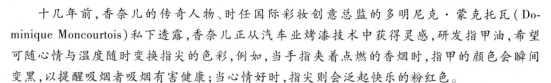

十几年前,香奈儿的传奇人物、时任国际彩妆创意总监的多明尼克·蒙克托瓦(Dominique Moncourtois)私下透露,香奈儿正从汽车业烤漆技术中获得灵感,研发指甲油,希望可随心情与温度随时变换指尖的色彩,例如,当手指夹着点燃的香烟时,指甲的颜色会瞬间变黑,以提醒吸烟者吸烟有害健康;当心情好时,指尖则会泛起快乐的粉红色。

如今,这里有一群专门负责"应用研究"与"技术转让"的专家。他们广泛地向生物科技、食品、制药、纺织、光学,甚至全息技术(holography)、汽车工业、园艺等不同领域的技术取经,协同香奈儿彩妆创意工作室,以及专业医师、化学专家与色彩艺术大师,创作出独有的、非凡的原材料。

例如,2011年香奈儿秋季彩妆产品中推出了一款宛如甲壳虫般"橄榄石"色的指甲油,正是通过与巴黎Jussie学院专攻着色生物纳米结构建模的教授合作,发现甲壳虫壳的结构与其变换颜色间的关联,而在指甲油配方里加入了一种类似甲壳虫壳结构的着色底层。2013年,延续这项合作,研究蓝色大闪蝶翅膀的结构,推出了"蔚蓝天空"与"神秘蓝蝶"两款指甲油。

香奈儿一向重视光彩效果的底妆产品,原是得自陶瓷业的灵感,像2013年研究出的能吸收短波光线、增加肌肤折射光量的亮白陶瓷色素粒子。

对香奈儿来说,美丽需要时间累积,为追求完美,从来不约束研发时间。例如,花9年时间研究出能12小时持续抗氧化的精华成分,取得了两项注册专利。当然也不问成分用料有多昂贵,只关心产品推出时,能否满足女性最严苛的期望。

一瓶保养品的背后,是精密工艺与多学科的整合,既需理性,更要感性,如此方能制胜。

资料来源:张绫玲,"这里不只研究皮肤,还学车子、昆虫配色 巴黎直击!香奈儿未来实验室",《商业周刊》,第1409期,2014/11/12。

---

4. 焦点小组研究法

焦点小组研究法(Focus Groups)是聚集8—10个样本,针对某一主题来进行讨论,样本则被鼓励自由地表达对这一主题的看法。一般而言,一次焦点小组讨论大约历时2个小时。当然也可将整个焦点小组的讨论过程录制下来,以供未来进一步的分析;或者,在另外一个房间安排一些参与研究的其他人员或专家,通过单面镜来观看整个讨论过程。样本大多是经过特别挑选而符合要求条件的消费者,焦点小组研究法通常也会付费给参与的样本。例如,我们可以针对"情人节送礼"这一主题,来深入探讨消费者"情人节送礼"背后的动机、观点、心态、行为,以及文化内涵等。某知名杀毒软件品牌便开辟了与客户对话的窗口,成立了客户焦点小组调查中心。这群人定期针对客户进行访谈,分析客户不满意之处在哪里、为什么他们会失去这个案子等,这一切都是为了探寻顾客对产品最真实的想法,然后才能对症下药,以真正解决问题。

> 焦点小组研究法是聚集8—10个样本,针对某一主题来进行讨论,样本则被鼓励自由地表达对这一主题的看法。

5. 深度访谈法

深度访谈法(Depth Interview)是通过训练有素的调查员,来促使样本自由畅谈有关研究主题(例如产品类别或品牌)的活动、态度、兴趣,以及观点。基本上,深度访谈法采取的是一对一的方式,大多偏向非结构

> 深度访谈法是通过训练有素的调查员,来促使样本自由畅谈有关研究主题的活动、态度、兴趣,以及观点。

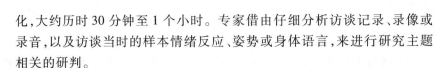

化,大约历时 30 分钟至 1 个小时。专家借由仔细分析访谈记录、录像或录音,以及访谈当时的样本情绪反应、姿势或身体语言,来进行研究主题相关的研判。

6. 投射技术法

投射技术法是希望发现消费者行为背后的真正动机。

投射技术法(Projective Technique)主要是希望发现消费者行为背后的真正动机。由于很多消费者的动机会在潜意识层次予以合理化,而在意识层次加以掩饰,因此必须利用投射技术法来找出真正的动机。常用的投射技术法包括:

(1) 语句完成法(Sentence Completion)。借由要求样本完成某一不完整的句子,例如"我觉得咖啡是一种＿＿＿饮料";或者,填补漫画中的空白对话,即将某一幅针对研究主题而设计的漫画中的空白对话填上。

(2) 墨迹测验(Inkbolt Test)。借由要求样本自由解释墨迹的意思。

(3) 单词联想法(Word Association)。借由要求样本自由回应某一单词。

(4) 角色扮演。借由要求样本扮演他人的角色。

通过上述方法,可以得知消费者的隐藏性看法或动机。投射技术法也可和焦点小组研究法与深度访谈法合并使用。投射技术法认为一个人内在的感受会影响一个人对这些投射刺激的反应,因此,他们的反应可能透露出他们背后的需要、恐惧,以及动机等。

7. 隐喻分析

隐喻分析是指借助于图片、绘画、音乐或声响来试图掌握消费者心中的意象。

当使用某一项事物来代表对于另一项事物的感觉时,便是隐喻(Metaphor)。隐喻分析(Metaphor Analysis)则是利用隐喻对研究对象进行的分析。隐喻分析的基本观念是意象比言辞更容易表达出样本的想法。由于现今消费者所接触的信息大多以意象的方式(例如电视广告的影像、平面广告的图片和网络上的图像)出现,因此消费者的思考过程和脑海中的记忆,大多也是以一连串意象的方式来呈现或储存的。因此,若要以文字来表达他们对于研究主题的看法并不合适。所以,研究者借助于图片、绘画、音乐或声响来试图掌握消费者心中的意象。

萨尔特曼隐喻诱引技术(Zaltman Metaphor Elicitation Technique, ZMET)便是一项重要的隐喻分析技术,其是依据视觉图像来找出消费者对于产品、服务,或研究标的深层与潜意识的想法。例如,为了研究消费者对于广告的观感,研究者要求受测样本自行搜集杂志、报纸、照片、图画来表达他们对于现有广告的看法。在平均 13 幅的视觉印象题材中,根据 ZMET 的准则,研究者归纳出三种类型的消费者:矛盾型(Ambivalent)、怀疑型(Skeptic)与敌意型(Hostile)。矛盾型消费者对于广告同时持有正面(认为广告具有提供信息与娱乐的价值)与负面(认为广告对于现实有所曲解)的想法;怀疑型消费者对于广告大多持有负面和少数正面的想法;而敌意型消费者则完全将广告视为厂商的一种负面的操纵力量[6]。

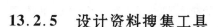

13.2.5 设计资料搜集工具

在决定了研究设计后,便需要设计资料搜集的工具,包括问卷、个人量表,以及讨论提纲等。问卷可能是最常见的资料搜集工具,其主要是使样本回答一系列的问题,包含封闭式与开放式两种问卷。封闭式问卷是指题目中已包含了所有可能的答案,因此样本可由题目所提供的可能答案来进行选择;开放式问卷是指并不预设可能的答案,而允许样本以自己的话语来回答与发挥。

> 一般常见的资料搜集工具包括问卷、个人量表,以及讨论提纲等。

要设计一份优良的问卷,研究人员必须不时自问以下三个问题[7]:第一,样本能否了解问卷中的问题? 研究者在设计问卷时可能会混入自己的观点与偏见,而不自觉地对样本产生某种程度的误导。例如,研究者和样本对于问卷中的很多用词或术语,在认知上可能有很大的不同。因此,研究者要确认样本对于问卷中的问题认知和了解是正确的。第二,样本是否能够回答问卷中的问题? 很多的问题或许样本能够了解,但却不一定能够回答。例如,很多人并不知道自己家一个月的开销有多少,即使他很了解研究者所问的问题。第三,样本是否愿意回答问卷中的问题? 不是所有样本能够了解和回答的问题,他都愿意回答。例如,很多人都会拒绝回答关于收入和性生活的隐私问题。

为了取得我们所要的信息,问卷的题目必须清楚、容易了解,以及具有明确的目标。为了确保问卷的品质,问卷最好经过预试。预试可以得知哪些题目所表达的意思不清楚或有误解,以做进一步的修正。另外,预试也可衡量实际填答问卷所需的时间,以免因为问卷太长而造成样本的不耐烦与不愿作答。

个人量表也是一种主要的资料搜集工具。个人量表常以一连串的陈述,来要求样本针对该陈述表示同意或不同意的程度。常见的个人量表很多,例如衡量一个人扮演意见领袖的意见领袖型(Opinion Leadership)量表,或是对事情是否会追根究底的认知需求(Need of Cognition)量表等。

讨论提纲则大多用在定性研究上,例如运用焦点小组法时便常需预拟出一份讨论提纲。讨论提纲主要向研究者提供了在进行群体讨论或一对一访谈时的参考依据,表13-3便是一个以"数码相机"为主题的讨论提纲。

表13-3 数码相机的讨论提纲

讨论提纲	
1.	你当初为何会购买数码相机?
2.	你觉得数码相机有什么优点?
3.	你觉得数码相机有什么缺点?
4.	你在购买数码相机时会依据哪些属性来进行评估?
5.	你会采取哪些方式来搜集数码相机的相关信息?

基本上,不论是采用哪种资料搜集工具,我们都必须注意信度与效度的问题。信度(Reliability)是指某一资料搜集工具是否能够一致无误地衡量相同的事物。例如要衡量一个人的创新性,若是所用的创新性量表具有信度的话,那么任何一个受测样本的创新性分数,在某段时间内都应该维持相当高的稳定性。

> 信度是指某一资料搜集工具是否能够一致无误地衡量相同的事物。

比如,某一样本经由创新性量表填答后所得的创新性分数,在一个月后重新衡量,两次创新性分数的差距没有太大,便代表该量表具有信度。

效度(Validity)是指资料搜集工具和某些重要的绩效标准之间是否存在着确切关系。例如,如果我们认为消费者的创新性和其对于新事物的接受度呈正相关,则在创新性量表上得分很高的消费者,果然对于新产品与新观念的接受度也很高的话,便表示该量表具有很高的效度。研究人员必须确保所用的资料搜集工具与绩效标准之间有所关联,也就是资料搜集工具必须具有效度。

对于任何研究而言,如果信度或效度其中一个偏低,资料搜集工具的效用将极为有限。因此,要成为有效的资料搜集工具,必须同时具有高效度与高信度,两者缺一不可。

效度是指资料搜集工具和某些重要的绩效标准之间是否存在着确切关系。

名角登场

京东大数据助力最具亲和力产品评选　凸显数据真实性价值

2015 年 12 月 16 日在上海举办的"中国制造千人会暨第二届互联网 + 制造高峰论坛大会"上,京东大数据联合 LKK 洛可可集团和 ZD 至顶网,共同发布了中国首个通过大数据分析消费者真实购买行为和真实用户评价的"中国电商消费者 2015 最具亲和力产品"评选结果。

京东大数据"算出"用户心中的好产品

会上京东集团大数据业务部高级数据分析师赵睿敏,对此次京东大数据用于评选亲和力的产品进行了深入的解读。此次评选覆盖 IT 办公、消费电子、家用电器三大品类,共有 16 小类的数万款产品参与评选。京东大数据从近千万条的评论资料中,提取符合"好看、易用、高质量"等设计和用户体验指标,并通过综合评估,选出入围产品。

由于京东自营式电商的特点,所产生的大数据有着全价值链的差异化优势。在生成此次亲和力指数的过程中,京东大数据平台拥有的海量真实用户评价信息发挥了巨大作用。京东先通过非结构化的数据分析技术对评价文字进行分割,再通过语义分析划分成属性词与情感词。属性词涉及质量、外观等,情感词则是指好、坏等带有情感色彩的词汇。通过对词语的主题分类,将一整句话切分成简单明了的数个短语。汇总这些短语出现的频次,就反映了用户对产品本身的评价,进而成为可供专家评审使用的真实准确的参考依据。

京东大数据的"用户画像"告诉你是谁

这次合作是京东第一次对外输出用户点评数据,其出色的真实性和庞大的数据量成为产品评选的有效依据。对于电商来说,大数据的价值远不止于此。例如在 2015 年的"双十一"期间,通过大数据分析可以看到京东用户对于产品质量的追求在不断提升,这项数据就来源于京东的"用户画像"。在京东的用户行为日志中,每天记录着数以亿计的用户来访及行为。赵睿敏谈道:"通过对用户行为数据进行分析和挖掘,发掘用户的偏好,逐步勾勒出用户的画像。用户画像可以还原用户的属性特征、社会背景、兴趣喜好,甚至还能揭示其内心需求、性格特点、社交人群等潜在属性,从而说明京东更好地为使用者提供个性化服务。"

在京东看来,了解了用户的各种消费行为和需求,精准地刻画人群特征,并针对特定业务场景进行用户特征不同维度的聚合,就可以把原本冷冰冰的数据复原成栩栩如生的用户形象,从而指导和驱动业务场景及运营,发现和把握蕴藏在海量用户中的巨大商机。

大数据驱动京东业务发展

在本届大会上,工业 4.0 的概念无疑是会议的核心。实际上这一概念与大数据也有着密不可分的关系。此前京东曾通过 C2B 反向定制模式,对京东亿级用户消费行为进行大数据建模,通过分析得出用户对产品的需求,预测市场规模,从而指导制造行业的生产与研发。

京东正在用大数据不断提升着用户体验,根据这些数据,京东建立了许多模型,例如小区画像、用户画像、商品画像等,这些数据有助于为用户带来个性化、多元化的服务,提升京东线上和线下的服务质量,同时提高运营效率。京东大数据的创新应用与产品在不断地取得新突破,随着大数据挖掘平台、实时大数据解决方案、推荐搜索系统、电子商务全链条企业级数据仓库的顺利推进,大数据在京东的发展道路上将肩负起更加重要的使命,也将对外输出更多、更丰富的价值。

资料来源:http://www.chinadaily.com.cn/micro-reading/dzh/2015-12-17/content_14409446.html。

13.2.6　定义抽样程序

当研究人员决定了初级资料的搜集工具后,下一步就是如何去选择受测样本,这就是抽样(Sampling),抽样的目的就是以样本来代表总体。虽然研究人员可以对所有的研究对象进行普查,但是这样会花费很大的精力与经费,因此可借由抽样来代表总体。

抽样计划通常必须回答三个问题:抽谁、如何抽与抽多少。首先,我们需定义我们有兴趣探讨的总体,这就是"抽谁"。我们应该详细地界定和研究总体的内涵,根据总体才能知道抽样的对象。"如何抽"则决定了样本的选取方式。通常在抽样上要尽量采用随机抽样的方法,它比较能够代表整个总体。随机抽样是指每个样本被抽中的概率是固定的,非随机抽样则恰好相反。不过,有时随机抽样会有其困难性,因此不得已时可采用非随机抽样的方法。表 13-4 列示了常见的随机抽样与非随机抽样方法。"抽多少"则表示到底要抽多少样本才够,这通常牵涉到研究有效性与成本之间的权衡。样本数愈多,则愈接近总体,因此总体的代表性也愈高,但成本也愈高;反之,则总体的代表性愈低,但成本也愈低。

对于一项研究而言,来自样本的误差主要有两种:测量误差与抽样误差。当研究人员所期望的信息与研究过程所提供的信息间有差异时,即产生测量误差(Measurement Error)。例如,我们想知道北京市的女性在美发沙龙里的消费行为,但在进行此项研究时,却发现许多受访的北京市的女性都低报其美发的消费次数,此时则会产生测量误差。

> 抽样的目的就是以样本来代表总体。抽样计划通常必须回答三个问题:抽谁、如何抽与抽多少。

> 当研究人员所期望的信息与研究过程所提供的信息间有差异时,即产生测量误差。

表 13 - 4　随机抽样与非随机抽样的方法

随机抽样	
简单随机抽样 （Simple Random Sampling）	总体中每一个个体被抽中的机会都相同。
分层抽样 （Stratified Sampling）	抽样前先将总体区分成若干层,再分别自每一层采用简单随机抽样法抽取一些个体作为样本。
整群抽样 （Cluster Sampling）	抽样前先将总体分为若干个群,然后采用随机抽样法抽出其中一个群作为样本。
系统抽样 （Systematic Sampling）	将总体排列成若干个数相同的区间,以等距离方式自每一区间抽出样本。
非随机抽样	
便利抽样 （Convenience Sampling）	样本的选取只考虑便利性,也就是任意抽取喜欢的样本。
判断抽样 （Judgment Sampling）	由抽样设计者的经验判断来选取样本。
滚雪球抽样 （Snowball Sampling）	采用随机方法先选出少数受访者,再根据该受访者提供的信息找出第二批受访者,以此类推,即可像滚雪球一样产生新样本。

资料来源：Charlies W. Lamb Jr. , Joseph F. Hair, Jr. , and Carl McDaniel（2004）, *Marketing*, 7th ed. , Cincinnati, Ochio：Western College Publishing, p. 266.

当样本不能代表目标总体时,即产生抽样误差。

当实际接受访谈的样本与抽样所抽出的样本并不一致时,无反应误差即产生。

当样本与目标总体有相当大的不同时,即产生抽样框误差。

随机误差来自所抽取的样本,因为存在着某些随机性的偏误,所以无法完美地代表目标总体。

当样本不能代表目标总体时,即产生抽样误差（Sampling Error）。抽样误差的产生可能有多方面的原因,基于原因的不同,抽样误差包括无反应误差、抽样框误差,以及随机误差。当实际接受访谈的样本与抽样所抽出的样本并不一致时,无反应误差（No Response Error）即产生,这种误差往往发生在原本被选为访谈样本的人拒绝合作或无法接近时。例如,很多以企业高管为样本的问卷,往往都是由其秘书代为填写,此时则产生无反应误差。

抽样框误差（Frame Error）则是另一种形态的抽样误差,当样本与目标总体有相当大的不同时,即产生抽样框误差。例如,我们想知道北京市市民的蔬果消费行为,此时若以北京市的电话黄页作为抽样的抽样框,则产生抽样框误差,因为既不是所有北京市市民都有电话,也不是每位市民都愿意将其电话登记在电话黄页上,所以目标总体与抽样所得到的样本便会有所不同。

随机误差（Random Error）来自所抽取的样本,因为存在着某些随机性的偏误,所以无法完美地代表目标总体。例如,我们想知道北京市市民的抽烟人口比例,便先抽取第一次样本,结果发现样本中的抽烟人口比例为 21%。过了几天,我们再抽取一次样本,结果这次发现样本中的抽烟人口比例高达 25%。这两者的差异若是由随机性所致,就是随机误差。

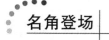

德国记者假实验　打脸一票大媒体

2015 年 3 月,欧美媒体争相报道美梦成真的科学新发现:摄取黑巧克力有助于减肥。但两个月后,德国记者约翰·伯汉农(John Bohannon)跳出来揭露,整项研究都是他与德国电视台联手设计的钓鱼计划,其目的在于测试媒体记者们是否关心科学研究过程的严谨性和真实度。

整个团队将他包装成一位博士,为求逼真,还聘请了真正的医生进行临床实验。他们随机抽了 16 名受试者参与饮食控制计划,实验组每日额外摄取 45 克黑巧克力,对照组则是正常饮食。3 周后,他们发布了实验结果:实验组体重下降的速度比对照组快 10%。

尽管这项实验的重大缺陷显而易见,好比抽样人数过少、变量太多,就严谨性而言完全不达标,但是它却一路过关斩将登上了审查较不严苛的期刊。像是《国际医药档案》(*International Archives of Medicine*),仅收取 600 欧元就一字不改地予以发表。

这一招提高了这场骗局的说服力,于是,伯汉农团队成立了有名无实的饮食健康协会(Institute of Diet and Health),广发新闻稿,马上攻占了一大批媒体的版面,包括欧洲发行量最大的《图片报》(*Bild*)、英国的《每日邮报》(*Daily Mail*)、美国销量最高的健康类杂志 *Shape*、德国 Cosmopolitan 网站、德国和印度的 Huffington Post 网站。

伯汉农表示,虽然整个结果令他对媒体失望,但仍有一个令人欣慰之处。"相对记者,消费者反而提出了一些真正的质疑,如受试者热量如何被控制",伯汉农说,"这点令人感到宽慰。"

资料来源:柳定亚,"德国记者假实验　打脸一票大媒体",《商业周刊》,第 1439 期,2015/06/10。

13.2.7　实际搜集资料

企业可以自行搜集资料,也可以委托外部机构(例如可委托学术机构、广告公司、专门的消费者研究或营销研究公司)来进行。如果付费委托专门从事消费者研究的公司来搜集初级资料,他们便应依照签订的协议,来负责实际的访谈与调查工作。典型的消费者研究应从各个地区搜集资料,而且公司的内部人员必须与所委托的消费者研究公司密切合作。

资料的搜集包括了许多先前的准备工作,例如问卷的印制和邮寄工作、访员招募、访员甄选、访员训练,以及工作分配等。如果通过访员来搜集资料,则必须特别注意访员的训练,因为其会直接影响研究的成败。访员的训练包括如何开场、如何维持样本的兴趣、如何处理突发事件,以及如何避免对样本产生不当影响等。另外,在实际的资料搜集过程中,时程的控制也是非常重要的。如果进度落后,研究人员则应采取适当的补救措施。

13.2.8　分析资料

在搜集完资料后,消费者研究的下一个步骤就是分析资料,分析的目的是为了解释并且从大量的资料中找出结论,以解决所要研究的问题。研究人员必须尝试以一种以上的方法来组织和分析这些资料。分析资料大概分为下列几个步骤:

1. 资料编码

将问卷资料转换成数字符码,以便后续的统计分析。

2. 统计分析

根据研究目的及资料性质,选择适合的统计分析技术或方法来进行分析。此部分亦可借助于统计分析软件。目前使用较普遍的统计分析软件有 SAS、StaticGraphic 和 SPSS。

3. 解释与验证

根据统计分析的结果来验证研究假设、进行统计推论,并解释研究发现与结果。同时进一步衍生及推论管理上的含义,以及产生营销决策上的指引。

·····　名角登场

小心！　你的新产品不要被这群人抢买

《市场营销研究》(*Journal of Marketing Research*)的一篇研究报告指出,有一批消费人群如风向标一般,企业新推出的产品若被这群人买到,在后续市场便容易惨遭滑铁卢。文章称他们为"反指标族"(Harbingers of Failure)。

他们以一家销售消费性包装商品(Consumer Packaged Goods)的连锁业者为对象,分析其两年间约 12.8 万名顾客、逾千万笔交易的记录;这些顾客是从其 120 多家分店中随机采样的。

海量数据到手后,营销学者想知道的是:企业推出的新产品,是否会因购买者的差异,而对产品成败产生影响? 购买的主力人群与日后的销售业绩,是否有相关性?

研究结论颠覆了传统认知:初期购买力强,其实无法判断产品日后能否长销;哪类人群最先买,才是关键。研究还发现了一个惊人的现象:有一群顾客购买的新产品,常常推出不到三年就下市;在既有产品中,他们也会买没人气的"高利基"品项。

"这些人的购物趋势很固定,如果你家的产品都是他们在买,就惨了",西北大学(Northwestern University)营销学教授艾瑞克·安德森(Eric Anderson)表示。

反指标族买的产品全都通过市场测试,在全美各地铺货,所以不是随随便便的另类产品。但上市三年后,只有40%的产品存活了下来,这使零售商与制造商损失不少。

因此,若能知道新产品初期的消费是来自反指标族,零售商便能及早让产品下市,更换其他品项上阵,避免无谓的损失。

不过,研究的样本毕竟只是一家连锁业者的顾客,研究团队因此又做了一次规模更大的分析,采用美国各大连锁超市六年的交易数据——资料由市场调查公司 IRI 提供。安德森指出:"对照目前的分析结果,都与我们的发现相符。"新产品尽管初期销售畅旺,但客户人群不对,产品最后恐怕没好下场。

这些人有类似的特征:经济收入与教育程度较高,家中人数也比较多。安德森认为,受到这些因素的影响,消费者会更愿意购买新产品,其中不乏乏人问津的商品。

大数据也有可能找出正指标族,只不过关联度不如反指标族高。"能准确预测哪些产品会大卖,对企业将是一大福音。"安德森说:"这是我们未来的研究方向,不只分析反指标族,还要深入了解正指标族。"

安德森强调,难的不是搜集数据,而是如何理出脉络,分析出营销业者所需的信息,"这个研究构想要是以前就有人想到,早就做了"。他说:"所以大数据不是突破点。知道要挖出什么宝,才是关键。"

资料来源:连育德译,"大数据的惊人发现 上市热销为何撑不过三年? 你的新产品被这群人抢买 就惨了",《今周刊》,第 972 期,2015/08/10。

13.2.9　准备与报告研究结果

资料分析结束后,研究人员必须准备一份报告,并且提供结果与建议给管理当局或营销主管人员,这是整个程序的关键步骤。如果研究人员希望管理当局采纳这些建议,则必须让管理当局明白这些结果具有可信度,而且是经过客观地搜集资料与判断后得出的结论。

研究人员通常必须准备书面与口头报告。报告内容应先对研究目标做简单的说明,再针对研究设计与方法进行完整的解释,并对主要的研究发现进行摘要报告,最后报告的结论应再次对相关管理者表达研究人员的建议。研究人员在准备报告时常犯一项错误,即太注重研究方法与技术细节,而忽略了研究的应用含义。研究报告的内容应力求清楚具体,并且从报告阅读者的角度来撰写,让阅读者能清楚地了解研究的发现与含义,而不是迷失于复杂的分析方法与一大堆数字资料中。

13.2.10　后续跟催工作

消费者研究的最后一个步骤就是后续跟催工作。研究人员必须知道管理者是否执行,或为何不执行报告上的建议? 提供决策的信息是否足够? 应再进一步提供哪些信息,以让报告的内容对管理者更为有用? 落实研究建议是研究的一项重要任务。

13.3　消费者研究的道德准则

由于消费者信息对于营销策略的拟定以及建立营销优势相当重要,因此厂商往往会不择手段地去搜集信息,如此一来,经常会在有意无意间违反了研究的道德。以下是一些消费者研究人员应该遵守的研究道德准则[8]。

13.3.1　维护样本的匿名性

研究人员必须确保研究样本的匿名性，即使在委托研究的客户要求下，也不容许泄露样本的个别资料，这是最基本的研究道德。

13.3.2　避免让样本陷入心理压力的抉择中

样本在接受调查、访问与参与研究的过程中，可能会面临一些令他们困窘的状况（例如因缺乏相关知识而面临心理挫折），这些困窘会形成样本的内在心理压力。因此，当压力不可避免时，研究者应该在事前让样本有心理准备，并能够得以自由地进行抉择。

13.3.3　避免询问与样本自身利益相冲突的问题

当样本面临一些与自身利益相冲突的问题时，真正的答案常会因此受到扭曲，从而影响研究的正确性。例如询问大学生是否应调涨学费，或是询问老师是否待遇偏低，这样的询问结果往往很容易产生偏颇。

13.3.4　使用特殊设备时必须小心

当研究必须使用一些特殊设备（例如轻微电击或是抽血，甚至施加某些药物）来衡量样本的反应时，研究人员必须明确地告知样本并征得其同意。同时，应该小心地避免这些设备可能对样本造成的潜在伤害。

13.3.5　存在其他参与人员时，应该征得样本的同意

除了研究者外，若有其他人也参与研究（例如在研究过程中观察样本的行为），除非我们确定该研究的参与人员对样本不会造成任何的伤害，否则我们应先告知样本并征得他们的同意。

13.3.6　欺骗手法必须基于善意的原则

研究中，有时不可避免地必须欺骗样本，例如为了研究的准确性，研究人员有时并不会告知样本真正的研究目的。就像在广告研究中，往往会隐藏真正想要测试的目标广告。但是这种欺骗应该是研究上所必需，而且不会对样本产生任何伤害时才可以接受，否则就应该加以避免。

13.3.7　胁迫是不道德，也是不被容许的

有些研究会使用胁迫的手段来逼迫样本参与研究。例如很多的电话调查，借由不断地打电话来迫使样本接受访问。但是任何的胁迫手段都是不道德的，同时也可能会让研究结果产生严重的偏误。

13.3.8　不可剥夺样本自我决策的能力

有些研究会利用各种方法来改变样本的判断，使他们失去判断力，以扭曲研究结果。这样的研究是不道德，也是不被容许的。

练习题

13-1 研究有哪些类型？以"夜店消费"为主题,试就各种研究类型拟定一个研究题目。

13-2 中国电信想要知道它的顾客和其他电信业者的顾客有何不同,请试为中国电信的这一研究拟定出一份抽样计划。

13-3 以儿童为研究样本,是否应先征得其家长同意呢？很多研究以小学生为样本,并在校园内发放问卷,是否有潜在的营销道德问题存在,请讨论。

13-4 请举出三种与人口统计相关的政府出版物。

13-5 找出最近三年内与"品牌权益"相关的三篇硕士论文,并讨论它们彼此间的关联性。

13-6 针对调查研究法、观察研究法、实验研究法与深度访谈法,各找出一篇使用该研究方法的硕士论文,说明其主要发现。

大数据分析的关键,不是数据而是思维

在2015年台湾地区资料科学爱好者年会上,阿里巴巴数据技术及产品部副总裁车品觉的演讲成为年会中最热门的活动。大家都想问,这个集团是怎样巧用大数据的。

阿里巴巴所拥有的会员姓名、购物喜好、所在地、活跃时间等资料,在大陆被视为含金量最高的资料,仅"双十一"一天就有2.7亿笔订单。

车品觉分享自己的观察,认为台湾地区很多人对大数据的观念还停留在早期,尤其以下问题最为常见。

问题一,大家都太小看想象力了。他强调,做资料分析绝不能对想象力设限,"大数据就是不断连接无所不在的数据"。例如统计一场演讲的出席人数,无须一个个计算,只要放一台300元人民币的探测器,扫一下在场的手机信号,就知道有多少人出席、有多少人中途开溜;看看网络流量,就知道刷手机的人多不多。演讲成不成功,答案就很明显了。

问题二,过去的营销是描绘客户样貌,例如登广告的时候,会诉求针对30—35岁、拥有好几张信用卡的女性。但通过大数据技术,则改为圈出50位会购买的人,用资料科学来分类他们的特征,以此放大到500人、5 000人,而不再使用传统的年龄、性别等固定标签。举性别标签为例,过去只能区分男、女,但实际上,有些账号是老公申请,和老婆一起用的。车品觉说,阿里巴巴通过分析账号,观察在不同时段是否出现不同购物倾向等变量,已经找出了18种性别标签,例如其中一种标签就是女性占七成、男性占三成。

问题三,营销思维太老旧。车品觉分析,互联网结合资料科学正在改变营销方式。例如,当前影响最大的手机,集感应器、媒体、支付工具于一身,这大大改变了营销逻辑。

2014年全球家庭用品巨擘宝洁(P&G)做了一项调查,发现有超过三分之一的美国人,早上上厕所时爱刷手机。宝洁于是联手亚马逊（Amazon），推出厕所专用网购商城。车品觉分析，过去营销人员把销售分为与客户的接触点及销售点，现在手机已让接触点等于销售点。

问题四，单打独斗就能做大数据。车品觉说，跨业分享的资料，更有价值。例如，阿里巴巴目前就与海尔电器合作智慧家电，以取得更多的使用者行为资料。车品觉还提供了一个合作秘诀：寻找别人不要的数据，如此一来，取得成本就会相对低廉。

而且，不只找外援，"阿里巴巴走得更超前，我正在协助旗下公司，将所产出的资料'资产化'"，他说，正确计算这些资料能贡献多少利润、值多少钱，建立起具有共同规格的平台，能让未来的资料交易更便利。

最后，车品觉提醒，企业主不要把做大数据当作玩具来看待。当资料从预测、解释到真实的应用时，企业会发现，所需要的资料质量（品质）必须更精准，"这时你就会知道，自己的基本功远远不够！"

资料来源：蔡靓萱，"手机讯号看活动热度、蹲厕习惯挖掘商机 阿里巴巴第一把手 大数据思考术公开"，《商业周刊》，第 1450 期，2015/08/26。

🎼 讨论问题

1. 阿里巴巴通过分析账号，借由直接分析购物行为，而将性别分为 18 种类型（而非传统的两种生理性别）。你觉得以婚姻状态来看，若同样借由大数据来分析实际的消费资料，想象在分类上可能会出现哪些有趣的现象？

2. 请重新检视"图 13-1 消费者研究的步骤"，由于大数据分析的兴起，你觉得这些步骤可能产生什么变化？请说明理由。

第14章 消费者沟通

本章将为您解答下列问题：

▶ 推广策略与消费者沟通之间的关系是什么？

▶ 沟通的过程包括哪些要素？

▶ 沟通的来源对于消费者沟通的影响是什么？

▶ 沟通时信息本身对于消费者沟通的影响是什么？

▶ 消费者沟通中存在着哪些障碍？

▶ 如何评估消费者沟通的效果？有哪些评估方式？

改变营销逻辑，让消费者获得发言权

当千禧世代（指1980—2000年间出生的年轻人）当家做主后，他们不仅改变了职场规则，更撼动了消费市场。

美国数字广告投放商Moosylvania统计，在美国，这群人每年的购买金额超过1 700亿美元，是X世代（指20世纪50年代后期到60年代之间出生的人）的1.4倍，且在持续增加中。

然而，企业绝不容易讨好这群人，他们推崇"享受不必拥有"的风格。如汽车公司就必须面对一个新难题：他们不再买车，不愿意付停车费，而宁愿使用叫车服务网站Uber的服务。

许多老企业，似乎不敌这股新浪潮。例如拥有百年历史的服饰品牌A&F、拥有近半个世纪历史的品牌Gap，在这群年轻人眼中都不再性感，营业收入、获利数字持续下滑。

不过，百年老店可口可乐的故事却告诉你：在他们眼中，"老"并非原罪，而是你能否放下姿态。

截至2014年，美国整体碳酸饮料销售量已创下连续十年下滑的纪录；受负面形象影响，可口可乐自2012年起年度营业收入、毛利都下滑，股票总报酬率表现也落后于同业。

不过，美国 *Advertising Age* 杂志统计，2014年，可口可乐的销售量14年来首见增长；2015年以来，不仅德意志银行重新给予可口可乐"买进"评价等，可口可乐4月底公布的财报显示，其全球营业收入温和增长1%，是近两年来的首次季度增长。

可口可乐能由逆转胜，是因为它们抛弃了百年来的营销逻辑：砸大钱，去影响消费者。这次，它们完全颠倒过来，让消费者感觉，自己是可以影响这个百年品牌的！

2013年，源于澳大利亚的"分享可乐"（Share a Coke）营销活动进军中国市场，他们因地制宜，把"天然呆""文艺青年""型男""你的女神"等流行用语印在经典包装上，取代"可口可乐"四个大字。整个夏天，在中国的微博、微信等各种社交平台上，满目所见的都是网友上传的可乐瓶照片。

2014年，可口可乐把美国千禧世代最常见的250个名字，如"Chris""Jess""Alex"等印在瓶罐上，同样吸引一群年轻人到处"搜查"有自己名字的可口可乐。一位22岁的服装店员精心收藏印有自己名字的可口可乐瓶罐，他对《华尔街日报》说："看到自己的名字出现在大品牌上，感觉这就是我的东西。"

"可乐罐、可乐瓶是全世界最经典的设计"，品牌独立顾问迪安·克拉奇菲尔德（Dean Crutchfield）对《华尔街日报》表示，看见名字印在罐子、瓶子上，会让人有一种自己对大品牌有影响力的感觉，让无数人惊呼，进而想尽办法拥有它。《华尔街日报》报道，此举成功地将可口可乐美国的营业收入提高了超过2个百分点。

可口可乐还推出巡回各地的可乐瓶定制亭，让你自主决定可乐瓶上要印什么名字。在美国，光是2014年夏天，就印出超过10万个名字。

除了实体活动，消费者还可上网制作虚拟"可乐瓶"，结果，社交媒体上晒出超过600万个虚拟可乐瓶。

很多人认为，品牌的威力对千禧世代将逐渐失灵。但是，可口可乐的例子让我们看到另一个方面:品牌仍是难得的资产,当消费者感觉它能够"参与"产品的生产过程时,他们自然会用你想象不到的热情,主动替品牌做宣传。

可口可乐的社群活动支出,也许比不上过去狂砸在电视或其他传统媒体上的广告费,但它挑战了产业百年来的营销逻辑。当百年老店都有机会翻身时,你会发现,未来的决战关键,绝非公司的新旧,而是你愿不愿意革自己的命、替这群人冒多大的险。

资料来源:吴中杰、陈筱晶,"'品牌变法'让消费者感到:我能影响你,就对了!可口可乐与 Burberry 回春 赢在一种 Fu",《商业周刊》,第 1445 期,2015/07/22。

消费者沟通是营销人员企图影响及改变消费者决策及行为的手段,也是营销策略与达成营销目标之间的一个中介机制与必经过程。本章首先针对消费者沟通的过程,以及各项影响因素进行探讨;之后,探讨消费者沟通常见的障碍,以及如何评估消费者沟通的效果。

14.1 消费者沟通过程

14.1.1 促销策略与消费者沟通

营销对于消费者行为的影响最主要的是表现在消费者沟通(Consumers Communication)上。为了影响和改变消费者的态度及行为,营销人员必须进行消费者沟通,这主要表现在促销策略上。促销策略(Promotional Strategy)是指如何有效地使用促销组合(Promotion Mix),即通过广告、公共关系、人员销售与促销,来达成营销的目标。促销策略的主要目的是扮演消费者沟通的角色。

> 促销策略是指如何有效地使用促销组合,即通过广告、公共关系、人员销售与促销,来达成营销的目标。

沟通(Communication)是指经由一套共通的信息,来交换或分享彼此所要传达意义的程序。当营销人员想要达成营销目标时,他必须传达某些销售信息给目标消费者。针对消费者所进行的沟通可以称为消费者沟通(Consumer Communication)。

> 沟通是指经由一套共通的信息,来交换或分享彼此所要传达意义的程序。

常常有人会认为促销策略的目的是为了销售产品,这个想法似是而非,说对也错。当然,营销沟通的最终目的是为了销售产品。但若要促销策略来承担整个产品销售的成败,则是不公平的。因为不良的产品、过高的价格,以及不当的渠道都可能导致产品销售的失败。因此,促销策略的目的是希望达成有效的消费者沟通,通过沟通的完成而有助于产品销售。

> 当营销人员想要达成营销目标时,他必须传达某些销售信息给目标消费者。针对消费者所进行的沟通可以称为消费者沟通。

消费者沟通可以分为两种:人际沟通与大众沟通。人际沟通(Interpersonal Communication)是指两人或多人之间直接与面对面的沟通。在人际沟通时,彼此可以看到沟通对象的反应,而且能立即回应,例如销售人员挨家挨户地推销便是一种人际沟通。大众沟通(Mass Communication)则是指同时与大量群众进行沟通。大众沟通是通过如电视、报纸、广播与互联网等大众传播媒体,将营销信息直接传达给消费者。但其缺点是营销人员通常无法立即得知消费者对信息的反应,而环境中的干扰信息、噪音,或其他令人分心的事物都可能会降低大众沟通的效果。

> 人际沟通是指两人或多人之间直接与面对面的沟通。

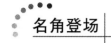

奢侈品品牌应向阿里巴巴取经，以赢得中国消费者

2015年6月9日，美国消费者新闻与商业频道报道，美国麦肯锡咨询公司调查发现，世界35%的奢侈品购买力来自中国，中国消费者是现今世界顶级奢侈品的主要购买者。

不过，由于不到四分之一的国外奢侈品品牌可以在网络上购买，因此导致中国消费者大多会到淘宝网购买。淘宝网是阿里巴巴集团投资创立的，在这里有19万种香奈儿产品可供消费者挑选。有趣的是，经营奢侈品品牌的开云集团诉讼阿里巴巴，指控其成为中国造假奢侈品销售的主要渠道，并表示这不能成为阿里巴巴发展的长久之计。

然而，奢侈品品牌真正需要思考的问题在于：如何有效打击灰色市场，以赢得中国消费者的忠实度。

阿里巴巴所采取的四个关键步骤值得所有国外品牌学习。

1. 本土化

品牌的每一个要素都必须与中国独特的文化特点相匹配。大品牌必须懂得如何适应不同语言、平衡现有平台、调整销售策略以适应当地市场。

2. 价格竞争

品牌必须进行价格竞争。中国消费者发现，地缘位置会增加30%—100%的额外费用，因此他们会寻找其他途径来购买这些产品。

3. 发展真正的品牌推广者

在中国，宣传对消费者的购买行为影响重大。大多数品牌希望通过赞助方式获得消费者的青睐，但作用不大。部分品牌开始意识到品牌推广最好的办法是通过关键意见领袖在微博、微信等平台上发布消息，这样更能得到人们的认可。

4. 发展移动电子商务

阿里巴巴的淘宝网和腾讯的微信为消费者提供了简单优雅的移动电子商务体验，受到大量中国消费者的喜爱。品牌必须同这些引领潮流的机构合作、竞争，以确保控制品牌身份及形象、增加未来销售的机会。

资料来源："美媒：奢侈品牌应向阿里巴巴学习 赢得中国消费者"，环球网，http://finance.sina.com.cn/chanjing/gsnews/20150610/101722395589.shtml，2015/06/10。

14.1.2 沟通的过程

沟通的过程可以用图14-1的沟通模式来说明，整个沟通模式包括下列几项要素：发送者、信息、接受者、沟通渠道和干扰来源（例如噪音）。在这几项沟通要素之间，存在着编码、译码、反馈，以及干扰等动作。沟通过程起始于发送者想传达某些信息给接受者，因此发送者会以一种接受者可以理解的方式，将所要传达的信息加以编码后，经过沟通渠道传达给接受者。接受者则在收到信息后，将信息解码成他所能理解的意思，并反馈其反应给发送者。在沟通的过程中，存在着各种干扰沟通效果的噪音。以下我们分别针对这些沟通模式的要素进行说明。

1. 发送者与接受者

发送者(Sender)是指在沟通过程中,想要传送信息的单一个人或组织,其为沟通的信息来源。如果组织是发送者,则常指组织的"代言人"。代言人可以是公司的高管,也可以是专属模特,甚至是代表公司的卡通人物。组织要非常慎重地选择代言人,特别要考虑代言人和组织形象以及产品特征的相容性。例如,OPPO 公司请当红明星杨幂做代言人,来强调其手机拍照的主功能。由于杨幂在喜欢自拍的年轻人中颇受欢迎,故两者的属性相当一致。

发送者是指在沟通过程中,想要传送信息的单一个人或组织,其为沟通的信息来源。

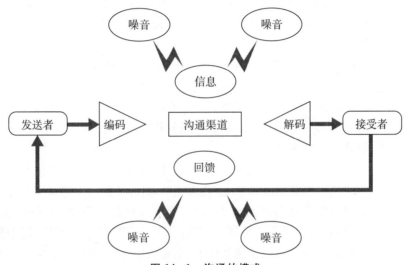

图 14 - 1　沟通的模式

接受者(Receiver)是指在沟通时,发送者所要传达信息的目标对象。营销沟通的接受者就是目标消费者。在沟通的过程中,接受者的介入程度很重要。当接受者的介入程度很低时,信息常无法有效接收。例如当消费者的介入程度很低时,往往会视而不见、听而不闻。因此,引起接受者的注意与兴趣对有效沟通是相当重要的。若要引起接受者的注意与兴趣,营销人员可以从提升接受者对发送者、信息,以及媒体(沟通渠道)的注意着手。因此,营销人员可以强化接受者对发送者的关切,或是以创意手法来呈现信息,并选用接受者所感兴趣的媒体,来引起接受者的注意与兴趣。

接受者是指在沟通时,发送者所要传达信息的目标对象。营销沟通的接受者就是目标消费者。

2. 编码和解码

编码(Encoding)是指发送者将所想要传达的信息,转变为一种接受者可以接受的沟通形式。编码常以文字或符号的形式来呈现。编码的关键不在于发送者发送的是什么,而在于接受者收到的是什么,其主要是要找出一个让发送者与接受者能共同接受的沟通形式。例如,对外国人讲中文,可能是鸡同鸭讲,这种沟通的障碍,是因为编码错误的关系,因为外国人不懂中文。不过,有时比手画脚反而更能沟通,这是因为肢

编码是指发送者将所想要传达的信息,转变为一种接受者可以接受的沟通形式。

体语言是双方较能接受的沟通形式。

相对于编码的是解码。解码（Decoding）是指接受者对经由沟通渠道所接收到的语言与符号进行译解。虽然信息已经收到，但可能会因为消费者的选择性注意与选择性扭曲，而无法被正确地解码。因此，解码是指接受者将所收到的信息转换成他们所能理解的意思。信息是否能正确地传达给接受者，牵涉到发送者能否正确编码，以及接受者能否正确解码。

> 解码是指接受者对经由沟通渠道所接收到的语言与符号进行译解。

编码和解码都牵涉到符号学。由于符号传达不同的意义，在不同的社会和文化下，相同的动作或符号可能具有不同的意义。例如，摸头在中国可能代表关爱，而在泰国则是绝对禁止的行为。当人们在处理信息时，他们会受到其所在文化、偏见、知识与需求的影响。因此，造成信息误解的因素可能来自年龄、教育、社会阶层与文化等因素上的差异性。

3. 沟通渠道

> 信息的传达需要沟通渠道。

信息的传达需要沟通渠道（Channel），例如声音、收音机、报纸或其他沟通媒体。营销常用的沟通渠道有收音机、电视机、杂志、户外看板、人员接触、印刷手册、手机，以及互联网等。选择沟通渠道时，营销人员要考虑其成本、效果，以及和产品的相容性等因素。

4. 噪音与干扰来源

> 噪音是指任何会妨碍、扭曲或减缓信息传达的事物。

噪音（Noise）是指任何会妨碍、扭曲或减缓信息传达的事物。在一些广告信息拥挤的媒体（如报纸和电视）上，噪音出现的概率往往很大。噪音也可能来自沟通的情境因素，例如沟通的实际周边环境，如光线、声音、位置与天气等。另外，噪音也会来自竞争信息的干扰，例如接受者在接收信息的同时还在做某件事，则很可能会干扰信息的接收。有时大众媒体也可能面对想要将信息传达给接受者，但接受者却不在或无法接收的状况，这也属于一种干扰。噪音和干扰会影响信息的接收水准。

5. 反馈

> 在人际沟通中，接受者对信息的反应，就是反馈。

在人际沟通中，接受者对信息的反应，就是反馈（Feedback）。反馈可能是口头回应，例如说"我同意"；也可能是非口头回应，如点头、微笑、皱眉或做手势。当发送者收到反馈时，整个沟通过程才算完整，发送者也往往会根据所获得的反馈来判定沟通的效果。

从沟通模式的角度来看，沟通的来源与信息对于消费者沟通有相当显著的影响，在以下各节我们将分别说明之。

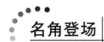

名角登场

技术背景出身，学习与消费者对话

拥有材料科学博士学位的明碁（BenQ）材料董事长陈建志，在公司跨足企业对消费者（B2C）自有品牌渠道之后，开始学习与消费者对话。面对不同的文化冲击，他一切从头摸索。

"你们不是在卖手机、电脑吗？"明碁材料总经理林恬宇说，拓展隐形眼镜渠道时，这是眼镜店老板问的第一句话，没有人相信明碁竟然会卖隐形眼镜。

不只是陈建志、林恬宇是技术背景出身，明碁材料整个团队都是靠电子产业起家的。从企业对企业（B2B）偏光片走入 B2C 卖隐形眼镜，如何把终端客户的需求，转换成技术参数，改善产品，陈建志说，这真的需要一段时间转换和调适。

比如，眼镜配戴舒不舒服这件事，就很难具体形容。林恬宇说，做 B2B 时，客户打电话进来，会用规格和你谈，哪边规格不对，这是工程问题。但消费者打电话进来，除了规格之外，还包含情感和情绪因素，例如"我戴起来觉得不顺手"，什么叫不顺手？

林恬宇表示，对公司而言，要把不习惯、不顺手背后的原因找出来，帮助他们解决。因为消费者给你的信息大部分是没有量化的，这对一个工程技术背景的公司而言，是很大的文化冲击。

林恬宇说，公司在计算满意度时，过去是用规格谈，现在则要纳入消费者的情绪，要把他们实际的感受、感知面表达出来，对此公司还在摸索学习中。

跨入 B2C，对明碁材料而言是新的尝试。陈建志说，从长远而言，这条路对明碁材料是很重要的方向，产品一定要做到 B2C 去，了解怎么和终端消费者互动与对话，这是公司全体人员都需要学习的。

资料来源：刘芳妙，"他学习与消费者对话"，《经济日报》，A4 版/焦点，2014/06/09。

14.2　沟通来源的影响

沟通来源的影响主要是指信息来源的可信性（Credibility）与吸引性（Attractiveness）对于消费者沟通产生的影响。

影响来源可信性的最重要的因素是来源专业性[1]。来源专业性（Source Expertise）是指信息接受者认为在沟通的事项上，信息来源所具有的知识程度高低。影响来源可信性的另一个重要因素是消费者对于发送者背后意图的认知。消费者愈认为发送者是基于自身利益来传送信息，则该信息来源的可信度也就愈低。当然，消费者对于发送者背后的意图猜测，主要视消费者的归因而定。

一般而言，信息来源的可信性包括以下三个部分：

> 来源专业性是指信息接受者认为在沟通的事项上，信息来源所具有的知识程度高低。

14.2.1　沟通者的可信性

沟通者的可信性是指沟通者过去的商誉是否足以让消费者产生信任。例如，非营利组织比营利组织的可信性强；形象佳的组织比形象差的组织可信性强；个人来源的沟通者（例如亲朋好友）比商业来源的沟通者（例如广告）更为可信。因此，有些企业会回避商业色彩浓厚的形象，而改以公益形象的基金会作为消费者沟通的发送者。

14.2.2　代言人的可信性

代言人的可信性是指代言人是否能使消费者感到值得信赖。有些代言人在某一领域具有很强的专业性，或是对于某些人具有很大的影响力，因此利用代言人在该领域的专业性与可信性，可以强化消费者对于沟通的可信性。营销人员即常使用医生、学者、律师，或其他专业性强的代言人；或是运用公正或客观的第三者作为代言人（例如借助于使用过该产品的消费者来推荐产品），来进行消费者沟通。

14.2.3　媒体的可信性

媒体的可信性是指消费者对于不同媒体的信赖度可能不同，因此媒体的可信性会影响消费者对于媒体所传送信息的信赖。通常具有专业特征和良好形象的媒体，会比内容八卦和形象不佳的媒体带给消费者较高的可信性。研究证实，杂志文章的内容会影响消费者对于广告的信服[2]。例如，《新闻周刊》杂志的可信性便比一般八卦杂志要强，因此在该杂志上刊登广告可以享受到一部分该杂志的可信性所带来的正面影响。此种现象不只出现在平面媒体中，广播节目的气氛对消费者的行动意图和广告态度也会有显著影响[3]。另外，不同的零售商店也具有不同的可信性，因此也会影响顾客对于其所销售产品的品质或价值认知。例如，相较于地摊货，我们往往会对百货公司的产品品质比较有信心；而某些专卖店的产品又可能比一般百货公司给予消费者更高级的形象。

一般而言，信息来源的可信性愈强，则沟通说服的效果愈佳，但这种效果会随着时间的推移而降低。研究发现：信息来源的可信性在经过一段时间后会趋向消失，这种现象被称为睡眠效应（Sleeper Effect）[4]。因此，睡眠效应主要是说明时间对于信息来源可信性的影响。一般而言，对于信息来源的遗忘会比对信息本身的遗忘还快。不过，如果重新传达相同的信息，则原先的信息来源可信性效果仍会出现。因此，营销人员若要发挥信息来源的可信性效果，便需每隔一段时间重复传送相同的信息。

> 信息来源的可信性在经过一定时间后会趋向消失，这种现象被称为睡眠效应。

另外一个影响信息来源效果的是来源的吸引性，这是指代言人对于消费者的吸引程度。吸引性主要来自消费者对于代言人的喜爱程度。吸引性可以来自代言人的外形（靓丽的外形）、人格特质（有亲和力）、社会地位（享有社会声誉）以及与接受者本身的类似性（代言人具有和接受者相同的身份）等。另外，用知名人士（如影星或歌星）做代言人，可借助一般人对知名人士的熟悉度，来提升对于产品的认同。

研究也发现"美就是好"，即代言人的外表愈美丽，消费者对其代言的产品愈有好感[5]。不过，外表的吸引性所产生的效果也因产品而异。研究发现，对于香水而言，外表对于产品购买意图的影响要比咖啡更为显著[6]。原因是香水具有吸引异性的意思，而咖啡则和吸引异性无关。另外，若是用高度迷人的代言人，有时则可能会使消费者和代言人相比产生某些负面情感（例如忌妒），因而导致贬抑代言人，使产品受到不利的影响[7]。

14.3 沟通信息的影响

关于沟通信息对于沟通效果的影响,可以从信息诉求方式、信息结构与信息形式等方面来看。

14.3.1 信息诉求方式

在消费者沟通中,信息内容可以不同的诉求方式来传达。沟通活动可以把焦点放在一个或多个沟通诉求上。发展沟通诉求是一项具有挑战性的工作,但如何选择良好的沟通诉求,通常需要先进行营销研究。沟通诉求通常发生在引发消费者的情感、挑起消费者的需要、改变消费者的态度,或是引发消费者的行为时。但什么才是良好的沟通诉求呢?我们可以从"独特的销售主张"(Unique Selling Proposition,USP)的概念中得到启发。USP的概念认为一个好的沟通诉求要满足三个要件:

USP 的概念认为一个好的沟通诉求要满足三个要件:完整的主张、卖点以及独特性。

(1) 完整的主张(Proposition)。沟通诉求本身要能够言之成理,自成一套完整的主张。这套主张不但要合乎逻辑,而且要能让人信服。

(2) 卖点(Selling)。沟通诉求要有卖点,也就是要能满足顾客的需要。若顾客能接受这一套主张,便会觉得产品对他有所裨益。

(3) 独特性(Unique)。主张要有独特性,也就是并非每一个竞争者都能提供这种消费者所需要的主张。愈少人能提供,独特性就愈强。

基本上,依照诉求的方式,我们可以将沟通诉求分为三种:

1. 理性诉求

诉诸目标消费者的自利性,例如强调产品的品质、价格、价值与功能。一般而言,理性诉求较偏向于硬性诉求。例如海尔全自动滚筒洗衣机强调"抗菌、防霉"的功能诉求。

2. 情感诉求

情感诉求主要是试图引起某种正面或负面的情绪。例如中国平安在其一则广告中,通过一位晚归的女孩在黑暗中独行,一位衣着朴素、面容慈祥的老人在一盏幽黄的灯光下收拾摊位,女孩与老人打过招呼后继续走进黑暗,老人却在她身后手持一盏微斜的灯照她前行的画面,传达给大家请永远留一盏灯给别人的理念。正面情绪包括温馨、欢乐、自豪与愉悦等,负面情绪则包括恐惧、悲伤与罪恶感等。一般而言,情感诉求较偏向于软性诉求。

3. 道德诉求

道德诉求主要是在引导消费者的价值判断,告诉目标消费者是非之分。例如动物保护协会的广告强调"没有买卖,就没有杀害""爱它便不要弃养""领养、不弃养",即希望能激发消费者的责任感,以免产生道德或良心上的不安。在禁烟广告中,也常诉求于对空气的污染和损害他人健康的不道德的行为。

当然这只是针对沟通诉求形式所区分的大分类而已,根据这些大分类,我们还可将沟通诉求形式再进一步细分。表14-1中即列示了一些常见的沟通诉求形式。

表 14-1　沟通诉求的形式

诉求形式	说　明
经济诉求	让消费者知道该产品可以帮助他们省钱、赚钱或避免浪费金钱。例如,一些理财产品的广告。
恐惧诉求	把重心放在社会困境、逐渐衰老或可能的损失上,借由广告拥有的力量来引发目标消费者的关切。例如,保险公司常用此诉求。
健康诉求	针对注意身体健康的人或想要健康的消费群体,诉求产品对健康的贡献。
性诉求	强调产品会使目标顾客对异性更具吸引力或更性感。例如,内衣和香水广告常用此诉求。
爱或浪漫诉求	诉求产品所具有的爱或被爱的感觉,通常在礼品、化妆品及香水销售时最常使用。
欢乐诉求	强调产品所带来的欢乐,或产品使用情境上的欢乐气氛,通常是旅游、啤酒或游乐场所的广告重点。
仰慕诉求	借由目标消费者对代言人的仰慕,来影响目标对象的态度与行为,这也是广告常邀请名人现身说法的原因之一。
便利性诉求	强调产品的使用便利性,通常是对快餐店或微波食品所诉求的重点。
道德诉求	诉求重点在于引发对环境保护、公共利益或其他道德相关议题的关切或讨论。例如,低碳环保的主张,以及王老吉的"要捐就捐一个亿"。
虚荣或自尊诉求	诉诸目标消费者在使用产品时所带来的虚荣感或自尊感,最常使用在昂贵或外显性的产品项目中,如汽车或金饰。

资料来源:部分参考 Charlies W. Lamb, Jr., Joseph F. Hair, Jr., and Carl McDanie (2004), *Marketing*, 7th ed., Cincinnati, Ohio: South-Western College Publishing, p.501.

不同的诉求方式产生的沟通效果也可能不同。以在营销实务上的运用已经愈来愈普遍的性诉求来说,是否真的有用? 研究发现:性诉求广告能吸引注意力、加强回忆,以及改善广告的态度。不过如果过度强调,或性诉求的强度太大,则很容易产生负面结果;若从长期来看,性诉求反而造成广告的回忆度下降[8]。

整体来说,性诉求的广告必须选对合适的产品。性诉求的广告虽能吸引消费者的注意与唤醒度,但由于干扰作用,它还会降低消费者对于广告与品牌信息的处理;最后,性诉求的广告对于不同性别的消费者较为有效(例如男模特对于女性消费者,以及女模特对于男性消费者)[9]。

14.3.2　信息结构

信息结构主要是指信息的安排方式,有关信息结构的方式有下列几种:

1. 结论安排

沟通信息是应替消费者下结论,还是由消费者自己下结论?这主要视消费者的智商、主题复杂性与沟通者的可信性而定。一般而言,应把握下列几项原则:在消费者对沟通者或代言人未建立足够的信赖感前,不要替消费者下结论;问题太简单或消费者太聪明,或是太过于个人化的问题,也不宜替消费者下结论。如果信息相当复杂或是消费者的介入程度不高,则应替消费者下结论;反之,如果介入程度很高或信息很单纯,则由消费者自己下结论[10]。

2. 单面或双面论证

单面论证(One-Sided Argument)是只讲优点不讲缺点;而双面论证(Two-Sided Argument)是优、缺点都讲,但优点明显盖过缺点。例如某购物中心的广告强调虽然其招牌较不明显,卖场通道较狭窄,以及没有提供停车位,但是价格却较便宜。这便是一种典型的双面论证。基本上,若消费者介入较高,则应采用双面论证;若消费者介入较低,则以单面论证为宜。若消费者事先已赞同沟通者或代言人的立场,则应采用单面论证来诉求;若知道消费者是站在反对沟通者或代言人的立场,或事先已经或可能知道反面的观点,则应采用双面论证方式,如此消费者才较易接受该诉求[11]。

> 单面论证是只讲优点不讲缺点。

> 双面论证是优、缺点都讲,但优点明显盖过缺点。

3. 陈述方式

另外一种和单面或双面论证很类似,但内涵并不一样的方式是陈述方式。陈述方式是指以正面或负面方式来陈述同一论点,也就是所谓的信息陈述(Message Framing)。例如,如果我们希望消费者能够定期做健康检查,则正面陈述方式(Positive Framing)会强调健康检查所能带来的正面利益,如"定期进行健康检查可以确保身体健康"。但负面陈述方式(Negative Framing)则着重阐述若不进行健康检查可能带来的负面伤害,例如"缺乏定期健康检查可能导致罹患重大疾病而不自知"。究竟何种陈述方式的效果较佳呢?研究发现:这和消费者的介入程度有很大的关联。对高认知性介入者而言,负面陈述会产生较佳的品牌态度;对高情感性介入者及低认知性介入者而言,陈述方式对品牌态度并无显著影响[12]。另外,消费者所持有的广告信念也会影响陈述方式的效果。当消费者持有较为肯定的广告信念时,负面陈述会使消费者产生较大的行动意愿;反之,当消费者持有较为否定的广告信念时,正面陈述会使消费者产生较大的行动意愿[13]。

名角登场

食物稍微包装,骗倒美食专家

如果把平价的快餐店食物与高级餐厅的料理同时让你品尝比较,应该吃得出差异吧?但是如果把快餐食物伪装成高档美食,你能分辨出来吗?荷兰有两个人就做了一个整人实验——他们跑到高档餐厅的美食展上用麦当劳的食物去骗美食家。

首先，他们假装自己也是高档餐厅的员工，然后准备一些食物给美食家们品尝。不过这些所谓"高档食物"，是待会儿他们要在麦当劳买的。但是不能太早买，因为冷掉了比较不好吃，要去展场前再买。到展场以后，也不是就这样直接拿出来给美食家吃，而是要好好处理食物并摆盘。实验开始。先用哈密瓜试水温（荷兰的麦当劳会卖哈密瓜）："非常好吃""很好、构造还不错、不会黏黏的""很多汁"等，反馈还不错呢。接着是重头戏：麦克鸡块跟汉堡包这两样主食登场了！看看铁盆里面装的是什么？是用玻璃小碗装的麦当劳酱料，真的瞬间变高级了……这俩人还标榜他们这家"高级餐厅"卖的肉都是有机肉，不知道美食家们会有什么反应？"这肉质很好也很扎实，很好吃""我感到嘴里释放出一些温度""有很多不同的味道跑出来""这肉的味道很丰富"等。哇！是不是很惊讶？最后一定要问美食家们的是，让他们把刚才吃到的有机肉，跟麦当劳的食物做比较的话，觉得哪个比较好吃："这当然（比麦当劳）好吃很多啊，而且这是有机的，绝对是很好的""你可以分辨出来这个（有机肉）比较纯""这毫无疑问比麦当劳吃起来更美味""我喜欢这个（有机肉），它是很纯的有机产品，所以才会那么好吃"……下巴掉下来了吗？

俗话说"人要衣装，佛要金装"，麦当劳的食物稍微包装一下就可以把美食家骗倒，实在是很惊人呢！而且只要提到"高级餐厅""有机"等关键词，人们就会轻易地相信，真的不得不谨慎小心。

资料来源：隋诗，"伪装成高档美食的速食，连专家都被骗倒了！你吃得出来吗？"，《新唐人》，http://www.ntdtv.com/xtr/b5/2014/10/24/a1148584.html#sthash.LNdXf9o1.dpuf，2014/10/24。

4. 表达顺序

最强的论证应该出现在最前面还是最后面？主张首因效应（Primary Effect）的学者认为，放在前面所产生的冲击较大；但主张近因效应（Recency Effect）的学者认为，放在后面所产生的冲击较大。基本上，从长期来看，首因效应比近因效应有效[14]。就媒体来看，对于诸如广播广告的口语信息，首因效应较显著；而平面广告的视觉信息，则是近因效应较显著[15]。不过，不管是首因效应还是近因效应，都认为中间时段的广告显然比头尾两边的广告效果差。

> 首因效应认为有利的论证放在前面所产生的冲击较大。

> 近因效应认为有利的论证放在后面所产生的冲击较大。

5. 重复性

重复性主要是为了强化消费者对信息的记忆，例如一度很流行的"三明治广告"（在两个相同的广告中夹入一个其他的广告），就是同一个广告重复两次。不过，当重复过度时，可能会造成过度学习（Over-Learn），从而降低了消费者的注意力。例如研究发现，当增加广告的重复次数时，反驳观点（Counterargument）的数目也会增加[16]，同时会产生广告的负面态度[17]。因此为了降低反感，广告主往往制作很多不同版本的广告轮流播放。双因素理论（Two-Factors Theory）便常用来解释重复性所产生的矛盾效果。双因素理论认为，在广告传播过程中，有两个相对立的因素决定着受众对重复刺激的态度：一个是积极的因素，另一个是消极的因素[18]（参见图14-2）。积极的因素会因重复而增加对广告的熟悉

> 双因素理论认为，在广告传播过程中，有两个相对立的因素决定着受众对重复刺激的态度：一个是积极的因素，另一个是消极的因素。

度,降低对产品的不确定感;消极的因素则会因重复而增加对广告的厌烦,降低对产品的喜爱。当消极的因素大于积极的因素时,则会形成疲倦(Wearout)。由于重复性的净效果与时间呈现一种抛物线的关系,因此营销人员必须决定最适当的重复次数。

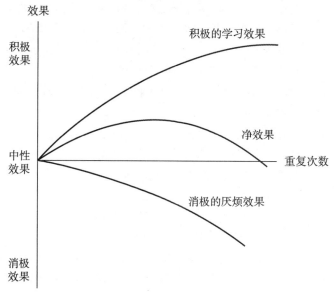

图 14-2　重复广告的效果

资料来源:Arno J. Rathans, John L. Swasy, and Lawrence Marks (1986),"Effects of Television Commercial Repetition Receiver Knowledge," *Journal of Marketing Research*, 23 (February), pp.50-61, Figure 1.

14.3.3　信息形式

信息形式是指信息的各种表现形式,主要目的是吸引注意力、加强说服力以及产生沟通效果。任何沟通信息首先都应该能够吸引消费者的注意,引发消费者的兴趣、激发购买欲,最后刺激消费者进行购买。信息形式是消费者沟通中极具创造力的部分,不过必须注意媒体的属性会影响信息形式的效果。例如,科学性的信息形式比较适合用在印刷广告上,因为其容易传递更多的信息;而幽默的方式较常使用在广播或电视媒体广告上,而较不容易在平面广告中表达。幽默方式的广告也较适合用在低风险与例行性购买的产品上,例如休闲食品、饮料与日用品等。表 14-2 中列示了一些常见的沟通信息形式。

表 14-2　一般沟通信息形式

信息形式	说　明
科学证据	使用研究或科学的证据来佐证品牌的利益,如益达口香糖强调,实验证实该产品可以有效消除口腔中的牙菌斑。
生活形态	展现产品使用者的生活形态,来吸引符合该形态的消费者,如 Jeep 的指南者以城市越野的概念来彰显目标顾客的生活形态。

信息形式	说　明
现身说法/证言	利用名人、上班族或一般消费者为此产品做担保及证言，如汤唯为 SK-II 代言。
生活片段	利用家居生活的片段来表现产品的用途，通常用在一般家用或个人用品的广告，如太太乐鸡精以在厨房烹煮食物的场景来表达诉求。
想象	主要是建构出消费群体使用产品引发的想象空间，如香水或化妆品常用此方式来引发消费者对散发魅力的想象。
真实/生动的产品象征	借由在沟通方式上创造一个人物或产品象征来表现产品，如麦当劳的麦当劳叔叔。
个性的象征	通过产品品牌个性的塑造，来吸引认同这一个性的人，如中国移动的动感地带所塑造出的青春活泼的品牌形象。
气氛及印象	为产品营造气氛或印象（如平静、爱、美感），如三星 Note 4 广告所塑造的两代亲情。
示范展示	表现消费者的期望利益，许多消费性产品都使用这个技巧，如威猛先生利用展示广告来证明它的除污能力。
幽默	运用幽默的故事、情节或脚本，来引发目标对象的共鸣，此种广告适合用于低风险和例行性购买的产品，如步步高无绳电话的广告。
音乐	经由相关歌曲来传递所要沟通的信息，如肯德基的"有了肯德基，生活好滋味"。

资料来源：部分参考 Charlies W. Lamb, Jr., Joseph F. Hair, Jr., and Carl McDaniel (2004), *Marketing*, 7th ed., Cincinnati, Ohio: South-Westrn College Publishing, p.504.

以下我们就几种较为常见的信息形式，来探讨其对消费者沟通的可能启示：

1. 幽默

在广告中我们经常会看到幽默的表现方式。然而对于幽默广告可能产生的效果，仍有很大的争议。支持的研究发现，幽默可以使消费者产生良好的态度和正面的行为[19]，因为幽默可以使消费者产生良好的心情，从而降低负面的想法[20]；同时，幽默也可以使消费者对于广告产生喜爱[21]，经由对于广告的喜爱进而增加对于品牌的喜爱。但是，反对幽默的研究结果则发现，幽默会降低消费者对于信息的理解[22]，而且幽默广告的寿命通常较短，淘汰率较高[23]。

幽默效果会受到很多个人因素的影响，例如性别、种族、人格特征，以及社会态度等[24]。一般而言，男生会比女生对幽默产生较正面的反应[25]。此外，我们也必须注意到有些消费者并不一定能开得起玩笑或领略幽默，此时常会有意想不到的负面效果产生。例如以性别嘲弄为主题的幽默广告，反而可能引发消费者的反感。

2. 说教与剧情

说教（Lecture）是直接以告知或说服的方式来向消费者传达信息；剧情（Dramas）则是以戏剧表演方式来向消费者传达信息。说教常以高压诉求方式来传达信息，因此常会引发枯燥、厌烦与反感；相对地，戏剧方式则因能引起情感反应，或转移至使用产品时的感觉，而增加消费者的兴趣[26]。研究发现也大致支持说教方式容易引发负面想法，剧情方式容易引发感情而使消费者心有戚戚焉[27]。

3. 生动与抽象

生动（Vivid）的信息相对于抽象的信息，对于消费者的长期记忆与回想有较大的影响[28]。一般而言，愈是新近发生，愈是攸关个人，或愈是具体发生的信息，就愈生动。生动的信息比较能吸引消费者的注意，并引发消费者的想象空间。你是否记得立邦漆的广告，借由一家三口在室内使用立邦漆刷墙的表现手法来强调产品健康环保，对儿童身体无害的特性？这种生动活泼的信息是否使你更加注意而且记忆更加深刻？

名角登场

玩限量的梗，掀起精酿啤酒风潮

走进掀起台湾地区精酿啤酒①风潮、台湾地区第一个精酿啤酒节策展人黄培峻的办公室，发现里面全是暗色系的木质装潢，搭配绒布长沙发，办公桌后方的层架上放满各式各样的酒瓶。黄培峻梳着利落的西装头，与人们认为的"小众"就是"清新"的形象相差很大。

但他连续两届举办的精酿啤酒节，不花一毛钱广告预算，五天内，就可以让1 000张要价400—600元新台币的门票销售一空。两届下来，累计约数十万元新台币的盈余，吸引了2 000位民众与20多家精酿啤酒厂商。

精酿啤酒的风潮，在他手上变得更加强劲。代理商林幼航表示，参展后，旗下某单一酒款销售量翻倍，平均销售量也增长了三成。

过去，精酿啤酒在台湾地区是啤酒中的小众市场，据代理商估计，仅占台湾啤酒市场每年产值的1%不到。相较之下，在美国，精酿啤酒的总销售量已胜过全球市场占有率第一的百威啤酒。台湾，还处于一个非常初期的市场，根本没人想过举办展览的可能。

黄培峻原本做的是烈酒生意，朋友叫他来推广精酿啤酒，"我觉得很好玩……但我进行了很大的创新，只有1 000张票，卖完就不卖了，再让我赚钱也不要……"

玩限量的梗，确实让这个活动很快吸引了人们的目光。"那时候很好玩，买到票的人还会跟买不到票的人炫耀，他的朋友说，这什么东西啊？有什么好开心的。买到票的人还会跟没买到的人解释，这些酒厂怎么样……"

但限量，不只是为了宣传。黄培峻说，限量的目的是找到真正为精酿啤酒痴狂的客户，即那些愿意花四五百元门票进场试酒的爱好者。

"我要进来的人都是crazy for beer（为啤酒痴狂）。如果进来的人都不喜欢啤酒，那样真正喜欢啤酒的人，会觉得很无趣。"

黄培峻找来全台湾的精酿啤酒厂商参展。消费者拿着有感应条码的酒杯，可以到处试喝，还可以听酿酒师分享酿酒文化与心得。最后这群粉丝会自动在脸书上分享各类精酿啤

---

① 精酿啤酒有别于标准化酿造啤酒，强调小量、手工酿造，原料与配方会随产地和酿酒师而改变。

酒,更会像钻研红酒和白酒一样,研究精酿啤酒的佐餐方法。例如,发现柚子味道的啤酒,适合搭配白肉鱼。

"卖酒的人说这个很好喝,与一个陌生人跟你说这个很好喝,你会相信谁？小众加上口碑营销,会更厉害。"

做小众生意,当然需要取舍。黄培峻办精酿啤酒展,引起了大厂商喜力啤酒的注意,他们想要参与,但却被拒绝了。"喜力啤酒进来可能会产生100万、200万元的收入,他们也问说要不要做得更大,但我说不要……就是要这样,才能玩小众。"

"那是一个人性的冲突你知道吗,有钱到你面前,你要把它推掉。"明明看到买票群众的热情,大可租个2 000人的场地,多赚一倍,他却放弃了。

"小众是持续的,是一个理念,他可能每天都花一点钱,但是很慢。大众是一个潮流,很快进来,但一下就没了,台湾常常这样啊,看蛋挞好,就一堆人开蛋挞店。"很实际的黄培峻说:"你得细水长流！"

资料来源:吴中杰,"不一次通吃订单才高明！敢说No！ 他掀起台湾精酿啤酒风潮",《商业周刊》,第1427期,2015/03/18。

14.4　沟通障碍

有效沟通的障碍来源包括信息扭曲、刻板印象、语言含义、干扰、消费者的个人因素,以及信息之间的不一致。

要达成有效的消费者沟通,我们必须了解可能存在的沟通障碍。沟通障碍的来源包括信息扭曲、刻板印象、语言含义、干扰、消费者的个人因素,以及信息之间的不一致。

第一种沟通障碍是信息扭曲。信息扭曲包括对信息的曲解、过滤与粉饰。在沟通的过程中,发送者、沟通渠道与接受者都可能在有意或无意间对信息进行曲解、过滤与粉饰。例如,沟通的一方可能刻意隐瞒或过滤某些对自己不利的信息;或是有些沟通渠道可能在原有的信息上,根据自己的偏好再添油加醋。当然,有时是因误解或不了解所产生的无意曲解。一般而言,沟通所经过的沟通渠道愈多,则信息扭曲的概率也愈大。

刻板印象(Stereotyping)也是一种沟通障碍的来源,很多的偏见(例如对性别、种族、肤色、宗教信仰,以及年龄的偏见)往往来自刻板印象。刻板印象造成某种偏见,因此导致沟通时会被偏见所扭曲。刻板印象来自个人的经验、教育、家庭,以及同伴的影响,沟通者和消费者或多或少都具有一些偏见和刻板印象。在消费者沟通中,营销人员一方面应该尽量以客观的角度和心态来进行沟通,另一方面也不能忽略消费者刻板印象对沟通效果可能产生的影响。

另外一种来自个人的沟通障碍是语言含义。语言和文字会受到我们所处的文化、所受的教育,以及所接触的群体的影响。例如新新人类所使用的词语和"火星文",很多是老一代人所无法理解的;而老一代主管所使用的含蓄性模糊暗示,往往也不是直来直往的新一代下属所能体会的。此外,不同的专业背景与训练往往具有不同的思考模式和逻辑,因此在沟通上也常造成鸡同鸭讲的状况。与消费者沟通时,如果营销人员不能掌握目标消费者的语言含义,轻则不能有效理解对方的意思,重则导致误解。

对全球营销的企业而言,这个问题格外重要。当在全世界进行营销时,其目标消费者可能来自不同的国家与文化,因此在沟通上便很困难,因为不同国家与文化的表达方式和习惯有很大的不同,往往会造成"有听没懂"或是误解。例如,日本人在沟通时的习惯性点头示意,往往只是表示"了解"对方所说的意思,而西方人士却容易将这种点头示意误解为"同意"。

如果我们能够体会消费者的文化、教育,以及环境对其语言含义的影响,就能够降低沟通障碍。但问题是,我们经常是从自身的文化、教育,以及环境的角度,来解读消费者的语言,于是衍生出许多沟通困难。

还有一种沟通障碍是沟通时的干扰。常见的干扰包括噪音、环境的骚扰,以及信息过载等。例如,沟通时突然被一些杂音所插入,或是其他竞争者的信息抑或紧急事件的切入都会造成沟通的干扰,进而导致沟通障碍。此外,信息过载也是常见的沟通障碍来源。一次向消费者传递过多的信息往往会造成信息的消化不良,并容易使消费者在解读时产生曲解信息与断章取义的情形。

消费者的一些个人因素,包括情绪与个人心理状态,也会形成沟通障碍。例如,消费者接收信息当下的情绪,便会影响信息的接收与阐释。特别是当消费者处在一种类似狂喜或是悲苦等极端的情绪时,最容易造成有效沟通的障碍,因为此时情绪上的冲动,往往阻碍了理性和客观的思维。此外,当消费者内心正有某些操心的事情时,也常会心不在焉从而对有效沟通造成阻碍。

最后一种有效沟通的障碍,可能来自信息之间的不一致。企业中往往同时会有许多人员与消费者进行沟通。例如,企业的业务人员所传达的信息有时会和企业的书面信息不相符;甚至同一个企业的不同业务人员所传达的信息也不相同。这种信息不一致的现象,往往会造成沟通障碍,这也是为何营销思维上愈来愈强调整合营销传播的原因。整合营销传播(Integrated Marketing Communications, IMC)认为营销人员应该整合推广组合中的要素,以形成一种协调一致的营销传播[29]。亦即不管信息是来自广告、销售人员、公共关系,还是促销,这些所要传达给目标消费者的信息都应该是相同或一致的。

> 整合营销传播认为营销人员应该整合推广组合中的要素,以形成一种协调一致的营销传播。

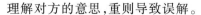

名角登场

芒果 TV 斩获中国互动营销学院奖优秀案例双奖

11 月 21 日,由国家广告研究院、中国传媒大学广告学院、《媒介》杂志联合主办的第三届中国互动营销趋势论坛暨 2015 中国互动营销学院奖颁奖典礼在北京隆重举办。芒果 TV 凭借"吴太感康 & 芒果 TV《我是歌手第三季》""伊利每益添 & 芒果 TV《2015 快乐大本营》"两大优质案例分别斩获 2015 年度中国互动营销学院奖之创意类、传播类优秀案例奖。

创意与效果兼顾 品牌传播价值大幅提升

吴太感康作为芒果 TV《我是歌手第三季》独家网络冠名的品牌广告商,通过跨屏整合营销传播,完成了真正意义上网台互动跨屏娱乐营销。芒果 TV 独家创新"歌手节目带"编排模式,周四推出自制节目《备战 T2 区》提前预热,独家放送幕后备战花絮;周五 24 点《我是歌手》无缝高清独播;周六自制节目《歌手相互论》则将热点延续,通过幕后镜头带领网友进一步全方位看歌手。创新丰富的网台内容开发,获得网友的高度追捧,仅在节目播出期间,《歌手相互论》播放量近 5 000 万次,《备战 T2 区》播放量突破 3 000 万次,创造内容和品牌话题连接点,为客户带来海量曝光。与此同时,为粉丝独家打造 360 度无死角看明星的多机位直播巅峰之夜更是开创了综艺直播的全新体验,助力节目网络热度进一步升级,微博相关话题阅读量突破 148 亿次,百度指数陡峻攀升,AdMaster SEI(节目赞助评估指数)显示《我是歌手第三季》观众的参与及关注指数大幅度领先同期其他栏目,网络爆发力再造"现象级"。而在线上线下资源整合上,芒果 TV 携手吴太感康,深度探索《我是歌手第三季》综艺营销,凭借多管齐下、紧贴节目、抓稳客户、步步为营的营销策略,通过 PC 端、H5 个性页面进行听审团征集,多终端直播粉丝见面会,让粉丝的热情在网络领域得到全面释放。AdMaster SEI 调研数据表明,通过网络观看节目的消费者对感康的回想度更高,对品牌的喜爱度和购买意愿也更加强烈。通过《我是歌手第三季》多屏互动整合营销,芒果 TV 给吴太感康带来无限承载和更为亲切深入的营销效果。

伊利每益添独家网络冠名 2015 年度《快乐大本营》,芒果 TV 广告运营团队凭借对内容的高度熟悉及对年轻用户喜好的精准把握,针对性设计互动或营销方式,植入品牌信息,大量创意专题、互动页面为品牌创造了更大的传播空间,为品牌信息传递实现了聚焦年轻群体的精准传递。芒果 TV 全网整合推广传播,对 PC 端、手机端、互联网电视端、IPTV 端等全平台无缝覆盖,让伊利每益添的网络精准营销水到渠成。芒果 TV 为每益添"天生就是快消化"品牌传播创造最大声量,获得史无前例的最大化溢出。借力《快乐大本营》,每益添前 5 秒标版曝光完成率达 184%、正一位前贴片曝光完成率达 151%、PC 角标曝光完成率高达 1 689%,品牌认知度上升了 172%,喜爱度与购买倾向也有了大幅提升。

强 IP 整合营销　品牌与内容的深度捆绑

在互动营销趋势论坛的演讲环节中,芒果 TV 广告营销中心整合营销部副总监林圣武多维度解析内容营销是企业品牌迅速崛起的独特路径,解读视频网站内容消费时代 IP 的重要性,并以奥妙《爸爸去哪儿第三季》为例重点介绍了芒果 TV 内容整合营销的独特之处。林圣武说道:"2016 年,市场上有超过 50% 的社会传播级综艺大 IP 都聚集在芒果 TV,而芒果 TV 平台的内容有 95% 来自湖南卫视和芒果 TV 自制,芒果 TV 既是播放渠道又是生产平台,芒果 TV 的内容延伸,可以大幅度生产和再制造,给品牌和内容的深度捆绑提供了机遇。"

在重点分析奥妙与《爸爸去哪儿第三季》的合作案例上,他说道:"《爸爸去哪儿》是非常强调家庭、关爱的节目,情感上我们将品牌与消费者建立联系,让消费者觉得奥妙这个品牌有家庭属性,很温馨。在 5 秒口播的处理上我们使它变得更有趣味。首先,我们请一个童声来说《爸爸去哪儿第三季》只愿被奥妙来冠名,听上去非常有意思。第二,我们没有把客户的 Logo 放到半个屏幕那么大,我们把图片和文字巧妙地结合在一起,发挥了最大的价值。除此之外,内容的二次包装、关键搜索词的优化、互动活动的推广及线下授权都将奥妙的品牌价值无限放大。未来,一云多屏独特生态下升级版的芒果 TV 特色内容整合营销值得期待。"

据悉,中国互动营销学院奖面向广告主、媒体、代理商三大参赛对象,对其在各类媒体平台上开展的互动营销案例进行发掘和表彰,是目前国内数字互动营销领域唯一由第三方学院机构评定的权威专业奖项。奖项含金量之高足以证明获奖案例的营销传播价值。

资料来源:http://xiaofei.china.com.cn/news/info-11-9-155170.html。

14.5 沟通效果的评估

沟通效果的评估是整个消费者沟通活动所不可缺少的部分。通过沟通效果评估,营销人员可以调整消费者沟通活动。沟通效果的评估要依据沟通目标来衡量。

沟通效果的评估可分为事前评估与事后评估。事前评估是指在沟通活动进行前所做的评估。营销人员可使用事前测试来评估消费者对于沟通诉求、版面配置,以及媒体工具等的看法。事后评估则指在营销人员执行完消费者沟通活动后,进行测试以衡量它们的有效性。常见的测试主题主要包括下列几种:

1. 识别(Recognition)

测试有多少消费者能正确地分辨沟通者的品牌与其他竞争品牌的不同。

2. 回忆(Recall)

测试有多少消费者能正确地回忆起消费者沟通中的诉求、产品属性,或品牌名称。

3. 理解(Comprehension)

测试有多少消费者能正确地理解消费者沟通中的诉求重点。

4. 信服(Believability)

测试有多少消费者相信消费者沟通中的诉求重点。

5. 态度改变(Attitude Change)

测试有多少消费者的态度因此而改变。

6. 行为改变(Behavior Change)

测试有多少消费者的行为因此而改变。

以广告为例,针对上述的测试主题,常见的消费者广告沟通效果评估方式包括下列几种:

> 常见的测试主题主要包括:识别、回忆、理解、信服、态度改变与行为改变。

14.5.1 消费者群体的测试

从目标市场中寻找一组消费者样本,请他们事先看一些广告,并检视某些尚未完成的广告或故事脚本,之后请其将这些广告依其评价加以排序,并解释排序理由,以及对每个广告的反应。消费者群体的测试在发展广告诉求及标题上,常扮演相当重要的角色。此测试通常用于事前测试。

14.5.2 组合或毛片测试

组合测试常用在评估平面广告上。在营销人员选定广告诉求及版面配置前,先让消费者阅读一本虚假的杂志(里面有杂志的内容题材、目标广告和各种其他的广告),然后在未经提示的状况下,消费者将会被问到能记得哪些广告,接下来他们也会被要求回答有关该目标广告的问题。同样,某些电视广告的毛片也会播放给消费者看,以询问他们对广告信息的回忆程度。此测试通常用于事前测试。

14.5.3 生理测试

为避免其他测试可能产生的偏误,营销人员有时会做一些生理测试。消费者常会对广告产生某些不自觉的生理反应,生理测试就是在测试这些人体反应。常见的生理测试包括肤电测试、脉搏衡量、脑波反应,以及眼球运动测试等。此测试通常用于事前测试。

14.5.4 识别测试

识别测试一般用来衡量平面广告的有效性。营销人员可以在要求消费者读完广告后,依照其对平面广告的了解,将接受测试的消费者分为:知道此广告的人、能将广告主与广告联系在一起的人,以及至少阅读了一半以上广告内容的人。此测试通常用于事前和事后测试。下列三种指标常用在识别测试中:

1. 注意率

记得在某处看过该广告的消费者比率。

2. 略读率

能清楚正确地指认该广告产品及广告主的消费者比率。

3. 精读率

能记得广告一半以上内容的消费者比率。

名角登场

几米艺术公交车带来高人气

房地产不景气,房地产从业者为了提高人气各出奇招,台湾地区信义房屋便砸下1 600万元新台币在信义计划区的总部门口设置了一辆"几米月亮公交车",不但在脸书上赚到超高的人气,还提高了大楼店面的附加价值,可谓一举两得。

坐落在台北101对面的信义房屋总部,地价寸土寸金,配合台北市政府"2016年世界设计之都"政策,大手笔邀请插画家几米设计了一辆艺术公交车。

几米月亮公交车每次只让15人上车,而且不限制拍照时间,开放的第一个周末,许多人排队"朝圣"。为了这辆以几米绘本《月亮忘记了》为主题的公交车,信义房屋不仅请两位志愿者维护秩序,还请清洁人员打扫卫生,一年的保养费高达500万元新台币,信义房屋董事长周俊吉坦言,2013年看到宜兰火车站"几米广场"开幕后,成为新的旅游景点,希望几米公交车也可替信义房屋创造高人气。

一辆公交车无形中创造了排队话题,也可望带动信义房屋总部前的店面身价,在房地产购买力低迷之际,营销效果十足。

资料来源:梁任玮,"几米公车搬到101对面 信义房屋一举两得",《今周刊》,第933期,2014/11/06。

14.5.5　回忆测试

回忆测试适用于任何一种媒体广告的衡量。不像识别测试那样,回忆测试通常是在广告实际播放之后,在没有提供线索的情况下,询问受测者能否正确地回忆起广告。例如在缺乏暗示下的回忆测试中,受测者会被询问能否记得广告。这项测试可以了解消费者学习了多少广告信息。至于暗示下的回忆测试,则是提供一些广告的线索给受测者,以测试其能否回忆起该广告。回忆测试的基本假设是消费者愈能回忆起某一特定广告,则该广告的效果就愈好。DAR测试(Day-After-Recall)是一种常见的回忆测试。测试的方法即在广告片播出24—30个小时后,研究人员询问消费者是否记得曾看过任何有关该产品类的广告。如果答案是没有,则提示产品名称再询问其是否记得;如果记得,则请其描述该广告片的主要标题或代言人所传达的主要信息内容,然后计算消费者记得各种广告片内容的百分比。此测试通常用于事前和事后测试。

> DAR测试是一种常见的回忆测试。测试的方法即在广告片播出24—30个小时后,研究人员询问消费者是否记得曾看过任何有关该产品类的广告。

14.5.6　态度测试

态度测试经常被混入在前两者的测试当中。测试人员会询问受测者是否认为广告中的用语是可信的、有说服力的,或者愚蠢的,等等。受测者也可能被询问广告对其使用或购买这些产品的意愿是否有所影响。以电视广告来说,态度测试会在事前先做印象评估,然后在正常节目中插播7个广告(其中夹入所要测试的广告),看完后再测试态度分数的改变。此测试通常用于事前和事后测试。

14.5.7　购买行为测试

先将消费者随机分成两组(控制组与实验组),再让实验组观看5—6个广告(内含所要测试的广告),然后给每位消费者一些可在特约商店中使用的优惠券(内含所要测试产品的优惠券),最后比较两组优惠券回收率的高低,并据以判断广告效果。此测试在事前和事后评估时都可使用。

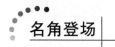

名角登场

从"效益购买"转向"生活形态购买"

某一天的会议中,花旗银行营销主管忽然抛出一个问题:为什么银行营销一定要讲利率、安心、亲切及地点方便等这么严肃的问题? 难道银行就不能建立像可口可乐一样的品牌形象,让人有感觉之外还会心动、感动吗?

团队中的一名成员几天后提出了一个大胆的建议:我们要把花旗银行变成"非银行"(Unbanklike),只有不把自己当成银行专家,花旗才能真正变成消费性品牌。高层也相当认同这个提议。

于是,营销人员开始进行街头访谈,他们发现竟然有消费者说她们不在意选哪家银行,她们在意的是自己的金钱及钱在生活中的意义。

　　营销人员觉得持有这种生活观的消费者很不一样,但通过大范围的调查,竟发现有46%的人都有这种物质与精神兼具的价值观,这群庞大的生活形态导向的消费者是银行营销从未触及过的。

　　了解了要对谁营销,团队于是进入第二阶段的工作:"设定品牌角色"。由于这群消费者重视金钱与生活的平衡,他们等于创造出了一种新的生活观,营销人员因而决定采用"创造者"(Creator),作为品牌扮演的角色,同时把这群消费者叫做"均衡追求者",还给这群消费者下了一个定义:他们是一群想过丰富生活的人,而不是那种只要有钱,却不知如何过有意义的生活的人。

　　最后,创意人员提出了花旗的生活观新主张:"花旗知道生活中有比金钱更重要的东西",以及新的口号:"要丰富地生活"(Live Richly);还策划了一支广告:一个爸爸在家的后院,伸手抓住小孩的双手,然后旋转身体,让小孩像飞机一样绕着他做360度的旋转。广告片中没有旁白,只有音乐配着字幕:"找一条快速致富的捷径,自求多福吧! 生活中有比金钱更珍贵的东西,有一家银行了解这一点,花旗,要丰富地生活"。

　　这个以吸引新生活形态消费者为目的的广告播出后,引发了很多人的共鸣,消费者选择花旗的比率迅速提高了50%,信用卡业务提高了30%,房贷率提高了14%,中小企业客户增长了20%。转型后的花旗像获取了新动能,品牌好感度及认同度不断上升,业绩也不断增长。

　　转型后的第五年,Interbrand公布全球最有价值的品牌排名,花旗上升到第12位,是金融服务业中排名最高的,成功地吸引消费者从"效益购买"转向"生活形态购买",花旗也因此顺利晋升为全球消费性品牌。

资料来源:蔡益彬,"行销最钱线/大脑中心式行销吸引生活家",《经济日报》,2015/06/08。

 练习题

14-1　从沟通的过程来看,下列沟通不良可能是哪里出了问题呢?

（1）不知所云　　　　（2）答非所问　　　　（3）对牛弹琴　　　　（4）各弹各调

（5）各自表述　　　　（6）爱在心里口难开

14-2　就推广下列产品而言,你认为最佳的诉求应该是什么?

（1）iPhone　　　　（2）征兵　　　　（3）网络游戏

14-3　拜互联网发达所赐,网络沟通已经变成一种非常重要的沟通方式。不少人终日流连在网络的聊天室里,与网友天南地北地自由畅谈。请讨论网络沟通是否有与一般沟通不同的特色? 网络沟通是否需要不同的沟通过程理论?

14-4　微信和钉钉都是目前网络上所流行的沟通方式。请先了解微信和钉钉的特征,之后再试着讨论微信和钉钉对于厂商在营销和服务消费者上可能采取哪种方式?

14-5　请针对下列产品类别,分别说明该产品类别的主要厂商在产品广告上所采用的诉求形式与信息形式。

（1）罐装咖啡　　　　（2）方便面　　　　（3）空调　　　　（4）网络游戏

（5）平板电脑

韩系美妆品走出自己的路

雪花秀年销售破 55 亿元

韩国最大的化妆品集团爱茉莉太平洋公布最新消息称,2015 年,集团旗下主打的化妆品品牌"雪花秀"年销售额突破 10 000 亿元韩元(约合 55 亿元人民币)。由此,雪花秀成为韩国化妆品行业首个跨过这一销售门槛的品牌,堪称韩国化妆品界最牛品牌。

从全球来看,每家化妆品巨头销售规模最大的基本上都是定位相对大众化的品牌——因为有足够的消费群体支撑,比如欧莱雅集团旗下的欧莱雅品牌、宝洁公司旗下的玉兰油品牌等。而此次破纪录的雪花秀,却是爱茉莉太平洋集团旗下名副其实的高端品牌。

爱茉莉太平洋方面介绍称,2015 年,雪花秀在全球成功实现 25% 左右的销售增长速度,才得以突破 10 000 亿元韩元的规模。

雪花秀在中国的销量大增,被认为是推动其业绩快速增长最主要的原因。据悉,雪花秀最早于 2004 年进入中国香港市场,7 年后正式进入中国内地市场。截至目前,其在中国内地已开设专柜近 80 家,销量每年以两位数的幅度快速增加。

雪花秀不靠明星代言

某营销人士观察,"韩流、中医、草本"是雪花秀突围的三大支撑要素,在某个最新的跨国文化喜好调查中,20—40 岁的女性,有过半的比率都喜欢"韩流","加上中国的女性普遍相信中医,近两年更因为食品安全风波引起去加工化、去化学化,也让汉方与草本更具优势"。

爱茉莉太平洋集团拥有自己的草药园,自 1966 年起便致力于人参保养品的研发,品牌名称从最初的"真生参美"一路演变为"雪花秀",已成为韩国家喻户晓的国民品牌,不仅本土市场占有率高达 14%,也屡次被韩国政府作为外交赠礼。韩国前总统李明博与现任总统朴槿惠,都曾公开推荐。

值得一提的是,雪花秀从成立以来从未采用明星代言人,这点与其他韩国品牌大相径庭。"产品自身就是模特",一位雪花秀内部人士话说得十分自信。他指出,外国游客到韩国旅游,都在免税店指名购买雪花秀商品,"省下代言人的费用,还能转移到研发与体验服务上"。

各大化妆品品牌长期利用名人吸引关注,消费者反而已经麻木了,"现在年轻一代的消费者更理性,倾向于在购买前先上网搜寻普通人的评价,口碑力量其实不输给名人代言"。

借着韩剧,韩国将生活方式推进了亚洲其他国家或地区,雪花秀作为韩国化妆品界最牛品牌更极力争取"美"的发言权,未来能不能挤下日本的霸主地位,"雪花秀"或许将是一个有力的观察指标。

资料来源:"雪花秀年销售破 55 亿 成韩国化妆品界最牛品牌",中国时尚品牌网;邓宁,"'雪花秀'在台湾地区业绩一年成长一·三五倍 没明星代言 韩美妆攻台靠什么赢?",《今周刊》,第 971 期,2015/07/30。

讨论问题

1. 请从消费者的角度,讨论"雪花秀"的营销推广手段为何能被消费者接受?
2. 你觉得韩系美妆品相较美系、欧系和日系美妆品各有何优势?

参 考 文 献

第 1 章

1. 林建煌(2014),营销管理,第六版,台北:华泰文化事业有限公司。

2. 林建煌(2014),营销管理,第六版,台北:华泰文化事业有限公司。

3. Wilkie, William L. (1994), *Consumer Behavior*, 3rd ed., New York: John Wiley & Sons, Inc.

4. 林建煌(2014),营销管理,第六版,台北:华泰文化事业有限公司。

5. Houston, Frank (1986), "The Marketing Concept: What It Is and What Is Not," *Journal of Marketing*, April, pp. 81-87.

6. Drucker, Peter F. (1973), *Management: Tasks, Responsibilities, Practices*, New York: Harper & Row.

7. Bazerman, Max H. (2001), "Consumer Research for Consumers," *Journal of Consumer Research*, 27, March, pp. 499-503.

8. Wilkie, William L. (1994), *Consumer Behavior*, 3rd ed., New York: John Wiley & Sons, Inc.

9. Solomon, Michael (2015), *Consumer Behavior: Buying, Having, and Being*, 11th ed., Pearson Education Limited.

10. Solomon, Michael (2015), *Consumer Behavior: Buying, Having, and Being*, 11th ed., Pearson Education Limited.

11. American Demographics (1995), "Product Liability: Who Sues?" *American Demographics*, June, pp. 48-55.

12. Assael, Henry (1998), *Consumer Behavior and Marketing Action*, 6th ed., Cincinnati, Ohio: South-Western College Publishing.

13. Richins, Marsha L. and Bronislaw J. Verhage (1985), "Seeking Redress for Consumer Dissatisfaction: The Role of Attitudes and Situational Factors," *Journal of Consumer Policy*, 8, March, pp. 29-44.

14. 林建煌(2014),营销管理,第六版,台北:华泰文化事业有限公司。

15. Schnapper, Eric (1967), "Consumer Legislation and the Poor," *Yale Law Journal*, 76, pp. 745-768.

16. The Wall Street Journal, "After Uptown, Are Some Niches Out?" *The Wall Street Journal*, January 22, p. B1.

第 2 章

1. Sheth, Jagdish N. and Banwari Mittal (2004), *Customer Behavior: A Managerial Perspective*, 2nd ed., Thomson South-Western.

2. Sheth, Jagdish N. and Banwari Mittal (2004), *Customer Behavior: A Managerial Perspective*, 2nd ed., Thom-

son South-Western.

3. Sherif, Muzafer and Carl I. Hovland (1961), *Social Judgment*: *Assimilation and Contrast Effects in Communication and Attitude Change*, New Haven, CT: Yale University Press.

4. Alsop, Ronald (1988), "Advertisers See Big Gains in Odd Layouts," *The Wall Street Journal*, June 29, p.25.

5. Marketing News (1983), "Packaging Research Probes Stopping Power, Label Reading, and Consumer Attitudes Among the Targeted Audience," *Marketing News*, July 22, p.3.

6. 林建煌(1992)，"广告系统变量的影响效果研究"，管理科学学报，第九卷第二期，十二月，第205—222页。

7. Wood, Stacy L. and John G. Lynch, Jr. (2002), "Prior Knowledge and Complacency in New Product Learning," *Journal of Consumer Research*, 29, December, pp.416-426.

8. Westbrook, Robert A. (1987), "Product/Consumption-Based Affective Responses and Postpurchase Processes," *Journal of Marketing Research*, 124, August, pp.258-270.

9. Bellizzi, Joseph and Robert E. Hite (1992), "Environmental Color, Consumer Feelings, and Purchase Likelihood," *Psychology & Marketing*, 9, pp.347-363.

10. Arnould, Eric, Linda Price, and George Zinkhan (2004), *Consumers*, 2nd ed., New York: NY, McGraw-Hill Companies, Inc.

11. 李逸文(2001)，卖场视听环境对消费情绪、时间知觉及卖场满意度的影响——以虚拟电子专卖店为例，台湾"中央"大学企业管理研究所未出版硕士论文。

12. Raghubir, Priya and Aradhna Krishna (1999), "Vital Dimensions in Volume Perception: Can the Eye Fool the Stomach?" *Journal of Marketing Research*, 36, August, pp.313-326.

13. Folks, Valerie and Shashi Matta (2004), "The Effect of Package Shape on Consumers' Judgments of Product Volume," *Journal of Consumer Research*, September, pp.390-401.

14. Hoegg, Joandrea and Joseph W. Alba (2007), "Taste Perception: More than Meets the Tongue," *Journal of Consumer Research*, 33, 4, March, pp.490-498.

15. Milliman, Ronald E. (1986), "The Influence of Background Music on the Behavior of Restaurant Patrons," *Journal of Consumer Research*, 13, September, pp.286-289.

16. 林建煌与王健民(1994)，"音乐对购买行为之影响：零售店实地实验"，管理科学学报，第十一卷第三期，十一月，第397—416页。

17. 李逸文(2001)，卖场视听环境对消费情绪、时间知觉及卖场满意度的影响——以虚拟电子专卖店为例，台湾"中央"大学企业管理研究所未出版硕士论文。

18. 李逸文(2001)，卖场视听环境对消费情绪、时间知觉及卖场满意度的影响——以虚拟电子专卖店为例，台湾"中央"大学企业管理研究所未出版硕士论文。

19. 林建煌与张雍川(1996)，"信息陈述方式、背景音乐对广告效果之影响：以介入形态为干扰变量"，台大管理论丛，第七卷第二期，八月，第147—170页。

20. MacLachlan, James and Micheal H. Siegel (1980), "Reducing the Costs of Television Commercials by the Use of Time Compression," *Journal of Marketing Research*, 17, February, pp.52-57.

21. Moore, Danny L., Douglas Hausknecht, and Kanchana Thamodaran (1986), "Time Compression, Response Opportunity, and Persuasion," *Journal of Consumer Research*, 13, June, pp.85-99.

22. MacLachlan, James (1982), "Listener Perception of Time Compressed Spokespersons," *Journal of Advertising Research*, 2, April/May, pp.47-51.

23. Chattopadhyay, Amitava, Darren W. Dahl, Robin J. B. Ritchie, and Kimary N. Shahin (2003), "Hearing Voices: The Impact of Announcer Speech Characteristics on Consumer Response to Broadcast Advertising," *Journal of Consumer Psychology*, pp.198-204.

24. Yorkson, E. and G. Menon (2004), "A Sound Idea: Phonetic Effects of Brand Names on Consumer Judgments," *Journal of Consumer Research*, 31, 1, pp.43-51.

25. 吴凯琳编译(2005),"哇,好香!",Cheers 杂志,2005 年 10 月号。

26. Arnould, Eric, Linda Price, and George Zinkhan (2004), *Consumers*, 2nd ed., New York: NY, McGraw-Hill Companies, Inc.

27. Morrin, Maureen and S. Ratneshwar (2003), "Does it Make Sense to Use Scents to Enhance Brand Memory?" *Journal of Marketing Research*, February, pp. 10-25.

28. Knasko, Susan C. (1993), "Lingering Time in a Museum in the Presence of Congruent and Incongruent Odors," *Chemical Senses*, 18, October, p. 581.

29. McCabe, Deborah B. and Stephen M. Nowlis (2003), "The Effect of Examining Actual Products or Product Descriptions on Consumer Preference," *Journal of Consumer Psychology*, pp. 431-439.

30. Britt, Stuart Henderson (1975), "How Weber's Law Can Be Applied to Marketing," *Business Horizon*, February, pp. 21-29.

31. Blackwell, Roger D., Paul W. Miniard, and James F. Engel (2012), *Consumer Behavior*, Cengage Learning.

32. Stewart, David W. (1999), "Advertising Wearout: What and How You Measure Matters," *Journal of Advertising Research*, 39, September/October, pp. 39-42.

33. Brean, H. (1958), "What Hidden Sell is All About," *Life*, March 31, pp. 104-114.

34. Bevan, W. (1964), "Subliminal Stimulation: A Pervasive Problem for Psychology," *Psychological Bulletin*, 61, 2, pp. 81-99.

35. Wier, Walter (1984), "Another Look at Subliminal 'acts'?" *Advertising Age*, October 15, p. 46.

36. Defleur, M. L. and R. M. Petrnoff (1959), "A Television Test of Subliminal Persuasion," *Public Opinion Quarterly*, Summer, pp. 170-180.

37. Moore, Timothy (1982), "Subliminal Advertising: What You See Is What You Get," *Journal of Marketing*, 46, Spring, pp. 38-47.

38. Key, Wilson Bryan (1976), *Media Sexploitation*, Englewood Cliffs, NJ: Prentice-Hall.

39. Gabel, Myron, Henry T. Wilkens, Lynn Harris, and Richard Feinberg (1987), "An Evaluation of Subliminally Embedded Sexual Stimuli in Graphics," *Journal of Advertising*, 16, 1, pp. 26-31.

40. Rosen, Dennis L. and Surendra N. Singh (1992), "An Investigation of Subliminal Embed Effect on Multiple Measures of Advertising Effectiveness," *Psychology & Marketing*, 9, March/April, pp. 157-172.

41. Moore, Timothy E. (1988), "The Case Against Subliminal Manipulation," *Psychology & Marketing*, 5, 4, pp. 297-316.

42. Chain Store Age Executive (1987), "Subliminal Messages: Subtle Crime Stoppers," *Chain Store Age Executive*, July, 2, p. 85.

43. Saegert, Joel (1987), "Why Marketing Should Quit Giving Subliminal Advertising the Benefit of Doubt," *Psychology & Marketing*, Summer, pp. 107-120.

44. Rogers, Martha and Christine A. Seiler (1994), "The Answer Is No: A National Survey of Advertising Practitioners and Their Clients about Whether They Use Subliminal Advertising," *Journal of Advertising Research*, March-April, pp. 36-45.

45. Synodinos, Nicolas E. (1988), "Subliminal Stimulation: What Does the Public Think About it?" in *Current Issues and Research in Advertising*, ed., James H. Leigh and Claude R. Martin Jr., 11, 1 and 2, pp. 157-187.

46. Aylesworth, Andrew B., Ronald C. Goodstein, and Ajay Kalra (1999), "Effect of Archetypal Embeds on Feelings: An Indirect Route to Affecting Attitudes?" *Journal of Advertising*, 28, pp. 73-81.

47. Krosnick, John A., Andrew L. Betz, Lee J. Jussim, and Ann R. Lynn (1992), "Subliminal Conditioning of Attitudes," *Personality and Social Psychology Bulletin*, 18, April, pp. 152-162.

48. Anand, Punam and Morris B. Holbrook (1990), "Reinterpretation of Mere Exposure or Exposure of Mere Reinterpretation," *Journal of Consumer Research*, 17, September, pp. 242-244.

49. Solomon, Michael (2015), *Consumer Behavior*: *Buying*, *Having*, *and Being*, 11th ed., Pearson Education Limited.

50. Janiszewski, Chris (1993), "Preattentive Mere Exposure Effects," *Journal of Consumer Research*, 20, December, pp. 376-392.

51. Mowen, John C. and Michael Minor (2001), *Consumer Behavior*: *A Framework*, Upper Saddle River, New Jersey: Prentice-Hall, Inc.

52. Janiszewski, Chris (1993), "Preattentive Mere Exposure Effects," *Journal of Consumer Research*, 20, December, pp. 376-392.

53. Wilkie, William L. (1994), *Consumer Behavior*, 3rd ed., New York: John Wiley & Sons, Inc.

54. Wilkie, William L. (1994), *Consumer Behavior*, 3rd ed., New York: John Wiley & Sons, Inc.

55. Alba, Joseph W. and Lynn Hasher (1983), "Is Memory Schematic?" *Psychological Bulletin*, 93, pp. 203-231.

56. Abelson, R. P. (1976), "Script Processing in Attitude Formation and Decision Making," in *Cognition and Social Behavior*, eds. Carroll, J. S., & Payne, J. W., Hillsdale, N. J.: Erlbaum.

57. Spence, Homer E. and James F. Engel (1970), "The Impact of Brand Preference on the Perception of Brand Names: A Laboratory Analysis," in *Research in Consumer Behavior*, eds. David T. Kollat, Roger D. Blackwell, and James F. Engel, New York: Holt, Rinehart & Winston, pp. 61-70.

58. Schiffman, Leon G. and Leslie Lazar Kanuk (2007), *Consumer Behavior*, 9th ed., Upper Saddle River, New Jersey: Prentice-Hall, Inc.

59. Martin, Mary C. and James W. Gentry (1997), "Stuck in the Model Trap: The Effects of Beautiful Models in Ads on Female Pre-Adolescents and Adolescents," *Journal of Marketing Research*, 35, May, pp. 210-224.

60. Lichtenstein, Donald R., Scot Burton, and Eric J. Karson (1991), "The Effect of Semantic Cues on Consumer Perceptions of Reference Price," *Journal of Consumer Research*, 18, December, pp. 380-391.

61. 林建煌与王旭民(1996),"参考价格之合理性与建构方式对消费者价格认知的影响",管理科学学报,第十三卷第二期,七月,第 305—330 页。

62. Schindler, Robert M., and Alan R. Wiman (1989), "Effects of Odd Pricing on Price Recall," *Journal of Business Research*, November, pp. 165-178.

63. Friedman, Roberto and Paula Haynes (1990), "An Investigation of Comparative Price Advertising in Newspapers," *Current Issues and Research in Advertising*, 13, pp. 155-173.

64. Lin, Chien-Huang (1997), "The Effect of Price Frames and Campaign Frames on Total Transaction Value," *Proceedings of Fifteenth AoM/IAoM Annual International Conference*, eds. Andrew D. Schiff and Monisha Das, Association of Management and the International Association of Management, pp. 109-116.

65. Rao, Akshay R. and Kent B. Monroe (1988), "The Moderating Effect of Prior Knowledge on Cue Utilization in Product Evaluations," *Journal of Consumer Research*, 15, September, pp. 253-264.

66. Monroe, Kent B. (1976), "The Influence of Price Differences and Brand Familiarity on Brand Preferences," *Journal of Consumer Research*, 3, June, pp. 42-49.

67. Schiffman, Leon G. and Leslie Lazar Kanuk (2007), *Consumer Behavior*, 9th ed., Upper Saddle River, New Jersey: Prentice-Hall, Inc.

68. Severson, Herbert H., Paul Slovic, and Sarah Hampson (1993), "Adolescents' Perception of Risk: Understanding and Preventing High Risk Behavior," in *Advances in Consumer Research*, ed. Leigh McAlister and Michael L. Rothschild, Provo, UT: Association for Consumer Research, 20, pp. 177-182.

69. Weber, Elke U. and Richard A. Milliman (1997), "Perceived Risk Attitudes: Relating Risk Perception to Risky Choice," *Management Science*, 43, 2, February, pp. 123-144.

70. Murray, Keith B. and John L. Schlacter (1990), "The Impact of Services versus Goods on Consumers' Assessment of Perceived Risk and Variability," *Journal of the Academy of Marketing Science*, 18, Winter, pp. 51-65.

71. Lin, Chien-Huang (2000), "The Relationships Among Service Attributes, Perceived Risk, and Information-Searching Strategies," *Service Quality in the New Economy*: *Interdisciplinary and International Dimensions*, eds. Bo Edvardsson, Stephen W. Brown, Robert Johnston, and Eberhard E. Scheuing, New York: International Service Quality Association Inc., pp. 413-421.

72. 钟佑德(1999),网站特征对网路购物知觉风险、信息搜寻策略影响之研究,台湾"中央"大学企业管理研究所未出版硕士论文。

73. Zipf, George K. (1935), *The Psychobiology of Language*, Houghton-Mifflin.

74. Pfanner, Eric (2007), "Zipf's Law, or the Considerable Value of Being Top Dog, as Applied to Branding," New York Times Online, May 21.

第 3 章

1. Simon, Herbert (1969), *The Sciences of the Artificial*, Cambridge, MA: MIT Press.

2. Miller, George A. (1956), "The Magical Number Seven, Plus or Minus Two: Some Limits on Our Capacity to Process Information," *Psychological Review*, 63, pp. 81-97.

3. Shiffrin, Richard M. and R. C. Atkinson (1969), "Storage and Retrieval Processes in Long-Term Memory," *Psychological Review*, 76, pp. 179-193.

4. Bettman, James R. (1979), "Memory Factors in Consumer Choice: A Review," *Journal of Marketing*, 43, Spring, pp. 37-53.

5. 王鉴,"听 MP3 对中学生学习效率影响的实验研究",网路科技时代,2007 年第 11 期,http://qkzz.net/magazine/1009-6523/2007/11/10024854_2.htm。

6. Bryant, David J. (1990), "Implicit Associated Responses Influence Encoding in Memory," *Memory & Cognition*, 18, 4, pp. 348-358.

7. Collins, A. M. and E. F. Loftus (1975), "A Spreading Activation Theory of Semantic Processing," *Psychological Review*, 82, pp. 407-428.

8. Solomon, Michael (2015), *Consumer Behavior*: *Buying, Having, and Being*, 11th ed., Pearson Education Limited.

9. Brucks, Merrie and Andrew A. Mitchell (1981), "Knowledge Structure, Production Systems and Decision Strategies," in *Advances in Consumer Research*, ed. Kent B. Monroe, Ann Arbor: Association for Consumer Research, pp. 750-757.

10. Childers, Terry and Michael Houston (1984), "Conditions for a Picture-Superiority Effect on Consumer Memory," *Journal of Consumer Research*, 11, September, pp. 643-654.

11. Childers, Terry, Susan Heckler, and Michael Houston (1986), "Memory for the Visual and Verbal Components of Print Advertisements," *Psychology & Marketing*, 3, Fall, pp. 147-150.

12. Unnava, H. Rao and Robert E. Burnkrant (1991), "An Imagery-Processing View of the Role of Pictures in Print Advertising," *Journal of Marketing Research*, 28, May, pp. 226-231.

13. Holak, Susan L. and William J. Haviena (1998), "Feelings, Fantasies, and Memories: An Examination of the Emotional Components of Nostalgia," *Journal of Business Research*, 42, pp. 217-226.

14. Burke, Raymond R. and Thomas K. Srull (1988), "Competitive Interference and Consumer Memory for Advertising," *Journal of Consumer Research*, 15, June, pp. 55-68.

15. Skurnik, I., C. Yoon, D. C. Park, and N. Schwarz (2005), "How Warnings about False Claims Become Recommendations," *Journal of Consumer Research*, 31, 4, pp. 713-724.

16. Finn, Adam (1988), "Print Ad Recognition Readership Scores: An Information Processing Perspective," *Journal of Marketing Research*, 25, May, pp. 168-177.

17. Bettman, James R. (1979), "Memory Factors in Consumer Choice: A Review," *Journal of Marketing*, 43,

Spring, pp. 37-53.

18. Noel, H. (2006), "The Spacing Effect: Enhancing Memory for Repeated Marketing Stimuli," *Journal of Consumer Psychology*, 16, 3, pp. 306-320.

19. Blackwell, Roger D., Paul W. Miniard, and James F. Engel (2012), *Consumer Behavior*, Cengage Learning.

20. Shimp, Terence A. (1991), "Neo-Pavlovian Conditioning and Its Implications for Consumer Theory and Research," in *Handbook of Consumer Behavior*, eds. Thomas S. Robertson and Harold H. Kassarjian, Upper Saddle River, NJ: Prentice Hall.

21. Feinberg, R. A. (1986), "Credit Cards as Spending Facilitating Stimuli," *Journal of Consumer Research*, 13, pp. 348-356.

22. McSweeney, Frances K. and Calvin Bierley (1984), "Recent Developments in Classical Conditioning," *Journal of Consumer Research*, 11, September, pp. 619-631.

23. McSweeney, Frances K. and Calvin Bierley (1984), "Recent Developments in Classical Conditioning," *Journal of Consumer Research*, 11, September, pp. 619-631.

24. McSweeney, Frances K. and Calvin Bierley (1984), "Recent Developments in Classical Conditioning," *Journal of Consumer Research*, 11, September, pp. 619-631.

25. Meyvis, Tom and Alan Cooke D. J. (2007), "Learning from Mixed Feedback: Anticipation of the Future Reduces Appreciation of the Present," *Journal of Consumer Research*, 34, 2, Aug., pp. 200-211.

26. Peter, J. Paul and Jerry C. Olson (2005), *Consumer Behavior and Marketing Strategy*, 7th ed., IL: Chicago, Richard D. Irwin.

27. Bandura, Albert (1986), *Social Foundations of Thought and Action: A Social Cognitive View*, Upper Saddle River, NJ: Prentice Hall.

第 4 章

1. Lutz, Richard J. (1991), "The Role of Attitude Theory in Marketing," in *Perspectives in Consumer Behavior*, eds. Harold H. Kassarjian and Thomas S. Robertson, 4th ed., Upper Saddle River, NJ: Prentice Hall, pp. 317-339.

2. Cohen, Joel B. and Charles S. Areni (1991), "Affect and Consumer Behavior," in *Perspectives in Consumer Behavior*, eds. Harold H. Kassarjian and Thomas S. Robertson, 4th ed., Upper Saddle River, NJ: Prentice Hall, pp. 188-240.

3. Assael, Henry (1998), *Consumer Behavior and Marketing Action*, 6th ed., Cincinnati, Ohio: South-Western College Publishing.

4. Beatty, Sharon E. and Lynn R. Kahle (1988), "Alternative Hierarchies of the Attitude-Behavior Relationship: The Impact of Brand Commitment and Habit," *Journal of the Academy of Marketing Science*, 16, Summer, pp. 1-10.

5. Katz, Daniel (1960), "The Functional Approach to the Study of Attitudes," *Public Opinion Quarterly*, 24, Summer, pp. 163-191.

6. Ray, Michael (1973), "Marketing Communications and the Hierarchy-of-Effects," in *New Models for Mass Communications*, ed. P. Clarke, Beverly Hills, CA: Sage Publications, pp. 147-176.

7. Bruicker, F. Stewart De (1979), "An Appraisal of Low-Involvement Consumer Information Processing," in *Attitude Research Plays for High Stakes*, eds. John Maloney and Bernard Silverman, Chicago, IL: American Marketing Association, pp. 93-100.

8. Mowen, John C. and Michael Minor (2001), *Consumer Behavior: A Framework*, Upper Saddle River, New Jersey: Prentice-Hall, Inc.

9. Mowen, John C. and Michael Minor (2001), *Consumer Behavior: A Framework*, Upper Saddle River, New

Jersey: Prentice-Hall, Inc.

10. Fishbein, Martin (1967), "Attitudes and Prediction of Behavior," in *Readings in Attitude Theory and Measurement*, ed. Martin Fishbein, New York: John Wiley.

11. Cialdini, Robert, Richard Petty, and John Cacioppo (1981), "Attitude and Attitude Change," *Annual Review of Psychology*, 32, p. 366.

12. Ajzen, Icek and Martin Fishbein (1977), "Attitude-Behavior Relations: A Theoretical Analysis and Review of Empirical Research," *Psychological Bulletin*, September, pp. 888-918.

13. Wooten, David B. and Americus Reed II (1998), "Informational Influence and the Ambiguity of Product Experience: Order Effects on the Weighting of Evidence," *Journal of Consumer Psychology*, 7, 1, pp. 79-99.

14. Ryan, Michael J. and E. H. Bonfield (1980), "Fishbein's Intentions Model: A Test of External and Pragmatic Validity," *Journal of Marketing*, 44, Spring, pp. 82-95.

15. Bagozzi, Richard P. and Paul R. Warshaw (1990), "Trying to Consume," *Journal of Consumer Research*, 17, 2, September, pp. 127-140.

16. Edell, Julie A. and Marian Chapman Burke (1987), "The Power of Feelings in Understanding Advertising Effects," *Journal of Consumer Research*, 14, December, pp. 421-433.

17. McKenzie, Scott, Richard Lutz, and George Belch (1983), "Attitude Toward the Ad as a Mediator of Advertising Effectiveness: Determining and Consequence," in *Advance in Consumer Research*, eds. R. P. Bagozzi and A. M. Tybout, 10, Ann Arbor, MI: AMA Association for Consumer Research, pp. 523-539.

18. Bem, Daryl (1972), "Self-Perception Theory," in *Advances in Experimental Social Psychology*, ed. Leonard Berkowitz, New York: Academic Press, pp. 1-62.

19. Blackwell, Roger D., Paul W. Miniard, and James F. Engel (2012), *Consumer Behavior*, Cengage Learning.

20. Heider, Fritz (1958), *The Psychology of Interpersonal Relations*, New York: Wiley.

21. Festinger, Leon (1957), *A Theory of Cognitive Dissonance*, Stanford, CA: Stanford University Press.

22. Petty, Richard, John Cacioppo, and D. Schumann (1983), "Central and Peripheral Routes to Advertising Effectiveness: The Moderating Role of Involvement," *Journal of Consumer Research*, 10, September, pp. 135-146.

23. Law, Sharmistha, Scott A. Hawkins, and Fergus I. M. Craik (1998), "Repetition-Induced Belief in the Elderly: Rehabilitating Age-Related Memory Deficits," *Journal of Consumer Research*, 25, September, pp. 91-107.

24. Petty, Richard, John Cacioppo, and D. Schumann (1983), "Central and Peripheral Routes to Advertising Effectiveness: The Moderating Role of Involvement," *Journal of Consumer Research*, 10, September, pp. 135-146.

25. Ahluwalia, Rohini and Robert E. Burnkrant (2004), "Answering Questions about Questions: A Persuasion Knowledge Perspective for Understanding the Effects of Rhetorical Questions?" *Journal of Consumer Research*, 31, June, pp. 26-42.

26. Williams, Patti, Gavan J. Fitzsimons, and Lauren G. Block (2004), "When Consumers Do Not Recognize 'Benign' Intention Questions as Persuasion Attempts," *Journal of Consumer Research*, 31, December, pp. 540-550.

27. Friestad, Marian and Peter Wright (1994), "The Persuasion Knowledge Model: How People Cope with Persuasion Attempts," *Journal of Consumer Research*, 21, June, pp. 1-30.

28. Campbell, Margaret C. (1995), "When Attention Getting Advertising Tactics Elicit Consumer Inference of Manipulative Intent: The Importance of Balancing Benefits and Investment," *Journal of Consumer Psychology*, 4, 3, pp. 225-254.

29. Davis, Ann. M. (1997), "The Effects of Specificity of Information, Knowledge and Involvement on Product Inferences," *Dissertation-Abstracts-International-Section-A: Humanities-and-Social-Sciences*, Sep, 58(3-A): 0990.

30. Hardesty, David M. , William O. Bearden, and Jay P. Carlson (2008), "Persuasion Knowledge and Consumer Reaction to Pricing Tactics," *Journal of Retailing*, 83, 2, pp.199-210.

31. Katz, Daniel (1960), "The Functional Approach to the Study of Attitudes," *Public Opinion Quarterly*, 24, Summer, pp.163-191.

32. Freedman, Jonathan L. and Scott C. Fraser (1966), "Compliance without Pressure: The Foot-in-the-Door Technique," *Journal of Personality and Social Psychology*, 4, August, pp.195-202.

33. Mowen, John C. and Robert Cialdini (1980), "On Implementing the Door-in-the-Face Compliance Strategy in a Marketing Context," *Journal of Marketing Research*, 17, May, pp.253-258.

第 5 章

1. Mowen, John C. and Michael Minor (2001), *Consumer Behavior: A Framework*, Upper Saddle River, New Jersey: Prentice-Hall, Inc.

2. Assael, Henry (1998), *Consumer Behavior and Marketing Action*, 6th ed. , Cincinnati, Ohio: South-Western College Publishing.

3. Moorthy, Sridhar, Brian T. Ratchford, and Debabrata Talukdar (1997), "Consumer Information Search Revisited: Theory and Empirical Analysis," *Journal of Consumer Research*, 23, March, pp.263-277.

4. Lazari, Andreas G. and Donald A. Anderson (1994), "Designs of Discrete Choice Set Experiments for Estimating Both Attribute and Availability Cross Effects," *Journal of Marketing Research*, 31, August, pp.375-383.

5. Lin, Chien-Huang (1998), "The Role of Country-of-Origin in Missing Information Inference," *5th Recent Advances in Retailing & Services Science Conference*, Baveno, Italy, August 25-28.

6. Gardner, David M. (1971), "Is There a Generalized Price-Quality Relationship?" *Journal of Marketing Research*, 8, March, pp.241-243.

7. Kardes, Frank R. , Maria L. Cronley, James J. Kellaris, Steven S. Posavac (2004), "The Role of Selective Information Processing in Price-Quality Inference," *Journal of Consumer Research*, Sep. , 31, 2, pp.368-374.

8. Sheth, Jagdish N. and Banwari Mittal (2004), *Customer Behavior: A Managerial Perspective*, 2nd ed. ,Thomson South-western.

9. Wright, Peter (1976), "Consumer Choice Strategies: Simplifying versus Optimizing," *Journal of Marketing Research*, 11, February, pp.60-67.

10. King, Maryon F. and Siva K. Balasubramanian (1994), "The Influence of Involvement on Disaggregate Attribute Choice Models," *Journal of Consumer Research*, 14, June, pp.71-82.

11. Alsop, Ronald (1989), "Brand Loyalty is Rarely Blind Loyalty," *The Wall Street Journal*, October 19, B1.

12. Greenleaf, E. and D. R. Lehmann (1995), "Reasons for Substantial Delay in Consumer Decision Making," *Journal of Consumer Research*, 22, September, pp.186-199.

13. Hirschman, Elizabeth and Morris Holbrook (1982), "Hedonic Consumption: Emerging Concepts, Methods, and Prepositions," *Journal of Marketing*, 46, Summer, pp.92-101.

14. Hooks, Sallie (1987), "All the Retail Word's a Stage: Consumers Conditioned to Entertainment in Shopping Environment," *Marketing News*, 21, July 31, p. 16.

15. Kotler, Philip (1973), "Atmospherics as a Marketing Tool," *Journal of Retailing*, Winter, pp.10-43.

16. Donovan, Robert J. , John R. Rossiter, Gilian Marcoolyn, and Andrew Nesdale (1994), "Store Atmosphere and Purchasing Behavior," *Journal of Retailing*, 70, 3, pp.283-294.

17. Pierson, John (1995), "If Sun Shines in, Workers Work Better, Buyer Buy More," *The Wall Street Journal*, November 20, B1, 2pp.

18. Milliman, Ronald E. (1986), "The Influence of Background Music on the Behavior of Restaurant Patrons," *Journal of Consumer Research*, 13, September, pp.286-289.

19. 黄子嫚(1996),观赏情境之脉络因素与广告诉求对广告效果的影响,台湾"中央"大学企管研究所未出版硕士论文。

20. Solomon, Michael (2015), *Consumer Behavior: Buying, Having, and Being*, 11th ed., Pearson Education Limited.

21. Berger, Paul and Thomas Magliozzi (1992), "The Effect of Sample Size and Proportion of Buyers in the Sample on the Performance of List Segmentation Equations Generated by Regression Analysis," *Journal of Direct Marketing*, 6, 1, Winter, pp. 13-22.

22. Hunt, H. Keith (1977), "CS/D: Overview and Future Research Directions," in *Conceptualization and Measurement of Consumer Satisfaction and Dissatisfaction*, ed. H. Keith Hunt, Cambridge, MA: Marketing Science Institute, pp. 455-88.

23. Homans, George Caspar (1961), *Social Behavior: Its Elementary Forms*, New York: Harcourt Brace Javanovich, Inc.

24. Oliver, Richard L. (1997), *Satisfaction: A Behavioral Perspective on the Consumer*, New York: McGraw-Hill Companies.

25. Goodwin, Cathy and Ivan Ross (1992), "Consumer Responses to Service Failures: Influence of Procedural and Interactional Fairness Perceptions," *Journal of Business Research*, 25, pp. 149-163.

26. Folkes, Valerie S., Susan Koletsky, and John L. Graham (1987), "A Field Study of Causal Inferences and Consumer Reaction: The View from the Airport," *Journal of Consumer Research*, 13, March, pp. 534-539.

27. Folkes, Valeris S. (1984), "Consumer Reactions to Product Failure: An Attributional Approach," *Journal of Consumer Research*, 10, March, pp. 398-409.

28. Oliver, Richard L. (1980), "A Cognitive Model of the Antecedents and Consequences of Satisfaction Decisions," *Journal of Marketing Research*, 17, November, pp. 460-469.

29. Churchill, Gilbert A. and Carol F. Surprenant (1983), "An Investigation into the Determinants of Customer Satisfaction," *Journal of Marketing Research*, 19, November, pp. 491-504.

30. Wirtz, Jochen and John E. G. Bateson (1999), "Introducing Uncertain Performance Expectations in Satisfaction Models for Services," *International Journal of Service Industry Management*, 10, 1, pp. 82-99.

31. Sheth, Jagdish N. and Banwaki Mittal (1996), "A Framework for Managing Customer Expectations," *Journal of Market Focused Management*, 1, pp. 137-158.

32. Morganosky, Michelle and Hilda Buckley (1987), "Complaint Behavior: Analysis by Demographics, Lifestyle, and Consumer Values," in *Advances in Consumer Research*, eds. Melanie Wallendorf and Paul Anderson, Provo, UT: Association for Consumer Research, 14, pp. 223-226.

33. Gronhaung, K. and G. Zaltman (1981), "Complainers and Noncomplainers Revisited: Another Look at the Data," in *Advances in Consumer Research*, ed. K. Monroe, Ann Arbor, MI: Association for Consumer Research, 8, pp. 83-87.

34. Faricy, J. and M. Maxio (1975), "Personality and Consumer Dissatisfaction: A Multi-Dimensional Approach," in *Marketing in Turbulent Times*, ed. E. M. Mazze, Chicago, IL: American Marketing Association, pp. 202-208.

35. Morganosky, Michelle and Hilda Buckley (1987), "Complaint Behavior: Analysis by Demographics, Lifestyle, and Consumer Values," in *Advances in Consumer Research*, eds. Melanie Wallendorf and Paul Anderson, Provo, UT: Association for Consumer Research, 14, pp. 223-226.

36. Folkes, Valerie S., Susan Koletsky, and John L. Graham (1987), "A Field Study of Causal Inferences and Consumer Reaction: The View from the Airport," *Journal of Consumer Research*, 13, March, pp. 534-539.

37. Hill, Donna J. and Robert Baer (1994), "Customers Complain-Businesses Make Excuses: The Effects of Linkage and Valence," in *Advances in Consumer Research*, ed. Chris T. Allen and Deborah Roedder John, Provo, UT: Association for Consumer Research, 21, pp. 399-405.

38. Lin, Chien-Huang and Li-Ching Chiu (2001), "The Relationships Among Service Attributes, Perceived Risk, and Information-Searching Strategies," *The 6th World Congress for Total Quality Management*, Saint Petersburg, Russia, June 20-22.

39. Jacoby, J., C. K. Berning, and T. F. Dietvorst (1977), "What About Disposition?" *Journal of Marketing*, 41, April, p. 23.

40. Young, Melissa Martin and Melanie Wallendorf (1989), "Ashes to Ashes, Dust to Dust: Conceptualizing Consumer Disposition of Possessions," *Proceedings of Educators' Conference*, American Marketing Association, pp. 32-37.

第 6 章

1. Mook, Douglas G. (1987), *Motivation: The Organization of Action*, New York: W. W. Norton.

2. Lewin, Kurt (1951), *Field Theory in Social Science: Selected Theoretical Papers*, New York: Harper.

3. Wilkie, William L. (1994), *Consumer Behavior*, 3rd ed., New York: John Wiley & Sons, Inc.

4. Kassarjian, Harold H. (1973), "Field Theory in Consumer Behavior," in *Consumer Behavior: Theoretical Sources*, eds. S. Ward and T. Robertson, Englewood Cliffs, NJ: Prentice-Hall, pp. 118-140.

5. Atkinson, John W. (1964), *An Introduction to Motivation*, Princeton, NJ: D. Van Nostrand.

6. Jain, Shailendra Pratap and Durairaj Maheswaran (2000), "Motivated Reasoning: A Depth-of-. Processing Perspective," *Journal of Consumer Research*, 26, March, pp. 358-371.

7. MacInnis, Deborah J. and Gustavo de Mello (2005), "The Concept of Hope and Its Relevance to Product Evaluation and Choice." *Journal of Marketing*, 69, 1, pp. 1-14.

8. Maslow, A. (1954), *Motivation and Personality*, New York: Harper & Row.

9. Lawler, E. E., III and J. L. Suttle (1972), "A Causal Correlational Test of the Need Hierarchy Concept," *Organizational Behavior and Human Performance*, April, pp. 265-287.

10. Hall, D. H. and K. E. Nongaim (1968), "An Examination of Maslow's Need Hierarchy in an Organizational Setting," *Organizational Behavior and Human Performance*, February, pp. 12-35.

11. Hall, C. S. and G. Lindzey (1970), *Theories of Personality*, New York: John Wiley & Sons.

12. Murry, Henry A. (1938), *Explorations in Personality*, New York: Oxford University Press.

13. Suarez-Orozco, M. M. (1989), "Psychological Aspects of Achievement Motivation among Recent Hispanic Immigrants," in *Anthropological Perspectives on Dropping Out*, eds. H. Trueba, G. Spinder, and L. Spinder, London: Falmer Press, pp. 99-116.

14. McClelland, David C. (1961), *The Achieving Society*, New York: Van Nostrand Reinhold.

15. McClelland, David C. (1985), *Human Motivation*, Glenview, Ill.: Scott, Foresman.

16. Hellriegel, Don, Susan E. Jackson, and John W. Slocum, Jr. (2005), *Management*, 10th ed., Ohio, Cincinnati: South-Western College Publishing.

17. McClelland, David C. (1961), *The Achieving Society*, New York: Van Nostrand Reinhold.

18. Freud, Sigmund (1964), "New Introductory Lectures," in *The Standard Edition of the Complete Works of Freud*, ed. James Strachey, 22, London: Hogarth Press.

19. Solomon, Michael (2015), *Consumer Behavior: Buying, Having, and Being*, 11th ed., Pearson Education Limited.

20. Dichter, Ernest (1960), *A Strategy of Desire*, Garden City, NY: Doubleday.

21. Dichter, Ernest (1964), *The Handbook of Consumer Motivation*, New York: McGraw-Hill.

22. Packard, Vance (1957), *The Hidden Persuaders*, New York: D. McKay.

23. Kassarjian, Harold H. (1971), "Personality and Consumer Behavior: A Review," *Journal of Marketing Research*, 8, November, pp. 409-419.

24. Horney, Karen (1950), *Neurosis and Human Growth*, New York: Norton.

25. Cohen, Joel B. (1967), "An Interpersonal Orientation to the Study of Consumer Behavior," *Journal of Marketing Research*, 6, August, pp. 270-278.

26. Jaffe, Morton I. (1995), "Brand-Loyalty/Variety-Seeking and the Consumer's Personality: Comparing Children and Young Adults," in *Proceeding of the Society for Consumer Psychology*, ed. Scott B. McKenzie and Douglas M. Stayman, La Jolla, CA: American Psychological Association, pp. 144-151.

27. Hall, C. S. and G. Lindzey (1970), *Theories of Personality*, New York: John Wiley & Sons.

28. Blackwell, Roger D., Paul W. Miniard, and James F. Engel (2012), *Consumer Behavior*, Cengage Learning.

29. Jung, Carl G. (1959), "The Archetypes and the Collective Unconscious," in *Collected Works*, eds. H. Read, M. Fordham, and G. Adler, 9, Part I, Princeton: Princeton University Press.

30. 吴惠萍(2006),约翰走路威士忌品牌原型研究:业者与消费者的观点比较,世新大学公共关系暨广告研究所未出版硕士论文。

31. Wilkie, William L. (1994), *Consumer Behavior*, 3rd ed., New York: John Wiley & Sons, Inc.

32. Lewin, Kurt (1951), *Field Theory in Social Science: Selected Theoretical Papers*, New York: Harper.

33. 石文仁(1995),广告中的情感反应及序列效应对广告效果的影响,台湾"中央"大学企业管理研究所未出版硕士论文。

34. Schiffman, Leon G. and Leslie Lazar Kanuk (2007), *Consumer Behavior*, 9th ed., Upper Saddle River, New Jersey: Prentice-Hall, Inc.

35. Weinberg, Peter and Wolfgang Gottwald (1982), "Impulsive Consumer Buying as a Result of Emotions," *Journal of Business Research*, 10, p. 43.

36. Kelly, Harold H. (1973), "The Process of Causal Attribution," *American Psychologist*, 28, pp. 107-128.

37. Schiffman, Leon G. and Leslie Lazar Kanuk (2007), *Consumer Behavior*, 9th ed., Upper Saddle River, New Jersey: Prentice-Hall, Inc.

38. Wilkie, William L. (1994), *Consumer Behavior*, 3rd ed., New York: John Wiley & Sons, Inc.

39. Young, P. T. (1961), *Motivation and Emotion*, New York: John Wiley and Sons.

40. Sheth, Jagdish N. and Banwari Mittal (2004), *Customer Behavior: A Managerial Perspective*, 2nd ed., Thomson South-Western.

41. Meloy, Margaret G. (2000), "Mood-Driven Distortion of Product Information," *Journal of Consumer Research*, 27, December, pp. 345-359.

42. Cohen, Joel B. and Eduardo B. Andrade (2004), "Affective Intuition and Task-Contingent Affect Regulation," *Journal of Consumer Research*, 31, September, pp. 358-367.

43. Isen, Alice M. (1993), "Positive affect and Decision Making," in *Handbook of Emotions*, ed. Michael Lewis and Jeannette M. Haviland, New York: Guilford, pp. 261-277.

44. Passyn, Kirstern and Mita Sujan (2006), "Self-Accountability Emotions and Fear Appeals: Motivating Behavior," *Journal of Consumer Research*, 32, March, pp. 583-589.

45. Hirschman, Elizabeth and Morris Holbrook (1982), "Hedonic Consumption: Emerging Concepts, Methods, and Prepositions," *Journal of Marketing*, 46, Summer, pp. 92-101.

46. Sheth, Jagdish N. and Banwari Mittal (2004), Customer Behavior: A Managerial Perspective, 2nd ed., Thomson South-Western.

47. Lamb, Charlies W., Jr., Joseph F. Hair, Jr., and Carl McDaniel (2004), *Marketing*, 7th ed., Cincinnati, Ohio: South-Western College Publishing.

48. Zaichkowsky, Judith Lynne (1994), "The Personal Involvement Inventory: Reduction, Revision, and Application to Advertising," *Journal of Advertising*, 23, December, pp. 59-70.

49. Zaichkowsky, Judith Lynne (1986), "Conceptualizing Involvement," *Journal of Advertising*, 15, 2, pp. 4-14.

50. Solomon, Michael (2015), *Consumer Behavior: Buying, Having, and Being*, 11th ed., Pearson Education Limited.

51. Zaichkowsky, Judith Lynne (1986), "Conceptualizing Involvement," *Journal of Advertising*, 15, 2, pp. 4-14.

52. MacInnis, Deborah J., Christine Moorman, and Bernard J. Jaworski (1991), "Enhancing and Measuring Consumers' Motivation, Opportunity, and Ability to Process Brand Information from Ads," *Journal of Marketing*, 55, October, pp. 332-53.

第7章

1. Schiffman, Leon G. and Leslie Lazar Kanuk (2007), *Consumer Behavior*, 9th ed., Upper Saddle River, New Jersey: Prentice-Hall, Inc.

2. Atkinson, Rita L., Richard C. Atkinson, Edward E. Smith, and Ernest Hilgard (1987), *Introduction to Psychology*, 9th ed., New York: Harcourt Brace Jovanovich.

3. Blackwell, Roger D., Paul W. Miniard, and James F. Engel (2012), *Consumer Behavior*, Cengage Learning.

4. Arnould, Eric, Linda Price, and George Zinkhan (2004), *Consumers*, 2nd ed., New York: NY, McGraw-Hill Companies, Inc.

5. Solomon, Michael (2015), *Consumer Behavior: Buying, Having, and Being*, 11th ed., Pearson Education Limited.

6. Kassarjian, Harold H. and Mary Jane Sheffet (1991), "Personality and Consumer Behavior: An Update," in *Perspectives in Consumer Behavior*, eds. Harold H. Kassarjian and Thomas S. Robertson, 4th ed., Glenview, IL: Scott, Foresman, pp. 291-353.

7. Kassarjian, Harold H. (1971), "Personality and Consumer Behavior: A Review," *Journal of Marketing Research*, 8, November, pp. 409-419.

8. Punj, Girish N. and David W. Stewart (1983), "An Interaction Framework of Consumer Decision Making," *Journal of Consumer Research*, 10, pp. 181-196.

9. Digman, J. M. (1990), "Personality Structure: Emergence of the Five-Factor Model," in *Annual Review of Psychology*, eds. M. R. Rosenweig and L. W. Porter, 41, Palo Alto, California: Annual Reviews, pp. 417-40.

10. McCrae, R. R., P. T. Costs. Jr., G. H. Del Pilar, J. P. Rolland, and W. D. Parker (1998), "Cross-Cultural Assessment of the Five Factor Model: The Revised NEO Personality Inventory," *Journal of Cross-Cultural Psychology*, 29, pp. 171-88.

11. Assael, Henry (2004), *Consumer Behavior: A Strategic Approach*, Houghton Mifflin.

12. Dolich, Ira J. (1969), "Congruence Relationships Between Self-Images and Product Brands," *Journal of Marketing Research*, 6, February, pp. 80-85.

13. Grubb, Edward L. and Gregg Hupp (1968), "Perception of Self-Generalized Stereotypes and Brand Selection," *Journal of Marketing Research*, 5, February, pp. 58-63.

14. Burnkrant, Robert E. and Thomas J. Page, Jr. (1982), "On the Management of Self-Images in Social Situations: The Role of Public Self-Consciousness," in *Advances in Consumer Research*, ed. Andrew Mitchell, 9, Ann Arbor, MI: Association for Consumer Research, pp. 452-455.

15. Assael, Henry (2004), *Consumer Behavior: A Strategic Approach*, Houghton Mifflin.

16. Assael, Henry (2004), *Consumer Behavior: A Strategic Approach*, Houghton Mifflin.

17. Cooley, Charles H. (1902), *Human Nature and the Social Order*, New York: Scribner's.

18. Mowen, John C. and Michael Minor (2001), *Consumer Behavior: A Framework*, Upper Saddle River, New Jersey: Prentice-Hall, Inc.

19. Belk, Russell W. (1988), "Possessions and the Extended Self," *Journal of Consumer Research*, 15, September, pp. 139-168.

20. Mead, George H. (1934), *Mind, Self, and Society*, Chicago, IL: University of Chicago Press.

21. Onkvisit, Sak and John Shaw (1987), "Self-Concept and Image Congruence: Some Research and Managerial Issues," *Journal of Consumer Marketing*, 4, Winter, pp. 13-23.

22. Business Week (1997), "Is the Net Redefining Our Identity?" *Business Week*, 12 May, pp. 100-101.

23. Wicklund R. A. and P. M. Gollwitzer (1982), *Symbolic Self-Completion*, Hillsdale, NJ: Erlbaum.

24. Hirschman, Elizabeth and Morris Holbrook (1982), "Hedonic Consumption: Emerging Concepts, Methods, and Prepositions," *Journal of Marketing*, 46, Summer, pp. 92-101.

25. Levy, Sidney (1959), "Symbols for Sale," *Harvard Business Review*, 37, July-August, pp. 117-124.

26. Assael, Henry (2004), *Consumer Behavior: A Strategic Approach*, Houghton Mifflin.

27. Berger, Arthur Asa (1984), *Signs in Contemporary Culture: An Introduction to Semiotics*, New York: Longman.

28. Solomon, Michael R. and Henry Assael (1988), "The Forest or the Trees? A Gestalt Approach to Symbolic Communication," in *Marketing and Semiotics: New Directions in the Study of Signs for Sale*, eds. Jean Umiker-Sebeok and Sidney J. Levy, Bloomington: Indiana University Press.

29. Aaker, Jennifer L. (1997), "Dimension of Brand Equity," *Journal of Marketing Research*, XXXIV, August, pp. 347-356.

30. 赵政豪(2000)，品牌与消费者间人格自我状态互动之研究——交流分析观点，台湾"中央"大学企管研究所未出版硕士论文。

31. Kassarjian, Harold H. (1971), "Personality and Consumer Behavior: A Review," *Journal of Marketing Research*, 8, November, pp. 409-419.

32. Hawkins, Del I., Roger J. Best, and Kenneth A. Coney (2004), *Consumer Behavior: Building Marketing Strategy*, 9th ed., Richard D. Irwin, Inc.

33. Demby, Emanuel H. (1989), "Psychographics Revisited: The Birth of a Technique," *Marketing News*, January 2, p. 21.

34. Solomon, Michael (2015), *Consumer Behavior: Buying, Having, and Being*, 11th ed., Pearson Education Limited.

35. Solomon, Michael (2015), *Consumer Behavior: Buying, Having, and Being*, 11th ed., Pearson Education Limited.

36. Wells, William D. (1975), "Psychographics: A Critical Review," *Journal of Marketing Research*, 12, May, pp. 196-213.

37. Wells, William D. and Douglas J. Tigert (1971), "Activities, Interests and Opinions," *Journal of Advertising Research*, 11, August, pp. 27-35.

38. Assael, Henry (2004), *Consumer Behavior: A Strategic Approach*, Houghton Mifflin.

39. Mitchell, Arnold (1981), *Changing Values and Lifestyles*, Menlo Park, CA: SRI International.

40. Arnould, Eric, Linda Price, and George Zinkhan (2004), *Consumers*, 2nd ed., New York: NY, McGraw-Hill Companies, Inc.

41. Blackwell, Roger D., Paul W. Miniard, and James F. Engel (2012), *Consumer Behavior*, Cengage Learning.

42. Beatty, Sharon E., Pamela Homer, and Lynn Kahle (1988), "Problems with VALS in International Marketing Research: An Example from an Application of the Empirical Mirror Technique," in *Advances in Consumer Research*, ed. Michael Houston, Provo, UT: Association for Consumer Research, 15, pp. 375-380.

43. Hawkins, Del I., Roger J. Best, and Kenneth A. Coney (1992), *Consumer Behavior: Implications for Marketing Strategy*, 5th ed., Richard D. Irwin, Inc.

44. 参见 claritas. com/My Best Segments 网页。

45. Cui, Geng and Qiming Liu (2000), "Regional Market Segments of China: Opportunities and Barriers in a Big

Emerging Market," *Journal of Consumer Marketing*, 17, 1, pp. 55-70.

46. Rokeach, Milton (1973), *The Nature of Human Values*, New York: Free Press.

47. Vinson, Donald E., Jerome E. Scott, and Lawrence M. Lamont (1977), "The Role of Personal Values in Marketing and Consumer Behavior," *Journal of Marketing*, 41, April, pp. 44-50.

48. Wang, Zhengyuan, C. P. Rao, and Angela D'Auria (1994), "A Comparison of the Rokeach Value Survey (RSV) in China and the United States," in *Asia-Pacific Advances in Consumer Research*, eds. Joseph A. Cote and Siew Meng Leong, 1, Provo, UT: Association for Consumer Research, pp. 158-190.

49. Becker, B. and P. Conner (1981), "Personal Values of Heavy Users of Mass Media," *Journal of Advertising Research*, 21, pp. 2, 37-43.

50. Kahle, Lynn R., Sharon Beatty, and Pamela Homer (1986), "Alternative Measurement Approaches to Consumer Values: The List Values (LOV) and Values and Life Style (VALS)," *Journal of Consumer Research*, 13, December, pp. 405-409.

51. Homer, Pamela and Lynn R. Kahle (1988), "A Structural Equation Test of the Value-Attitude-Behavior Hierarchy," *Journal of Personality and Social Psychology*, 54, April, pp. 638-646.

52. Mowen, John C. and Michael Minor (2001), *Consumer Behavior: A Framework*, Upper Saddle River, New Jersey: Prentice-Hall, Inc.

53. Novak, Thomas P. and Bruce MacEvoy (1990), "An Comparing Alternative Segmentation Schemes: The List of Values (LOV) and Value and Life Style (VALS)," *Journal of Consumer Research*, 17, June, pp. 105-109.

54. Schwartz, Shalom, Sonia Roccas, and Lelach Sagiv (1992), "Universals in the Content and Structure of Values: Theoretical Advances and Empirical Tests in 20 Countries," *Advances in Experimental Social Psychology*, 25, pp. 1-49.

55. Richins, Marsha L. and Scott Dawson (1992), "A Consumer Value Orientation for Materialism and Its Measurement: Scale Development and Validation," *Journal of Consumer Research*, 19, December, pp. 303-316.

56. Ger, Guliz and Russell W. Belk (1996), "Cross-Cultural Differences in Materialism," *Journal of Economic Psychology*, 17, pp. 55-77.

57. Brodowsky, Glen H. (1998), "The Effects of Country of Design and Country of Assembly on Evaluative Beliefs about Automobiles and Attitudes toward Buying Them: A Comparison between Low and High Ethnocentric Consumers," *Journal of Consumer Marketing*, 10, 3, pp. 85-113.

58. 林建煌(1994),产品来源国标识对消费者认知与购买意愿之影响,"国科会"未出版研究报告,NSC81-0301-H008-513。

59. Lin, Chien-Huang (1996), "On the Moderators of Country-of-Origin," *Fourth Annual Conference on Global Business Environment and Strategy*, Anchorage, Alaska, USA, July 7-9.

60. Cuneo, Alice Z. (1997), "Advertisers Target Women, but Market Remains Elusive," *Advertising Age*, 10, November, p. 24.

61. 陈顺利(1998),原汉青少年饮酒行为和学业成就之追踪调查——以台东县关山地区为例,台东师范学院"国民"教育研究所未出版硕士论文。

62. 邱炫元(1992),台中市市民的文化、休闲消费——阶层品味与文化政策之反思,东海大学社会学研究所未出版硕士论文。

63. 周丽芳(1996),不同社会阶层、生命周期、区位之家庭消费形态研究,台湾大学农业推广教育研究所未出版硕士论文。

64. 陈月娥(1986),城乡地区居民生活形态、文化参与及文化认同之研究,东吴大学社会学研究所未出版硕士论文。

65. 苏国荣(1986),妇女就业状况与生活方式、食品采购行为关系之研究,台湾交通大学管理科学研究所未出版硕士论文。

66. 郑玲玲(1984),妇女的消费行为与消费者意识——职业妇女与家庭主妇之比较研究,台湾文化大学家政学研究所未出版硕士论文。

67. Hirschman, Elizabeth C. (1983),"Religious Affiliation and Consumption Processes:An Initial Paradigm," *Research in Marketing*, Greenwich, CT:JAI Press, pp. 131-170.

68. Hirschman, Elizabeth C. (1983),"Religious Affiliation and Consumption Processes:An Initial Paradigm," *Research in Marketing*, Greenwich, CT:JAI Press, pp. 131-170.

69. 谢淑玲(1996),消费者宗教性、价值观与商店评估准则关联之研究,台湾工业技术学院管理技术研究所未出版硕士论文。

70. 陈颖文(2000),台湾地区家庭旅游消费支出之分析,台湾海洋大学渔业经济研究所未出版硕士论文。

第8章

1. Wilkie, William L. (1994), *Consumer Behavior*, 3rd ed., New York:John Wiley & Sons, Inc.

2. Arnould, Eric, Linda Price, and George Zinkhan (2004), *Consumers*, 2nd ed., New York:NY, McGraw-Hill Companies, Inc.

3. Sheth, Jagdish N. and Banwari Mittal (2004), *Customer Behavior:A Managerial Perspective*, 2nd ed., Thomson South-Western.

4. Hofstede, Geert (1980), *Culture's Consequences*, Beverly Hills, CA:Sage.

5. Hofstede, Geert (1988),"The Confucius Connection:From Cultural Roots to Economic Growth," *Organizational Dynamics*, 16, 4, pp. 5-21.

6. Schiffman, Leon G. and Leslie Lazar Kanuk (2007), *Consumer Behavior*, 9th ed., Upper Saddle River, New Jersey:Prentice-Hall, Inc.

7. Solomon, Michael R. (2015), *Consumer Behavior:Buying, Having, and Being*, 11th ed., Pearson Education Limited, p. 110.

8. Peterson, Richard A. (1976),"The Production of Culture:A Prolegomenon," in *The Production of Culture*, ed. Richard A. Peterson, Sage Contemporary Social Science Issues, Beverly Hills, CA:Sage, 33, pp. 7-22.

9. Schiffman, Leon G. and Leslie Lazar Kanuk (2007), *Consumer Behavior*, 9th ed., Upper Saddle River, New Jersey:Prentice-Hall, Inc.

10. Blackwell, Roger D., Paul W. Miniard, and James F. Engel (2006), *Consumer Behavior*, 10th ed., Fort Worth:Harcourt, Inc.

11. Solomon, Michael (2015), *Consumer Behavior:Buying, Having, and Being*, 11th ed., Pearson Education Limited.

12. Campbell, Joseph (1970), *Myths, Dreams, and Religion*, New York:E. P. Dutton.

13. L'evi-Strauss, Claude (1977), *Structural Anthropology*, Harmondsworth:Peregrine.

14. Rook, Dennis W. (1985),"The Ritual Dimension of Consumer Behavior," *Journal of Consumer Research*, 12, December, pp. 251-264.

15. Mowen, John C. and Michael Minor (2001), *Consumer Behavior:A Framework*, Upper Saddle River, New Jersey:Prentice-Hall, Inc.

16. Solomon, Michael (2015), *Consumer Behavior:Buying, Having, and Being*, 11th ed., Pearson Education Limited.

17. McCracken, Grant (1986),"Culture and Consumption:A Theoretical Account of the Structure and Movement of the Cultural Meaning of Consumer Goods," *Journal of Consumer Research*, 13, June, p. 72.

18. Solomon, Michael (2015), *Consumer Behavior:Buying, Having, and Being*, 11th ed., Pearson Education Limited.

19. Rook, Dennis W. and Sidney Levy (1983),"Psychosocial Themes in Consumer Grooming Rituals," in

Advances in Consumer Research, eds. Richard P. Bagozzi and Alice M. Tybout, 10, Provo, UT: Association for Consumer Research, pp. 329-333.

20. Belk, Russell W. and Gregory S. Coon (1993), "Gift Giving as Agapic Love: An Alternative to the Exchange Paradigm Based on Dating Experiences," *Journal of Consumer Research*, 20, December, 3, pp. 393-417.

21. Sherry, John F., Jr. (1983), "Gift Giving in Anthropological Perspective," *Journal of Consumer Research*, 10, September, pp. 157-168.

22. Belk, Russell W. (1990), "Halloween: An Evolving American Consumption Ritual," in *Advances in Consumer Research*, eds. Richard Pollay, Jerry Gorn, and Marvin Goldberg, 17, Provo, UT: Association for Consumer Research, pp. 508-517.

23. McCracken, Grant (1986), "Culture and Consumption: A Theoretical Account of the Structure and Movement of the Cultural Meaning of Consumer Goods," *Journal of Consumer Research*, 13, June, p. 72.

24. Reynolds, Thomas J. and Jonathan Gutman (1988), "Laddering Theory, Method Analysis, and Interpretation," *Journal of Advertising Research*, 28, February/March, pp. 11-34.

25. Reynolds, Thomas J. and Alyce Byrd Craddock (1988), "The Application of MECCAS Model to the Development and Assessment of Advertising Strategy: A Case Study," *Journal of Advertising Research*, April/May, pp. 43-54.

26. Belk, Russell W., Melanie Wallendorf and John F. Sherry, Jr. (1989), "The Scared and the Profane in Consumer Behavior: Theodicy on the Odyssey," *Journal of Consumer Research*, 16, June, pp. 1-38.

27. Belk, Russell W., Melanie Wallendorf and John F. Sherry, Jr. (1989), "The Scared and the Profane in Consumer Behavior: Theodicy on the Odyssey," *Journal of Consumer Research*, 16, June, pp. 1-38.

28. Solomon, Michael (2015), *Consumer Behavior: Buying, Having, and Being*, 11th ed., Pearson Education Limited.

29. Faber, Ronald J. and Thomas C. O' Guinn (1992), "A Clinical Screener for Compulsive Buying," *Journal of Consumer Research*, 19, December, pp. 459-469.

30. Solomon, Michael (2015), *Consumer Behavior: Buying, Having, and Being*, 11th ed., Pearson Education Limited.

31. Hassay, Derek N. and Malcolm C. Smith (1996), "Compulsive Buying: An Examination of the Consumption Motive," *Psychology & Marketing*, 13, December, pp. 741-752.

32. Assael, Henry (2004), *Consumer Behavior: A Strategic Approach*, Houghton Mifflin.

33. Solomon, Michael (2015), *Consumer Behavior: Buying, Having, and Being*, 11th ed., Pearson Education Limited.

34. Solomon, Michael (2015), *Consumer Behavior: Buying, Having, and Being*, 11th ed., Pearson Education Limited.

35. Hawkins, Del I., Roger J. Best, and Kenneth A. Coney (2004), *Consumer Behavior: Building Marketing Strategy*, 9th ed., Richard D. Irwin, Inc.

第9章

1. Schiffman, Leon G. and Leslie Lazar Kanuk (2007), *Consumer Behavior*, 9th ed., Upper Saddle River, New Jersey: Prentice-Hall, Inc.

2. Okleshen, Cara and Sanford Grossbart (1998), "Usenet Groups, Virtual Community and Consumer Behavior," in *Advances in Consumer Research*, eds. Joseph W. Alba and J. Wesley Hutchinson, 25, Provo, UT: Association of Consumer Research, pp. 276-282.

3. Business Week (1997), "Is the Net Redefining Our Identity?" *Business Week*, 12 May, pp. 100-101.

4. Schiffman, Leon G. and Leslie Lazar Kanuk (2007), *Consumer Behavior*, 9th ed., Upper Saddle River, New

Jersey: Prentice-Hall, Inc.

5. Solomon, Michael (2015), *Consumer Behavior: Buying, Having, and Being*, 11th ed., Pearson Education Limited.

6. Latane, B., K. Williams, and S. Harkins (1979), "Many Hands Make Light the Work: The Causes and Consequences of Social Loafing," *Journal of Personality and Social Psychology*, 37, pp. 822-832.

7. Freeman, S., M. Walker, R. Borden, and B. Latane (1978), "Diffusion of Responsibility and Restaurant Tipping: Cheaper by the Bunch," *Personality and Social Psychology Bulletin*, 1, pp. 584-587.

8. Woodside, Arch G. and M. Wayne DeLozier (1976), "Effects of Word-of-Mouth Advertising on Consumer Risk Taking," *Journal of Advertising*, Fall, pp. 12-19.

9. Kogan, Nathan and Michael A. Wallach (1964), *Risk Taking*, New York: Holt, Rinehart and Winston.

10. Solomon, Michael (2015), *Consumer Behavior: Buying, Having, and Being*, 11th ed., Pearson Education Limited.

11. Rao, Vithala R. and Joel H. Steckel (1991), "A Polarization Model for Describing Group Preferences," *Journal of Consumer Research*, 18, June, pp. 108-118.

12. Granbois, Donald H. (1968), "Improving the Study of Consumer In-Store Behavior," *Journal of Marketing*, 32, October, pp. 28-33.

13. Solomon, Michael (2015), *Consumer Behavior: Buying, Having, and Being*, 11th ed., Pearson Education Limited.

14. Burnkrant, Robert E. and Alain Cousineau (1975), "Informational and Normative Social Influence in Buyer Behavior," *Journal of Consumer Research*, 2, December, pp. 206-215.

15. Friedman, Margaret L. and Gilbert A. Churchill, Jr. (1987), "Using Consumer Perceptions and a Contingency Approach to Improve Health Care Delivery," *Journal of Consumer Research*, 13, March, p. 503.

16. Blackwell, Roger D., Paul W. Miniard, and James F. Engel (2012), *Consumer Behavior*, Cengage Learning.

17. Duesenberry, James (1949), *Income, Savings and the Theory of Consumer Behavior*, Cambridge, MA: Harvard University Press.

18. Assael, Henry (2004), *Consumer Behavior: A Strategic Approach*, Houghton Mifflin.

19. Festinger, Leon (1954), "A Theory of Social Comparison Process," *Human Relations*, 7, May, pp. 117-140.

20. Blackwell, Roger D., Paul W. Miniard, and James F. Engel (2012), *Consumer Behavior*, Cengage Learning.

21. Moschis, George P. (1976), "Social Comparisons and Informal Group Influence," *Journal of Marketing Research*, 13, August, pp. 237-244.

22. Evans, F. B. (1963), "Selling as a Dyadic Relationship—A New Approach," *American Behavioral Scientist*, 6, May, pp. 76-79.

23. Park, C. Whan and V. Parker Lessig (1977), "Students and Housewives: Differences in Susceptibility to Reference Group Influence," *Journal of Consumer Research*, 4, September, pp. 102-110.

24. Schouten, John W. and James H. McAlexander (1995), "Subcultures of Consumption: An Ethnography of the New Bikers," *Journal of Consumer Research*, 22, June, pp. 43-61.

25. Assael, Henry (2004), *Consumer Behavior: A Strategic Approach*, Houghton Mifflin.

26. Asch, S. E. (1951), "Effects of Group Pressure upon the Modification and Distortion of Judgments," in *Groups, Leadership and Men*, ed. Harold Geutzkow, Pittsburgh, PA: Carnegie Press.

27. Bourne, Francis S. (1957), "Group Influence in Marketing and Public Relations," in *Some Applications of Behavioral Research*, eds. R. Likert and S. P. Hayes, Basil, Switzerland: UNESCO.

28. Bearden, William O. and Michael J. Etzel (1982), "Reference Group Influence on Product and Brand Purchase Decisions," *Journal of Consumer Research*, 9, pp. 183-194.

29. Rogers, Everett M. (1983), *Diffusion of Innovations*, 3rd ed., New York: The Free Press.

30. Yale, Laura J. and Mary C. Gilly（1995），"Dyadic Perceptions in Personal Source Information Search，" *Journal of Business Research*，32，pp. 225-237.

31. 林建煌（1991），"广告经济面信念：一个新的意见领袖区分变量"，管理评论，十月，第47—58页。

32. Solomon, Michael（2015），*Consumer Behavior：Buying，Having，and Being*，11th ed.，Pearson Education Limited.

33. Blackwell, Roger D.，Paul W. Miniard, and James F. Engel（2012），*Consumer Behavior*，Cengage Learning.

34. Schiffman, Leon G. and Leslie Lazar Kanuk（2007），*Consumer Behavior*，9th ed.，Upper Saddle River, New Jersey：Prentice-Hall, Inc.

35. Reingen, Peter H. and Jerome B. Kernan（1986），"Analysis of Referral Networks in Marketing：Methods and Illustration，" *Journal of Marketing Research*，23，November，pp. 370-378.

36. Wilkie, William L.（1994），*Consumer Behavior*，3rd ed.，New York：John Wiley & Sons, Inc.

37. Richins, Marsha L.（1984），"Word of Mouth Communication as Negative Information，" in *Advances in Consumer Research*，ed. Thomas C. Kinnear，11，Provo，UT：Association for Consumer Research，pp. 697-702.

38. Mizerski, Richard W.（1982），"An Attribution Explanation of the Disproportionate Influence of Unfavorable Information，" *Journal of Consumer Research*，9，December，pp. 301-310.

39. Wilkie, William L.（1994），*Consumer Behavior*，3rd ed.，New York：John Wiley & Sons, Inc.

40. Mowen, John C. and Michael Minor（2001），*Consumer Behavior：A Framework*，Upper Saddle River, New Jersey：Prentice-Hall, Inc.

第10章

1. 林建煌（2014），营销管理，第六版，台北：华泰文化事业有限公司。

2. Lavin, Marilyn（1993），"Husband-Dominant, Wife-Dominant, Joint，" *Journal of Consumer Marketing*，10，3，pp. 33-42.

3. Davis, Harry L. and Benny R. Rigaux（1974），"Perception of Marital Roles in Decision Processes，" *Journal of Consumer Research*，1，June，pp. 5-14.

4. Wilkie, William L.（1994），*Consumer Behavior*，3rd ed.，New York：John Wiley & Sons, Inc.

5. 萧凤君（2001），消费者之社会阶层、家庭生命周期与其汽车产品属性重视类别之关联性研究——以台北市汽车潜在购买者为例，台湾交通大学经营管理研究所未出版硕士论文。

6. Wells, William D. and George Gubar（1966），"Life Cycle Concept in Marketing Research，" *Journal of Marketing Research*，3，November，pp. 355-363.

7. Wilkie, William L.（1994），*Consumer Behavior*，3rd ed.，New York：John Wiley & Sons, Inc.

8. Murphy, Patrick E. and William A. Staples（1979），"A Modernized Family Life Cycle，" *Journal of Consumer Research*，6，June，p. 17.

9. 林建煌（2008），营销管理，第四版，台北：华泰文化事业有限公司。

10. Berelson, Bernard and Gary A. Steiner（1964），*Human Behavior：An Inventory of Scientific Findings*，New York：Harcourt, Brace & World，p. 453.

11. 黄子明（1991），家庭成员于消费性耐久财购买决策过程中角色扮演之研究，东海大学企管研究所未出版硕士论文。

12. Ward, Scott（1974），"Consumer Socialization，" *Journal of Consumer Research*，1，September，p. 2.

13. Potter, W. James（1988），"Three Strategies for Elaborating the Cultivation Hypothesis，" *Journalism Quarterly*，65，Winter，pp. 930-939.

14. McNeal, James U. and Chyon-Hwa Yeh（1993），"Born to Shop，" *American Demographics*，Junes，pp. 34-39.

15. 洪慕妮（1992），家长对儿童消费社会化之影响——以零售消费知识、技巧与态度为指标，台湾"中央"大学企管研究所未出版硕士论文。

16. Wilkie, William L. (1994), *Consumer Behavior*, 3rd ed., New York: John Wiley & Sons, Inc.

17. Lackman, Conway and John M. Lanasa (1993), "Family Decision Making: An Overview and Assessment," *Psychology & Marketing*, 12, 2, March-April, pp. 81-93.

18. Sheth, Jagdish N. and Banwari Mittal (2004), *Customer Behavior: A Managerial Perspective*, 2nd ed., Thomson South-Western.

19. Moschis, George P. (1985), "The Role of Family Communication in Consumer Socialization of Children and Adolescents," *Journal of Consumer Research*, 11, pp. 898-913.

20. Davis, Harry L. (1972), "Decision Making within the Household," *Journal of Consumer Research*, 2, March, pp. 241-260.

21. Seymour, Daniel and Greg Lessne (1984), "Spousal Conflict Arousal: Scale Development," *Journal of Consumer Research*, 11, December, pp. 810-821.

22. Sheth, Jagdish N. and Banwari Mittal (2004), *Customer Behavior: A Managerial Perspective*, 2nd ed., Thomson South-Western.

23. 苏芳莹(2000),由报纸内容分析家庭概念之变迁,台湾师范大学家政教育研究所未出版硕士论文。

第11章

1. 黄芳铭(1998),"社会阶级在家庭教育中控制结构与资源分配差异的探究",社会文化学报,第六期,六月,第43—72页。

2. Berelson, Bernard and Gary A. Steiner (1964), *Human Behavior: An Inventory of Scientific Findings*, New York: Harcourt, Brace & World, p. 453.

3. 高毓婷(2001),台北都会区青少年消费文化初探——以两所不同社会阶级学区的"国中"为例,台湾师范大学教育研究所未出版硕士论文。

4. 白乙婷(1988),社会阶层和健康概念对农产品消费决策的影响——以水果消费为例,台湾大学农业推广学研究所未出版硕士论文。

5. Turner, Jonathan H. (1981), *Sociology: Studying the Human System*, 2nd ed., Santa Monica, CA: Goodyear.

6. Wilkie, William L. (1994), *Consumer Behavior*, 3rd ed., New York: John Wiley & Sons, Inc.

7. Perreault, William D., Jr. and E. Jerome McCarthy (2005), *Basic Marketing: A Global-Managerial Approach*, 15th ed., Boston: McGraw-Hill Companies, Inc. 以及 Thompson, William and Joseph Hickey (2005). *Society in Focus*. Boston, MA: Pearson.

8. Goldthorpe, John H. (1987). *Social Mobility and Class Structure in Modern Britain*, 2nd ed., Oxford: Clarendon Press.

9. 吴乃德(1997),"槟榔和拖鞋、西装及皮鞋:台湾阶级流动的族群差异及原因",台湾社会学研究,第一期,12月,第137—167页。

10. Schiffman, Leon G. and Leslie Lazar Kanuk (2007), *Consumer Behavior*, 9th ed., Upper Saddle River, New Jersey: Prentice-Hall, Inc.

11. Warner, W. Lloyd, Marchia Meeker, and Kenneth Eells (1960), *Social Class in America: Manual of Procedure for the Measurement of Social Status*, New York: Harper & Brothers.

12. Bureau of the Census (1963), *Methodology and Scores of Socioeconomic Status*, Working Paper No. 15, Washington, DC: U. S. Bureau of the Census.

13. Coleman, Richard P. and Lee P. Rainwater (1978), *Social Standing in America*, Basic Books, Inc.

14. Solomon, Michael (2015), *Consumer Behavior: Buying, Having, and Being*, 11th ed., Pearson Education Limited.

15. Lenski, Gerhard (1954), "Status Crystallization: A Non-Vertical Dimension of Social Status," *American Sociological Review*, 19, August, pp. 405-412.

16. Coleman, Richard P. (1960), "The Significance of Social Stratification in Selling," in *Marketing: A Maturing Discipline*, ed. Martin L. Bell, Proceedings of the American Marketing Association 43rd National Conference, Chicago, American Marketing Association, pp. 171-184.

17. Barth, E. and W. Watson (1964), "Questionable Assumptions in the Theory of Social Stratification," *Pacific Sociological Review*, 7, Spring, pp. 10-16.

18. Ritter, K. U. and L. L. Hargens (1975), "Occupational Positions and Class Identifications of Married Working Women: A Test of the Asymmetry Hypothesis," *American Journal of Sociology*, 80, January, pp. 934-948.

19. Blackwell, Roger D., Paul W. Miniard, and James F. Engel (2012), Consumer Behavior, Cengage Learning.

20. Arnould, Eric, Linda Price, and George Zinkhan (2004), *Consumers*, 2nd ed., New York: NY, McGraw-Hill Companies, Inc.

21. Levy, Sidney J. (1966), "Social Class and Consumer Behavior," in *On Knowing the Consumer*, ed. Joseph W. Newman, New York: John Wiley, pp. 146-160.

第 12 章

1. Rogers, Everett M. (2003), *Diffusion of Innovations*, 5th ed., Simon and Schuster.

2. Schiffman, Leon G. and Leslie Lazar Kanuk (2007), *Consumer Behavior*, 9th ed., Upper Saddle River, New Jersey: Prentice-Hall, Inc.

3. Burns, David J. and Robert F. Krampf (1991), "A Semiotic Perspective on Innovative Behavior," in *Developments in Marketing Science*, ed. Robert L. King, Richmond, VA: Academy of Marketing Science, pp. 32-35.

4. Assael, Henry (2004), *Consumer Behavior: A Strategic Approach*, Houghton Mifflin.

5. Rogers, Everett M. (2003), *Diffusion of Innovations*, 5th ed., Simon and Schuster.

6. Ram, S. and Jagdish Sheth (1989), "Consumer Resistance to Innovations: The Marketing Problem and Its Solutions," *Journal of Consumer Marketing*, 6, Spring, pp. 5-14.

7. Blumer, Herbert (1969), *Symbolic Interactionism: Perspective and Method*, Upper Saddle River, NJ: Prentice Hall.

8. Solomon, Michael (2015), *Consumer Behavior: Buying, Having, and Being*, 11th ed., Pearson Education Limited.

9. Simmel, Georg (1904), "Fashion," *International Quarterly*, 10, pp. 130-55.

10. McCracken, Grant D. (1985), "The Trickle-Down Theory Rehabilitated," in *The Psychology of Fashion*, ed. Michael R. Solomon, Lexington, MA: Lexington Books, pp. 39-54.

11. Kaiser, Susan (1985), *The Social Psychology of Clothing*, Macmillan College Publishing Company, Inc.

12. Solomon, Michael (2015), *Consumer Behavior: Buying, Having, and Being*, 11th ed., Pearson Education Limited.

13. Aguirre, B. E., E. L. Quarantelli, and Jorge L. Mendoza (1989), "The Collective Behavior of Fads: The Characteristics, Effects, and Career of Streaking," *American Sociological Review*, August, p. 569.

14. Letscher, Martin G. (1994), "How to Tell Fads from Trends," *American Demographics*, December, pp. 38-45.

15. Assael, Henry (2004), *Consumer Behavior: A Strategic Approach*, Houghton Mifflin.

16. Sternthal, Brian and Gerald Zaltman (1975), "The Broadened Concept: Toward a Taxonomy of Consumption Situation," in *Broadening the Concept of Consumer Behavior*, eds. Gerald Zaltman and Brian Sternthal, Ann Arbor, MI: Association for Consumer Research, p. 144.

17. Belk, Russell W. (1975), "Situational Variables and Consumer Behavior," *Journal of Consumer Research*, 2, December, p. 159.

18. Milliman, Ronald E. (1982), "Using Background Music to Affect the Behavior of Supermarket Shoppers,"

Journal of Marketing, 46, Summer, pp. 86-91.

19. Milliman, Ronald E. (1986), "The Influence of Background Music on the Behavior of Restaurant Patrons," *Journal of Consumer Research*, 13, September, pp. 286-289.

20. Kellaris, James J., Susan Powell Mantel, and Moses B. Altech (1996), "Decibels, Disposition, and Duration: The Impact of Musical Loudness and Internal States on Time Perceptions," in *Advances in Consumer Research*, eds. Kim P. Corfman and John J. Lynch Jr., Provo, UT: Association for Consumer Research, 23, pp. 498-503.

21. Kellaris, James J. and Robert J. Kent (1992), "The Influence of Music on Consumers' Temporal Perceptions: Does Time Fly When You're Having Fun?" *Journal of Consumer Psychology*, 1, 4, pp. 365-376.

22. Areni, Charles S. and David Kim (1993), "The Influence of Background Music on Shopping Behavior: Classical versus Top-Forty," in *Advances in Consumer Research*, ed. Leigh McAlister and Michael L. Rothschild, Provo, UT: Association for Consumer Research, 20, pp. 336-340.

23. Harrell, G., M. Hutt, and J. Anderson (1980), "Path Analysis of Buyer Behavior under Conditions of Crowding," *Journal of Marketing Research*, 17, February, pp. 45-51.

24. Mowen, John C. and Michael Minor (2001), *Consumer Behavior: A Framework*, Upper Saddle River, New Jersey: Prentice-Hall, Inc.

25. Pierson, John (1995), "If Sun Shines in, Workers Work Better, Buyer Buy More," *The Wall Street Journal*, November 20, B1, pp. 2.

26. Hirsch, Alan R. (1995), "Effects of Ambient Odors on Slot-Machine Usage in a Las Vegas Casino," *Psychology & Marketing*, 12, October, 7, pp. 585-594.

27. Spangenberg, Eric R., Ayn E. Crowley, and Pamela Henderson (1996), "Improving the Store Environment: Do Olfactory Cues Affect Evaluations and Behaviors?" *Journal of Marketing*, 60, April, pp. 67-80.

28. 黄子嫚(1996),观赏情境之脉络因素与广告诉求对广告效果的影响,台湾"中央"大学企管研究所未出版硕士论文。

29. Gorn, Gerald J., Amitava Chattopaduyay, Tracy Yi, and Darren W. Dahl (1997), "Effects of Color as an Executional Cue in Advertising: They're in the Shade," *Management Science*, 43, 10, pp. 1387-1400.

30. Argue, J. (1991), "Color Counts," *Vancouver Sun*, June 10, p. B7.

31. 黄子嫚(1996),观赏情境之脉络因素与广告诉求对广告效果的影响,台湾"中央"大学企管研究所未出版硕士论文。

32. Mowen, John C. and Michael Minor (2001), *Consumer Behavior: A Framework*, Upper Saddle River, New Jersey: Prentice-Hall, Inc.

33. Granbois, Donald H. (1968), "Improving the Study of Consumer In-Store Behavior," *Journal of Marketing*, 32, October, pp. 28-33.

34. Bearden, William and Arch Woodside (1978), "Consumption Occasion Influence on Consumer Brand Choice," *Decision Science*, 9, April, p. 275.

35. Belk, Russell (1974), "An Exploratory Assessment of Situational Effects in Buyer Behavior," *Journal of Marketing Research*, 11, May, p. 160.

36. Mowen, John C. and Michael Minor (2001), *Consumer Behavior: A Framework*, Upper Saddle River, New Jersey: Prentice-Hall, Inc.

37. Graham, Robert (1981), "The Role of Perception of Time in Consumer Research," *Journal of Consumer Research*, 7, March, pp. 335-342.

38. Mowen, John C. and Michael Minor (2001), *Consumer Behavior: A Framework*, Upper Saddle River, New Jersey: Prentice-Hall, Inc.

39. Lundquist, Jay D., Sara Tacoma, and Paul M. Lane (1993), "What is Time? An Explanatory Extension to-

ward the Far East," in *Developments in Marketing Science*, eds. Michael Levy and Dhruv Grewel, Coral Gables, FL: Academy of Marketing Science, 16, pp. 186-190.

40. Mowen, John C. and Michael Minor (2001), *Consumer Behavior: A Framework*, Upper Saddle River, New Jersey: Prentice-Hall, Inc.

41. Maister, David H. (1985), "The Psychology of Waiting Lines," in *The Service Encounter: Managing Employee/Customer Interaction in Service Business*, eds. John A. Czepiel, Michael R. Solomon, and Carol F. Surprenant, Lexington, MA: Lexington Books, pp. 113-124.

42. 陈泰佑(2001),正面情绪类别、填补机制类别对于等待时间知觉的影响,台湾"中央"大学企管研究所未出版硕士论文。

43. 薛仲奇(1998),等待信息呈现方式、参考点与填补机制对情绪反应及时间知觉的影响,台湾"中央"大学企业管理研究所未出版硕士论文。

44. Miyazaki, Anthony D. (1993), "How Many Shopping Days until Christmas? A Preliminary Investigation of Time Pressures, Deadlines, and Planning Levels on Holiday Gift Purchases," in *Advances in Consumer Research*, eds. Leigh McAlister and Michael L. Rothschild, Provo, UT: Association for Consumer Research, 20, pp. 331-335.

45. Park, C. Whan, Easwar S. Iyer, and Daniel C. Smith (1989), "The Effects of Situational Factors on In-Store Grocery Shopping Behavior: The Role of Store Environment and Time Available for Shopping," *Journal of Consumer Research*, 15, March, pp. 422-433.

46. Miller, Kenneth E. and James L. Ginter (1979), "An Investigation of Situational Variation in Brand Choice Behavior and Attitude," *Journal of Marketing Research*, 16, February, pp. 111-123.

47. Mowen, John C. and Michael Minor (2001), *Consumer Behavior: A Framework*, Upper Saddle River, New Jersey: Prentice-Hall, Inc.

48. Ryans, Adrian B. (1977), "Consumer Gift Buying Behavior: An Exploratory Analysis," in *Proceedings of the American Marketing Association Educators' Conference*, eds. Barnett A. Greenberg and Danny N. Bellenger, Series, 41, pp. 99-104.

49. Mattson, Bruce E. (1982), "Situation Influences on Store Choice," *Journal of Retailing*, 58, Fall, pp. 46-58.

50. Cheal, David (1988), *The Gift Economy*, New York: Routledge.

51. Hart, E. W. (1974), *Consumer Risk Taking for Self and Spouse*, Ph. D. dissertation, Purdue University.

52. Fischer, Eileen and Stephen J. Arnold (1990), "More Than a Labor of Love: Gender Roles and Christmas Gift Shopping," *Journal of Consumer Research*, 17, December, pp. 333-343.

53. McKeage, Kim K. R., Marsha L. Richins, and Kathleen Debevec (1993), "Self-Gifts and the Manifestation of Material Values," in *Advances in Consumer Research*, eds. Leigh McAlister and Michael L. Rothschild, Provo, UT: Association for Consumer Research, 20, pp. 359-364.

54. Celuch, Kevin G. and Linda S. Showers (1991), "It's Time to Stress Stress: The Stress-Purchase/Consumption Relationship," in *Advances in Consumer Research*, eds. Rebecca H. Holman and Michael R. Solomon, 18, Provo, UT: Association for Consumer Research, pp. 284-289.

55. Rosenhan, D. L., B. Underwood, and B. Moore (1974), "Affect Moderate Self-Gratification and Altruism," *Journal of Personality and Social Psychology*, 30, October, pp. 546-552.

56. Moore, B., B. Underwood, and D. L. Rosenhan (1973), "Affect and Altruism," *Developmental Psychology*, 8, January, pp. 99-104.

57. Mowen, John C. and Michael Minor (2001), *Consumer Behavior: A Framework*, Upper Saddle River, New Jersey: Prentice-Hall, Inc.

58. Mowen, John C. and Michael Minor (2001), *Consumer Behavior: A Framework*, Upper Saddle River, New Jersey: Prentice-Hall, Inc.

59. Batra, Rajeev (1990), "The Role of Mood in Advertising Effectiveness," *Journal of Consumer Research*, 17, September, pp. 203-214.

60. Goldberg, Marvin E. and Gerald Gorn (1987), "Happy and Sad TV Programs: How They Affect Reactions to Commercials," *Journal of Consumer Research*, 14, December, pp. 387-403.

61. Gardner, Meryl Paula (1985), "Mood States and Consumer Behavior: A Critical Review," *Journal of Consumer Research*, 12, December, pp. 281-300.

第 13 章

1. Sheth, Jagdish N., Banwari Mittal, and Bruce I. Newman (1999), *Customer Behavior: Customer Behavior and Beyond*, Fort Worth, TX: The Dryden Press.

2. Milliman, Ronald E. (1986), "The Influence of Background Music on the Behavior of Restaurant Patrons," *Journal of Consumer Research*, 13, September, pp. 286-289.

3. 林建煌与王健民(1994),"音乐对购买行为之影响:零售店实地实验",管理科学学报,第十一卷第三期,十一月,第397—416页。

4. 王又鹏(1993),促销活动对消费者行为影响之研究,台湾政治大学企业管理研究所未出版博士论文。

5. 林建煌(1992),"广告系统变量的影响效果研究",管理科学学报,第九卷第二期,十二月,第205—222页。

6. Coutler, Robin A., Gerald Zaltman, and Keith S. Coutler (2001), "Interpreting Consumer Perceptions of Advertising: An Application of the Zaltman Metaphor Elicitation Technique," *Journal of Advertising*, Winter, pp. 1-21.

7. Peterson, Robert A. (2000), *Constructing Effective Questionnaires*, Thousand Oaks, CA: Sage Publications.

8. Churchill, Gilbert A., Jr. (1996), *Basic Marketing Research*, 3rd ed., Fort Worth: The Dryden Press.

第 14 章

1. Wilson, Elizabeth J. and Daniel L. Sherrell (1993), "Source Effects in Communication and Persuasion Research: A Meta-Analysis of Effect Size," *Journal of the Academy of Marketing Science*, 21, Spring, pp. 101-112.

2. 林建煌(1992),"广告系统变量的影响效果研究",管理科学学报,第九卷第二期,十二月,第205—222页。

3. 林建煌(1993),"节目气氛与音乐关联性对广告效果之影响研究",广告学研究,第二集,六月,第1—36页。

4. Hovland, Carl I., Arthur A. Lumsdaine, and Fred D. Sheffield (1949), *Experiments on Mass Communication*, New York: Wiley, pp. 182-200.

5. Dion, Karen, E. Berscheid, and E. Walster (1972), "What Is Beautiful Is Good," *Journal of Personality and Social Personality*, 24, December, pp. 285-290.

6. Baker, Michael and Gilbert Churchill (1977), "The Impact of Physically Attractive Models on Advertising Evaluations," *Journal of Marketing Research*, 14, November, pp. 538-555.

7. Bower, Amanda B. (2001), "Highly Attractive Models in Advertising and the Women Who Loathe Them: The Implications of Negative Affect for Spokesperson Effectiveness," *Journal of Advertising*, XXX, 3, pp. 51-63.

8. Steadman, M. (1969), "How Sexy Simmers, Still Sells," *Advertising Age*, Spring, p. 49.

9. Smith, Stephen M., Curtis P. Haugtvedt, John M. Jadrich, and Mark R. Anton (1995), "Understanding Response to Sex Appeals in Advertising: An Individual Difference Approach," in *Advances in Consumer Research*, eds. Frank R. Kardes and Mita Surgan, Provo, UT: Association for Consumer Research, 22, pp. 735-739.

10. Sawyer, Alan G. and Daniel Howard (1991), "Effects of Omitting Conclusions in Advertisements to Involved and Uninvolved Audiences," *Journal of Marketing Research*, 28, November, pp. 467-474.

11. Kamins, Michael and Henry Assael (1987), "Two-Sided versus One-Sided Appeals: A Cognitive Perspective on Argumentation, Source Derogation on Argumentation, Source Derogation, and the Effect of Disconfirming Trial on Belief Change," *Journal of Marketing Research*, 24, February, pp. 29-39.

12. 林建煌与张雍川(1996)，"信息陈述方式、背景音乐对广告效果之影响：以介入形态为干扰变量"，台大管理论丛，第七卷第二期，八月，第147—170页。

13. 林建煌(1991)，"广告主声誉、广告信息正反性对广告效果之影响：广告信念的权变观点"，管理科学学报，第八卷第二期，十二月，第169—180页。

14. Haugtvedt, Curtis P. and Duane Wegener (1994), "Message Order Effects in Persuasion: An Attitude Strength Perspective," *Journal of Consumer Research*, 21, June, pp. 205-218.

15. Unnava, H. Rao, Robert E. Burnkrant, and Sunil Erevelles (1994), "Effects of Presentation Order and Communication Modality on Recall and Attitude," *Journal of Consumer Research*, 21, December, pp. 481-490.

16. Belch, George E. (1982), "The Effects of Television Commercial Repetition on Cognitive Response and Message Acceptance," *Journal of Consumer Research*, 19, June, pp. 56-65.

17. Burke, Marian and Julie Edell (1986), "Ad Reactions over Time: Capturing Changes in the Real World," *Journal of Consumer Research*, 13, June, pp. 114-118.

18. Rethans, Arno J., John L. Swasy, and Lawrence Marks (1986), "The Effects of Television Commercial Repetition, Receiver Knowledge, and Commercial Length: A Test of the Two-Factor Model," *Journal of Marketing Research*, 23, February, pp. 50-61.

19. Scott, Cliff, David M. Klein, and Jennings Bryant (1990), "Consumer Responses to Humor in Advertising: A Series of Field Studies Using Behavioral Observation," *Journal of Consumer Research*, 16, March, pp. 498-501.

20. Kelly, P. and Paul J. Solomon (1975), "Humor in Television Advertising: A Review," *Journal of Advertising*, 4, Summer, pp. 33-35.

21. Weinberger, Marc G. and Charles S. Gulas (1992), "The Impact of Humor in Advertising: A Review," *Journal of Advertising*, 21, December, pp. 35-59.

22. Cantor, Joan and Pat Venus (1980), "The Effects of Humor on the Recall of a Radio Advertisement," *Journal of Broadcasting*, Winter, p. 14.

23. Mowen, John C. and Michael Minor (2001), *Consumer Behavior: A Framework*, Upper Saddle River, New Jersey: Prentice-Hall, Inc.

24. Sternthal, Brian and C. Samuel Craig (1973), "Humor in Advertising," *Journal of Marketing*, 37, October, pp. 12-18.

25. Lammers, H. Bruce (1983), "Humor and Cognitive Response to Advertising Stimuli: A Trade Consolidation Approach," *Journal of Business Research*, 11, June, p. 182.

26. Mowen, John C. and Michael Minor (2001), *Consumer Behavior: A Framework*, Upper Saddle River, New Jersey: Prentice-Hall, Inc.

27. Boller, Gregory W. (1990), "The Vicissitudes of Product Experience: 'Songs of Our Consuming Selves' in Drama Ads," in *Advances in Consumer Research*, eds. Marvin E. Goldberg, Gerald Gorn, and Richard Pollay, Provo, UT: Association for Consumer Research, 17, pp. 321-326.

28. Nisbett, Richard and Lee Ross (1980), *Human Inference: Strategies and Shortcomings of Social Judgment*, Upper Saddle River, NJ: Prentice Hall.

29. Shimp, Terence A. (1997), *Advertising, Promotion, and Supplemental Aspects of Integrated Marketing Communications*, 4th ed., Fort Worth, TX: Dryden Press.